咬文嚼字

合订本

1997

上海咬文嚼字文化传播有限公司

上海文艺出版社

图书在版编目（CIP）数据

1997年《咬文嚼字》合订本/《咬文嚼字》编辑部编.—上海：上海文艺出版社，2017

ISBN 978-7-5321-6251-2

Ⅰ.①1… Ⅱ.①咬… Ⅲ.①汉语—语法分析 Ⅳ.①H14

中国版本图书馆CIP数据核字(2017)第029781号

封面设计 王怡君

1997 Nián《Yǎowén-jiáozì》Hédìngběn

书　　名 1997年《咬文嚼字》合订本

编　　者 《咬文嚼字》编辑部

出版发行 上海文艺出版社

地　　址 上海市绍兴路7号2楼

邮政编码 200020

印　　刷 上海文艺大一印刷有限公司

开　　本 787×1092 1/32

印　　张 20.375

版　　次 2017年2月第1版 2017年8月第2版 2017年8月第2次印刷

国际书号 ISBN 978-7-5321-6251-2/G.170

定　　价 30.00元（平装）

告 读 者 如发现本书有印刷质量问题请与印刷厂质量科联系

电　　话 021-57780459

顾　　问　胡裕树　张　斌
　　　　　濮之珍
主　　编　郝铭鉴
编　　委　李玲璞　何伟渔
　　　　　陈必祥　金文明
　　　　　姚以恩
责任编辑　唐让之　韩秀凤
封面设计　何明捷
特约校读　王端祥

序

张　斌

《咬文嚼字》三岁了。在语文规范化的道路上，留下了一串清晰的足迹，可喜而又可敬。

语言随着社会的发展而发展。社会不断前进，语言也时时创新，这种创新，有时是小范围的，有时是大范围的；有时是缓慢的，有时是快速的。社会大变革时期，也必然是语言大发展的年代。语言的发展对社会的发展起着积极的促进作用，关键在如何促使全民了解语言的规范，遵守语言的规范。当规范问题出现的时候，总需要正确的舆论加以引导，使之逐渐走向规范化的道路。我们不妨回顾一下语言大发展的两个时期：五四运动时期、新中国成立时期。再看看当前语言发展的情况以及语言工作者的责任，也许这样可以使我们更加了解《咬文嚼字》。

五四运动高举反帝反封建的旗帜，是政治运动，也是文化运动。反映在语言方面是提倡以白话代替文言，以便于宣传新思想。这时期白话文出现大量反映新思想的词语，同时认识的深化也使句法结构产生变化。在发展过程中会出现规范不明确的现象,不免引起争论。例如有些新词译自外语,译名不统一。logic有人译作论理学,有人译作逻辑;engine 有人译作引擎,有人译作发动机。如此等等。又如“那”要不要分化为“那”(nà)和“哪”(nǎ);“的”要不要分化为“的”(表示一般的修饰关系)和“底”(表示领属关系);“他”要不要分化为“他”、“她”、“它”。今天看来,这些问题都有了结论,结论的形成与当时开展的讨论是密切相关的。

新中国建立,社会发生了翻天覆地的变化。这种变化反映在语言方面有几个显著的特点:第一,出现了大量反映政治生活和人际关系的词语;第二,词与词的搭配出现了一些新的组合形式;第三,有些词在口语中消失。由于变化迅速而且情况复杂,出现的问题很多。为此《人民日报》于 1951 年发表了《正确地使用祖国的语言,为语言的纯洁和健康而斗争》的社论,同时连续发表吕叔湘、朱德熙合写的《语法修辞讲话》。这一时期的语言文字工作,与五四时期相比较,有两个特点:第一,五四时期参与规范工作的限于知识界,这一时期的工作由政府号召,专家参与。第二,这一时期的工作虽然也注重匡谬正俗,但同时着力普及语文知识,使广大群众提高规范化意识。

当前是世界科技空前高速发展的时期,我们国家正进入社会主义现代化建设的新的历史时期。由于改革开放,我国与世界各方面的联系更加紧密。随着社会主义市场经济体制的逐步建立,新的事物不断涌现。这些新情况、新事物都会反映到语言中来,语言发展的深度和广度必然超过以往任何时期。因此,今天出现语言的规范问题是不足为奇的，但同时又是不可忽视的，否则难免会影响现代化的进程。《咬文嚼字》正是在这样的背景下应运而生的。

三年的努力已经有了可喜的收获，但规范化的道路还很漫长。为了刊物的发展，我觉得对规范化的内涵应该有更深的认识。第一，今天讲语言规范化，含义不止是匡谬正俗。我们必须把规范化与现代化联系起来看待，认定它们是密切相关的。例如在中文信息处理方面，如果没有明确的规范，就不能达到广泛应用的目的。第二，语言文字规范化不仅属于物质文明的建设，而且也是精神文明建设的重要内容。李岚清副总理在1997年12月23日召开的全国语言文字工作会议上的书面讲话中指出："就提高劳动者素质来说，主要在于提高思想道德和科学文化素质，而语言文字能力是文化素质中最基本的因素。"可见"咬文嚼字"方兴未艾，任重道远。

看来，办好我们的《咬文嚼字》是一件十分有意义的工作。

《咬文嚼字》1997年第1—12辑(总第25—36辑)

总 目 录

(斜线后的数字,前为辑数,后为页数)

序 …………………… 张 斌/1

特 稿

中华人民共和国国家标准
标点符号用法 …………… /1.4

《标点符号用法》有何修订
…………………… 薛 范/1.11

常见标点差错举隅
…………………… 朱禹山/1.13

中华人民共和国国家标准
出版物上数字用法的规定
…………………… /3.4

出版物上数字用法有何修订
…………………… 柳 槐/3.11

数字用法常见差错举隅
…………………… 葛兆荣/3.13

一词一字总关情
——本刊读者座谈会侧记
…………………… 韩秀凤/8.4

百家论语

办一个专门纠正语病的刊物
——1992年8月17日上午在“中国语文报刊协会成立大会”上的讲话 ………… 吕叔湘/2.4

不要草菅“词”命 …… 楚山孤/2.6

呼唤敬业精神 ……… 郝铭鉴/4.4

官话·国语·普通话 … 金丽莉/4.8

语林漫步

“一字师”余话 ……… 黄 椒/2.9

大观园岂无“刘姥姥”
…………………… 刘欣荣/2.11

唱"的"为 di 探 …… 符　泊/2.13
也谈"退役"………… 倪培森/2.14
话说"傢俬现象" …… 楚山孤/5.4
听不懂的华语 ……… 宣　轩/5.7
"酸、甜、苦、辣"音义趣谈
………………… 姜洪水/5.8
"胜利"留给"闭幕" … 袁　诹/5.9
报纸标题的"蚯蚓现象"
………………… 祁子青/6.4
"之喜"与"志喜" …… 袁　诹/6.5
由"蔓"到"腕" ……… 刘思训/7.4
别让演员"吃药" …… 曹　雷/7.5
字体大小和语义表达
………………… 邱震强/7.6
说"奖" ……………… 林利藩/7.7
当心"钥匙" ………… 焦　禹/8.7
从《读城记》谈起 …… 潘应生/8.9
香港新机场场名用字
………………… 汪惠迪/8.11
字幕:《鸦片战争》的遗憾
——致谢晋导演的公开信
………………… 奚　芥/9.4
小议汉字书写的规范
………………… 周　速/10.4
"花而不实"与"另出心裁"
………………… 仲　明/10.5
最是"子曰"讹言多
………………… 王艾宇/10.7
日文汉字不能照搬
………………… 戴玉堂/10.8
三思而后"咬" ……… 戚义伟/11.4
闲话楼名 …………… 严　浩/11.7
"闫"字处理刍议 …… 于　虹/12.4
小议缩略语 ………… 徐默凡/12.7

一字难忘

猪头、猪蹄之谜 ……… 韩镕石/6.9
"诞生"的"诞" ……… 杜路茨/6.10
"媳妇"让我挨揍 …… 郑剑波/6.11

三味沙龙

咬嚼《阿Q正传》中的两句话
………………… 鄢　义/1.23
崔颢《黄鹤楼》诗的"黄鹤"、
"白云"之辨
………………… 陈增杰/1.24
一字之异意境殊
——"生处"与"深处"辨
………………… 符达维/5.17
"咸亨"的含义 ……… 孙章埂/5.19
鲁迅先生咬文嚼字
………………… 陈宏遂/9.18
"柳阴高压汉营春"辨正
………………… 陈增杰/9.21

字里乾坤

大禹为何是条虫?
——上古圣王得名考源之一
………………… 张再兴/1.33

"子"中敬意从何来？
…………………… 韩华梅/1.34
弃子揭秘………… 刘志基/1.36
势利的"趋"………… 文士其/2.20
"桌"的由来………… 刘志基/2.21
"敲"与"鼓"………… 龚云龙/2.23
中国人与天………… 何 峭/2.24
"刑"和上古护井意识
…………………… 黄安靖/3.33
"劉(刘)姓"和屠龙的故事
…………………… 何 峭/3.35
古人以何为"辱"？
…………………… 张再兴/3.37
周族始祖为何称"稷"？
——上古圣王得名考源之一
…………………… 张再兴/4.28
"虐"与"雪"………… 龚云龙/4.30
炎帝与原始火耕农业
——上古圣王得名考源之三
…………………… 张再兴/5.27
远古的追求——以"裘"为"求"考
…………………… 刘志基/5.28
"张冠"并未"李戴"
…………………… 赵恩柱/5.30
牛年说"物"………… 刘志基/6.12
"舞"中为何要有"羽"
…………………… 叶正道/6.14
黄土地上的祖先
——上古圣王得名考源之四
…………………… 张再兴/6.15
缘何发最长？
——说"长"……… 刘志基/7.29
伟大的猎手
——上古圣王得名考源之五
…………………… 张再兴/7.31
授受缘何尽为舟…… 秦桂芳/7.33
法则何必刻于鼎…… 刘志基/8.34
"德"是一面镜子…… 王 平/8.36
生命之色常"青"…… 张再兴/8.38
初民与兽迹
——说"审"道"悉"
…………………… 张再兴/9.15
上古的反战厌兵情绪
——说"古"……… 黄安靖/9.16
"羊"如何表"义" … 刘志基/10.13
尧帝缘何是高地
——上古圣王得名考源之六
……………… 张再兴/10.14
沐浴濡身有何需 … 张再兴/11.19
由"狄"说到图腾崇拜
……………… 黄安静/11.20
从"豫"谈"象" …… 田之雨/11.22
"申"与上古雷电崇拜
……………… 黄安靖/12.12
一则凝冻的远古阳鸟神话
——"暹"字渊源考
……………… 詹鄞鑫/12.13

书林指谬

箪食瓢饮≠箪食壶浆 ………………… 省　庐/1.38
是“庶母”、“庶出”吗？ ………………… 何培刚/1.39
“大吏”与“大使”…… 谭　风/1.39
古地今注，错得离谱 ………………… 卓　严/2.42
“于戏”和“於是之” ………………… 刘善良/2.45
朝三暮四，给的何物 ………………… 汪　旸/2.46
微瑕伤瑜………… 许　可/3.42
发菜并非生长在流水中 ………………… 龙城顺/3.45
《战胜哈佛》没战胜错别字 ………………… 林　山/4.39
为“塔克拉玛干”正名 ………………… 戴玉堂/4.40
漂母何漂………… 王　勤/4.41
先生何以“无耻”…… 刘宗龙/4.42
古文标点难……… 省　庐/4.43
说“从新”………… 曾宪琪/4.45
王濬何曾下扬州…… 宛　啸/6.28
成语释义五忌…… 顾义生/6.29
封面拼音莫忘规范 ………………… 罗　禹/6.31
关于台湾出版的一部辞书 ………………… 少　华/6.32
“毌丘”辨
——兼谈“丘”和“邱” ………………… 金文明/7.18
“贯耳”与“轰顶”…… 何培刚/7.20
“遗像”和“赞像”…… 何　言/7.21
何来“霸、糜二贼” … 杜俊杰/8.30
胡适父亲是“胡傅”还是“胡传” ………………… 孙书文/8.31
“火尽”怎能“薪传” ………………… 刘　斌/8.32
是“眼看各国君王”吗 ………………… 戴谋道/8.33
“藁城”之“藁”不从禾 ………………… 叶才林/8.33
《师范语文大辞典·序言》指瑕 ………………… 杨世俊/9.23
一人误作两人……… 吴其涵/9.24
“镰刀斧头”还是“镰刀榔头” ………………… 袁春荪/9.25
“阿蒙”非童蒙……… 高文华/9.26
“过江之鲫”有贬义 ………………… 何培刚/9.27
忍无可忍 ………… 裘其戎/11.15
覆尿难收
——《王蒙文集》第九卷指瑕 ……………… 魏助增/11.17

正音室

谈“鸟”字的一个读音 ………………… 封常曦/1.16

“烊”读 yáng 还是 yàng?
………………… 齐印堂/1.17
“长歌当哭”的“当”怎么读?
………………… 舒宝璋/1.18
“露”的两种读音辨
………………… 尤敦明/3.39
请正确读“妊娠”…… 王 颖/3.40
“涪陵”的误读……… 龚鲜明/3.41
“喁”字不能读成 ǒu
………………… 余培英/3.41
解惑自有审音表…… 封常曦/4.10
“称心”之“称”音辨
………………… 刘 恒/4.13
“薄”字读错音……… 赵申生/4.13
电视剧中误读多…… 紫 麟/4.14
扳平?板平?……… 枝 叶/4.14
“皋陶”的“陶”怎么读?
………………… 卓王泽/5.15
场的 chǎng、cháng 两读怎么区别?
………………… 尤敦明/5.16
《秦颂》中的“床第”
………………… 陈明杰/5.16
“名不见经传”的“传”怎么读
………………… 郑 茵/6.6
“拗”有三读 ………… 庆 祜/6.8
唐僧的法名 ………… 隋 唐/6.8
“相如”的“相”读音辨
………………… 夏业昌/8.12
“�”和“拓”怎么读
………………… 余培英/8.13
何来“用直镇”……… 薛志刚/8.14
“乔老爷”出洋相…… 隋 唐/8.14
从“伊尹”说开去 …… 凌 乙/9.6
卡介苗的读音 ……… 盛祖杰/9.7
“翘首”怎么读 ……… 孙章埂/9.7
“再醮”和“合卺” … 俞 佳/11.12
“秘”字怎么读 …… 海 频/11.13
浅谈“生肖”的读音
………………… 胡渐逵/11.14
马晓春推“秤” …… 姚东军/11.14

独弦琴

刘玉凯专辑
太多≠很多……………… /8.15
“扛鼎”怎么“扛”………… /8.16
似是而非的“大概齐”…… /8.16
罗皑岚——鲁迅也写错的名字
……………………… /8.17
叶景烈专辑 ……………… /9.8
从天气预报说起 ………… /9.8
杨延昭何时生病………… /9.10
“十杰”“十佳”误用多…… /9.11
“守株待兔”辨…………… /9.13
汪惠迪专辑……………… /10.9
何必“揾食”……………… /10.9
契弟 ……………………… /10.10
加醋还是加酱 ………… /10.11
酷 ……………………… /10.11
“添孙添祸”与“鼓烧排骨”
……………………… /10.12

八音盒

关于“历史上的今天”……………………/11.8

历史上没有“今天”……………… 罗　禹/11.8

“撇开年份”未始不可……………… 杨　光/11.9

语言中的积极现象……………… 邱震强/11.10

既不合“情”也不合“理”……………… 李明权/11.10

“乃子”用法的正误………… /12.8

关于“乃子”的复诊……………… 钱剑夫/12.9

也来说“乃”……… 符达维/12.9

“乃”字用法之我见……………… 宛　啸/12.10

辨字析词

“酸痛”还是“痠痛”？……………… 萧　津/1.43

“迅”字右上不是“凡”……………… 马玉岭/1.44

“躁热”辨析………… 高　低/1.45

“命运多桀”与“命途多舛”……………… 闻　喜/2.26

“受”和“授”………… 周元彪/2.27

《墨子闲诂》与《闲情赋》之讹……………… 颜春峰/2.29

“大肆”与“大事”…… 荣耀祥/2.30

“傅”“付”与“副”…… 荆　石/4.15

“彐”与“彐”的区分法……………… 荣可吉/4.16

“松弛”莫作“松驰”……………… 林　山/4.17

“填房”岂是“偏房”……………… 邹立志/7.15

“杏林”与“杏坛”…… 南　北/7.16

士·女士·男士……… 曾宪琪/7.17

“纨扇圆絜”辨释…… 叶　苍/8.22

“考”字怎么写……… 姚楚材/8.23

从“湝”说起………… 姜继曾/8.25

“巨增”“巨变”和“剧变”……………… 田之雨/10.16

“常盛不衰”与“长盛不衰”……………… 朱楚宏/10.18

“蛰”与“蜇”……… 徐世华/10.19

不肖·不消·不屑 … 钱　煦/10.20

“率”“携”“暨”“偕”……………… 左慎五/12.30

“黏”字不该“下岗”——兼论“黏”与“粘”……………… 郭忠新/12.31

话说“立早章” …… 孙章埂/12.32

“期间”“其间”辨 … 马三生/12.33

词语春秋

试说“按揭”………… 魏　雨/1.40

“大闸蟹”试释……… 袁　诹/1.42

“吹牛皮”的来历…… 章　回/2.40
“易箦”的出处……… 唐遇春/2.41
此“散”非那“散”…… 少　华/3.21
人之称“座”………… 魏助增/3.22
“皮草”试释………… 周志锋/3.23
“横”的词义衍化…… 陈汝法/5.10
“解手”来源之我见
………………… 骆伟里/5.11
“她”字并非刘半农所造
………………… 贺　祥/5.13
“裙带”说略………… 李秉鉴/5.14
也说《天方夜谭》为何用“谭”
………………… 金文明/6.41
追根溯源说“老板”
——流行称呼语透视之三
………………… 李明洁/6.45
唯技是尊谈“师傅”
——流行称呼语透视之四
………………… 李明洁/7.42
释“摸索”………… 怀　国/7.43
富贵梦中评“太太”
——流行称呼语透视之五
………………… 李明洁/9.41
关于“黄猫黑猫”…… 晓　津/9.42
唐代纪年为什么一度用“载”
………………… 封常曦/9.44
话说“万人空巷”… 汪少华/10.33
凤的性别及其他 … 施春宏/10.35
关于唐玄宗改“年”为“载”的馀话
………………… 封常曦/10.37
德学为高话“老师”
——流行称呼语透视之六
………………… 李明洁/12.24
谈“左券”和“右券”
………………… 左秀灵/12.25
也谈“左券”和“右券”
………………… 宛　啸/12.27

校园丛谈

“祖先”≠“国家”…… 张　蓓/2.15
“当做”和“当作”不宜混用
………………… 沈丽莉/2.16
谁是“日本通”？…… 张　烨/2.16
小议“家乡”“栽樟树”
………………… 周　娓/2.17
“三分之一的零头”？
………………… 李献功/2.17
高考作文错字之最
………………… 汪兆龙/2.18
“光彩熠熠”的植物
………………… 郭定功/2.18
“东来西往”？……… 王义林/2.19
莫把异形词当错别字
………………… 周照明/7.10
历史教科书语病举隅
………………… 周明学/7.12
“的卢”的出典与读音
………………… 屠林明/7.13
“深恶痛绝”释义指瑕
………………… 郑　陆/7.14

近代第一家中文日报的名称
………………… 黄柏军/12.15
"阿长"的求证 …… 夏业昌/12.16
并不准确的"提示"
………………… 黄敬明/12.17
毛耶？肉耶？ …… 周照明/12.18

广告天地

好想游"宋城"……… 宗　朴/5.33
"出卖春天"………… 许天星/5.34
"超值"宜慎用……… 曹志彪/5.35
"天国的风"和"蓬荜生辉"
………………… 高光门/6.33
"入伍""入伙"与楼市
………………… 朱怀兴/6.34
谁"鸣谢"谁………… 刘汝燮/6.35
"温情似水"不通…… 莫澜舟/6.35
叩门欲何为………… 郎裕昆/7.35
豫园集团广告差错三例
………………… 徐世华/7.36
"大磨坊""金磨坊"优劣说
………………… 刘雪春/10.26
"鸿喜"和"精闰" … 牛玉灿/10.27
令人费解的赠送 … 程　虎/10.28
不是滋味的"新口味"
………………… 饶宗友/10.29
"征订"的误用 …… 马玉升/10.29

十字街头

"七不"宣传口号中的引号
………………… 马三生/1.20
街头文字说讹……… 余志芳/1.22
"犇羴鱻"能吃吗？ 关修身/1.22
电视剧《司文郎》指误
………………… 刘定一/3.16
"一直以来"质疑…… 李小平/3.17
邮戳上的错字……… 戴德源/3.18
什么是"一口钟"？ …何鉴华/3.19
《空城计》里的一段唱词
………………… 何培刚/3.20
"宾议馆"………… 马玉升/3.20
郴州、柳州和"彬州"
………………… 王　蘭/6.17
司≠公司………… 周德茂/6.18
莫为皇帝改名……… 杨阳羊/6.19
"获准受贿"的"干井"
………………… 许　可/6.20
今人不应称古人…… 王　旭/6.21
电视剧《三国演义》别字说略
………………… 司书长/8.27
易牙餐馆的盛衰…… 关修身/8.28
"卮言"岂能变"危言"
………………… 唐遇春/8.29
杨振宁是博士还是教授
………………… 宣　轩/11.34
保龄球馆里的争论
………………… 志　洪/11.35

这样的“直量”,我们信不过
……………… 陶　锐/11.36
“精华”何须“浓缩”
……………… 李春林/11.36
寒舍·家父·岳父 … 郝　捷/11.37
话说“东窗事发” … 马其钝/11.38
“废水”竟成“费水”
……………… 韩谭保/11.38
错一字代价七万五
……………… 陈明杰/12.35
“阑珊”及其他 …… 张兆前/12.36

语坛掌故

“鸿”的故事………… 凌　乙/4.18
“爱呀,厄的去” … 王中原摘/4.19
“微须”轶闻………… 萧明光/4.20
陶行知解字………… 胡念川/4.20
也释“爱呀,厄的去”
……………… 钱伯城/7.37
吴玉章改诗………… 陈晓岑/7.38
一“点”不苟
——汉字简化轶事
……………… 叶　文/7.39
“?”螺蛳 ……………… 郑胜观/7.40
章太炎测字………… 王　涵/8.19
凌峰的语文功夫…… 楚山孤/8.20
张作霖“手黑”……… 伐新民/8.21

旧话重提

关于“最……之一”
……………… 叶景烈/5.36
《二简》影响今犹在
……………… 余双人/5.38
“之所以”正误辨…… 金波生/5.44
“凌晨”是什么时候
……………… 何伟渔/11.23
“唐代的古钟”和“安全事故”
……………… 魏　雨/11.26

编读热线

我的建议………… 傅凌发/2.封二
我的答复………… 郝铭鉴/2.封二
小丛刊和大眼光
——《咬文嚼字》主编和国家语委主任的通信 …………… /11.39
《咬文嚼字》感言 … 刘　金/11.40
“丑小鸭”的丰姿 … 林　靖/11.41
咬嚼出个洁净天地来
……………… 嘉　琦/11.42
乘风破浪一扁舟 … 汪惠迪/11.43
偶读《咬文嚼字》 … 冯英子/11.44

百问百答

“帐”和“账”怎么区分?
……………… 程　荣/4.34
既是“文化”,也是“文艺”
……………… 编　者/4.36

“黄澄澄”读音释…… 尤敦明/4.37
“触詟”应是“触龙”
…………………… 封常曦/6.38
乱“穿”和乱“窜”…… 郑应伍/6.40
陈寅恪的“恪”应当怎么读
…………………… 郑 茵/9.28
话说“大排档”……… 张 欣/9.31
“会稽山”的“会”以读 kuài 为宜
……………… 郑 茵/10.21
“虫”的泛化 ……… 文士其/10.24

书林一叶

让语言文字规范化的火越烧越旺
——《最新汉字读音书写规范手册》序 ………… 许嘉璐/4.31
咬文嚼字的新视野
——《汉字研究新视野丛书》读后……………… 之 其/6.36

报刊扫描

莫滥用量词“位”…… 翁璇庆/1.26
“起雾”和“起霜”
“固化”和“硬化”
…………………… 文继惠/1.27
春联的上下联错了位 胡渐逵/1.28
“三余载”是几载?
…………………… 杜 哉/1.29
这个年份错不得…… 邹兴余/1.29
“东隅”、“桑榆”不能互换
…………………… 骆守中/1.30
出版社岂能“韦编三绝”?
…………………… 罗 禹/1.31
“布依”不能写成“不依”
…………………… 蔡 威/1.31
“宋体字”辨………… 陈福季/1.32
“敬谢不敏”小议…… 左慎五/2.32
“雾水情”还是“露水情”?
…………………… 杜 哉/2.33
“年代”的误用
……… 徐惠仁 徐冬梅/2.33
标题失当简评……… 孔繁群/2.34
一“非”障目………… 严 浩/2.35
且慢“切慢”………… 田之雨/2.36
“东京”不是洛阳…… 计 华/2.37
赣江源出何处?…… 刘德祥/2.38
谈谈“忘年之交”…… 陆焕平/2.39
凯丽凭什么高人一等
…………………… 尹柳营/3.24
“不必要”辨误……… 邱剑云/3.25
“三曹”与“帝胄”…… 莫澜舟/3.26
“独家”的误用……… 曾宪琪/3.27
危言乎?厄言乎?
…………………… 汪 旸/3.28
用错了的“冥寿”…… 居茂文/3.28
“文不加点”不是不加标点
…………………… 汪兆龙/3.29
“地区”——一个不可疏漏的名词
…………………… 刘德祥/3.30
好贵重的书………… 符 泊/3.30

“比翼双飞”岂可乱用

…………………… 乔　木/4.21

庄子能预测未来？

…………………… 牛亚辉/4.22

“公演”“过百”及其他

…………………… 林利藩/4.23

炸弹不是炮弹……… 张崇信/4.24

“推行服务忌语”之类

…………………… 毕兆祺/4.25

舍身≠奋不顾身…… 荣　艺/4.26

人名错，大不该 …… 马玉升/4.27

“不可收拾”何其多

…………………… 杜　哉/4.27

“其”字的滥用……… 钱伯城/5.20

“不啻”不等于“不但”

…………………… 沈惠乐/5.22

古语岂能如此今用

…………………… 宛　啸/5.23

“登堂人室”不是“进入课堂”

…………………… 庆　祜/5.25

“故居落成”？……… 毓　霞/5.25

“眼高手低”莫乱用

…………………… 杨　践/5.26

谁诵读《枯树赋》…… 何　兴/5.26

石敬塘与和坤……… 石中玉/6.22

“甚至”前后的语序　俞敦雨/6.23

《中华读书报》的四个错字

…………………… 苏培成/6.24

日本无“新泻县”…… 花启清/6.25

动宾搭配不当举隅

…………………… 凌　乙/6.26

凶手是谁………… 葛福安/6.27

谁烧的圆明园……… 张广育/7.22

对联误倒两例……… 汤华泉/7.23

瑕不掩玉≠瑕不掩瑜

…………………… 俞明芳/7.24

“新安江水库”就是“千岛湖”

…………………… 黄敬明/7.24

“满洲”错为“满洲里”

…………………… 侯印林/7.25

从“淹没”说起……… 孙章埂/7.26

“绝无仅有”并非“绝无”

…………………… 俞敦雨/7.27

“囊中萧瑟”辨……… 夏业昌/7.28

说卐道万………… 沈锡伦/8.40

耶稣是七天复活吗

…………………… 王连杰/8.41

妻子健在，何来“续弦”

…………………… 方　萱/8.42

“繁荣昌盛”从何说起

…………………… 陈　艰/8.42

“她”是谁………… 刘育书/8.43

“拂手”和“援手”…… 俞敦雨/8.44

“毁誉”不是偏义词

…………………… 何培刚/8.45

成语不宜拼接……… 孟　信/9.33

“卷”与“册”……… 陈和军/9.34

鱼蚌如何相争……… 汪　旸/9.34

话说“不菲”………… 丁　益/9.35

成语误用四例……… 莫澜舟/9.36
“宋人”未必是宋代人
………………… 黄振豪/9.37
叠床架屋三例……… 孙　诚/9.38
“恋栈”不同于“留恋”
………………… 杨庆铎/9.39
此处“弹冠”不相宜
………………… 马厚寅/9.40
“休止符”如何“奏出”
………………… 辛南生/10.39
金农“缀学” ……… 金　易/10.40
关于“翻跟头” …… 俞明芳/10.40
“新未来”不成话
……………… 丁　益/10.41
“正人”莫忘“正已”
……………… 今　许/10.42
一笔误写文意非 … 林双华/10.43
《辍耕录》与袁枚 … 周思璋/10.43
“三国吴归命侯” … 卢孟义/10.44
“东施笑颦” …… 欧阳文彬/10.45
“橙子”没有脚 …… 陈炳衡/11.28
年年二十九岁的奇男
……………… 汤志鸿/11.29
是“圄”不是“团” … 吉善玉/11.29
数字的困惑 ……… 姚秋声/11.30
虎门销烟始于何时
……………… 王　勤/11.31
“邻里”变“阎王” … 李　仑/11.31
何谓“悼亡” ……… 吕　伦/11.32
一条吓人的标题 … 洪光祥/11.32
“三国鼎立”与“孙吴联合”
……………… 张　章/11.33
语意重复举隅 …… 刘荣义/12.37
故弄玄虚的“导语”
……………… 王　蘭/12.38
何来“台语” ……… 鹿梦沂/12.39
日本消受得起中国蜂蜜么?
……………… 姜国君/12.40
“竟被视作‘同姓恋’”?
……………… 曹德和/12.41
苏局仙健在否 …… 陈福季/12.42
“荆轲”不作“荆柯”
……………… 杜　哉/12.43
“一年一度”画蛇添足
……………… 闻　喜/12.43
“三甲”不是“前三名”
……………… 马凤鸣/12.44

向我开炮

莫将述古当创作 … 吉常宏/10.30
《春秋》三传无“穀梁”
……………… 少　华/10.30
港台不是外国 …… 毓　霞/10.31
《电视剧〈司文郎〉指误》之误
……………… 刘硕勋/10.31
“荆沙市”已成历史
……………… 施春宏/10.31
这个冒号用得不妥
……………… 居茂文/10.31
“臻”“蒸”不同音 … 龚　益/12.20

顾客还是敢进门 … 青 支/12.20
“引起”应该引起注意 ……………… 田仲民/12.21
《校名巧对》补遗 … 辛南生/12.22
“你吃了饭去”与“你吃饭去” ……………… 屠佩军/12.22
这个“也”字用得不妥 ……………… 傅凌发/12.23
“门可罗雀”不如“门庭若市” ……………… 张红梅/12.23

语　丝

“商鞅”是谁？……… 王 蘭/1.15
杨文意,好“大”的胆 ……………… 辛南生/1.19
吓人的标题………… 徐德培/1.21
“肛门发言”成“屁话” ……………… 田 毅/1.30
品茗“红宝”………… 徐世华/1.32
“膳养”和“困挠”…… 李木子/1.37
台湾与“国内”……… 蒋 术/1.41
“价位”无轻重 ……… 莫澜舟/2.8
办报岂能不孚众望？ ……………… 姚楚材/2.10
“妇男”是男还是女？ ……………… 王璞之/2.12
蚂蚁如何穿(拴)豆腐 ……………… 马厚寅/2.31
“未来”莫作“未末” ……………… 樊菁菁/2.36
“烧烤尸”…………… 徐世英/2.37
不能把“来”说成“往” ……………… 吴月升/2.39
两处“了了”都用错 ……………… 祝用湘/2.44
此“臻”不是那“蒸” ……………… 张崇信/3.10
何物“原珠笔”？…… 达 维/3.44
“年轻女青年”……… 周俊生/4.29
“南辕北辙”的通告 ……………… 王盛渠/4.33
这不是“城下之盟” ……………… 徐见一/4.38
并非“最后胜利”…… 居继苏/4.48
“温儿叉”应为“温八叉” ……………… 陈新国/5.6
“俏价”……………… 陈俊艺/5.14
少了一个字,惩治错了人 ……………… 王加山/5.18
“将他杀之”………… 李云龙/5.19
一则帮倒忙的广告 ……………… 劳 益/5.32
“尝”桃花？………… 屠林明/5.45
曹禺的忌日竟出现两个 ……………… 邓天亮/5.48
“令尊”用法不当…… 曾俊扬/6.11
“胭脂店”？“烟纸店”？ ……………… 葛 康/6.16
汉字中的独行侠——“已” ……………… 王中原/6.21

“航班”不能“开辟”
…………………… 王泰祺/6.32
一字之差“浊”变“清”
…………………… 王　励/6.37
引文须核对………… 居茂文/7.28
“白话电报”有误…… 张　望/7.32
“噪音”不宜“达标”
…………………… 欧阳涤英/7.34
“啧啧烦言”？……… 钱　行/7.41
“国家一级演员”…… 王德彰/7.48
“同母异父”的孪生兄弟？
…………………… 张广育/8.10
胃有“喷门”吗？…… 景国楹/8.29
“人种”……………… 高继旺/8.35
邓小平改写题辞…… 荣可吉/8.39
省不得的字………… 踪　遥/8.44
众家媒体进错“港”
…………………… 袁品荣/9.14
“莫不例外”的含意
…………………… 侯印林/9.20
“酒囊饭袋”莫乱用
…………………… 何　兴/9.27
“家庭暴力”竟有“暂行规定”
…………………… 陈星汉/9.32
“以防万无一失”…… 丘裕盛/9.39
是“犹”，不是“尤”… 施祥云/9.40
“怵目惊心”并不错
…………………… 宁源声/9.46
人类历史竟不足两千年
…………………… 张广育/10.15
谁“伸出魔手”…… 张在明/10.17
“探望须知”……… 尚　义/10.23
坦“诚”已见 ……… 陆华云/10.25
“白衣”和“白医”
…………………… 桂宗先/10.32
“筋”，如何能“刺”
…………………… 季世琪/11.11
“瑙”——想当然的简化字
…………………… 王中原/11.13
邵力子家乡在哪里
…………………… 小　文/11.18
是“有娇氏”还是“有蛴氏”
…………………… 叶才林/11.21
“吸引外资”……… 杨松琦/11.25
“男有睾曰奴”…… 王中原/11.33
触目惊心的价目牌
…………………… 苏　云/11.35
左路纵队到达何处
…………………… 刘长俊/11.37
“他”成了“‘小康’人家”
…………………… 李献功/11.45
“切忌不可”的幽默
…………………… 凌　大/12.6
“第五代玄孙”…… 林章文/12.11
两岁结婚 ………… 周军刚/12.34

五重奏

智答篇　咖啡里放毒药
…………………… 陈益春/1.46
妙联篇　血牙嘴…… 纪　久/1.46

噱言篇　牛群“逗”妻
……………………　翟兴云/1.46
趣喻篇　“女人家嗑瓜子”
……………………　徐三思/1.47
谐诗篇　“乔老爷”卖报
……………………　恽　雄/1.47
谐诗篇　给张春桥画像
……………………　郑捷生/2.47
噱言篇　卓别林打苍蝇
……………………　赵　荣/2.47
趣喻篇　从王到猴
……………………　钟　纯/2.47
智答篇　“马路”……　吴月庚/2.48
妙联篇　“橘井”与“杏林”
……………………　雁　寒/2.48
谐诗篇　乔羽咏酒
……………………　韩地山/3.46
智答篇　“怀着孩子”
……………………　曹久山/3.46
噱言篇　“句号”……　池　敏/3.47
妙联篇　“清明”对“谷雨”
……………………　邝　明/3.47
趣喻篇　《牛虻》与苏格拉底
……………………　羊　吉/3.47
智答篇　“佛语”藏机锋
……………………　江　文/4.46
妙联篇　“蟹足”与“驴腚”
……………………　刘　文/4.46
趣喻篇　读者四比
……………………　斯　言/4.47
噱言篇　“水市长”
……………………　朱永芳/4.47
谐诗篇　衙门气……　陆　山/4.47
谐诗篇　诗霸………　林　山/5.46
趣喻篇　捡石头……　艾　宏/5.46
智答篇　“中国可有妓女?”
……………………　裘　浩/5.47
噱言篇　“奥斯卡”的脖子
……………………　房　雨/5.47
妙联篇　冷眼热肠聂绀弩
……………………　樊仁宇/5.48
智答篇　刘绍棠论“变”
……………………　钟　浩/6.46
妙联篇　手杖………　田士源/6.46
噱言篇　“傻小子”
……………………　徐步卓/6.47
趣喻篇　第四块三明治
……………………　俞　文/6.47
谐诗篇　树！树！树！树！
……………………　郑　莞/6.47
妙联篇　校名巧对
……………………　楚亦凡/7.46
趣喻篇　维特克论历史
……………………　裘　彪/7.46
噱言篇　“抗旱排涝”
和“焚书坑儒”……　傅天温/7.47
智答篇　“丈夫是个老共产党员”
……………………　申建忠/7.47
谐诗篇　唐伯虎“行乞”
……………………　屈　岩/7.47

谐诗篇　和尚咏月
…………………… 李纯仁/8.46
趣喻篇　青蛙和晨鸡
…………………… 祁山云/8.46
智答篇　摇自己的头
…………………… 廖永桂/8.47
噱言篇　无所不"痔"
…………………… 闻　卉/8.47
妙联篇　谁家庄子
…………………… 邬志和/8.47
噱言篇　"谢绝探望"
…………………… 阮　元/9.47
妙联篇　贺抗战胜利联
…………………… 任明海/9.47
智答篇　派克钢笔
…………………… 周　水/9.47
趣喻篇　霍英东"踢足球"
…………………… 鲁　山/9.48
谐诗篇　悼妓……… 郑　莞/9.48
谐诗篇　买"否"… 费钟如/10.46
趣喻篇　李燕杰论"下岗"
…………………… 孟吉行/10.46
噱言篇　吴佩孚的批语
…………………… 贾　廷/10.46
妙联篇　蒋焘巧对拆字联
…………………… 石　陀 10.47
智答篇　以牙还牙
…………………… 邬志和/10.47
智答篇　培根的"空桶说"
…………………… 张　琼/11.46
趣喻篇　迟子建评足球
…………………… 薛之望/11.46
噱言篇　从"头"做起
…………………… 左　雯/11.46
谐诗篇　咏奇兽 … 郭　仲/11.47
妙联篇　"神童"的"赤子心"
…………………… 马其钝/11.47
噱言篇　薄熙来论啤酒
…………………… 陈　文/12.45
智答篇　几桶水 … 郭松林/12.45
妙联篇　一字对 … 王中原/12.46
谐诗篇　打它三百枪
…………………… 唐建汇/12.46
趣喻篇　马车上的弹簧
…………………… 洪　远/12.46

画中错

"奔瞧果"与"锛铰裹"
…………………… 徐世英/3.31
"遇"不可简化为"迂"
…………………… 高　良/3.32
差不得"一点"……… 奋　之/3.34
不要肢解文字……… 李志辉/3.36
中间打"×"别想"盈"
…………………… 吉善玉/3.38
宽"敞"的住房……… 殷　滢/3.48
是幽默还是讽刺…… 陆华云/8.18
"打假"…………… 聂树平/8.28
一"点"不能差……… 汤海明/8.37
另一种愚昧………… 余培英/8.48

卷首幽默

"黑店" …… 郑必胜 麦荣邦/1.1
"吴晗"三错记
……… 华 征 麦荣邦/2.1
"爪子"惹风波
……… 胡轶群 麦荣邦/3.1
"狼逃尽……"
……… 齐 鲁 麦荣邦/4.1
寿宴 ……… 蔡雄州 麦荣邦/5.1
"高不可攀" 杨松琦 麦荣邦/6.1
"国际拐卖妇女大会"
……… 李栋臣 麦荣邦/7.1
化验 ……… 唐立诚 麦荣邦/8.1
"尸名" …… 金 监 麦荣邦/9.1
斧头·爹头·爷头
……… 谭 风 麦荣邦/10.1
"督造男女"
……… 王一凡 麦荣邦/11.1
"遇刺" …… 丁国成 麦荣邦/12.1

有照为证

谁敢下箸? ……… 朱怀兴/1.封四
何来"座佑铭"…… 乐 丁/2.封四
老蔡,你错了! … 南 华/3.封四
研究"内奸"? …… 赖正和/4.封四
海边"污染"……… 秦殿杰/5.封四
"有色招待"……… 韩小士/6.封四
如此"皇後"……… 羊 子/7.封四
何物"狣酥"……… 关修身/8.封四
"苹"果店………… 郭曙纶/9.封四
"空手道" ……… 晓 炎/10.封四
多了个"兴奋点"
…………… 蔡 启/11.封四
排挡·牌檔……… 王 威/12.封四

广角镜

校对群英聚申城
……………… 尚 版/1.封三
考试……………… 毕 元/2.封三
眼光……………… 紫 迅/3.封三
多看一遍………… 周 新/4.封二
知音……………… 编 者/5.封三
共识……………… 项 弢/6.封三
我看《咬文嚼字》
…………… 吕叔湘等/7.封三
编读情深
——本刊读者座谈会剪影(一)
……………… 编 者/8.封三
编读情深
——本刊读者座谈会剪影(二)
……………… 编 者/9.封三
年会……………… 符 迅/9.封二
鱼渔相混 店招有碍观瞻
从善如流 不吝千金改错
…………… 晓 津/10.封二
面向21世纪 …… 岘 北/11.封二
我说语文 ……… 编 者/12.封二

向你挑战

《十二生肖词语填空》参考答案
………………………… /1.48

其　他

新年寄语…………… 编者/1.封二
编后记……………………… /6.48
敬告读者………… 编　者/7.封二
敬告读者………… 编　者/8.封二
紧急启事 ………… 编　者/10.48
编后 ……………… 编　者/11.48
1997年度荣誉校对名录…………
…………………… 编者 /合.1
跋:“炮声”在继续 …… 编者 /合.2

1997

上海文化出版社

咬文嚼字

Y 咬文A字 O 咬文W字

E 咬文N字 J 咬文I字

A 咬文O字 Z 咬文I字

AOWENJIAOZ

SHANGHAIWENHUACHUBANSHE

1

新年寄语

编者

咬文嚼字又一年。

值此新年来临之际，本丛刊全体同人，向广大读者朋友致以诚挚的问候。愿我们在新的一年里，同舟共济，同仇敌忾，"咬"出新的水平，"嚼"出新的滋味。

《咬文嚼字》创办之初，有人曾预言，至多只能出三期。但我们现在已迈入第三个年头。犹如一棵小树，在顽强地伸展着枝叶；犹如一条小溪，执着地向前方奔腾。我们深知，这和读者朋友的支持是分不开的。别的且不说，本丛刊刊出的稿件，百分之九十以上都取之于自发来稿！

新年给我们带来了新的憧憬。

《咬文嚼字》是以挑战的姿态问世的。它向一切语文差错宣战，向一切不规范的语文现象宣战。第一年组织"有奖竞赛"，第二年推出"众矢之的"，"一年三百六十日，都是横戈马上行"。今年新的战斗又将打响，读者朋友，你听到了那隐隐传来的炮声了吗？

《咬文嚼字》以传播语文知识为己任，并不只是一味地就错论错。但在这方面我们做得并不尽如人意。有时，自己还要出点洋相，实在令人汗颜。为此，今年将辟"择善而从"、"百问百答"等新的专栏，敬请读者朋友留意。

《咬文嚼字》是普及型的文化读物，自然应在通俗化方面下功夫。特别是当我们知道有一大批中学生加入到读者队伍中来时，更感到加强可读性是义不容辞的责任。我们为此恢复了"五重奏"专栏，更注意在每篇文章的遣词造句方面努力。对此，还望读者朋友随时指点。

卷首幽默

“黑店”

郑必胜·文
麦荣邦·画

某市有些霓虹灯店招常年失修，一到晚上，招牌上的字缺胳膊少腿，城市形象大受损害。

其中有一家饮食店，以经营大肉包为特色，霓虹灯广告上便是“大肉包”三字，远远便能见到。但“大”字缺了一横，赫然成了“人肉包”，让人看了心惊肉跳。

过路君子说：这家店主真比孙二娘的胆子还大。开的是黑店，竟还敢做广告！

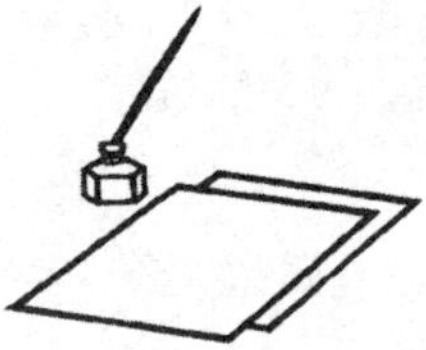

咬文嚼字

1997 年 1 月

第一辑

(总第二十五辑)

上海文化出版社出版、发行
上海绍兴路74号
电话:64372608－205
邮政编码:200020
新华书店经销
上海艺文激光电脑排版厂排版
上海海峰印刷厂印刷
开本787×1092　1/32
印张1.5　字数43 000
1997年1月第1版
1997年1月第1次印刷
ISBN7－80511－881－7/H·35
定价：2.00元

1—2

目　录

本辑特稿

中华人民共和国国家标准
　标点符号用法 ……………………(4)
《标点符号用法》有何修订……薛　范(11)
常见标点差错举隅……………朱禹山(13)

正音室

谈"鸟"字的一个读音…………封常曦(16)
"烊"读 yáng 还是 yàng? ……齐印堂(17)
"长歌当哭"的"当"怎么读? …舒宝璋(18)

十字街头

"七不"宣传口号中的引号　…马三生(20)
街头文字说讹　………………余志芳(22)
"犇羴鱻"能吃吗?　…………关修身(22)

三味沙龙

咬嚼《阿 Q 正传》中的两句话…鄢　义(23)
崔颢《黄鹤楼》诗的
　"黄鹤"、"白云"之辨 ………陈增杰(24)

报刊扫描

莫滥用量词"位"　……………翁璇庆(26)
"起雾"和"起霜"
　"固化"和"硬化"　…………文继惠(27)
春联的上下联错了位…………胡渐逵(28)
"三余载"是几载? ……………杜　哉(29)
这个年份错不得　……………邹兴余(29)
"东隅"、"桑榆"不能互换 ……骆守中(30)
出版社岂能"韦编三绝"? ……罗　禹(31)
"布依"不能写成"不依"………蔡　威(31)
"宋体字"辨　…………………陈福季(32)

字里乾坤

大禹为何是条虫?
——上古圣王得名考源之一……张再兴(33)
“子”中敬意从何来?……………韩华梅(34)
弃子揭秘 ……………………刘志基(36)

书林指谬

箪食瓢饮≠箪食壶浆 …………省　庐(38)
是“庶母”、“庶出”吗? …………何培刚(39)
“大吏”与“大使” ………………谭　风(39)

词语春秋

试说“按揭” ……………………魏　雨(40)
“大闸蟹”试释 …………………袁　诹(42)

辨字析词

“酸痛”还是“痠痛”?……………萧　津(43)
“迅”字右上不是“凡” …………马玉岭(44)
“躁热”辨析 ……………………高　低(45)

五重奏。

智答篇　咖啡里放毒药 ………陈益春(46)
妙联篇　血牙嘴 ………………纪　久(46)
噱言篇　牛群“逗”妻 …………翟兴云(46)
趣喻篇　“女人家嗑瓜子” ……徐三思(47)
谐诗篇　“乔老爷”卖报 ………怿　雄(47)

语。丝

“商鞅”是谁?……………………王　蘭(15)
杨文意,好“大 ”的胆 …………辛南生(19)
吓人的标题 ……………………徐德培(21)
“肛门发言”成“屁话” …………田　毅(30)
品茗“红宝” ……………………徐世华(32)
“膳养”和“困挠” ………………李木子(37)
台湾与“国内” …………………蒋　木(41)

向你挑战

《十二生肖词语填空》参考答案 ………(48)

卷首幽默

“黑店” …………………郑必胜　麦荣邦(1)

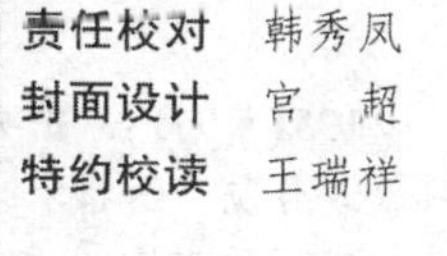

本辑特稿

中华人民共和国国家标准

标点符号用法

GB/T 15834－1995

Use of punctuation marks

前言

1951年9月，原中央人民政府出版总署公布了《标点符号用法》，同年10月原政务院下达指示，要求全国遵照使用。四十年来，文字书写和书刊排印已由直行改为横行，标点符号用法也有了某些发展变化，因此，1990年3月，国家语言文字工作委员会和中华人民共和国新闻出版署重新发布了修订后的《标点符号用法》。本标准就是在新颁《标点符号用法》的基础上制定的。

本标准参考了国内外标点符号用法的文献，广泛听取了语文学界、新闻界、出版界、教育界的意见。

本标准对汉语书面语中常见的标点符号用法进行了规定和说明，目的在于使人们正确掌握标点符号用法，以准确表达文意，推动汉语书面语言的规范化。

本标准从1996年6月1日起实施，从实施之日起，原《标点符号用法》即行废止。

本标准由国家语言文字工作委员会提出。

本标准由国家语委语言文字应用研究所《标点符号用法》课题组负责起草。

本标准主要起草人：龚千炎、刘一玲。

1　范围

本标准规定了标点符号的名称、形式和用法。本标准对汉语书写规范有重要的辅助作用。

本标准适用于汉语书面语。外语界和科技界也可参考使用。

2　定义

本标准采用下列定义。

句子　sentence

前后都有停顿，并带有一定的句调，表示相对完整意义的语言单位。

陈述句　declarative sentence

用来说明事实的句子。

祈使句　imperative sentence

用来要求听话人做某件事情的句子。

疑问句　interrogative sentence

用来提出问题的句子。

感叹句　exclamatory sentence

用来抒发某种强烈感情的句子。

复句、分句　complex sentence, clause

意思上有密切联系的小句子组织在一起构成一个大句子。这样的大句子叫复句，复句中的每个小句子叫分句。

词语　expression

词和短语(词组)。词，即最小的能独立运用的语言单位。短语，即由两个或两个以上的词按一定的语法规则组成的表达一定意义的语言单位，也叫词组。

3　基本规则

3.1　标点符号是辅助文字记录语言的符号，是书面语的有机组成部分，用来表示停顿、语气以及词语的性质和作用。

3.2　常用的标点符号有16种，分点号和标号两大类。

点号的作用在于点断，主要表示说话时的停顿和语气。点号又分为句末点号和句内点号。句末点号用在句末，有句号、问号、叹号3种，表示句末的停顿，同时表示句子的语气。句内点号用在句内，有逗号、顿号、分号、冒号4种，表示句内的各种不同性质的停顿。

标号的作用在于标明，主要标明语句的性质和作用。常用的标号有9种，即：引号、括号、破折号、省略号、着重号、连接号、间隔号、书名号和专名号。

4　用法说明

4.1　句号

4.1.1　句号的形式为“。”。句号还有一种形式，即一个小圆点“.”，一般在科技文献中使用。

4.1.2 陈述句末尾的停顿，用句号。例如：

a)北京是中华人民共和国的首都。

b)虚心使人进步，骄傲使人落后。

c)亚洲地域广阔，跨寒、温、热三带，又因各地地形和距离海洋远近不同，气候复杂多样。

4.1.3 语气舒缓的祈使句末尾，也用句号。例如：

请您稍等一下。

4.2 问号

4.2.1 问号的形式为“?”。

4.2.2 疑问句末尾的停顿，用问号。例如：

a)你见过金丝猴吗?

b)他叫什么名字?

c)去好呢，还是不去好?

4.2.3 反问句的末尾，也用问号。例如：

a)难道你还不了解我吗?

b)你怎么能这么说呢?

4.3 叹号

4.3.1 叹号的形式为“!”。

4.3.2 感叹句末尾的停顿，用叹号。例如：

a)为祖国的繁荣昌盛而奋斗!

b)我多么想看看他老人家呀!

4.3.3 语气强烈的祈使句末尾，也用叹号。例如：

a)你给我出去!

b)停止射击!

4.3.4 语气强烈的反问句末尾，也用叹号。例如：

我哪里比得上他呀!

4.4 逗号

4.4.1 逗号的形式为“,”。

4.4.2 句子内部主语与谓语之间如需停顿，用逗号。例如：

我们看得见的星星，绝大多数是恒星。

4.4.3 句子内部动词与宾语之间如需停顿，用逗号。例如：

应该看到，科学需要一个人贡献出毕生的精力。

4.4.4 句子内部状语后边如需停顿，用逗号。例如：

对于这个城市，他并不陌生。

4.4.5 复句内各分句之间的停顿，除了有时要用分号外，都要用逗号。例如：

据说苏州园林有一百多处，我到过的不过十多处。

4.5 顿号

4.5.1 顿号的形式为“、”。

4.5.2 句子内部并列词语之间的停顿，用顿号。例如：

a)亚马孙河、尼罗河、密西西比河和长江是世界四大河流。

b)正方形是四边相等、四角均为直角的四边形。

4.6 分号

4.6.1 分号的形式为“;”。

4.6.2 复句内部并列分句之间的停顿,用分号。例如:

a)语言,人们用来抒情达意;文字,人们用来记言记事。

b)在长江上游,瞿塘峡像一道闸门,峡口险阻;巫峡像一条迂回曲折的画廊,每一曲,每一折,都像一幅绝好的风景画,神奇而秀美;西陵峡水势险恶,处处是急流,处处是险滩。

4.6.3 非并列关系(如转折关系、因果关系等)的多重复句,第一层的前后两部分之间,也用分号。例如:

我国年满十八周岁的公民,不分民族、种族、性别、职业、家庭出身、宗教信仰、教育程度、财产状况、居住期限,都有选举权和被选举权;但是依照法律被剥夺政治权利的人除外。

4.6.4 分行列举的各项之间,也可以用分号。例如:

中华人民共和国的行政区域划分如下:

(一)全国分为省、自治区、直辖市;

(二)省、自治区分为自治州、县、自治县、市;

(三)县、自治县分为乡、民族乡、镇。

4.7 冒号

4.7.1 冒号的形式为“:”。

4.7.2 用在称呼语后边,表示提起下文。例如:

同志们,朋友们:

现在开会了。……

4.7.3 用在“说、想、是、证明、宣布、指出、透露、例如、如下”等词语后边,表示提起下文。例如:

他十分惊讶地说:“啊,原来是你!”

4.7.4 用在总说性话语的后边,表示引起下文的分说。例如:

北京紫禁城有四座城门:午门、神武门、东华门和西华门。

4.7.5 用在需要解释的词语后边,表示引出解释或说明。例如:

外文图书展销会

日期:10月20日至11月10日

时间:上午8时至下午4时

地点:北京朝阳区工体东路16号

主办单位:中国图书进出口总公司

4.7.6 总括性话语的前边,也可以用冒号,以总结上文。例如:

张华考上了北京大学,在化学系学习;李萍进了中等技术学校,读机械制造专业;我在百货公司当售货员:我们都有光明的前途。

4.8 引号

4.8.1 引号的形式为双引号"“”"和单引号"‘’"。

4.8.2 行文中直接引用的话，用引号标示。例如：

a)爱因斯坦说："想象力比知识更重要，因为知识是有限的，而想象力概括着世界上的一切，推动着进步，并且是知识进化的源泉。"

b)"满招损，谦受益"这句格言，流传到今天至少有两千年了。

c)现代画家徐悲鸿笔下的马，正如有的评论家所说的那样，"神形兼备，充满生机"。

4.8.3 需要着重论述的对象，用引号标示。例如：

古人对于写文章有个基本要求，叫做"有物有序"。"有物"就是要有内容，"有序"就是要有条理。

4.8.4 具有特殊含义的词语，也用引号标示。例如：

a)从山脚向上望，只见火把排成许多"之"字形，一直连到天上，跟星光接起来，分不出是火把还是星星。

b)这样的"聪明人"还是少一点好。

4.8.5 引号里面还要用引号时，外面一层用双引号，里面一层用单引号。例如：

他站起来问："老师，'有条不紊'的'紊'是什么意思?"

4.9 括号

4.9.1 括号常用的形式是圆括号"()"。此外还有方括号"[]"、六角括号"〔〕"和方头括号"【】"。

4.9.2 行文中注释性的文字，用括号标明。注释句子里某些词语的，括注紧贴在被注释词语之后；注释整个句子的，括注放在句末标点之后。例如：

a)中国猿人(全名为"中国猿人北京种"，或简称"北京人")在我国的发现，是对古人类学的一个重大贡献。

b)写研究性文章跟文学创作不同，不能摊开稿纸搞"即兴"。(其实文学创作也要有素养才能有"即兴"。)

4.10 破折号

4.10.1 破折号的形式为"——"。

4.10.2 行文中解释说明的语句，用破折号标明。例如：

a)迈进金黄色的大门，穿过宽阔的风门厅和衣帽厅，就到了大会堂建筑的枢纽部分——中央大厅。

b)为了全国人民——当然也包括自己在内——的幸福，我们每一个人都要兢兢业业，努力工作。

4.10.3 话题突然转变，用破折号标明。例如：

"今天好热啊！——你什么时候

去上海?"张强对刚刚进门的小王说。

4.10.4　声音延长,象声词后用破折号。例如:

"呜——"火车开动了。

4.10.5　事项列举分承,各项之前用破折号。例如:

根据研究对象的不同,环境物理学分为以下五个分支学科:

——环境声学;

——环境光学;

——环境热学;

——环境电磁学;

——环境空气动力学。

4.11　省略号

4.11.1　省略号的形式为"……",六个小圆点,占两个字的位置。如果是整段文章或诗行的省略,可以使用十二个小圆点来表示。

4.11.2　引文的省略,用省略号标明。例如:

她轻轻地哼起了《摇篮曲》:"月儿明,风儿静,树叶儿遮窗棂啊……"

4.11.3　列举的省略,用省略号标明。例如:

在广州的花市上,牡丹、吊钟、水仙、梅花、菊花、山茶、墨兰……春秋冬三季的鲜花都挤在一起啦!

4.11.4　说话断断续续,可以用省略号标示。例如:

"我……对不起……大家,我……没有……完成……任务。"

4.12　着重号

4.12.1　着重号的形式为"."。

4.12.2　要求读者特别注意的字、词、句,用着重号标明。例如:

事业是干出来的,不是吹出来的。

4.13　连接号

4.13.1　连接号的形式为"—",占一个字的位置。连接号还有另外三种形式,即长横"——"(占两个字的长度)、半字线"-"(占半个字的长度)和浪纹"~"(占一个字的长度)。

4.13.2　两个相关的名词构成一个意义单位,中间用连接号。例如:

a)我国秦岭—淮河以北地区属于温带季风气候区,夏季高温多雨,冬季寒冷干燥。

b)复方氯化钠注射液,也称任-洛二氏溶液(Ringer-Locke solution),用于医疗和哺乳动物生理学实验。

4.13.3　相关的时间、地点或数目之间用连接号,表示起止。例如:

a)鲁迅(1881—1936)　中国现代伟大的文学家、思想家和革命家。原名周树人,字豫才,浙江绍兴人。

b)"北京——广州"直达快车。

c)梨园乡种植的巨峰葡萄今年已经进入了丰产期,亩产1000公斤~

1500公斤。

4.13.4 相关的字母、阿拉伯数字等之间，用连接号，表示产品型号。例如：

在太平洋地区，除了已建成投入使用的HAW—4和TPC—3海底光缆之外，又有TPC—4海底光缆投入运营。

4.13.5 几个相关的项目表示递进式发展，中间用连接号。例如：

人类的发展可以分为古猿—猿人—古人—新人这四个阶段。

4.14 间隔号

4.14.1 间隔号的形式为“·”。

4.14.2 外国人和某些少数民族人名内各部分的分界，用间隔号标示。例如：

列奥纳多·达·芬奇

爱新觉罗·努尔哈赤

4.14.3 书名与篇(章、卷)名之间的分界，用间隔号标示。例如：

《中国大百科全书·物理学》

《三国志·蜀志·诸葛亮传》

4.15 书名号

4.15.1 书名号的形式为双书名号“《》”和单书名号“〈〉”。

4.15.2 书名、篇名、报纸名、刊物名等，用书名号标示。例如：

a)《红楼梦》的作者是曹雪芹。

b)你读过鲁迅的《孔乙己》吗？

c)他的文章在《人民日报》上发表了。

d)桌上放着一本《中国语文》。

4.15.3 书名号里边还要用书名号时，外面一层用双书名号，里边一层用单书名号。例如：

《〈中国工人〉发刊词》发表于1940年2月7日。

4.16 专名号

4.16.1 专名号的形式为“——”。

4.16.2 人名、地名、朝代名等专名下面，用专名号标示。例如：

司马相如者，汉蜀郡成都人也，字长卿。

4.16.3 专名号只用在古籍或某些文史著作里面。为了跟专名号配合，这类著作里的书名号可以用浪线。“～～～”例如：

屈原放逐，乃赋离骚，左丘失明，厥有国语。

5 标点符号的位置

5.1 句号、问号、叹号、逗号、顿号、分号和冒号一般占一个字的位置，居左偏下，不出现在一行之首。

5.2 引号、括号、书名号的前一半不出现在一行之末，后一半不出现在一行之首。

5.3 破折号和省略号都占两个字的位置，中间不能断开。连接号和间隔号一般占一个字的位置。这四种

《标点符号用法》有何修订

薛　范

1995年12月13日，《标点符号用法》经国家技术监督局批准，已列为中华人民共和国国家标准，并于1996年6月1日起正式实施。笔者试把作为“标准”的《标点符号用法》(下简称《标准》) 和1990年3月22日修订发布的《标点符号用法》(下简称《用法》)作了比较，发觉前者除了在行文上体现出“标准”的特点、个别例句作了更换外，还有以下几处变动：

一、《标准》对标点符号数量的认定留有余地。《用法》在“修订说明”中说：“原列14种符号，现为16种。”《标准》的提法则是：“常用的标点符号有16种。”加上“常用的”这个定语，无非是说除了这16种外，还有非常用的。这既符合标点符号的使用现状，也为标点符号的丰富和发展作了铺垫。

二、16种标点符号，《用法》只是

符号上下居中。

5.4　着重号、专名号和浪线式书名号标在字的下边，可以随字移行。

6　直行文稿与横行文稿使用标点符号的不同

6.1　句号、问号、叹号、逗号、顿号、分号和冒号放在字下偏右。

6.2　破折号、省略号、连接号和间隔号放在字下居中。

6.3　引号改用双引号“『』”和单引号“「」”。

6.4　着重号标在字的右侧，专名号和浪线式书名号标在字的左侧。

逐一介绍,《标准》则根据其性质和作用,明确分为两大类。一类是点号,主要表示说话时的停顿和语气,共有7种,其中有句末点号——句号、问号、叹号3种,句内点号——逗号、顿号、分号、冒号4种;一类是标号,标明语句的性质和作用,共有9种:引号、括号、破折号、省略号、着重号、连接号、间隔号、书名号和专名号。这样划分更可以表现出汉语标点符号系统的体系性。

三、《标准》对逗号的使用情况作了细分。《用法》采用了比较概括的提法,称逗号可以表示“单句里边的停顿”和“复句里边分句之间的停顿”。《标准》则根据《用法》中的例句,指出“单句里边的停顿”可分为三种情况:(一)主语与谓语之间的停顿;(二)动词与宾语之间的停顿;(三)状语后边的停顿。对“复句里边分句之间的停顿”,也作了补充说明:“除了有时要用分号外,都要用逗号。”显然,《标准》的表述更加严密和便于掌握。

四、《标准》增加了分号的用途。《用法》中列举了两种使用分号的情况:一是复句内部并列分句之间的停顿要用分号;二是非并列关系的多重复句,为了层次清楚而又语意连贯,在句内也可用分号。除了这两种情况外,《标准》又增加了一种,即“分行列举的各项之间”,同样可以用分号。这种情况下面使用分号,可以增加表述的条理性。

五、《标准》对省略号的形式作了新的规定。省略号的常见形式是:六个小圆点,占两个字的位置。《标准》作了如下补充:“如果是整段文章或诗行的省略,可以使用十二个小圆点来表示。”

六、《标准》对连接号增加了形式和用途。《用法》中连接号有两种形式:一字线(—)和浪纹线(~)。《标准》增加到四种:除以上两种外,还有占两个字长度的两字线即长横“——”和占半个字长度的半字线“-”两种。在用途方面也增加了一种,即几个相关的项目中间可以用连接号,表示递进式的发展,如“古猿—猿人—古人—新人”。

七、《标准》对直行文稿的引号作了强调说明。《用法》中已经规定:直行文稿中“引号改用『』和「」”。但在实际使用中,有人误以为“「」”是双引号,应该先“「」”后“『』”。针对这一常见失误,《标准》点明了何为双引号,何为单引号,明确指出:直行文稿中,“引号改用双引号‘『』’和单引号‘「」’”。这对于纠正出版物中的引号差错是有利的。

常见标点差错举隅

朱禹山

①非疑问句用问号

“我不知道这条路谁能走通?但我一定要坚定不移地走下去。”

“这条路谁能走通”虽然有疑问词,但它是“不知道”的宾语,整个句子是一个动宾结构的陈述句,故不能用问号。

②倒装句中问号前置

“到底去还是不去?我的小姑奶奶。”

这是一个倒装句,“我的小姑奶奶”是全句的主语。凡是倒装问句,问号应置于句末,才能准确表达出疑问或反问的语气。不能一看到发问便加问号。

③分句之间用顿号

“浦东展开了翅膀,她是那样欢快、昂扬、奋发、正在向辉煌的明天飞去。”

这里实际上有三个分句,在第二个分句和第三个分句之间,应用逗号而不是顿号。“欢快、昂扬、奋发”是联合词组。凡是联合词组,最后一个成分后面,不能用顿号。

④联合词组不同层次的词语之间用顿号

“上海的越剧、沪剧、淮剧、安徽的黄梅戏、河南的豫剧,在这次会演中,都带来了新剧目。”

“越剧、沪剧、淮剧”是一个层次;它和安徽黄梅戏、河南豫剧组成联合词组,又是一个层次。不同层次之间都用顿号,必然脉络不清。第二层次应改用逗号。

⑤连词前面用顿号

“观众长时间地等待,只为一睹她的风采、或签上一个名。”

“或”是连词。在不表并列关系的连词前面,无论是“或”,是“和”,是“及”,是“与”,均不能用顿号。可根据不同句子的情况,或者删去顿号,或者改用逗号。

⑥概数用顿号

“看上去十七、八岁，一副瘦骨伶仃的样子。”

“十七八岁”是邻近两个数字连用，表示大概年龄。既然是概数，便不能加顿号。因为概数无须停顿；一加顿号便成了“十七”和“八”并列了。这不符合表述的原意。

⑦集合词语用顿号

“这次‘严打’的成功，和广大公安干、警的努力是分不开的，和公安干、警家属的支持是分不开的。”

“公安干警”是集合词语，“干”指干部，“警”指警察。集合词语是紧密结构，不能用顿号分隔开来。“中、小学生”，“大、专院校”，“指、战员”，“司、乘人员”，这些词语中的顿号都是不该用的。

⑧句中没有逗号径直用分号

“打好这一仗的关键是：一要发动群众；二要找准目标；三要速战速决。”

顿号、逗号、分号、冒号，虽同为句内点号，但停顿的时间有长短之分。应先用停顿短的逗号，再用停顿长的分号，不能乱了秩序。只有在“分行列举的各项之间”，才能直接用分号。

⑨句中已用句号再用分号

“一、学习贵在自觉。要有笨鸟先飞的精神，自我加压；二、学习贵在刻苦。要有锲而不舍的精神，持之以恒；……”

句号是句末点号，分号是句内点号。既然已经用了句号，表明整个句子已结束，再用分号，便显得不伦不类。或者句号改为逗号，或者分号改为句号。

⑩冒号后面提示范围不清

“毛泽东有两句诗：‘独有英雄驱虎豹，更无豪杰怕熊罴’，我从中感受到了共产党人的大无畏精神。”

从表面上看，冒号后面的内容，全是提示的范围。其实不然。这里提示的，只是两句诗。或者将冒号改为逗号，或者将逗号改为引号内句号。

⑪句中短暂停顿用冒号

“本市文坛三位女杰：王安忆、王小鹰、程乃珊在一起谈笑风生。”

“三位女杰”和“王安忆、王小鹰、程乃珊”是同位词组，中间只需短暂停顿，不必用标点符号。如果一定要用，只宜用破折号，让王、王、程作“三位女杰”的说明词语。

⑫同一句中用两个冒号

“晚上开大会，张书记宣布：厂里要实行两项改革措施：一是持证上岗，二是脱产培训。”

“宣布”后面是冒号，“措施”后面又是冒号，这是不符合标点符号使用习惯的。在同一个句子中，冒号一般只能用一个，否则便会面目不清。两个冒号中应有一个改为逗号。

⑬引语中“某某说”后用冒号

“‘大桥就要通车了，’他环视了一下会场说：‘请大家咬紧牙关，作最后的冲刺。’”凡是在一段引语的中间插“某某说”，这“某某说”后面只能用逗号，不能用冒号。冒号在这里的作用是提示下文。用了冒号，前面的话便没有着落了。

⑭引语中句末点号误置

“李白的诗多豪迈：‘君不见黄河之水天上来，奔流到海不复回’。”

“为了子孙后代，为了中华民族，他们成了‘盗火的普罗米修斯。’”

用了引号后，句末点号究竟是在引号内还是在引号外，关键是看引用部分是独立成句的，还是从属于引用者的。上句李白诗是完整的两句，句末点号应放在引号内；下句“盗火的普罗米修斯”，只是句中的宾语部分，句末点号则应放在引号外。一般来说，凡前面用了冒号，便是提示下面的引文是独立成句的。

⑮直排引号用于横排

“一石激起千层浪，人们纷纷伸出援助之手，真是「人间自有真情在」。”

引号有直排和横排之分。直排用『』「」，横排用“”‘’，不能横竖不分，乱用一气。有些广告设计者误以为『』「」古色古香，身价高横排符号一头，这种想法是要不得的。

⑯不是书名用书名号

“《丽达公寓》即日发售，……”

书名号用于书名、篇名、报纸名、刊物名。“丽达公寓”是商品房的名称，是不能用书名号的。不能为了突出某一表述对象，便滥用书名号。

语丝

『商鞍』是谁？

王 蘭

一九八九年版《辞海》第一八二二页『秦』字条说：『秦孝公任用商鞍变法，国力富强，并迁都咸阳（今陕西咸阳东北），成为战国七雄之一。』一九七九版《辞海》第一六一二页为『秦孝公任用商鞅变法，……』。

经查对史实，商鞅，实有其人；『商鞅变法』，实有其事。两版《辞海》『秦孝公』条也都说得很明白。商鞍何人，不得而知；『商鞍变法』，子虚乌有。

正音室

谈"鸟"字的一个读音

封常曦

一天晚上，我和女儿一起看电视剧《宰相刘罗锅》，只见刘罗锅正坐在书桌旁，听得外面有人求见，就对仆人张胜说："你去看看是个什么鸟(niǎo)?"

这时，女儿忽然转过头来问我："爸，他说什么?"

我不假思索地回答："他要张胜去看看外面是个什么人。"

女儿说："不，他是说去看看什么鸟。"

我不禁哑然失笑，说："哦，他讲的是一句粗话。"

女儿听了不再吱声，回过头去继续看电视。

电视剧结束以后，我走进书房，不由又想起了这个"鸟"字。

我记得不久前看《三国》和《水浒》等电视剧时，剧中也有"你这个鸟人"、"干你鸟事"等台词，好像一无例外，都把"鸟"念成了 niǎo。

查查《现代汉语词典》就可知道，"鸟"字除了"飞鸟"一义读 niǎo 以外，还有另一个读音，即"diǎo"，其义"同'屌'。旧小说中用做骂人的话"。而"屌"则为"男性生殖器的俗称"。显然，《宰相刘罗锅》和《三国》、《水浒》等电视剧中的"鸟"是属于后一种情况。

"屌"和它的一个异体字"弔"，作为骂人的话，早在金、元时代的书面文学作品中就已经出现了，例如：

金董解元《西厢记诸宫调》卷三："两句传示，尚自疏脱，怎背诵《华严经》呵?秃屌!"

元马致远《荐福碑》第二折："傻弔放手!我赶相公去。"

"屌"、"弔"二字毕竟是粗俗的字眼，也许是为了避讳的缘故，在后来的元、明、清白话小说中，它们全都被写成了"鸟"，例如：

《水浒传》第四回："智深在外面大叫道：'……山门外讨把火来烧了这个鸟寺!'"

又第二十三回："武松看了，笑道：'……我却怕什么鸟！'"

又第三十八回："李逵口里应道：'干你鸟事？'"

《西游记》第六十八回："〔八戒〕上前道：'……我们且到里边藏下，免得这伙鸟人嗓嚷。'"

《平妖传》第八回："只管哭甚鸟！"

以上五例中的"鸟"，毫无疑问都不应读作 niǎo，而应当读作 diǎo。值得注意的是，口吐这个字眼的不是宋江、卢俊义、吴用、唐僧，而是鲁智深、武松、李逵、猪八戒等，后者都属于性格豪放、粗鲁的武夫。可见作者使用这个字眼，是为表现人物的性格服务的。

在现当代文学作品中，不少著名的作家仍然根据刻画人物的需要，偶尔使用着这个字眼，例如：

鲁迅《故事新编·起死》："就是你真有这本领，又值什么鸟？"

老舍《四世同堂》七八："他妈的，饿成了屌样。"

朱苏进《醉太平》第一章："克格勃也是党内一项分工。你能咬掉克格勃的鸟去？"

当然，最好是尽量不用或省略掉这个字，就像曲波《林海雪原》二四那样："〔栾超家〕喘了一口气又说：'百鸡宴上拿座山雕吐，就好比裤筒里抓……'他一眼看见白茹在跟前，不好意思再往下说下去，脸一红，笑着自语道：'呔！呔！下道了！这说些啥！'"

但是，这种省略必须符合情节描写的需要，在有些情况下，你即使想回避也回避不了。当作者不得已而用上了这个字眼时，我们就应当准确地念出它的读音：diǎo。

"烊"读 yáng 还是 yàng？

齐印堂

前不久中央电视台第2套"新闻30分"节目中，女播音员报道上海的文化街开设夜市时说："在以前，这条街上没有夜市，到了晚上家家店户就关门打烊(yáng)了。"

句中"烊"字显然读错了。

《现代汉语词典》中"烊"字有两个读音，一是 yáng(扬)，意思是：熔化，溶化；二是 yàng(样)，用于打烊(指商店晚上关门停止营业)。

“长歌当哭”的“当”怎么读?

舒宝璋

是“长歌当(dàng)哭”，还是“长歌当(dāng)哭”?

这本来是不成问题的。现行高中语文课本第一册，鲁迅的《记念刘和珍君》云:“长歌当哭，是必须在痛定之后的。”编者注云:“[长歌当(dàng)哭]意思是用写文章来代替哭泣。……当，当作。”有什么错呢?

一查商务印书馆1989年出版的《汉语成语考释词典》，可就成了问题了。除了标音为 dāng 外，词典编者还特地加了按语:

“当”不读去声，宋·洪迈《容斋随笔·二·长歌之哭》有“长歌之哀，过于恸哭”语，明·汪砢玉《珊瑚网·法书题跋·四·苏子瞻(轼)书武昌西山赠邓圣求诗迹》有“我为长歌吊此老，恸哭未抵长歌哀”语，均可证明“当”作“敌、抵”解，故宜读阴平。

但我还是不明白: 1)苏轼说“恸哭未抵长歌哀”，洪迈说“嬉笑之怒，甚于裂眦;长歌之哀，过于恸哭”，他们所说的“未抵”或“甚于、过于”，明明是往深处说，意思已超过了“当”，怎么仍用来证明“当”的含义是“敌、抵”呢? 2)“当”作“敌、抵”解，就一定要读阴平吗?

诚然，“当”作“抵敌、抵抗”讲时，是要读阴平的。如成语“螳臂当车”、“旗鼓相当”、“锐不可当”等。王维《老将行》:“一身转战三千里，一剑曾当百万师。”田汉《从南昌到瑞金·南昌访八一起义总指挥部》诗:“革命洪流不可当，武昌波远撼南昌。”按诗律，“当”都是平声。

可是，“当”作“抵押”或“抵当、替代”讲时，显然应该读去声。如“典当、当铺、当票”和“长歌当哭、安步~车”等词语。杜牧《代吴兴妓春初寄薛军事》诗:“金钗有几只，抽当酒家钱。”吕洞宾《七言》诗之一〇四云："曾随刘阮醉桃源，未省人间欠酒钱。一领布裘权且当，九天回日却归还。"按诗律，"当"都是仄声。

乐府诗《悲歌》："悲歌可以当泣，远望可以当归。"余冠英注曰："[当]代也。即'晚食以当肉，安步以当车'的当，正因为'远望'当不了归，'可以'才见出沉痛。"《秋瑾集·挽故人陈阕生》序云："手挽一章，亦长歌代哭之意。"诗末云："天地可逢怀梦草，长歌聊以代招魂。"可见"当"与"代"为同义词，且同为去声。

江苏古籍出版社1994年印行的《成语词典》，于此条特注明："当：音'荡'，当作。"并进行[辨误]："当，不读 dāng。"可谓有的放矢也。

语丝

杨文意，好『大』的胆

辛南生

《新民晚报》去年九月二十八日刊登了一篇访问泳坛名将杨文意的报道。文中有这样一句话：『虽说在美国驾驶无级变速的小车时，她敢把速度开到一百码以上……』。这句话里使用的『码』是错误的。

通常人们谈论车速是以每小时行驶的距离来表示的，这就成了杨文意『敢』于把车每小时开到一百码以上。一百码约相当于九十一米。别说杨文意开的是小汽车，即使一个蹒跚学步的儿童，一小时跌跌撞撞所走的距离怕也不只一百码。这还有什么敢不敢可言。

为什么会出现这样的错误呢？原因是有的人口头上常用『迈』来表示车速。这个所谓『迈』实际是英语 mile（英里）的谐音。很可能杨文意在谈话时，顺嘴用了 mile 这个英文字，说明她敢把车速提高到一百英里以上。英美等国使用英美制计量单位，习惯上是以『英里』来表示距离的。我国法定的计量单位是公制，车速以『公里』数来表示。百英里相当一百六十多公里，速度确是不慢。由于 mile 或『迈』与『码』发音近似，于是有人误作码，因而产生了上述错误。要知道，一英里等于一千七百六十码啊！

十字街头

“七不”宣传口号中的引号

马三生

近年来，上海市在精神文明建设方面有一项重大举措，那就是推行“七不”规范：不随地吐痰，不乱扔垃圾，不损坏公物，不破坏绿化，不乱穿马路，不在公共场所吸烟，不说粗话脏话。

为了使“七不”规范家喻户晓，深入人心，上海的日报晚报，广播电视，大会小会，大街小巷，各种传播媒介都在宣传。而且，在“七不”条文前边，往往还添加十二个字的宣传口号。据笔者所见，这句口号的书面形式有三种“版本”（字面相同，标点有别）：

（1）大家从我做起，遵守“七不”规范。

（2）大家从“我”做起，遵守“七不”规范。

（3）大家“从我做起”，遵守“七不”规范。

三种“版本”中，“七不”的前后都有引号，这是共同之处。这一对引号非用不可。为什么呢？

用“七不”概括七条条文，这是汉语常用的修辞方法——数字归纳法（像“三大纪律八项注意”、“三老四严四个一样”等都采用了这种修辞方法）。其好处是言简意赅，便于记忆，便于称说。就一般情况而言，运用数字归纳法来表述，开始的时候，总要加上引号，既能引起注意，又能防止误解。等到人们熟悉了，这一对引号便常常省略，比如歌词：“革命军人个个要牢记，三大纪律八项注意：……”但是上述口号中的“七不”却不能省略引号。如果写成“遵守七不规范”，人们乍一读，岂不要理解为“遵守”七项“不规范”了吗？那就完全背离本意了。

三种“版本”的不同之处，在于

前一分句用不用引号以及引号用在哪儿。

“从××做起”是现今的一种常用格式，表示“由点（即××）”开始做，然后“及面”，如“从今天做起”，“从这儿做起”，“从自己做起”等。

如果孤立地说一句“从我做起”，意思跟“从自己做起”差不多。然而，前边有了一个表复数的人称代词“大家”，情况就大不相同了。可以说“大家从自己做起”，却不能说“大家从我做起”。关键在于“我≠自己”。“我”是第一人称单数代词，“自己”却不一定是第一人称，它要随着前词变化。“我自己”，前词是“我”，“自己”代表“我”；“你自己”，前词是“你”，“自己”代表“你”；“张三自己”，前词是“张三”，则“自己”代表“张三”；“他们自己”，前词是“他们”，则“自己”代表“他们”。因此第一句“大家从我做起”是讲不通的，“大家”凭什么要“从我做起”呢？应该说“大家从自己做起”才对。（这一个“自己”的前词就是“大家”。）

第二句，“我”字有了引号，就不同了。1996年6月1日起实施的《标点符号用法》指出：“需要着重论述的对象”或“具有特殊含意的词语”，“用引号标示”。“我”字上面的引号，正是起这种作用，一方面标明这个“我”是需要着重论述的，另一方面标明这个“我”具有特殊含义——相当于“自己”的意义。因而第二句是合格的句子。

相比之下，第三句比第二句更胜一筹。引号用在“从我做起”的前后，这是引号的基本用法，即“标明行文中直接引用的话”。也就是说，“从我做起”是“大家”所说的。可见第三句最切合这句宣传口号想要表达的意思，只要大家都能“从我做起”，“七不”规范就会由点及面、推而广之了。

语丝

吓人的标题

徐德培

《劳动报》一九九六年九月八日『请你参与破案』栏内有篇题为《一具男尸请你认领》的报道，说的是铁路上海西站派出所日前在沪宁线上发现一具无名男尸，吁请知情人与该所联系。

然而，标题似乎是针对每个读者说的，岂不惊人！窃以为把标题中的『请你』两字改为『等待』比较妥当，也符合报道原意。

街头文字说讹

余志芳

上海市南市区有一条“徽宁路”，新老交通手册上清楚地写着“徽宁路”，而路名牌上却写着“灰宁路”，查“徽”字并未简化为“灰”。

上海市虹口区哈尔滨路二号桥下有一条“柘皋路”，这条路全长大约50米，而两端路名牌一块写“柘皋路”，另一块竟是“拓皋路”。

有一天，我路过上海龙吴路，瞥见某单位门口挂着的牌子上面写着“上海××法製××会”，“製”虽然简化为“制”，但“法制”的“制”是不能用“製”来代替的。台湾歌星邓丽君去世后，虹口区梧州路上一家出售歌带的商店在门口横幅上赫然写着“一代歌後”。“後”简化为“后”，但“皇后”的“后”可不能用“後”字来代用。

上海海宁路胜利电影院旁路边有一块宣传牌上书有“依法治赃”……这可不是公安局依法处置赃物，而是虹口区人民政府创建卫生城区的宣传牌“依法治赃，清洁上海，……”赃与“脏”怎能不分，撇开本身意义不说，繁体字中也没有这个“赃”字。

“犇羴麤”能吃吗？

关修身

笔者出差，在路过某镇时看到这样的牌匾：“犇羴麤酒楼”。“犇羴麤”何许物？回到机关查了一下字典，不觉哑然失笑。原来“犇羴麤”是“奔膻粗”的异体字。饭店主人可能认为，三人可为“众”，三木可为“森”，那么，三牛三羊三鹿，就一定比一牛一羊一鹿多，况且，有家畜又有野味，一定会招徕顾客。殊不知这效果令人喷饭。既膻又粗的饭食，是不能让人下咽的。何况，牛“奔”了，让人吃什么？

三味沙龙

咬嚼《阿Q正传》中的两句话

鄢 义

《阿Q正传》中有两句话，咬嚼起来其味无穷。

赵府上的两位男人和两个真本家，也正站在大门口论革命。阿Q没有见，昂了头直唱过去。

（一）妙用“位”与“个”

“赵府上的两位男人”，一“位”指赵太爷，一“位”指他的儿子赵秀才。“两个真本家”，一个指赵司晨，一个指赵白眼。在未庄，赵府的太爷、少爷，论“位”，才见得高高在上，与众不同；两个本家，虽则比之于阿Q，他们是“真”本家，但终究是奴才，便不论“位”而论“个”。主子论“位”，奴才论“个”：以量词区别身分。先生以最经济的手段对他们加以讽刺、揶揄。

（二）一“真”见功力

其实，不用这个“真”字，只说“两个本家”，读者也会明白其所指是谁。用上个“真”字，为的是同小说第一章的“序”相照应。那里说，那是赵太爷的儿子进了秀才的时候，锣声镗镗地报到村里来，阿Q正喝了两碗黄酒，便手舞足蹈地说，这于他也很光采，因为他和赵太爷原来是本家，细细地排起来他还比秀才长三辈呢。结果呢？结果是阿Q挨了赵太爷的嘴巴。“你怎么会姓赵！——你那里配姓赵！”这样，配姓赵的，就是顺民赵司晨和赵白眼了。可见，区分真假本家的标准就在于顺与不顺。

（三）耐人寻味的“论”

革命是干的，不是论的。纸上谈兵，坐而论道，不是幼稚，就是投机勾当。先生的文章，笔触犀利，讽刺辛辣，风格幽默，用语简练。“论革命”，仅着一“论”字，而尽得风流：这些人，于革命风暴乍起之时，惶惶然若丧家之狗；而今，嗅出点味道来，便堂而皇之地站在大门口论起革命

崔颢《黄鹤楼》诗的“黄鹤”、“白云”之辨

陈增杰

昔人已乘黄鹤去，此地空余黄鹤楼。

黄鹤一去不复返，白云千载空悠悠。

晴川历历汉阳树，芳草萋萋鹦鹉洲。

日暮乡关何处是，烟波江上使人愁。

这是唐人七律名作崔颢的《黄鹤楼》诗，脍炙人口，家喻户晓。但此诗首句是作“昔人已乘黄鹤去”，还是该作“昔人已乘白云去”，自唐以来因版本记录不同，评论家聚讼纷纭，莫衷一是。唐人选本如《国秀集》、《河岳英灵集》及《全唐诗》均作“白云”，宋王安石《唐百家诗选》和明清多数选本并作“黄鹤”。今人选本或从“黄鹤”，如林庚、冯沅君《中国历代诗歌选》注：“黄鹤，一作白云，误。”或主“白

来了。一个“论”字，嘴脸毕现。

（四）好一个“唱过去”

阿 Q 是“喝了两碗空肚酒，愈加醉得快，一面想（按：想的是“革命也好罢”之类令他兴奋不已的事）一面走，便又飘飘然起来”。走而至于飘，是因喝酒喝得脚下没根儿；脚下没根儿，因此才说“直唱过去”。倘若说成“直走着唱过去”，就显不出那醉态；倘若说成“直飘着唱过去”，又跟前文的“飘飘然”相重复。旁若无人，“直唱过去”：这才是鲁迅笔下的阿 Q，这才是鲁迅文字的风格。

云”，如施蛰存《唐诗百话》谓“此诗原作必是‘白云’”，力辟“黄鹤”之非。或认为“黄鹤”、“白云”皆通，如社科院文学研究所《唐诗选》。

今按：当从作“黄鹤”为是。明唐汝询《唐诗解》卷四十：“黄鹤，诸本多作白云，非。”清金圣叹《选批唐诗》卷三下：“有本乃作‘昔人已乘白云去’，大谬！不知此正以浩浩大笔，连写三‘黄鹤’字为奇耳。”元人方回《瀛奎律髓》写作“白云”，清代善于评诗的纪晓岚在《瀛奎律髓刊误》中订正为“黄鹤”。这些意见都是可取的。试详论之。

第一，“白云”不合典实。昔人，指骑黄鹤的仙人。《南齐书·州郡志下·郢州》：“夏口城据黄鹤矶，世传仙人子安乘黄鹄过此上也。”黄鹄，《齐谐志》作“黄鹤”。《太平寰宇记》卷一一五《武昌府》：“昔费文祎登仙，每乘黄鹤于此楼憩驾，故名。”《唐诗鼓吹》元郝天挺注引唐《图经》略同。无论是王子安或费文祎，都是驾鹤仙去，并无乘白云的记述，故金圣叹质疑云：“‘白云’出于何典耶？”

第二，从意义讲，第三句“黄鹤一去”正承首句“乘黄鹤去”而言（“去”字重复得有意味）；若作“乘白云去”，则前后意不相贯，下面“空余”、“不返”都无着落。清人李锳《诗法易简录》卷十一曰：“（首句）若作‘白云去’，则三句黄鹤不得说‘去’，而四句白云何反云‘千载悠悠’耶？”指出语意上的不相衔接。

第三，从章法讲，前三句叠用三个“黄鹤”，一气翻下，空灵飞动，造成回环的旋律，表现出奔放豪迈的气势，堪称绝调；第四句始出“白云”，又有“题外突入之妙”（李锳语），读来耳目一新。且以虚（黄鹤，虚象）衬实（白云，实景），兴象最为超迈。若首句先已言“乘白云去”，不但与第四句“白云悠悠”重复生厌，而前半篇的绝调亦顿失奇警，不免有化神奇为朽腐之讥了。清人魏伯子批评道：“后之俗人病其不对，改首句‘黄鹤’为‘白云’，作双起双承之体，诗之板陋固不必言矣！”（《诗法易简录》卷十一引）所论甚是。

第四，崔颢此诗得李白钦服，“眼前有景道不得，崔颢题诗在上头。”（宋胡仔《苕溪渔隐丛话》前集卷五引李畋《该闻录》）李白的《鹦鹉洲》七律系拟此篇而作，白诗前半首云：“鹦鹉东过吴江水，江上洲传鹦鹉名。鹦鹉西飞陇山去，芳洲之树何青青。”前三句亦三叠“鹦鹉”字，正仿崔诗章法，句格逼肖。可见李白在黄鹤楼看到的崔颢题诗手迹，首句必作“黄鹤”无疑。

报刊扫描

莫滥用量词“位”

翁璇庆

《咬文嚼字》1995年第2辑《用于人的量词》一文指出:“量词‘位’的误用,在报刊中时有发现。有些文章竟然在罪犯、小偷、贪污受贿者、卖淫嫖娼者的前面,也冠以‘位’字,实在不可容忍!”“位”是敬辞,用“位”称“罪犯”之流,显然是误用。

这儿还要评一评滥用“位”的现象。对于无须“表示敬意”的对象,以“位”相称,也属于滥用。请看以下两例:

湖南省溆浦县龙潭镇,有一位不满三岁的幼童。(《新民晚报》1996年4月3日)

杨浦区××中学有四十多位学生食物中毒,到晚上九时,还有四十位学生留在观察室进行输液治疗。(《新民晚报》1996年4月19日)

前一例讲的是幼童,没必要向他表示敬意,显然只需用“个”;后一例报道某校一些学生食物中毒,也不必用敬辞,只要用中性量词“名”即可。

除了幼童、学生,即便是成人,也不是都需要用“位”的。应根据具体情况,看该不该“表示敬意”。比如:

一位从宜兴来沪求医的石老伯乘车掏钱买票时带落120元,一位男青年却用脚踩着几张纸币半真半假地戏弄老人。(《新民晚报》1996年4月25日)

句中有两个“位”。把前者称之为“老伯”,含有明显的敬意,用“位”是合适的。至于后者,是一个“戏弄老人”的缺少起码道德的青年,对他也用上一个“位”,就毫无道理了。这同样属于滥用。

"起雾"和"起霜"
"固化"和"硬化"

文继惠

有些专业名词术语，表面看起来词义似乎差不多，一旦仔细分辨，其词义却迥然各异。现从两份专业期刊摘出"起雾"和"起霜"、"固化"和"硬化"在论文中的应用实例浅析如下。

例一：

①用手触摸塑料软片，感觉有细小颗粒成存，这即是助剂渗出的起雾现象。

②薄膜生产中，用肉眼观察偶尔有一段变得浑浊不透明，这表明部分增塑剂渗出已使薄膜表面起霜。

"起雾"和"起霜"这两个词，最先是人们用来说明两种自然现象的。后来移植这两个词到塑料加工中，用来形象描述塑料制品截然不同的两种表面缺陷："起雾"一词，是说乙烯基塑料薄膜制品中由于增塑剂渗出，致使透明塑料薄膜表面生成一层雾状物而变模糊的现象。而"起霜"则是表明，润滑剂、着色剂等添加剂从塑料制品内部渗出至表面，形成粉状物质的疵病。例一①②句中的"起雾"和"起霜"两个词恰好用反，只有将其互相交换才算使用正确。

例二：

①把两块相粘合的塑料板，置于烘箱中低温处理，24小时后粘接剂已完全固化。

②双组份的粘接剂经调配后不足半小时便硬化了。

在进行塑料粘接中，把粘接剂的"固化"说成"硬化"，或把"硬化"写为"固化"的情况时有发生。从字面粗看起来，这两个词的混用似乎没有什么不对，但仔细分辨就发现它们有着明显的不同词义。"固化"指的是粘接剂通过聚合、交联等化学反应，提高其粘接强度的过程。"硬

春联的上下联错了位

胡渐逵

《新民晚报》1996年2月17日《春联茶馆挑春联》一文中有这样一句话：

一位87岁的吴姓老农，让人选了副“山新水新岁月新，国富家富城乡富”的春联，小心翼翼地折叠好揣在怀里。

这副春联写得不错，但文中的上下联错了位。应该是“国富家富城乡富，山新水新岁月新。”因为，对联必须讲究平仄，上下联平仄对立，是对联的特点。一般来说，上联最后一个字必须是仄声（如“富”即去声），下联最后一个字必须是平声（如“新”即阴平）。这已成定例，违反了读起来就别扭，这或许是因为仄声字的字音没有平声字那样稳定，所以使人觉得似乎没有结束一样。再说，依理而言，只有“国富家富城乡富”了，才会“山新水新岁月新”。也就是说，该联的上下联是因果关系，文中将上下联错了位，这就将因果关系倒置了。

那么，该文为什么会错位呢？这或许与误贴对联有关。现在人们贴对联，往往将上联贴在左边，下联贴在右边。其实，应该将上联贴在右边，下联贴在左边，左与右则以面对大门或壁柱来分。其所以这样张贴，是因为直行书写都是从右到左，念文字也是从右向左念。

化”一词，则是说明粘接剂通过干燥、蒸发、吸收使溶剂或分散介质减少等物理过程而变硬的现象。例二①②句中的“固化”和“硬化”两个词显然用反：①句中的“固化”词义应是化学反应，句子实际是反映物理过程，应改称“硬化”才对。②句中的“硬化”词义应是物理过程的反映，但句子实际是描述化学反应过程，应改用“固化”才恰当。

例一例二告诉我们，有的词虽只有一字之差，却有着本质区别，在专业论文撰稿中务必慎用。

“三余载”是几载？

杜 哉

《人民日报》1996年10月21日有一条“洛阳桥修复”的新闻，其肩题曰：“三余载巧匠修胜迹”。“三余载”一词似系生造，含义不明。通常只说“十余”、“百余”、“万余”，而不说三余、四余、五余……如果把“载”字调到“余”字前面来，“三载余”就对了。

古籍中有“三余”一语。坊间旧本《水浒传》伪托施耐庵的序中，就有“三余之日”一语。按：“三余之日”指“冬者岁之余，夜者日之余，阴雨者时之余”也。

这个年份错不得

邹兴余

《每周文摘》1996年10月1日第79期《章太炎的名士作派》一文中，有这样一段话：

1931年6月15日，章太炎和比他小15岁的汤国梨在哈同花园里举行了盛大的婚礼。那天，到场祝贺的男女宾客共有2000余人，孙中山、黄兴、陈其美等也前来助兴。

众所周知，孙中山1925年3月12日在北京逝世，黄兴1916年病逝于上海，陈其美在1916年被袁世凯收买的张宗昌派人刺杀于上海。如果1931年他们三位还能出席婚礼，岂不要吓坏了新人、贺客。

查汤志钧《章太炎年谱长编》，可知章、汤婚礼在1913年6月15日举行，而《每周文摘》将年份搞错了。

此外，文中“助兴”一词也不妥帖，宜改为“参加”、“祝贺”之类。

“东隅”、“桑榆”不能互换

骆守中

《西安晚报》1996年7月28日刊发了标题为《失之桑榆,收之东隅》的文章。说的是,由于游泳“小花”们的失常表现,中国体育代表团在亚特兰大奥运会头七天战绩不理想。但后面还有乒乓球、跳水、羽毛球等几个大项,中国代表团还是有实力有后劲的,终将取得佳绩。文章说:“可以肯定的是,中国选手在日后的比赛中仍将呈现出这种‘失之桑榆,收之东隅’的态势。”上面题文中的成语用错了。

“失之东隅,收之桑榆”是人们熟知的成语,典出《后汉书·冯异传》:大将冯异在回溪阪(今河南洛宁东北)打了败仗,其后不久,却在崤底(今渑池附近)打了一个大胜仗。汉光武帝刘秀慰劳冯异的诏书中说:“赤眉破平,士吏劳苦。始虽垂翅回溪,终能奋翼黾池,可谓失之东隅,收之桑榆。方论功赏,以答大勋。”

这段话里用了两重比喻。先是以鸟为喻,始虽垂翅而终能奋翼,比喻先败后胜。接着又以时间为喻。东隅:日出之处,指早上;桑榆:西方,日落时余晖照在高大的桑树榆树之巅,指黄昏。这个成语的意思为:初虽有失而终得补偿。而“失之桑榆,收之东隅”却将原成语颠倒过来了,变成了最终有失而在最初得到补偿。这是不合逻辑的。而且成语作为固定词组,若非特殊语境,是不能随意变换词序的。

语丝

『肛门发言』成『屁话』

田毅

一医专学生在医院肛肠科实习。因其平日不注重语文学习,再加上马马虎虎,经常写错别字。

一次,在一知识分子模样患者的病历本上写道:『肛门发言』四个龙飞凤舞的大字。患者拿起病历本审视,愤然曰:『肛门若能发言,岂不成了屁话!』

实习生窘态百出,患者拂袖而去!

出版社岂能“韦编三绝”？

罗　禹

《文汇报》1996年10月2日头版头条新闻的标题：《上海古籍出版社韦编三绝功在千秋》。“韦编三绝”是对人而言的，出版社岂能“韦编三绝”？“韦编三绝”和功在千秋又怎么能衔接得起来？带着疑问，看了新闻的正文，原来说的是该社出版了一批优秀古籍，为保存和发扬中华文化作出了贡献。由此可以断定标题中的“韦编三绝”用得不妥。

“韦”，指熟牛皮。古代用竹简写书，用熟牛皮做带子把竹简编联起来，称为“韦编”。“三绝”，指多次断绝。《史记·孔子世家》说孔子“读《易》，韦编三绝”，意思是孔子对《易》反复阅读钻研，以致编联竹简的皮带因磨损而多次断绝。后人就用“韦编三绝”来形容读书勤奋刻苦。

那则新闻说的是出版社而不是人，说的是出书而不是读书，怎么能用“韦编三绝”来形容呢？

“布依”不能写成“不依”

蔡　威

《光明日报》1996年6月25日第五版《安顺红岩碑至今神秘莫测》一文开头第一句话“在贵州省安顺市关岭不依族、苗族自治县内”中有三处错误。

其一，安顺市为县级市，与关岭县同属安顺地区管辖，安顺市与关岭县平级，不具有隶属关系，因此应称“贵州省安顺地区关岭县”。

其二，“不依族”应为“布依族”，它是我国少数民族之一，居住在贵州省。

其三，两个以上少数民族连用，作为民族自治地区的称谓，族名之间不用顿号，直接说“关岭布依族苗族自治县”即可，地图上就是这样标明的，不会造成误会。

关岭县是笔者的故乡，所以一眼就看出了这句话的错误。

“宋体字”辨

陈福季

不久前，《青少年书法》杂志刊登的《宋体字为秦桧所创》一文，给本来十分明晰的宋体字知识制造了混乱，为历史罪人秦桧脸上贴了金。

关于“宋体字”的由来，在许多工具书中均有明确的解说。如《辞海》“宋体字”条：“宋代刻版印书通行的结构方正匀称的印刷字体，后世称‘宋体字’。元代一度盛行圆润的赵松雪体，也称‘元体’。明末，又从宋体演变为横细直粗、字形方正的明体字，因便于雕刻，阅读醒目，成为十六世纪以来汉字的主要印刷体，仍称‘宋体’，俗称‘老宋字’。”《现代汉语词典》指出“宋体字”是“通行的汉字印刷体，正方形，横的笔画细，竖的笔画粗。这种字体起于明朝中叶，叫做宋体是出于误会”。“起于明朝中叶”的宋体字，它怎么可能是几百年前的宋代秦桧所创呢？

这篇文章还说“秦桧，状元出身”，更是大谬不然。查近几年出版的十几种有关历代状元（包括两宋）名录的书籍，都没有秦桧的名字，因为他根本就不是什么状元。

以上两个方面可以说明所谓“宋体字为秦桧所创”的说法是为了美化臭名昭著的秦桧而炮制的谣言，根本不应该相信。

语丝

品茗『红宝』

徐世华

《新闻报》一九九六年六月三日《儒商任百尊》中：『赶时髦的上海人以品茗「红宝」为时尚。』

此句『品茗』用词不当。『品』为『品评；区分。如：品茶；品花。』『茗』是茶的通称。『品茗』即『品茶』。而『红宝』橘子汁，属水果加工饮料，与茶并不同类。因此，『品茗』与『红宝』不能搭配。

字里乾坤

大禹为何是条虫？

——上古圣王得名考源之一

张再兴

“大禹”之“禹”，金文作，《说文》释：“虫也。”千百年来为人们所顶礼膜拜的治水英雄怎么会是一条“虫”呢？其实，如果我们了解古代神话人物的得名常例，也许就不会对此大惑不解了。神话中的英雄以所征服对象之名为名，可谓寻常可见。如逐疫的方相得名于为其所逐的大疠疫鬼伯强；吞食鬼邪的赤黄父，以为其所食的黄父鬼之名为名等等。由此观之，大禹之名，也可能与其所征服的对象有关。

神话传说中大禹的功绩，归纳起来大致有两个方面：一是治水，二是逐杀共工及其大臣相柳（一作相繇）。正如《荀子·成相》所说：“禹有功，抑下鸿，辟除民害，逐共工。”而禹的这两个功绩实际上紧密联系，只是同一件事的两个方面。为什么这样说呢？因为在神话中，共工和相柳都是引起洪水的恶神。《淮南子·本经训》说：“舜之时，共工振滔洪水，以薄空桑。”可见共工正是引发洪水的罪魁祸首。从文献记载中我们还可以发现共工乃是水神，“共工氏以水纪，故为水师而水名”（《左传·昭公十七年》）。值得注意的是，“共”乃是“洪”的声符，更折射出共工之名就是来源于他振滔洪水的恶行。共工的大臣相柳又是什么样的人物呢？《山海经·海外北经》及《大荒北经》都记载相柳所到之处，都会变成一片禽兽不能栖息、人民不能居住的汪洋。可见，相柳正是共工的同党，他们一起兴风作浪，凌虐百姓。大禹驱杀共工、相柳，正是为了治理洪水。

值得注意的是，以洪水为虐的共工和相柳又总是一副蛇的嘴脸。根据《神异经·西北荒经》的记载，

“子”中敬意从何来？

韩华梅

子，音 zǐ，甲骨文作，象头大体小、舞动手臂的幼儿之形，表示幼儿、子女之意。在古代中国尤其是先秦时代，“子”常用作尊称。可以单称“子”：“纵我不往，子宁不嗣音？”（《诗经·郑风·子衿》）如同现今称“您”。也可在姓氏后加“子”称“某子”：墨子、公羊子等，如同称人“某先生”。而若要称自己的老师则在姓氏前冠以“子”字，“子墨子”就是“我的老师墨先生”。至于公子、君子、夫子等称谓更是沿用至今。

为什么表示血亲后代之意的“子”可以作为对人的尊称、美称呢？这恐怕只能归结为在社会生活中“子”有特殊的价值，以“子”作一般尊称，反映了人们对这种特殊价值的普遍认同。而血亲后代之所以具

共工是一个住在西北蛮荒之地，有着人的面孔和蛇的身体的贪恶愚顽之人。而相柳，根据《山海经》的记载，也是九首人面蛇身。蛇是龙的原形，古籍中多有蛇龙互化的记载，两者在古人心目中实为一体。而《埤雅》说龙能化生雨水，可见它是兴风布雨的神异动物。因此蛇便也与雨水有了密切的联系。在文献中蛇与龙就常与洪水联系在一起。《论衡·吉验》说：“洪水滔天，蛇龙为害。尧使禹治水，驱蛇龙，水治东流，蛇龙潜处。”共工与相柳本身即是蛇神，而蛇神正是水神，怪不得他们能振滔洪水，为害天下了。

《说文》释“禹”的“虫”（音 huǐ），本即蛇名，可知“禹”之为名，本也关乎蛇。大禹治洪，实即征服蛇神，故以“禹”为名，实为先民思维逻辑的产物。

有特殊价值，还得追溯到人类早期最激烈的一场革命——父权与母权的斗争。

远古时期的人们百无禁忌，是男女关系彻底自由的原始群婚时代，这种状况典籍多有记载，我们由汉字中亦可得到信息。“后”，甲骨文作，象母亲产子之形，意为“君王”或“诸侯”。“后”的这种形义联系，一方面说明在该字的造字时期，生育行为具有极为重要的意义。远古时期的生产力条件低下，人只有靠集体的力量才能在险恶环境中求得生存，这样，生育最多的人便成为对一个血缘集团贡献最大的人，从而成为首领。另一方面又说明，与女性为“后”的母权制相联系的只能是群婚制，而群婚只能造成后代“只知其母不知其父”的局面。也就是说，男子无法辨认亲子。

随着生产力的发展，男子在社会生活中的地位逐渐重要起来，特别是在物质产品略有剩余后，男子要确认自己的血亲后代并建立自己的权威的欲望也日渐膨胀。这样，男子便采取对偶婚的方式来实现自己的目的。于是，把别的氏族的女子“娶”到自己的氏族来以防止她与其他族人发生关系就势在必行了。“娶，取妇也，从女从取，取亦声。”（《说文·女部》）而“取”就是“娶”的古字：“取，捕取也。从又从耳。《周礼》：‘获者取左耳。’”（《说文·又部》）也就是说，古代战争时以割下敌人的左耳来记功，这个字形表示“取”是“以武力获取”的意思。“娶”字“从女从取”，无疑说明了“娶”本就是“抢个女子做老婆”。

强娶得逞并日渐风行，男子便限制了女子的自由，从而容易确认自己的血亲后代，这样母权逐渐衰落下去并渐渐为父权取代，而父亲的权威、财产都由他的血亲后代——“子”来继承，于是，“了”的特殊价值便逐渐凸现出来。从此，想统治别人的人便自命为“天子”，是顺应天命来统治天下人的；至于太子、王子、公子、君子等便用来表示尊敬与认同甚至恭维了。这种社会价值观从“肖”字亦可见一斑：“肖，骨肉相似也。从肉，小声。不似其先故曰不肖也。”（《说文·肉部》）也就是说，“不肖子孙”是骨肉血脉不像父祖的后嗣，是不能继承家业的；只有货真价实的血亲“子”才是有特权的。如此观念流行，称您一声“子”便是对您的认同，您高兴还是不高兴？

弃子揭秘

刘志基

“丢弃”之“弃”，究其构形理据，不免令人费解，甲骨文“弃”写作，描摹的是两只手端起一个畚箕将一个小孩抛弃出去。这个构形为今日“弃”字异体“棄”所本。《说文》古文“弃”写作，省去了其甲骨文中的畚箕，“子”也变成了大头朝下。这个字形则同“弃”字今天的写法已经很接近了。显然，“弃”字之形不管如何变化，总是“弃子”的形象描摹。婴孩是父母的心肝宝贝，即使在原始时代，人们一般也不会忍心遗弃婴儿。那么，“弃”字构形又当如何看待呢？古人造字有“近取诸身”的原则，也就是以身边常见的事物或现象作为描摹的对象。因此“弃”字的构形表明，古人确有弃子的行为，而且相当常见，否则就不会被“弃”字所描摹。然而联系相关的传统民俗文化现象来看，“弃”字中所表现的，并不是一种真正的弃婴行为，而是一种相当独特的诞生习俗。为了说明这一点，我们先来观察一下古代有位名叫“弃”的大人物的经历。

弃是周的始祖，又被称为“后稷”。关于他的生平，古文献中有大量的记载，而这种记载，正同他名字的两个含义相符，一方面是描述他初生遭弃的经历：曾先后被丢弃在小巷里、树林中，以至寒冰上；二是描述他的才能超群拔俗，对农业有着特殊的贡献。仔细体味一下，我们不难发现，在弃的这两方面的事迹之间，具有一种微妙的联系，人们之所以要强调他遭弃的经历，正是为了预示他以后事业上的巨大成功；而颂扬他对农业发展的伟大贡献，似乎又是其遭弃经历引致的一种必然结果。在这里，已表现出作为一种诞生习俗的弃婴行为的真实目的：

以弃婴的手段来祈求孩子今后成长道路的顺畅通达。

即使在近、现代，这种并不真弃的弃婴习俗还以种种不同形式表现出来。在江浙一带，旧时人们有将新生儿弃在狗窝里的习尚，叫做“蹲狗窝”。据说蹲过狗窝的婴孩会像小狗那样容易照料。在贵州一带，人们则将新生儿象征性地丢给过路人，称为“寄拜过路者”，即拜过路行人为干爹娘，并由干爹娘改名更姓。在杭州一带，又有将小孩“送给”鬼神的习俗，称为“拜胡干爹(即无常鬼)”。至于把小孩“送给”睦邻友好，“认干爹娘”的习尚更是各地都普遍流行的。以上这种种民间习俗，虽然都不是货真价实地将孩子丢弃、送人，但却都更名易姓，再认爹娘，拼命做出“弃”的姿态，显然是弃婴古俗的后世传承。而人们之所以要这样做，无非是认为拾来的孩子、别人的孩子容易养育，这种心态，与古人弃婴的心理依据也是一脉相承的。由此可见，“弃”字的构形理据，实际上是建立在古代特定生育习俗的基础之上的。

语丝

『膳养』和『困挠』

李木子

《劳动报》一九九六年八月二日第十版《威廉五世》的编排、插图(照片)都很吸引人，可是一读文字，第二句即碰到：『戴安娜得一笔可观的膳养费……查尔斯也终于摆脱了困挠已久的婚姻生活。』就好像搛了一筷子好菜，突然发现两只死苍蝇似的，令人大倒胃口！

『膳』者，饭食也。堂堂王妃，即使离婚了，还怕没饭吃？离婚后，一方付给另一方的生活费，应该是『赡养费』。『赡』有两个含义：供给财物；丰富，充足。在现代汉语中常用『赡养』一词，意思是供给生活所需。

——婚姻上的麻烦，的确叫人挠头。此句应该用『困扰』；《现代汉语词典(补编)》解释『困扰』是：『被某种事物搅扰而摆脱不开』。『困挠』如不是『杜撰』，也是『形近而误』。

书林指谬

箪食瓢饮≠箪食壶浆

省 庐

近读著名作家邵燕祥随笔集《自己的酒杯》，其中《论不宜巴望“好皇帝”》一文，有这样一段话：

拿破仑废黜以后，在厄尔巴岛不甘寂寞，1815年3月1日登陆，20日重返巴黎。他只带了千名士兵，而所到之处，受到农民“簟食瓢饮”的欢迎。(群众出版社，第7页)

在以上引文中，“簟食瓢饮”的“簟”是个明显的错字。成语有“箪食瓢饮”而没有作“簟食瓢饮”的。将“箪”误成“簟”，也许是邵先生的笔误，也许是原稿未误而由排校疏忽所造成。但凡知道这个成语的人，都是比较容易发现的。

这里需要着重指出的是，即使“箪”字没有印错，邵先生的这个成语也是用错了的。《孟子·梁惠王下》有句云：“箪食壶浆，以迎王师。”说的是燕君虐待其民，齐宣王率军前去讨伐，燕民以为齐国是要将自己从水火之中拯救出来，便争先恐后地用竹器装着饭食，壶罐盛着酒浆，去欢迎齐宣王的军队。二千多年来，凡是中国史书或小说中形容民众对军队热爱和拥戴的，几乎毫无例外都引用“箪食壶浆”这个成语。拿破仑虽然是法国皇帝，但形容法国农民对他的热诚欢迎，借用中国的这个成语也是完全适合的，尽管他们“箪”里装的是面包，“壶”里盛的是香槟。可是“箪食瓢饮”就不同了。这一成语出在《论语·雍也》中：“子曰：‘贤哉回(颜渊字回)也！一箪食，一瓢饮，在陋巷。人不堪其忧，回也不改其乐。贤哉回也！”“箪食瓢饮”是“一箪食，一瓢饮”的缩略，是描写孔子学生颜渊生活非常清苦，每天(或一餐)只吃一圆盒饭，喝一瓢勺汤。“箪食瓢饮”和“箪食壶浆”这两个成语，虽然从字面上看，“箪食”二字完全相同，“瓢饮”和“壶浆”也差不多是同类之物，但它们的语源意义和千百年来所使用的语言环境，却绝不可混为一谈。“箪食瓢饮”只能形容清苦的生活，让法国农民拿来欢迎拿破仑，显然是有点杀风景的。

是“庶母”、“庶出”吗？

何培刚

中国广播电视出版社出版的《金陵秋梦》插页上有一幅照片的说明是：“蒋经国在台湾金门与庶母宋美龄。”

《汉语大词典》释“庶母”：“父亲的妾。”宋美龄是蒋介石的妻子，怎会成为蒋经国的“庶母”？该是“继母”才对。

北岳文艺出版社出版的《汪精卫》第586页：汪兆镛“与汪精卫是同父异母兄弟。他是父亲汪省斋的发妻卢氏生的长子。一八七一年卢氏病故。在同一年，因汪省斋是广东番禺县的幕僚，有一定的地位，就续娶年仅十七岁的吴氏为继室。汪精卫是吴氏生的第三子，属庶出，在兄弟中排行第四”。

“属庶出”，意为“是妾生的孩子”，而上文明明交代汪精卫的生母是汪省斋的“继室”，不是妾。

“大吏”与“大使”

谭　风

“……更崇拜曾国藩以治兵有术，屡建军功而成为封疆大使。”(《蒋介石和阎锡山》第27页)

这里的“大使”，应当用“大吏”。

吏，在古今都是大大小小官员的通称，如“官吏”、“贪官污吏”。

使：有命令、派遣之意，而作为官员的派遣，有的是派遣至敌国、友邦办外交的官员，如“特使”、“大使”等，有的是中央派到地方的使者。

书中叙及的曾国藩“成为封疆大使”，显非派遣到国外作“大使”，而是担任总督、巡抚等掌管一方疆土的地方长官，所以应是“大吏”。

词语春秋

试说“按揭”

魏　雨

我是搞语言文字工作的，又是教师，因此常有学生、同事、朋友跟我一起讨论某些词语的意义或用法。大概两年前吧，有一个词把我难住了，那就是“按揭”。在我的大脑“仓库”里，没有储存过“按揭”；去请教“老先生”——词典，也一无所获。于是，我着手调查：第一，“按揭”这个新名词是什么意思？第二，“按揭”为什么叫“按揭”？(“按”和“揭”怎么会组成一个词的?)

“按揭”，是房地产业务中的专门术语。最初，不仅局外人不知道“按揭”是怎么一回事，甚至有些专搞房地产的工作人员也不甚了了，至少是讲不清楚。后来我们才渐渐了解到，按揭是我国住房制度改革中的重要举措之一。住房要从住“福利房”逐步向买房过渡，在现阶段，对多数人来说，谈何容易！为了提高工薪阶层消费者的住房购买能力，银行和房地产业推出一项新业务——按揭。

笼统地说，按揭是抵押贷款的意思。具体地说，所谓按揭，就是以不动产(例如房屋)作为抵押，从而取得银行贷款。在抵押的期限内，抵押人让渡(transfer，亦可译作“转移”)的是抵押物的产权，但可以不涉及它的占有和使用权。当抵押期满而抵押人无力还清贷款的本金和利息时，作为抵押物的房屋的所有权就自然全部归于受押人，抵押人的占有和使用权也就此失去。

那么，为什么要取名“按揭”，不叫别的名称呢？《房地产报》的记者曾经向上海房地局房改处咨询过，一位俞副处长这么答复：“说得通俗些，就是按多少年份可以揭开住房这个盖子，老百姓买房用分期付款形式还清银行贷款。”乍一看，“按”“揭”两字不是都包含在里边了吗？可是我想这只是“趣谈”，并没有揭示“按揭”的庐山真面目。

“按揭”，是个外来词，首先用于香港地区。香港引进外来词的方式，有好多跟粤方言有关。“按揭”源于英语的 mortgage。该词的后一半，gage 的发音和广州话“揭”的发音(kit)相近。可以肯定，“揭”是音译。而“按”却是意译。广州话的“按”也有押、抵押的意思。广州人把“押金”说成“按金”就是一个佐证。所以“按揭”是一个半意译半音译的外来词。它的造词方式跟“冰淇淋”相仿：“冰”是 ice 的意译，“淇淋”是 cream 的音译，合在一块儿成为一个词。

本文标题上有“试说”二字，表明这是我的一得之愚，意在抛砖引玉。

语言中的新词(包括新的外来词)，初来乍到，其词义往往处在不断变动中。

值得注意的是，短短几年间，按揭业务已有了新发展，因而“按揭”的词义也有了新发展。比方说，按揭已不限于银行贷款，可以是公积金贷款和银行贷款相结合，购房实行双重按揭。(参看《文汇报》1996年1月26日)比方说，按揭已不限于购买房屋，也可以购买汽车。(参看《人民政协报》1996年9月21日)据说，高档的家用电器也将进入按揭的范围。又比方说，按揭已不一定要以不动产作抵押，连家庭居室、卫生间、厨房的装修也可以分期付款，实行“装修按揭”，装修是无法抵押的，只要有信用保证即可。(参看《消费报》1996年9月25日)

如此说来，“按揭”的词义又得作新的解释了。

台湾与『国内』

蒋术

某报有一则『文化新闻』，说的是面带微笑的孙中山照片，并非只有一张，至少有十七张在上海保存完好。该文在写到与『台湾』相对应的上海等处时，有四处均用『国内』字样。如：『这至少证明国内也完好地保存着这张照片，现在把台湾寄来的这张照片称为世界唯一是不对的。』

众所周知，台湾早已于一九四五年抗日战争胜利后从日本侵占下回归祖国，前年十月二十五日是台湾光复五十周年纪念。尽管台湾尚未与大陆统一，然而台湾归属中国版图，是我国神圣领土不可分割的一部分，则是毫无疑义的。所以，该文的『国内』，应用『祖国大陆』、『我国大陆』或『上海等地』为妥。

语丝

『大闸蟹』试释

袁诹

提起“大闸蟹”，无人不知所指何物。若问何谓“大闸”，则答案绝不会一致。尤其非吴方言区人，望文生义，或谓品种，或谓产地，或谓蟹螯，皆不得要领。

其实，在吴语中，“闸”是一种烹饪方法，就是将食物在清水中煮熟。蟹无论大小，以此法由生变熟，都叫“闸蟹”。“闸”作为最简便的致熟手段，应用极广。“闸”蟹之外，大家熟悉的就有“闸”玉米、“闸”花生、“闸”老菱、“闸”芋艿、“闸”山芋、“闸”毛豆荚，乃至“闸”鸡、“闸”鸭、“闸”咸肉。菜中少油，往往谦称或鄙称为“闸”——“闸”青菜、“闸”冬瓜、“闸”萝卜……显然，“闸”是同音借代字，“闸”无烹饪方法这一义项。

吴方言研究工作者普遍认为“闸”应写作“煠”。查词典可知“煠”是“炸”读 zhá 时的异体字，是一种以沸油致熟的烹饪方法，如今通行写作“炸”。如炸糕、炸排、炸酱面等。“炸”，沪上多讹读为 zhà 或 zō。

油条旧称“油炸桧”。深受亡国之痛的民众以此表示对卖国贼秦桧的愤慨。这名称虽已久违，但对稍上年纪的人来说，应不算陌生的。吴方言“炸”在这里发音为 sà，与“闸”的吴方言(包括沪语)发音相同。如援“大闸蟹”的例，“油炸桧”应写作“油闸桧”。由此可知，“炸”、“闸”在普通话里同音为 zhá，在吴方言里同音为 sà，“闸”即“炸”。

至此，疑难尽释。食物以沸油致熟谓油炸，以沸水致熟谓“水炸”。吴音 sà 像活化石似的大量保存在“水炸”里，而在油炸中却已濒临灭绝。炸酱面来自北方，炸猪排来自西方，都是吴语中的舶来品，才没有读成 sà。而在吴语区老资格的油炸糕，至今还被称为油 sà 糕。

或问：你想将“大闸蟹”正名为“大炸蟹”吗？答曰：全无此意。所谓“大闸蟹”，有其学名——中华绒螯蟹；有其俗名——河蟹。而大闸蟹之称只有当它人过汤镬，穿上红袍，作人盘餐时才是准确的。在它生命不息横行不止的当儿，活活把它叫“熟”，“大闸”也好，“大炸”也罢，同样地不伦不类。试想，挂在棚上的黄瓜叫腌黄瓜，长在畦里的青菜叫炒青菜，养在圈里的猪叫红烧肉，那成什么话呢？虽是约定俗成，“大闸蟹”与“热气肉”之类一样，是沪语中的毛病，最好能改掉。

辨字析词

"酸痛"还是"痠痛"?

萧　津

"浑身酸痛"、"筋骨酸痛"等词语中的"酸痛",有人说是一种病痛,"酸"必须写作带"疒"的"痠"。其实,这两种写法都不能说错。

"酸"的本义是醋。《说文·酉部》:"酸,酢也。""酢"是"醋"的本宁。后米,"酸"引申指醋的味道。《川篇》说:"酸,醋味也。"又引申指辛酸或酸痛的感觉,如晋欧阳建《临终诗》:"恻恻中心酸。"《晋书·皇甫谧传》:"四肢酸重。""痠"的意义则很简单,专指肌肉因劳累或损伤而引起的酸痛感觉,如《玉篇·疒部》:"痠,疼酸也。""酸"和"痠"的内涵虽然不尽相同,但在"酸痛"这个意义上,两者却是相通的。例如在同一部古代医经《内经·素问》中,《刺疟篇》说:"骱痠痛甚。"而《长刺节论》却说:"骨髓酸痛。"这里的酸、痠二字可以互换。现代出版的古汉语字、词典,多将此义的"酸"定为"痠"的通假字,这是有道理的。

我国古代某些医家,特别强调"痠"字的专用性,凡表示"酸痛"义的都只用"痠"而不用"酸"。如晋皇甫谧的《针灸甲乙经》和清陈士铎的《辨证录》等。然而在一般著作中,作者对酸、痠二字并没有严格的区别;甚至一些著名的古医籍,也多有以"酸"代"痠"的。如唐苏敬等《新修本草·禽兽部》:"脚酸不能久立。"唐王焘《外台秘要》卷十三:"两胫酸疼。"明李时珍《木草纲日·草部·蛇床》:"治腰胯酸痛。"这些例子表明,即使在古代医籍中,说表示病痛的"酸"必须写作带"疒"的"痠",也是没有依据的。

值得注意的是以下两条资料:

《广雅·释诂二》:"痠,痛也。"清王念孙疏证:"'痠'字通作'酸'……今俗语犹云'酸痛'矣。"

清薛雪《医经原旨·藏象上》:

“迅”字右上不是“凡”

马玉岭

有人把“迅”写成“迅”，殊不知这是错字。

迅，是个形声字，是迅速的意思。《说文》云：“迅，疾也，从辵(音绰，辶的原字)，卂(音信)声。”迅字的形符“辵(辶)”篆书为“⻍”。黄绮《部首讲解》说：“⻍，上半部是‘行’字的左半边，下半部是脚趾，表示行走。”迅的声符“卂”，兼表意，它是一个会意字，由“十”和“乙”组成。《辞海》说：“乙通鳦。鳦(音乙)，燕也。”“卂”指十燕飞翔之速。

而由“凡”为声符的字，读音与“xùn”风牛马不相及，故“迅”字不可能从“凡”。

“精伤则骨痠痿厥。”作者自注：“痠、酸同。”

王念孙是清代的训诂大家，他认为“痠”在当时已通用作“酸”，俗语的 suān tòng 都已写作“酸痛”。著名医家薛雪虽然在《医经原旨》正文用了“痠”字，但在自注中却还要特地用通行的“酸”字来解释“痠”。这就充分证明，在清代的一般著作中，“酸”早已取代了“痠”，成为表示“酸痛”意义的通用字。尽管部分医籍还在使用“痠”字，但从作为全民族交际工具的汉语发展趋势来看，“痠”逐渐为“酸”所取代而淘汰，是完全可以预料的。某些过分强调汉字义符作用的同志，认为表示病痛的“酸”非要用带“疒”的“痠”不可，这就如同有人至今喜欢把“摔交”写成“蹿跤”，“崑崙”舍不得简化为“昆仑”一样，实在不足为训。由于1955年公布的《第一批异体字整理表》没有把“痠”字作为“酸”的异体字废掉，因而直到今天还有少数作者在使用“痠”字。这些同志可能没有注意，在我国有相当大权威性的《现代汉语词典》，已经按照汉字规范化的原则将“痠”列为“酸”的异体字，1965年发布的《印刷通用汉字字形表》也只收“酸”而不收“痠”。有的字盘上没有现成的“痠”字，有时只好专门去刻，费时费力而又毫无必要。因此我建议：除了整理古籍需要酸、痠并存外，现代人的著作，一律用“酸”而不再用“痠”。

“躁热”辨析

高低

去年，本人在一家日报上连载了一部纪实文学作品《早搏》。其中一章，笔者在列举了小学毕业生激烈竞争的若干事例后写道：“读到这儿，兴许读者已感受到了一股躁热……”

一位同行问我，“躁热”的“躁”字是否印错了。我说没有，原稿就是这两个字。他当下指出：“‘躁热’应为‘燥热’，《现代汉语词典》中只有‘燥热’，而无‘躁热’一词，你这个‘躁热’是生造的。”

我听罢不以为然。

“燥热”和“躁热”虽说读音相同，但此“热”不比那“热”，两者的含义是不一样的。前者的“热”，主要缘于气候、环境等自然条件；后者的“热”，大都源于性情、心气等精神因素。燥热的燥，是干燥的燥，缺少水分的燥，可我作品中道及的那股“热”与干燥无涉，而是由浮躁、急躁、烦躁以及躁动不安引发的，故为“躁热”。尽管词典上只有“燥热”一词而无“躁热”一说，但要是联系文章内容来看，用“燥热”显然于情理上说不通。躁者，乃性急、不平静之谓也。由此可见，用“躁热”要比“燥热”贴切得多，准确得多。

《现代汉语词典》无疑是一部值得信赖的工具书，但我们不能唯“典”是从，它没有的词，只要有使用价值，有生命力，只要运用得有道理，照样可以用。何况《现代汉语词典》只是中型词典，大型的《汉语大词典》就收有“躁热”条，并有茅盾等人的用例。其实，“躁热”一词的使用频率并不低于“燥热”。我相信，有朝一日，“躁热”这个词自会堂堂正正地进入《现代汉语词典》的。因为词典本身的语汇，正是在语言文字的应用实践中不断丰富和发展起来的。

五重奏

·智答篇·

咖啡里放毒药

陈益春

阿斯特夫人是英国议会的女议员，也是丘吉尔首相的政治对手。在一次聚会时，阿斯特夫人坐在丘吉尔的边上。她指着桌子上的咖啡杯说：

“如果你是我的丈夫，我一定在咖啡里放上毒药。”

面对阿斯特夫人的挑衅，丘吉尔慢慢端起咖啡杯，喝了一口，然后针锋相对地说：

“如果你是我的妻子，我一定把咖啡喝下去。”

·妙联篇·

血　牙　嘴

纪　久

夏夜乘凉，众人围成一圈，天南海北，神聊助兴。这时，有人指指衔着的烟嘴说：“诸位，这烟嘴是玉的，血牙红的颜色，称之为‘血牙嘴’。现在就以‘血牙嘴’为上联，谁能对出下联？不过，请注意，血、牙、嘴三字，都和人体有关，下联也要符合这一要求。”

大家在沉思。一会儿，一老者眯着眼睛说：“这下联包在我身上了。”众人一听忙催他：“那你快说出来呀！”谁知他仍不急不慢：“不是说包在我身上了吗？”他见大家都在纳闷，才道出其中奥妙：“我身上包的是什么？汗背心。汗、背、心，三字都和人体有关，不是正可以对上血牙嘴吗？”

·噱言篇·

牛群“逗”妻

翟兴云

牛群是著名相声演员。他的夫人刘肃，是他恩师的女儿。这位夫人认为自己长相不怎么样，有点对不住老公。

牛群则安慰她说：“咱俩互相看着顺眼就行了，别人说什么也没用。咱俩就好比是‘王八看绿豆——对了眼’啦。”夫人一听好感动，说：“话糙理不糙，你比喻得真好。‘王八看绿豆’……那我就当绿豆。”牛群说：

"那我就当……另一颗绿豆。俩绿豆!这就叫物以类聚,人以'豆'分。"

中央电视台主持人倪萍有次和牛群夫人开玩笑说:"肃嫂,你不要以为世界上就牛群一个好男人。好男人多着呢!"刘肃说:"我近视,只看见一个。不过现在做了手术,眼睛好了,仔细一看,——还是一个。"

·趣喻篇·

"女人家嗑瓜子"

徐三思

当代文坛,散文走红。就风格而言,既有大江东去,也有小桥流水,既有铁板铜琶,也有莺声燕语,可谓各擅胜场,千姿百态。

其中有一类,人称"小女人散文"。取材往往是身边琐事,捕捉的是稍纵即逝的小感觉、小情趣。文笔轻灵活泼,气氛温馨可人。对于这类散文,评者褒贬不一。文艺评论家陈丹晨则将其比喻为"女人家嗑瓜子"。

他说:"女人家嗑瓜子,边嗑边聊,嗑瓜子声,闲话声,声声入耳,十分从容,十分有兴致,十分热闹,待到众人散去时,只见瓜子壳儿散乱一地,竟再也想不起刚才都'侃'了些什么。"读来颇觉传神。

·谐诗篇·

"乔老爷"卖报

恽　雄

"乔老爷"是乔冠华的雅号。这位当年的外交部长,不仅在国际外交场合潇洒自如,而且还是位倚马千言、文思泉涌的才子。

1973年4月,随着中美关系的解冻,艾尔弗雷德·詹金斯出任美驻华联络处副主任,并旋即来华负责联络处筹建工作。乔冠华因和詹金斯会谈比较顺利,一时诗兴大发,信笔写起打油诗来:

八重樱下廖公子,

五月花中韩大哥,

………

这第一句说的是廖承志,当时他是外交部顾问,时值樱花盛开之际,正率团在日本访问;第二句则是指中国驻美联络处副主任韩叙,"五月花"旅馆是我驻美联络处的临时办公地点。也许因部长公务繁忙,后面两句一时竟没有想好。

几天以后,毛泽东听取关于中美会谈情况的汇报。他听说乔冠华的打油诗还缺两句,便兴致勃勃地说,我来为乔老爷续诗:

莫道敞人功业小，
北京卖报赚钱多。

原来，这里还有一段掌故哩。“文革”期间，乔冠华等当权派，曾被造反派勒令卖造反派编印的报纸。乔冠华卖报的地点在王府井百货大楼前面。开始几天，有造反派负责押送；后来则让乔冠华自行卖完结帐。乔冠华不甘被摆布，每次把报纸往地上一丢，转身便往小酒馆里一坐，独自浅斟慢饮。几个小时以后，再换上一点零钱，充作报款到外交部复命。他还常常多交几毛钱，惹得造反派挖苦他说：“你这个修正主义分子，卖报倒会赚钱！”

想不到这段“文革”轶事，竟也传到了毛泽东的耳中，被写到了打油诗里。

向你挑战

《十二生肖词语填空》参考答案

鼠目寸光　投鼠忌器　獐头鼠目　胆小如鼠
牛刀小试　汗牛充栋　鸡口牛后　目无全牛
虎口余生　调虎离山　狐假虎威　藏龙卧虎
兔死狗烹　狡兔三窟　乌飞兔走　守株待兔
龙飞凤舞　画龙点睛　老态龙钟　叶公好龙
蛇蝎心肠　画蛇添足　杯弓蛇影　打草惊蛇
马不停蹄　快马加鞭　车水马龙　塞翁失马
羊质虎皮　亡羊补牢　狼贪羊狠　歧路亡羊
猴年马月　沐猴而冠　尖嘴猴腮　杀鸡儆猴
鸡鸣狗盗　杀鸡取卵　鹤立鸡群　呆若木鸡
狗尾续貂　打狗看主　狐群狗党　偷鸡摸狗
猪狗不如　杀猪宰羊　凤头猪肚　蠢笨如猪

广角镜

校对群英聚申城

尚版

“第二届全国校对理论研讨会”于1996年10月15日至10月20日在沪召开。与会者共120人。会议探讨了校对工作的规律，通过了《关于加强校对队伍建设的建议》和《关于建立校对质量保障机制的建议》。

中国版协常务副主席卢玉忆，上海版协主席徐福生、副主席孙颙在会上作了重要讲话；上海版协顾问丁景唐、理事郝铭鉴在开幕式上作了专题发言；中国版协校对研究委员会主任周奇在闭幕式上作了总结。与会代表还观看了上海版协举办的“编校工作小型展览”和电脑校对现场演示。

上图为开幕式现场，下图为电脑校对演示厅一角

有照为证 （本栏欢迎投稿）

谁敢下箸？

朱怀兴

上海火车站附近，有一家美食店。一眼望去，店堂雅洁宜人。那天我和几位朋友正欲推门而进，蓦然见到橱窗广告上有四个大字——“大块人心”，不由心里一惊，把脚步停了下来。

清平世界，朗朗乾坤，在法制国家里，当然不会以“人心”作为食品，这点我们是明白的。但实在不懂这“大块人心”是什么意思。当热腾腾、红殷殷的牛羊肉端上桌时，联想到这“大块人心”，谁敢下箸？

ISBN7-80511-881-7/H·35

定价：2.00元

1997
上海文化出版社

咬文嚼字

Y 咬文A字 O 咬文W字

E 咬文N字 J 咬文I字

A 咬文O字 Z 咬文I字

YAOWENJIAOZI

SHANGHAIWENHUACHUBANSHE
2

我的建议

编辑同志：

弹指一挥间，《咬文嚼字》走过了两年的历程。24 本薄薄的刊物，凝聚着多少编辑的心血、作者的支持和读者的关心。

是你们敢为天下先，向书报刊语言文字混乱状况宣战；是你们正人先正己，首先竖起了"向我开炮"的旗帜；是你们组织"有奖竞赛"和"众矢之的"活动，让语文规范化意识深入人心。今天，刊物正在不断成长和壮大，这说明社会需要这样的刊物，读者需要这样的刊物。

值此送旧迎新之际，作为一名忠实的读者，我想提出一个建议：召开一次编者和作者、读者座谈会。让我们有一个面对面的沟通的机会，共同回顾过去，展望未来，集思广益，群策群力，把刊物办得更具指导性、实用性和群众性。

我想这个会议一定会是热烈的，有效的。如果全体与会者再拍一张合影照，那这张照片将会是一份珍贵的纪念品。我们的心一定会因此贴得更近。我期待着这一天。

傅凌发

1996 年 12 月 4 日

我的答复

傅先生和全体读者朋友：

时值岁末，你们的来信，犹如感情含量最丰富的贺卡，给我们带来了无限温馨。我代表全体编委和编辑部同仁，向你们表示衷心的感谢。

我们准备采纳傅先生的建议，在近期召开作者、读者座谈会。凡是愿意参加会议的，请在四月十日以前给编辑部来一封信，信中务请写明地址、邮码和联系电话，到时我们将正式发出邀请函。如果人数太多，则可能分批召开。

我们和各位一样，同样期待着这一天，期待着和各位见面。

郝铭鉴

一九九六年十二月十日

卷首幽默

“吴晗”三错记

华　征·文
麦荣邦·画

45岁以上的人都知道，吴晗是明史专家，京剧《海瑞罢官》作者，曾任北京市副市长，“文革”一开始便惨遭迫害……年轻人想来已不甚了了，于是，闹出了笑话。某报谈及吴晗，竟印成了“吴哈”；第二天更正，不知怎的，又成了“吴啥”；更绝的是第三天，连姓也改了：“无晗”。连登三天，连错三天，这玩笑也开得太大了吧！

咬文嚼字

1997 年 2 月

第二辑

（总第二十六辑）

上海文化出版社出版、发行
上海绍兴路74号
电话:64372608－205
邮政编码:200020
新华书店经销
上海艺文激光电脑排版厂排版
上海海峰印刷厂印刷
开本787×1092　1/32
印张1.5　字数43 000
1997年2月第1版
1997年2月第1次印刷
ISBN7－80511－898－1/H·36
定价：2.00元

2—2

目　录

百家论语

办一个专门纠正语病的刊物——1992年8月17日上午在“中国语文报刊协会成立大会”上的讲话 …………吕叔湘（4）

不要草菅“词”命 ……………楚山孤（6）

语林漫步

“一字师”余话 ………………黄　椒（9）

大观园岂无“刘姥姥” ………刘欣荣（11）

唱“的”为 di 探 ………………符　泊（13）

也谈“退役” ……………………倪培森（14）

校园丛谈

“祖先”≠“国家” ……………张　蓓（15）

“当做”和“当作”不宜混用……沈丽莉（16）

谁是“日本通”？………………张　烨（16）

小议“家乡”“竹樟树”…………周　媛（17）

“三分之一的零头”？…………李献功（17）

高考作文错字之最……………汪兆龙（18）

“光彩熠熠”的植物 …………郭定功（18）

“东来西往”？…………………王义林（19）

字里乾坤

势利的“趋” …………………文士其（20）

“桌”的由来 …………………刘志基（21）

“敲”与“鼓” …………………龚云龙（23）

中国人与天 …………………何　峭（24）

辨字析词

“命运多桀”与“命途多舛” ……闻　喜(26)
“受”和“授” ……周元彪(27)
《墨子闲诂》与《閒情赋》之讹 …颜春峰(29)
“大肆”与“大事” ……荣耀祥(30)

报刊扫描

“敬谢不敏”小议 ……左慎五(32)
“雾水情”还是“露水情”? ……杜　哉(33)
“年代”的误用 ……徐惠仁　徐冬梅(33)
标题失当简评 ……孔繁群(34)
一“非”障目 ……严　浩(35)
目慢“切慢” ……田之雨(36)
“东京”不是洛阳 ……计　华(37)
赣江源出何处? ……刘德祥(38)
谈谈“忘年之交” ……陆焕平(39)

词语春秋

“吹牛皮”的来历 ……章　回(40)
“易箦”的出处 ……唐遇春(41)

书林指谬

古地今注,错得离谱 ……卓　严(42)
“于戏”和“於是之” ……刘善良(45)
朝三暮四,给的何物 ……汪　旸(46)

五重奏

谐诗篇　给张春桥画像 ……郑捷生(47)
噱言篇　卓别林打苍蝇 ……赵　荣(47)
趣喻篇　从王到猴 ……钟　纯(47)
智答篇　“马路” ……吴月庚(48)
妙联篇　“橘井”与“杏林” ……雁　寒(48)

语丝

语丝八则 ……(8、10、12、31、36、37、39、44)

卷首幽默

“吴晗”三错记 ……华　征　麦荣邦(1)

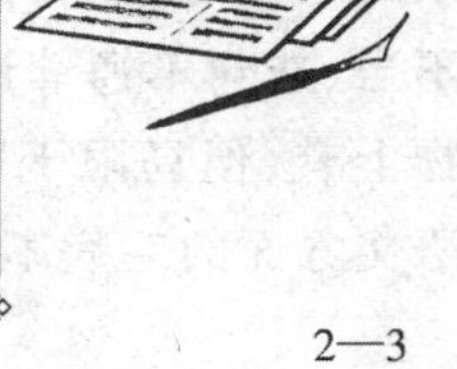

百家论语

办一个专门纠正语病的刊物

——1992年8月17日上午在“中国语文报刊协会成立大会”上的讲话

吕叔湘

同志们：

今天中国语文报刊协会召开成立大会。我讲什么呢?我想了一下，今天语文方面的刊物和报纸很多，其中有的面向科学研究，有的面向教学，有中学教学、小学教学，还有专门面向语文教师的。有没有专门面向全社会的语文刊物，一时想不起来。可能没有，但是社会很需要。我们现在看的书面语言，问题不少。小至于写错别字，大至于篇章结构，语句不通，让人不知所云，甚至废话连篇等等。怎么办?有无需要针对这些现象办一个刊物?有时在报刊上看到有人谈这方面的问题，但大谈特谈的还没有。这样的文章写出来可能没有地方发表。评说用词不当、造句不通等语言方面毛病的文章，在面向中学的语文刊物上有，但局限于中学生的作业，比较简单，同报刊上看到的语文方面的毛病不完全相同。

另外一个原因,写这类评说语文方面毛病的文章,看上去容易,但写起来难。找一个错字容易,但怎么改就难。把有语病的话改好,这工作不简单。写这类文章真是吃力不讨好。即使发表了,还可能得罪人,稿费也拿得不多。(台下笑声)

怎么解决这个问题,我建议语文报刊协会同有关方面,可否办一个刊物,专门发表这样的文章。这份刊物销路不一定好,但可以引起社会注意,改变过去议论语病的文章只能作报刊补白、充当配角的现象,以致这类文章读不读两可,读者读了拉倒,引不起注意。

报刊协会可否从全局考虑来解决这个问题,这对提高全社会的语文水平,提高文化素养和工作效率,促进语文规范化,都有很好的作用。

附记:

本文根据吕老讲话记录整理,已经吕老审阅。标题是整理者所加。吕老讲话时在主席台就坐的,除国家语委领导和语文专家外,还有新闻出版署的有关领导梁衡和张伯海同志。1994年梁衡同志曾希望中国语文报刊协会办一个类似吕老所希望的那样的刊物。由于协会人力和物力有限,已办了会刊《语文世界》,无力再承担新的任务。于是推荐在适当的时候,将协会会员刊物《咬文嚼字》作为一本专门评论探讨语言文字得失,促进语文规范的刊物推向社会。这一意见得到了有关领导和同志的支持。我们期待这一天早日到来。

中国语文报刊协会会长　**李行健**

1996年11月8日

不要草菅“词”命

楚山孤

近年来，对于语文差错的批评，不时见诸报端。其中有专业报刊，也有非专业报刊，可见语文规范化正在日益引起社会的重视。不少文章直言谈相，一语中的，既有针对性，又有知识性，读后颇受启迪。但也有些文章，似有以己昏昏、使人昭昭之嫌，甚至是率尔操觚，草菅“词”命，让人无所适从。

某拼音报载文批评《文汇报》上的一段文字。这段文字是这样写的：“面对这些垂手可得的银子怎么办？刘大夏沉吟良久……”（《文汇报》1995年4月8日第7版）批评者认为有两处用词错误：一是“垂手可得”应为“唾手可得”，二是“沉吟”应为“沉思”。“垂手可得”这一成语，若要追根溯源，确为“唾手可得”。不过，多年来写作“垂手可得”的并不鲜见，而且词义也说得通，有些辞书因此视二者为异形词。对此，《咬文嚼字》曾载文分析，此处不赘。笔者想重点谈谈“沉吟”一词。

“沉吟”错在哪里？批评者的说法是：“‘沉吟’意谓低声地念，而此处并非在‘念’，只是在思索，故应改为‘沉思’。”思索便不能用“沉吟”吗？这未免有点想当然吧。曹操的《秋胡行》中，不就有“沉吟不决”的句子吗？恐怕作者在动笔前，并没有查一查工具书，只是根据“吟”字在进行推论。那我们不妨来查一下吧。《辞海》：①沉思吟味。有默默探索研究之意。②犹疑不决。《辞源》：①深思。②犹豫不决。《汉语大词典》有四个义项，其中前两个是：①深思。②迟疑，犹豫。即使《现代汉语词典》，除了“低声吟咏”外，也分明写着：“（遇到复杂或疑难的事）迟疑不决，低声自语：他～半天，还是拿不定主意。”随便根据哪一部辞书，你都不能说《文汇报》文章中的“沉吟”是用错了吧。

《新闻出版报》1996年11月30日刊有《“兑水”还是“对水”》一文，作者倒是查了工具书的，遗憾的是仍然失之武断。作者批评的对象，一见于去年7月14日的《光明日报》：“警惕话里‘兑水’”；一见于去年9月24

日的《大众日报》："甲醇兑水后假冒白酒出售。"作者认为："应用'对水'，而不应用'兑水'。"其理由是，《现代汉语词典》里"兑"只有"三个意思"："一是用旧的金银首饰、器皿向银楼换取新的；二是凭票据支付或领取现款；三是八卦之一。"这三项都和"兑水"无关，于是作者宣布，"兑水"是用错了的。在此之前，《中国电视报》也发表过类似文章。

其实，事情远非如此简单。不错，《现代汉语词典》是一部很有影响的工具书，但限于辞书的性质和规模，并不是词语的所有义项，都能在《现代汉语词典》里查得到的。比如这个"兑"字，《现代汉语词典》里只列"三个意思"（注意：是"只列"，不是"只有"），而在《汉语大字典》中，有"十二个意思"，《汉语大词典》中，有"十个意思"。后两部辞书中，"兑"和"对"一样，均可表示搀和。可见，在作语文研究或语文批评时，以《现代汉语词典》为唯一依据，便难免会出现"冤假错案"。

表示搀和意思的"duì"，本是个口语词，早在清代小说中出现时，便既有写作"对"，也有写作"兑"的。《红楼梦》里用"对"："昨日他姨娘家送来的好茶面子，倒是对碗来你喝罢。"（第七十五回）《儿女英雄传》里用"兑"："直等他从屋里兑了开水出来。"（第四回）《儒林外史》同为第三十一回，前面用"对"："这酒是二斗糯米做出来的二十斤酿，又对了二十斤烧酒，一点水也不搀。"后面又用"兑"："韦四太爷就叫把这坛酒拿出来，兑上十斤新酒……"这种两可的用法，一直延续至今，现代作家的作品中，也可找到不少书证。可以认定，表示搀和的"兑"和"对"，其实是一对异形词。为了促使语义规范化，我们可以比较其优劣，让读者择善而从；而轻率地判断对错，窃以为是有失公正的。

有时，即使从辞书或文献中找到了足够的证据，可以作出某一判断，但还要从语文应用和语文发展的实际出发，取慎而又慎的态度。这里，笔者想以"胴体"为例。

"胴体"一词，近年来的见报率颇高，特别是在小说、散文作品中，更是频频亮相。胴，一般人读作tóng（同），其实正确的读音是 dòng（洞）。关于这个词语，报刊上已不知发了多少文章，认为作家们闹了个大笑话，"胴体"是指动物的"屠体"，不能用来指称人体。

应该说，这种批评是言之成理、持之有故的。笔者曾查遍手头的资料，都证明胴体与人无涉。胴，本义为大肠；胴体，《辞海》、《辞源》、《汉语大字典》、《汉语大词典》等权威工具书几乎众口一辞，都说是指躯干，并不忘补充一句：特指家畜屠宰后的躯干部分。既然如此，"美丽的胴体"之类文字，理应从我们的视野中消失。

然而，且慢！在语言实际应用中，我觉得胴体一词的修辞效果，是其他同义词很难取代的。比如下面是香港某作家笔下的一句："柔柔的月光透过纱窗，映照着她柔柔的胴体。"改为"身体"，似乎太平，缺乏文学色彩；改为"肌体"，显得太专，走向了生物学；改为"玉体"，又觉太旧，散发出无聊文人的习气；改为"裸体"，未免太俗，降低了作者和作品的品位。总之，还是"胴体"显得含蓄而又得体一点。

更重要的，我觉得不能忘掉"胴体"现行用法的来历。这种用法，并不是大陆原创，而是从台港引进的。大陆作家觉得这一用法新鲜而又耐人寻味，于是表示认同。大概没有一个大陆作家是查了辞书以后再用"胴体"一词的。大家知道，海峡两岸虽然同用汉语，但由于长期隔绝，在文字、词汇以至语法方面，尤其是词汇方面，存在着种种地域性的差异。"胴体"一词既然流行于海峡彼岸，它到底具有哪些义项，只查此岸的辞书，难免不得要领。笔者曾请教过台湾友人，他们说从未从"胴体"联想到"屠体"。而在台湾出版的辞书中，倒是可以找到"胴体"可以指称人体的释义。比如台湾中华书局出版的《中文形音义综合大字典》，便称"人之体腔曰胴"，并列举了胴体、美胴、肥胴等词。也许是考虑到了胴体的流行是海峡两岸文化交流的结果，《现代汉语词典》修订本现已收了"胴体"一词，第二个义项便是："指人的躯体"。我想，关于"胴体"的"非议"，至此该告一段落了吧。

对于语言文字中的错误，我们不能视而不见，然而判断其错误的过程，应该是一个认真求索的过程，是一个科学思考的过程。

语丝

"价位"无轻重

莫澜舟

有一幅广告，出语惊人："好地段也有轻价位"。所惊者，"价位"竟可以论轻说重。

价位，指价格所处的位置，在平面图表上，价格用箭头表示升降状况，处于某个升降点上的位置有高低之别，于是就有价位高、价位低之说，可并无重轻之别。

语林漫步

“一字师”余话

黄　椒

一 “李相”何许人也

于光远先生在《“一字师”和“半字师”》一文（《咬文嚼字》1996年第五辑）中，说“一字师”的最早发明者也许是唐朝李相，并指出《辞源》、《辞海》、《汉语大词典》（以下简称《汉大》）“三部词典都没有明确地说明‘一字师’何人最早使用”。其实，除《辞海》外，它们都提到了“唐·李相”，《汉大》还把他作为第一（最早）书证举出。那么，为什么它们都没有明确指出“李相”是第一个发明“一字师”的人呢？笔者猜想，大概有两个原因：一是局限于已掌握的资料，不好说死，因而《汉大》采取了近似于先生“也许”的办法处理，把“李相”置于第一书证；其二，是尚未闹清“李相”到底是个怎么样的人物，所以《辞源》采用了一笔带过的手法处理，而《辞海》则干脆不提他了。

“李相”是不是第一个使用“一字师”的人呢？据已掌握的资料看，回答是肯定的。此公何许人也？他姓李，名绅，而不是“相”。他就是和李德裕、元稹合称“三俊”的中唐著名诗人李绅（公元772年？—846年），就是脍炙人口的《悯农》诗“谁知盘中餐，粒粒皆辛苦”的作者。他是无锡人，唐宪宗元和初登进士第，文宗大和七年迁太子宾客、分司东都（洛阳），武宗会昌元年拜相（见新旧《唐书》本传）。《唐摭言·切磋》开头说的“大居守（留守京都的官职）李相（宰相）”就是他。“一字师”的雅事，大概就是产生在大居守（分司东都）的任所上的。

再看清·陆以湉《冷庐杂识·一字师》所载：“李绅吏正叔孙婼之婼读为‘敕咎反’之误。”“李相”指的是“李绅”，这是一个很好的佐证。

叔孙婼事，见《春秋·昭公七年》：“叔孙婼如齐莅盟。”陆德明释文：“敕略反。”《汉大》据《唐摭言》谓：“‘婼’应读‘敕略切’，李误为‘敕晷切’。”但据南唐·何晦《摭言》和《冷庐杂识》载，则李误读为“敕咎切”。

二 郭沫若的“一字师”

“一字师”，自唐至民国，各代莫不有之。《汉大》多已引例，唯未及明代及今例；明例可省，但今例不可缺。

郭沫若在《瓦石杂记 · 一字之师》中有这样一段记述：在话剧《屈原》演出的一个晚上，郭老和饰婵娟的张瑞芳谈到第五幕第一场婵娟斥责宋玉的一句话“你是没有骨气的文人”时，说：“在台下听起来，这话总觉得有点不够味。”饰钓者的张逸生在旁听见，便插口说：“‘你是’不如改成‘你这’。‘你这没有骨气的文人！’那就够味了。”郭老听了，“觉得这一个字真是改得非常恰当！”自此，便称张逸生为“一字之师”。

《汉大》如果是把“唐 · 李相”改为“唐 · 李绅”，并补上郭老的例证，那么“一字师”这个条目，就会显得更加丰满，更能体现出“源流并重”的特点来。

三 “一字师”释义商兑

“一字师”，《辞源》释为：“指改正一个字的老师。”《辞海》不释。《汉大》释为：“谓订正一字之误读，即可为师”；“亦指更换诗文中一、二字的老师。”

《辞源》的释义显与所举齐己《早梅》诗例不合。齐己诗并无误字，何来“改正”？郑谷易“数”为“一”，使诗意更切“早”字，乃为润色，不是改错。

《汉大》释义中的“即可为师”，与内涵无涉，显属外加，应当删去。

根据已有资料，“一字师”应释为：“谓订正误读诗文一字的老师；亦指为诗文润色一二字的老师。含有称美教正者博雅、受教者虚怀的意味。”所释正确与否，有待方家教正。

语丝

办报岂能不孚众望？

姚楚材

《中国剪报》一九九五年十月四日《人人为办报献策 办报为人人服务》：『我们一定不孚众望……』该报十月十四日《欢迎订阅明年〈中国剪报〉》：『我们将……不孚众望……更勤奋地为读者服务。』两文中的『不孚众望』均用得不妥，应改为『不负众望』。

孚：使人信服。『不孚众望』就是『不使人们信服』。

负：辜负。『不负众望』就是『不辜负人们的期望』。

上述两文因用错字而将意思弄反了。

大观园岂无“刘姥姥”

刘欣荣

《新闻出版报》1996年11月6日登载了《大观园何来“刘姥姥”》一文。作者彭匈认为:“姥姥”乃“老老”的讹用,许多编辑却糊涂地“以非为是”,以至于现在“积非成是”。笔者则以为彭先生是“以是为非”。

首先,“姥姥”没有错。

关于“老老”一词,《辞源》上释为“对老年妇女的敬称,今多用以称外祖母”,又专门指出“老老”也作“姥姥”,不仅如此,在《现代汉语词典》、《新华字典》上都有类似说法。可见“老老”、“姥姥”是同音同义异形词,这已为大家所公认。既然只是异形,就不存在“以非为是”的问题。

作者为自己观点找到的唯一论据是:原著中没有“姥姥”,“明明白白写的是‘刘老老’”。这一提法本身就值得推敲。第一,这个“原著”是什么原著?若指曹公的手稿,当然无从考察,若指手抄本,又至少有十几种备选;即使是指目前的通行本,依然不下十个版本。第二,作者说的没有“刘姥姥”也不能成立。关于手抄本,就笔者了解,起码在前苏联列宁格勒亚洲图书馆藏抄本《石头记》中是“姥姥”而非“老老”;通行本中也是“姥”、“老”各半,以人民文学出版社为代表,取“姥”;以上海古籍出版社为代表,取“老”。以上可看出,“姥姥”确是“老老”的异形词,而非错用。

其次,还是“姥姥”好。

上已说明,两词互为异形词,因此就无是非之分。但是若从汉语的规范化、标准化的角度看,仍有取舍的必要。除去“姥姥”、“老老”,在汉语中还有“年轻(青)”、“伙(火)伴”等为数不少的异形词(《现代汉语词典》中收了500条左右),从实际使用看它们并没有什么积极作用,只会增加人们的负担,因此有必要加以清理。词语的生命力取决于它的使用人群和使用频率。就我们讨论的“姥姥”、“老老”而言,目前一般群众特别是青少年均只知前者不知后者（小学语文课本中已将“姥姥”一词作为标准用语普及），即使是在稍早的文艺作品中，“姥姥”的使用频率也大大超过了“老老”，如：

《儿女英雄传》第二十三回：“到姑娘抱了娃娃，他作了姥姥。”

管桦《小英雄雨来》：“明天你到他姥姥家去一趟。”

冰心《超人》：“以及房东程姥姥替他端饭的时候，也说几句照例的应酬话。”

以上几例均为“姥姥”。而“老老”作外祖母用时，《辞源》、《称谓大辞典》、《中华亲属辞典》均只有《红楼梦》一例而已，可以说“老老”是一个在现代汉语中逐渐丧失其地位的词。

既然如此，遵照整理异体字的第一原则“从俗”，笔者认为“姥姥”是可取的。

语丝

“妇男”是男还是女？

王璞之

“妇”古时称已婚女子。古乐府《陌上桑》：“使君自有妇，罗敷自有夫。”故“夫妇”并称，表一对配偶。与“妇”组成的词如“妇孺、妇幼、妇婴……”表的是“妇＋孺、妇＋幼、妇＋婴……”都是并列结构。“妇道、妇德、妇科……”“妇”为限制修饰词，表从属关系，是偏正结构。“妇女 ”连用，则是成年女 性的通称，不限婚否，也属并列结构。近见《新民晚报》文章题目《待工妇男》（1996年9月19日第17版），不禁一怔，“妇男”？什么叫“妇男”？“男而妇”还是“妇而男”？读文字，才确知是下岗在家的丈夫从事家务劳动，“妻子回家怨言少了，家里倒也多了一点欢乐气氛”。原来指的是男性，那怎么能用表女性的“妇”来修饰限制呢？岂非笑话！也许“妇男”由“妇女 ”而来，那是误解了“妇女”的意义和构词。但如要作为俏皮的代用词，以增加一些文章的修辞色彩，那至少也得在“妇男”上加引号，或干脆写作“夫男”。其实，这类仿造、生造都不可取，说“待工男人”有何不好！如要仿传统观念上的“家庭妇女”说法，那说“家庭男人”才得当。

唱"的"为di探

符　泊

《咬文嚼字》1996年第10辑薛蔚原先生的《"的"在歌中发音辨》一文，对众多歌手把"连小学生都不会搞错"的结构助词"的(de)"唱成dì提出质疑，认为这是当今"歌者不懂规矩"，凭"歌者好恶"，以致"歌中本无此di，唱的人多了，也就成了di"。

其实，把"的"唱成di，并非无缘无故，它是有来由的：

一、"的"原先就读di。1915年出版的《辞源》"的"字条下的读音是[低激切，音滴，锡韵]，"滴"应读dī，这是作名词等用，义项㈦中又说明："今俗亦用以为助词，如言我的你的，读如底"。而"底"则为[低体切，音邸，荠韵]，"邸"读为dǐ。

二、"五四"早期现代汉语中又曾把"的"、"底"区别使用：修饰性定语用"的"，表领属关系的定语和中心语之间则用"底"，《现代汉语词典》仍有此项说明。这就是薛文所说"在一首歌中de、di交替使用"的根由。(歌者或有把二者弄错，这是另一回事，至于《现汉》说"底"作助词也读de，则是助词"的"读成de后的语音同化，也是另一个问题。)

二、受戏曲唱法的影响。由于上述"的"原读若"邸"(dǐ)的原因，我国历来的戏曲中都不把"的"唱成de，京剧、昆剧、豫剧等都如此。现代歌曲的唱法一开始就受戏曲的影响，把"的"唱成di也就成了"约定俗成"。

四、另外，笔者也曾向熟悉的音乐界人士请教，有谓从发音上说，di的发音较"实"，容易"咬实"，也容易延长，这或许也是一条理由。

薛文提出的意见是有价值的，到底应从推广普通话的角度出发，规定歌曲中一律把助词"的"唱为de，还是应该尊重上述的传统和理由，这就有待有关的专家们去研究讨论了。

也谈“退役”

倪培森

《咬文嚼字》1996年第7辑，载吴宏林先生的《“退役”一词莫乱用》一文，认为“非现役军人或预备役军人的运动员停止专业比赛，离开原比赛团体，应称其‘离队’”。理由是：“退役，是指‘军人退出现役或预备役期满后停止服役’。”“运动员不是现役或预备役军人，那么就不应称其离队为‘退役’。”对此，笔者想谈谈不同的看法。

一、从情理上分析——

各种体育项目的比赛，竞争都十分激烈，双方运动员都是竭尽全力想战胜对手，所以人们把赛场比作“战场”。既然是“战场”，比赛的双方也便成了“战士”，运动队也便成了“部队”，离开这个“部队”也便成了“退役”。这完全入情合理，不但没有滥用和乱用，而且用得比“离队”还准确，因为它体现了运动员对“部队”和“战友”以及“战斗生活”的特殊感情。

二、从语义上分析——

汉语中的不少词语，其语义不仅有本义，还有引申义、比喻义等。不用“离队”而用“退役”，用的就是比喻义。取运动队有像部队那样严明的组织纪律；队员作风像战士那样勇猛顽强；赛场像战场那样拼搏激烈；运动员之间、运动员与教练员之间有像部队中战士之间、战士与干部之间那样团结友爱、互相关心的亲密关系。正因为两者有这么多相似之处，所以把“离队”喻称为“退役”。这怎能说是乱用和滥用呢？

三、从辞书上找根据——

该文所说的“退役”的词义只是某一种辞书的解释。据《汉语大词典》载：“退役，脱离服役；终止某项工作。也比喻产品因陈旧过时而被淘汰。”既然连“陈旧过时而被淘汰”的产品也能用“退役”来比喻，为什么“非现役军人或预备役军人的运动员……离开原比赛团体”就不能用“退役”比喻呢？

校园丛谈

习作四篇

编者按

下面发表的一组文章，作者都是上海复旦二附中的学生，写的是他们在校内外"咬文嚼字"的心得和体会。文章虽说稚嫩些，但让人从中看到了语文规范化的希望。

当前社会语言文字运用状况混乱，人民群众对此深感不满，有识之士更是痛心疾首，都认为非严加整顿不可。但"冰冻三尺，非一日之寒"。在语言文字上的拨乱反正，也不可能毕其功于一役，必将是一项长期的、艰苦的工作。这项工作包括两方面的内容：一方面要对当前的语文谬误进行匡正；另一方面要从学生抓起，提高学生的语言文字水平。

本丛刊"校园丛谈"栏，是专门为教师、学生设置的栏目，上海复旦二附中四位学生的来稿使我们感到欣慰。欢迎广大教师、学生踊跃来稿。

"祖先"≠"国家"

·张 蓓·

上海教育出版社 H 版高中一年级第二学期《语文》课本内，《大力弘扬灿烂辉煌的中华民族文化》中有这样一句话："我们的祖先有举世闻名的造纸、印刷术、指南针、火药四大发明，并且是第一个将指南针用于航海的国家。"句中加着重号（系笔者所加）的两个词语，似乎搭配不当。

"祖先"在《现代汉语词典》中有两个义项：①民族或家族的上代，特指年代比较久远的。②演化成现代各类生物的各种古代生物。而"国家”的解释为:①阶级统治的工具,是统治阶级对被统治阶级实行专政的暴力组织,主要由军队、警察、法庭、监狱等组成。国家是阶级矛盾不可调和的产物和表现,它随着阶级的产生而产生,也将随着阶级的消灭而自行消亡。②指一个国家的整个区域。

从结构上说,“祖先”充当句子成分的主语,“国家”充当句子成分的宾语。若提取句子的主干来看:“祖先是国家”,显然这句句子是病句。

我想此句不妨改成“我们的祖先有举世闻名的造纸、印刷术、指南针、火药四大发明,并且首先将指南针用于航海。”

“当做”和“当作”不宜混用

·沈丽莉·

上海教育出版社1996年版高级中学课本《语文》第三册有一篇名为《在马克思墓前的讲话》的文章,文中有这样一句话:“他对这一切毫不在意,把它们当做蛛丝一样轻轻抹去……”而在该课后面的“思考和练习”内摘录原文的同一句话中,又将“当做”改为“当作”。

《现代汉语词典》收了“当做”,没收“当作”。“做”与“作”读音相同,字义相近,有些义项可以通用,因此,“当做”与“当作”应该是同义异形词。同义异形词是一种消极的语言现象,必须加以规范。在教科书中,一会儿用“当做”,一会儿用“当作”,岂不是在制造混乱吗?

谁是“日本通”?

·张 烨·

《新民晚报》1996年3月11日第15版《荞麦面》中有这样一句话:“我们——上海市福利考察团的团长俞彭年,是一位‘日本通’。”句子不长,但却出现了“前言”不搭“后语”的现象。句子的主语为“我们”,破折号后却只有某团长一人,而该句中应与主语对应的数量词却照应注释内容,成了“一位”。这不禁令人诧异:究竟谁是“日本通”?我认为,只有删去“我们——”,句子才通顺。

小议“家乡”“栽樟树”

·周　媛·

笔者在颇有影响力的报纸——《新民晚报》上发现了这样一个病句:“我的家乡在浙中偏西的地方,村庄周围都爱栽樟树,不过现在已所剩无几。”

此句乍看尚可蒙混过关,可细看便发觉不对劲。若说此句主语为“村庄周围”,则和后面的谓语搭配不当,“村庄周围”怎么能“爱栽樟树”?若说此句主语为前面的逻辑主语——我的家乡,则主谓搭配也不当。“家乡”是个地点名词,而“栽”是个施动词,地点名词怎么能发出动作呢?其实这例病句的病根便在于缺少一个施动主语,结果使句子显得意思混乱,主谓不当。若改为“我的家乡在浙中偏西的地方,村民们都爱在村庄周围栽樟树”,便弥补了这一漏洞。

“三分之一的零头”?

李献功

高中第二册《语文》中《故都的秋》的结尾是这样的:——秋天,这北国的秋天,若留得住的话,我愿意把寿命的三分之二折去,换得一个三分之一的零头。

“三分之一的零头”究竟是多少?百思不解。查阅《现代汉语词典》,知道“零头”指“1.不够一定单位的零碎数量;2.材料使用后剩下的零碎部分”。由于作者把“寿命”视为“一”,无论“三分之二”还是“三分之一”都是“一”的零头,因此,只能说“把寿命的三分之二折去,换得一个三分之一”,而不能说“换得一个三分之一的零头”。

高考作文错字之最

汪兆龙

1996年高考作文中，错得最多的是哪一个字？

拇！“拇指”的“拇”。

第一幅漫画，好端端的大拇指被整形医生“整”掉了，而多余的枝指却仍被保留着。于是，无论是写小作文，还是写大作文，总要提及那无辜被截的拇指。可是，许多考生写成了“姆指”，随意调换了偏旁；还有一些考生则写成了“母指”，索性把偏旁去掉了。高考过后，不少报刊选登优秀的考场作文，笔者稍加留意，发现这些优秀作文中也“拇”、“姆”不分，可惜附在这些文后的评语都未指出这个别字。

拇，《辞海》中注为：“手大指。如：拇指。也指足大指。”

姆，《辞海》中注为：“①古代教育未出嫁女子的妇人。《仪礼·士昏礼》：‘姆缅笄宵衣。’郑玄注：‘姆，妇人年五十无子，出而不复嫁，能以妇道教人者。’②《通俗编·称谓》：‘弟妇呼兄妇为姆姆，即母母也。’”现在，我们把受雇为人照管儿童或为人从事家务劳动的妇女称作“保姆”。

由此可见，“拇”与“姆”虽然读音相同，但意思不同，“拇指”是不可以写作“姆指”的。至于把“拇指”写成“母指”，则变成母亲的指头了。

“光彩熠熠”的植物

郭定功

《写作学高级教程》（周姬昌主编，武汉大学出版社出版）第29页引述韩愈《答李翊书》：“古之立言者，则无望其速成，无诱于势力，养其根而俟其实，加其膏而希其光，根之茂者其实遂，膏之沃者其光晔。”并阐释说：“这是说，写文章要从根本上

"东来西往"?

王义林

职业高中《语文》课本第四册(人民教育出版社职业教育室编,1993年6月第1版)《为了六十一个阶级弟兄》一文,开头一句是这样的:"在首都王府井大街,车水马龙,热闹繁忙,商店披着节日的盛装,人们满面春风地东来西往。"

作为一般文章,这几句话流畅可读,没有问题,但作为教材,我觉得要从严要求。经过推敲,发觉上文中"东来西往"一词,有两处不妥:首先,不合语言习惯。语言运用习惯是长期形成的,一般不宜随意改动。如我们一般说"东奔西走",而不说"南奔北走";同样,我们一般说"南来北往",而不说"东来西往"。其次,不合情理。北京的王府井大街是一条南北大街,在这样一条"车水马龙,热闹繁忙"的大街上,人们怎么可以随意"东来西往"?

我查了一些其他版本,一是职高《语文》课本(试用本)第一册(人民教育出版社中学语文室编,1986年1月第1版),二是高级中学《语文》课本第一册(人民教育出版社语文二室编,1990年10月第1版),在所提上文中均使用"南来北往"一词。我想,这可以证实我的想法。

着手,而不要求其'速成',也不要受什么'势力'的诱惑,有了旺盛的植根,自然会结出果实;有了肥沃的土壤,植物自然会光彩熠熠。"

综观引文和释文,"势力"(韩愈原文为"势利")之误恐非印刷差错。所谓"势利",指的是权势和财利。韩愈言"无诱于势利",搭配妥帖。"势力"则指政治、经济、军事等方面的力量,跟"诱惑"扯不到一起。尤为可笑的是,教材将原文油多灯亮("膏之沃者其光晔")的意思曲解为"有了肥沃的土壤,植物自然会光彩熠熠",真不知从何说起。

字里乾坤

势利的"趋"

文士其

对"趋"字作字形分析，不难发现"走"为其表义符号。与字形构成相符，"趋"字本义则为"走"(《说文》)。古人所谓"走"，也就是我们现在所说的"跑"。然而，"趋"在汉语中，特别是在古代汉语中，又有"攀附权贵"之类的意义。比如"趋势"，即表示"趋奉权势"，《三国志·魏志·董昭传》："国士不以孝悌清修为首，乃以趋势游利为先。""趋附"，也就是今日所谓"趋炎附势"，干宝《搜神记》卷一："(孙策)因此激怒，言：'我为不如吉耶?而先趋附之。'"其他如"趋拜"、"趋陪"、"趋媚"、"趋迎"、"趋奉"等古代熟语中的"趋"，也都蕴涵着此种意义。

对"趋"字意义的这种变异，似乎可以作一种相当简单的理解，即其"攀附"意义就是由其本义"走"直接引发出来的，也就是说"攀附"被视为一种特定的"走"。然而，这种不求甚解之解无疑是很危险的。要作出科学的解释，应该对于"趋"这种行走方式在古代社会的文化意义进行一番深入的探究。

在古代社会，"趋"并不是一种普通的行走方式，而是卑贱者见尊贵者、权势者的一种特定的行走礼节。《战国策·赵策》中记载触龙进谏赵太后，"入而徐趋，至而自谢曰：'老臣病足，曾不能疾走。不得见久矣，窃自恕。'"从中不难发现，官至左师的触龙见到太后也是要"趋"的，虽然脚不方便(病足)也不可免去这一礼节，"趋"得慢了(徐趋)，还要道歉(自谢)，足见"趋"这种礼节的重要性。《左传·成公十六年》中记载："郤至三遇楚子之卒，见楚子

“桌”的由来

刘志基

桌子作为人们基本的居家用具，通常以木材为质料，所以“桌”字也理所当然地被造成一个以“木”表义的形声字（其“木”中竖画与声符“卓”⺊部竖画合并）。然而，追溯桌子见诸文字的历史，不难发现以“木”表义的“桌”只是个后起字形，它的前身径被写作“卓”。在宋元时代的文献中，通常是“椅桌”作“倚卓”，“桌子”作“卓子”，“桌”字只是自明代以降才渐渐通行起来。清叶廷琯《吹网录》卷三：“考‘卓’即‘桌’字，俗以几案为桌。当以‘卓’为正，宋初犹未误。”但是“卓”字表示“桌椅”又是其后起引申义，其本义则为“高”（《说文》）。那么，本表“高”之“卓”，如何又能表示“桌椅”之“桌”呢？

在文字演变中，同音字之间的借用并不鲜见。但用“卓”为“桌”却

必下，免胄而趋风。”所谓“趋风”，即快趋如风。以快趋如风表敬，正与触龙“徐趋”而“自谢”形成对比。萧何被刘邦赐准“剑履上殿，入朝不趋”，则是因为他对汉室具有特殊的功勋而获得了特权。这又从另一个角度表现了“趋”这种行走礼节在古代社会中非同寻常的意义。

由此，我们不难领悟，正是因为“趋”曾经具有敬奉权贵的特殊功用，并在先民心理上造成了深刻的影响，进而致使他们将“趋”与攀附权贵联系了起来。这种心理意识表现在语言文字上，便是“趋”字具有了“攀附权贵”之类的意义。

似并非此种偶然。因为类似文字现象不止一端。“桌”又称“台(臺)”。唐韩偓《席上有赠》诗:“莫道风流无宋玉,好将心力事妆台。”这个“台”,后来也多写作以“木”表义的“枱(檯)”。“台”的本义谓四方而高的建筑,用以表“桌”,与“卓”之表“桌”可谓如出一辙。由此看来,解开这个字谜或需探究桌在古代社会中的特定文化意义,即它是如何与“高”发生纠葛的。

由汉字观之,古人居家的基本姿态与今人迥然不同。如“邑”字,本指一个人群聚居单位,其甲骨文写作,上面的“”,乃古“围”字,表示群居单位的地域范围;下面描摹跪地之人的则表示这一范围的性质:居住。显然,跪,正是古人的居家常态。再如“即”,甲骨文写作,描摹一跪地之人靠近装满食物的食器,表示“就食”;“既”,甲骨文写作,描摹一跪地之人转首以后脑勺对食器,表示“食毕”;“飨”,甲骨文写作,描摹两跪地之人相向而对食器,享用食品。饮食是一种典型的居家行为,既然以上诸字中食者皆取跪姿,足证跪地就是古人典型的居家姿态。

古人居家既然就是这样跪着的,那么在他们的屋室中则只需要低矮的几案,而桌枱则是毫无意义的。也就是说,当此之时,在人们的居室中还不可能有桌子枱子出现。与此相应,“桌”、“枱”二字的晚出也在情理之中了。不难想象,对于长期以来习惯于居家跪地的古人来说,低矮的几案换成了桌枱,自然不免会让他们产生“高”的感受,于是在这种高高的家具闯入生活之初,古人便径以“卓”、“台(臺)”去表示它。至于“卓”、“台”以后终于被添上了表意的“木”,则是汉字发展演变中的记词表义严密、明确趋势所致。

还有一字可以为以上所说添一力证,那便是“凳”。凳是桌台的配套用具,对居家跪地的古人来说,同样是一无用处。所以凳与桌只能是相伴出现的。故“凳”字首见时代也与“桌”相仿佛。析“凳”之语源则当为“登”,“登”即升高,要让世世代代席地跪坐的古人离开地面坐上板凳,他们当然会有登高的感觉,所以会用近似于“登”的语音去称呼“凳”。而“凳”字又从“几”得义,这又表明在凳闯入人们居家生活之后而需要为它造字时,在造字者的观念中它竟与几产生了某种联系,或许是有了高大的桌台以后,相对低矮的几便只能充作坐下时使用的凳了。

“敲”与“鼓”

龚云龙

“敲”的小篆写作“敲”，是形声字，“攴”(pū)形“高”声。本义是从旁横击，引申为叩击使物出声。

义符“攴”是“又”形“卜”声的形声兼会意字。

“又”的小篆字形又像右手。古人以三为虚数，表示多数，所以这只手只显示拇指、食指和中指三个抓物的主要指头。本义是手。后来被借去表示重复、继续或更进一步的“再”、“更”等意义，并且成了常用义，手的意义就消亡。“又”的楷体字形也变得不像手形，但是它组合在其他字里仍然表示手的意义。

“卜”也是象形字，小篆字形还像龟甲钻凿小洞后烧出的裂纹。本义是古人迷信占卜，从龟甲烧出的裂纹看凶吉。同时火烧龟甲发出的爆裂声就是“卜”的字音。

“卜”组合在“攴”字里不仅表声，而且示形表义，但是并不表示龟甲裂纹占卜的意义，而是表示棍棒或鞭子之类的器械。整个“攴”的小篆字形像一只手拿着棍棒在作轻轻敲击的动作，所以它的本义是轻击。楷体“攴”单独成字就被“扑”字所代替。它是汉字的一个部首，组合在其他字里多变成“攵”，俗称“反文旁”，如攻、敢、敌、牧等。只有组合在“敲”字里仍旧写作“攴”。只是这个“敲”字里的“攴”容易受“鼓”字的影响错写成“支”。

“鼓”最初的甲骨文写作“壴”，像古代的鼓形，下面有支撑鼓身的架子，上面有用羽毛等物作的装饰物，中间是圆形或方形的鼓。鼓面朝着前后两边，鼓面有锤击的鼓心。楷体变成“壴”。它只作名词，本义是战鼓，后来也作一种乐器。这个字形已经不单独使用，只作其他字的部件组合在“彭”(鼓声)、“喜”等字里。

后来的甲骨文还写作“鼓”，在

中国人与天

何　崝

近些年来，学者们喜欢谈论中国古代的“天人合一”的思想，都认为这是中国古代哲学的一大特色。倘若我们追溯“天”的造字之初，便可以看到当时人与天的关系已经是何等密切！

在商代甲骨文中，“天”字与“大”字本是一个字。商代甲骨文字，学者们都一致释为“大”字；另外还有、、等字形，虽然学者们都一致释为“天”字，但这个“天”字在商代卜辞中还没有作为上天之义来使用，实际上它本来也就是“大”字。故商代甲骨文、、与都同是“大”字。这些字形所象都是大人（即成年人）的正面形，故引申出“大”的意义。、、等形在头部有程度不等的描绘，而形则是将

“”字旁边加一个“攴”，作动词，表示击鼓，后来也作名词，表示鼓名。金文误变成“”，把“攴”误变成“支”。“支”的金文字形也像一只手拿着一根竹枝（半个“竹”字的“个”，楷体变成“十”），代替“攴”表示打击的意义。从此“鼓”字里再也不用“攴”，约定俗成为“支”了。

综上所述，“攴”是“扑”的初字，本义是轻击。在所有用“攴”作部件的楷体字里，唯有“敲”字里的“攴”保持原形，也只有“鼓”字里的“攴”误变成“支”，其他字里的“攴”都变成反文旁“攵”。明白了“敲”和“鼓”两字形的特殊性，就不会把“敲”字错写成“敲”。

头部的描绘省略了。头部的描绘与否，此时还未起到区别字义的作用，因为在商代，人们还没有明确形成上天的观念。

商代后期，周民族兴起，终于夺取了商民族的统治权力。周民族原来没有文字，是从商民族那里学来文字并加以改造，以更加适合自己的需要。周民族敬畏天命，已经具有明确的上天观念。但商代甲骨文中还没有表示上天之义的字，于是周民族取商代甲骨文中头部描绘得特别突出的(金文中往往将头部填实作)形作为“天”字，而“大”字就只剩下头部未加描绘的形了。此时，正面人形头部的描绘与否，起到了区别字义的作用，“天”、“大”二字明确分立。可以说“天”字是先由商民族提供字形材料，而后由周民族来完成的。

本是正面人形，由于突出了头部，而头部是人体最上部位，故得表示人之颠顶之义，而天又在万物的最上部位，故得以表示上天之义。周民族以人自身为参照物，以类比的方式造成了“天”字。从中我们似乎可以窥见周民族畏天、敬天，又把自己与上天紧紧联系在一起的深层心理。

倘若我们将周民族的“天”字构形方式与其他一些民族的“天”字构形方式稍加比较，以上感受可以更为真切。例如古埃及象形文字的“天”字作，纳西族东巴文的“天”字作，大概都是天穹的象形；苏美尔象形文字则是用星形来表示“天”。这些民族的“天”字构形都不以人自身为参照物，这似乎可以凸现周民族的“天”字构形所表现的人天关系。

《山海经》中著名的刑天与天帝争神的神话从另一个角度反映了古代人天关系。刑天与天帝相争不胜，被天帝砍掉脑袋。这无头的刑天仍然以两个乳头为眼睛，以肚脐为口，继续挥舞他的武器。刑天的“天”就是颠，就是脑袋，“刑天”就是斩首的意思。斩首之刑成为这位英雄的名，很有些悲壮的意味，却也反映出人天关系中人的进取精神。

在中国思想史中，《周易》以天地人为三才，老子也提出“道大、天大、地大、人亦大”；杞人担忧天的倾塌，荀子却主张“制天命而用之”；庄子认为“人与天一也”，董仲舒也认为“天人之际，合而为一”；曹操也曾高唱“天地之间人为贵”，如此等等。这些闪耀着睿智光芒的思想与忧患意识，是不是可以从“天”字的创造中追溯其源头呢？

辨字析词

“命运多桀”与“命途多舛”

闻　喜

《解放日报》1996年7月10日载有为某教练“鸣冤”一文，谈到某教练“命运多桀”，“俱乐部一直未与他签合同”，他“又一次被炒鱿鱼”。

此文见报后，部分球迷受到“感染”。一篇为某足球队“荐帅”的文章，于7月17日在《解放日报》登出。文章说：“作为一名关心和同情‘某’教练的球迷，深为他近年来多桀的命运和不得志的境遇而遗憾和惋惜。”

9月4日，《解放日报》又登载了一篇题为《早知今日，何必当初》的文章，谈到另一位教练“尽管命运多桀，最终仍以乙级队头名身分闯入甲级”。

以上三篇文章都用“多桀”来表达教练的“命运”。但是，根据“桀”的词义，“桀”不能与“命运”等词组合成词组。“命运多桀”，从组合的内容来看，是搭配不当。

“桀”(jié 杰)：夏朝末代暴君。《史记·夏本纪》：“帝发崩，子帝履癸立，是为桀。”“桀不务德而武伤百姓，百姓弗堪。”意思是：夏帝发死后，他的儿子履癸即帝位，这就是“桀”。桀暴虐荒淫，且常用武力残害百姓，百姓到了不能忍受的地步。其后，汤伐夏桀，放桀于南巢，夏朝灭亡。

据《辞海》解释：“桀”还有“凶暴”、“杰出的人”等意义。

王勃《滕王阁序》有“时运不济，命途多舛”之句。文章中的“命运多

“受”和“授”

周元彪

“受”和“授”，音同而义异。“受”是个会意字，小篆写作“”，上下都是手的象形，中间是盛物之器，表示两手共持一物。《说文》：“受，相付也。”林义光《文源》：“象相授受形，舟声。授、受二字，古皆作受。”这就是说，“受”在古代兼有“交付”和“接受”两种意思：对于付出者来说是给予，对于接受者则是得到。“给予”是施，“接受”是受，施受同辞。《诗经·大雅·下武》：“於万斯年，受天之祜。”这个“受”就是“接受”的意思。《韩非子·外储说左上》：“因能而受官。”这个“受”则是“授予”的意思。

桀”，当系由此“引进”——但是走了样。

“舛”（chuǎn 喘），《辞海》注释：“彼此相背、不齐；不幸、不顺。”“桀”与“舛”部分笔画相同而音、义不同。上述文章作者，可能由于“疏忽”，将“桀”当作“舛”——“桀”成了“舛”的别字，并造成词句的文理不通。

进一步考虑：“命运”和“命途”的含义，也有区别。“命运”通常指“运气”，虽然有些地方适宜使用这个词，但总觉得有虚幻的感觉。“命途”，指“人生的遭遇、经历”，比较具体实在。窃以为《滕王阁序》“时运不济，命途多舛”一语，“上虚下实”，重点在“途”字上。王勃感慨自己的不幸际遇，虽然谈自己的“时运”不佳，但是着重点还是谈自己的人生道路上的坎坷，事业上的挫折。

文章中所谈的都是教练的崎岖的人生道路，因此其中的“命运多桀”，可以“原样引进”“命途多舛”。不仅能为文章增色，且可避免“谬种流传”。

后来在“受”字的左边又加了个提手旁，写成了新的左形右声的形声字“授”字，专当“给予”讲，而原来的“受”字就专作“接受”用了。《说文》：“授，予也。”正如杨树达所指出的：“受授本无区别，加手作授，乃造字时恐其溷（hùn，同“混”）惑而为之别白（分辨明白）耳。”如《论语·宪问》：“见利思义，见危授命。”“授命”是付出生命，献出生命。《孟子·离娄上》：“男女授受不亲，礼也。”“授受”犹交接，“授”指交付，“受”指接受，受、授有别。从这个意义上说，“授”是“受”的后起字，“受”是“授”的古字。

在“授”字产生以后，仍有人以“受”字表示“授予”义。如韩愈《师说》：“师者，所以传道受业解惑也。”高中语文课本注：“受，同‘授’。”这个“受”字就是“授”的古字，但这是后代文人的一种仿古的用法。

在现代汉语中，“受”和“授”词义相反，分工明确，“受”是接受，“授”是给予，不能混用，也不应该有所谓“仿古”的用法。但是在我们的语言文字使用当中，“授”“受”不分、使用不规范的情况，仍然时有发生，如把该用“受”的地方写成“授”，该用“授”的地方写成“受”，甚至生造出一些莫名其妙的词语来。这种情况，可以认为是写了错别字，也可以认为是用错了词，追根究底，还是由于不明词义所致。请看下面几个例子：

①一个人在国家需要时应能见危受命，工作出了问题敢挑担子。（《语文教学与研究》1986年第4—5期）

②从对授术者的身体健康来讲，人工流产的时间愈早，影响愈小。（《家庭保健报》1987年3月2日）

③“有偿新闻”虽然受到了遏制但并未遏制，其表现之一便是有些记者招待会、新闻发布会授收所谓“误餐费”、“车马费”，在貌似合理的外衣下继续搞“有偿新闻”。（《光明日报》1994年5月13日）

例①“受命”应为“授命”。“受命”是接受命令或任务，“授命”指遇到危难时不惜付出自己的生命。例②“授术者”应为“受术者”。“授术者”是施行手术的人，为施动一方，是动作行为的发出者，指医生；“受术者”才是接受手术的人，指病人。例③“授收”表意含混，是生造的词语。究竟是“授”还是“收”呢？我想作者的本意是想说，那些会议“发放”（授），而记者们“领取”（收）。可是句子的主语只是会议，并无记者。根据文意，“授收”似可改为“发放”。

《墨子闲诂》与《閒情赋》之讹

颜春峰

"閒"与"闲"本为两字，毫无瓜葛。"闲"字"从门中有木"(《说文》)，本义为栅栏。"閒"字从门从月，"门有缝而月光可入"(段玉裁注)，本义为缝隙。缝隙的特点是介于两物之间，因而引申为中间、空间(jiān)，空间则有余裕，又引申为空閒(xián)；介于两物之间即是隔离两物，所以又引申为间(jiàn)隔、离间。后代把读 jiān 和 jiàn 的写作"间"，把读 xián 的写作"閒"。"闲"与"閒"只有在"空閒"义上有时相通，汉字简化后，"空閒"的意义写作"闲"。

正因为现代汉语里"閒"字已为"间"、"闲"二字所取代，故而清季孙诒让的名著《墨子閒诂》在当今非繁体字印刷品中就出现了"间诂"、"闲诂"两种写法，如《中国大百科全书》语言文字卷和中国文学卷是前一种，而哲学卷却是后一种。其实后一种是错误的，原因在于不明书名含义。孙诒让《墨子间诂》序中指出："间者发其疑忤，诂者正其训释。""发其疑忤"即阐明疑难不通、不易明了之处，这是从缝隙的特点狭窄不通、幽暗不明引申而来。明乎此，就不会写作"闲诂"了。

另一种不该出现的失误是将"闲"改作"閒"。例如钱钟书先生《管锥编》(中华书局版)多处论及陶渊明《闲情赋》，可是"闲"字屡次误植为"閒"(第635、734、885、1063、1221、1223页)。《闲情赋》之"闲"与"闲情逸致"之"闲"绝不相同，钱先生已明言："合观诸赋命题及此赋结处'坦万虑以存诚'，'闲情'之'闲'即'防闲'之'闲'，显是《易》'闲邪存诚'之'闲'，绝非《大学》'閒居为不善'之'閒'"；又指出："题之意为'闲情'，而赋之用不免于'閒情'，旨欲'讽'而效反'劝'耳。"(《管锥编》第1220页)"闲"的本义是栅栏，栅栏的作用是圈养牲畜，所以引申为防闲、防止，因此《闲情赋》是绝不可写作《閒情赋》的。一字之失，可不慎欤？

“大肆”与“大事”

荣耀祥

“大肆”与“大事”读音相近，意思有同有异，有人使用时不加甄别，偏颇之处，所在多有：

①对大肆喧腾，竞相追逐的书宜作冷静分析，相反，一些看似冷门的美学和哲学书，倒可以添购一些。(《光明日报》1995年9月27日)

②为了不妨碍观瞻，大肆收容妓女。(《中华周末报》1995年4月15日《杀向赛场的妓女军团》)

③《宰相刘罗锅》播出前并未大肆宣传，可播出后却成了人们街谈巷议的一个热门话题。(《解放日报》1996年3月27日)

④比如，对待革命的进步的期刊可以公开传抄复印，汇集出版，大肆宣传。(《图书与情报》1996年第2期)

按：以上四例中的“大肆”，皆未掌握词义贬褒、中性之别，以贬代“中”，有失允当。

“大肆”，《现代汉语词典》注释为：“无顾忌地(多指做坏事)。”与之相近的“大事”，即“大规模致力于”的意思。两者相同之处是有一个共同的词素“大”，因此都有“大规模”的意思，多用作动词的状语。但两者又有意义上的差别，肆，是放肆、放纵，大肆就是不顾一切、任意妄为。而事，则是从事的意思，大事为大规模从事。两者的区别主要在后一个字上。这样就决定了，大肆是贬义，用在做坏事方面；而大事，则是中性。再从词语搭配方面分析，两者也有差别，与“大肆”搭配的动词本身就多含贬义色彩，如：掠夺、搜刮、挥霍、鼓吹、歪曲、诬蔑、攻击、屠杀、鼓噪等等，此外，与“宣扬、渲染、散布、活动”也可搭配，但严格限制在坏人坏事范围之内。与“大事”相搭配的词语，有宣传、活动、宣扬、操办、渲染、介绍等，它们本身都是中性词。由于上述差别，“大肆”和“大事”的使用范围各不相同。

例①中的“喧腾”，当指宣传所产生的喧闹沸腾效应，对图书宣传中的这种现象，似乎不应贸然归入“坏事”范畴，仅是宣传介绍不当而已。用“大肆”修饰是贬之失度，改用“大事”方妥。例②，收容妓女，是外国政府为维护社会风化而采取的正当举措，而今褒事贬用，太煞风景，改为“大事”则可。例③，对好电视之宣传，是责无旁贷，而加大宣传的规模，则当与“大事”相呼应，不可褒贬错位。例④，明明是宣传好事，却冠之以“大肆”，真是罪过！故以上“大肆”均应让位于“大事”。

总之，在选用词语时，首先要辨明同中之异；其次，注意相互搭配的既定规则；再其次，甄别词义的贬褒、中性之殊，这样方能使遣词造句合情合理、熨帖适度，否则难免方枘圆凿，词不达“意”，表达不准感情色彩，造成语病。下引两例，以示规范：

台湾当局近年来将“弹性务实外交”引入联合国领域，大肆鼓噪“重返”或“加入”联合国。(《人民日报》海外版1995年9月22日《秦华孙在联大发言》)

1996年3月27日《中华读书报》刊载了六十本推荐书目，4月1日《光明日报》上刊登了十九部影响世界青少年成长的名著书目。宣传媒介如是大事宣扬好书，其用意是非常明白的。(《儿童图书馆与中小学图书馆》1996年第4期)

语丝

蚂蚁如何穿（拴）豆腐

马厚寅

《解放军文艺》一九九六年第一期《时光是棵绿色的树》一文中，有这样 句话：『团队一直把九连当做重点连来建设，你们不要蚂蚁穿豆腐，一个个提不起来，有什么牢骚回头到我办公室去讲。』

这里作者用的是『马尾穿（拴）豆腐——提不起来』的歇后语。马尾的尾，念 yǐ，不念 wěi。马尾和蚂蚁同音，作者只知其音，不知其字，造成了误写。正因为如此，所以作者恐怕也不大清楚『马尾穿（拴）豆腐』的含义。马尾，即马尾巴上的毛。用一根马尾，拴起一块豆腐，能提起来吗？回答是否定的。这是常识，所以才有『马尾穿（拴）豆腐——提不起来』的歇后语。

马尾，很长，也比较结实，可以用来捆绑东西；蚂蚁是种小动物，它能吃豆腐，但不能拴豆腐，也不能用来捆绑其他任何东西。

报刊扫描

“敬谢不敏”小议

左慎五

“前些年，时常有某外企或合资企业对应聘的共产党员敬谢不敏的新闻；近来又有外企或合资企业招聘时党员优先的消息。”(《光明日报》1996年6月26日《共产党员要冲锋在前》)

“多数国人对美国菜敬谢不敏，因为其味道实不能与中菜相比。”(《中国消费者报》1995年7月1日第3版)

从上下文看，以上两例用成语“敬谢不敏”均欠妥。敬：恭敬。谢：推辞；辞谢。不敏：没有才干，不聪明，多用作自谦之词。“敬谢不敏”，常用于婉言推辞，意思是自己因没有才能而恭敬地辞谢。

前例于文于理，都不合逻辑。“某外企或合资企业”不可能面对“应聘的共产党员”贬低自己，拱手让权；“应聘的共产党员”也不可能向“某外企或合资企业”故作谦虚，谢绝聘用。此处的“敬谢不敏”如改为“婉言谢绝”，那就文从字顺、意义明确了。

后例“多数国人对美国菜敬谢不敏”，“不敏”难道是不敢吃美国菜？真是让人不知所云，莫名其妙。联系下文“其味道实不能与中菜相比”，“敬谢不敏”似可改为“不感兴趣”或“浅尝辄止”。

如何正确使用“敬谢不敏”？请看下例：

(一)唐·韩愈《寄卢仝》诗：“买羊沽酒谢不敏，偶逢明月曜桃李。”

(二)郭沫若《洪波曲》第二章：“假设我们要拿着‘一个主义’的尺度来衡量人才，那我就敬谢不敏，实在连一打也找不到。”

“雾水情”还是“露水情”？

杜 哉

《文汇报》1996年10月4日，文题《一段雾水情，葬送一条命》。说的是美国一男青年戴维斯送16岁的姑娘琼斯回家。“途中，戴维斯经不住这位漂亮姑娘的引诱”，跌入“情网”。戴维斯于是“偷得一段‘雾水情’”。

“雾水情”一语前所未见，疑是“露水情”之误。“露水情”一语，虽新旧辞书都不载，但抗战前的通俗小说和报纸上却并不少见。30年代上海出版的一部言情小说，书名就叫《露水姻缘》，作者名字忘了。“露水姻缘”或“露水夫妻”，意为露天、野外发生的情爱关系，古书上称为“野合”。其意与戴维斯“偷得一段情”正相合。“雾水情”则颇不可解。

“年代”的误用

徐惠仁 徐冬梅

“年代”一词，在使用时稍不慎就容易出错。譬如《文学报》1996年10月10日竹林的《无怨无 悔15年》，开头写道“蓦回首，已经15年了。记得那是80年代的秋天……”，从行文来看，指的是1980年，但多了一个“代”字，就使人摸不到头脑了！“秋天”是一年中的一个季节，(20世纪)80年代是1980年到1989年的十年，那么，“80年代的秋天”指的哪一年的秋天呢，反使人迷蒙了！

无独有偶，该报同一期有一篇题为《新加坡的微型小说》的文章，开头这样写着：“1970年代后期，新加坡《南洋商报》与《星洲日报》的文艺副刊，开始刊登微型小说”。这“1970年代”的说法也有问题。“1970年代”，是指的1970年，还是二十世纪70年代？是指的1970年的后期，还是70年代的后几年？从行文看，指的是70年代后几年，那么就不该在“70”前面冠以“19”，须知，“1970”是指一年的时间范畴啊！

标题失当简评

孔繁群

①《奋斗火海保气田》——奋战火海保气田。

②《官兵文明忌语》——官兵生活忌语。官兵文明用语。

③《塞翁失马 焉知祸福》——失马是祸，怎能不知？应该是焉知非福。表示坏事变好事的辩证关系。

④《家庭教育：在缔结中华民族的未来》——缔结：订立（条约等）。缔造：创立；建立（多指伟大的事业）。

⑤《教师为何连“白条”也打不得》——教师是接受白条的人，不是给别人打白条的会计。应改为教师为何连“白条”也得不到。

⑥《失去奖旗的联想》——内容：为了集中精力搞生产，对名目繁多而又与生产关系不大的检查、评比一概不理睬，使该厂无一面奖旗可挂，奖旗保持零的记录。根本就没有得到过奖旗，也就谈不上失去。改为拒绝评比获奖的联想。

⑦《一群众交公粮反被挨打道德何在》——群众这个词本身就表示多数，三人为众嘛！被打就是挨打，挨打就是被打，不能叠用。改为一农民交公粮反而被打是何道理。

⑧《不做井上漂的瓢》——井上不指井下的水面，而指井台上。瓢是日常生活用品，用以舀水，和缸在一起，与井没有关系。可改为不做葫芦水上漂。水上人家在小孩身上绑葫芦，以防落水后被淹。抗日战争时期，黄河边上有一支游击队，人称葫芦队。

⑨《通讯员王清礼的思索》——关于通讯员王清礼之死的思索。

⑩《中国残疾人事业成就瞩目》——瞩目即看。“成就看”，不合理，只能是人看。改为引人瞩目、举世瞩目。也可改为成就显著。

⑪《新闻不是梦》——新闻只能是新闻，新闻不能是梦或不是梦。只有人才会做梦。改为想当记者不是

一“非”障目

严　浩

1996年11月30日《新民晚报》刊有一篇专稿，标题是《下任秘书长乃非洲人莫属》。这里的秘书长是指联合国秘书长。在此之前，美国反对加利连任的消息，已经在报上炒得翻天覆地。下任秘书长究竟是谁呢？刊发这篇专稿时还未揭晓。不过，专稿称“非洲人莫属”，据此可以肯定的是不可能是非洲人。

可是，细读专稿正文，发觉不是这么回事。安理会成员国经过磋商，“再次重申下任联合国秘书长仍由非洲人士出任”，并“希望非洲统一组织主席加速非洲国家间磋商进程，尽快提出候选人”。原来不是“非洲人莫属”，而是“非非洲人莫属”。不管加利能否连任，下任秘书长一定是非洲人。

上述题文不符是怎么造成的呢？我的猜想是：一“非”障目。“莫属”是文言用语，常和“非”一起，构成“非……莫属”的格式。“非”和“莫”均为否定副词，否定之否定，便成了肯定。比如，“冠军非他莫属”，也就是说，他已稳获冠军。而“非洲人”已经有了一个“非”字，也许正是这个“非”字，使标题制作者以为已经符合“非……莫属”这一格式，其实这是一种错觉。

当然，猜想只是猜想，也可能别有原因。

梦。

⑫《学员善食方便面》——善于吃方便面，无意义。该是常吃方便面，表示伙食不好。

⑬《由新闻生涯当上作家的马克·吐温》——生涯指从事某种活动或职业的生活。不能说由新闻生活当上作家。改为由学徒、记者到作家的马克·吐温。

⑭《得失无计苦追求》——“无计”是没有什么计策的意思。如无计可施。鲁迅诗：灵台无计逃神矢。无计与不计，概念不同。改为不计得失苦追求。

且慢“切慢”

田之雨

看到《团结报》1996年8月10日“团结论坛”栏内的文章标题《切慢“休闲”》，不禁一怔：怎么把“且慢”写成了“切慢”？细看内容，说的是劝世人，特别是为“官”者不要沉溺于休闲之中。看来这里的“切慢”确是“且慢”的误写。再证之以《现代汉语词典》“且慢”的解释：“暂时慢着（含阻止意）”，更说明此乃误写无疑。

与“且慢”的“且”相同的用法，还可以举出一些：如章回小说中常用“且说”表示叙述一事的开端，回末则常用“欲知后事如何，且听下回分解”作结。传统京剧中也常有这样的情节：如君主要将某人推出斩首，在场的大臣或亲王、太后则先喊一声“且慢”加以阻止，然后为之求情。再如京剧说白中还常有“你且听道”“哎呀，且住”这样的话。京剧《霸王别姬》虞姬的唱词中也有“且听军情报如何”的词句……

以上“且听、且住、且说”中的“且”都同“且慢”中的“且”是一个意思，都解释为“姑且、暂且”。

为什么把“且慢”误写为“切慢”了呢？笔者估计：可能是与“切忌、切记、切莫、切不可”等词语中的“切”相混了。“切”是嘱咐的意思，和“千万”一样。反观“且慢、且听、且说”中的“且”则绝无“千万”这样的嘱咐义。笔者愿在此再献一得之愚：“切忌、切记、切不可”中的“切”同后面的语素结合松散，去掉此“切”，原意不变；“且慢、且说、且住”中的“且”同后面的语素结合紧密，这个“且”不能去掉，否则不但不能表达原义，而且不成话了。

『未来』莫作『未耒』

语丝

樊菁菁

送女儿上学时，看到一条醒目的横幅：『抓住良好机遇，共创美好未耒。』这里显然是把『未来』误为『未耒』了。耒，音lěi。①古代的一种农具，形状像木叉。②古代农具『耒耜』上的木柄。『未来』指以后的时间，『耒』和『来』风马牛不相及，不能用错。

“东京”不是洛阳

计 华

《十月》杂志1996年第4期上有一篇朱增泉先生写的散文《洛阳印象》。文中在介绍洛阳古时的繁盛景象时写道：“以盛唐为例……洛阳却是长安沟通关东广大地区的商品集散地，曾是关东地区最为繁华的商都；时代稍晚的那幅《清明上河图》，就大事描绘了古时洛阳的繁荣商业景象。”

我们知道，《清明上河图》是宋人张择端所画。从盛唐下推至宋，起码也有250多年时间，说是“稍晚”不大妥当。而且文中接下去仍旧是写唐时情景的，这样就更不当了，容易让人误解该画是唐人的作品。

然而文中更大的错误却不在此。《清明上河图》中描绘的商业繁荣景象是在汴河沿岸，即今开封市内。北宋从公元960年建立，定都原后周的都城东京。到宋神宗时，商业大为繁荣，城市打破了“坊”（住宅区）、“市”（商业贸易区）的界限。东京是全国的政治中心，也是最大的商业城市。城内手工业作坊很多，街道两旁商店、货摊、旅馆林立，人来人往，十分热闹。孟元老的《东京梦华录》和张择端的《清明上河图》都真实描绘了当时的盛况。当然洛阳在那时也很繁华，但却不是《清明上河图》中所画的。这一点，只要查查史书就可以知道了。

作者在文章中多处引用史料，而在这里却把东京（即开封）和洛阳搞混了，张冠李戴，实在有点可惜。

语丝

“烧烤尸”

徐世英

某市繁华街道上餐馆林立，晚上各家霓虹灯招牌争奇斗艳，最惹人注目的就是这家“烧烤尸”了。笔者百思不得其解——莫非这是火葬场办的三产？果真如此，哪位美食家敢来光顾！疑惑之际，笔者斗胆走至门前，细看牌匾才涣然冰释。原来这是一家烧烤屋，因霓虹灯出了故障，“屋”字右下部分的“至”不亮了，稍远一点看去就是“烧烤尸”了！

赣江源出何处？

刘德祥

《解放日报》1996年7月13日《游览赣州》一文，介绍了这座古城的胜迹，引人神往；但在记述的史事中，也有一些谬误。举例如下：

该文说：赣州"取名的由来，完全是应了赣江由此发源"，"登上城里江边建于北京的八境台，你可望见源于武夷山脉的贡水和源于赣粤边境大痪山的章水，在此台下合二为一成为浩浩赣江"。这里有两处差错：

一、赣粤边境有大庾岭，文中误写作"大痪山"；

二、赣江不是由赣州"发源"。《游》文称"赣江由此（指"赣州"）发源"，但未能说明"发源"的确切地点。继而写到濒江临水的"八境台"，贡水和章水，"在此台下"汇合成为赣江，向北流去。这两段文字，似"断"实"连"。这"二水一江"的汇合点，是不是赣江的"发源地"？该文未明确表示，一任读者"浮想联翩"。"浩浩赣江"虽然北流而去，但留在读者心中的"赣源之谜"，却未随江流而消逝。而且，把江河的汇合点，当作江河的发源地，也是荒谬的。

赣江源出何处？有必要先了解"源"的真实含义。《辞海》："源，水流之所出。"通俗的说法是"水流起头的地方"。"八境台下"章、贡二水合流后称"赣江"，这里不是赣江"起头的地方"，因而可以肯定地说：赣江不是"由此发源"；章水和贡水是赣江的上游，章、贡二水之源就是赣江之源。《辞海》对赣江的解释，可为佐证："赣江，东源贡水出武夷山，西源章水出大庾岭，在赣州市汇合后称赣江。"赣州"取名的由来"，也不是"应了赣江由此发源"，而是由于"章水和贡水在此合流，二水之名合为'赣'字。江称'赣江'，州曰'赣州'。"

此外，八境台怎能建于北京？《游》文说，"登上城里江边建于北京的八境台"。八境台既然位于"（赣州）城里"，怎么又扯到"北京"去了呢？历史上称为"北京"的城市有好几个，但都与赣州无关。据《中国名胜词典》载，八境台建于北宋嘉祐年间（1056—1063）。这里大概是把"北宋"错排成"北京"了。

《游》文还谈到"赣州由于她的历史，又称京城"。查阅了有关资料，未见有此记载。赣州"又称京城"一说，不知出自何处。

谈谈"忘年之交"

陆焕平

先看下面这段文字：

"光明比侯果年长十岁，平时也颇自负，但跟侯果深谈之后，惊叹不已，自认不如，两人遂成为忘年之交。"（《江南晚报》1996年3月28日）

两人结交，相差十岁，能称为"忘年之交"吗？显然不能。为什么呢？请再看下面对"忘年交"的解释：

1."年辈不相当而结为朋友。"（《辞海》）

2."旧指不拘年岁、辈分而相交的朋友。"（《新华词典》）

3."年岁差别大、行辈不同而交情深厚的朋友。"（《现代汉语词典》）

以上三种解释基本相同。所谓"忘年之交"，顾名思义，是指忘记年龄、辈分而结成的好友，大多指老年人与青少年或中年人与少年相结交。例如东汉孔融与祢衡结交，二人相差20岁，被称为"忘年交"："……衡始弱冠，而融年四十，遂与为交友。"（《后汉书·祢衡传》）

在开头一段文字中，光明和侯果结交，二人才相差十岁，是属于同一辈的人（在一般兄弟姐妹中老大与小弟小妹相差十几岁的是常见的现象），因此是不能称为"忘年交"的。如果彼此情投意合，无所违逆，那就可称之为"莫逆之交"；如若彼此共过患难，关系密切，就可叫做"患难之交"；要是二人友谊深挚，可以同生死、共患难的，那就可称之为"刎颈之交"……总之，用词必须恰到好处。

语丝

不能把『来』说成『往』

吴月升

《文汇报》一九九六年九月十日上有一篇文章的标题是：《台湾学子愿往祖国大陆深造》。《现代汉语词典》『来』：『从别的地方到说话人所在的地方（跟『去』相对）。』『祖国大陆』是《文汇报》（说话人）所在的地方，台湾学子到大陆应为『来』才对。用对的例证很多，如《参考消息》一九九六年九月二十九日上有一文章的标题：《台学生来祖国大陆就读者增多》。

词语春秋

“吹牛皮”的来历

章 回

《咬文嚼字》1995年第10辑刊有《“吹牛皮”和“大炮”》一文。此文探索“吹牛皮”一语的来历，认为生活中不可能有吹牛皮这件事，“吹牛皮”应为“鼠牛比”一音之转，因鼠牛大小悬殊，无法对比，故人们把“鼠牛比”说成“吹牛皮”，用以讥讽大言不惭者。但据著名史学家顾颉刚先生考证，“吹牛皮”一语另有来历，而且竟跟说大话一事有关。他在《史林杂识》初编《吹牛 · 拍马》一文中，对此曾作了生动有趣的论述（见该书中华书局版第131—134页）：

我国甘肃、青海一带，大河不少，水急滩险，不可行船。人们便以牛、羊皮制成皮袋，又连结而为筏子，作为渡河工具。羊皮袋都以口吹气，待气饱满后，就紧缚袋口，不让它漏气。至于牛皮袋，口不易吹，人们便先取一羊皮袋，一端系于铁筒，塞筒入牛皮袋之口，然后张开羊皮袋的另一端，拿两手扇动羊皮袋，用这样的办法把气吹压入牛皮袋中。1938年，顾先生自西宁乘皮筏至皋兰，在皋兰城北见黄河两岸制作牛、羊皮筏者甚多。那里的居民不耐烦别人夸口时，便说：“请你到黄河边上去吧！”意思就是说，你这样好说大话，请到黄河边上吹牛皮好了。

顾先生认为“吹牛皮”一语即源出西北，后来传播至其他地区。这一论断非常新鲜，也很有见地。跟“鼠牛比”一说相比，它显然更有说服力。

顾先生还在文中引了不少文献资料，说明我国自汉代开始，已用牛、羊皮制筏。根据这些资料来看，跟制作牛皮筏有关的“吹牛皮”一语，顾先生虽未说明它始于何时，想来应当流传了不少时间吧。

“易箦”的出处

唐遇春

“张爱玲女士于9月7日(?)病逝洛杉矶西区公寓内,易簧时,听说身旁没有一个亲人。”(《作别张爱玲》文汇出版社第32页)

文中“易簧”当为“易箦”。

“簧”,指的是乐器里用铜或其他质料制成的发声薄片,也泛指一般器物上有弹力的机件,如“弹簧”、“锁簧”等。

“箦”,指的是竹席。“易箦”出自《礼记·檀弓》中的“曾子易箦”的故事。曾子(姓曾名参 shēn,字子舆,孔子的学生)病重卧床时,他的学生乐正子春在床边伺候,两个儿子曾元、曾申坐在他的脚边,一个童子手执蜡烛坐在角落里。童子忽然说:“那么华丽光滑的席子,该是大夫(官名,在卿以下,士以上)用的吧。”曾子听了以后,先是吃惊地叹息一声。童子又重复那句话,曾子就说:“是的,这是季孙(季孙氏,春秋时鲁国的贵族,从季文子起,几代都作鲁国大夫,掌握鲁国的政权)的赏赐,我没有来得及换掉它。曾元,快起来换席子。”曾元回答说:“您的病已经很严重了,千万不能动,如果侥幸能等到天亮,我一定替您换。”曾子说:“你对我的爱还不如童子。君子从道德品质上去爱人,小人则用无原则的宽容来爱人。我还有什么可求的呢,我能合于礼法而死就心满意足了。”于是曾元、曾申将他扶起来撤换了席子,曾子刚躺下还没睡安稳就闭上双眼死了。这个故事无非是说曾参谨守礼法,至死不变。后来就用“易箦”指病重将死。

用牛皮等动物皮制造皮筏,这并非我国独创。不知其他民族有没有人因牛皮袋不易吹而也讲过讥笑说大话为“吹牛皮”这一类非常形象化的俗语,要是没有的话,这倒是我国人民独创的用语了。

书林指谬

古地今注，错得离谱

卓　严

由于工作需要，买了一部《中国美术辞典》(以下简称《美术》)，查得比较多的是绘画学科中的画家类条目。一天，忽然发现了一处历史地理方面的差错，错得简直让人不敢相信。兹将该条目摘抄如下：

蒋少游(?—501)北魏画家。……太和十五年(491)与李道因(因，当为“固”之误——引者)出使北齐，奉有秘绘北齐官殿形制之命。少游默察强记，背临画成。(第18页。引文中的着重号为笔者所加。下同)

这条释文说蒋少游是“北魏画家”，又说他“太和十五年与李道固出使北齐”。“北魏”和“北齐”这两个朝代(或国家)并非处在一个历史平面上。北齐的建立是在公元550年，而北魏孝文帝太和十五年则是公元491年，早于前者59年，当时的世界上还根本没有北齐这个国家，蒋少游等怎么可能出使到那里去呢！

为了弄清真相，我查了一下正史。《魏书·高祖孝文帝纪》说：“(太和)十五年……诏假通直散骑常侍李彪(字道固)、假散骑侍郎蒋少游使萧赜。”又《南齐书·魏虏传》说：“(永明)九年，遣使李道固、蒋少游报使。少游有机巧，密令观京师宫殿楷式。……虏宫室制度，皆从其出。”

《魏书》中的“萧赜”，是南朝齐武帝的名字；《南齐书》所说的“永明九年”，“永明”是齐武帝的年号，其九年正好与北魏孝文帝“太和十五年”是同一年，即公元491年。两部史书所记的也是同一件事情。这样，真相终于大白。原来蒋少游等出使的国家，根本不是当时子虚乌有的高氏“北齐”，而是远在长江以南由萧氏建立并定都建康(今江苏南京)的“南朝齐”。

由于这个错误实在太离谱，不

能不使我对《美术》的历史地理方面的内容产生怀疑。因此在查阅时就格外注意,果然又陆续发现了不少这方面的差错。限于篇幅,这里只摘取部分例子(第16—21页)加以辨正和说明。

高孝珩(?—578) 北齐画家。渤海蓨(今河北东光)人。(第18页)

谨按:蓨(音 tiáo),同“蓚”,亦作“条”,古县名。其今地,建国前后出版的《中国古今地名大辞典》,《中国历史地名辞典》,修订版《辞源》、《辞海》,以及《中国历史地名大辞典》,一无例外都注作“河北景县”。《美术》将“蓨县”的今地移到了离景县一百多里以外的“东光”,不知根据何在。

吴暕 南朝宋画家。……南朝齐谢赫评云:“吴暕体法雅媚,制置才巧,擅美当年,有声京(指今河南开封)洛。”(第19页)

谨按:吴暕是南朝宋的画家,谢赫说他的才艺“有声京洛”,如果这个“京”是指南朝宋的京城,那也应该是建康(今江苏南京),怎么会扯到“河南开封”去呢?看来,《美术》的编写者是把南北朝时期的“刘宋”错当成唐、五代以后的“赵宋”了。因为只有赵宋的都城汴京才在“今河南开封”。这个错误,同前面所举“蒋少游”条把“南朝齐”错成“北齐”一样荒唐。因为“今河南开封”这块地盘,当时根本不在南朝宋的疆域以内,怎么能成为它的京城呢?我看造成错误的原因是在与“京”字并称的“洛”字上。《美术》编写者可能认为,“洛”只能指“洛阳”,“洛阳”地处中原,吴暕的名声既然能传到洛阳,那么“京洛”并称,“京”自然是指与洛阳相近的开封了。殊不知这里的“京洛”二字是不能分割理解的。由于洛阳曾为东周、东汉的京都,因此亦被称为“京洛”。在后人的诗文中,“京洛”又进一步虚化,成为“京城”、“国都”的代名词。三国魏、西晋人称“京洛”,指的是洛阳;东晋及南朝宋、齐、梁、陈人称“京洛”,指的是建康;唐朝人多指长安(当然也有分指长安、洛阳的。因为唐以长安为西京、洛阳为东京,这是一个特例);清朝人则用以借指北京。所以,南朝宋吴暕的“有声京洛”,只能是指他的画艺在京城建康很有名声,跟开封和洛阳毫不相干。

丁光 南朝齐画家。……梁江陵(今江苏南京)光相寺有其壁画。(第20页)

谨按:南朝齐、梁时的江陵,在今湖北省荆沙市(原称江陵县,1994年9月29日经国务院批准撤销,成为新设的荆沙市的一个区,称江陵区)。注成在“今江苏南京”,简直让人莫明其妙。

张僧繇　南朝梁画家。……时诸王子统兵远征西域，武帝萧衍思子心切，遣僧繇传写貌归，对之如面。（第20页）

谨按："西域"是我国古代一个特定的地域概念，其名称始见于《史记》，如《三王世家》云："匈奴、西域，举国奉师。"以后即用为对玉门关（今甘肃敦煌市西北）以西地区的总称。南朝萧梁的疆土最西只到达今四川、云南两省，其王子统兵远征，无论如何也不可能到达西域。唐张彦远《历代名画记》卷七说："时诸王在外，武帝思之，遣僧繇乘传写貌。"这里只说"在外"，并未言及"西域"。梁武帝的第八子武陵王萧纪曾任征西大将军、益州刺史，《南史·梁武帝诸子传》说："太清初，帝思之，使善画者张僧繇至蜀图其状。"所谓"征西"，征的无非是指萧梁西边的"蜀"、"益州"（今四川）而已，跟"西域"完全风马牛不相及。

李雅　隋代画家。……尝于上都（河南洛阳）永泰寺作《神僧像》壁画。（第21页）

谨按：唐代的上都历来只指西京长安（今陕西西安）。徐松《唐两京城坊考》卷一说："唐天宝元年曰西京，至德二载曰中京，上元二年复曰西京，次年曰上都。"又卷四所载永泰寺正在长安南门之东。释文将"上都"括注为"河南洛阳"是完全错误的。

语丝

两处"了了"都用错

祝用湘

《羊城晚报》1996年8月25日有个标题，叫《年虽小小　技却了了》。"技却了了"云云，显然是将"了了"混同于"了得"的意思了。古有"小时了了，大未必佳"的说法，这"了了"本是"聪明"之意。将它用于陈述技艺如何如何，怕是对"了了"一词的意义还不甚了了的缘故吧！

无独有偶，《羊城晚报》10月23日的《未来世界矮子吃香》一文里，又误用了"了了"："由此可见，未来学家的警语很可能是言者谆谆，听者了了。"该文的意思是想说：尽管未来学家言词恳切，但肯听从的人并不多。那就该说"听者寥寥"才对呀，怎么用上"了了"了呢？

另成语有"言者谆谆，听者藐藐"；藐藐，形容不以为意的样子。现买现卖，不也很好么？何必弄出个辞不达意的"听者了了"来呢！

“于戏”和“於是之”

刘善良

“於”、“于”二字有联系，又有区别，近年来一些出版物常常把这两个字混用了。

吉林人民出版社出版的《曾文正公全集》中多次出现“于戏”二字。“于戏”的“于”其实应写作“於”。“於戏”，读作 wūhu，也就是“呜呼”二字的另一种写法，是文言文里的常用词。尽管1955年12月文化部和文字改革委员会联合公布《第一批异体字整理表》，曾将介词“於”规范成“于”(1992年又将“於”字作规范字，不再作异体字处理)，但叹词“於”，不论是单用，或者和别的字组成双音节词“於戏”、“於铄”、“於赫”、“於菟”(老虎的别称，鲁迅先生有“知否兴风狂啸者，回眸时看小於菟”的诗句)等，都读作 wū，是不能写成“于”的。“于”的读音也只是 yú，没有 wū 音。“於”、“于”二字的区别，《新华字典》、《现代汉语词典》都有明确的解释。

虽说最普通的工具书《新华字典》都作了解释，但把“於戏”误作“于戏”还不是个别现象。一家有着广泛影响的杂志《读者》1996年6月号上刊登了被称作“清代养生学家”石成金的歌谣，就有“于(呜)呼！天下之乐，何如此学”的句子，尽管“于”字后面用括号注上“呜”字，但仍然是错了。《读者》是文摘刊物，也许原来发表的报刊就错了，但转载时没作订正，不能不说是失误；而且由于发行量大，以讹传讹的影响也大了。

天下事往往无巧不成书，该用“於”时误成“于”，该用“于”时又误成“於”了。华语教学出版社出版的《高级中国语文》上册，收录了当代著名戏剧表演艺术家于是之先生的《幼学纪事》，该书用繁体字排印，目录上赫然印着“於是之”三字，令人

朝三暮四，给的何物？

汪　旸

《庄子·齐物论》和《列子·黄帝》先后记载着相同的一个故事：有位养猴的老人（狙 jū 公）给（赋）猴子食物，说："早上三个晚上四个（朝三而暮四）。"众猴都生气发怒。老人又说："早上四个晚上三个（朝四而暮三）。"于是众猴皆大欢喜。这就是成语"朝三暮四"、典故"狙公赋芧"的出处。然而老人给的是什么食物，今人未必十分留意，例如三联书店《陈寅恪的最后二十年》1996年7月版第134页引陈氏《无题》诗作"狙公赋芋意何居"，中华书局《管锥编》1994年12月版第487页引《齐物论》作"狙公赋芋"。"芋"是芋头、芋艿，养猴老人给的原本却是"芧"。《庄子》成玄英疏："芧，橡子也，似栗而小。"读音为xù。"芋"、"芧"二字形似易混，上述二书排印中就出了这个错。

大吃一惊。诚然，"於"也是姓，读作yū，但和"于"姓不能混用。从姓氏源流来考察，传说中的黄帝时就有名臣於则，而于姓则是周武王的儿子封国在邘，其后代以封国为姓，又去掉偏旁阝，成了"于"了。"於"、"于"并没有什么关系。"于"字作为姓氏，怎么也不能写成"於"。幸好正文里作"于是之"，没有一误再误。但目录出现这样的讹误，也是很不应该的了。

据说，"於"、"于"误用，是和电脑排版有关。用电脑排出简体，再发指令改换成繁体，"于是之"就成了"於是之"，甚或"里弄"成了"裏弄"，"皇后"也成了"皇後"了。因为电脑只储存了于、里、后和於、裏、後是简体和繁体或异体对照关系，不知道于是之、里弄、皇后里有关的字是本字，不是什么简体。这说法是确实的。但是，"於戏"错成"于戏"总不是先排繁体再变换为简体而造成的吧。再说，电脑是由人操纵的，只要人脑确实分清了"於"、"于"二字，即使电脑出了错误，也可以订正过来，关键在于人们真正把"於"、"于"二字的读音、意义和用法区分清楚。

五重奏

·谐诗篇·

给张春桥画像

郑捷生

“四人帮”之一的张春桥，文化大革命中，曾任南京军区第一政委。身为军区司令员的许世友，“早就看出他不是个好人”，和他进行了坚决的斗争。一次，张想通过上海警备区调动军队，许司令一口回绝，他说决不能让张春桥动一兵一卒。

在一次军区工作会议上，许世友即兴编了一首顺口溜，为张春桥画像，画得可谓活灵活现：

戴眼镜，拎皮包。
会总结，会提高。
论思想，一团糟。

后来有人又加上了一句：

打起仗来往后跑。

·噱言篇·

卓别林打苍蝇

赵　荣

一天，卓别林赶到某会场，等着开会。天气闷热，会场也显得有点沉闷。

恰在这时，一只苍蝇在他头上盘旋。卓别林左挥右赶，苍蝇还是嗡嗡嗡地不肯离去。有人为他取来了一只苍蝇拍。

终于，苍蝇在他面前停了下来。卓别林举起苍蝇拍，屏住呼吸，眼看便要给苍蝇致命的一击。但他的手突然停在半空。卓别林仔细瞧了瞧苍蝇，最后把苍蝇拍放了下来。

“你怎么不打呀？”人们问他。卓别林耸耸肩膀说：“原来不是刚才那一只。”幽默大师的一句“幽默”，使会场顿时活跃起来。

·趣喻篇·

从王到猴

钟　纯

《犹太五千年的智慧》一书中，称男人的一生分为七个阶段，一连用了七个比喻：

一岁为王，众人围着讨好哄骗，一呼百诺；

两岁为猪，在泥泞中打滚厮混，

自得其乐；

十岁为小羊，或笑或闹，活蹦乱跳，天真烂漫；

十八岁为马，长大成人，血气方刚，时时欲逞匹夫之勇；

婚后为驴，背负家庭重担，步履蹒跚；

中年为狗，为了养家活口，委曲求全，仰人鼻息；

老年为猴，返老还童，可惜无人理会。

· 智答篇 ·

"马路"

吴月庚

在一次记者招待会上，美国某记者心怀叵测地向周恩来总理发问："总理阁下，中国的路明明是人走的，为什么称它为马路呢？"

总理不假思索，诙谐地答道："因为我们走的是马克思主义的路啊，按照中国的习惯，简称为'马路'。"

这个记者一时语塞，但心犹不甘，停了一会仍以挑衅的口吻说："我们美国人总爱仰着头走路，中国人为什么喜欢低着头呢？"

总理看了看这个记者，然后以外交家的风度，不紧不慢地说道："这有什么奇怪呢？我们走的是上坡路啊，当然要低着头啰。你们走下坡路可就不一样啦。"

· 妙联篇 ·

"橘井"与"杏林"

雁　寒

1986年，《北京晚报》、中国楹联学会暨北京楹联研究会联合首都32家老字号，举办"京华老字号有奖征联"活动。获长春药店一等奖的联为：

橘井泉香丹名无极

杏林花发堂号长春

此联可谓工巧天成，上下联联首所嵌"橘井"和"杏林"，皆为古今医药行业诗联常引典故。

橘井：典出晋葛洪《神仙传》：桂阳人苏耽快死时对其母说："明年天下疾疫，庭中井水，檐边橘树，可以代养。井水一升，橘叶一枚，可疗一人。"后果如其言，远近皆取井水橘叶治病，救活者千百人。遂以"橘井"誉称良药。

杏林：亦是对医家的称颂，典出同上。三国时吴人董奉隐居庐山，为人治病，不取钱物，只要求重病愈者替他种杏树五株，轻者一株。如此数十年竟种了十万余株。后世便以"杏林"指称良医。

考场之一。编辑、校对们就像高考一样投入。

考 试

1993 年 6 月，上海文艺出版社曾举行"编辑校对改正错别字考试"，包括社长、总编在内，全都进了考场。此事曾成为全国出版界的一大新闻。

上海市出版协会不久前举办"编校工作展览"，展出了当年考试的部分照片，引起了本市和兄弟省市同行的注目。他们说："从这场考试，可以看出出版界消灭错别字的决心。"

（毕 元）

审郑锃在答题。一生和文字打道，怪不得胸有成竹。

▲孙颙，著名作家，现任上海市新闻出版局副局长。当年 他身为社长，也没有考试的"豁免权"。

有照为证（本栏欢迎投稿）

何来"座佑铭" 乐丁

在北京买了本新书，没想到书名中也有错字，"座右铭"竟成了"座佑铭"。

《文选》收有崔瑗《座右铭》一文，唐代吕延济所作题注，交代了"座右铭"的来历。他说："瑗兄璋为人所杀，瑗遂手刃其仇，亡命，蒙赦而出，作此铭以自戒，尝置座右，故曰座右铭也。"可见，"座右铭"是训戒文字的一种，因置于"座右"而得名。"右"是"方位词"。

而"佑"有保护、辅助的意思，构成的词有保佑、护佑等。"佑"不能用作方位词。

ISBN7—80511—898—1/H·36

定价:2.00元

1997
上海文化出版社

咬文嚼字

YAO WEN JIAO ZI

YAO WEN JIAO ZI

YAO WEN JIAO ZI

YAO WEN JIAO ZI

Shang Hai Wen Hua Chu Ban She
3

多视角透视　全方位展现

大上海小说丛书

现代都市人生态与心态的全景图

第一辑

《烟尘》 孙　颙著　11.80元

半个世纪的恩恩怨怨，终将化作历史的烟尘。

《金环套》 俞天白著　13.00元

金环人人向往，可首先被套 牢的却是自身。

《股潮》 李其纲著　11.30元

文化人潜游股海，潮涨潮落折射人世沧桑。

《上海是个滩》 李春平著　10.60元

透过“打工族”部落，展示海纳百川的恢宏。

《水魔》 徐慧照著　10.00元

一起神秘的凶杀案，撩开商界的面纱。

如在当地购买不到，可向上海文艺出版社读者服务部邮购

地址：上海绍兴路74号；邮码：200020

卷首幽默

“爪子”惹风波

胡轶群·文
麦荣邦·画

我家隔壁,是爿南货店。店里新进一批瓜子,有南瓜子、葵花子、西瓜子。天气转暖,店主怕瓜子发霉,便写一块小黑板促销。黑板上写的是:

大减价!黑爪子、小爪子、大爪子

黑板挂出以后,瓜子无人问津,倒是在黑板前皱眉蹙额的人不少。人们不明白这“爪子”为何物。谁知一天来了一位不速之客,说是动物保护协会的。他指着“黑爪子”说:“你们居然卖熊掌?”

店主一听,惊得目瞪口呆。

咬文嚼字

1997 年 3 月

第三辑

（总第二十七辑）

上海文化出版社出版、发行
上海绍兴路74号
电话：64372608－205
邮政编码：200020
新华书店经销
上海艺文激光电脑排版厂排版
上海海峰印刷厂印刷
开本787×1092 1/32
印张1.5 字数43 000
1997年3月第1版
1997年3月第1次印刷
ISBN7－80511－904－X/H·37
定价：2.00元

3—2

目 录

本辑特稿

中华人民共和国国家标准
出版物上数字用法的规定 ………（4）
出版物上数字用法有何修订…柳 槐（11）
数字用法常见差错举隅 ……葛兆荣（13）

十字街头

电视剧《司文郎》指误 ………刘定一（16）
“一直以来”质疑 ……………李小平（17）
邮戳上的错字 ……………戴德源（18）
什么是“一口钟”？…………… 何鉴华（19）
《空城计》里的一段唱词 ……何培刚（20）
“宾议馆” ………………………马玉升（20）

词语春秋

此“散”非那“散”…………少 华（21）
人之称“座” ………………魏助增（22）
“皮草”试释 ………………周志锋（23）

报刊扫描

凯丽凭什么高人一等 ………尹柳营（24）
“不必要”辨误 ……………邱剑云（25）
“三曹”与“帝胄” ………莫澜舟（26）
“独家”的误用 ……………曾宪琪（27）
危言乎？卮言乎？ …………汪 旸（28）
用错了的“冥寿” …………居茂文（28）
“文不加点”不是不加标点 …汪兆龙（29）
“地区”——一个不可疏漏的
名词 ………………………刘德祥（30）
好贵重的书 ………………符 泊（30）

画中错

"奔瞧果"与"镑铰裹" …………徐世英(31)
"遇"不可简化为"迂"…………高　良(32)
差不得"一点" …………奋　之(34)
不要肢解文字 …………李志辉(36)
中间打"×"别想"盈" …………吉善玉(38)
宽"敞"的住房 …………殷　滢(48)

字里乾坤

"刑"和上古护井意识 …………黄安靖(33)
"劉(刘)姓"和屠龙的故事 ……何　峭(35)
古人以何为"辱"? …………张再兴(37)

正音室

"露"的两种读音辨 …………尤敦明(39)
请正确读"妊娠" …………王　颖(40)
"涪陵"的误读…………龚鲜明(41)
"喁"字不能读成 ǒu …………余培英(41)

书林指谬

微瑕伤瑜 …………许　可(42)
发菜并非生长在流水中 ………龙城顺(45)

五重奏

谐诗篇　乔羽咏酒 …………韩地山(46)
智答篇　"怀着孩子" …………曹久山(46)
噱言篇　"句号" …………池　敏(47)
妙联篇　"清明"对"谷雨" ……邝　明(47)
趣喻篇　《牛虻》与苏格拉底 …羊　吉(47)

语丝

此"臻"不是那"蒸"…………张崇信(10)
何物"原珠笔"? …………达　维(44)

卷首幽默

"爪子"惹风波 …………胡轶群　麦荣邦(1)

本辑特稿

中华人民共和国国家标准

出版物上数字用法的规定

GB/T 15835—1995

General rules for writing numerals in publications

前　言

本标准是在国家语言文字工作委员会、原国家出版局、原国家标准局等中央七部门1987年1月1日颁布的《关于出版物上数字用法的试行规定》的基础上制定的。国家技术监督局在技监局标函[1993]390号复函中建议:“鉴于该规定涉及面很广,各种出版物发行国内外,数量和范围都很大,为了使全国各行业都按此规定执行,建议将该规定内容制定为国家标准。”

本标准借鉴了国内多家有影响的出版社和报社的成功经验,参考了英国、前苏联、日本、新加坡的有关资料,多次召开座谈会,征求首都新闻界、出版界、教育界、科技界专家的意见,特别是新华社、广播电影电视部、人民日报、解放军报、人民出版社、商务印书馆、科学出版社、人民教育出版社和中国大百科全书出版社等单位的意见。

阿拉伯数字笔画简单、结构科学、形象清晰、组数简短,所以被广泛应用。本标准的宗旨在于:对汉字数字和阿拉伯数字这两种数字的书写系统在使用上作比较科学的、比较明确的分工,使中文出版物上的数字用法趋于统一规范。

本标准从1996年6月1日起实施,从实施之日起,《关于出版物上数字用法的试行规定》即行废止。

本标准由国家语言文字工作委员会提出并归口。

本标准起草单位:国家语言文字工作委员会语言文字应用研究所。

本标准主要起草人:王均、厉兵。

1 范围

本标准规定了出版物在涉及数字(表示时间、长度、质量、面积、容积等量值和数字代码)时使用汉字和阿拉伯数字的体例。

本标准适用于各级新闻报刊、普及性读物和专业性社会人文科学出版物。

自然科学和工程技术出版物亦应使用本标准,并可制定专业性细则。

本标准不适用于文学书刊和重排古籍。

2 引用标准

下列标准所包含的条文,通过在本标准中引用而构成为本标准的条文。本标准出版时,所示版本均为有效。所有标准都会被修订,使用本标准的各方应探讨使用下列标准最新版本的可能性。

GB/T 7408—94 数据元和交换格式 信息交换 日期和时间表示法

GB 3100—93 国际单位制及其应用

GB 3101—93 有关量、单位和符号的一般原则

GB 7713—87 科学技术报告、学位论文和学术论文的编写格式

GB 8170—87 数值修约规则

3 定义

本标准采用下列定义。

物理量 physical quantity

用于定量地描述物理现象的量,即科学技术领域里使用的表示长度、质量、时间、电流、热力学温度、物质的量和发光强度的量。使用的单位应是法定计量单位。

非物理量 non－physical quantity

日常生活中使用的量，使用的是一般量词。如30元、45天、67根等。

4 一般原则

4.1 使用阿拉伯数字或是汉字数字，有的情形选择是唯一而确定的。

4.1.1 统计表中的数值，如正负整数、小数、百分比、分数、比例等，必须使用阿拉伯数字。

示例：48 302 －125.03 34.05％ 63％～68％ 1/4 2/5 1∶500

4.1.2 定型的词、词组、成语、惯用语、缩略语或具有修辞色彩的词语中作为语素的数字，必须使用汉字。

示例：一律 一方面 十滴水 二倍体 三叶虫 星期五 四氧化三铁 一〇五九(农药内吸磷) 八国联军 二〇九师 二万五千里长征 四书五经 五四运动 九三学社 十月十七日同盟 路易十六 十月革命 “八五”计划 五省一市 五局三胜制 二八年华 二十挂零 零点方案 零岁教育 白发三千丈 七上八下 不管三七二十一 相差十万八千里 第一书记 第二轻工业局 一机部三所 第三季度 第四方面军 十三届四中全会

4.2 使用阿拉伯数字或是汉字数字，有的情形，如年月日、物理量、非物理量、代码、代号中的数字，目前体例尚不统一。对这种情形，要求凡是可以使用阿拉伯数字而且又很得体的地方，特别是当所表示的数目比较精确时，均应使用阿拉伯数字。遇特殊情形，或者为避免歧解，可以灵活变通，但全篇体例应相对统一。

5 时间(世纪、年代、年、月、日、时刻)

5.1 要求使用阿拉伯数字的情况

5.1.1 公历世纪、年代、年、月、日

示例：公元前8世纪 20世纪80年代 公元前440年 公元7年 1994年10月1日

5.1.1.1 年份一般不用简写。如：1990年不应简作“九〇年”或“90年”。

5.1.1.2 引文著录、行文注释、表格、索引、年表等，年月日的标记可按 GB/T 7408—94的5.2.1.1中的扩展格式。如：1994年9月30日和1994年10月1日可分别写作1994－09－30和1994－10－01，仍读作1994年9月30日、1994年10月1日。年月日之间使用半字线“－”。当月和日是个位数时，在十位上加“0”。

5.1.2 时、分、秒

示例:4时　15时40分(下午3点40分)　14时12分36秒

注:必要时,可按GB/T 7408—94的5.3.1.1中的扩展格式。该格式采用每日24小时计时制,时、分、秒的分隔符为冒号":"。

示例:04:00(4时)　15:40(15时40分)　14:12:36(14时12分36秒)

5.2 要求使用汉字的情况

5.2.1 中国干支纪年和夏历月日

示例:丙寅年十月十五日　腊月二十三日　正月初五　八月十五中秋节

5.2.2 中国清代和清代以前的历史纪年、各民族的非公历纪年

这类纪年不应与公历月日混用,并应采用阿拉伯数字括注公历。

示例:秦文公四十四年(公元前722年)　太平天国庚申十年九月二十四日(清咸丰十年九月二十日,公元1860年11月2日)　藏历阳木龙年八月二十六日(1964年10月1日)　日本庆应三年(1867年)

5.2.3 含有月日简称表示事件、节日和其他意义的词组

如果涉及一月、十一月、十二月,应用间隔号"·"将表示月和日的数字隔开,并外加引号,避免歧义。涉及其他月份时,不用间隔号,是否使用引号,视事件的知名度而定。

示例1:"一·二八"事变(1月28日)　"一二·九"运动(12月9日)　"一·一七"批示(1月17日)　"一一·一〇"案件(11月10日)

示例2:五四运动　五卅运动　七七事变　五一国际劳动节　"五二〇"声明　"九一三"事件

6 物理量

物理量量值必须用阿拉伯数字,并正确使用法定计量单位。小学和初中教科书、非专业性科技书刊的计量单位可使用中文符号。

示例:8 736.80km(8 736.80千米)　600g(600克)　100kg~150kg(100千克~150千克)　12.5m²(12.5平方米)　外形尺寸是400mm×200mm×300mm(400毫米×200毫米×300毫米)　34℃~39℃(34摄氏度~39摄氏度)　0.59A(0.59安〔培〕)

7 非物理量

7.1 一般情况下应使用阿拉伯数字。

示例:21.35元　45.6万元　270美元　290亿英镑　48岁　11个月　1 480人　4.6万册　600幅

550名

7.2 整数一至十，如果不是出现在具有统计意义的一组数字中，可以用汉字，但要照顾到上下文，求得局部体例上的一致。

示例1：一个人　三本书　四种产品　六条意见　读了十遍　五个百分点

示例2：截至1984年9月，我国高等学校有新闻系6个，新闻专业7个，新闻班1个，新闻教育专职教员274人，在校学生1 561人。

8 多位整数与小数

8.1 阿拉伯数字书写的多位整数和小数的分节

8.1.1 专业性科技出版物的分节法：从小数点起，向左和向右每三位数字一组，组间空四分之一个汉字（二分之一个阿拉伯数字）的位置。

示例：2 748 456

3.141 592 65

8.1.2 非专业性科技出版物如排版留四分空有困难，可仍采用传统的以千分撇“,”分节的办法。小数部分不分节。四位以内的整数也可以不分节。

示例：2,748,456　3.14159265

8703

8.2 阿拉伯数字书写的纯小数必须写出小数点前定位的“0”。小数点是齐底线的黑圆点“.”。

示例：0.46不得写成.46和0·46

8.3 尾数有多个“0”的整数数值的写法

8.3.1 专业性科技出版物根据GB 8170—87关于数值修约的规则处理。

8.3.2 非科技出版物中的数值一般可以“万”、“亿”作单位。

示例：三亿四千五百万可写成345,000,000，也可写成34,500万或3.45亿，但一般不得写作3亿4千5百万。

8.4 数值巨大的精确数字，为了便于定位读数或移行，作为特例可以同时使用“亿、万”作单位。

示例：我国1982年人口普查人数为10亿817万5288人；1990年人口普查人数为11亿3368万2501人。

8.5 一个用阿拉伯数字书写的数值应避免断开移行。

8.6 阿拉伯数字书写的数值在表示数值的范围时，使用浪纹式连接号“～”。

示例：150千米～200千米

－36℃～－8℃　2 500元～3 000元

9 概数和约数

9.1 相邻的两个数字并列连用表

示概数，必须使用汉字，连用的两个数字之间不得用顿号“、”隔开。

示例：二三米　一两个小时　三五天　三四个月　十三四吨　一二十个　四十五六岁　七八十种　二三百架次　一千七八百元　五六万套

9.2　带有“几”字的数字表示约数，必须使用汉字。

示例：几千年　十几天　一百几十次　几十万分之

9.3　用“多”“余”“左右”“上下”“约”等表示的约数一般用汉字。如果文中出现一组具有统计和比较意义的数字，其中既有精确数字，也有用“多”“余”等表示的约数时，为保持局部体例上的一致，其约数也可以使用阿拉伯数字。

示例1：这个协会举行全国性评奖十余次，获奖作品有一千多件。协会吸收了约三千名会员，其中三分之二是有成就的中青年。另外，在三十个省、自治区、直辖市还设有分会。

示例2：该省从机动财力中拿出1 900万元，调拨钢材3 000多吨、水泥2万多吨、柴油1 400吨，用于农田水利建设。

10　代号、代码和序号

部队番号、文件编号、证件号码和其他序号，用阿拉伯数字。序数词即使是多位数也不能分节。

示例：84062部队　国际标准GB 2312—80　国办发[1987]9号文件　总3147号　国内统一刊号CN 11－1399　21/22次特别快车

HP－3000型电子计算机　85号汽油　维生素B_{12}

11　引文标注

引文标注中版次、卷次、页码，除古籍应与所据版本一致外，一般均使用阿拉伯数字。

示例1：列宁：《新生的中国》，见《列宁全集》，中文2版，第22卷，208页，北京，人民出版社，1990。

示例2：刘少奇：《论共产党员的修养》，修订2版，76页，北京，人民出版社，1962。

示例3：李四光：《地壳构造与地壳运动》，载《中国科学》，1973（4），400～429页。

示例4：许慎：《说文解字》，影印陈昌治本，126页，北京，中华书局，1963。

示例5：许慎：《说文解字》，四部丛刊本，卷六上，九页。

12　横排标题中的数字

横排标题涉及数字时，可以根据版面的实际需要和可能作恰当的处理。

13 竖排文章中的数字

提倡横排。如文中多处涉及物理量，更应横排。竖排文字中涉及的数字除必须保留的阿拉伯数字外，应一律用汉字。必须保留的阿拉伯数字、外文字母和符号均按顺时针方向转90度。

示例一：

雪花牌BCD188型家用电冰箱容量是一百八十八升，功率为一百二十五瓦，市场售价两千零五十元，返修率仅为百分之零点一五。

示例二：

海军J12号打捞救生船在太平洋上航行了十三天，于一九九〇年八月六日零时三十分返回基地。

14 字体

出版物中的阿拉伯数字，一般应使用正体二分字身，即占半个汉字位置。

语丝

此“臻”不是那“蒸”

张崇信

“瞧瞧那些西亚球队沙特、伊朗和科威特，哪个不是臻臻日上？”（《解放日报》1996年12月18日第14版）如果联系上下文，可知作者是要指出西亚各足球队一天比一天兴旺发达，所以用了这个“臻臻日上”。且不说该句是病句，这个“臻”已是别字。

臻，从至，音从秦，原意是“至”，现在或表示“达到”，如“日臻完善”、“渐臻佳境”；或表示“来到”，如“百福并臻”。臻的含义注定它不能重叠组词使用。

蒸，基本含意为“蒸发”或“水蒸气使物熟或热”。用水蒸气向上蒸腾的生动形态来形容事情的兴旺发达是十分妥帖的，也正是“蒸蒸日上”这一成语所要表达的。以同音的臻代替蒸，岂不成了“一天比一天地到达”了？

出版物上数字用法有何修订

柳　槐

1987年1月1日，国家语委等七个部门曾联合发布《关于出版物上数字用法的试行规定》(下简称《试行规定》)，要求新闻出版等有关单位试行。在将近十年的试行实践中，有关部门广泛征求意见，对《试行规定》作了认真修订，现作为国家标准的《出版物上数字用法的规定》(下简称《国家标准》)，已由国家技术监督局于1995年12月13日发布，并于1996年6月1日起正式实施。自《国家标准》实施之日起，《试行规定》即行废止。

《国家标准》和《试行规定》相比，体例上明显不同。《试行规定》主要突出两个方面：应当使用阿拉伯数字的两种主要情况和应当使用汉字的两种主要情况。《国家标准》则在交代了“一般原则”后，按时间、物理量、非物理量、多位数与小数、概数和约数、代号代码和序号、引文标注等等方面，逐一介绍了数字用法的具体规定。但两份文件的基本原则是一致的，即：“凡是可以使用阿拉伯数字而且又很得体的地方，特别是当所表示的数目比较精确时，均应使用阿拉伯数字。”

在具体规定方面，《国家标准》对《试行规定》作了哪些修订呢？笔者试述如下：

一、关于时间的表示，《国家标准》补充或者明确了以下三点：

一是年、月、日的标记方式，可按 GB/T7408—94的5.2.1.1中的扩展格式处理。如1994年9月30日，可写作1994-09-30；1994年10月1日，可写作1994-10-01。年、月、日之间使用半字线“-”。当月或日是个位数时，在十位上加“0”。

二是时、分、秒的标记，在必要时可按 GB/T7408—94的5.3.1.1中的扩展格式处理，并明确指出时、分、秒的分隔符号是冒号，而不是居中的比号。如04:00(4时)、15:40(15时40分)、14:12:36(14时12分36秒)。

三是含有月、日简称构成的词组，如涉及一月、十一月、十二月，为避免歧义，应用间隔号“·”将表示月和日的数字隔开，并外加引号，如

“一·二八”事变、“一二·九”运动。涉及其他月份，则不用间隔号，是否用引号，视事件的知名度而定。如：五四运动、“九一三”事件。

二、关于物理量量值的表示，《国家标准》和《试行规定》都明确指出必须用阿拉伯数字，但如何使用法定计量单位，《国家标准》指出科技书刊和非科技书刊有别。科技书刊要用计量符号，而非科技书刊包括小学和初中教科书，则可改用中文。如前者写作100kg～150kg，后者则可写作100千克～150千克。

三、关于整数一至十的书写形式。《试行规定》曾在注释中指出：“不是出现在一组表示科学计量和具有统计意义数字中的一位数(一、二……九)可以用汉字。”《国家标准》则将这条注释写入正文，在“非物理量”一节中，专门作了强调。“一位数”改作“整数一至十”，将“十”也包括在内。这实际上表明了一种倾向，即主张“三个人”、“五本书”、“十台戏”之类，只要不是出现在具有统计意义的一组数字中，不必改作“3个人”、“5本书”、“10台戏”。这里的关键是要保持局部体例的一致。

四、关于数字的分节法。《试行规定》的规定是：“4位和4位以上的数字，采用国际通行的三位分节法。节与节之间空半个阿拉伯数字的位置。非科技专业书刊目前可不分节。但用‘，’号分节的办法不符合国际标准和国家标准，应该废止。”《国家标准》采取了区别对待的态度。凡专业性科技出版物，仍按以上规定执行；非专业性科技出版物则可网开一面，如排版留四分空有困难，可仍采用传统的以千分撇“，”分节的办法。小数部分不分节。四位整数也可以不分节。

五、关于约数的书写形式。《试行规定》在“记数与计量”一节中提到约数，但没有关于约数的专门规定。这一节中举到两个例子：500多种，60多万公斤。这两个例子给人留下的印象，仿佛是约数一律要用阿拉伯数字。《国家标准》则根据试行情况，作了具体分析。一是带有“几”字的数字，不论“几”字在前在后，一律用汉字，如几千年、十几天、一百几十次。二是用“多”“余”“左右”“上下”“约”等表示的约数，一般用汉字，但为保持局部体例的一致，也可用阿拉伯数字。

六、关于代号、代码和序号。这是《国家标准》增补的内容，《试行规定》虽有个别用例，如21/22次特别快车，但未作专门规定。《国家标准》则专列了一节，明确指出：代号、代码和序号，必须用阿拉伯数字。序数词即使是多位数也不能分节。

数字用法常见差错举隅

葛兆荣

①文学作品误用阿拉伯数字

"抬起头来，只见满天星斗，在句她调皮地眨眼睛。唉，18岁的姑娘第一次遇到了这恼人的事。"

"18岁"应改用汉字："十八岁"。《关于出版物上数字用法的试行规定》(下简称《试行规定》)在"总的原则"中指出："重排古籍、出版文学书刊等，仍依照传统体例。"国家标准《出版物上数字用法的规定》(下简称《国家标准》)同样也强调了规定的适用范围："本标准不适用于文学书刊和重排古籍。"因此，文学作品没有特殊需要，是不必把汉字改成阿拉伯数字的。"白发三千丈"改为"白发3000丈"，这只能说是笑话。

②星期几误用阿拉伯数字

"直到星期2，车还没到，全厂的人都伸长了脖子。"

《试行规定》和《国家标准》都明确规定：星期几一律要用汉字。"星期2"应为"星期二"，因为这是一个完整的概念。在英语中，"星期二"便写成一个单词"Tuesday"，不是"星期"和"二"的组合。也就是说，"二"是一个语素。《国家标准》规定："作为语素的数字，必须使用汉字。"

③夏历月日误用阿拉伯数字

"8月15，圆月当空。天上月圆，地上人圆。让我们为新人举杯……"

"8月15"应为"八月十五"。汉字和阿拉伯数字是两种不同的符号系统，为了准确地反映历史面貌，《国家标准》规定：凡中国干支纪年和夏历月日，均应使用汉字。"八月十五"即中秋节，这是按夏历计算的，故不能用阿拉伯数字。"大年三十"当然也不能写成"大年30"。同样，按照这条规定，"丁丑年三月十二日"，这是中国干支纪年，也不能写成"丁丑年3月12日"。

④**清代以前历史纪年误用阿拉伯数字**

“嘉靖8年，一条鞭法正在推广，税制大为简化。”

“嘉靖8年”应为“嘉靖八年”。“嘉靖”是明代皇帝的年号。《国家标准》规定，凡中国清代和清代以前的历史纪年、中国各民族的非公历纪年，均不应与公历混用，也就是说不能用阿拉伯数字；可以按传统体例即用汉字表述，并用阿拉伯数字括注公历，如：嘉靖八年(公元1529年)。

⑤**年份随意缩略**

“早在92年前，此事便已提上议事日程，但议而不决，至今还是八字未见一撇。”

“92年前”应为“1992年前”。否则，容易产生歧义，因为“92年前”也可理解为“九十二年前”。《试行规定》曾明确指出：“年份不能简写，如1980年不能写作80年，1950～1980年不能写作1950～80年。”《国家标准》稍稍表现出一点弹性，加了“一般”两字：“年份一般不用简写。”“如：1990年不能简作‘九〇年’或‘90年’。”但两者基本精神是一致的。上引“92年前”显然不合这一规定。

⑥**定型的词或词组中的数字误用阿拉伯数字**

“影片上侵略者长驱直入，一路只见残垣断壁，荒草野径，你怎能不感到8国联军铁蹄的疯狂？怎能不感到这一页历史的沉重？”

“8国联军”应为“八国联军”。《国家标准》规定，凡是已经定型的词、词组、成语、惯用语、缩略语或具有修辞色彩的词语中作为语素的数字，都必须用汉字。“八国联军”是一个定型词组，不是临时组合，因此不能写作“8国联军”。同理，“第三世界”不能写作“第3世界”，“十月革命”不能写作“10月革命”，“二万五千里长征”不能写作“25000里长征”……有人说按规定“五十步笑百步”要写成“50步笑100步”，这如果不是故意杜撰，一定是对有关规定极不了解所致。

⑦**世纪和年代误用汉字**

“十九世纪末期，一个叫秋田柳吉的人，从大阪来到东京。”

“本世纪二十年代初，有声电影兴起，无声电影开始走下坡路。”

“十九世纪”应改为“19世纪”，“二十年代”应改为“20年代”。根据《国家标准》，公历世纪、年代、年、月、日以及时、分、秒，这是一个完整的时间系列，均应用阿拉伯数字表示。不能年、月、日用阿拉伯数字，世纪和年代又用汉字，同一系列，两样书写，这是不符合数字使用要协调、得体的规定的。

⑧**用阿拉伯数字书写的多位数断开移行**

“一年来，足不出户，写了6500
00字，其中有一部长篇、两部中篇……”

“650000字”是用阿拉伯数字书写的数值，这是不能断开移行的。《试行规定》和《国家标准》对此都有明确规定。因为一旦断开，数值便无法准确识读。前面成了“6500”，后面“00”也因没有首位数，让人莫名其妙。

⑨**数量单位运用不合规范**

“一人有难，八方支援。短短一周内，便收到了来自四面八方的4万3千5百元的捐款……”

“4万3千5百元”，可以写作“43500元”，也可写作“4.35万元”，但写作“4万3千5百元”是不合规范的。根据《国家标准》规定，在非科技出版物中，为了便于读数或移行，可以“亿”、“万”作单位，数值特别大的，还可“亿、万”同时使用。但一般情况下，不得以十、百、千、十万、百万、千万……为单位，更不能如上引文字“万、千、百”同时使用。

⑩**概数误用阿拉伯数字**

“别看她才7、8岁，还没跨进校门，可那一脸的机灵，实在讨人喜欢。”

“7、8岁”应为“七八岁”。《国家标准》明确规定：相邻的两个数字并列连用表示的概数，必须使用汉字。连用的两个数字之间也不得用顿号隔开。

⑪**约数误用阿拉伯数字**

“挖了半天，也不过10几斤。芳芳嘟着嘴，沿着小路挎着篮子走了过来。”

“10几斤”应为“十几斤”。约数有两种情况：凡是带“几”的，必须用汉字；其他用“多”“余”“左右”“上下”等等表示的，则必须视上下文而定，以局部体例的统一为原则。一般情况下，也以用汉字为宜。

⑫**竖排误用阿拉伯数字**

『文化下乡活动开展以来，据不完全统计，仅戏剧下乡就有11万多场，组织放映电影30多万场，向农民赠送书刊1200余万册，建立农村书库1.4万多个。』

上引文字中的阿拉伯数字，均应改为汉字。《国家标准》规定，竖排文字中，只有涉及代号、代码或序号之类不宜改动的阿拉伯数字方可保留，其余一律使用汉字。否则，不管阿拉伯数字是“直立”还是“躺倒”，都是不合规范的。

十字街头

电视剧《司文郎》指误

刘定一

上海教育电视台前一阵播映46集电视连续剧《聊斋》，其中有一出《司文郎》，有讽刺“盲试官圈点屁文章”之意，片子拍得也不错，可惜语言文字却暴露出许多当代的“司文郎”现象。

在古代，考中了举人或进士，“报录人”照例要报喜讨赏。例如，《儒林外史》中范进中举，报录人“一片声叫道：‘快请范老爷出来，恭喜高中了！’”报帖上写道：“捷报贵府老爷范讳进高中广东乡试第七名亚元。”但《司文郎》一剧中为余杭生报捷的报子，却急颠颠地喊着“余杭生”进门，用现代说法，就是喊：“那个余杭人，出来！”这不是在讨赏，而是讨骂了。报录人如此，知书达礼的书生王平子竟也是同样的乖谬，他事宋生如师，但一会儿呼其“恩师”，一会儿极不礼貌地呼其“宋生”，何不协调之甚也。

更加荒谬的是，王平子在看城门口张贴的一张通知恩科开考的告示，告示所署日期赫然是“万历申壬”，这四个字有四个错误。

一、“申壬”中“申”是地支，“壬”是天干，干支调错，应为“壬申”；

二、明神宗万历朝（1573～1619）根本没有壬申年，万历前后的两个壬申年分别是1572年与1632年；

三、年号后加干支，虽有钱谦益《耦耕堂记》“万历丁巳夏”的例子为根据，但理论上说，一个年号未必只有一个壬申，因此官方文书只应有“万历×年”的说法，以清朝为例，曾国藩的奏折都是“咸丰四年×月×日”的格式而不写“咸丰甲寅×月×日”。在民间也成习惯，例如晋朝陶潜《桃花源记》中的“永和九年”，宋朝范仲淹《岳阳楼记》中的“庆历四

"一直以来"质疑

李小平

"一直以来,黑龙江数以万计的炒股人士,通过金融台的节目……"这是黑龙江金融广播电台制作的广告词中的一段话。三年来,就这样日复一日地播送着。显然,无论是广告的制作者,还是编辑、导播、播音员,都忽略了其中的一个逻辑性错误。

问题出在"一直以来"这个词组上。"一直"是个副词,据《现代汉语词典》的解释,是表示动作始终不间断或情况始终不改变。例如:雨一直下了一天一夜;他干活儿一直很卖力。

而"以来"作为方位结构合成词,用来表示从过去某时直到现在的一段时期。例如:自古以来;十一届三中全会以来。

"一直"与"以来",在分别使用的情况下,一般不会出现明显的语病。但如果并列使用,就造成了语意表达上两个词之间的互相矛盾。因为,"一直"的含义具有时间上的不间断性;而"以来"则具有时间上的阶段性含义。

或许有人以为,既然能说"长期以来"、"很久以来",为什么就不能说"一直以来"呢?其实,它们之间尽管在语法结构上相同,但具体概念之间是有明显差别的。"长期"、"很久"都是一种没有起始时间的阶段性概念,与"以来"相搭配具有同向性;而"一直"是具有特定起始含义的全程性概念,与"以来"组合就构成了相互间的矛盾。

年春",明朝倪玉璐《题元佑党碑》中的"此碑自靖国五年毁碎"。

四、《司文郎》故事不是发生于明朝,遑论万历。按《聊斋》原文,宋生最后向王平子道出自己是"甲申之年,竟罹于难"的鬼。宋生既随着明亡而亡,许多年后遇到的王平子自然是应清朝的科举,哪里会出现万历年的告示。

不过,对最后这个时代错误,笔者并无苛求电视编导之意,因为这几十年来,《聊斋》的改编者总喜欢把清代故事改到明代。也许明人衣冠比清代服装好看些吧。

邮戳上的错字

戴德源

邮政部门是人类社会信息交流的重要部门。每天都有成千上万的

邮件，通过各地的邮政局(所)，发送到发件人想送到的地方。邮政局(所)在每件邮件上都盖有邮戳，邮戳上的文字标明该邮件的经办机构和收发日期。从某种意义上说，邮戳上的文字也体现了一个国家、一个地区的文化品位。因而，邮戳上的用字应当规范、正确，不应出现错讹。

遗憾的是，现在还没有做到这一点。就说我收到的两件邮件吧：一件发自浙江龙游县，邮戳上“分拣”错为“分拣”。“拣”的繁体字形为“揀”，在“柬”为左右结构组成的一些汉字中，“东”是“柬”的简化，如“练”(練)、“炼”(煉)，而邮戳上“拣”字右边的“东”，却是“束”的简化。常识告诉我们，“拣”字是错的。另一件发自湖北鄂州樊口，邮戳上把“樊口”误作“凡口”。“樊口”是湖北省鄂州市所辖一个行政区划的名称，西近梁

什么是"一口钟"?

何鉴华

电视连续剧《西游记》放映到唐僧在车迟国与鹿力大仙"隔板猜枚"(原书第四十六回)时,有这样的情节:王后往箱子里放进"山河社稷袄,乾坤地理裙",被孙悟空作法一变,变成了"破烂流丢一口钟"。接着出现的画面是,箱内放着一口脏兮兮有破洞的铜钟。我不禁连声叫苦:"编导先生,你们是在望文生义吧?"这里的"一口钟",不是撞的铜钟,而是一种极其简单省布的长袍,大概是用一块上窄下宽的布把两边连缀起来,再开两个孔伸手,从头上往下一套就成了。它上小下大,有点像钟,所以称"一口钟",有时写作"一口中"。这是穷和尚穿的,也有人叫"一裹穷",可能就是现在无袖连衣裙的祖宗。

我们不能要求编导先生无所不知,但就这件事情来说,只要细心一点,还是可以察觉的。"隔板猜枚"共有三项。道士变和尚,但还是人;桃子成桃核,但还是桃;袄裙变"一口钟",但还是衣:这叫"万变不离其宗"。衣服变铜钟不觉得离谱吗?而且,"一口钟"这东西在《西游记》中多次出现,例如第三十六回:"有的穿着个一口钟直裰。"第二十五回:"这先生好意思,拿出布来与我们做中袖哩!减省些儿,做个一口中罢了。"看来编导先生没有通读《西游记》。

子湖,东靠扬子江,历史上曾经被称为衙门港或金子矶,是鄂州主要的入江口。或许是由于制戳者误以为"凡"是"樊"的简化字,因而造成了盖着别字的邮件满天飞的错误。

一颗邮戳只有几个字,我想,只要稍许留心,这类错误都是可以避免的。

《空城计》里的一段唱词

何培刚

中央电视台(第一套)1996年9月15日现场直播京剧名家名段演唱,谭元寿先生唱了《空城计》的一段:

我本是卧龙冈散淡的人,论阴阳如反掌保定乾坤。先帝爷下南阳御驾三请,算就了汉家业鼎足三分。官封到武乡侯执掌帅印,东西征南北剿博古通今……

这段唱我听过多少遍了。四大须生都唱这出戏,除了奚啸伯先生之外,其他三位我都听了。现在听了谭派传人的唱,感到有两处词意的搭配不大顺劲。头两句,既是追述隆中高卧的时候,就不会有"保定乾坤"的举动;第5、第6句,已经挂帅出征了,再标榜"博古通今"也不必要。看完电视,找出杨宝森、马连良二先生的《空城计》录音磁带,放了一遍,发现杨先生与谭先生唱的一样;而马先生就把"保定乾坤"、"博古通今"互换了位置,即"论阴阳如反掌博古通今"、"东西征南北剿保定乾坤"。显然,马先生这样唱,词意贯通,给听众以顺劲的感觉。看来,戏剧里有些文字也有待"咬""嚼"哩。

『宾议馆』

马玉升

1996年10月5日某中学发出讣告,内容如下:"××老师因病医治无效,于1996年10月5日凌晨两点零五分逝世,享年72岁,定于10月8日上午10时,在宾议馆举行追悼会。"讣告误将"殡仪馆"打印为"宾议馆",这样就把举行殡葬仪式的场所变成了宾客发议论的地方。参加追悼会的人对此议论纷纷,哭笑不得,严重影响了会场气氛,"殡仪馆"真成了"宾议馆"。

词语春秋

此"散"非那"散"

少 华

《咬文嚼字》1996年第10辑李秉鉴《"散步"探源》一文认为散步是由行散衍变而来，我以为此说有些牵强附会。

"行散"之"散"即李文所说"散发"之"散"(《正字通·攴部》:"药石屑曰散。")，特指李文所论"五石散"，读作 sǎn。五石散药性酷烈，服食后要用冷水浇身、吃冷食，因而又称寒食散。服散后药性发作，称为"散发"，例如《医心方》卷二十:"散发，热气冲目，漠漠无所见。"五石散又名寒食药，或直称为"药"，例如《晋书·姚兴载记》:"(姚)兴药动，姚弼称疾不朝。"五石散有毒，服食不当则往往患病甚至致死，所以有不少禁忌。余嘉锡先生《寒食散考》一文指出:"服散之后，忌安坐不动，当强起行以调其关节，不能行者扶起行之，谓之行散，又谓之行药。"(《余嘉锡论学杂著》上册)例如《世说新语·文学》:"王孝伯在京，行散至其弟王睹户前。"《北史·邢峦传》:"孝文因行药至司空府南。""散发"即是"药动"，"行散"无异"行药"，可见此二"散"为名词(五石散)是必定无疑的。顺便说一句，《汉语大词典》释"行散"为"……服后须行走以散发药性"，将"散"标作 sàn(第3卷，910页)，李文也说"为了使药性能顺利地散发"，似乎都无意区别"散 sǎn 发"与"散 sàn 发"，这是不恰当的。

至于"散步"，与服散并无关系。在服食五石散成风的时代，南朝梁刘孝威《奉和六月壬午应令诗》云:"神心重丘壑，散步怀渔樵。石累元卿径，枝挂许由瓢。伊臣本寂寞，由

人之称“座”

魏助增

“座”这一概念，本来是指坐位，或是指器物的底托。可是，有时也用来尊称人。如在国民党中就有“委座”、“总座”、“师座”等称呼。这可追溯到唐代。唐代进士称主考官为“座主”。如张籍的诗《寄苏州白二十二使君》，其中有句：“登第早年同座主，题诗今日异州人。”白二十二，是白居易。张籍是贞元十五年进士，白居易是次年进士，他们的“座主”都是高郢。到了明代、清代，又有了“座师”的名称，是举人、进士们对主考官或总裁官的称呼，意义、用法同“座主”。

蒋介石曾担任黄埔军校校长和国民党政府军事委员会委员长。于是，他任黄埔军校校长期间的一些学生，就尊称他为“委座”。后来，上行下效，国民党军队高级将领都称“座”，如“总座”、“军座”、“师座”等等。如今，有些人又进一步扩大了称“座”的范围，如“局座”、“处座”、“车座”（车间领导）、“馆座”……那就带有逗趣、调侃的味道了。

来畏市朝。为贪止山水，所竞惟逍遥。”就诗意来看，“散步”与行散不同。元伊世珍《嫏嬛记》：“古之老人饭后必散步，欲摇动其身，以消食也，故后人以散步为逍摇。”这就更谈不上五石散了。其实，“散步”与信步、漫步可谓同义，《公羊传·庄公十二年》何休注：“散，放也。”“散”即放，即随意，读作 sàn。就结构而言，“散 sǎn 发”是主谓式，“散步”是动宾式，“行散”是动宾式，词性、词义和读音判然有别，又怎么能说同出一源呢？

“皮草”试释

周志锋

《咬文嚼字》曾刊《从“皮草”说起》一文，认为这几年流行的“皮草”是从香港进来的词语，原意为冬天卖皮货，夏天卖草席，“草”跟毛皮制品风马牛不相及，唤“皮革”为“皮草”实属笑话。对此，我有不同看法。

称皮革为“皮草”，其实并不自今日始。笔者手头便有一条书证。清黄世仲《廿载繁华梦》第二十六回：“统共计木料、锡器、磁器、金银炕盅、房内物件及床铺被褥、顾绣垫搭，以至皮草衣服、帐轴，与一切台椅及随嫁使用的银子，总不下十万来两了。”《廿载繁华梦》一名《粤东繁华梦》，最初配图连载于1905年9月创刊于广州的《时事画报》，约于1907年秋时事画报社出版单行本。从这材料可知，晚清即有“皮草”一词，义为“毛皮”，流行于广东一带。

需要进一步探讨的是，“毛皮”为什么称作“皮草”？《咬文嚼字》1995年第9辑《竞查热点词语试释·皮草行》、香港《词库建设通讯》1996年总第9期《“皮草”》和总第10期《关于“皮草”》等文章，都曾引述或提出了许多解释。归纳起来有这样几种：1.即上文已谈及的“皮草行”原来兼售皮货、草席，后专售皮货，于是“皮草”专指“毛皮”。2.毛皮制品其毛柔顺如草，或皮上生毛似草，故称“皮草”。3.以“草”代称绒毛，革上生毛，犹如地面长草，故称“皮草”。4.“草”为“革”字之讹。除第4种形讹说明显不对外，其他说法似乎都有道理，又都难以令人信服。今再提出一种看法，以供参考。

我认为，“草”是方言中对某类东西的称谓，“皮草”即“皮类”。我们这样说，有吴方言材料可作旁证。宁波方言有“鱼草”一词，义为“鱼类”，如：去买眼鱼草，该段辰光鱼草交关便宜。又有“种草”一词，义为“物种；人种”，如：菊花种草交关多；该人种草坏猛。（分别参见笔者与朱彰年、薛恭穆、汪维辉合著《宁波方言词典》，汉语大词典出版社版）其中“草”字都不能从字面意思去理解。粤语之“皮草”与吴语之“鱼草”、“种草”，恐怕是有联系的。

报刊扫描

凯丽凭什么高人一等

尹柳营

《武汉晚报》1996年10月29日的"青春风景"栏目有一则图片报道《外籍青年凯丽在汉留学一瞥》，介绍瑞士女青年凯丽在湖北中医学院的学习生活。所配的两幅照片生动传神，给人以此时无声胜有声的享受。其中一幅照片的画面是凯丽在聆听一位老教授为她授业解惑，凯丽的全神贯注和老教授的循循善诱，其情其声，跃然纸上。

美中不足的是，这幅照片所配的说明却是"凯丽不耻下问"。何谓"不耻下问"?《现代汉语词典》的解释是：不以向地位比自己低、知识比自己少的人请教为可耻。凯丽来中国学中医，给她授业解惑的老教授的知识显然不会比她少。那么，从"凯丽不耻下问"的字面上来理解，就只能是我们的老教授的地位比她低了。

凯丽凭什么高人一等呢?从整则报道来看，既不是凯丽自恃"种族优越"，也不是作者或编者"崇洋媚外"，而是由于作者对"不耻下问"一词的含义没有准确理解，编者对图片的解说词疏于推敲或者未曾过目，阴差阳错地造成了凯丽"高人一等"。其实，要描述凯丽虚心好学，可用的词语多得很。即使要突出一个"问"字，也可以用"勤学好问"、"盘根问底"、"打破沙锅问到底"等等。

假如凯丽说自己"不耻下问"，那倒是可以原谅的。因为汉语(特别是成语)对于她来说毕竟是十分陌生而又无比深邃的，出现某些误解或滥用在所难免。然而，对于我们的作者和编者，准确规范地使用母语，特别是一些常用的成语，则是应该"苛求"的。

"不必要"辨误

邱剑云

某报有一篇人物专访，其中有"由于他及时阻止，大大减少了不必要的浪费"之句。按《现代汉语词典》的解释，"浪费"意为"对人力、财物、时间等用得不当或没有节制"，当属反对之列。一位伟人甚至说："贪污和浪费是极大的犯罪。"可见，世上决没有"必要"的浪费，那又何来"不必要"的浪费一说呢？

某日听某主持人与一单位领导对话。该领导介绍如何严格监督某一工程的实施，"避免了不必要的失误"。主持人附和道："可见只要加强监督，就能避免不必要的失误。"这种说法的语病与上句类似。失误就是失误，何来"必要"与"不必要"之分！

"不必要"的乱用，从语法而言，是修饰、限制不当，从逻辑而言，是不合事理情理。遗憾的是，这种乱用似已经到了人云亦云、见多不怪的地步，有些人更是不假思索，随口而出。只要你稍稍留意一下，就不能不惊叹它在各种传媒中的出现频率。这里再举几例：一、该厂的防范意识淡薄，才遭受了不必要的损失。二、由于麻痹大意，发生了不必要的事故。三、他一时冲动，对邻居造成了不必要的伤害。四、她听不进家人的劝诫，终于酿成了不必要的灾祸。又如什么"不必要的妒忌"，"不必要的中伤"，"不必要的误解"，"不必要的猜疑"等等，也都是"不必要"误用的表现。

"不必要"是两个词的组合："不"和"必要"。"不必要"是"必要"的否定式。有"必要"的一面，才有"不必要"的一面。若不存在肯定的一面，那否定的一面又有何意义！用"不必要"来修饰、限制"损失"、"事故"、"伤害"、"灾祸"、""中伤"、"误解"、"猜疑"等等词语，显然多此一举，理应删去。当然，该用"不必要"之处也是有的，前提是存在着"必要"的一面。譬如：此次庆祝活动以节约为原则，不必要的开支一概不支。又如：为简化办事程序，方便前来办事的人，取消了不必要的手续。这就是说，"必要"的开支仍要支出，"必要"的手续仍要保留。这样使用"不必要"，无疑增强了表意的准确性。

"三曹"与"帝胄"

莫澜舟

帝胄，意谓帝王的后裔。有篇文章谈到三曹（曹操、曹丕、曹植）时，用"帝胄"相称，文章说：

这种情形到汉末起了变化。曹氏父子以帝胄之尊写下了大量"骨气奇高，辞彩华茂"的杰作，可以说是开了一代风气。（《文学评论》1996年第4期）

"曹氏父子"三人，就曹操而言，他的上代并非帝王，他称不上"帝胄"；就曹丕、曹植而言，他们的父亲曹操终其一生不曾称帝，生前为汉丞相，封魏王，而帝王乃是历代君主的统称，由皇帝封赠的魏王不在帝王之列，虽有魏武帝谥号，但那是曹丕称帝后的追尊，操在世时未登帝位，所以丕、植亦非"帝胄"。上引语句把"曹氏父子"列入"帝胄之尊"范围，未免"尊"之太过。诚然，"胄"字也可以解释为贵胄（贵族后裔），即使只说"贵胄"，曹丕、曹植是称得上了，曹操仍不够格；何况，文中明明说"帝胄"，那就只能解释为"帝王之胄"，不能扩大解释为"贵胄"。

前人叙及三曹的政治身分，就不如此粗疏。刘勰《文心雕龙·时序》称："魏武以相王之尊雅爱诗章，文帝以副君之重妙善辞赋，陈思以公子之豪下笔琳琅。"魏武帝曹操在世之日拜相封王，故称之为"相王"；魏文帝曹丕代汉前是魏王世子，是事实上的储君，故称"副君"；陈思王曹植曾由文帝封王，谥思，他原是魏王曹操第三子，故称"公子"。这些称谓，都符合"禅代"前的身分；至于其后，则有新的变化，后世对他们的称谓刘勰亦在叙事中带出，即：魏武、文帝、陈思王（此三者均由谥号而来）。刘勰何曾把三曹拉扯到"帝胄"中去！

“独家”的误用

曾宪琪

成都出版的《海峡两岸》杂志，其广告主题词是：“独家性月刊，阅读新口味”（见《青年时代》1995年10月号第45页），读来令人费解。

其一，歧义。“独家性月刊”，既可理解为“独家性——月刊”，也可理解为“独家——性月刊”。而且，读者大多作第二种理解：全国只此一家“性月刊”，无异于在众多的精神食粮中出现了一种“新口味”。然而该刊的宗旨又说明了这本杂志并非专门的“性”月刊。

其二，“独家性——月刊”说不通。很明显，这里的“性”是“性质”之意。那么“独家性质的月刊”是说这家月刊是“一家独办”呢？还是说这本月刊“只此一家”呢？还是说这家月刊只刊登“独家”作品、讨论“独家”问题、发表有关“独家”的文章呢？实在令人百思不得其解。

“独家”不是一个词，而是“独此一家”的缩略语，它与别的词语的搭配情况，常见的有“独家新闻”、“独家经营”、“独家代理”等。不难看出，当“独家”作为修饰成分与其他词语搭配时，仅仅是用来说明后边事物或行动的状况，而不是用来揭示其性质。同理，在“独家性月刊”中，“独家”也只能用来说明该月刊创办，或编辑、发行状况，并不能揭示该月刊的性质或类别。因此，“独家”与用来表示“性质”一义的“性”是不能搭配的。其所以令人费解，正是这种语法错误造成的。作者的本意，从刊名上已看出，是说该月刊不仅要介绍“海峡”此岸（大陆）的社会生活情况，而且要介绍“海峡”彼岸（台港澳及世界）的社会生活情况，并认为这是区别于其他刊物的独特之处。然而，因误用了“独家”一语而辞不达意，出现了令人啼笑皆非的歧义现象。

危言乎？卮言乎？

汪　旸

某报介绍上海文艺出版社的一部新书《文化危言》，金克木著，定价21元。如此书名令人联想起《盛世危言》——也许这是金先生就目前文化现状有感而发的针砭之作吧。

其实不然，"危言"乃是"卮言"之讹。何为"卮言"？一说卮是酒器，"卮满则倾，卮空则仰；空满任物，倾仰随人。无心之言，即卮言也"(《庄子·寓言》成玄英疏)；一说卮为支，"支离其言，言无的当，故谓之卮言耳"(成疏)，也即"支离无首尾言也"(陆德明《释文》引司马彪说)。

后世文人因而常用为对自己著作的谦称，如明代王世贞有《艺苑卮言》，清代孔广森有《经学卮言》。《文化卮言》收录了金先生学术论著和随笔中的精粹片断(《文汇读书周报》1996年9月7日"每周一书"、《咬文嚼字》1996年第10期封二均已作推荐)，称"卮言"，当然也是自谦。

用错了的『冥寿』

居茂文

《光明日报》1996年10月16日第7版上纪念鲁迅逝世60周年的《60年的杂感》第4部分写道：

> 鲁迅逝世60年了，到今年的10月19日。
>
> 按照我们中国传统的说法，这是他的冥寿。也就是他仍然活着，不是在人间，而是在非人间，而且他已经"耳顺"了。那么，捧的，骂的，嘻皮笑脸的，什

“文不加点”

不是不加标点

汪兆龙

《人民日报》1996年2月2日第11版《名著遭“劫”》一文中写道：

“……更少有人知道他最近还出版了一本文不加点、几乎没有注释的旧体诗集子《槐聚诗存》——书这样出法，读起来确实累人。”

揣摩文意，句中的“文不加点”似指文章不加标点符号。此诗集，既不加标点符号，又几乎没有注释，故而“读起来确实累人”。

这里，作者忽略了“文不加点”的习惯用法。“文不加点”乃是一个成语，成语词典上对此词的解释是：“点：涂改。文章一气写成，无须修改。形容文思敏捷，写作技巧纯熟。”《文选·祢衡〈鹦鹉赋〉序》中有云：“衡因为赋，笔不停辍，文不加点。”

由此可见，“文不加点”是个成语，有其固定的意义，不可以此来简述“文章不加标点符号”。

么意见他都能听得了。

显然，作者是把鲁迅逝世60周年纪念日——“今年的10月19日”视为“他的冥寿”了。孔夫子说过“六十而耳顺”的话，后来人们便以“耳顺”为60岁的代称。“他已经‘耳顺’了”即更加明白地告诉读者，“今年的10月19日”乃是“他的”60“冥寿”。

真是笑话！

“冥寿”的“冥”，意为“迷信者称人死后所居之处”（见《辞海》），也就是所谓“阴间”。“冥寿”也称“冥诞”，是指一个人死后的生日。鲁迅生于1881年9月25日，“按照我们中国传统的说法”，1940年9月25日才是他的60冥寿（虚龄）。

把鲁迅逝世60周年的日子说成是他“在非人间”的“耳顺”“冥寿”，是一个常识性的错误，实在令人遗憾。

“地区”——一个不可疏漏的名词

刘德祥

《解放日报》1996年8月7日一篇评论’96奥运的文章中有一段话："唯我独尊的美国味像一块泥巴，砸碎了好不容易才粘起的197个国家，美国人从未想过要把百年奥运办成一个全球盛典……"

应该指出："泥巴""粘起的"是197个国家和地区，而不是"197个国家"。漏列了"地区"，是一个不应该发生的疏漏。

《解放日报》1996年7月21日报道了第二十六届奥运会开幕式："创纪录的197个国家和地区的一万多名运动员会聚五环旗下……"

又据同日《解放日报》报道：国际奥委会全会对奥林匹克宪章条文进行了重大修改。"决定今后只承认'国际社会承认的独立国家'的奥委会。"并说明："根据'不涉及过去'的原则，已被国际奥委会承认的属于领土一部分的地区奥委会将继续被承认，这类属于领土一部分的地区奥委会不能根据这一条文自称为独立国家奥委会。"

奥林匹克宪章条文的修改，意义重大，影响深远。今后参加奥运会的成员，仍然称为国家和地区，而不能仅仅称为"国家"。

好贵重的书

符　泊

《新民晚报》1996年11月6日有《日本人钟情"小人书"》一文，文中说："在好奇心的驱使下，我索性在横滨东奈川站台的书摊上买了一本。16K大小，500多页，厚厚的如同我国的电话簿。"

文中"K"当作"开"，"开"在印刷上指相当于整张纸的若干分之一。而"K"为黄金中含纯金量的计算单位，英文karat的缩写，如24K、18K黄金。书籍竟然也以K计算，幸亏作者没有忘了"大小"二字，不然，一本电话簿那么厚的书，其含纯金量达16K，真不知何等贵重也！

画中错

"奔瞧果"与"锛铰裹"

徐世英

系列漫画《乐哥乐事》发表在《天津日报》上，《情节引人》是其中的一组。这里谈一谈主人公乐哥说的"奔瞧果"。

"奔瞧果"是少年儿童常玩的一种游戏，它用简便的手势（双方在出手势前要一同喊"奔瞧果"，"果"字出口的同时，双方的手势一齐打出来）决定双方的输赢。漫画中的夫妇二人都不愿去照管沸了的锅，就以这种形式决一胜负。

其实，这三个字应写作"锛铰

“遇”不可简化为“迂”

高　良

题为《今非昔比》的这幅漫画，刊于《检察日报》1996年4月25日第4版上。漫画寓意颇深，把某些干部对待经济犯罪的态度刻画得入木三分。可是，画面上的“迂难关”系“遇难关”之误。

迂（yū）：①曲折；绕弯。如迂回，迂道访问。②迂腐。如迂论、迂夫子，此人迂得很。遇（yù），《简化字总表》没规定可以简化为“迂”。把“遇”写作“迂”，是错字。此外，画中的“在”字也写错了；“办”后漏下引号。

裹”，这可以用游戏双方出的手势的含义来证明。手势有三种，分别代表锤子、剪刀和布。决定胜负的规则是：锤子胜剪刀，因为锤子可以使剪刀“锛”（修订本《现代汉语词典》解释“锛”为“刃出现缺口”）；剪刀胜布，因为剪刀可以“铰”布；布胜锤子，因为布可以把锤子“裹”起来。在这一游戏中，锛、铰、裹是三种动作行为。有些地方直接喊出名词锤、剪子、布。

“锛铰裹”的游戏历史较久，流行的地域亦很广泛，惟此三字不易写得准确。

"刑"和上古护井意识

黄安靖

刑，是"刑罚"的意思。《论语》："道之以政，齐之以刑"，具中的"刑"就作"刑罚"解。"刑"字金文作"[illegible]"，左边是井，右边是刀。这样一个字形是怎样记录"刑罚"这一意义的呢？这还得从"井"说起。

井，在人们生活中的作用是不容忽视的。就是现在，仍然有一大部分人的食用水取之于井。造房子，要造在取水方便的地方，就是有水有井的地方。井，是人们生活生存的基本条件之一。

在上古社会，井的作用就显得更加重要了。首先是因为凿井难。上古人们征服自然，利用自然的能力极其有限，生产工具极其落后，对现代人用现代工具有时也难以奏效的凿井工作，他们做起来，就更是难上加难了。上古先民凿一口井，需要多少人力，多少物力，多少时日，我们是难以想象的。其次是因为上古多旱灾。《汉书·食货志》记载了"汤有七年之旱"的事实。从"后羿射日"的神话传说中，我们也能看出旱灾对上古先民的困扰。因此，我们可以想象出，井对上古人来说是何等重要。

上古人多以井为中心而聚居，《易》曰"改邑不改井"，就说明了井在上古人生活中这种不可动摇的中心位置。稍后人们就干脆把社会最基层的居民组织单位叫"井"，《说文》说："八家为一井。"直到后世，人们仍然用"井"指人口聚居之地。如《管子·小匡》："处商必就市井。"唐陈子昂《谢赐冬衣表》："三军叶庆，万井相欢。"

正因为井在上古具有如此重要的位置，人们对井自然而然地就有了一种强烈的保护意识。谁敢破坏井，谁就会受到惩罚。

“刑”的金文形体“井刂”形象地传达出上古人的这种对井的保护意识。“井刂”是以刀护井的意思。意思是说，谁敢不遵守取水于井的秩序，或破坏井，谁就会受到处罚。也许起初这还不是一种人人必须遵守的强制性规定，只是人们一种自觉或不自觉的“护井”行为。但是，它最终变成了人人必须遵守的“法”是可以肯定的，因为《易》曰：“井者，法也。”意思是指不遵守取水于井的秩序或破坏井会受到处罚，是上古社会必守之“法”。因此，本来表示以“护井”为造字理据的“刑”，去表示“刑罚”的“刑”，也就顺理成章了。

差不得“一点”

奋　之

这幅题为《靠山》的漫画，对社会上官官相护的腐败现象进行了抨击。可惜，“肃贪”的“贪”字多了一点。“贪”字从贝，上部声符为“今”，而画中错写为“令”。遍查字书，就在当今收汉字最多的《中华字海》中也没有这个“贪”字，显然是个生造字。

“劉(刘)姓”和屠龙的故事

何　崝

劉(刘)姓在当今中国应该称得上是一个大姓。若要追寻劉姓的来历,恐怕要追溯到夏代屠龙的劉累。《史记·夏本纪》记载了这个故事。

据说,夏代有一个荒淫的君主叫孔甲,当他在位的时候,天上忽然降下两条龙,一雄一雌。孔甲不知道怎样喂养它们,这时有人表示愿意效劳,原来此人曾在豢龙氏那里学过驯养龙的本领。孔甲便赐姓给他称御龙氏,让他担任养龙的任务。有一天雌龙忽然死了,御龙氏便将这条死龙做成肉羹送给孔甲吃,孔甲吃后觉得很鲜美,还想再吃。御龙氏想到还剩一条龙,不能保证长期满足孔甲的口腹,于是逃之夭夭。

御龙氏为了逃避孔甲的追捕,便改名换姓,改称劉累。这“劉”姓实际上仍与其屠龙的事迹有关。《尔雅·释诂》说:“劉,杀也。”学者们一般认为这便是劉字的本义。在先秦典籍中,如《尚书·盘庚》“重我民,无尽劉”,《君奭》“咸劉厥敌”等句中,“劉”都是杀的意义。御龙氏改姓为劉,取义也仍是杀,不过不是指杀人,而是杀龙——这是为了纪念他曾屠龙的光辉业绩。

“劉”字为何有杀义呢?这要从甲骨文中的“卯”字谈起。甲骨卜辞中常有“卯牛”、“卯羊”的说法,这里的“卯”,即是采用某种方式将牲畜杀掉献祭神灵祖先。王国维说:“古音卯劉同部……疑卯即劉之假借字。”王国维的说法大体是不错的,但笔者认为如果将劉看作是卯的后起字也许更合适一些。甲骨文的卯后来用作地支之一,为了将杀义的卯与地支的卯相区别,人们便在卯旁加上金和刀作为偏旁,造成一个“劉”字。因为杀人杀牲都要用上金属刀,这么一来,劉字的杀义便更明显。劉字的造成大约是在战国时期。

这之前劉累的劉也应作卯，当后世出现劉字时，便将他的姓追改为“劉”了。

但奇怪的是，劉姓虽是汉朝的“国姓”，在汉人许慎编纂的《说文解字》中却没有劉字。其实劉字在汉代的文字资料中，如汉印、汉简、汉碑中都是常见的。为何《说文解字》无劉字，学者有不同的说法，有的认为是传抄过程中遗失了，有的认为劉字就是《说文解字》中的镏字。中国现代姓氏既有劉也有镏，甚至还有姓卯的，这三姓是否同出一源，未及深考。

不要肢解文字

李志辉

这幅漫画的讽刺意味很浓，但靠『肢解』文字来加深寓意就划不来了。『廉』字中间一横不出头，『勤』字下边少条『腿』，这还做什么表率？

古人以何为“辱”？

张再兴

“辱”即耻辱，字形从辰从寸。“寸”本指寸口，作为构字部件时常表示法度，《说文》“冠”字段玉裁注：“古凡法度之字多从寸者。”“冠”、“导”等字从寸皆有此意。违反某种尺度即是耻辱，这种法度究竟是什么呢？《说文》说：“失耕时，于封疆上戮之也。”原来，“辱”是以不合农时的法度，即失去农时为耻。那么，“辰”为什么会指农时呢？

“辰”，甲骨文写作，象贝壳之形，本指一种贝壳。这种贝壳装上了柄以后就可用来除草和收割庄稼，是原始的农业工具，即蚌镰。因此“农”、“蓐”、“耨”等与农耕有关的字都从“辰”构形。“农”，甲骨文写作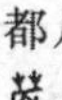，正象手持辰除草之形。文献中也有先民“摩蜃而耨”的记载（《淮南子·汜论训》），就是将蛤壳磨锋利用以除草。这种用天然贝壳制成的除草工具已被考古发现所证实。

“辰”又指二十八宿中的房、心、尾三宿，这与农耕也有密切的关系。《尔雅·释天》：“大辰，房心尾也，大火谓之大辰。”“大火”即心宿。从大辰图上看，这些星连起来恰好成为耒形，至今民间还称心宿为“犁头星”。耒是古代的农耕工具，而“辰”也是农业工具，因此古人便用“辰”来作为它们的名字。同时，古人用大辰确定农时，《说文》说：“晨，房星，为民田时者。”指的就是这个意思。每年当大辰在天空中出现时，人们就开始耕作。故《大戴礼记·夏小

天辰图

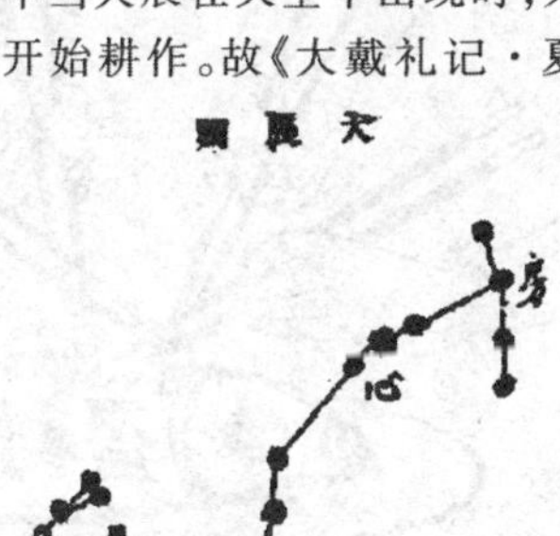

正》说："初昏大火中。大火者，心也。心中，种黍菽糜时也。"因此"辰"星的出现就成了一年中农业生产开始的标志，"辰"也就有了农时的意思。

正因为大辰标志着农时，给农业生产带来了准确的节候，这个大辰在古人心目中就与地上的农神产生了极为密切的联系。一方面，古人认为地上的农业神是天辰星的精气下化而成的；另一方面，他们又认为天辰星是农业神后稷布置在天上，用来启发人民的。正如《国语·周语下》所说："月之所在，辰马，农祥也，我大祖后稷之所经纬也。"

农业是每个社会赖以生存和发展的根本。为了保证农业生产的正常进行，我国古代十分重视农时，"不违农时"是农业生产的基本准则。为了确定农时，古代设有专门守候农时之官，失去农时，就是这种官员的失职，他就要被杀头。"辱"字所显示的正是这种文化内涵。

中间打"×"别想"盈"

吉善玉

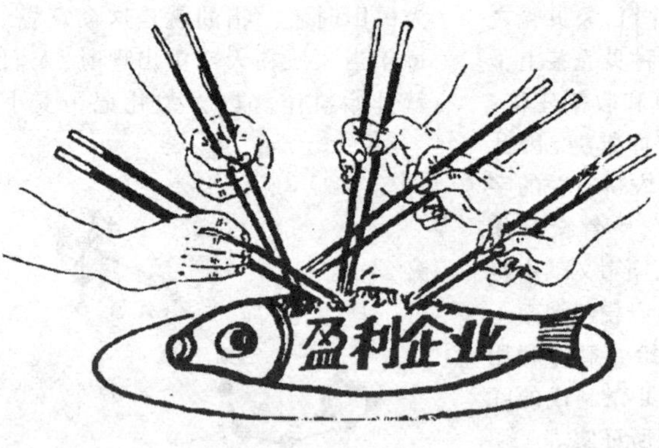

盈利的"盈"是个常见字，做买卖办企业谁不盯着"盈"，本是不该错的。可此画（刊于1996年9月6日北方某大报）上的"盈"字中间的"又"竟错成了"×"。恕我套用《咬文嚼字》1995年第一辑上的一条标题，对此画作者和编者进一言：中间打"×"别想"盈"。

正音室

"露"的两种读音辨

尤敦明

我们学习普通话语音常会发现同一个字有不同的读音。有些情况是两个字形体虽同，但意义不同，它们的读音也就不一样了；但也有些字意义是相同的却也有两种读音。类似这些问题，我们往往难以辨明以致造成读音的错误。其实它们的区别是有规律可循的。这里就第二种现象举出一个"露"字来谈谈体会。

"露"用作"显现"的意义有 lù 和 lòu 两种读音(如作"露水"讲，肯定读 lù，这种表意与本文无关)。《普通话异读词审音表》规定：lù 是文读音，lòu 是口语音。具体说来文读音一般用于书面语言，用于复音词和文言成语中；而口语音则指人们口语中的单音词或者少数日常生活事物的复音词。根据这项原则我们不难确定下列词语中的"露"该读什么音。

露天　露骨　"露"读 lù，因为这是结构紧密的复音词，表示一定的意义，不能把它们拆开在中间加进什么语素。

藏头露尾　抛头露面　露才扬己　风餐露宿　"露"读 lù，因为这是用在成语中。成语是不可分割的已经定型了的词语。

露出　露马脚　露面　露脸　露头　这几处"露"字要读 lòu。它们本身都是一个独立的、单用的动词，与后面的成分可以拆开，中间可加进"了"或者"出了"。如：露了出来　露出了马脚　露了面　露了脸　露出了头儿("露头"还有一个专用词表示矿藏存在的直接标记，"露"

请正确读“妊娠”

王　颖

在广播和电视中，无论是主持人、记者，还是演员和特邀嘉宾，如果读错字音，影响都不好。因为他们所处的位置特别容易导致以讹传讹。

如“妊娠”一词，误读率颇高，大有纠正不过来之势。

妊娠的“娠”，读音为 shēn（申），是指胎儿在母体中微动。不读 chén（晨）。声旁为“辰”的形声字常用字中读 chén 的字只有“宸”和“晨”。其余的都不读声符的音，如：赈 zhèn、唇 chún、蜃 shèn 等。

中央电视台1996年4月24日的“生活空间”节目里，记者将“妊娠”的“娠”读为 chén。1995年5月，在黑龙江省电视台的一台晚会中，著名小品演员李静与一位男演员，在小品里拿“妊娠”大做文章，男演员说最近得病了，翻医书一看是“妊娠（chén）”，还故意调侃：我说最近我怎么这么沉。一口一个 chén，听来实在别扭。

要读 lù，它是一个结构紧密的复音词）。

有人提出人民教育出版社语文一室编写的《九年义务教育六年制小学语文》第二册自读课本《小猫咪穿鞋子》中有一句“他露出锋利的牙齿，对着豹嗥叫”。这里的“露出”注音是 lùchū。对于这个读音似需商榷，因为它显然是符合《审音表》规定原则中的第二种读音，是单用的口语音，应当读 lòu，而且“出”要读轻声。

同是这套教材中第三册《补丁》一课有“……袜子上的补丁就会露出来”。其他课文中也有类似的用法。这些“露”的注音都是 lòu。这也足以说明前面例句中“露出”的“露”应读 lòu 而不是 lù。

“涪陵”的误读

龚鲜明

日前，看某电视台的文艺节目。节目将结束时，主持人从信箱中抽出信封，产生当晚的幸运观众，其中有一位四川涪陵的。主持人念读地址时，却把“涪”读成“péi(陪)”了。其实，涪陵的“涪”的正确读音应为“fú(伏)”。

在四川境内，有一条河流叫涪(fú)江。长江南面的涪陵自然也读涪(fú)陵了。这位主持人，虽然知道“涪”是个形声字，但不知道其读音的变化，仍按“陪”“赔”等形声字的声符发音，而读作“涪(péi)”陵了。

“喁”字不能读成 ǒu

佘培英

在电视剧《蝴蝶兰》(广东珠江台1996年10月8日播映)中，一位男演员把“喁喁私语”中的“喁”读作 ǒu，令人惊讶。这是由于误用了声符类推法而产生的错误，因为由声符“禺”构成的常用字“偶”读 ǒu，他就以为“喁”字也读 ǒu 了。

以声符禺(yú 鱼)组成的形声字的读音主要有四种：一读 yú，如愚、喁、隅、嵎；一读 yù，如寓、遇；一读 ǒu，如偶、耦；一读 yóng，如喁、颙。“喁”有 yóng、yú 两读，“喁喁”也有两个读音：一读 yóngyóng，比喻众人景仰归向的样子。一读 yúyú，有两个义项：①随声附和。②形容说话的声音(多用于小声说话)：喁喁私语。(见《现代汉语词典》修订本)可见读成“ǒuǒu 私语”是错误的。

我们读形声字的时候，不能“秀才识字读半边”，遇到比较陌生的字，要多翻字(词)典，切不可想当然地盲目类推，以免闹笑话。

书林指谬

微瑕伤瑜

许　可

河北花山文艺出版社于1993年5月出版的《毛泽东晚年过眼诗文录》，收录了毛泽东自1973年至1975年底过眼的古典文、赋、诗、词，共86篇。它是根据毛泽东的意图选文，由王守稼、刘修明等五位专家校点、注释的大字本为底本，重新排版刊行的。书用16开本、繁体字、竖排印刷，软精装，外加花绫匣状硬函套。印刷、装帧之精美，实不多见。

前不久，为检索资料，笔者翻读了该书，却不无遗憾地发现它在文字上，竟然出现了一些不应有的差错。姑不论文选中的错讹，仅以“前言”和卷末附录的“篇名目录时间表”为例，略举误于下：

㈠繁简、正异字体对应上的差错

①第1页第5行（下略“第”、“页”、“行”）：并赋予新的含義，爲現實斗爭服務。

“斗爭”应翻作“鬥争”，“斗”的繁体作“鬥”，“爭”的新字形当作“争”。

②2·1：有着不可分割的聯系。

“聯系”应翻作“聯繫”，“系”的繁体作“繫”。

③2·2：由于國内外復雜的政治環境和“左”的指導思想……。

“由于”宜作“由於”。文中已有作“由於”的：“由於這批材料是在毛澤東晚年特定歷史條件下的產物”（4·6），既如此，全文应一致。“復雜”当作“複雜”，“復”、“複”都简化作“复”，但与“单”义相对者，应作“複”。这是繁简对应错位。

④2·8：一個人讀什么書，在什么情況下爲什么目的而選讀什么書。

“什么”应翻作“甚麼”或“什麼”

(两者均可使用)。“么”的繁体作“麽”。

⑤4·8:但當它們和一位關係到中國前途和命運的重大歷史人物……相聯係時……。

“聯係”应作“聯繫”。“係”、“繫”均简化作“系”,作“联络”、“联缀”义时,应翻作“繫”。这是繁简对应错位。

⑥6·7:裝訂用綫裝,穿綫在右邊。

“綫裝”当作“線装”,“綫”当作“線”。说详见⑪。

⑦12·7:時間要求很緊,要求一周内送到。

“一周”当作“一週”。“周”、“週”异体,但表示“周期”义时,当作“週”;且文中已有改作“週”的:“加上毛澤東誕辰一百週年即將到来。”(4倒3)

⑧13·6:這和移植毫無關系。

“關系”应作“關係”。“系”作“相关涉”义时,繁体当作“係”。文中已有翻作“係”的(例见⑤)

⑨13·9:怎么又說“武力畢”呢?

“怎么”应作“怎麽”。说见④。

⑩15·6:每半頁只有九十八個字,對折全頁共一百九十六個字,對折縫上印有魚尾和篇名。

“對折”当翻作“對摺”。“折”的繁体作“摺”。

⑪19·6:這樣可以標明……歷史文獻的時間綫索。也只有按時間線索編排……

“线索”、“線索”虽可并行,但在同一篇文章中,同一句话中,岂可时此时彼?若用“綫”,就不可用“線”。

⑫21·1:他幫助我們復印了幾乎全部大字本原件。

“復印”當作“複印”。“復”、“複”同是“复”的繁体,但与“单”义相对时,当作“複”。

⑬21·5:顧廷龍先生在事隔二十年以后。

“以后”当翻作“以後”。“后”的繁体是“後”。

可以想见,“前言”初稿是用简化字行文的,由于编者对繁简、正异体字的对应关系还不熟悉,因而由简翻繁时,出现了漏翻或错位的现象。

二 衍文与误字

⑭5·4:當時佈置的是:《晋書》中的《謝安傅傳》。

《謝安傅傳》是《謝安傳》之误。这可能是电脑输入时因有“傳”字而衍一“傅”字,编者并未校出。

⑮7倒4:内容共有五篇:《陳丞相世家》……《黥佈列傳》。

《黥佈列傳》为《黥布列傳》之误。这是编者误以为“布”的繁体是“佈”，故改。殊不知两者乃属正异关系，况“布”作名字用，或含“货币”、“纺织品”义时，不能翻作“佈”。

⑯9倒5：我們請復旦大學歷史系的楊寬教授一起參予注釋工作。

“參予”是“參預（與）”之误。不知是作者一时笔误，还是电脑误输，而编者又未校出。

⑰921 · 1：《史記 · 黥佈列傳》。

“佈”是“布”之误。说见⑮。

⑱930 · 4：张元斡《柳稍青》。

“稍”是“梢”之误。因两者形近致讹，编者并未校出。

⑲930 · 6：张元斡《點絳脣》（另首）。

“脣”是“唇”之误。说同⑱。

三 其他

首先，在新旧字形的处理上，编者还没有给予足够的重视。编者似乎也顾及新字形的使用，如：爲、既、直、并等，但对另一些新字形却弃而不顾，还特地另造旧字形，如：吕、爭、產、吳、錄等。因是新造的，所以在字体部件的结构上，显得极不协调。

其次，在文选目录中，对作者的署名也欠严谨。如《秦献记》、《秦政记》、《驳康有为论革命书》三篇的作者都是章炳麟，但《驳康有为论革命书》一文，却署作“章太炎”。两篇署名，一篇署号，知者自然明白，不知者会以为是两个人。

瑕不掩瑜，然能伤瑜。希望重版时能见到无瑕白璧。

语丝

何物『原珠笔』？

达维

《新民晚报》一九九六年十月二十四日刊出『上海市名牌产品推荐委员会』关于有奖评议的广告，其中谓：『请按上述公布的……产品，在其「知名度」和「满意度」两栏「□」内，……用钢笔和原珠笔打上「∨」。』

我们只知道有圆珠笔——一种用油墨书写的笔，笔尖是个小钢珠，因以为名。此笔初问世时，国人曾以『原子笔』名之，显然名不副实，但『原子』、『圆珠』都是名词，而『原珠』却不知为何物。

发菜并非生长在流水中

龙城顺

发菜学名发状念珠藻，为宁夏"五宝"之一的"黑宝"，是驰名中外的珍贵食品。

发菜生长在哪里？是水中，还是在陆上？现有的一些工具书似乎说法不一。

《汉语大词典》"发菜"条："盛产于青海、宁夏、内蒙古、甘肃、新疆等地。"至于发菜是水生植物还是旱生植物，未置一词。

《百科知识辞典》"发菜"条"见念珠藻"。"念珠藻"条云："生活于水中、地面或石块上，常见的有地木耳……发菜……"未排除发菜"生活于水中"。

《简明生物学词典》"发菜"条："分布于我国宁夏、陕西、甘肃一带的流水中。"

《辞海》"发菜"条也说"分布于宁夏、陕西、甘肃一带的流水中"。

发菜生长在流水中，纯属主观臆测，也许是从同属于藻类的海带、紫菜联想而来的吧！

成书于清乾隆时期的宁夏《中卫县志》载："头发菜，出边外沙地，似发，可食。"沙地当然不同于流水。

我请教过宁夏的农学专家，一致的说法是：发菜是一种漠境植物，分布地区多为荒漠或半荒漠。属土壤气生藻，爬附于荒地的土表、岩块屑周围的土表和草丛中，耐旱抗冻，在连续216天无降水的情况下仍能存活，但怕长期积水，具有胶性，常黏附于土、石和其他植物，免遭风刮走。

1991年浙江教育出版社出版的《科学技术社会辞典·生物分册》"发菜"条说："发菜……生长于气温低、降雨量少、蒸发量大、日温差大的荒漠或半荒漠地带，适应典型的内陆性气候及第三纪红土，未经放牧的地区生长尤盛。产于中国内蒙、宁夏、甘肃、青海和新疆等省区。"这样的解释，比起以上的四部词典来，显然更加准确全面。

发菜生长在流水中的说法应该纠正了！

五重奏

·谐诗篇·

乔羽咏酒

韩地山

《咬文嚼字》"五重奏"一栏，刊有《王蒙咏酒》一文，说的是山西有家杏花村酒厂，邀请过不少文化名人来厂参观，王蒙先生曾即席咏酒。

由此我想到了乔羽，他也是该厂邀请的"名人"之一。在歌词创作方面，乔羽堪称大师；而歌、诗不分家，乔羽的诗同样令人叫绝，在杏花村酒厂创作的咏酒诗便是一例。

这首诗第一句便不同凡响。当厂里领导和各位名人团团围在四周时，乔羽先生蘸得墨饱，奋笔直书：

劝君莫到杏花村，

在场的人不由倒抽一口凉气。哪儿得罪这位乔先生了？怎么这样不给面子？但碍于礼貌，大家屏声静气，没人说话。只见乔羽先生又写下了一句：

此地有酒能醉人。

原来如此！人们这才松了一口气，暗暗赞叹这位乔先生的欲扬先抑的高明手法和诙谐风格。这比那种直来直去的写法，确实要高出一筹。

乔羽先生头也不抬，只顾刷刷地写下去：

鄙人路过夸海口，

未吃三杯已销魂。

全场掌声响起来。读着这样精心构思、匠心独具的诗，真是赛过抿了一口美酒。

·智答篇·

"怀着孩子"

曹久山

彼得堡。某公爵家的大厅里，不断传出乐曲声。一场家庭舞会正在热烈地进行。

诗人普希金也应邀出席。不过，那时他还年轻，而且还没有知名度。又一首舞曲响起，普希金走到一位小姐面前，彬彬有礼地发出了邀请。谁知令人难堪的场面发生了：小姐连头也没转一下，从鼻子里哼出一声说："我可不能与小孩子一起跳舞。"

面对傲慢，面对轻蔑，面对无礼，普希金先是一笑，然后，颇有绅士风度地说："真对不起，小姐。我不知道您正怀着孩子。"

这简直是一首绝妙的讽刺诗。

· 噱言篇 ·

"句号"

池　敏

在一次教育界聚会上，艾森豪威尔被安排发表演说。当时，他是美国哥伦比亚大学校长。根据预定程序，他将在最后登台。

令人不安的是，前面的演讲冗长而乏味，听众已感到厌倦，只是出于礼貌，才没有离场。艾森豪威尔如果照本宣科，其效果是可想而知的。

只见艾森豪威尔微笑出场，环视了一下昏昏欲睡的听众，然后不紧不慢地说："每一篇演讲稿，都应该有标点符号。每一场报告会，其实也应该有标点符号。而我呢，便是今天的标点符号中的句号。"

还没等他讲完，听众顿时兴奋起来，报以热烈的掌声。演讲厅气氛大变，艾森豪威尔才进入正题。他后来曾对人说，这是他在教育界任职时最成功的一次演说。

· 妙联篇 ·

"清明"对"谷雨"

邝　明

洪承畴本是明朝大臣，崇祯时曾任兵部尚书。后被俘降清，又曾总督军务，对清廷忠心耿耿，疯狂镇压江南抗清义军。为此，深为人们所不齿。

一日，洪承畴和人下棋。不知是对手心怀畏惧、有意逢迎呢，还是洪棋艺确实有两下子，竟是妙着迭出，大获全胜。这天恰逢农历谷雨，洪承畴得意洋洋，随口吟出一句上联："一局妙棋，今日几乎忘谷雨。"

后来，有人为他续了一句下联："两朝领袖，他年何以辨清明。"从全联来看，也许稍嫌直露，但以"清明"对"谷雨"，还是颇堪玩味的。

洪承畴还有何"清明"可辨？

· 趣喻篇 ·

《牛虻》与苏格拉底

羊　吉

爱尔兰作家伏尼契长篇小说《牛虻》，是一部震撼人心的作品。书中的主人公本名亚瑟，在南美洲经历了一段坎坷生活后，回到意大利继续从事革命活动，化名范里斯·列瓦雷斯。因为他用“牛虻”为笔名发表文章，所以人们也称呼他为“牛虻”。伏尼契为人物设计这个名字，并以此为书名，说来和苏格拉底的一则比喻有关。

苏格拉底，古希腊哲学家。他因研究哲学，被奴隶主势力视为用妖言迷惑青年，由法庭判处死刑。临刑前，苏格拉底说：“只要我活着，我就坚决不放弃哲学研究。真正有意义的行动是不应当考虑生命的危险的。我被神派遣到这个城市来，好比是马身上的一只牛虻，职责就是刺激它赶快前进。”

这段话给伏尼契留下了很深的印象。于是，她把它融进了自己的创作之中。

宽“敝”的住房

殷　滢

此画题为《征婚》，原刊于《生活周刊》。画中“宽敝”的“敝”是个错字，应该作“敞”。“宽敞”是宽阔、宽大的意思，而“敝”义为破旧，破败。这位摩登女郎肯垂青财神爷，关键在于他的物质条件；如果财神爷的住房破旧不堪，我想女郎多半会将青眼翻成白眼的。

此外“年令”的“令”，也错了，应作“龄”。

广角镜

眼光

电脑，要从娃娃抓起；中国足球，要从儿童抓起；那么，语言文字规范化呢，前辈叶圣陶先生早就说过，要从小培养正确读音写字的良好习惯。中国少年儿童报刊工作者协会在这方面表现出了可贵的战略眼光。他们不仅抓所属报刊的内容质量，而且抓文字编校质量，去年举行了 22 家报刊社的编校质量评比，并在辽宁省东港市举行了全国首届少儿报刊编校质量研讨会。上图为研讨会一角，自右至左为：国家语委语用司文字处处长王铁琨、少儿报刊协会会长沈腴正、本刊主编郝铭鉴、少儿报刊协会副会长崔烈钧、中国少年报社总编辑王怀儒。（紫　迅）

在由中国少儿报刊协举办的全国低幼报刊编校量评比活动中，山西《小学拼音报》（读写版）荣获第名，差错率仅万分之零点六。该报由青年编辑樊菁负责校对。图为樊菁菁在样报。

有照为证（本栏欢迎投稿）

老蔡，你错了！

南　华

别以为在做广告。"老蔡酱油"究竟味道如何，笔者不想评论。这里只想提请读者注意商标上的"老〔癶/示〕"二字（其他问题姑且不论），虽说书法家笔力遒劲，可这个"〔癶/示〕"字是个错字！

"蔡"，本该草头下面一个"祭"字。"祭"是个会意字："示"为神位，上面是以手持肉之形，表示祭祀意。可商标上的"〔癶/示〕"，"祭"字头却成了"登"字头。"登"上面是两脚的象形，怎么能和"祭"扯到一起呢？

老蔡，酱油要做好，字也要写对啊！

9 787805 119045 >

ISBN7－80511－904－X/H·37

定价：2.00 元

1997

上海文化出版社

咬文嚼字

YAO WEN JIAO ZI

YAO WEN JIAO ZI

YAO WEN JIAO ZI

YAO WEN JIAO ZI

Shanghai Wenhua Chubanshe

4

广角镜

多看一遍

周 新

在新加坡联合报有限公司作客，到处可看到一幅宣传画，画上醒目地写着："多看一遍，和错字说再见！"提醒编辑记者"写完稿，多看一遍；打好题，多看一遍；制了表，多看一遍"。

（本版照片由新加坡《联合早报》提供

联合报有限公司出有四份华文报纸——联合早报、联合晚报、新明日报和星期五周报，每日发行近 50 万份。以联合早报来说，每天至少六七十版，广告除外稿约 13 万字。该报已经实现化，文稿谁打谁负责校对，有的检查制度和奖惩措施。计计表明，该报差错率为 0.88%报社并不以此为满足，因为是彻底消灭错别字。

愿"多看一遍"之风吹遍新出版界。

《现代汉语词典》成了编辑室一景

卷首幽默

"狼逃尽……"

齐　鲁·文
麦荣邦·画

某电视台播出综艺节目。到场的嘉宾，既有外国友人，也有中国明星。

根据主持人要求，外国友人讲中国话，中国明星现场记录，看谁记得又快又准。

一位外国友人朗诵苏东坡的《念奴娇·赤壁怀古》："大江东去，浪淘尽……"吐字不太标准，但抑扬顿挫，清晰可辨。谁知负责记录的五位明星竟无一人能完整写出。其中一位在题板上写的是："大江东去，狼逃尽……"

真亏了她的想象力。

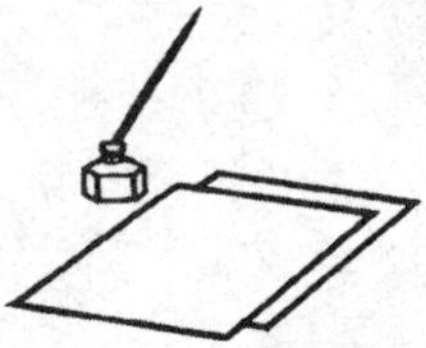

咬文嚼字

1997 年 4 月

第四辑

（总第二十八辑）

上海文化出版社出版、发行
上海绍兴路74号
电话:64372608－205
邮政编码:200020
新华书店经销
上海艺文激光电脑排版厂排版
上海海峰印刷厂印刷
开本787×1092 1/32
印张1.5 字数43 000
1997年4月第1版
1997年4月第1次印刷
ISBN7－80511－906－6/H·38
定价：2.00元

4—2

目 录

百家论语

呼唤敬业精神……………郝铭鉴（4）
官话·国语·普通话……………金丽莉（8）

正音室

解惑自有审音表……………封常曦（10）
“称心”之“称”音辨……………刘 恒（13）
“薄”字读错音 ……………赵申生（13）
电视剧中误读多……………紫 麟（14）
扳平？板平？……………枝 叶（14）

辨字析词

“傅”“付”与“副” ……………荆 石（15）
“彐”与“⺕”的区分法……………荣可吉（16）
“松弛”莫作“松驰”……………林 山（17）

语坛掌故

“鸿”的故事……………凌 乙（18）
“爱呀，厄的去” ……………（19）
“微须”轶闻……………萧明光（20）
陶行知解字……………胡念川（20）

报刊扫描

“比翼双飞”岂可乱用……………乔 木（21）
庄子能预测未来？……………牛亚辉（22）
“公演”“过百”及其他 ……………林利藩（23）
炸弹不是炮弹……………张崇信（24）
“推行服务忌语”之类……………毕兆祺（25）
舍身≠奋不顾身……………荣 艺（26）
人名错，大不该 ……………马玉升（27）
“不可收拾”何其多……………杜 哉（27）

字里乾坤

周族始祖为何称“稷”?
——上古圣王得名考源之二 张再兴(28)
“虐”与“雪” ……………………龚云龙(30)

书林一叶

让语言文字规范化的火越烧越旺
——《最新汉字读音书写规范手册》序
……………………许嘉璐(31)

百问百答

“帐”和“账”怎么区分?…………程 荣(34)
既是“文化”,也是“文艺” …………编 者(36)
“黄澄澄”读音释 ……………………尤敦明(37)

书林指谬

《战胜哈佛》没战胜错别字 ……林 山(39)
为“塔克拉玛干”正名 ……………戴玉堂(40)
漂母何漂 ……………………………王 勤(41)
先生何以“无耻” …………………刘宗龙(42)
古文标点难 …………………………省 庐(43)
说“从新”……………………………曾宪琪(45)

五重奏

智答篇 “佛语”藏机锋 ……江 文(46)
妙联篇 “蟹足”与“驴腚” ……刘 文(46)
趣喻篇 读者四比 ………………斯 言(47)
噱言篇 “水市长” ……………朱永芳(47)
谐诗篇 衙门气 …………………陆 山(47)

语丝

“年轻女青年” ……………………周俊生(29)
“南辕北辙”的通告 ………………王盛渠(33)
这不是“城卜之盟” ………………徐见一(38)
并非“最后胜利” …………………居继苏(48)

卷首幽默

“狼逃尽……” ………齐 鲁 麦荣邦(1)

呼唤敬业精神

郝铭鉴

重视出版物的编校质量，是中华民族的优良文化传统。

早在汉代，有识之士便提出了“善本”的概念。宋代以后，人们更是推崇“善本”，呼唤“善本”。清代张之洞认为“善本之义有三”：足本、精本、旧本。而其中最关键的是校勘。“善本非纸白版新之谓，谓其前辈通人用古刻数本，精校细勘，不讹不缺之本也。”古人称校对为“校雠”。雠者，仇也。视书籍中的错讹为寇仇，由此可见决心之一斑。

毛泽东同志作为一代政治家的代表，同样十分重视语言文字问题。在和《晋绥日报》编辑人员谈话时，便提出要把消灭错字“认真地当做一件事情来办”。并说：“报上有了错字，就把全报社的人员集合起来，不讲别的，专讲这件事，讲清楚错误的情况，发生错误的原因，消灭错误的办法，要大家认真注意。”中国新文学的旗手鲁迅先生，无论是自己写作，还是帮刊物编稿，用字态度都极其严肃。他曾在一则书刊广告中写道：“虚心绍介诚实译作，重金礼聘校对老手，宁可折本关门，决不偷工减料。”这决不是一般的广告语言，而正是鲁迅先生工作态度的概括。对于编校人员不重视基本功训练而导致己、已不分，剌、刺不辨，鲁迅先生曾提出尖锐的批评。邹韬奋同志更可以说是编校人员的楷模。他在接办《生活》周刊时，曾公开表示要把这份刊物办得“没有一个错字”。为此，“每期校样要看三次，有的时候，简直不仅是校，竟是重新校订了一下”。

然而，毋庸讳言，当前出版物质量出现滑坡，其中很重要的一个标志，便是编校水平下降。“无错不成报”“无错不成刊”“错误百出是好书”，这些具有“黑色幽默”意味的调侃，已经成为当代民谚。前辈报人陈虞孙先生，在一篇《论品》的文章中，曾慷慨陈词：“错别字将统治出版物版面的日子恐怕要来临了。”“不论报纸、刊物、书籍，你究竟能找到多少块‘干净土’，在那里可以让你找不到一个错别字？”在报刊图书中，我们经常见到一些让人哭笑不得的差错，这不仅损害了新闻出版界的自身形象，而且污染了社会文化环境，影响了社会主义精神文明的建设。难怪有读者在报上公开责问：“这到底是在传播文化，还是在破坏文化？”

要克服这种局面，我想，关键是要发扬敬业精神，继承优良的文化传统。因为有了敬业精神，才能以“高度的历史责任感”，来看待语言文字问题；有了敬业精神，才能在编校工作中，保持一种最佳精神状态；有了敬业精神，才能自觉地充实和完善自己。敬业精神具体可体现于以下四个方面。

第一，健全校对制度

校对是一种特殊的行业。它不仅需要知识，而且需要专门的职业训练。在我国古代，不是学富五车者，不敢问津校对这一行当。韩愈有诗写道：“才子富文华，校雠天禄阁。”可见“校雠”和“文华”有着内在的联系。从刘向父子到“乾嘉学派”，凡能以“校”名世者，都和学问二字分不开。今天的校对和古代的校对虽然不是一回事，但校对工作同样是出版工作的一个重要环节，是编辑工作的延伸和补充。高明的校对可以协助编辑把关，弥补编辑工作中的疏漏。

遗憾的是，有些报刊社、出版社对校对工作的重要性缺乏足够的认识，有人认为凡是识字的人都可以从事校对工作。或者偷工减料，任意压缩校对程序，“三校一读”变成一校过关；更常见的是实行所谓“编校合一”，编辑自己发稿，自己校对，尤有甚者，把校对看成一种福利，让根本不懂校对的家属也来参与阅读校样。由于校对制度形同虚设，这就很难保证校对质量。某刊物介绍元代作家马致远，正文里是“马致远”，标题上却是“马老远”，而目录上又误为“马志远”。如果是专业校对，想来不会连标题和目录都不校对吧。一定的工作制度保证一定的工作质量。如果没有健全的校对制度，或者虽有制度而并不执行，那么，提高编校质量只能是一句空话。

第二，端正编辑作风

出版物中的不少差错，往往和编辑作风的粗疏有关。我们有些编辑，颇有“才子作风”，一目十行，浮光掠影，名为审读，其实只是“像煞有介事”，装模作样而已。有篇稿件，写的是“麻风村的故事”。稿件刊出时，“麻风”全部误为“麻疯”。编辑责怪工厂误植，校对漏校。后来一查原稿，才知道作者原稿便是错的。我们这位编辑知道“麻风”不能写作“麻疯”，可他在审读时，却是视而不见。

还有一种“李逵作风”，作者意思还没看懂，便抡起板斧排头砍去。散文家曹靖华先生曾对一个标点的改动“耿耿于怀”。曹老有篇散文，原来写的是：“1949年，春进了北京城”；发表时却被编辑改为：“1949年春，进了北京城。”曹老说“这简直成了昏话”。原来的“春”是一种比喻，一种象征，指的是我们的党，是人民的军队；改动以后，成了单纯的时间名词，而且全句成了没有主语的病句。

眼前还有一个例子。舒芜先生应某刊之约，写了一篇《“五四”时期的周作人》，刊出以后，先生却在报上声明：“那不是我的文章。”原来编辑改稿时的大刀阔斧，使该文出现了作者认为是“很尴尬的问题”。比如第一句话，作者写的是：“1917年4月1日，一个32岁的中学教师，从外地来到北京。”编辑的改稿却是：“1917年4月1日，一个32岁的绍兴中学教师，竟然走进北京大学殿堂，执掌起教鞭。”舒芜先生问：周作人是4月1日下午8时抵京，难道当晚就去北大上课？事实上周作人是直到9月4日才接到北京大学的聘书的。开口就错，责任算到作者头上，岂不冤哉枉也。难怪当年鲁迅先生要写《望勿“纠正”》，这实际上是在批评一种自以为是的编辑作风。

第三，优化编辑心理

编辑不能自以为是，但也不能妄自菲薄，唯作者马首是瞻。一个称职的编辑，要好胜、好奇，还要好疑。明代学者陈献章说：“学贵有疑。小疑则小进，大疑则大进。”对于编辑，也可以说是“编贵有疑”。“临稿如临阵”。编辑要带着一种批评的眼光、挑战的眼光来审视书稿，才能发现书稿的缺陷和疏漏，才能尽到编辑审读加工的责任。当年安德烈在读爱因斯坦稿子时，指出这位大科学家用错了一个公式，同事都笑话安德烈，认为爱因斯坦不可能错。但事实却证明安德烈是对的。爱因斯坦是“科学巨人”，安德烈则被人们称之为“编辑巨人”。我们也应该具有这种“巨人意识”。

可惜在编辑工作中，有人总是盲目地迷信名家，结果有些可以纠正的差错也未能纠正。比如有位散文大家引用马致远的那首小令：“夕阳老树昏鸦，小桥流水人家，古道西风瘦马，断肠人在天涯。”稍有文学常识的人一看便知道，这里第一句“枯藤”误为“夕阳”，而全诗又漏了“夕阳西下”一句。审稿编辑当时也发现了这一问题，但他转念一想，认为作者必然是另有所本，便把这一失误轻轻放过了。这与其说是水平问题，不如说是心理问题。

第四，完善知识结构

出版物中还有些差错，和编校人员缺乏有关知识有关，比如，俞振飞先生演剧生涯六十周年时，上海曾举行祝贺演出，香港票友也应邀参加。某报在报道中说，香港票友用“俞派”路子演出了《搜孤救孤》。这个“俞”字其实应为“余”，看来写稿的记者不太懂京剧。“余派”是已故京剧须生名演员余叔岩创立的流派，而《搜孤救孤》正是一出须生戏，和演小生见长的俞振飞的“俞派”，完全是两码子事。

又如，某报曾刊登过一篇《毛泽东晚年的读书生活》，文中列举了一些书名，其中有南宋洪迈的《容斋随笔》，该报误作《客斋随笔》。容、客字形相近，如果编校人员不了解这本书，确实很难辨别。该文刊出以后，先后有几家报纸转载。同一个《客斋随笔》，在转载时有的报纸改正为《容斋随笔》，有的一仍其旧，以讹传讹。这可以说是一次小小的知识测验，不同报纸的编校人员，显示出了不同的知识水平。

编辑面对五花八门的书稿，具有明显的受动性。编辑只有不断扩大自己的知识版图，才能在工作中应付裕如，取得主动。当年邓拓同志曾经说过，治学当如老农拾粪，平时总背个粪兜子，见到“粪块”便拾起来。美学家蒋孔阳先生也说过，治学当如“精卫衔微木”。这一要求我想同样适用于编辑、校对。只有不断完善自己的知识结构，“积学以储宝”，集腋而成裘，我们才能真正建立起“杂家”的职业优势，才能进一步提高出版物的编校质量。

官话·国语·普通话

金丽莉

官话、国语、普通话这三个名词是在中国不同的历史时期、不同的时代背景下，对中华民族共同语的不同称谓。然而，这三种称谓在英文中都对应同一个单词——Mandarin。经查词典，Mandarin 的汉语释义是：

（中国）官话，指旧中国宫廷和官僚阶层所讲的北方话；（中国）国语。（《英汉大词典》，上海译文出版社，1993年版）

（旧用法）清朝高级官吏；（标准）中国国语（受过教育的中国人使用）。（《现代高级英汉双解词典》，牛津大学出版社，1970年版）

加拿大教育出版社出版的一本英文词典（Gage Canadian Dic－tionary，1983）中，Mandarin 的英文解释译成汉语为：

①（历史上）中国宫廷内、政府官员和其他受过教育的人使用的语言。

②现代中国人使用的、以北京话为标准的语言。

Mandarin 一词之所以有以上释义，与它的来历有关。据说该词是英国人乔治·马嘎尔尼（George Macartney）创造的。马嘎尔尼是英国派往清政府的第一个使节。他于1793年（乾隆五十八年）曾两次谒见乾隆皇帝。他发现清朝朝廷官员以及一些知识分子所用的语言不同于各地方老百姓说的方言，而这种官场用语，地方上称之为“官话”。于是他把英文中 mandate（命令，委任）一词加上 rin（“人”的谐音）构成 Mandarin，表示这是朝廷委任的官员们所使用的语言。他于1794年回英国，此词也就随之进入英文词典。暂且不论此传说是否属实，总之Mandarin一词的释义就是指中国旧时的官话、现时的普通话（或国语）。

"官话"一词早在马嘎尔尼来华之前就已产生了。明代何良俊所著《四友斋丛说》卷十五中有文："雅宜不喜作乡语，每发口必官话。"可见明清时代"官话"已是上层社会的时髦用语了。然而"官话"的根基不过是汉语中通行较广的北方话。

辛亥革命以后，"官话"一词废弃，改称"国语"。在《现代汉语词典》中，"官话"和"国语"有一个共同的义项，即"汉语普通话的旧称"。

新中国成立以后"国语"一词不用，改称"普通话"，而在台湾和海外华人中仍然保留"国语"之称。不论使用哪种称谓，海峡两岸在推广中华民族的"共同语"上，可谓异曲同工。近年来，随着改革开放的深入，大批学子出国留学，普通话随之席卷海外，"普通话"一词也自然为广大海外华人和港澳同胞所认同。可以说现在海外华人及港澳台同胞都知道"普通话"所指的是中华民族的共同语，即他们所谓的"国语"，而不是别的什么语。既然如此，继续沿用"普通话"这一名词应该是不成问题的。

笔者读到一种说法："普通话"一词将逐渐改用"通用语"（《咬文嚼字》1996年第2辑），并认为这样做"在国际上也能接轨"等等。也许"通用语"一词比"普通话"在概念上更贴切，但是，在"普通话"一词已被广泛认同的情况下，将其改称"通用语"，势必让海内外同胞再经历一个过渡时期（或"接轨"阶段）。况且，即使改称"通用语"，它的内涵仍然是："以北京语音为标准音，以北方话为基础方言，以典范的现代白话文著作为语法规范。"（《现代汉语词典》修订本，"普通话"条）在英语世界里，它依然是对应Mandarin。

如此看来，在当前的时代背景下，继续沿用"普通话"称谓不会影响到"与国际接轨"。笔者认为，问题不在于使用哪个称谓，关键是如何大力推广普通话，在"推广"上下工夫，如语委主任许嘉璐先生所言，尽快"使十二亿人都懂得语言文字规范化、标准化的道理"。这样才能适应改革开放的新形势，从而"有助于提高汉语在国际上的地位"。

正音室

解惑自有审音表

封常曦

上海《报刊文摘》1996年12月5日第3版转载了《郑州晚报》盛晟的《欲查辞典好困惑》一文(见附文),指出“一些很常用的字在不同辞典里竟然会有不同注音的现象”,例如:“呆板”的“呆”,或注音为 ái,或注音为 dāi;“百色起义”的“百”,或注音为 bǎi,或注音为 bó;“盟誓”的“盟”,或注音为 méng,或注音为 míng。

其实,许多汉字存在的同义异读的现象,是古已有之的。随着时代的推移,这些异读还会不断地发生变化,有的旧音消失了,有的则产生了新的读音。现在我们就来看看盛文所举三个字古今读音的演变情况:

呆,《说文·人部》说它是“保”(音 bǎo)的“古文”,与现代的“呆”完全是风马牛不相及的两个字。表示“痴呆”义的“呆”本来写作“獃”,宋代官修韵书《广韵》收入平声咍韵,与“皑”字在同一小韵,注作“五来切”,属疑母,折成今音读 ái。“呆”字作为“獃”的异体出现于书面文学作品中,大概是在金元时代。例如:

金董解元《西厢记诸宫调》卷一:“眼眯𥇖地佯呆着。”

元宫大用《范张鸡黍》第二折:“垂钓的严子陵不是呆。”

《范张鸡黍》中的“呆”,明人臧晋叔音释注作“爷”,“爷”今音为零声母字,同 ái 相近而与 dāi 迥异。

1919年(民国八年),由旧教育部读音统一会编纂的《国音字典》定“呆”的读音为兀历(这是注音字母,折成汉语拼音字母为 ngai,未标声调)。此音还保留着《广韵》反切上字“五”的疑母音读,与吴方言音相合,但在北方方言中实际上读作零声母的 ái。到了1941年（民国三十年），在由旧教育部颁布的《中华新韵》中，“呆”字除了读 ái 外，还出现了一个又读音 dāi。

“百色”是广西的一个地名。《中华新韵》中规定“百”字有两读，口语音为ㄅㄞˇ(bǎi)，读书音为ㄅㄛˊ(bó)，但对“百色”的“百”应作何读未予说明。据我所知，在广西方言中，“百”字的读音是接近于 bó 的。

“盟誓”的“盟”，古代的注疏音有两读，如《礼记·曲礼下》：“莅牲曰盟。”陆德明释文：“盟，音明(míng)，又音莫更反(méng)。”《中华新韵》只取ㄇㄥˊ(méng)音而不列ㄇㄧㄥˊ(míng)音。

这种同义异读的现象，对于广大群众学习语言文字和进行思想、文化交流，肯定会带来消极的影响，因此有必要加以整理和规范。新中国建立以后，普通话审音委员会曾于1957年、1959年和1962年先后发表了《普通话异读词审音表初稿》正、续、三编，至1963年2月，又将以上三编辑录成《普通话异读词三次审音总表初稿》（以下简称《三表》），要求全国参考应用。根据《三表》的规定，“呆板”的“呆”读 ái；“百色”的“百”读 bó；“盟誓”的“盟”，作动词用（如对天盟誓，盟了誓）时，读 míng，“盟誓”做名词时，读 méngshì。凡是《三表》公布以后编撰出版的词典，基本上是根据《三表》的规定来注音的。

在《三表》试行了22年以后的1985年，国家有关职能部门在广泛调查和深入研究的基础上，对《三表》中部分字词的读音进行了调整和修订，并以国家语言文字工作委员会、国家教育委员会、广播电视部的名义，联合发布了《普通话异读词审音表》（以下简称《审音表》）。根据《审音表》的规定，“呆”统读（只有一个读音，取消了异读）为 dāi，“盟”统读为 méng。《审音表》是国家公布的具有法律效力的正式文件，必须遵照执行。凡是1985年以后编撰出版的词典，对于“呆”“盟”二字已经取消了 ái、míng 的读音而注作 dāi、méng。了解了以上《三表》和《审音表》的变化情况后，我想盛晟先生大概不致再发生困惑了吧？

剩下的问题是“百色”的“百”字，情况有点特殊。《审音表》在“说明”中带了一句：“人名、地名的异读审订，除原表（指《三表》）已涉及的少量词条外，留待以后再审。”这无疑给人们留下了后遗症，因为原表只是试行的“初稿”，只供人们“参考应用”,所以对“百色”的“百”,辞典编撰者可以注 bó,也可以注 bǎi,很难判定谁对谁错。不过,从读音规范化的要求来说,同义异读最终必然是要确定一个统读音的。那么,二音之中以舍弃哪一音为宜呢?我个人认为,应当去掉方言音 bó。譬如黄洋界的“界”,普通话读 jiè,但有些人就喜欢按江西或湖南方言读成 gài,其实并无必要。如果许多重要的或有历史意义的地名都按方言音来读,那还怎么推广普通话呢?我查了一下中国地图出版社1992年出版的《中华人民共和国分省地图集》,其拼音索引中,“百色市”是排在 bai 音里的,可见它对“百”字取 bǎi 音而不取 bó 音。这是国内一家权威的地图出版社,它对地名注音的导向无疑是正确的。所以,“百色”的“百”以读 bǎi 为好。

附文:欲查辞典好困惑

《郑州晚报》刊登盛晟的文章,列举了一些很常用的字在不同的辞典里竟然会有不同注音的现象:

“呆板”的“呆”,几乎所有的人都读作“dāi”。《汉语大字典》(湖北辞书、四川辞书版)、《现代汉语小词典》(商务版)和《汉语小词典》(上海辞书版),都注明是“ái(皑)”。可《新华字典》(商务版)、《辞海》(上海辞书版)和《新华词典》(商务修订版),“呆”字根本就没有“ái”音。而《现代汉语词典》(商务1996年版)则采用折衷的办法,在注音后用括号注明“旧读 ái”。

“百色起义”的“百”字,一般都读为“bǎi(摆)”。前不久在中央电视台《香港百年》专题片中听到了一个不同的读音:“bó(帛)”。到底谁对谁错?查《新华字典》,确有第二个读音 bó;《新华词典》、《汉语小词典》和《汉语大词典》中,“百”字不但确有第二个读音“bó(帛)”,而且把“百色”或“百色起义”专门作为词条列了出来。但在《现代汉语词典》和《现代汉语小词典》中却只有一个读音。《辞海》(上海辞书1989年版)中,虽有“百色起义”词条,也找不到第二个读音。

“盟誓”的“盟”字,《现代汉语小词典》和《辞海》把它拼作“míng(明)”,但《新华词典》、《汉语小词典》和《汉语大字典》里没有这个读音,而《现代汉语词典》又是折衷地说“旧读 míng”。

“称心”之“称”音辨

刘恒

“称愿”的“称”怎么读，恐怕很少有人读“chèng 愿”的；但碰到“称心”就不同了：中央电视台体育节目主持人沙桐在报道“亚城奥运”新闻时，就曾问某位冠军的母亲“你儿子当了冠军，你 chèng(称)心吗”，实在令人吃惊！

“称”有三音：㊀ chēng；㊁chèng；㊂chèn。读 chèn 时是“适合、相当”的意思，如“称心”“对称”。上海教育出版社出版的《汉语成语词典》释“称心如意”为：“chèn xīn rú yì 完全合乎心意。〔辨误〕‘称’不能念成chēng 或 chèng。”

中央电视台1996年11月2日中午解说“舞蹈基本知识与练习”时，读“匀称”为“匀 chèng”。由此可知，“上层”人士误读此“称”的真是不少，而普通群众倒是很少有误，因为，他们运用的是口语，对称就是对 chèn，称心就是 chèn 心，匀称就是匀 chèn，随口而出，原汁原味。只是我觉得这个“称(chèn)愿(心)”的“称”不比“造诣”的“诣”那么“书”味十足，那么生僻少见，容易读错〔也是在“亚城奥运”的报道采访里，李永波读此词为“造 zhǐ(指)”。因为李永波是搞体育的，偶有误读，不足为怪〕。“称”字极为普通，不应在搞文字的人们口中出错。

“薄”字读错音

赵中生

连日在上海人民广播电台播出的浦东发展银行的一则广告“薄薄东方卡，厚厚东方情”中，将“薄”字念成“bó(博)”音，有误。“薄”字确有“bó”音，然其意为轻微、不厚道、看不起；另一读音为“báo”，意为扁平物上下两面之间的距离小，跟“厚”相对。广告语中的“薄”字，按其意当读“báo(雹)”音。

电视剧中误读多

紫　麟

本人看电视剧不多，但发现有几个常用字常被读错。如将膝(xī)念成漆(qī)，什么“膝下无子”“双膝跪地”等台词，一律以“漆”读之，听了令人难受。再就是“刽子手”一词，许多明星，常把刽(guì)字读成侩(kuài)字，就连台湾的大腕明星秦汉、俞小凡也不例外。还有僧(sēng)字，往往被读作增(zēng)，“僧多粥少”“出家为僧”等台词读成增的尤多。

一些较为生僻的字，读错的频率自然更高。如电视剧《董必武》中，“莘莘(shēn)学子”竟然说成“萃萃(cuì)学子”，真是相差十万八千里。《海马歌舞厅》中，梁天先生居然将赞扬诗人的“笔耕不辍(chuò)”说成“笔耕不缀(zhuì)”，也大煞风景。

把一些多音字读错更是司空见惯。如“深恶痛绝”、“厌恶”中的“恶”(wù 务)被念成 è(饿)，也比比皆是。

建议参演电视剧的明星们，工余之暇能多读点书，减少这类差错。监制、导演和顾问们，也要在这方面把把关才好。

扳平？板平？

枝　叶

去年足球赛季，甲 A、甲 B 鏖战正酣，不时听见解说员称“××球员为本队攻进一球，将比分‘板’平”。此处，应用“扳(bān，音班)平”为妥。扳，意为“使位置固定的东西改变方向或转动”，此处引申为该球员力挽狂澜，使胜负的天平向己方倾斜，因此，宜用“扳平”，而非“板(bǎn，音版)平”。

辨字析词

“傅”“付”与“副”

荆 石

《咬文嚼字》1995年第六辑刊登了李坚先生的《傅≠付》一文，读后，总觉得有点余意未尽，因为还有一个“副”字，不但读音与“傅”“付”完全一样，而且有人将它与“傅”和“付”纠缠在一起不分，例如：有人总以为“付”是“副”的简化字，将“副主席”写成“付主席”，将“名副其实”写成“名付其实”。所以将“傅”“付”与“副”放在一起进行辨析很有必要。

“傅”，是形声字，从人，尃声。《说文》：“相也。”“相”即“帮”的意思，可见“傅”也就是“辅”。由“辅”又引申出“导”义，有“太傅”“少傅”“师傅”“一傅众咻”等词语。此外，古文里“傅”与“附”通用，“傅”还有“附着”的意义，构成的词语有“傅着”“傅彩”“傅粉施朱”“皮之不存，毛将焉傅”等。“傅”又是姓氏用字，姓 Fù 的大多数是写作傅，也有极个别的写作“付”，明代有个人叫“付吉”，官至监察御史。

“付”，是个会意字，从人，从寸。从“寸”的字，表示与手的动作有关，所以“付”就是以手持物对人。《说文》的解释是：“付，与也。”构成的词有托付、垫付、付款、付之一炬、付诸东流、应付自如等等。此外，“付”还可作量词，如“一付中药”“一付悲天悯人相”。作量词的“付”与“副”相通。

“副”，是个形声字，从刀，畐声，本义是用刀剖开。《说文》：“副，判也。”用本义时，古时读 pì（辟），颜师古《匡谬正俗》：“副，本音普力反，义训剖劈。”将一个物体劈开后再合拢时，往往相合，因此“副”有“相符”“相合”的意义。《后汉书·黄琼传》：

“彐”与“⺕”的区分法

荣可吉

《新华字典》中有140多个常用字要由“彐”或“⺕”作部件组成，二者的区别仅在中间一横的出不出头上。无疑应出头未出头或反之都是错字。要死记这组汉字的正确写法，难免事倍功半。如果能把握住它们的规律，就可收到事半功倍之效。其规律为“有直、撇笔画纵穿其心，中间一横就冲出头”，即“⺕”。如尹、聿、争、秉、唐、隶、兼、庸等。反之，“无笔画纵穿其中，中间就不出头”，即“彐”。如当、急、帚、浸、雪、煞、慧等。此为“礼尚往来”规律：你若打进来，我必冲出去；你不进，我亦不出。

“盛名之下，其实难副。”

“副”为什么会有“贰”、“位居第二”、“与‘正’相对”的意义呢？清代著名文字学家段玉裁在《说文解字注》中解释说，把一件物品制成同样的两件，就叫“副”，司马迁写《史记》就抄写了两部，就有“藏之名山，副在京师”的说法。段玉裁进一步说明道：“周人言贰，汉人言副，古今语也。”“副”构成的词语有副本、副官、副食、副业、副职、副题等等。可见“副厂长”“副主席”“名副其实”的“副”是不能写作“付”的。

从上可以看出，“傅”“付”与“副”三字的本义是风马牛不相及的，由本义而产生的引申义也是各沿各的方向发展，但有一点要记住：“付”与“副”作量词时，可以通用，除此之外，在现代汉语中，它们是鸡犬之声相闻，老死不相往来的。

“松弛”莫作“松驰”

林　山

某电视台预告电视剧《杨乃武与小白菜》，荧屏上打出字幕，称赞该剧“有张有驰，情节紧凑”。“驰”显然是“弛”之误。《上海滩》杂志曾针对这一差错，刊文嘲之曰：“既紧张，又奔驰，让人怎么受得了！”驰弛不分，其原因在于字形相似，读音相同；而在报刊上最为常见的错误，则是把“松弛”误为“松驰”。

驰弛二字均为形声字，读音均为 chí。“驰”的形符是“马”，本义为车马疾驶。《诗经·鄘风》中有首《载驰》，开头两句就是：“载驰载驱，归唁卫侯。”诗句描写的是许穆公夫人为吊问卫君而日夜兼程的情景。“驰驱”今已成为一常用词。由疾驶又引申出传播迅速、广远义，如“驰名天下”“驰誉海外”。还可用来比喻一种情绪状态，这种情绪犹如车马疾驶奔赴目的地一样，表示出一种急切的向往，如“意动神驰”“情驰魏阙”。

“弛”的形符是“弓”。《说文》的解释是：“弓解也。”弓是一种射具，为了保持它的弹性，在不用时应把弓弦解开，不必一直绷得很紧。这就是“弛”。由此引申出缓、松、散、懈等义。“弓解”正是这些义项的形象化的表达。“松弛”一词，便是由两个同义词根构成的复合词，所以不能写作“松驰”。既放松，又疾驶，是说不通的。

“弛”和“张”倒是相对的。“弛”是放松弓弦，“张”则是绷紧弓弦，故两字皆从弓。《礼记》中有一句名言：“一张一弛，文武之道也。”文、武，分别指周文王和周武王。这句话的原意是指治理国家要刚柔相济、恩威并施，现在则常用来比喻生活中的劳逸结合或文艺作品中的舒卷相间，比如在硝烟迷漫的上甘岭前沿阵地上，唱出一曲委婉动人的“一条大河波浪宽……”，这样的作品才能跌宕生姿。

语坛掌故

“鸿”的故事

凌　乙

1916年，茅盾在北京大学预科毕业。8月上旬，他带着商务印书馆北京分馆经理孙壮（伯恒）的推荐信，到上海去见商务印书馆总经理张元济（菊生）求职。总经理室外面有一传达，对他说：“先登记。什么姓名？”当时茅盾用的是学名沈德鸿。前两个字传达一听即知，后一个字却发生了一段小故事。茅盾有如下自述：

> （传达）又问：“三点水共字的洪罢？”答曰：“不是。是燕雀安知鸿鹄之志的鸿。”那人摇头，表示不了解。我又说：“是翩若惊鸿的鸿。”那人睁大了眼，……此时忽听有人说：“是江鸟鸿。”我回头一看，管登记的那个人对面靠墙板凳上坐着四个人，显然是等候传见的。登记人皱着眉头说：“江鸟鸿，人人都懂，你偏不说。……”（《我走过的道路》上册第103页）

“鸿”可通“洪”。《史记·夏本纪》：“当帝尧之时，鸿水滔天。”《索隐》：“一作‘洪’。鸿，大也。”《楚辞·天问》：“不任汩鸿，师何以尚之？”王逸注：“汩，治也；鸿，大水也。”可见此字从水，䲨声。《说文解字》不收“鸿”字，但有𨾏、䲨：“𨾏，从隹，工声。𨾏或从鸟。”孙愐音：“户工切。”亦即读洪。段玉裁注：“[玄]应曰：䲨，古文𨾏，《声类》以为鸿鹄之或字。”也就是说，䲨可以写为鸿。综上两说，“鸿”或归水部，从水䲨声；或在隹（短尾鸟之总称）部，从隹或鸟，工声。“江”既非“鸿”的形符，亦非它的声符。茅盾说“原来他们把鸿拆成江鸟”，大约就是由此而言的。

但朱骏声《说文通训定声》以

“爱呀，厄的去”

陈梦韶编写《绛洞花主》第四幕《戏谑》时，碰到《红楼梦》第二十回的一句话弄不懂。原话是史湘云戏谑林黛玉的：“这一辈子我自然比不上你。我只保佑着明儿得一个咬舌儿林姐夫，时时刻刻你可听：‘爱呀，厄的去。’阿弥陀佛，那时才现在我眼里呢！”这“爱呀，厄的去”是什么意思呢？陈梦韶查了好些《红楼梦》的批注本，也得不到解释。

那时，陈梦韶正好在厦门大学听鲁迅先生讲“中国小说史”。当讲到《红楼梦》时，陈梦韶向鲁迅先生提出这个问题。鲁迅马上回答说：“史湘云咬舌，话音不准确，叫贾宝玉‘二哥哥’，变成‘爱哥哥’。林黛玉打趣她说：‘偏是咬舌子爱说话，连个“哥哥”也叫不上来，只是“爱哥哥、爱哥哥”地叫……。’湘云受黛玉这样打趣，也反来一个打趣，笑对黛玉说：‘这一辈子我自然比不上你，我只愿明后天，得了一个咬古子的林姐夫，做你的好伴侣。那时候，你时时刻刻会听到他叫你：“唉呀，我的妻。”’”经鲁迅这样一解释，才使陈梦韶顿开茅塞。他马上根据鲁迅的解释，修改了剧木第四幕。

（摘自《文摘报》1985年9月15日，　王中原供稿）

为，“鸿”字由“江、鸟”构成。似乎“人人都懂”的“江鸟鸿”亦非全无依据。

至于茅盾否认他的学名中的“鸿”就是“三点水共字的洪”，那就不能因为“鸿”可通“洪”而对他的断然否定产生疑问。名从主人，别人不能改换他的用字；即使有通假字，也不能在人名上“通假”使用。

“微须”轶闻

萧明光

古代科举考试，对于考生身分的查验，还没有先进的科学技术，仅仅是依靠文字造册登记年龄相貌而已。年龄还好说，涉及到相貌可就复杂了，面皮黑白，胡子多少则千差万别，文字记载不但难以准确，而且还容易发生歧义。

据《文苑滑稽谭》卷五记载：清代，一个姓胡的考官在江苏督学监考的时候，拿着名册，对着相貌年龄，查核十分严格。原登册者全将有须并不浓密的写成“微须”，胡考官却将“微”的意思认定为“无”。因此，一大批“微须”者被排斥在外，不准入场。其中有个考生觉得冤枉，偏着脖子与胡考官据理力争。胡考官一气之下，怒斥这个考生说，“你难道不懂朱熹注‘微，无也’的意思吗？”该考生本也熟读诗书，立即便反唇相讥，“如果像主考大人您说的，孔子‘微服而过宋’，岂不是脱得赤膊精光，没有一根纱挂在身上！”考官一时说不出应对的话来，被排斥的众考生觉得开心解恨，全都放声大笑，嘲笑胡考官的专横独断和褊狭浅陋。

陶行知解字

胡念川

1938年秋天，时值抗战时期，陶行知到湖北宜昌的一个小学里演讲。演讲中，他极其幽默地拆解了一个“春”字。他说，“‘春’字系由一个‘三’、一个‘人’和一个‘日’字组成，三人即为众嘛，这叫做众人压‘日’，压得日本侵略者透不过气来。所以我说，我们的抗战必胜，春天必将属于我们中国人民。”

陶行知这段精彩讲话，既反映出他博学多才，也表现出他爱憎分明的品德。讲话大长了中国人民的志气，博得了全场的热烈掌声。

报刊扫描

“比翼双飞”岂可乱用

乔　木

《温州日报》1996年7月30日一篇题为《比翼双飞两“状元”》(副题《记我市理科最高分获得者吕静姝、王晓波》)的文章赫然入目。

这是由胡园、陈爱柳分写的两篇报道的总标题。这条标题耐人寻味:这两位“状元”,竟还是一对比翼的夫妻、早恋的情人?为便于分析这条标题的潜在含义,先各摘录两文开头段落如下:

“我市理科状元,竟是一个女孩儿,名叫吕静姝,清华大学的录取书已抵至她家。不久,她将起程赴北京深造……吕静姝是很幸运的。她生长在书香门第人家。祖父、祖母、外公都是教师。父母是老三届,当年的支边青年。后来父亲通过努力,进入大学,现在瓯海区教研室工作。从小吕静姝就在要读好书的氛围中长大。”(胡园)

“我市理科又一状元王晓波与吕静姝一样的分数(661分),同在一个班……中等身材,戴副黑边框眼镜的王晓波,初见生人,面带腼腆。问其学习有何诀窍,他微微一笑说:‘我并没有特殊方法,只是从小什么书都爱看。’在旁的母亲城南小学的数学教师接口说:‘这孩子,取得这次成绩,关键在于平时养成良好的学习习惯。’母亲对孩子的具体学习不管,不查,更不陪读,而是让孩子自觉地意识到:‘学习是自己的事,就像工作一样。’”(陈爱柳)

如上所述,他们是来自不同家庭的一对男女同班同学。既是同学,又怎么能称为“比翼双飞”?

“比翼双飞”特指夫妻亲密无间,形影不离。这有典故为证:比翼是鸟名。传说此鸟一目一翼,不比不飞,因而比喻夫妇形影不离。此典常

庄子能预测未来?

牛亚辉

《中国青年报》1996年10月24日第2版有一篇叫做《我们是"害虫"》的文章,其中有这样一段:

"庄子在《齐物论》中有一段论述,用现在的话说,大致是这么个意思:'……西施、王嫱是人间公认的大美人……'"

读后,我百思不得其解,怎么生于战国时代的庄子能够知道300年后有个美女王嫱(即王昭君)?于是,我急忙查阅《庄子·齐物论》,发现原文是:"毛嫱丽姬,人之所美也;鱼见之深入,鸟见之高飞……"至此,我才恍然大悟:王嫱乃毛嫱之误也。这一误竟差一点让庄子成了预测大师!

为历代文人引用:"不是妾身多薄幸,只因司马太风骚,效神凤,下丹霄,比翼双飞上泬寥。"(明·朱权《卓文君》)"七月七日长生殿,夜半无人私语时。在天愿作比翼鸟,在地愿为连理枝。"(唐·白居易《长恨歌》)上面所说的卓文君与司马相如,李隆基与杨玉环,都是以比翼鸟相比的夫妇关系。这一对男女同学被冠以"比翼双飞",实际上就成了"你我好比鸳鸯鸟,比翼双飞在人间"的董永与七仙女的小夫妻的关系了!但是,即使如此,说"比翼双飞"也是不确切的。因为按胡、陈二文所说,吕静姝已收到录取通知"将起程赴北京深造",而王晓波呢,至今还不知为哪所学校录取,他俩同时进入清华大学的可能性已经不大。他将在"清华"以外的大学就读似乎已成定局。若此,那就不是"比翼双飞",而是"劳燕分飞"了。

“公演”“过百”及其他

林利藩

由于一字、一词、一句甚至一个标点符号的误用导致辞不达意或以辞害意的，目前在报刊上仍屡见不鲜。下面数例是近期读报随手拾取的，略加点评，以期引起作者、编者的注意。

影片能“公演”么?

“巨片《秦颂》今在广州隆重公演!”某报中缝的巨字广告引人注目，也令人纳闷：电影能公演么?众所周知，电影是放映而非演出，“映”与“演”音近义异：“映”本意指因光线照射而显出物体的形象；“演”则指演出、表演，一般用于歌曲、戏曲的演唱，戏剧、舞蹈、曲艺、杂技的演出。因而称影片“公演”自然牛头不对马嘴了。

“80多”+“150多”能算“过百”?

《假票泛滥成灾　球迷死伤过百——危地马拉发生世界杯最大惨案》，某报这篇报道的题目称“死伤过百”，文中却提到“但仍有80多人在这场骚乱中丧生，受伤者150多人”。80多人加上150多人，起码应是230多人，“230”也叫“过百”?“过”即超过，日常生活中“年过半百”是指50多岁、60来岁，能把百岁老人也称作“年过半百”么?“过百”即百余人、一百多人，把230多人称为“过百”当然也是失真的。

“半球”、“地球”如何“横跨”?

《横跨半球的足球场》是某报一篇文章的题目，讲的是巴西一球场位于赤道上，文中又有“那里的观众自豪地称自己是两脚横跨地球的人”。不管“横跨半球”也好，“横跨地球”也好，都令人费解：究竟怎样“横跨”?“跨”有一义项是指两腿分在物体的两边坐着或站着。望文生义，“横跨半球”“横跨地球”就是两腿站在半球、地球的两边，讲不通。其实，称为“横跨赤道的足球场”“横跨赤道的人”就可以了；即使硬要搭上“半球”，也应是“两腿分别站在北半

炸弹不是炮弹

张崇信

《新民晚报》1996年12月9日《"黑人不准射击"——来自珍珠港事件纪念日的故事》一文中说："'亚利桑那'号是被1760磅重的炮弹击中的，在几分钟内，舰上1170多名官兵全部和军舰一道沉入海底。"

错了！击沉巨舰的是炸弹，不是炮弹。

发生在1941年12月7日凌晨的"珍珠港事件"中，日军除有几艘"袖珍潜艇"到达珍珠港外，对珍珠港的攻击全是由飞机实施的。包括"亚利桑那"号战舰在内的8艘被毁战舰全是被机载鱼雷和炸弹摧毁的，根本没有使用炮弹。再说，炮弹是由大炮发射的，当时日军飞机上只有机枪和小口径机炮，还没有能发射"1760磅重的炮弹"的大炮。

球、南半球"才准确、明白。

"718"缘何要变"7·18"?

《北京专家研讨"7·18案"指出带技术成果跳槽是侵权》，某报这篇报道题目中的"7·18案"，一般会被理解为7月18日，因为中间有"·"隔开。但细看正文，方知是"中国船舶工业总公司718研究所"，"718"只是一种代号而已。或许是太多的"案"、"事件"多以时间(月、日)命名的缘故吧，因而想当然地"7·18"起来。而这多加的一点何止是画蛇添足！

法庭名怎能冠书名号?

某报"四面八方"栏有则简讯《黑龙江出现〈讨说法〉法庭》，正文则用"讨说法"法庭——因为这个法庭是为老百姓"讨个说法"的。把严肃的法庭命名为"讨说法"是否恰当暂不去计较，题目把法庭名加上书名号确实太离谱了。无独有偶，报道北京香山公园将"禁""不许""罚"等字眼改为"充满温馨的话语"的一则报道，被某报转载时，题目却是《香山公园宣传牌告别〈禁止〉〈罚款〉》，该用引号的字眼，无端地成了"书名"，这一疏忽不同样令人啼笑皆非?

“推行服务忌语”之类

毕兆祺

一、“服务忌语”不该“推行”

“最近，山东济南市发生两件事：一是济南市工行系统推行文明服务用语和服务忌语……”（《人民日报》1995年9月19日《从“本应该做的事”做起》）

此例的“推行文明服务用语和服务忌语”一说欠当。在一个句子中，当动词同时支配两个或两个以上对象时，这个动词必须能够分别和支配对象搭配，否则，就会产生语病。“推行”是“普遍实行”的意思，而“文明服务用语”和“服务忌语”是完全相反的两个概念，“文明服务用语”应该“推行”，“服务忌语”不该“推行”，说“推行文明服务用语”尚可，说“推行服务忌语”就不合情理了。类似上面那句话的意思，有的报纸提法较好，比如：“牢记服务忌语，不说服务忌语，戒绝服务忌语”（《光明日报》1995年8月10日）；“禁讲忌语”（《今晚报》1995年9月11日）；“向脏话告别，与文明握手”（《人民公安报》1995年9月12日）。

一、“诞”字不宜单个用

“去年五月，郎平诞下了一位女儿，从此这个家庭益增温馨与快乐。”（《报刊文摘》1993年12月2日《任职香港八佰伴集团　郎平踌躇满志》）

这一例的“诞”字用法不规范，使人感到别扭。“诞”的确有“生”的意思，但词语的运用有一个约定俗成的问题，我们只说“生了一个女儿”或说“养了一个女儿”，不说“诞了一个女儿”，“诞”一般不能作“生”的同义词单独用。查《同义词词林》（上海辞书出版社出版），有关“生育”的同义词有“诞生”“出生”“降生”“生”“养”等，未列“诞”一词，这

舍身≠奋不顾身

荣艺

新华社去年7月17日有则电讯稿:《江守柏舍身救列车　众村民自发除险情》。乍看标题,以为又出了一位欧阳海;读罢全文,我才长嘘了一口气。原来,洪水冲毁路基,农民江守柏“迎着飞奔而来的列车边跑边喊边挥舞上衣”……及时制止了一场车毁人亡的大事故,而他并未“舍身”。

“舍身”原指佛教徒牺牲肉体表示虔诚。《金光明经》《贤愚经》均记载了《舍身饲虎》的佛教故事:传说古印度一国王摩诃罗陀的幼子摩诃萨埵,在林中见七只初生幼虎围着瘦弱饥饿的母虎嗷嗷待哺,顿生慈悲之心,于是舍己身以饲饿虎。我国的泰山有舍身崖,旧时常有笃信佛祖的男女投身崖下,以期“摆脱诸罪,而登彼岸”。

“舍身”,后来泛指为祖国或为他人而牺牲自己。例如:董存瑞舍身炸暗堡,欧阳海舍身救列车,等等。

电讯中说:“江守柏忘记生命危险,奋不顾身跳上铁轨……”“奋不顾身”,指奋勇向前,不顾生命;以此描写江守柏的壮举,可谓切当。记者在标题中误用“舍身”一词,很可能是把“舍身”与“奋不顾身”二者的词义等同起来了,为了标题的对仗,而用前者代替了后者,从而导致文、题不符。

可以作为一个证据。

三、“公众”岂以“多少”论

“……‘论资排辈’早已众所周知,但如今又有更多的‘论资排辈’应运而生,特地聚焦曝光,以引起更多公众的注意。”(《中国教育报》1993年10月27日《论“资”排辈新说》)

这一例“更多公众”的说法有毛病。“公众”的意义,《现代汉语词典》解释为“社会上大多数的人”,“众”即有“多数”之义,“公众”一词前再用“更多”去修饰实属叠床架屋。“以引起更多公众的注意”可改为“以引起更多人的注意”或“以引起公众的注意”。

人名错，大不该

马玉升

《工人日报》1996年8月3日第2版，一则摄影报道的大标题为《国良夺冠》。在乒乓选手挥拍击球的大幅压题照片后，所加的说明词是："8月1日，中国选手刘国梁在奥运会乒乓球男子单打决赛中，以3:2战胜队友王涛，夺得金牌。"标题中的"国良"显然系"国梁"之误。

无独有偶，《中国教育报》1996年7月8日第2版，大标题《李公仆闻一多殉难50周年纪念活动举行》其中"李公仆"显系"李公朴"之误。

像《工人日报》《中国教育报》这样的大报，竟然在大标题中搞错了名人的姓名，似乎太不应该。

"不可收拾"何其多

杜　哉

《咬文嚼字》已刊登过区别"一发而不可收"与"一发而不可收拾"的文章。但是，"一发而不可收拾"总是"收"不住。几乎隔三差五，总可碰上一个。1996年12月16日，又在上海一张大报上见到一例，其文曰："写了一部描写农民现状的小说《空槐》以后，便一发而不可收拾。"

"收"与"收拾"虽只一字之差，含义却大相径庭。在这个句子里，"收"是停止、结束的意思。"一发而不可收"就是：一做开了头，就停不下来了。"收拾"则是整理、整顿的意思。"不可收拾"，就是坏到、乱到、溃败到不可整顿、不可挽救的地步。然则，一个作家，"写了一部描写农民现状的小说"，何至于落到"不可收拾"的地步呢？他只是一部又一部地往下写，不能罢休而已。

字里乾坤

周族始祖为何称“稷”？

——上古圣王得名考源之二

张再兴

后稷是周的始祖，传说他是大地母神姜嫄所生。但根据《史记·周本纪》的记载，周的始祖本名“弃”。那么，他为何又会被称为“稷”呢？

“稷”，甲骨文写作，即“祝”的初文。从禾从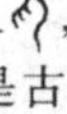，表示人跪于禾边祝祷之形，这是古代对于农业生产的祭祀活动的真实描摹。故《荀子·礼论》说稷就是“祭稷”。根据《礼记·月令》的记载，古代关于农业生产的祭祀非常频繁，其中最为重要的是在春播前和秋收后所举行的盛大的祭祀活动。前者是为了请求神灵保佑今年风调雨顺，作物丰收；后者则是为了在秋收后报答神灵的恩赐。故《白虎通·社稷》里说：“岁再祭之何？春求秋报之义也。故《月令》仲春之月，‘择元日，命民社’。仲秋之月，‘择元日，命民社’。《援神契》曰：‘仲春祈谷，仲秋获禾，报社祭稷。’”这种风俗直到近现代的壮族等少数民族中仍然存在。在这种以“稷”为名的农业祭祀活动中，主祭者也被称为“稷”，这正与“祝”是指“祭主赞词者”（《说文》）相类似。

当春祭仪式结束后，主祭者“稷”便带领全体族人下地劳动，成为生产劳动的组织者和领导者，也就是后世所谓的田正之官“畯”。“稷”与“畯”古音相近，本是同源字。近代侗族等少数民族中仍有这种双重身分的人物，称“活路头”。

祭祀必有受祭对象。农业祭祀的目的是祈求五谷丰登，因此古人选择一种谷物为代表，作为农业祭祀的对象，这种作物也被称为“稷”。先民之所以选择这种作物为代表，是因为它是当时最重要的作物，具有五谷之长的重要地位。由于它常被用作祭祀对象，就有了一个专称“盁”。“盁(粢)”，《说文》释为“黍稷在器以祀者”，可见“盁”就是稷用于祭祀时的专称。

周族是一个农业发展很早，也较发达的部族。因此，“周”字甲骨文就写作，表示种满了农作物的田块。作为农业部落，必然常举行农业祭祀，其始祖自然也是祭司。这是周的始祖称“稷”的一个原因。另外，考古发现证实，由于气候和土壤的关系，周的主要农作物就是稷。原始先民常把自己的祖先说成是自己所擅长的经济活动的化身。周族以种稷为主，祖先自然也被称为“稷”，这是第二方面的原因。周人用“稷”来称呼自己的始祖，正是对周族以稷为主的农业生产的充分肯定。由于后稷在农业生产中的重要贡献，后人便把有关农业的功绩都记在了他的头上，就连天上指示农事季节的大辰星也被认为是后稷所布置的了。而后稷也渐渐成为农神、谷神、地神合一的“天地之主”了。

值得注意的是，在我国传统的农业社会里，粮食生产是国家的命脉，对农业的高度重视，使“社稷”一词成了国家的代表。历代王朝建国必先立社稷坛，灭国必变置该国之社稷坛。

语丝

『年轻女青年』

周俊生

《文汇报》一九九六年二月二十九日第四版上一幅图片的说明写道：『美共和党总统候选人竞争者时下正在为出线作最大努力。图为多尔在发表竞选演说，一位年轻女青年为其摇旗呐喊。』

文中『年轻女青年』语意重复。『年轻』与『青年』，虽然前者为形容词，后者为名词，语法功能有所不同，但两个词的词义相近，在『女青年』之前再加上『年轻』，就显得多余了。

“虐”与“雪”

龚云龙

“虐”字里的“⺔”与“雪”字里的“彐”这两个部件的形状相近，容易混淆，有说解一下的必要。

“虐”的小篆写作“”，是由“虍”(hū 乎)“爪”和“人”组成的会意字。

“虍”是“虎”的省略。“虍”的小篆为虎头形。虎身上的斑纹以头部最有代表性，最能说明老虎。所以“虍”的本义是虎皮上的斑纹。“虍”还是汉字的一个部首，用它组成的字都与虎有关，如虎、虖、虚、虞。

“爪”通常表示鸟兽的足趾，在“虐”字里表示虎爪。“人”也是象形字，小篆字形“”似一个人的侧形。

由上可见，“虐”的小篆字形清楚地显示出老虎张开血盆大口，伸出前爪扑人的形状，以此表示本义残，引申为侵害，如暴虐、虐待。隶变后的楷体，笔画趋于正直，虎头变成“虍”，虎爪变成“⺔”，而“人”却被省略，整个字误变成“虐”，再也看不出虎爪扑人的形象和意义。但是虎爪仍然向外写成“⺔”，不能错写成向里的“彐”，把“虐”错写成“⿱虍彐”，这样向里的虎爪怎么扑人呢?

所以会这样写错，主要是受“雪”等字的影响。“雪”的小篆写作。上面是“雨”字，像下雨的样子，不过这里的雨不是会自动流掉的液体，而是会积得厚厚一层需要清除的冰雨，是固体。何以见得?且看它下面有一个“彗”。“彗”的小篆由扫帚形的“丰丰”和手形的“”(本义也是手。后来借去表示“再”的意义)组成，表示一只手拿着扫帚，本义也是扫帚，所以彗星也俗称扫帚星。由此可见，“雨”和“彗”组成的小篆字形表示手拿扫帚扫除的是冰雪，以此表示本义雪。隶变后楷体变成“雪”，把表示扫帚意义的“丰丰”省略掉，又把表示手意义的“又”误变成“彐”，不仅不像手形，更显示不出扫雪的意义。

总之，“雪”字下面的“彐”原是“彗”的省略，是一只拿着扫帚扫雪的手；而“虐”字下面的“⺔”原是一只向外扑人的虎爪，不能与“雪”字下面的“彐”相混淆。

书林一叶

让语言文字规范化的火越烧越旺

——《最新汉字读音书写规范手册》序

许嘉璐

国家语言文字工作委员会的工作人员王铁昆和于虹两同志，利用工余时间，写了本《最新汉字读音书写规范手册》，交天津人民出版社出版。我在看了他们的稿子后，觉得有些话要说。

我想说的第一点是：现在把字读错写错的现象太普遍了，可是至今还没有受到社会上大多数人的重视，没有认识到这是全国人均文化水平和个人文化素养不高的反映。王、于两位的这本书，就是为那些想把字读对写对的读者准备的。

但是问题并不简单。当前社会上语言文字使用中的混乱现象，由来已久。这是文化大革命使正常教学中断了十年，破坏了人们遵守社会规范的观念所结出的苦果。有许多人，并不愿意读错字、写错字，他们知道是否能够规范地使用语言文字，是一个人整体素质的表现之一，也想努力提高自己，但是他们不知道怎样读写才是对的，进修无门。对这样的读者，这本书就是很好的不能发出声音的老师了。可是，还有很多人，根本不认为读错写错字有什么不好，当然也就没有学习和提高的要求。对这部分人的工作，重点应该是进行语文规范化重要性的宣传。当然这种宣传现在又遇到了人们常说的经济大潮的冲击，困难重重。其实，并不是经济大潮冲击了语文的规范化，而是一些人误解了经济建设和社会发展，不懂得经济的持续发展和社会的进步绝对离不开全社会文化素质的不断提高、语文水平的不断提高。从宣传这些道理到采取有力措施提高全民教育水平，这是个长期的任务。所有的语文工作者（特别是广大的语文教师和语言学家），对此都要有充分的思想准备。

提高全民族的文化素质，是个极其复杂的系统工程，使人们不读错写错字或少读错写错字，只是其中之一端。如果拿"蚂蚁啃骨头"打比方，我想王、于两位这本书，就是一只小小的蚂蚁，虽然对全社会整体素质的提高所能起到的作用是很有限的，但是它在尽力地啃。

我想说的第二点是：人们读字写字并不全是，或主要不是个人的事；因为既然读和写，就会有听者和读者，读或写错了，使人莫名其妙或产生误会，都是对他人的不负责任，如果是教师、播音员、演员、广告制作人员等对社会上的语言文字运用有特殊影响的人，还会对文化层次较低的人，特别是少年儿童产生误导。因此社会上的用字，包括读音和字形，都需要由政府职能部门加以规范，进行管理。语言文字应用的管理既是行政工作，也是学术性、技术性很强的工作。这就需要行政管理人员不断地钻研语言学、文字学，也需要学术界人士了解社会上语言文字使用的情况和国家管理语言文字工作的体制、规章和进程，最好这两支队伍能在信息和人员等方面适当有所交流。王、于两位既是"科班"出身，又长期从事语言文字管理工作，难能可贵的是，他们在繁忙的工作中仍然不忘努力钻研业务，这本书就是其成果之一。他们所走的路，正符合在语言文字领域里学术和行政应该相互结合的方向。因此我在祝贺他们这本书出版的同时，还希望他们继续努力，在行政管理和学术钻研两个方面不断提高，也希望有更多的行政管理人员和学者向对方靠拢，为社会提供良好的管理和丰富的精神食粮。

我想说的第三点是：王、于两位的这本书，名曰规范手册，是一本实用性很强的工具书，适合多方面多层次的读者使用。现在这类普及性的读物和工具书已经出版了不少，但是，十分注重语言文字规范的不多，把促进规范当成写作和出版的宗旨、把规范和不规范现象加以对照，给读者以详明的知识和印象的出版物更少。这是不是有些普及读物或工具书的编写者促进社会语言文字规范的意识还不够强的反映呢？王、于的这本手册，对近1900字（组）进行辨析，给读者提供了很大的方便。由此我想到，如果广大的语文工作者都增强规范意识，在自己类似的著作里突出一些语言文字规范知识，那将对我国全民文化素质的提高起到多大的作用啊。

感谢本书的两位作者为国家的语言文字工作这堆越烧越旺的火又添了一把柴，感谢他们给了我这样一个表达自己想说的话的机会；我希望他们能继续钻研，不断提高学术水平，在作好本职工作的同时，多为人们提供这方面高质量的精神食粮，也希望有更多的语文工作者加入到研究和写作这类图书的队伍中来。

1996年10月11日

语丝

『南辕北辙』的通告

王盛渠

湖南某报曾登载一则署名为『湘潭电工机械厂』的《通告》，该文最后说：

『……限你二人见报三日后来厂上班，否则作除名处理。』

揆情度理，通告的本意当是限定对方在该通告见报后三天之内来厂上班，但是，通告的文字所表述的意思却适得其反。首先，它限定的条件是『你们二人见报』；如若『你们二人』没有『见报』呢，那自然是不会『作除名处理』了。其次，由于它给对方限定的是『见报三日后来厂上班』，这个『来厂上班』的时间，是个半开区间的概念（如果用数学方式来表示，就是一条有起点而无终点的射线），即在『见报三日后』的任何时候，如第四日、第五个月、第一百年以至无穷大的时间内『来厂上班』，都是符合通告要求而不会『作除名处理』的。就是说，不管对方『见报』没『见报』，『来』不『来厂上班』，只要不在『三日内』来厂上班，都不会『作除名处理』，这实际上是告诉对方，无须『来厂上班』了，反正不会『除名』。

花钱在报纸上登这样一则废话，还不如免开尊口为好。这一句的正确说法应是：『限你二人在本通告见报三日内来厂上班……』

百问百答

“帐”和“账”怎么区分？

程　荣

来信

关于帐、账二字，一直有点纠缠不清。报上有文章说：“该用‘账’字的地方，不应再写作‘帐’。”但也有文章说：“‘账’字应该‘休息’。”真让人有点无所适从。

查查《简化字总表》，“帐”和“账”分别是两个字；可查查《现代汉语词典》（1991年重印本），“账”似乎又是“帐”的异体字。到底是怎么回事？恳盼给予解答。

合肥市财政局　金　敏

“帐”字本义为床帐。《说文》：“帐，张也。从巾，长声。”《释名》：“帐，张也，张施于床上也。”其货币、货物出入记载等意义是后代在使用中的逐步引申。由于古代游牧民族每户住一顶帐篷，常按帐篷计算人数，因此“帐”字便引申出“计算人户的单位”的意义。如《后汉书·西域传》中就有这样的用法：“……以后部人三百帐别属役之，食其税。帐者，犹中国之户数也。”在此之后才引申出“关于钱财物出入的记载”“债务”等意义。

“账”字产生得较晚，《说文》中未见，《玉篇》中也未收入；《中华大字典》和《辞源》收有这个字。《辞源》中对它有这样的解释：“登记出入款数的簿册。古作‘帐’……后人因避免与帷帐之义相混，另造账字以代之，如账单、账簿等。”刘复、李家瑞编纂的《宋元以来俗字谱》中收选了“账”字在小说《金瓶梅》里的写法：

账。“账”是“帐”的区别字，但人们曾一度把“账”作为“帐”的俗体看待。如清代毕沅《经典文字辨证书》中说：“帐，正；账，俗。”清代王鸣盛《蛾术编·说字十》：“今俗有账字，谓一切计数之簿也。”而事实上“账”字的使用在当时已相当广泛。如《旧五代史·周世宗纪》：“每年造僧账两本，其一本奏闻，一本申祠部。”《儒林外史》：“把账盘一盘，见欠账上人欠的也有限了。”《红楼梦》：“凤姐道：‘……虽说事是外头闹起，我不放账，也没有我的事。’”“账”字的出现，分担了“帐”字表示“钱财物出入的记载”等意义，但在表示这部分意义时，“帐”字仍被使用着。这时，“账”字与“帐”字在这一部分意义上就成了异体关系。

新中国成立后，1955年公布了《第一批异体字整理表》，并未将“账”作为异体字淘汰，因此1964年公布《简化字总表》时，对“账”字和“帐”字的繁体都作为正体字进行了类推简化。1965年公布《印刷通用汉字字形表》时，也收入了“账”字，在1977年公布的《第二次汉字简化方案（草案）》中，曾将“账”字淘汰，并入“帐”字，但这个“二简”草案已在1986年由国家宣布废止。这样，“账”字就不能再归入被淘汰的非规范字范围。因此1988年公布的《现代汉语通用字表》把“账”和“帐”都作为规范字收入其中。

我们认为，既然“账”和“帐”都是规范字，在使用上的分工就应明确化。从古今使用上看，“账”字担当的意义是明确的，一般都与钱财出入有关，而且字义与字的形符关系明显。据此而论，与之相关的词语中理应使用“账”字，如：“账本、账簿、账单、账户、账目、报账、查账、冲账、出账、付账、过账、还账、记账、结账、赖账、流水账、盘账、欠账、清账、认账、入账、上账、算账、转账、总账”等。而“帐”字尽管它曾经包含过与钱财出入有关的意义，后来在这类意义上又与“账”字混用，然而“账”字出现以后，已经明显地分担了这部分意义，况且如果不去考察历史渊源的话，从“帐”字的形符上也很难看出与钱财有关。由此可见，无论是从规范的角度考虑，还是从实用的角度考虑，都应提倡把“帐”字那部分与钱财有关的意义完全让给“账”字承担，“帐”字本身只用来表示“帐子、帐篷”等意义，在与之相关的词语中使用“帐”字。如：“幔帐、蚊帐、营帐、青纱帐”等。这样的明确分工将有利于语言文字的规范化。

既是"文化"，也是"文艺"

编　者

来信

我很留心《咬文嚼字》上的书刊广告。我觉得不仅介绍的书好，广告本身也文采斐然，耐人寻味。但有一点却百思而不得其解，就是你们到底是上海文艺出版社，还是上海文化出版社？

去年第五辑，介绍上海文艺出版社优秀期刊丛刊，其中竟也有《咬文嚼字》。可看看你们的封面，分明是上海文化出版社出版的呀！真是越想越糊涂。

四川什邡　**朱　全**

在答复以前，先要向读者朋友表示十二万分的抱歉。这个在我们看来根本不是问题的问题，竟让那么多读者朋友产生了莫名的困惑。这只能说明我们在办刊过程中还缺少读者观点。

上海文艺出版社是一家集团型的出版社，现已有近45年的历史。它除了挂有上海文艺出版社这块牌子外，还有两块副牌：上海文化出版社、上海音乐出版社，三社其实是一家。全社共有九个图书编辑室、八个期刊编辑部，另外还有三家联营印刷厂、一个广告公司和一个全国最早成立的读者俱乐部。

我社每年出书六七百种。根据图书的不同内容特点，用不同的出版社名义出版。比如《苍天在上》《务虚笔记》是长篇小说，就归于"文艺"；《中国花经》《中国茶经》是文化经典读物，便归于"文化"；汤普森系列钢琴教程、青少年学音乐丛书是音乐图书，便归于"音乐"。但在我们的眼里，这些书都是上海文艺出版社的。所以有时便文艺、文化、音乐不分，害得读者朋友丈二和尚摸不着头脑。

“黄澄澄”读音释

尤敦明

来信

我女儿读小学六年级。语文课本第三册上有这么一句：“黄澄澄的是梨，红通通的是枣。”课本上“澄澄”的注音是dēngdēng。

可我查《辞海》，发觉“澄”只有两个读音：一是chéng，一是dèng。那么，是课本注错了吗？如果这样，该多不好。

湖北省歌舞团　**侯铁薇**

好几位学生家长来信，询问六年制小学《语文》课本中所注“黄澄澄”的读音是否有误。这虽然是一个词的读音问题，但事关普通话的准确规范，应该引起大家的重视。

关于这个词，课文注音为“huángdōngdōng”。有的家长查了《辞海》，有的查了《现代汉语词典》，都发觉“澄”的读音只有chéng和dèng两种。《普通话异读词审音表》规定：chéng为文读音，如“澄清”，“澄”是一个语素，与“清”结合成词；dèng为口语音，适用于单独用时，如“把水澄清了”。而dēng的读音，哪里也没有列

期刊丛刊同样如此。《小说界》刊登的是小说，《故事会》刊登的是故事，都是文学作品，便归于“文艺”；《文化与生活》《上海象棋》都是文化实用类刊物，便归于“文化”；《音乐爱好者》《歌迷》，由刊名便知道非“音乐”莫属。《咬文嚼字》的出版宗旨是普及语言文字知识，自然得打“文化”的旗号。不过，所有这些期刊丛刊，都属于上海文艺出版社的评奖范围，这样，上海文化出版社出版的《咬文嚼字》，成为上海文艺出版社的“优秀期刊丛刊”之一，便没有什么奇怪的了。

出。难怪家长会提出疑问。

那么，是课本注音注错了吗?其实并不是。原来，在普通话口语里，凡形容词重叠后，常常会发生声调变化。如组成 AA 式：

“好好地”，读音由 hǎohǎode 变化为 hǎohāode；“慢慢地”，读音由 mànmànde 变化为 mànmānde。

由于多数出现在口语中，所以后面一般都加上儿化：hǎohāorde，mànmānrde。当然，如果在庄严的场合使用，声调也可以保持不变，后面不用再加上儿化，仍旧读成 hǎohǎode，mànmànde。

如组成 ABB 式，像“黄澄澄”后面的“澄澄”有加重或加深色彩的作用，一般都变读为阴平调。除了“黄澄澄”外，类似情况如：

“绿油油”，读音由 lǜyóuyóu 变化为 lǜyōuyōu；“沉甸甸”，读音由原来的 chéndiàndiàn 变化成为 chéndiāndiān；“毛茸茸”，读音由 máoróngróng 变成 máorōngrōng；“软绵绵”，读音由 ruǎnmiánmián 变成 ruǎnmiānmiān。

汉语拼音拼写规则规定，凡属变调现象，声调一律标原调，不标变调。但在课文注音中，为了帮助小学生正音，可以把变调标出来，因此，课文中的注音是正确的。

语丝

这不是『城下之盟』

徐见一

《重庆日报》一九九五年三月六日有一篇关于中美知识产权问题达成协议的文章，大字标题竟是《中美缔结城下之盟》。

『城下之盟』，典出《左传·桓公十二年》。说的是楚国攻打绞国，军队包围了南门，楚军按照屈瑕的计策，以樵夫引诱绞人出城，绞人中计，大败。楚军迫绞人在城下订立了盟约，得胜而归。

后来人们就用『城下之盟』来比喻兵临城下，被迫屈服讲和、订立丧权辱国的条约。对此，许多辞书都有注释。

中美知识产权问题的协议，是中美双方在经过长达二十个月的九轮磋商之后达成的。吴仪部长在对记者的谈话中指出，只要双方本着相互尊重和平等磋商的精神，两国经贸领域存在的任何矛盾都是可以得到解决的。

总而言之，协议的达成是平等协商的结果，怎么能说『中美缔结城下之盟』呢？

书林指谬

《战胜哈佛》没战胜错别字

林　山

漫步书市，一眼瞥见成都出版社的《战胜哈佛》一书，不由被它深深吸引，当即决定购买。这不仅因为书名具有震撼力，还因为封面上的广告："仅次于《圣经》、卡耐基《人性的弱点》的第三人畅销书。"

俗话说，先睹为快，在回家的车子上，我便迫不及待地翻看起来。谁知翻到哪里，哪里便发现错别字。比如：第20页，"既使"应是"即使"，"契而不舍"应是"锲而不舍"；第25页，"陷井"应是"陷阱"；第177页，"喧泄"应是"宣泄"；第186页，"肆无忌禅"应是"肆无忌惮"……这真使人扫兴，原先的阅读热情，顿时凉了下来。回到家里，我便顺手把书搁在一边。

可几天以后，我还是想起了《战胜哈佛》。对我来说，这本书仿佛有着"挡不住的诱惑"。丁是，我在书桌前正襟危坐，从"前言"开始读起。这篇"前言"，长短十条，充其量不过一千多字，可读着读着，错别字像夏夜的蚊子一样迎面扑来：

一、"为了抨击那些象哈佛一样优秀的商学院"——"象"应为"像"；

二、"自从那本书闻世后"——"闻世"应为"问世"；

三、"在我启蒙时我的母亲就淳淳教导"——"淳淳"应为"谆谆"；

四、"承认自己不懂要求教与他人"——"求教与"应为"求教于"；

五、"这两个重要器官显得迟纯"——"迟纯"应为"迟钝"；

六、"进行商务治淡都应因时应变"——"治淡"应为"洽谈"；

……

这些明显的差错，只要有一点责任感，我想是不难发现的。这些差错充斥于字里行间，终于使我失去了耐心，再一次罢读。战胜哈佛，战胜哈佛，连错别字也没战胜，还能"战胜"读者吗？

为"塔克拉玛干"正名

戴玉堂

日本考古学家小岛康誉先生在《丝绸之路——新疆之旅》一书开头说："塔克拉玛干，维吾尔语是'进去出不来'的意思。"

《人民日报》1996年10月30日《穿越塔克拉玛干》一文说："塔克拉玛干沙漠，维语的意思是'死亡之海'。"

国内外的新闻工作者，只要提到塔克拉玛干，必然要说是维吾尔语"死亡之海"或"进去出不来"的意思。几十年来塔克拉玛干不声不响地承受着这不白之冤。

塔克拉玛干的自然环境和气候条件相对比较恶劣，但就"塔克拉玛干"的词意来说，它绝非是一些新闻工作者报道中所说的"死亡之海"，也不是什么"进去出不来"的意思。

维吾尔语的TAKLAMAKAN（塔克拉玛干）含有葡萄的故乡或地下城的意思。也就是说，历史上曾经有过一些城市，后来被风沙埋掉。

据和田一带农牧民讲，沙漠深处确有许多古城遗址和村庄的印迹。在塔克拉玛干大沙漠南端的"红白山"，维吾尔人称"麻札塔克"，意思是"坟地山"，据说那里曾是一个很大的坟地。既然有坟，附近一定有人居住过。科学工作者经过多年的考察得出结论，塔克拉玛干不仅不是死亡之海，而且是一个充满神奇色彩的"希望之海"。地下水储量在40亿立方米以上。还有73种植物和277种动物活跃在沙漠中。所以说塔克拉玛干绝非生命禁区。

把塔克拉玛干译为"死亡之海""进去出不来"是个历史误会。过去一些中外探险家听到是"死亡之海"，他们曾硬着头皮来探险，结果还是平安地出来了。1949年，中国人民解放军第二军第十五团，在政委黄诚的率领下，徒步横穿塔克拉玛干大沙漠，解放了和田。"文革"期间学生们一批又一批穿过塔克拉玛

漂母何漂

王勤

韩信青年时期，家境贫寒。有一天，韩信在河边钓鱼，一个漂母见韩信饥饿难耐，就送饭给韩信吃。这段史实是广为人知的。然而，漂母漂的是什么，就很少有人关心了，反正这也不影响故事情节。然而，对古文今译作品来说，就实实在在要面对这一问题了。

国际文化出版公司1991年9月出版的《白话二十五史精选》（第一卷）中，把《史记》中的“信钓于城下，诸母漂”译为“韩信在城下钓鱼，有几位老大娘也在那里漂洗棉絮”。

漂洗棉絮，与我们的日常生活经验不符。我们知道，棉衣、棉被是不能水洗的，棉絮浸水后，不仅会发黄，而且也不膨松了，保暖性能会大大降低。况且，我们也没见到在水中漂洗棉絮的情景。显然，译文是错误的。

其实，漂母漂的是丝绵，而不是我们今天常用的棉絮。据《中国古代史常识·专题部分》介绍，在韩信所处的秦汉之际，衣物的原料是丝、葛、麻，而不是棉花，在西汉以前，棉花尚未传入我国。丝绵就是剥取蚕茧表面的乱丝整理而成的像棉花样的东西，是当时做被子、冬衣等的常用必需品。漂，是当时的一道工序，就是把丝绵上的灰尘等杂物用水洗去，晾干后就可使用了。

干，他们都平安地走了出来。前几年还有一位香港女作家，她独自一人两次横穿塔克拉玛干。

内地人因不了解情况，听信这种说法还情有可原，可是新疆人自己也跟着别人说就不应该了。如《乌鲁木齐晚报》1996年10月11日有篇文章说：“野骆驼在‘死亡之海’奔腾。”既然野骆驼在奔腾，那怎么会是“死亡之海”呢？望广大新闻工作者为塔克拉玛干洗去“不白之冤”。不久的将来，我国第一座现代化沙漠油城，也将在那里崛起。塔克拉玛干必将再度显示出当年的风采。

先生何以“无耻”

刘宗龙

丁聪先生漫画集《我画你写》(外文出版社)使我们有缘一睹八十位文化人的神韵风采,是本难得的好书。可该书第131页杨宪益先生的“自述”却印成了:

“少时了了,大未必佳;

中年昏昏,老而无耻。”

其上联不难理解,意思是“小时聪明长大不一定有大的作为”,典出《世说新语·言语》,是陈韪对十岁孔融的评语,原为“小时了了,大未必佳”。而下联“无耻”二字,未免令人瞠目。

杨先生早年留学牛津大学,中年虽有牢狱之灾,但译著逾千万字,是我国有名的翻译大家和外国文学研究家。他将《红楼梦》《楚辞》和鲁迅杂文等中国典籍译介到了国外,又将《奥德修记》《罗兰之歌》等外国名著译介给国人,还有《译余偶拾》等大批学术著作,可谓译著等身,纵谦虚有加,也不至于自谓“无耻”吧!

幸好,手头有杨宪益先生《年过八十》一文可供查对。文中有这样几句:“我曾自撰一联:少时了了大未必佳/中年昏昏老而知耻。”原来“知耻”成了“无耻”。一字之差,意思大变。

还有《我画你写》杨宪益先生一则中,杨先生所引的两句陶渊明诗,同样令人费解。书上是这样印的:“天运苟如此,且尽怀中物。”“怀”中揣的什么?查《陶渊明集全译》(贵州人民出版社)之《责子》诗,方知其尾联当为“天运苟如此,且进杯中物”。查《辞海》和《辞源》,在“杯中物”条下也都引了这两句诗,且末句也都作“且进杯中物”。《我画你写》误“进”为“尽”姑且不论,至少“怀”字是个明显错字。但愿这不是杨先生的错!

古文标点难

省庐

鲁迅先生说："古文本来也常常不容易标点。""标点古文真是一种试金石，只消几点几圈，就把真颜色显出来了。"(《花边文学·点句的难》)这确实是一位"曾经沧海"的前辈学者的甘苦之言和经验之谈。

正确的标点，是建立在对古书原文正确理解的基础之上的。古书的难懂难标点，其障碍不仅在于一些冷僻艰深的字词(此类问题通过查检古汉语词典一般可以解决)，更主要的是以下两道难关不易通过：

其一为各科知识关(如历史、地理、宗教等)。试举数例：

①《水经注·滱水》：春秋左传哀公四年齐国夏伐晋

②《水经注·涑水》：秦穆公率师送公子重耳围令狐桑泉臼衰皆降于秦师

③《陈亮集·酌古论·光武》：光武……发迹昆阳遂破寻邑

④《宋高僧传·唐京兆西明寺道宣传》：宣之持律声振竺乾

例①的"齐国夏伐晋"，事见《左传·哀公四年》，本指"齐大夫国夏讨伐晋国"，但有的点校者竟标作"齐国夏伐晋"，变成"齐国在夏天讨伐晋国"了。

例②的"围令狐桑泉臼衰皆降于秦师"，事见《竹书纪年》，《国语·晋语四》和《左传·僖公二十四年》亦均有记述。《晋语四》云："公子济河，召令狐、臼衰、桑泉，皆降。""令狐"前着一"召"字，不求甚解者便以为令狐、臼衰、桑泉三者都属于人名。《水经注》改"召"为"围"，有的点校者只将"令狐"理解为地名，而后二者仍认为是人名，所以标作"围令狐，桑泉、臼衰皆降于秦师"。其实，《左传·僖公二十四年》说得很清楚："〔公子〕济河，围令狐，入桑泉，取臼衰。""围""入""取"三字足以证明，被公子重耳占领的只能是地而不是人。

例③的“遂破寻邑”，是指“昆阳之战”中，汉光武帝击败王莽军将领大司徒王寻和大司空王邑，事见《后汉书·光武帝纪》。此四字应标作“遂破寻、邑”。但有的点校者不明史实，见“邑”便以为必属地名，见“破”便以为只指“破城”，因而将两个人名连标成“寻邑”，真可谓失之毫厘，谬以千里。

例④的“竺乾”，意同“乾竺”，即天竺，为古印度的别称。《祖庭事苑》卷二：“竺乾即天竺国。”《甄正论》卷中：“合云乾竺。乾者，天也。后人抄写，误升‘竺’字于‘乾’上，故云竺乾。”据此可知，“乾”当为“乾坤”之“乾”，音 qián，“竺乾”是地名。有的点校者不知其义，不仅未标专名号，而且还误将“乾”简化成“干”，实在是错上加错。

其二为典故关。典故有语典和事典之分。点校者如不明典源，则必然触处成错，无异于盲人瞎马，乱点鸳鸯谱。先举语典二例：

①《齐东野语》卷三十“舟人称谓有据”条，某校注本注云：“陆游《入蜀记》：问何谓长年三老？云：‘梢公是也。’……乃知老杜《长年三老歌》里‘白昼摊钱高浪中’之语盖如此。”

②《章太炎全集》(三)《訄书·儒兵》，某点校本云：“君子曰：黠而愚！偶差智，故而骇。”

例①“歌”字前脱一“长”字。“长年三老长歌里，白昼摊钱高浪中”，是老杜(杜甫)《夔州歌十绝句》之七中的两句。校注者把脱去一字的“长年三老歌”作为诗的篇名标上书名号，错得实在离了谱。

如果说例①的语典属于明引的话，那么例②就属于暗引，标点的难度显然要大得多。“偶差智，故而骇”，中间不应点断，逗号要去掉。“偶差智故”语出《淮南子·原道训》：“所谓人者，偶𥈟智故，曲巧伪诈，所以俯仰于世人而与俗交者也。”偶，刘台拱《淮南子补校》以为通“齵”(óu)。《说文·齿部》：“齵，齿不正也。”也泛指不正。𥈟，通“差”(chā)。《淮南子·本经训》：“衣无隅差之削。”高诱注：“差，邪也。”智、故，均有巧饰诈伪之义。《淮南子·览冥训》：“道德上通而智故消灭也。”高诱注：“智故，巧诈。”“偶差智故而骇”，是说人心不正而善用巧诈之术，看似聪慧而实则愚骇，与上句“黠而愚”虽长短不一，但语意相同。章太炎在《儒兵》篇中暗用了《淮南子》这个语典，点校者如果不知出处，错误自然就难以避免了。

最后再举事典一例。

说“从新”

曾宪琪

《奉献之歌》一书的序中有一段话：“他从军、从政、从新（闻工作），已有23年……”

因为参军可叫做“从军”，从事政务工作可叫做“从政”，作者因而推导出把从事新闻工作叫做“从新”。“从”是有参加、从事的义项，但是，语言不是数学，不能搞“举一反三，以此类推”。任何词语的形成，都有一个长期流传乃至定型的过程，而不是靠类推出来的。比如把参加农业生产叫做“务农”，把从事商业活动叫做“经商”，大家都懂，倘若类推作“经农”“务商”，人们便难以接受了。作者在“从新”之后加了括号，本意是怕别人不懂而作点解释，这证实了把从事新闻工作称作“从新”乃作者所造。

《汉语大词典》第9卷474页：

【葆和】保持恬淡平和。葆，通“保”。南朝宋谢灵运《山居赋》：“庚宅垒以葆和，舆陟峨而善狂。”……

上引谢灵运赋中，暗藏着两个典故：“庚”指庚桑楚。“垒”指畏垒之山。《庄子·庚桑楚》载，老聃弟子“有庚桑楚者，偏得老聃之道，以北居畏垒之山”，认为万物春生秋成，是天道运行的规律，“全其形生之人”应当“藏其身”而不求世人称扬。“舆”指陆通，字接舆。“峨”指峨眉山。《高士传·陆通》云：“楚人也，好养性，躬耕以为食”，“见楚政无常，乃佯狂不仕，故时人谓之‘楚狂’”。后与妻“隐蜀峨眉山，寿数百年。”据《汉语大词典》体例规定，凡人名、地名均加标专名号，因此，以上两句书例应标作：“庚宅垒以葆和，舆陟峨而善狂。”

庄子说过：“吾生也有涯，而知也无涯。”任何一个博学的人，都不可能读遍群书，熟知所有的知识和典故，因此在点校古籍中出现一些差错是难以避免的。举出以上问题，我只是希望，凡从事古籍整理的同志，行有余力，应当力求扩大一点知识面，遇到疑难问题，多花些功夫查检有关的工具书，尽可能避免或减少差错（特别是一些低级的差错），则读者幸甚，后学幸甚。

五重奏

·智答篇·

"佛语"藏机锋

江　文

香港即将回归祖国，不由想起一则轶事。1993年年底，香港宝莲禅寺天坛大佛举行开光典礼，新华社香港分社社长周南和港督、英国政客彭定康均应邀作主礼嘉宾。当天，两人一前一后到场，彭除了和在场嘉宾握手外，也向周南伸手，周却来了个"合十"的手势，拒绝和港督相握。这在当时特定的场景中并不失礼，倒是巧妙地表达了一种态度。港督顿时十分尴尬，只得马上"合十"回敬。

更妙的是，仪式过后，彭定康在回答记者提问时，指责我港澳办当时关于香港问题的声明"缺乏诚意"，"并不是一份有特别吸引力的圣诞礼物"。记者又要周南发表意见。在宗教圣地，参加宗教仪式，双方展开外交争论，未免不合时宜，于是周南以"佛教的日子"为由，不予评论；但在记者的穷追猛究下，他便应时应景地说了两句耐人寻味的佛家语：

"谁搞'三违背'，定会苦海无边，罪过！罪过！谁搞'三符合'，自是功德无量，善哉！善哉！"

说罢，再加上一句"阿弥陀佛"，引得在场的人哄堂大笑。

·妙联篇·

"蟹足"与"驴腚"

刘　文

一落泊秀才，科场失意，在一酒店借酒浇愁。他买了三只蟹，酒未喝光，蟹已吃完。好歹桌上还有蟹足，便一个一个拾起来咬嚼，一会儿又吃光，还是觉得不过瘾。不觉摇头晃脑地吟道："吃蟹不足吃蟹足，足亦不足。"

他本想对出下联，苦思不得，只得骑驴回家。此驴骨瘦如柴，他的腚部被磨得生疼，便将腚部往后挪动，干脆骑在驴腚上，谁知疼痛如故。这倒一下触发了他的灵感，说道："下联有了！"

这下联是："骑驴磨腚骑驴腚，腚也磨腚。"

· 趣喻篇 ·

读者四比

斯　言

英国诗人柯勒律治，曾把读者分成四类，各有一比：

一类犹如沙漏，读进去多少，“漏”出来多少；

一类犹如海绵，不加分辨，什么都吸收，挤出来的东西原封不动，甚至还脏了一点；

一类犹如过滤豆浆的布袋，豆浆流光了，留下来的却是豆渣；

一类犹如宝石矿区里的开采工人，矿渣不屑一顾，专拣光芒四射的宝石。

亲爱的读者，你属于哪一类呢？

· 噱言篇 ·

“水市长”

朱永芳

1985年夏季，上海连降暴雨。当时，江泽民同志任上海市长不久，国外有家报纸，在报道上海天气时，把江泽民称为“水市长”(Water mayor)。江泽民也一再自嘲而又自责地叹息：“我的名字，水太多，‘江’是水，‘泽’也是水，上海的老百姓受苦了！”

本来狂风暴雨是不以人的意志为转移的，可是当时身为一市之长的江泽民同志面对霏霏淫雨，忧心如焚，坐卧不安，主动承揽责任。他有意用拆字法，把自己的名字与台风暴雨联系起来，既“自嘲”又“自责”。这“自嘲”“自责”的话说得十分幽默风趣。从字面上来看，似乎是对大自然的淫威无可奈何，其实字里行间却饱含着这位“父母官”对全市人民生活的刻骨铭心的牵挂，读来令人感动不已。

· 谐诗篇 ·

衙门气

陆　山

有个苏州人，他有两个女婿。大女婿是个秀才，知书识礼，能诗善文；小女婿是衙门里抄写公文的小吏。老丈人本是“诗礼传家”，在感情上便自然偏向大女婿，对小女婿总看不上眼。

一日，老丈人在花园里设家宴。席上，他和大女婿把酒论诗，其乐融融，而把小女婿冷落在一边。小女婿颇不服气，他冲着老丈人说：“作诗有何难，我一日也能作它十首八首。”丈人便指着庭前山茶为题，说：“且作一首试试。”

小女婿略一思索，咏道：

据看庭前一树茶，
如何违限不开花？
信牌即仰东风去，
火速明朝便发芽。

四句诗中，一连用了“据看”、“违限”等几个官府公文用语，还煞有介事地发出“信牌”。“仰”也是上级命令下级的公文惯用词，有“切望”的意思。这真是三句不离本行。老丈人说：“诗不是不通，只是一股衙门气。再来一首咏月试试。”

小女婿应声咏道：

领甚公文离海角？
奉何信票到天涯？
私渡关津犹可恕，
不合黄夜入人家。

这首诗更是吓人，“领甚公文”？“奉何信票”？吆五喝六，声色俱厉，简直是把月亮当犯人，拖到公堂上来开审了。“私渡关津”、黄夜入室，罪状一条接一条。老丈人嗤笑他说：“这下月亮该问罪开斩了吧！你姐夫也写过《咏月》，你不能学学吗？”小女婿愿闻其诗。谁知大女婿刚吟了一句：“清光一片照姑苏——”，小女婿便叫了起来：

“错了！错了！月亮岂只照姑苏？应说照姑苏等处。”

语丝

并非“最后胜利”

居继苏

《光明日报》1996年3月16日《墨索里尼毙命真相》一文中有这样几句：“……把满膛子弹射向墨索里尼和他的情妇。此时，手表的指针正指向4月28日下午4点10分。这是意大利历史上的一个重要时刻，标志着欧洲和世界反法西斯战争的最后胜利。”

墨索里尼毙命是在1945年4月。而欧洲战争的结束是以1945年5月8日24时德国签署投降书为标志的，世界反法西斯战争的最后胜利则是以1945年9月2日上午10时日本签署投降书为标志的。因此，说1945年4月28日下午4点10分墨索里尼被枪毙“标志着欧洲和世界反法西斯战争的最后胜利”是不妥的。

有照为证（本栏欢迎投稿）

研究“内奸”?

赖正和

请再仔细看看这块牌子。就书法而言，写得可谓遒劲有力。可这“研宄所”的“宄”写得对吗?遗憾的是，这块牌子已经挂了几年!

“究”本应是“穴”字头，其本义为“穷尽”，又引申出探求义。“研究”一词早在刘义庆的《世说新语》中便可见到。

而牌子上写的却是“宄”!宄，音 guǐ，义为内部坏人，“宀”字头。宀，“交覆深屋也”。“凡盗起外为奸，中出为宄。”“中出”，即出在内部，故从宀。“宄”可和“奸”连用，组成“奸宄”一词，但似没有“研宄”一说。

“研宄所”，难道是一家专事研究内奸、内盗的机构?

9 787805 119069 >

ISBN7—80511—906—6/H·38

定价：2.00 元

1997

上海文化出版社

咬文嚼字

YAO WEN JIAO ZI

YAO WEN JIAO ZI

YAO WEN JIAO ZI

YAO WEN JIAO ZI

5

Shanghai Wenhua Chubanshe

寿　宴

蔡雄州·文
麦荣邦·画

沈老师家的客厅里，灯火辉煌。沈老师弟兄三人，正领着家人为父母亲庆祝八十寿辰。寿宴的最后一道节目是：分吃生日蛋糕。

这只蛋糕是沈老师到面包房定制的。他关照店里，蛋糕上要镶几个大字：祝二老寿比南山。可是，当盒盖打开时，在场的人不由目瞪口呆。原来，蛋糕上的字却是：祝老二寿比南山。

正是：

只为一字颠倒，“老二”替换“二老”。

赛过黑色幽默，让人只好苦笑。

咬文嚼字

1997 年 5 月

第五辑

（总第二十九辑）

上海文化出版社出版、发行

上海绍兴路74号

编辑部电话:64372608－205

邮购部电话:64372608－230

邮政编码:200020

新华书店经销

上海艺文激光电脑排版厂排版

上海海峰印刷厂印刷

开本787×1092　1/32

印张1.5　字数43 000

1997年5月第1版

1997年5月第1次印刷

ISBN7－80511－907－4/H·39

定价：2.00元

5—2

目　录

语林漫步

话说"傢俬现象"……………楚山孤（4）

听不懂的华语……………宣　轩（7）

"酸、甜、苦、辣"音义趣谈……姜洪水（8）

"胜利"留给"闭幕"………袁　诹（9）

词语春秋

"横"的词义衍化……………陈汝法（10）

"解手"来源之我见…………骆伟里（11）

"她"字并非刘半农所造……贺　祥（13）

"裙带"说略……………………李秉鉴（14）

正音室

"皋陶"的"陶"怎么读?………卓王泽（15）

场的 chǎng、cháng 两读怎么区别?

……………………………尤敦明（16）

《秦颂》中的"床第"……………陈明杰（16）

三味沙龙

一字之异意境殊

——"生处"与"深处"辨…符达维（17）

"咸亨"的含义………………孙章埂（19）

报刊扫描

"其"字的滥用………………钱伯城（20）

"不啻"不等于"不但"………沈惠乐（22）

古语岂能如此今用…………宛　啸（23）

"登堂入室"不是"进入课堂"…庆　祜（25）

"故居落成"?………………毓　霞（25）

"眼高手低"莫乱用…………杨　践（26）

谁诵读《枯树赋》……………何　兴（26）

字里乾坤

炎帝与原始火耕农业——上古圣王得名考源之三 …… 张再兴(27)
远古的追求——以“裘”为“求”考 …… 刘志基(28)
“张冠”并未“李戴” …… 赵恩柱(30)

广告天地

好想游“宋城” …… 宗　朴(33)
“出卖春天” …… 许天星(34)
“超值”宜慎用 …… 曹志彪(35)

旧话重提

关于“最……之一” …… 叶景烈(36)
《二简》影响今犹在 …… 余双人(38)
“之所以”正误辨 …… 金波生(44)

五重奏

谐诗篇　诗霸 …… 林　山(46)
趣喻篇　捡石头 …… 艾　宏(46)
智答篇　“中国可有妓女?” …… 裘　浩(47)
噱言篇　“奥斯卡”的脖子 …… 房　雨(47)
妙联篇　冷眼热肠聂绀弩 …… 樊仁宇(48)

语丝

“温儿叉”应为“温八叉” …… 陈新国(6)
“俏价” …… 陈俊艺(14)
少了一个字,惩治错了人 …… 王加山(18)
“将他杀之” …… 李云龙(19)
一则帮倒忙的广告 …… 劳　益(32)
“尝”桃花? …… 屠林明(45)
曹禺的忌日竟出现两个 …… 邓大亮(48)

卷首幽默

寿宴 …… 蔡雄州　麦荣邦(1)

语林漫步

话说"傢俬现象"

楚山孤

还是六七年前的事。一天，陪朋友逛街，朋友突然指着一块店牌问："这是什么字？"他指的是"××傢俬总汇"的"俬"字。这家"总汇"的橱窗上，还有一句醒目的广告语："帝豪傢俬，皇家气派。"对着这个"俬"字，我搜肠刮肚，想了半天，只能"实话实说"："不识。"

回家以后，便急急地查书。先查的是《新华字典》《现代汉语词典》，没有；再查《辞海》《辞源》，还是没有；于是索性搬出《说文解字》《康熙字典》《汉语大字典》《汉语大词典》，"上穷碧落下黄泉，两处茫茫皆不见"，查遍手头的工具书，居然没有这个"俬"字。无奈之际，灵机一动，心想莫非是个日本汉字吧，又请人查了《大汉和辞典》，结果还是令我失望。

多年来养成了一个习惯：一字不识，如芒刺在背。这个"俬"字，便让我坐立不安，一连几天，逢人便问。一次接待一位香港朋友，又扯到了这个字。谁知他脱口应道："这是'gā xī'的'xī'嘛，香港到处都可见到。"朋友说的是粤语，与之对应的普通话，大概便是"sī(私)"。经这位朋友指点，我方才恍然大悟："俬"字是个方言字。

"傢俬"，说的就是家具，这从"傢俬总汇"的摆设，一眼就可看出。后来查过《当代港台用语辞典》，书中便收有这一词条。家用器具一类，在汉语词汇中，有很多不同的称呼。明代李翊《俗呼小录·世俗语音》称："器用曰家生，一曰家火，又曰家私。"其实除了这三种外，由于方言的差异或用字的变迁，还可举出不少，比如家什、家伙、家司，等等。"傢俬"的出现，想来和"类化"有关：汉语中有些词语的用字，往往会受到邻字偏旁的影响，比如“朱儒”类化为“侏儒”。“家生”可作“傢生”，到了江浙一带，又类化为“傢伙”，都用了单人旁；同理，“家私”可作“傢私”，到了香港地区，又类化为“傢俬”，也都用了单人旁。这自是顺理成章的事。不过，它们不必要也不应该取代普通话词语“家具”。

明白了“俬”字的来龙去脉，我便不再为它所困惑；现在之所以“旧话重提”，因为“傢俬”或者“家俬”一词的流行，已成了一种值得关注的社会文化现象。当年的“傢俬总汇”，只是风起于青蘋之末，偶尔在街头碰上一家；而今在我们这个城市里，家俬城、家俬中心、家俬王国……已是星罗棋布，触目可见，而且，它已从沿海城市蔓延到内地城市，从大城市蔓延到中小城市，“家俬”成了全国性的时髦词语。这到底意味着什么呢？

就商家而言，首先表现出来的无疑是求新求异心理。语言文字作为一种符号系统，它应该具有稳定的特点，并不因历史的变革而改变其固有的规范；然而，语言文字又是随着时代的发展而发展的，不同的时代会留下不同的烙印。这在语词方面表现得尤其明显。比如，过去说“消息”，现在说“信息”；过去说“开展”，现在说“运作”；过去说“隔阂”，现在说“代沟”；过去说“设备”，现在说“硬件”……选择新词新语，有利于突出时代的特征，强化表达的效果。商家不用“理发店”而用“发廊”，不用“小吃店”而用“食府”，正是为了出奇制胜，引人瞩目，在商战中掌握更多的主动权。用词当随时代，在这方面本是无可厚非的。

然而，面对“傢俬”的蔓延，我们不能不遗憾地说：这实际上反映了社会语文规范意识的薄弱。商店的牌匾，既是商店的标志，也是社会文化环境的组成部分，因此其用字不能随心所欲。早在1987年4月10日，国家语委、商业部、外贸部、国家工商局便曾联合颁布了《关于企业、商店的牌匾、商品包装、广告等正确使用汉字和汉语拼音的若干规定》，明确提出“不得使用已被简化了的繁体字和不符合《简化字总表》规定的各种简体字（包括已废止的《第二次汉字简化方案（草案）》中的简化字）”，“不得使用”已被《第一批异体字整理表》淘汰的异体字；可惜这一“规定”并未引起有关部门的重视。比如这个“傢俬”的“俬”字，严格来说，是个不规范的生造字，是个地域性很强的方言字，按照规定是不应用上牌匾的。有些店家竟在读不出音、辨不明义的情况下，群起效尤，竞相搬用。什么语文规范，什么用字规定，早已被置诸脑后。问题的严重性便在这里。由此我想到，为了提高语文规范水平，除了要加强宣传的力度外，还要加强执法的力度。对于商店牌匾之类，便可以进行强制性的用字规范审查。

再往深处想，"傢俬现象"还不完全是一个用字规范问题。否则，为什么流行于江浙一带的"傢生"至今在其他地区鲜为人知，而"傢俬"却能在短期里风行全国呢？这显然不是"求新求异"所能完全解释的。从社会语言学的角度来说，语言文字不仅具有表达功能，而且还和特定的社会背景联系在一起，这在很大程度上会影响人们的取舍。"傢俬"蔓延，表面上是因为其新鲜感强，实质上还因为它来自香港，代表着一种"强势文明"，体现出更高的"社会附加值"。事实上，这也并不是一种孤立的现象。港台通行繁体字，大陆某些人不也是以写繁体字为荣吗？港台演员说不好普通话，大陆某些演员、节目主持人不也是尖着舌头说"西西（谢谢）"吗？这与其说是社会文化现象，还不如说是社会心理现象。无论是经济还是文化，都是需要而且应该交流的。问题在于，这种交流要重视选择，重视优化。如果唯香港马首是瞻，盲目追随，连不合规范的"傢俬"也照搬不误，只能说明某些人在心理上发生了倾斜，对自身的力量估计不足，缺乏自强自立的信心和勇气。这一无意中透露的信息，是值得我们深长思之的。

语丝

『温儿叉』应为『温八叉』

陈新国

『如收「温儿叉」，不收「方三拜」「张三头」；收「胡钉铰」，不收「嗫嚅翁」……』（《羊城晚报》一九九六年十一月十日《大辞典不『大』》）

引文中的『温儿叉』应改为『温八叉』。『温八叉』即与李商隐齐名的晚唐诗人温庭筠。晚唐考试律赋，八韵一篇，传说温庭筠每试押官定的八韵，未尝起草，凡八叉手而八韵成，人称『温八叉』，所以说引文中的『温儿叉』是『温八叉』之误。

听不懂的华语

宣 轩

在华人占75%以上的新加坡，华语是相当流行的。这使每一个客居新加坡的中国人都倍感亲切。然而，这里所说的华语与我们中国人的用语习惯有许多不同。有时候，他们的华语令我这个在中国生活了几十年，并拥有中文学士学位的人也会疑惑久久。

一次，与朋友一起去用餐，结账时，朋友起身嘟囔了一句"我去还钱"，便走开了。还钱？他碰到债主了吗？朋友回来时说："我们走吧。"我却愣在那儿问："我们还没付款呢。"哪知道，这里的"还钱"就是付款。奇怪，奇怪。

有朋友打电话，邀我去她家玩。我说我是辨不清东南西北的。朋友便热情地答道："你什么时候下来，我去接你。"什么"下来"？我又不在你的楼上！后来我才知道，在这里，我去你那儿是"上来"，你来我这儿是"下来"，以表示对对方的尊重，太妙，太妙。而标准的普通话，只有"过来""过去"之说，不见尊卑之分。

新加坡人口语中，用得最多的否定句是"不懂"。我们可以听到这样的对话。

A："现在是几点？"B："不懂。"

A："你看这天会下雨吗？"B："不懂。"

A："这个句子是什么意思？"B："不懂。"

显然，这儿的"不懂"包含了"不知道""不清楚""不明白"和"不理解"。对初学华语者来说，真是简便了许多。慢慢地，为"不懂"所困惑的我，也说起了"不懂"。

另外，由于大量新加坡人是早年从福建移民过来的，所以他们的不少口语是福建话的表达结构。如："客人"被说成"人客"，"你先走"被说成"你走先"，等等。

“酸、甜、苦、辣”音义趣谈

姜洪水

有些汉字的含义，可以从该字发音时的口形和面部表情上形象地反映出来。

如读“酸”字时，口形扁，舌尖抵齿背，双眉下压，眼珠半露，俨然一副吃了青梅等酸味食物的形象。

在读“甜”字时，口张，两角向左右拉开，牙齿全露，舌尖冲在齿锋上又退回(古语说：“舌尖属甜”)。从面部表情看，两颊拉宽，眉眼舒展，口、齿、眉、眼、颊皆呈笑容，读者的内心活动和外部表情得到了和谐统一。

当读到“苦”字时，嘴唇拢圆前伸，双唇间仅有一小孔出气，舌跟后缩(古语说：“舌根属苦”)，好像要把舌根上的苦味在软腭上摩擦掉一样。读“苦”字时，双眉紧锁，两眼半闭，呈现出一副愁苦面容。

而读“辣”字时，嘴巴大张，上下腭形成最大的空间，好像让沾了辣味的舌头在口腔里上下抖风散热，并伴随吸进凉气。这时，面部呈现辣不可耐、哭笑不得的样子。

上面这些字的读音产生的外部形象和它们的含义是有内在联系的。文字的发明并非偶然，它往往是古人在生活实践中获得某种经验，由此确定字的含义，然后产生读音、确定字形。这些字也可作为一个佐证吧。

而最让我听不懂的，则是纯新加坡的表达式：如所有圆的被说成是粒，进一个球说进一粒球，买一个苹果说买一粒苹果，说起粒来，他们是不分大小的。关于就餐的问候，无论你是否吃过，人们一律问：“吃饱了吗?”而我们通常说的烫字，这里则说成是“烧”。

虽然新加坡的华语，时常让我听不懂，可是当我坐在新加坡南洋理工大学的华裔馆倾听各界名流大谈继承和发展中华文化的意义时，我会忘了我是身居异国，我会为新加坡人对华文的重视而感动。况且，那些听不懂的华语，我也渐渐听懂了。 **(本文寄自新加坡)**

“胜利”留给“闭幕”

袁　諏

会议无论大小，召开之日常在其影响所及的范围里拉出横幅、贴出标语：“热烈祝贺某某会议胜利召开！”新闻媒介作报道，也往往是“某某大会胜利召开”。对此，很值得作一番推敲。“胜利”总是对一个过程的结果而言的。比如，任务胜利完成，战争胜利结束，远航胜利归来……会议刚刚召开，开得如何，尚未见分晓，最多只能预祝会议取得圆满成功，以“胜利”修饰“召开”，从何说起？在我记忆中，早些年，会议之初，都是说“隆重召开”或“隆重开幕”，会议结束，才说“胜利闭幕”。

“胜利召开”的说法始于何时？在我的印象里，似乎起源于“文革”期间。那时，“斗争哲学”大行其道，一些全国性的重要会议都被说成（或者也确实有那么一点儿）是经过激烈的斗争，“无产阶级革命路线”取得决定性胜利，才得以召开的。“召开”本身就是一种“胜利”。于是，“胜利召开”成为时尚。中央以下直至公社、生产大队召开的各式各样的会议——包括革委会成立大会、学“毛选”积极分子代表大会、各种誓师会以及批斗会——都是“胜利召开”。从《人民日报》到各种造反派小报、墙报，“胜利召开”触目皆是。倘撇开历史功罪不谈，仅从语言逻辑角度看，当时这“胜利召开”还是说得通的，因为它一定程度上反映了某一实际情况。

“胜利召开”，铃有“文革”印记。如今时过境迁，全党、全国的政治生活与当年相比，自是另一番景象。各级党代会、人代会、政协会的召开都有法可依，有章可循，正常、有序，再不是什么路线斗争胜利的产物。且不说清除“文革”遗风之类的话，“胜利召开”的说法，在今天于实际不符，于逻辑不通，是明摆着的。今天还是说“隆重召开”吧，把“胜利”留给“闭幕”。

词语春秋

“横”的词义衍化

陈汝法

有人认为用“横”构成的复合词，一般都表凶险、不吉义，如“横祸、横灾、横殃、横亡、横死、横难、横疾”等。古来“横”字后面就很少跟吉祥意义的字眼，并由此断定电视剧《飞来横福》用词不当。诚然，历来似乎只有“飞来横祸”而不见“飞来横福”的说法，但不能由此论定“飞来横福”错了，因为语言是发展的，词义衍化有其潜在的规律，况且成语或短语因换字而别有情趣，也比比皆是，关键要吃透词语的含义，顺应构词的规律，换得恰到好处。

不错，用“横”构成的复合词，一般都表凶险、不吉义，但是这并不排斥特殊情况；“很少”并不等于“没有”。就是“横恩”“横赐”也是“美恶同辞”，既有“胡乱的恩赐”义，也有“不寻常的、特别的恩赐”义。另如“横劲”义为决心大，劲头足；“横选”“横拜”“横调”都有特别的、不寻常的选调任用义；“横饮”为畅饮义；“横步”为信步义；“横览”乃广泛观察义：都与凶险、不吉无涉。

《说文》：“横，阑木也。从木，黄声。”段玉裁注：“阑，门遮也。凡以木阑之，皆谓之横也。”横的本义是门前木栅栏。由横栏木形象引申开来，就有横贯、横渡等义的产生。横与直相对，有个成语叫“横生枝节”，本指笔直的树木从旁萌生了枝节，比喻意外生出一些事端。“直”为正常，“横”就是不正常，“横”的很多义项都是从这一点上联想生发的，如胎儿横产谓之“横生”；“横死”指不正常的死，如自杀、被害之类。从正常和不正常褒贬转化，就是平常和不平常、寻常和不寻常，如“妙趣横生”意谓美妙的意趣不寻常地特别地显现出来。再如清人王士禛《香祖笔

“解手”来源之我见

骆伟里

《南方周末》1994年10月11日《洪洞古槐寻根记》一文，记载了一则有关明朝统治者在山西洪洞县古大槐处大规模移民的民间传说。文中写道：

“（官兵）为防止半路上有人逃跑，把移民们的双手反绑起来，然后用一根长绳连接起来，押解上路……在押解过程中，由于长途跋涉，避免不了有人要小便。小便的人只好向官兵们报告：‘老爷，请解开我的手，我要撒尿。’次数多了，这种口头的礼貌口语，趋于简单化，只要有人说声‘老爷，我解手’，大家都明白是小便。此后，‘解

记》卷十二：“（宋李格非《杂书》）余尝与宋遐叔言，孟子之言道，如项羽之用兵，直行曲施，逆见错出，皆当大败，而举世莫能当者，何其横也。左丘明之于辞令亦横。自汉后千年，惟韩退之之于文，李太白之于诗，亦皆横者。近得眉山《筼筜谷记》《经藏记》，又今世横文章也。夫其横乃其自得，而离俗绝畦径间者，故众人不得不疑……”（着重号为笔者所加）这段话中连用五个“横”字，其意都是“不寻常”“特别”，这显然是褒义。《汉语大词典》等大型语文词典正疏漏了这一重要义项。

“横”的“不寻常、特别”义是不能疏忽的。由此可知对《飞来横福》不应指责其用词不当。“飞来横福”当是从“飞来横祸”换字而来，既符合“横”的含义，又顺应汉语构词的规律，“飞来横福”实在有不寻常的特别的画龙点睛之妙。

手'便成了排尿的代名词。"(着重号为笔者所加)

上述"解手"一词由来的说法，作为一则民间传说，其真实与否，当然可以不加深究。但是，倘若真的认为，以"解手"代称"排尿"，其语源就出自这则传说，那就错了。

代称排尿的"解手"，当为"解溲"的音近而讹。"解"，在此是排泄的意思。古籍中分泌汗液、排泄大小便，均可称之为"解"。如《论衡·寒温》："人中于寒，饮药行解，所苦稍衰。"《警世通言·赵太祖千里送京娘》："于路只推腹痛难忍，几遍要解。"小便称小解，亦称前溲；大便称大解，亦称后溲。如《史记·扁鹊仓公列传》："涌疝也，令人不得前后溲。'"司马贞索隐："前溲谓小便。后溲，大便也。"如今，江浙方言中仍称小便为"解小手"，大便为"解大手"。

"溲"字从字形分析来看，是一个"从水，从叟，叟亦声"的会意兼形声字。"叟"的本字为"叜"，甲骨文作，表示人用手持火把在洞中(或说屋中)引路或搜索。远古之人，穴居野处，为了躲避洪水猛兽的侵袭，常要手持火把搜寻新的洞穴。持火把引路者，则应为年长的男子。故"叟"字有长老者之称。《说文·又部》："叜(叟)，老也。""叟"之长老义可以引申为长久、长期。或说"叟"为"搜"的初文，搜索费时，亦隐含有长久、长期之义。"叟"加"女"旁为"嫂"，指妯娌中的长者；"叟"加"食"旁为"馊"，指饭、菜长期存放而变质发出酸臭味；"叟"加"水"旁为"溲"，指在人或动物肾脏内潴积多了必须从尿道排出的液体，也就是小便。因而古籍中的"溲"字，就有排泄小便(亦可泛指排泄大小便)的意思。如《国语·晋语四》："臣闻昔者大任娠文王不变，少溲于豕牢，而得文王不加疾焉。"《抱朴子·刺骄》："或濯脚于稠众，或溲便于人前。"古籍中，"溲"字也用来专指排泄出的小便(尿)。如，《后汉书·张湛传》："湛至朝堂，遗失溲便。"李贤注："溲，小便也。"

"手"(shǒu)上古音为幽部书母字；"溲"(sōu)上古音为幽部生母字。"溲""手"二字，古音韵母相同，声母相近，"溲"字笔画繁多，"手"字笔画简单，更何况大小便均需手的帮助，所以在话本小说之类俗文学作品中，将"解溲(尿)"讹误为"解手"，并附会出种种故事。只是据现有语言资料来看，以"解手"代称排尿，在明代之前就有书面记载。如《京本通俗小说·错斩崔宁》，"叙了些寒温，魏生起身去解手"，而并非迟至明代才出现。

“她”字并非刘半农所造

贺 祥

近年来，一些报刊谈论“她”字来历的文章，多说这个字是刘半农(1891—1934)创造的，并说五四运动以前尚无此字。《咬文嚼字》1996年第9辑《何必又来个“妳”》一文中也说：“‘五四’运动前，‘伊’字专指第三人称中的女性。后来刘半农先生创造一个‘她’字，来取代伊字。”“她”字果真是刘半农所创造的吗?非也!

其实，“她”字古已有之。南朝梁陈之间顾野王撰的字书《玉篇》和清代《康熙字典》均收有此字。不过，字音和字义都与今天作为女性第三人称代词的“她”字不同。《玉篇》载：“她，古文姐字。”而“姐”也不是“姐妹”的“姐”。据汉代许慎《说文解字》上说：“蜀人谓母曰姐。”原来，古代四川方言称母亲曰姐。而作为“姐”的异体字“她”字，以后在字书中逐渐消失了。

汉语中，第三人称在本世纪20年代以前不分男女，只有一个“他”字，不好区分性别。五四运动后，提倡新文化的北京大学教授刘半农于1920年6月，撰写了《她字问题》一文。文中提出：“一、中国文字中，要不要有一个第三位阴性代词?二、如其需要，我们能不能就用‘她’?”他的这一主张得到了当时一些专家学者的认可。此后，“她”字就被广泛运用了。

由此看来，“她”字并非刘半农所造，而是他从古汉字中借用来的，只是改变了它的音义。

1934年8月，鲁迅在《忆刘半农君》(见《且介亭杂文》)一文中说：“他活泼，勇敢，很打了几次大仗，譬如罢，……‘她’字和‘牠’字的创造，就都是的。”我想，鲁迅的意思是说，把“她”这个几近死亡的古字，赋予它新的字音字义，作为女性第三人称代词，是个创造，而不是说这个字本身是刘半农创造的。当然，刘半农把这个“死”字变为“活”字，占为今用，在汉字发展史中，也是功不可没的。

"裙带"说略

李秉鉴

裙带关系起于何时，无可考，恐怕随着原始公社的解体便产生了吧。周初大封诸侯，其中即不乏裙带关系者。

以裙带称人始于北宋，宋人称郡马为"裙带头官"，因为郡马是亲王的女婿，沾光不少的缘故。王安石的女婿蔡卞，是历史上第一个非郡马而被称为裙带官者。蔡卞是权奸蔡京的弟弟，其妻七夫人聪慧颖悟，善作诗词。蔡卞每当要就国事发表见解，事先都要求教于七夫人，然后才到朝堂上去依葫芦画瓢地复述一番。日久天长，大臣们得知个中奥秘，都很不满地说："我们每天所奉行的朝堂大议，都是其妻的咳唾之余啊！"蔡卞既无才亦无德，专喜罗织罪名中伤士人，人们称其为"笑面夜叉"。这样一个猥琐小人靠了夫人却官运亨通，青云直上，一直做到右丞相。被拜为右丞相时，蔡卞在家中设宴庆祝，有伶人乘表演之机致贺词："右丞今日大拜，都是夫人裙带。"讽刺他的官职是因妻子而致。自此，凡借妻女、姊妹关系而得的官都被称为"裙带官"。

时至今日，"裙带官"一词已衍变为"裙带关系"。"裙带风""裙带"也不再局限于妇女了。"裙带关系"也不再仅仅局限于官宦，举凡一切靠了三亲六戚，谋得好的职位、差事者都在其列。

语丝

『俏价』

陈俊艺

去年我家乡遭受水灾。在县城街上，有这样一则广告：『受灾商品，俏价出售。』好些顾客见后心里嘀咕：是不是因为受灾，商品就俏了？这儿『俏价』，还是到平价处去买吧。经营者误把『削价』写成了『俏价』，一字之差，撵走了多少顾客！

正音室

"皋陶"的"陶"怎么读？

卓王泽

大年初一晚上，看华东六省一市'97春节电视文艺晚会节目，其中有昆曲演员计镇华演的水浒英雄林冲，他的唱词不长，我看见字幕上句子中最后两个字是"皋陶"，但听到的声音却是 gāo táo。我当即对坐在身边的弟弟说："'皋陶'的'陶'字念错了。"弟弟不解地说："没错啊！他唱的是 táo 嘛！"我说："应当念 yáo(摇)。"弟弟反问说："明明是'陶'，为什么要念 yáo 呢？""陶"字在现代汉语中只有一个读音，如陶器、熏陶等词以及用作姓的"陶"都念 táo，许多人不知道它还有另一个专用于古代人名的读音，一旦碰上，念错也就难免了。现在，古典的戏剧还有人在演，古代的文史著作还有人在看，因此纠正这个读音的错误，并不是毫无意义的。

皋陶，相传为舜、禹的大臣。他的名字始见于《尚书·舜典》："帝(舜)曰：'皋陶，蛮夷猾夏，寇贼奸宄，汝作士。'"士，后世也称理或大理，是掌刑狱的司法官。唐陆德明在《经典释文·尚书音义》中注道："皋音高，本又作咎……陶音遥，本又作繇。"《史记·夏本纪》有"皋陶"，唐张守节也注作"高姚二音"。作为人名的"皋"，古今无异读；而"陶"读 yáo 的依据，就来自唐人的音注资料。

上文中陆德明所说的"皋……本又作咎"，"陶……本又作繇"，其例见于《楚辞》和《尚书大传》。如《楚辞·离骚》云："汤、禹严而求合兮，挚、咎繇而能调。"汉王逸注："咎繇，禹臣也。……一作皋陶。"表示"过失""灾祸"等义的"咎"，读作 jiù(就)，但用于"咎繇"这个人名时，则与"皋"字同音，读作 gāo(高)。"繇"字别有 yóu(尤)、zhòu(宙)等音，但用于"咎繇"时，也读作 yáo(遥)。

最后要提一下，以收录现代汉语词汇为主的《现代汉语词典》，并没有舍弃"陶"字这个特殊的读音，该条为：陶 yáo　皋陶(Gāoyáo)，上古人名。

场的 chǎng、cháng 两读怎么区别?

尤敦明

早新闻中一位女播音员把“广场”读成 guǎng cháng，听上去很别扭。“场”有阳平和上声两种读音。用作名词，指一处处所，如：会场、市场、广场，都读 chǎng。“广场”因是两个上声字相连，所以读音有变调，guǎng chǎng 听起来像 guáng chǎng。如果把后面的“场”字读成 cháng，那是读错了。

必须注意的是，“场”也有用作名词而读 cháng 的，那只是指农家翻晒粮食及碾轧谷物的面积较小的平地，一般较少使用。

人们对“场”误读，常常是在“场”用作量词的情况下。最近我们在普通话水平测试时就发现了这个问题。为了便于大家准确选读，这里提供一点学习体会供参考。

“场”作量词，凡用来说明一件事情的经过，读 cháng，如：一场雨、一场大战、一场虚惊。凡用来指文娱体育活动的次数，读 chǎng，如：一场球赛、一场电影、一场歌剧、跳一场舞。

《秦颂》中的“床笫”

陈明杰

电影《秦颂》中，秦始皇(姜文饰)责问部下：“为何如此津津乐道于探究儿女私情，臆测他人之床笫，本朝是否应以色欲为本去统一天下?”同步字幕居然将“床笫”误为“床第”。更令人不解的是，银幕上传来的声音，“床笫”的发音清清楚楚也是“chuáng dì”，错得令人瞠目。

错别字往往由形似而致误，“笫”与“第”就是这种情形。“笫”音 zǐ，床上的席子；床笫，即床铺，引申指闺房之内或夫妇之间。“第”音 dì，是个常用字，和儿女私情风马牛不相及。把“床笫”误作“床第”，如“床笫之欢”，如此混淆，不仅意义相左，而且韵味尽失，确有辨正的必要。

三味沙龙

一字之异意境殊

——"生处"与"深处"辨

符达维

《新民晚报》副刊发表过一幅《秋色图》的国画,题句为"白云深处有人家",虽未注明出处,一望而知是引用了杜牧的名句。

《文汇报》文化版曾报道某小学结合语文课内容开展课外活动,说在学了杜牧作品后,教学生制作"白云深处有人家"的盆景。

《新民晚报》"读书乐·书友茶座"中一篇专谈诗的文章,在录引杜牧的《山行》原诗时,也用了"白云深处有人家"。

不久前又看到一则报道,说流行歌曲的词作者以古典诗词为内容,作了《涛声依旧》三部曲,另两首为《巴山夜雨》与《白云深处》,分别根据李商隐与杜牧的诗创作。

以上种种,似乎无一例外地告诉人们杜牧曾经写下的句子确是"白云深处有人家"。

其实,根据多数版本,杜牧那首脍炙人口的《山行》诗原句是:

远上寒山石径斜,
白云生处有人家。
停车坐爱枫林晚,
霜叶红于二月花。

杜牧写的是"白云生处"而不是"白云深处"。唐诗传至宋代,因音义相近或相同而讹误已多,所以也有版本作"深处",也有作"生处"而又注"一作深处"的。但当代多数学者认定是"生处",如中国科学院文学研究所的《中国文学史》、上海辞书出版社的《唐诗鉴赏辞典》,乃至《文汇报》所报道的小学语文课本第九册,都写的是"白云生处"。

"生处"与"深处"不但读音不同,前者为 shēng,后者为 shēn,而且更重要的是一字之异，诗的意境因此而大不一样。

“深”是形容词，又称静词。若用“白云深处”，当然也顺理成章，但那只是写了一个静态空间，而杜牧偏偏着一“生”字，由于“生”是动词，意境随之大变，它顿时描绘出远山高处那白云从无到有、氤氲成形、集聚飘忽的动态形象来。而且“深处”似已到尽处，而“生处”则又留给读者无限的想象空间。

再从作者的写作特色看，杜牧凡写山景秋色，素以静穆中表现自然的流动见长，不但《长安秋望》等如此，更能作为直接参照的是杜牧的另一首也写秋景的《题扬州禅智寺》，其颈联为“暮霭生深树，斜阳下小楼”，正好“生”与“深”连用。“深树”之“深”写树林茂密浓郁，也是静态的，而夕阳西下，暮霭顿生的“生”则静中又见动矣，而因暮霭之“生”而愈见树木之“深”，则更有明暗变化的流动感。可见杜牧对“生”“深”二字的不同作用与所表现的相殊意境是极为注意其区别的。

古人炼字，何等苦心经营，“生处”与“深处”看似相通，却优劣分明，让“白云生处有人家”这样的千古名句不要因后人的长期疏忽、相沿错引而失去其原来的风采吧！

语丝

少了一个字 惩治错了人

王加山

《文摘报》一九九六年十一月七日有篇文章标题为《南京：学生自伤者受惩处》，自伤者为何还要受惩处，令人费解。读完全文，方知文不对题。

该文说的是，江宁县一个七岁小孩在某小学玩耍时，背部被人烫了两下。事后，孩子的父亲周某和校长夏某威逼一个据说是『肇事者』的四年级小学生用烟头自己烫自己。结果逼学生自伤的周某和夏某受到惩处。文章的标题显然少了一个『逼』字，于是成了惩罚受害者的意思了。

“咸亨”的含义

孙章埂

鲁迅先生在《孔乙己》等小说里，曾多次提到“鲁镇”和“咸亨酒店”。

其实，“鲁镇”是鲁迅先生创造的地名，它包含的内容可能是鲁迅的故乡(绍兴城内都昌坊口)和他母亲的故乡(绍兴东皋乡安桥头)的混合体，在绍兴是找不到鲁镇这个地名的；而“咸亨酒店”则是一个真实的店号，就在绍兴城内都昌坊口，离鲁迅故居不远。

“咸亨”二字是什么意思呢?“咸”是“全”或“都”的意思。我国古代书法家王羲之的《兰亭集序》云：“群贤毕至，少长咸集。”我们平常说：“老少咸宜。”其中的“咸”都是“全”“都”之意。“亨”是“顺”“通”的意思。如《易经·乾卦》：“元亨利贞。”《坤卦》：“品物咸亨。”其中的“亨”都是“顺”“通”之意。“咸”“亨”连用，就是表达万事亨通、一切通达顺利的意思。毫无疑问，店老板将店名取为“咸亨”，是想讨个买卖兴隆的口彩。

“咸亨”，曾是唐高宗李治的第七个年号。在改用“咸亨”的前一年，全国气候异常，自然灾祸严重。唐高宗为了摆脱困境，讨个吉利，便改年号为“咸亨”，以此乞求上苍，使一切通达顺利。可知，“咸亨”一词既不是店老板创新的，也不是鲁迅先生创造的，而是古已有之的。

我国皇帝的年号，大都用吉祥的字眼，“咸亨”只是其中之一。跟“咸亨”类似的，在唐高宗之前，还有东晋成帝的“咸和”“咸康”、简文帝的“咸安”等，在唐高宗之后，还有唐懿宗的“咸通”、宋真宗的“咸平”，皆寄有万事通达顺利的意思。

语丝

『将他杀之』

李云龙

《三国演义》被搬上荧屏，本是件好事，但剧中对白都是不那么忠实于原著的文言不像文言、白话不像白话的形式，听起来生硬别扭。最典型的是这样一句对白：『将他杀之。』译成现代语只能是这样：将他杀了他。这成什么话？

报刊扫描

“其”字的滥用

钱伯城

“其”字是一个文言语词，在古诗文中的使用频率极高。据《论语引得》和《孟子引得》的统计，《论语》一书用了“弟子服其劳”、“视其所以”等“其”字共274处；《孟子》一书用了“其无后乎”、“比其反也”等“其”字共468处，《论语》全书不过15,913字，《孟子》不过35,377字，可见“其”字用途之广。《康熙字典》所定“其”字的词性有四：指物之辞，例《易经》“其旨远其辞文”；助语辞，例《诗经》“灼灼其华”；语辞，例《尚书》“若之何其”；语已辞，例《诗经》“彼其之子”。《汉语大词典》所定“其”字词性，有代词、副词、介词、连词、助词。其中用途最多的是代词，表第三人称领属关系他(她、它)的或他(她、它)们的和指代第三人称他(她、它)或他(她、它)们。《现代汉语词典》对“其”字作为代词，又有指代那个、那样的义项，例句举“查无其事”、“忘其所以”。由此可见，“其”字基本上是一个文言语词，虽然在长期的自然演变中，已经同现代汉语融合，有广泛的用法，但仍以成语为主，如“尽其所有”“突如其来”“不胜其烦”等等，并不是到处可以套用，尤其在口语和白话文中除了大家熟悉的成语，绝大部分用“其”作代词是用不上或不恰当的。

但是，现在一些报刊的报道和文章，有一种大量或偏爱使用“其”字作代词的倾向，连一些新闻标题或文章题目，也存在这种情况。

我就所见到的，举几个例子。

汪振德被警员抓获，其供认这些假钞从外地购得。(《文汇报》1996年8月9日)

他显得十分激动，这与其平时在休息室的一贯作风有所不同。(《新民晚报》1996年8月19日)

韩来国正在服刑，经将其所留指纹，与现场指纹验证，确认其为主要案犯，遂将其押至鹰潭受审。(《人民日报》1996年8月20日)

某公司职工集体旅游，生出种种

不满，旅行社则认为其出的价钱就是这个标准。(《新民晚报》1996年8月22日)

专案组找到这位政法干部，其答应亲自下去做案犯亲属工作。(《文汇报》1996年8月18日)

原告诉称，其去调液化气时，被告无货。被告辩称，原告要求送货上门，但其未留下地址。(《文汇报》1996年8月16日)

舒权的辩护人因为其在法庭上不如实供述事实，依规定对其自首情节没有为其提出辩护意见。法院认为，其虽有投案行为，但又翻供，故其不具备自首条件。(《文汇报》1996年10月6日)

以上所举各条例子中的"其"字，作为第三人称的他和他们的代词，在语法上并不算错；但却犯了将一个特定的文言语词，硬当作白话或口语来使用的错误。这就造成语句的别扭与不通顺。其实只要把这些"其"字，换成"他"或"他们"，句子就通顺了，意思也更明白了。

下面再举几条"其"字多余的例子：

国家航空和航天局19日在其庆祝纪念会上说，……。(新华社1996年7月20日电)

原告诉称：1994年8月，其与福建公司签定一份合同。(《文汇报》1996年8月7日)

"可蒙"得到赔偿金只11万余元，而其却承担了仓储费等7万元。(《南方周末》1996年8月9日)

原告诉称，在被告处购物付款后，当其走出店门时……(《徐汇报》1996年8月12日)

这几条例子中的"其"字，可以不用，也可说不应该用，因为完全没有必要用。这几个例子中的主词与谓语，前后的关系是直接的关系，用不着再在中间插上一个文言的代词，弄得不伦不类。这种句式，可称为"不伦不类句"。中小学的作文课，老师要求学生用字用句应避免累赘与重叠，这叫文字的修饰，也是作文的基本要求之一。上面的例子，不合修辞的要求。

当前一些新闻标题与文章题目，也常爱用"其"字，现各举一例。先看一个新闻标题：

抗议其拖延与阿谈判

阿曼中断与以往来(《文汇报》1996年12月27日)

这个标题中副题的"其"字，指的是主题的"以"(以色列)。在副题中"其"是主词("抗议"二字无着落，谁抗议?)，但在主题中"以"则是宾词，这就造成了主宾词的混乱(副题中的"阿"与主题中的"阿曼"也是一样)。毛病就出在这条标题中的"其"字是

“不啻”不等于“不但”

沈惠乐

“不啻”是个书面语词，口语中一般不用，《辞海》“不啻”有两个义项，一是“不止”“不仅”，另一是“无异于”。《红楼梦》第一一五回中“那膏粱文绣，比着令闻广誉，真是不啻百倍的了”，其中的“不啻”是“不止”“不仅”的意思；而《聊斋·聂小倩》中“倘肯囊妾朽骨，归葬安宅，不啻再造”的“不啻”当是“无异于”也即“如同”的意思。综上两种释义，“不啻”在句中都不用作关联词语，无下文同它呼应。现在往往有人因“不啻”有“不仅”的意思而把它同“而且”联用，作“不啻……而且……”如某刊《写作是美的享受》：“本文是篇比较成功的散文。它不啻立足颇高、意味隽永，而且把散文‘形散神聚’的特点发挥得淋漓尽致。”

句中“不啻”用错了。怎么会错的呢？原来“不仅”有两个义项：①不止；②连词，不但。“不啻”只在“不止”义上与“不仅”相通，与“不仅”的连词义不能相通，上例将“不啻”当成“不但”来用，当然是错的了。

多余的，这条副题只要改成“抗议拖延谈判”，就不会让读者看不懂了。

再看一个文章的题目：

论毛泽东调查研究思想和
邓小平对其继承与发展（《文汇报》1996年12月9日）

这个题目够长的，题目中的“其”字指的就是前面的“毛泽东调查研究思想”这个语词，这也是不必要的叠床架屋或转弯抹角式造句。这个题目只要将“对其”二字换成“的”字，就稍可简洁恰当了。

近来社会上有些人对某些文言语词或成语典故不甚了了，却勇于搬弄，结果常闹笑话。尤其报刊上用得多了，积非成是，正误莫辨，影响面广。文字混乱之势，堪为人虞。前不久在电视上看到一位教授发表谈话，自称他将“鼎力”协助什么云云。“鼎力”是向对方（第二人称）表示感谢或请求的敬辞，决不能用于本人（第一人称）和第三人称。但因报刊上到处不分人称地乱用，连教授也受影响了。本文谈“其”字的滥用，并举几个例子，意思也是想引起各界人士对此类情况的注意，不仅仅在一个“其”字的用法。

古语岂能如此今用

宛　啸

《新民晚报》1997年2月7日第1版《说“牛”》一文中有这样一段话：

在牛的众多词语中，还有一个“牛后”的说法，表明其甘于寂寞，不爱出风头，也不与人争名夺利……“鸡口牛后”是也。

作者在这里引用了“牛后”“鸡口牛后”两个带“牛”的词语。根据文章的说明，“牛后”表示“甘于寂寞，不爱出风头，也不与人争名夺利”的意思。显然，他是把“鸡口牛后”的牛，跟“俯首甘为孺子牛”“要做革命的老黄牛”中的孺子牛和老黄牛扯到一起来了。殊不知彼牛和此牛是不能任意引申类比的。“鸡口牛后”这个四字结构，其实并非成语，许多大中型成语词典都没有收录。它只是一句古代谚语的不规范的缩略形式，其含义只能通过原来的谚语去理解。现在，文章的作者完全撇开了语源的本义，对这个不知从哪里引来的“鸡口牛后”作了想当然的发挥和解释。这就难免要弄得读者一头雾水、莫名其妙了。

为了辨明是非，有必要分析一下“鸡口牛后”的语源。《战国策·韩策一》记载，苏秦前往韩国游说，劝韩王不要用割地的办法去讨好秦国。因为韩国的土地是有限的，而秦国的欲念是无穷的，“夫以有尽之地，而逆无已之求，此所谓市怨而买祸者也，不战而地已削矣！”因此苏秦说：

臣闻鄙语曰：“宁为鸡口，无为牛后。”今大王西面交臂而臣事秦，何以异于牛后乎？夫以大王之贤，挟强韩之兵，而有牛后之名，臣窃为大王羞之。

苏秦引用的“宁为鸡口，无为牛后”，是战国时代流行于民间的一句谚语。司马迁在写《史记·苏秦列传》时原封不动地作了引录。唐张守节《史记正义》说：“鸡口虽小，犹进食；牛后虽大，乃出粪也。”“牛后”与“鸡口”相对成文，“后”当作“肛门”解。这句谚语的意思是，宁愿像鸡的嘴巴，容量虽小，却可不断得益；不愿像牛的肛门，容量虽大，却只出不进。此话用来劝说韩王不要割地事秦，用得十分贴切。北齐颜之推《颜氏家训·书证》根据汉延笃《战国策音义》，认为“口”当作“尸”，“后”当作“从”。“尸”训“主”，“从”训“子”。整个谚语的意思便成了“宁为鸡中之主，不为牛之后从也”。这种说法，受到了清代学者卢文弨、梁玉绳、李慈铭等的否定。他们认为延笃关于“尸”“从”的解释并无根据，而且古代谚语前后句大多协韵，“口”“后”正好合韵，如作“尸”“从”便出韵了。何况后世从来没有人将此谚语引作“宁为鸡尸，无为牛从”的。

现在再来看看两部较有影响的成语词典对“宁为鸡口，无为牛后”的解释。《汉语成语考释词典》说：“比喻宁愿在小范围内自主，不愿在大范围内听人支配。”《中国成语大辞典》说：“宁做进食的鸡口，小而洁；不做出粪的牛后，大而臭。比喻宁愿在局面小的地方自主，不愿在局面大的地方听人支配。”两者说法虽略有差异，但意思却大体相同。

毫无疑问，“鸡口牛后”是从“宁为鸡口，无为牛后”这一古谚直接缩略而来的。我虽读书不多，但查过近二十种古今汉语词典和大中型成语词典，除《说“牛”》外，还未曾发现过有作者使用“鸡口牛后”的先例。这一缩略形式，略去了语源中“宁为”“无为”四字，将古谚改造得完全离了谱。试问：“鸡嘴巴牛肛门”，这还成什么话？！当然，作为典故性成语，后人在运用时可以对语源中的某些字词作适当的缩略，但其缩略形式必须紧扣原义，而决不能作随心所欲的发挥，否则读者就无从索解了。如果本义为“牛肛门”的“牛后”可以当作“甘居人后的老黄牛”来运用，那么“鸡口”二字又该如何解释呢？

不久前，我还读到过一位散文名家类似的用例。他在《并非“自画像”》一文中写道：

我这人，没出息，所奉行着的是一套“不作鸡头，甘居牛后”的处世哲学，持之以恒，乐此不疲。

这里，“宁为……无为……”被反其意而用之，改成了“不作……甘居……”，当然，只要整句意思说得过去，自无不可。但作者将“鸡口”换成“鸡头”，“牛后”也理解成“不求闻达的地位”，那就如同“鸡口牛后”一样，有点让人不知所云了。

“登堂入室”不是“进入课堂”

庆　祜

《江淮时报》1997年1月24日第3版刊登了《朱光潜与香港》一文，开头一段介绍朱先生幼年读书的事儿，说他于嬉耍的间隙，经常蹲在教室窗下听父亲（私塾先生）讲课，“父亲无意间发现，便让他登堂入室，成为最年幼的学生。”“登堂入室”用在这里，显然错了。这个成语出自《论语·先进》：“由（子路）也升堂矣，未入于室也。”后以“升堂入室”比喻学识由浅入深，达到了很高的造诣。也作“登堂入室”“入室升堂”。幼年朱光潜只不过是想听父亲讲课，与“登堂入室”对不上号。看来作者望文生义，把“登堂入室”错解为“进入课堂（教室）”了。

『故居落成』？

毓　霞

《太原日报》1996年12月2日有山西作家王东满所撰《画家作家总相宜》文，开头有“革命先驱高君宇故居落成”之语。“故居”和“落成”均为常用语，“故居落成”则为病语。故居，从前曾经住过的房子；落成，指新建成。新建的房子怎么能是“故居”？显然，本应作“修复”或“修整”，这位作家错用了“落成”一词，或是本应作“纪念馆”而错用了“故居”一词。

“故居落成”下面又有语曰：“高君宇的故居——峰岭底村，就坐落在……”又为病语。故居是就房子而言，不能指村子。

顺便指出，该文之题似是仿苏东坡“浓妆淡抹总相宜”，却用得未当。相宜，即适宜做某事或怎样做，而不宜与两个名词连用。

“眼高手低”莫乱用

杨践

由于有像宗炳、王维、苏轼、米芾等眼高手低、非师而能的文士哲人的前赴后继，才使中国画“道”与“器”之间的必要张力始终绵绵不断。(《文汇报》1996年8月4日《澄怀观道——中国画的传统和江宏》)

“眼高手低”说的是眼光高，能力低。指自己要求的标准很高(甚至不切实际)，但实际工作、动手能力很差。

把“眼高手低”放在“由于……才使……”的句子里，显然讲不通。而且宗炳等四人是古今公认的大家，讲他们“眼高手低”也难以成立。我想作者的原意想是指宗炳他们有着宏观的高瞻远瞩和微观的探索研求的贡献。果如此，那就该用“大处着眼，小处着手”。

谁诵读《枯树赋》

何兴

《湖南日报》1996年10月13日“博采”版上，转载《世界信息报》刊登的《毛主席病中诵读〈枯树赋〉》一文，末段头一句说：“有一天，主席让我(指毛主席的秘书张玉凤——引者注)找来南北朝著名文学家庚信的一首《枯树赋》，叫我读给他听。”文中庚信，显系庾信之误 。

此外，读完该文，笔者认为还有文不对题之弊。因为，按题目理解，毛主席应是诵读者，而张玉凤则是听者。但文中“叫我读给他听”，却明白无误地指出张玉凤是诵读者，毛主席倒是听者。

字里乾坤

炎帝与原始火耕农业

——上古圣王得名考源之三

张再兴

炎帝、黄帝是中华民族的始祖，直到今天，我们还在说我们是“炎黄子孙”。然而我们的老祖宗到底是怎样的人或者说是神呢?他们的名字是如何得来的呢?先让我们来看炎帝的得名之源。

炎帝，文献中又称“神农”。《世本·王侯大夫谱》:“炎帝，即神农氏。”“神农”即农神，是农业之神。关于这一点，文献中多有记载，我们也容易理解。《白虎通·号》:“古之人民，皆食禽兽肉。至于神农，人民众多，禽兽不足。于是神农因天之时，分地之利，制耒耜，教民农作，神而化之，使民宜之，故谓之神农也。”问题是神农为什么又会得到“炎帝”的名号呢?

从文字上看，“炎”字从二“火”，《说文》释为:“火光上也。”用“炎”字来为农业神命名，反映了火对于原始农业的巨大作用。到底是什么样的作用呢?从炎帝的另一个称号“烈山氏”(或称“列山”“厉山”，皆一音之转)中我们可以看出端倪。《说文》:“烈，火猛也。”烈山即烧山，也就是火种。在原始农业的初级阶段，先民实行“刀耕火种”，即用火焚烧原野之后，再进行播种。这一方面是由于原始农耕工具的落后，难以做到砍伐树木开垦土地;同时，在原始狩猎过程中，人们常用火焚烧山林以驱赶野兽。当他们发现经过焚烧的土地由于草木灰的肥性而特别肥沃，并便于耕作时，便在农业生产中有意使用了这种方法。几个汉字记录了这种原始农业生产方式。“焚”，从火从林，《说文》:“烧田也。”(段注本)“燎”，《说文》:“放火也。”《诗·大雅·旱麓》:“瑟彼柞棫，民所燎矣。”描写的正是人们焚烧杂草树木

远古的追求

——以“裘”为“求”考

刘志基

“求索”之“求”，原本与“裘”二位一体，《说文》：“裘，皮衣也……求，古文省衣。”考察“求”(裘)的构形演变，二者的同字异体关系可以得到更进一步的证实。甲骨文有字，描摹衣外有毛，正是“皮衣”的形象，这便是“求”(裘)的初文。到了金文中，这个初文被加上“又”为表音的声符，写作。“衣”外之毛又可移至“衣”内“又”下，写作，这便是后来的“裘”。为了书写的方便，又将中的“衣”省去写作，这又成了“求”。“裘”与“求”为什么竟会难分彼此呢？深入到上古先民的物质经济生活中去观察，我们不难找到合乎情理的解释。

“裘”“求”一字，其原因说到底不外乎人们以“裘”为可“求”之物。裘皮可求，现代人或许大多也能认同，但上古先民的裘皮之求，自有其独特的文化内容。

今日颇有些奢侈意味的裘皮，

的场景。“疁”，《说文》：“烧种也。”段玉裁的注说就是“焚其草木而下种”，并说这是一种“治山田之法”。这几个汉字说明“火种”之法在古代曾经广泛地存在过。一直到近代，我国少数民族中仍有这种耕种方法的留存，当地人称“烧荒”，而把烧后种的地叫“火烧地”。

焚烧原野是原始农业开始时的必要步骤，炎帝的得名正在于他运用火种之法，对农业生产作出了巨大贡献。

在上古时代却是人们必不可缺的遮身蔽体之物，这首先与先民的生产方式相联系。人类在进入农业社会以前，曾以采集——狩猎为生。采集所获的草叶藤蔓之类，虽然也可以为衣，但其牢固程度及御寒效果却不可与狩猎所获的兽皮同日而语。所以，皮裘也就不能不成为人们刻意追求的对象。

对先民来说，裘皮作为蔽体之物的主要功用当然是御寒。毫无疑问，在传统的御寒之物中，棉总是唱主角的，但在上古时代，这个主角尚未登上中华先民物质生活的舞台——棉花本产于非洲、印度一带，汉代以后才由丝绸之路传入中国内地。棉这个有力的竞争者既然尚未出现，人们对裘的需求也就更显其无可替代的性质。

裘之所以可求，还有更进一层的因缘。原始狩猎的生产方式，是先民整个物质生活的主要支撑，并不仅限于谋求蔽体御寒之物。对于猎获的野兽，古人是要“食其肉而寝其皮”（《左传·襄公二十一年》）的。也就是说，在获得御寒护体的皮裘的同时，人们也获得了充饥果腹之物，衣食同时得到了满足。更加全面一点看，对于狩猎先民来说，裘的获得，也就意味着取得了当时社会条件下物质生活和精神文化生活所需的其他种种物品。这种情况，还可见诸其他汉字，如“舞”字甲骨文作，描摹人持两“毛”，“毛”须附于皮，亦裘类。上古之“舞”，通常带有巫术性质（《说文》：“巫，……以舞降神者也。”），舞须持“毛”，则表明裘类又为巫术活动所需，而巫术乃是上古时代人们的基本活动。又如“尾”字甲骨文作，描摹人臀后有“毛”，笔者曾经考证这与先民以兽皮伪装自己以便狩猎有关（详参拙著《汉字古俗观奇》1～9页，上海文艺出版社，1994年）。可见作为谋生手段的狩猎，竟也离不开兽皮。

综上所述，在上古时代，人们获得了裘，也就意味着获得了生存的条件与发展的前提，以“裘”为“求”，自然是符合他们的思维逻辑的。这种思维表现在造字中，便导致了“裘”与“求”的同字异构关系。然而，名词（为人所追求的裘）与动词（人们对以裘为代表的美好事物的追求）毕竟有别，二位一体不免有碍语言交际的清晰明确。于是在汉字不断发展完善的进程中，“裘”“求”终于分道扬镳。

“张冠”并未“李戴”

赵恩柱

编者按

去年12月3日，《扬子晚报》“语言文字专版”摘登了《汉字里的“张冠李戴”》一文。该文指出，有六对汉字在造字时将字形与字义误配，已谬误了几千年。

上述说法，古已有之。如果只是游戏笔墨，姑妄言之，姑妄听之，本不足怪。可有些报刊却信以为真，广为传播，这就未免有误导之嫌了。为此，现将赵恩柱先生的文章发表于下，供有兴趣的读者参考。

《扬子晚报》1996年12月3日“语言文字专版”转载的《汉字里的“张冠李戴”》一文，说解了12个汉字的字形。此文开头说道：“下面12个汉字，据说已谬误了几千年。”果真是“谬误”吗？我们不妨逐条看下去：

“谬误”之一：“‘出’字与‘重’字的颠倒。‘出’字系‘两山’重叠，可谓‘重’也；而‘重’字为‘千里’二字合成，可谓远矣。”

按：稍有文字学常识的人知道，两字并未颠倒。“出”的确是个会意字。甲骨文中作，表示坑洞口外一只人足，足趾向外，是出外的意思。发展到小篆，还能看出点原字形。到隶书时就讹误成两“山”重叠的“出”了。至于“重”，本义为重量，假借为重叠、重复。金文作或，或从人东声，或从壬东声。到小篆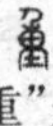，有点像是“千里”合成，但是“重”是个形声字，并不是会意字。

“其二：‘射’字‘矮’字颠倒。‘射’由‘身’和‘寸’组成，身子仅有寸长，自然‘矮’也；‘矮’字则由‘矢’

与‘委’组成,‘矢’者箭也,‘委’者放弃也,将箭放弃,才是‘射’也。”

按:“射”是个象形字,甲骨文作,是画一支箭在弓弦上,表示把箭射出去。到金文时大概觉得表现得不很准确,就加了一只手()。到小篆,左半部分变成了“身”,右半部分成了“寸”()。“寸”仍然表示手,《说文》“射”:“从寸。寸,法度也,亦手也。”至于“矮”,则是个形声字,《说文》未收,《说文新附》:“矮,短人也。从矢,委声。”箭矢外形平直,而且有规定的长度,古人常用箭矢作丈量长度的工具,所以表长短的字,多有用矢作形旁者。至于用“委”作声符,因为“委”和“矮”古韵部相近;声母都是影母(今人称为“零声母”,即没有声母)字,而且“委”有“少”的含义。从上面说的看,“射”“矮”也没有颠倒。

“其三:‘牛’字与‘半’字的错误。‘牛’字从形体看只有半边一撇,本该读作‘半’,而‘半’字头生双角,活像一头牛,应该读作‘牛’。”

按:“牛”甲骨文字形原本是牛头的简笔画,有两角,而且画得很突出();有时有点变形,但两角仍然突出()。篆字基本上保存了这个形象()。总之,不论怎么看,“牛”是个象形字。而“半”金文作、,表示一条牛被分割开来,上部的“八”,表示一物被分开,下边是牛。《说文》:“半,物中分也。从八从牛;牛为物大,可以分也。”“半”实际上是“判”的本字。这就说明,“牛”字与“半”字并不错误。

“其四:‘凤’字与‘鸭’字的错位。凤为鸟中之王,实乃天下第一鸟,却与‘凡鸟’而合(繁体字);而鸭纯属禽中凡者,乡间遍地成群,却以‘甲鸟’相誉。”

按:“凤”早期甲骨文作,表示高冠、长尾、花翎的鸟,后期甲骨文加上声符(凡)。尽管它是神鸟,毕竟还是鸟,于是就形成了以“鸟”表义,以“凡”表音的“凤”字。这是个形声字,怎么能从“凡鸟”去会其意呢?“鸭”也是形声字,从鸟,甲声;鸭子叫声与“甲”字相近,故取甲声。怎么能理解为“甲鸟”——第一等的鸟呢?看来“凤”与“鸭”各安其位,错从何来?

“其五:‘炊’字与‘烟’字理应移义。欠火则‘烟’冒,因火才可‘炊’。”

按:“烟”字在古代是“煙”的异体字。“煙”字的来源得从“禋”说起。“禋”是一种对上天的祭祀,先烧柴升烟,以烟气上达以表精诚。其金文字形作,从宀,从囱(),从火,从示。与火表示火从烟囱中出。禋的籀文作,上的是烟雾缭绕之形。后来讹变成(西),火字讹为土,表示火从烟囱中出,烟雾缭绕的形，最后竟成了“垔”字，由于火字没了，就再加一个火旁成为煙字。至于“烟”字是形声字，“因”是声符，不表意。“炊”必烧火，无火不成“炊”，所以字也从火。至于表音的“欠”，根据《说文》，本该是“吹”，因省略字形才成了“欠”。

“其六：‘方’字与‘圆’字非常别扭。‘方’字根本不方，其字形倒有些像‘元’字的同胞弟兄；而‘圆’字本来方方正正，有角有棱，不识字的人，很容易从象形上判为‘方’字。”

按：“方”字，有人从它的甲骨文、金文的形状（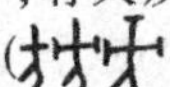）认为像古代耕地起土的农具耒；《说文》据篆文（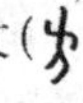）解说为：“并船也。象两舟省总头形。”这些看法都表明“方”字本义不是方圆的“方”，后来发展变化了，才有了表示方圆的“方”的义项。不管怎么样，它绝不是为表示方而造，更谈不上为圆而造。表示“方圆”的“圆”字最初作“员”，甲骨文作，金文作，都是上面是口，下面是鼎，指鼎口是圆形的。后来字形讹变为员，再在员的外面加上形旁“囗”，“囗”音 wéi，是“围”的本字。可见“圆”字虽然外形方整，但与“方”义毫无关系。

该文可能是幽默一下，发表该文的报纸也可能是说点趣话，但“语言文字专版”却不是开玩笑的场合，从名称就可以体味出它有点学术味。

语丝

一则帮倒忙的广告

劳益

长沙市湘江大桥上，有一条广告语：『正宗孔府酒，唯独曲阜有。』不知制作者的用意如何，但它的效果是告诉人们，除曲阜以外，都不能买到正宗孔府酒。也就是说，全国除曲阜以外，市场上所有的孔府酒都是『非正宗』的了。

广告天地

好想游"宋城"

宗　朴

在杭州开会，知道当地有座宋城。宋城在哪里，不知道；宋城怎么样，也不知道。但若不是会务缠身，真想作一次宋城游。因为我被宋城的广告深深打动了。杭州城里，到处可看到宋城的承诺："给我一天，还你千年。"

广告语虽然只有这八个字，但却有丰富的信息量。首先，它告诉游客：游览宋城需要一天时间。这表面上说的是游览时间，实际上却是一种心理暗示：宋城游览活动的内容是非常丰富的。更可贵的是，它还告诉游客，这次游览将让你穿越时间的隧道，亲身感受一下一千年前的历史风貌。这无疑大大强化了宋城的"卖点"。

第二，广告语运用对比的手法，"一天"和"千年"相比，产生了强烈的宣传效果。游客付出的是一天，而且这一天是游目骋怀的一天，是人与自然、人与历史接近的一天，而得到的是什么呢？是领略"千年"的历史风霜，是窥探"千年"的历史积淀，由此可扩大自己的视野，开阔自己的胸襟。以"一天"换"千年"，这是何等的物有所值、物超所值！正是这种对比，重重震撼了游客的心灵。

还有一点不能忽略，便是宋城广告语具有形式美。八个字可谓言简意赅，又两两对仗，琅琅上口，让人过目不忘。更难能可贵的是，广告语极具个性，只有游览地可用，而且只有宋城这样凝聚历史文化的游览地可用，不像有些通用广告语大而无当，华而不实，只见词藻的闪烁，缺乏穿透的力度。"给我一天，还你千年"，是经得起细细咀嚼的。

宋城，我会来看你的，但愿你不要让我失望。

"出卖春天"

许天星

今天是2月28日，上海某"生活广场"——据称是一家"有4.5万平方米的超大型综合购物中心"，通过邮局派送广告。这是一张16开的单页，正反两面全为彩色印刷。广告主题是"'97春装上市"："好女人春装"、"男士新款春装"，……洋洋洒洒，令人目不暇接。正中是四个大字："出卖春天"！一切都很完美，可这句广告词真是糟糕得不能再糟糕。

不错，按照时令，早已过了立春。一元复始，春回大地，万象更新。"春天"当然是可以用来做做文章的。试看古往今来，多少骚人墨客赞颂过春天："春风送暖入屠苏"，"春色满园关不住"，"春风又绿江南岸"，"春在溪头荠菜花"。然而，有一点是确定无疑的：春天属于你，春天属于我，春天是我们每一个人的。"不须迎向东郊去，春在千门万户中。""出卖春天"？难道"春天"成了这家"广场"的垄断商品，要由我们来出钱购买？真是难以想象。

而且，春天是美好的象征，是希望的标志。提到春天，人们满怀喜悦，百般珍惜。一旦"匆匆春又归去"，诗人们便会打听"春归何处"，"若有人知春去处，唤取归来同住"。为了共同享有春天，可以折花赠友人，"江南无所有，聊寄一枝春"。作为商场什么东西不可以卖，偏偏要卖春天！这多少会给人们留下唯利是图的印象。为了追逐利润，连"春天"也一股脑儿搬出来兜售。

更糟的是，还用了"出卖"二字！不错，"出卖"可以指一种商业行为，一手收钱，一手交货，银货两讫，买卖完成。可这一词语还容易让人想到另一层意思：为了个人的或小团体的利益，不惜让美好的东西受到损害。比如：出卖情报，出卖灵魂，出

“超值”宜慎用

曹志彪

近来“超值”一词在沪上商业界、广告界颇为流行。有以“超值”命名的“超值连锁店”，有“超值享受”“你超值，我享受”等广告语。“超值”的意思是“高出（商品的）价值”，商家使用它，是表示自己销售的商品价格低，对消费者实行优惠，目的是要吸引顾客。但是，“超值”二字也不能滥用，一滥用就不但不能吸引顾客，反而会起相反的作用。

上海某公司生产的600毫升装的百事可乐的瓶贴上赫然写着“容量特多，售价超值”。售价超值，言下之意，它现在卖出的价值超出了其本身的价值，这样一瓶卖三四元的饮料，其本身可能只值一两元，甚至更少。也就是说，谁买了这样的饮料，谁就买得不值。顾客看了这样的广告后，会作何感想呢？谁会心甘情愿掏钱去买这样的东西呢？无独有偶，最近上海电台990千赫播出的某商品广告中有这样一句：“价格超值、实惠。”照这个广告的意思，实惠确是有的，就是不知道得实惠的是谁，也许不是顾客而是商家自己吧。

上述广告的制作者对“超值”一词与“售价”“价格”等词搭配时所表达出来的意思没有仔细推敲，结果是南辕北辙，把意思完全弄反了。

卖同志，出卖国家……“广场”的经理先生一定会辩解：“春天”是用来比喻春装的呀！一点不错。问题在于：“出卖××”构成的动宾词组，后面的“××”是可以卖，作为商家也是应该卖的，比如服装，比如彩电；否则，这种“出卖”十有八九是不可告人的。“春天”难道是可以卖、应该卖的吗？

广告当然是可以充满诗意的。“今年二十，明年十八”，多么富有青春的想象力。“出卖春天”却未免有点弄巧成拙，本想抒情，结果适得其反。

旧话重提

关于“最……之一”

叶景烈

1982年至1985年,《汉语学习》《语文学习》《光明日报》上发表了一些关于“最……之一”的争鸣文章。一种意见认为:副词“最”+形容词限定的词所表示的人或事物只能是一个,不能是一些;“之一”表示同类当中的一个。用“最……之一”则表示“一个”当中的“一个”,显然不合逻辑。一种意见认为:“最……之一”已经约定俗成,可以接受。争鸣的结果,基本上趋向于一致:使用“最……之一”的句法结构,要根据具体情况来认定。

在现实世界中,某种属性超过同类的人或事物的只是一个,用了“最”,就不能再用“之一”了。例如:“邓亚萍是获得世界冠军次数最多的乒乓球运动员。”不宜说:“邓亚萍是获得世界冠军次数最多的乒乓球运动员之一。”又如:“中国是世界上人口最多的国家。”不宜说:“中国是世界上人口最多的国家之一。”

然而,现实世界是复杂的,某种属性超过同类的人或事物的,有时不是一个,而是一些。反映这种现象时,选用“最……之一”的句法结构表示“一些”当中的“一个”,也是必要的和合理的。

具体分析下来,情况也是多种多样的。一类是有其客观原因的。在现实世界中并列于最高水平的现象日益增多。如日本和智利都发生过8.9级地震,这是历史上最高的震级。我们就可以说:“日本是世界上发生过最大地震的国家之一。”又如莎士比亚有四大悲剧:《哈姆雷特》《奥赛罗》《李尔王》《麦克白》。我们就可以说:“《哈姆雷特》是莎士比亚最主要的悲剧作品之一。”

应当注意到，有些事物之“最”是不断发展变化的，是随着人类对事物认识的深化而发展变化的。如原来认为物质的最小单位是分子，以后又认为是原子，后来又发现电子、中子、粒子等。我们可以说：“粒子是物质的最小单位之一。”

还应当看到，同类事物的发展变化有时各有其特殊性，比较同类事物还要参照其特殊性。如亚洲现存古老的图书馆有三家：中国的天一阁建于1566年，430年中一直保持原貌；日本的金泽文库和足利文库尽管建在1566年之前，但其原有建筑早已不存在，现在的文库是20世纪初重建的。所以我们也可以说：“天一阁是亚洲现存最古老的图书馆之一。”

另一类是有其主观原因的。语言是表达思想感情的，选用何种句法结构往往跟表达者的意图有关系。如看待同一个人或事物，有的认为其某种属性超过同类的人或事物，可以这样表达：

“郎平是人们最喜爱的排球运动员。”

“教师是最受人们尊敬的职业。”

有的则认为，某种属性超过同类的人或事物的，是一些，不是一个，表达就不一样：

“郎平是人们最喜爱的排球运动员之一。”

“教师是最受人们尊敬的职业之一。”

选用“最……之一”，有时可以表示表达者委婉的口气，即仅仅表示出自己认定之“最”，并不排斥其他同类之“最”。例如：

“中国是世界上语文学发达最早又最盛的国家之一。”

选用“最……之一”，有时还可以表示表达者既要强调人或事物某种属性超过同类，又要给自己留有余地。例如：

“张大千是世界上最伟大的艺术家之一。”

“培育儿童是人类最伟大的艺术之一。”

如果表达者对某些方面缺乏丰富的知识，选用“最……之一”也可给自己留有余地。如中国究竟有哪些最大的山脉，表达者并不清楚，在讲到昆仑山脉时，便可以说：

“昆仑山脉是中国最大的山脉之一。”

《二简》影响今犹在

余双人

“说普通话,写规范字”是当前贯彻国家语言文字政策的一句重要的宣传口号。说普通话的普及率和标准化程度,逐年在提高。相比之下,写规范字的情况却不容乐观,在社会用字中,错别字、不规范字,时有所见,几乎到处都有。这就不能不引起我们的密切关注。

在一般的汉字学著作中或在语文教师的课堂教学中,分析产生错别字的原因不外乎主客观两个方面。客观原因,一是形近而误,如西莱社(西菜社),扛杆(杠杆);二是音近而误,如授于(授予),家史显赫(家世显赫);三是义近而误,如新闻连播(新闻联播),巢臼(窠臼)。主观原因,一是不明词语意义,如养渔户(养鱼户);二是粗心大意,如他的丈夫(她的丈夫)。

但是,根据我们的观察和调查,还有一个重要的原因不容忽略,那就是《二简》的影响。

《二简》的全称是《第二次汉字简化方案(草案)》。

原来的(即第一次的)《汉字简化方案》从1956年到1959年分四批推行。在此基础上,中国文字改革委员会于1964年5月编印了《简化字总表》。总表中的简化字都是规范的汉字。

1986年10月10日国家语言文字工作委员会在重新发表《简化字总表》(个别字作了调整)时,明确说明:“凡是不符合《简化字总表》规定的简化字,包括《第二次汉字简化方案(草案)》的简化字和社会上流行的各种简化字,都是不规范的简化字,应当停止使用。”

让我们先回顾一下《二简》是怎么回事吧。1977年12月22日中国文字改革委员会根据国务院的批示，发表了《二简》。其中第一表的248个简化字，从第二天即12月23日起就在报刊上试用。当时教育部规定，中小学“学生在作文和试卷中如果书写了第一表的简化字不算错别字，不扣分”。到1978年7月以后，全国报刊先后停止试用。1986年6月24日，经国务院同意，国家语委正式废止了《二简》。

《二简》虽然废止了，但它的影响却不容低估。全国有数以亿计的人曾经学过、用过《二简》第一表中的248个简化字，今天，他们在使用汉字的时候，常常不知不觉地写了《二简》中的简化字。比方说，我们在菜场里看到的“鸡旦”的“旦”，在球场上看到的“比赛”的“赛”，全都曾列入《二简》。

出自《二简》的不规范字，目前有两条“流通”途径：

在印刷品中出现的，往往是同音代替的简化字，以“旦”代“蛋”就是一例。又如：四人邦(四人帮)，付主席(副主席)，包果(包裹)，了草(潦草)，年令(年龄)，跳午(跳舞)，遭迂(遭遇)，予备(预备)等。

在手写字中出现的，大多是另造的简化字，以“赛”代“赛”就是一例。又如：广拚(广播)，歺厅(餐厅)，西艺(西藏)，辺路(道路)，忄得(懂得)，力咠(力量)，官仃(官僚)，帏子(帽子)，劤劳(勤劳)，仪任(信任)等。

以上列举的都是十分流行的不规范字。我们要大力做好宣传教育工作，说清楚前因后果，来龙去脉，促使汉字规范化的工作健康有效地开展下去。

编者附记

本刊赞成余双人先生的意见。《二简》虽然已废止多年了，但其影响依然存在，因此需要继续做好宣传教育工作。现根据读者的建议，影印《二简》作为余先生文章的附录，以供读者对照。为了减少排版的难度，“附录”是按文字改革出版社1977年12月出版的《简化字总表》所收《二简》影印的。万一效果不太理想，还望读者见谅。

附录

第二次汉字简化方案(草案)

第一表(248个)

一、不作简化偏旁用的简化字

本表共收简化字 172 个。按读音的拼音字母顺序排列。本表的简化字都不得作简化偏旁使用。

A

⿰忄夭〔懊〕

B

巴〔芭笆粑〕

邦〔帮〕

⿰火卜〔爆〕

芘〔蓖篦蔽〕

⿱币廾〔弊〕

坒〔壁〕

毕几〔哔叽〕

扁〔萹藊稨〕

屏〔摒〕

疒〔病〕

抪〔播〕

⿰丅卩〔部〕

C

采〔彩〕

芽〔菜蔡〕

歺〔餐〕

仓〔舱〕

⿱艹上〔藏〕

叉

〔衩扠杈汊〕

⿰扌切〔撤〕

⿰目丑〔瞅〕

⿱土双〔矗〕

茐〔葱〕

D

荅〔答〕

旦〔蛋〕

⿰弓旦〔弹〕

⿰𧾷刀〔蹈〕

⿰禾刀〔稻〕

辺〔道〕

⿸尸共〔殿〕

丁

〔叮盯钉朾〕

苳〔董〕

⿰忄冬〔懂〕

斗拱〔枓栱〕

⿰矢卜〔短〕

⿰𧾷屯〔蹲〕

炖〔燉〕

E

弍〔贰〕

F

忿〔愤〕

孚〔孵〕

夫〔伕〕

⿱宀夫〔富〕

付〔副〕

G

杆〔秆竿〕

勾〔钩〕

⿰缶又〔罐〕

浂〔灌盥〕

桂〔鳜〕

果〔裹〕

H

⿱艹好〔薅〕

合〔盒〕

胡

〔葫猢蝴糊〕

毁〔毁〕

J

笈〔籍〕
迠〔建〕
江〔豇〕
夅〔酱〕
交〔跤〕
茭〔椒〕
亍〔街〕
井〔阱〕
坓〔境〕
⿰钅井〔镜〕
艽〔韭〕①
氿〔酒〕
桔〔橘〕②
⿰钅夬〔镢镬〕

K

卡几〔咔叽〕
忼〔慷〕
粇〔糠〕
⿰亻告〔靠〕
科斗〔蝌蚪〕
⿰牜欠〔款〕

L

兰〔蓝篮〕
⿰氵兰〔澜滥〕
⿰讠兰〔谰〕
⿰忄兰〔懒〕
⿰纟兰〔缆〕
叒〔磊〕
艻〔荔〕
玏〔璃〕
⿱日另〔量〕
了〔潦〕③
⿰亻了〔僚〕
⿰火了〔燎〕
⿱宀了〔寮寥〕
⿸广了〔廖〕
⿰石令〔磷〕
令〔龄〕
⿰氵⿱丷田
〔溜遛熘馏〕
⿸户力〔捞〕

M

⿰亻万〔慢〕
⿰巾毛〔帽〕
皃〔貌〕
⿰火乚〔煤〕
芒龙〔曚昽〕
〔朦胧〕
〔蒙眬〕
⿱大巾〔幕〕

N

⿰酉上〔酿〕
⿺乚彐〔虐〕

P

辟历〔霹雳〕

Q

⿰氵七〔漆〕
岐〔歧〕
吅〔器〕
⿰讠千〔谦〕
汘〔潜〕
欠〔歉〕
垟〔墙〕
劤〔勤〕
丘引〔蚯蚓〕
洰〔渠〕

R

⿰口上〔嚷〕
⿰土上〔壤〕
⿰亻入〔儒〕

S

⿱宀出〔赛〕
扇〔煽搧〕
上〔绱鞝〕
勺〔杓〕
⿰车人〔输〕
爽〔爽〕
厶〔私〕
祘〔算〕

T

太〔泰〕
枟〔檀〕
⿰米广〔糖〕
⿱大去〔套〕
⿱龹马〔腾〕
仃〔停〕④

W

---

① 中药秦艽的艽仍读 jiāo。 ② 中药桔梗的桔仍读 jié。 ③ 潦草、潦倒的潦简作了，用作“雨水大”义读 lào 时改用涝。 ④ 伶仃的仃仍读 dīng。

⿰禾文[稳]
午[舞]
X
希[稀]
息[熄]
⿰目下[瞎]
⿰钅上[镶]
⿰木向[橡]
肖[萧]
⿰又圭[鞋]
⿰亻文[信]
厷[雄]
⿱夂彡[修]
⿱宀二[宣]
⿸疒先[癣]
⿰又化[靴]
彐[雪]
Y
闫[阎]
⿰氵亡[演]
⿰犭夭[耀曜]
⿱乙心[意]
肊[臆]
羽[翼]
⿺辶亚[迎]
形[影]
⿰月用[臃]
沋[游]
忬[愉]
迂[遇]①
予[预豫]
元[圆]
⿸厂元[原]
沅[源]
⿰纟元[缘]
Z
赞[赞]
⿱宀在[寨]
帐[账]
⿰车切[辙]
⿱大正[整]
子[籽]
咀[嘴]②
坐[座]

① 迂回的迂仍读 yū。 ② 咀嚼的咀仍读 jǔ。

二、可作简化偏旁用的简化字

本表共收简化字 21 个。按读音的拼音字母顺序排列。

B
⿱自廾[鼻]
C
⿱宀文[察嚓]
G
⿱古心[感]
J
北[冀]
⿱目八[具]
L
⿱巛田[留]
M
尸[眉嵋]
⿱艹亡[蒙]
⿱丆口[面]
N
巾[囊囔]
⿱生寸[青]
S
⿱又木[桑]
⿸尸丂[属]
T
⿱尚土[堂]
Y
⿹勹𠃌[易]
⿱女女[婴]
Z
⿸尸已[展辗]
⿱十八[真]
⿱十皿[直]
⿱大十[卒]
⿱丷专[尊]

三、应用21个可作简化偏旁用的简化字类推简化得出来的简化字

本表共收类推出来的简化字55个。按21个可作简化偏旁用的简化字的顺序排列。同一部首中的简化字，按笔数排列。

畀	蚆〔蠓〕	喿〔嗓〕	慎〔慎〕
鼾〔鼾〕	百	尾	滇〔滇〕
文	缅〔缅〕	嘱〔嘱〕	镇〔镇〕
抆〔擦〕	中	瞩〔瞩〕	颠〔颠〕
忐	抻〔攮〕	坐	直
撼〔撼〕	专	螳〔螳〕	值〔值〕
憾〔憾〕	请〔请〕	易	植〔植〕
北	菁〔菁〕	剔〔剔〕	殖〔殖〕
骓〔骥〕	猜〔猜〕	惕〔惕〕	置〔置〕
具	情〔情〕	赐〔赐〕	卒
俱〔俱〕	清〔清〕	锡〔锡〕	啐〔啐〕
惧〔惧〕	晴〔晴〕	踢〔踢〕	悴〔悴〕
犋〔犋〕	睛〔睛〕	妥	碎〔碎〕
畄	靖〔靖〕	缨〔缨〕	瘁〔瘁〕
榴〔榴〕	静〔静〕	樱〔樱〕	粹〔粹〕
瘤〔瘤〕	精〔精〕	尸	翠〔翠〕
卩	靛〔靛〕	砚〔碾〕	醉〔醉〕
妒〔媚〕	柔	真	专
芒	揉〔搡〕	填〔填〕	抟〔搏〕

“之所以”正误辨

金波生

有人批评下列句子是病句：“之所以会有‘语言公害’之说，一个重要的原因正在于此。”批评者的理由很简单：这个句子是用“之所以”开头的。

用“之所以”开头的句子是不是病句？众说纷纭。十多年前，叶圣陶先生说过（见《叶圣陶语文教育论集》第713页），吕叔湘先生也说过（见《语文杂记》第113页）。后来，不少语文刊物先后讨论过这个问题，仅《语文学习》一家杂志就发表过三篇文章（分别刊于1995年第1期、第5期和1996年第6期）。讨论越来越深，真理越辩越明。现将比较合理、比较可取的看法综述于下：

首先，要区分古代汉语的用法和现代汉语的用法。

在古代汉语中，“之”和“所以”是两个词。“之”是结构助词，其用法之一是用在定语和被修饰的名词之间，如“永州之野产异蛇”。如果被修饰的不是名词，可以让“所以”和它结合成为名词性短语，然后再受定语修饰，例如：“此心之所以合于王者，何也？”“君子之所以为君子，小人之所以为小人，皆此一念之差也。”

这种用法的“之所以”绝对不能用于句首。“之所以此心合于王者，何也？”“之所以君子为君子，之所以小人为小人，皆此一念之差也。”这两个都是不合格的句子，因为结构助词“之”是从不出现在句首的。

在现代汉语中，“之所以”在继承固有用法的基础上产生了新兴用法。它不再是各自独立的两个词，而是形成了一个固定组合，充当因果复句中的关联词语。几乎大部分“因为 A，所以 B”的先因后果的复句，都可以变换为“之所以 B，是因为 A”的先果后因的复句。比如“因为黄浦江上大雾弥漫，所以许多职工迟到”这一句，可以变换为“许多职工之所以迟到，是因为黄浦江上大雾弥漫”；也可以变换为“之所以许多职工迟到，是因为黄浦江上大雾弥漫”。“之所以”在主语后，在主语前，都是正确的。

其次，即使在现代汉语中，“之所以”也并非都可以用在句子的开头。

凡是保留古代汉语基本意义和用法的“之所以”，仍然不能用于句首。例如：

“之所以”之所以有时可以出现在句首，有时不能出现在句首，这不是三言两语说得清楚的。

这个句子不属于“之所以B，是因为A”的句式。其中，加了着重号的“之所以”就不能前移到句首。倘若前移，便成病句。

退一步说，纵然是现代汉语的新兴用法，“之所以”也不是非用在句首不可。它还有主语前和主语后这样两种位置可以选择(上文已经举过例)，不同的选择在语用效果上略有差异。

明乎此，让我们回过头来再考察一下本文开头指出的句子：“之所以会有‘语言公害’之说，一个重要的原因正在于此。”这是个复句，前一分句说结果，后一分句说原因，它是“之所以B，是因为A”的变体(变化形式)。可见，这个句子不是病句，应予肯定。

『尝』桃花？

屠林明

去年上海南汇桃花节期间，笔者因事路过那里，看到路边桃林中桃花盛开，煞是好看。

然而，在一进路口，有横幅跨路悬挂，上面赫然写着『××桃花节××尝花点』，见之不禁窃笑：『赏』花错写成『尝』花了。这桃花可只许观赏，不能品尝的。况且，即使桃花『尝』得，果农们也恐怕不依的，因为今天你『尝』了桃花，明天就将没有鲜甜的桃子可尝了。

五重奏

· 谐诗篇 ·

诗　霸

林　山

古时有位才子,学识渊博,精通诗文,但生性耿直,恃才傲物,每次赴试,都因文章不合时宜而得罪了考官,不能中榜。

一年秋天,他赴试归来,仍是名落孙山。诗友们过来探望,劝他游江散心。当天,几个人租了一艘游船,在船上一面喝酒吟诗,一面欣赏两岸如画风景。有位诗友还别出心裁,在游船的桅杆上高扬一幡,上面赫然大书“诗霸”二字。

其时正值秋高气爽,江上游人如织,才子的游船特别引人注目。晚上,一江渔火,流萤四飞,才子和诗友仍在船上唱和,流连忘返。恰巧另有一艘游船,也在夜色中游弋,船上也是读书人,他们一看到“诗霸”二字,心中颇为不服,当两船靠近时,一位秀才模样的年轻人立在船头,背手挺胸,高声吟道:

何人江上称诗霸,
锦绣文章借一观。

对方船上没有动静,他又重复吟了一遍,一副挑战的姿态。其实才子早已听到,他本不想理睬,经不起诗友们再三撺掇,便慢慢踱到船头,仰头望着明月,轻轻地哼出两句:

夜深不敢吟佳句,
恐惊星斗落江寒。

挑战者一听,知道不是对手,一声不响,钻进了船舱里,把船摇远了。

确实,才子名不虚传。这两句诗欲扬先抑,构思巧妙,想象奇特,具有很强的艺术表现力。

· 趣喻篇 ·

捡石头

艾　宏

伊万·彼得罗维奇·巴甫洛夫,俄国生理学家,诺贝尔奖金获得者。一天,他给学生上课,讲了这么一个故事。

一位巴格达商人在匆匆赶路。其时已是半夜,四周一片漆黑。忽然山沟里传来了一个陌生的声音："捡几块石头吧，这可是个难得的机会。"

商人将信将疑，不过，他还是弯腰捡了几块，然后继续往前赶路。他走啊走啊，走了几个小时，终于走到城里。这时，天也渐渐亮了。他掏出了一块石头一看，原来是块金刚石；赶忙掏出另外几块，结果不是金刚石，便是红宝石、绿宝石。商人高兴极了，可高兴的同时又深深后悔，当时怎么不多捡一点！

巴甫洛夫接着说，学习便好比捡石头。知识是真正的宝石。等你们明白过来时，便会后悔自己没多捡几块。

· 智答篇 ·

"中国可有妓女?"

裘　浩

北京。大型中外记者招待会正在进行。周恩来总理侃侃而谈。他详细介绍了我国经济建设的成就和外交方针。接着，便请记者提问。

一位西方记者抢先站了起来。他用蹩脚的汉语问道："请问总理先生，中国可有妓女？"这显然是一个居心叵测的问题。会场上气氛一下子由轻松变为凝重，大家等待着周总理的回答。

周总理泰然自若。他注视了一下发问的记者，然后把目光扫向全场，正色答道："有！"这一出人意料的回答，顿时引起一片嗡嗡声。谁知周总理紧接着说："——在中国的台湾省。"

话音刚落，全场掌声如雷。

· 噱言篇 ·

"奥斯卡"的脖子

房　雨

旅美影星邬君梅去年岁末喜结良缘。她的夫君名叫奥斯卡，两人是在一次拍片时认识的。那次奥斯卡任制片人和一个摄制组的导演。

在新婚庆典上，奥斯卡向人们谈求婚经过。他说："我对君梅说，你的理想是获得奥斯卡金像奖。可你知道吗，那个金像的脖子就是按我的脖子制作的。我看，你还是把我这个真正的奥斯卡带回家吧。"他在说到"脖子"时，还故意把脖子挺直，向全场展示了一下。全场的人捧腹大笑。

难怪报纸上会有这样的文章：《邬君梅得到了"奥斯卡"》。

·妙联篇·

冷眼热肠聂绀弩

樊仁宇

聂绀弩先生是位传奇式的人物，他能文能武，一生坎坷。1924年考入黄埔军校，结识了周恩来；1926年考入莫斯科中山大学，又和邓小平、伍修权同学。他掌过学校的教鞭，做过报纸的主笔，性格狂狷不羁，才气奇诡横溢。反右时当过右派，“文革”中坐过监狱，释放后长期卧病在床，但仍笔耕不辍。

1985年3月3日是元宵节，那天，吴祖光、黄苗子和郁风三人拜访聂绀弩。先生住在北京劲松小区的一幢高层楼上，一张小床临窗摆放，窗下车马行人历历在目。当时先生正在床上执笔作文，郁风见状戏言道：

冷眼对窗看世界；

黄苗子不假思索，对曰：

热肠倚枕写文章。

一唱一和，竟成一联，聂绀弩先生点头称许。

语丝

曹禺的忌日竟出现两个

邓天亮

文坛泰斗曹禺先生和我们永别了，可曹老先生的忌日，却出现两个日子，且都出自中国第一报——《人民日报》。

《人民日报》1996年12月15日第1版“新华社北京12月14日电”：“……曹禺同志因病医治无效，于1996年12月13日凌晨3时55分在北京不幸逝世，终年86岁。”而1997年1月7日《人民日报》李远荣的《曹禺和我的一段奇缘》一文中这样写道：“全国文联主席曹禺大师于1996年12月15日凌晨3时55分在北京不幸逝世。”

同一份报纸相隔二十几天，曹先生的忌日竟有如此大的差异。显然，李远荣把发讣告的12月15日错当成曹先生的忌日了。

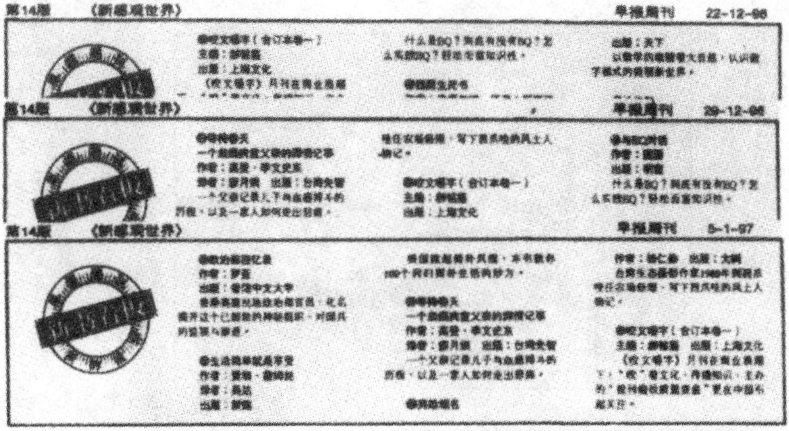

第14版 《新感观世界》 早报周刊 22-12-96

第14版 《新感观世界》 早报周刊 29-12-96

第14版 《新感观世界》 早报周刊 5-1-97

在重视"质的推荐"的新加坡《早报周刊》"新书看板"排行榜上，连续几期《咬文嚼字》榜上有名。

早在创办时，我们便曾说过，《咬文嚼字》是一只"丑小鸭"；两年多过去了，刊物印制水平略有提高，但还是一只"丑小鸭"。然而，语文规范化是一件人心所向的大事，正是凭借这股动力，"丑小鸭"扑打翅膀飞到了港台，飞到了东南亚，而且受到了广泛的关注。在此，我们向异域知音表示衷心的感谢。（编者）

马来西亚吉隆坡学林书局一角。《咬文嚼字》在书架上占有醒目的位置。

中国刊物致力纠正语文偏差

汪惠迪

新加坡《联合早报》1996年12月3日以几乎整版的篇幅，刊文介绍《咬文嚼字》。

有照为证（本栏欢迎投稿）

海边“污染”

秦殿杰

去年8月底，去北戴河疗养。此照即为游鸽子窝公园时所摄。天苍苍，海蓝蓝，清风徐来，波平如镜，放眼远眺，海天一色，令人心旷神怡。然而，海边游艇出租处的一块牌子，实在大煞风景。

且不说书法的拙劣，也不说笔画的不合规范，比如“自”字中间的两横一边连，一边不连；单是“游艇”二字，便让人哭笑不得。“游艇”的“艇”，本该是形符“舟”加声符“廷”，现在声符是个“延”字，成了字典里查不到的怪字。这应该说也是一种“污染”。

9 787805 119076 >

ISBN7—80511—907—4/H·39

定价：2.00元

1997
上海文化出版社

咬文嚼字

AO WEN JIAO ZI

AO WEN JIAO ZI

AO WEN JIAO ZI

AO WEN JIAO ZI

Shanghai Wenhua Chubanshe 6

上海文艺出版社

书　名	作　者	责任编辑	定价(元)
学苑英华(四种)	金克木等	高国平	共 85.00
当代文坛大家文库(五种)	巴　金等	李济生等	共 229.90
务虚笔记	史铁生	郏宗培	21.00
壮士中华行(卷一、卷二)	余纯顺	方立平	共 45.00
学人魂——陈寅恪传	吴定宇	陈　征	12.00
育儿百科图典	刘湘云主编	赵志勤	95.00
凭海临风	杨　澜	黄惠民	20.00
21 世纪世界预测	金哲、邓伟志等主编	陆稼林	29.00
金闹钟流行生活书系(五种)	裘　旦等	陈鸣华等	共 75.00
中国,我可爱的母亲	陆在易等	叶维修　樊　愉	27.00

’96 优秀期刊、丛刊

故事会　　小说界　　咬文嚼字

卷首幽默

『高不可攀』

杨松琦·文
麦荣邦·画

某报中缝，刊有征婚启事。其中一则云：某男，浙江人，33米，工程师……

未婚小姐顾某惊曰："啊呀，我的妈！此人真高不可攀。和他说句话，至少得乘10层楼的电梯才行。"

"33米"原来是"33岁"之误。

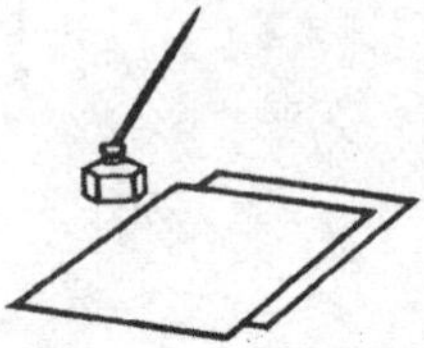

咬文嚼字

1997 年 6 月

第六辑

（总第三十辑）

上海文化出版社出版、发行
上海绍兴路74号
编辑部电话：64372608－205
邮购部电话：64372608－230
邮政编码：200020
新华书店经销
上海艺文激光电脑排版厂排版
上海海峰印刷厂印刷
开本787×1092　1/32
印张1.5　字数43 000
1997年6月第1版
1997年6月第1次印刷
ISBN7－80511－911－2/H·42
定价：2.00元

6—2

目　录

语林漫步

报纸标题的“蚯蚓现象”………祁子青（4）
“之喜”与“志喜”……………袁　诹（5）

正音室

“名不见经传”的“传”怎么读…郑　茵（6）
“拗”有三读……………庆　祐（8）
唐僧的法名……………隋　唐（8）

一字难忘

猪头、猪蹄之谜……………韩镕石（9）
“诞生”的“诞”……………杜路茨（10）
“媳妇”让我挨揍……………郑剑波（11）

字里乾坤

牛年说“物”……………刘志基（12）
“舞”中为何要有“羽”………叶正道（14）
黄土地上的祖先
——上古圣王得名考源之四　张再兴（15）

十字街头

郴州、柳州和“彬州”………王　蔺（17）
司≠公司……………周德茂（18）
莫为皇帝改名……………杨阳羊（19）
“获准受贿”的“干井”……许　可（20）
今人不应称古人……………王　旭（21）

报刊扫描

石敬塘与和坤……………石中玉（22）
“甚至”前后的语序……………俞敦雨（23）
《中华读书报》的四个错字…苏培成（24）
日本无“新泻县”……………花启清（25）
动宾搭配不当举隅……………凌　乙（26）
凶手是谁……………葛福安（27）

书林指谬

王濬何曾下扬州 …………………宛　啸(28)
成语释义五忌 …………………顾义生(29)
封面拼音莫忘规范 ……………罗　禹(31)
关于台湾出版的一部辞书 ……少　华(32)

广告天地

“天国的风”和“蓬荜生辉” ……高光门(33)
“入伍”“入伙”与楼市 …………朱怀兴(34)
谁“鸣谢”谁 ……………………刘汝燮(35)
“温情似水”不通 ………………莫澜舟(35)

书林一叶

咬文嚼字的新视野
——《汉字研究新视野丛书》读后
……………………………………之　其(36)

百问百答

“触砻”应是“触龙” ……………封常曦(38)
乱“穿”和乱“窜” ………………郑应伍(40)

词语春秋

也说《天方夜谭》为何用“谭” …金文明(41)
追根溯源说“老板”
——流行称呼语透视之三 …李明洁(45)

五重奏

智答篇　刘绍棠论“变” ………钟　浩(46)
妙联篇　手杖 …………………田十源(46)
噱言篇　“傻小子” ……………徐步卓(47)
趣喻篇　第四块三明治 ………俞　文(47)
谐诗篇　树!树!树!树! ………郑　莞(47)

语丝

“令尊”用法不当 ………………曾俊扬(11)
“胭脂店”?“烟纸店”? …………葛　康(16)
汉字中的独行侠——“巳” ……王中原(21)
“航班”不能“开辟” ……………王泰祺(32)
一字之差“浊”变“清” …………王　励(37)

卷首幽默

“高不可攀” ………杨松琦　麦荣邦(1)

顾问 胡裕树 张　斌
濮之珍

主编 郝铭鉴

编委 李玲璞 何伟渔
陈必祥 金文明
姚以恩

特约编委
汪惠迪(新加坡)
林国安(马来西亚)
田小琳(香港)

责任编辑 唐让之
责任校对 韩秀凤
封面设计 官　超
特约校读 王瑞祥

语林漫步

报纸标题的"蚯蚓现象"

祁子青

一条蚯蚓，如果被犁锄断成两截，它就成为各自独立生存的两个生命。因为整体被破坏，两个"段落"不再保持统一意志，从此南辕北辙，各自天涯。

文字也是这样，一句口号，一个标题，如果人为地将其"一刀两段"，那就会产生意想不到的是非、黑白完全相反的结果。

先说一段半个世纪前的例子。

解放初期，每次群众大会结束前，主持会议的人常常带领群众高呼口号。一次，拟口号者结合当时民主改革内容，拟了"反对男人打女人"这句口号。因为有些口号字数太多，为便于群众听得清楚、喊得整齐，常常分上下半句来呼喊。对于这句口号，领呼人也如是处理。当他振臂高呼"反对男人！"时，在场的男性公民都愣住了，只有妇女随之高呼；当他继续高呼"打女人！"时，男人惊醒过来，吼声如雷，而全场妇女都惊呆了……

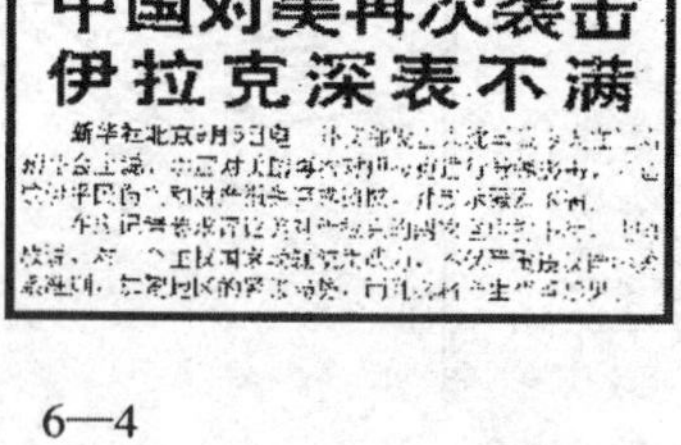
外交部发言人沈国放说

中国对美再次袭击
伊拉克深表不满

新华社北京9月5日电 [illegible]

想不到这半个世纪前的笑话，余韵犹存。在今日的报纸版面上，"蚯蚓现象"屡见不鲜。

1996年9月，美国两次空袭伊拉克。中国外交部发言人对这种向一个主权国家动辄使用武力的情况，表示了强烈的不满。可是，浙江一家工人报对这一消息，居然加了这样一个标题："中国对美再次袭击/伊拉克深表不满"（见附件）。谁袭击了谁？谁对谁深表不满？全弄反了。

1996年10月中旬，美国与韩国

“之喜”与“志喜”

袁 诹

凡逢亲朋好友或协作单位有可庆可贺的喜事，免不了要祝贺一番。或送红包，或送喜匾，或送花篮，上面总得写些表示祝贺的词句，“之喜”与“志喜”就是使用频率最高的词。比如：“祝贺××、××新婚之喜”“××饮食店开张志喜”。

“之喜”的“之”，结构助词，犹“的”。“新婚之喜”犹言“新婚的喜事”，“开张之喜”犹言“开张的喜事”。“志喜”则是一个动词性质的动宾复合词。其意思大致有两种：一、以所送之物作为喜事的永久性纪念。写在匾、镜等可以长期保存的物件上的，即表示这层意思。二、以所送之物对喜事表示祝贺。写在红包、花篮上的，就只能表示这层意思。顺便提一下，“志喜”的“志”多有写作“誌”的，其实，“誌”乃“志”作“记”解释时的异体字，按规范应写作“志”。

在具体使用中，“之喜”与“志喜”常有用错的。曾见街头横幅曰：“热烈祝贺××公司开业志喜！”这“志喜”就该换成“之喜”；如果删“志喜”，不加“之喜”也未尝不可，只是少了点喜气。再有，“××、××新婚之喜”，祝贺的意思就没有表达出来。虽有尽在不言中之说，这“之喜”还是该换成“志喜”；否则，抬头之上加“祝贺”两字也可以。总之，既云“志喜”，就不能再“祝贺”了，而“之喜”，则必须“祝贺”一下的。

在朝鲜半岛举行了30多年来规模空前的联合军事演习“秃鹰”行动。对于这种炫耀武力、加剧朝鲜半岛紧张局势的行为，朝鲜外交部发言人发表谈话，提出抗议。对这一消息，浙江一家党报的标题竟是：“朝鲜抗议美韩/举行军事演习”（见附件）。好像朝鲜为抗议美韩，举行了军事演习似的。

好端端的一句表达清楚、完整的话，因为被随意地“一刀两段”，造成的结果竟同呓语一般。

朝鲜抗议美韩
举行军事演习

正音室

“名不见经传”的“传”怎么读

郑　茵

3月24日晚上6点多，上海电视台“财经报道”栏目在播放有关家具市场的信息时，女播音员说了这样一句话：“有些名不见经传的店家……”她把“经传”的“传”念成了chuán(船)，显然是念错了。

在一般的字典或词典里，“传”字都有两个读音，一是读chuán，大体用作动词，如表示传递、传授、传播、传染、流传等意义；一是读zhuàn(撰)，大体用作名词，如表示古代注释儒家经文的著作或记载人物事迹的作品等。那么，“经传”的“传”属于哪一种呢?

先交代一下“经传”的“经”。经，古代专指儒家的经典，通常有五经、六经、九经、十三经等说法。最早见称于古籍的是“六经”。如《庄子·天运》：“孔子谓老聃曰：‘丘治《诗》(《诗经》)、《书》(《尚书》)、《礼》(《仪礼》)、《乐》(《乐经》)、《易》(《周易》)、《春秋》六经自以为久矣。’”由于《乐经》早就亡佚，所以后来便有“五经”之说，如班固《白虎通·五经》曰：“五经谓何?谓《易》《尚书》《诗》《礼》《春秋》也。”严格说起来，现存的儒经就是这五部。后来，唐代陆德明《经典释文序录》，除《易》《书》《诗》《春秋》以外，又将“礼”分为《周礼》《仪礼》《礼记》三种，再加上《孝经》和《论语》，都归属于儒家“经典”，这就成了九经。徐坚《初学记》卷二十一所说的“九经”，与陆说有所不同，除《易》《书》《诗》和“三礼”以外，又将《春秋》分为《左传》《公羊传》《穀梁传》三种，不包括《孝经》和《论语》。无论陆说或徐说，除五经以外，其他所增各书，都已不是原来意义上的儒经了。至于后来的“十三经”，则是宋儒在徐坚所说“九经”的基础上，加上陆德明所说的《孝经》《论语》，再加上《孟子》和《尔雅》，凑合而成。其杂而无章，不问自知。因此就现存的纯粹的儒家经典而言，只能是《易》《书》《诗》《礼》《春秋》五经。当然，“九经”和“十三经”的说法，后世既已流行，我们不必也无法否定，但应有一个比较明确的了解。

“经传”的“传”，古代专指解释儒经的文字或著作。解经的文字，因人而异，可以有各种称呼。有的称注，有的称笺，有的称传，有的称疏，有的称正义，如《周易》有王弼、韩康伯注，《诗经》有郑玄笺，《尚书》有孔安国(伪托)传，《仪礼》有贾公彦疏，《周礼》有孙诒让正义。其名称和阐释文字的繁简虽有不同，但作为“对经文的注释”这个含义却是一样的。《汉书·古今人表》：“〔孔子曰〕：‘唯上智与下愚不移。’传曰：‘……可与为善，不可与为恶，是谓上智……可与为恶，不可与为善，是谓下愚。’”前面所引“传曰”以下的话，就是对经文“唯上智与下愚不移”(见《论语·阳货》)的阐释。所以颜师古注曰：“传，谓解说经义者也。”《经典释文·尚书音义》：“《尧典·虞书》孔氏传。”陆德明曰：“传，即注也，以传述为义。旧说：汉以前称传。”这是现代词书对“传”字释义的依据。又《经典释文·周易音义》：“《周易》上经乾传第一。”陆德明曰：“传，直恋反。”这里的“传”就是对《周易》经文乾卦的注释。“直恋”的反切折成今音正读 zhuàn，这是现代词书对“传”字注音的依据。

作为名词的“传”的意义，后来又有了别解。一为泛指贤者的著作，如张华《博物志·文籍考》：“圣人制作曰经，贤者著述曰传。”一为记叙人物事迹的传记，如司马迁《史记》有“列传”的名目，其《伯夷列传》唐司马贞索隐曰：“列传者，谓叙列人臣事迹，令可传于后世，故曰列传。”关于这两个意义，古人虽然没有加注明确的音切资料，但清初编纂的《康熙字典》却对此作了精辟的辨析和论定：“至传道、传闻、传授之传，乃一定之平声；纪载之传，一定之去声。此音之分动静不可易者也。”《康熙字典》的编纂者，当时还没有现代的语法概念，却能以“动”“静”二字来准确划分今天的动词和名词两类音读，实在是难能可贵的。

最后，引述一下“名不见经传”的语源，作为本文的结束：

宋王黼《宣和博古图·叔液鼎跋》：“考诸前代，叔液之名不见于经传，惟语记周之八士则有叔夜焉，岂其族欤？”

“拗”有三读

庆 祐

今年2月17日晚，某电视台播发一条香港新闻，播音员将特区首任行政长官董建华“摒弃政治争拗”的“拗”读为 ào，颇为刺耳。这个字读音有三个：①ào(傲)，意思是不顺或不顺从。例如：拗口、违拗。②ǎo(袄)，方言，意思是使弯曲。③niù，意思是固执；不随和。例如：执拗、争拗、拗不过。“争拗”的“拗”应读作 niù，不读 ào。

唐僧的法名

隋 唐

1996年12月1日中央电视台“正大综艺”节目主持人在说到唐僧的法名时，将玄奘读作玄 zhuàng(壮)。这显然是犯了“秀才识字认半边”的毛病，见“奘”字上边是“壮”，遂误读作 zhuàng。

玄奘是唐代高僧，又是佛教法相宗的创始人，特别在《西游记》问世以后，唐僧的名字更是家喻户晓，今误玄奘(zàng 葬)为玄壮，大不该也。

“奘”是多音字，有两读：一读 zàng；一读 zhuǎng。就是没有 zhuàng 的音。读 zàng 有两个义项：一作壮大讲。《方言》卷一：“奘，大也。秦、晋之间，凡人之大谓之奘。”用于人名，属这种用法。一作说话粗暴、态度生硬讲，用于方言。今河北省廊坊、大厂、香河等市县，以及天津郊县武清一带，均有此种说法。如：“这人说话真奘，像吃了枪药一样！”读 zhuǎng，用在方言上也有两个义项：一作粗大讲。如：“那人膀大腰圆，身子骨儿奘极了。”一作生活富裕讲。如：“这些年，他们家的小日子是越过越奘。”

猪头、猪蹄之谜

韩镕石

先得说明一下，编者要求写的是“一字难忘”，我这里谈的却是标点符号。这是因为这件事给我留下了极为深刻的印象。

还是在抗美援朝年代。一天，志愿军某野战医院炊事班的几名同志从兵站领回来十几麻袋猪肉。扛到伙房仓库，拆开一个麻袋往席子上一倒，啊呀，全是猪头、猪蹄！

炊事班长惊呆了！

他急忙指挥大家把所有的麻袋都拆开。结果还是一样：全是猪头、猪蹄！

班长脾气不太好，扯开嗓子吼道：“开玩笑也没有这样开的！”

他转身把伙食管理员找来。管理员一看，脸都气白了，说：“不行！我明天回沈阳去，找他们打官司！”

管理员来到东北军区后勤部，找到经办这事的干事，气势汹汹地提出质问：“前线的工作非常繁忙，哪有时间来收拾猪头、猪蹄？谁叫你给我们发猪头、猪蹄的？”

这位干事摸了摸后脑勺，忽然若有所悟：“啊！想起来了，不是你来电报专门要猪头、猪蹄的吗？”

“你胡编什么！”管理员极为气愤地申辩：“我一没疯，二没傻，干吗要打那样的电报？”

干事截住他的话：“咱们口说无凭，把电报找出来再说吧。”说罢，打开文件柜，没几分钟就把电报找了出来。他拿着电报，高声朗读：

“急送肥猪头蹄，不要下水，洗好送来。”然后，把电报放在桌上，拍了两下，又问管理员：“这不是你发来的，难道是美国人发来的？”

管理员一听，急忙拿起电报。电报上只有两行字，没有标点。管理员也念了一遍：

“急送肥猪，头蹄不要，下水洗好送来。”

"诞生"的"诞"

杜路茨

60年代初，笔者刚参加工作时，听单位一位领导人念文件，把"诞生"念成了"yán(言)生"，于是当场予以纠正。不料这位领导人生气了："左边是'言'，右边也是'延'，怎么不念'yán'？"

笔者当时年轻气盛，反唇相讥道："也许你是对的吧，××mù(木)同志！"(其实这位领导同志名叫××相)这下他更火了："扯淡，我那是相，什么mù呀！"笔者故意反驳说："左边是'木'，右边也是'目'，怎么不念mù呀？"

后来在文化大革命中，笔者为此事挨了批，罪名是"恶毒嘲弄工农出身的领导干部"。

干事这才明白了问题所在：原来两人断句的地方不同。他以商量的口吻对管理员说："这下咋办？咱们请示科长去吧！"

科长听了他们的汇报，又把电报看了两遍，首先批评干事："你也不动脑筋想想：前方怎么会要那玩艺儿？当时就该和大家研究一下这电报的真实意图；实在弄不明白，还可以去电报、电话询问嘛！"接着，也不客气地批评了志愿军的管理员："你这电报也有问题。'头蹄不要'，'头蹄'二字当然容易跟肥猪连读，如果写成'不要头蹄'，不就清楚了吗？'下水洗好送来'，也是废话，哪有猪肚、大肠带粪便卖的？"

干事请示科长："头蹄是不是发回来？"科长连连摆手，说："拉倒吧！依我的意见，干脆送给驻地附近的朝鲜老乡算了。"

最后又指示干事："马上另发一批猪肉给前方医院！"

"媳妇"让我挨揍

郑剑波

十几年前我在济南念书时，一次，到一位老师家串门。正巧，老师的儿子和他的未婚妻从青岛回来度假。一家人正在和面、切肉、洗菜，忙得不亦乐乎。见我进来，老师热情招呼，让我跟他一起包饺子。闲聊间，我轻声对老师说："您媳妇真漂亮。""你说什么？"老帅笑容顿失。我以为他没听清楚，便重复了一遍："您媳妇很漂亮"，"两个人很般配"。话音刚落，只见老师脸上怒容满面，扬起巴掌在我的后脑勺重重地拍了一下。这一巴掌，打得我丈二和尚摸不着头脑，再也不敢吱声。恰巧班长来喊我去领电报，我便趁机溜了。

回到寝室，跟室友说起刚才的事，几个北方同学笑得前仰后合，而我的几个南方老乡只是看着他们傻笑。室长边笑边说："你把他的儿媳说成他妻子，罪之一；并说他儿媳跟他很般配，罪之二。你这不是引诱咱老师犯错误吗！我看这一巴掌值得。"说完，大伙又笑开了。我的老乡不服，反驳说："我们南方把儿媳称为媳妇，哪有称老婆为媳妇的。"

最后，争论双方翻起了词典，在《现代汉语词典》里找到"媳妇"的解释：念 xí fù 时，是儿媳的意思；念 xí · fur 时系方言，是妻了的意思。天哪，从南方到北方，"媳妇"的辈分竟然升了一级。

以后，每当我听到媳妇之类的话题，就会想起沾满白粉的后脑勺。

语丝

『令尊』用法不当

曾俊扬

老作家汪曾祺先生在《张郎且莫郭郎》（《南方周末》一九九七年一月十日）一文中有一句话：『丁聪所以被称为「小丁」，大概和他的令尊被称为「老丁」有关。』这里『令尊』一词用法不当。『令尊』是人称敬辞，意思是『你的父亲』。按照这个解释，原句显然不通，『令尊』当改成『父亲』，才合乎文法。汪老先生是文坛耆宿，偶尔出现一点差错，当然无损他的大家形象。

字里乾坤

牛年说“物”

刘志基

牛年伊始，忽然注意到“物”与“牛”的关系非同寻常。不是吗？作为形声字的“物”，它唯一的表义符号就是“牛”。所谓“物”，乃是天下万物的总称；牛，不过是万物之一而已。如此之“牛”，如何能在“物”中以偏概全？

对此，《说文》作了如下解释：“物，万物也，牛为大物，天地之数起于牵牛，故从牛，勿声。”应该说，这种解释是符合古人造字思维的实际的，而这种思维的痕迹，并不仅仅显现于“物”字之中：计数品物，多以“件”论，而“件”中之“牛”，也是一个表义符号；物中分叫做“半”，“半”字小篆写作，从“八”从“牛”会意，“八”就是“分”，故“半”的造字意图就是“分牛”。《说文》对“半”的解释与对“物”的解释如出一辙：“牛为物大，可以分也。”

“牛为物大”之“大”，显然并不仅仅指形体。这一点，同样可从汉字中获得证据。观察若干牲畜义类的汉字，不难发现，它们的表义符号仅“牛”而已：“牲”字泛指家畜，而以“牛”为义符；“牧”指放养牲畜，从“牛”从“攴”会意，“攴”表放牧行为，“牛”则为放牧对象；“牝”“牡”指畜类乃至兽、禽的雌雄，而它们的表义符号也只是一个“牛”。可见牛虽然只是牲畜之一，但在古人心目中，却足可成为整个牲畜的代表。

祭祀神灵，在古代社会中乃是一件莫大之事，正所谓“国之大事，在祀与戎”。而作为祭品的牲畜，又为祭祀所必需。祭牲的专名叫做“牢”，“牢”字的甲骨文字形兼有从“牛”的，从“羊”的和从“马”的，正与实际祭牲的丰富品种相应。但自两周金文起，便独存从“牛”之形。可见牛又可为祭牲的代表。与“牢”相应，“牷”指毛色纯一的完整祭牲，“牺”指纯色祭牲，而它们的义符也只是牛。祭品以牛为代表，当然

与牛在祭牲中的无上地位有关。祭牲的奉献以太牢之礼档次最高，而所谓“太牢”，即指祭牲中有牛者。由此可见，作为祭牲，牛是最能讨好神灵的一种，所以才被捧到了最高的地位。

文献中多有以牛为质祝祷祛病的记载，又从另外一个角度证明了牛是最能娱神之物。《韩非子》记：秦国百姓闻昭王病，买来牛与鬼神作交易，通过祝祷感动了鬼神，治愈了昭王疾病。秦襄公也有同样的经历。

祝祷祛病不用其他牲畜，偏要用牛，可见在古人心目中牛是最为鬼神所重的。因其最为鬼神所重，便也最为人所重。《周礼·夏官·齐右》郑玄注引《礼记·曲礼》：“国君下宗庙，式齐牛。”这里是说，即便贵为国君，如果在宗庙遇到供奉祖先神灵的牛，也必须行俯身凭轼的致敬礼。《周礼·夏官·齐右》曰：“凡有牲事，则前马。”郑玄注：“王见牲则拱而式，（齐右）居马前却行，备惊奔也。”这是说在国君对牛行礼时，齐右（官名）必须跑到国君的车马之前，以防马匹受惊而狂奔。

牛既然受到如此看重，当然不能作寻常之用。《礼记·玉藻》记：“君无故不杀牛。”《礼记·王制》也有类似规定：“诸侯无故不杀牛。”这里的“故”，就是指的祭祀。可见，只有九五之尊的天子及诸侯在祭祀时才能杀牛。与此相应，在历代刑法中，都不难找到禁止屠牛食牛的条文。正因为杀牛吃牛违法，这种描写才频繁地出现在《水浒》作者的笔下，用来渲染烘托梁山好汉蔑视王法的造反气势。

话说到这里，牛的“大物”的内涵或许已不再成为秘密，然而这种内涵又是如何形成的呢？其原由或者可以追溯到渔猎时代人们驯养野生动物活动中的感受：牛以其易于驯化，适于放养，且又体格硕大，膘肥肉满，很自然会令先民另眼相看。但是，作为一种极其强烈而又普遍的民族心理，人们对于牛的特殊看重应当还是建立在农业经济的基础之上的。文化人类学研究表明，农耕是一种比原始的采集——狩猎付出更多体力的生产方式，而牛以其力大体壮的天赋和吃苦耐劳的禀性被农耕民族选为自己不可或缺的帮手，由此而引发了农业民族对牛的普遍敬重甚至崇拜。传说中的神农氏（即炎帝），作为农神，竟也是“人身牛首”（《史记·补三皇本纪》），正透示出中华民族视牛为大物的真正缘由。

“舞”中为何要有“羽”

叶正道

“舞”字《说文》古文作𡕗，“羽”为其表义偏旁。这种造字思维，显然植根于羽毛曾在古代舞蹈中扮演重要角色的历史事实。关于这种历史事实，古代文献、出土文物都可提供佐证。《周礼·地官·舞师》中就有“教羽舞，帅而舞四方之祭祀”的记载。表现公元前5世纪左江流域骆越族祭祀场面的广西花山岩画中，有不少人下蹲踩步作舞蹈状，其中有一似为首领者头插羽毛，腚挂尾饰，腰佩环首刀。在云南沧源崖画中，头插羽毛、作舞蹈状的人物形象也不少。据研究，这些崖画大多反映了狩猎生活。另外我们还可以在法国塞维里中央寺院主祭坛前看到戴着带羽毛的有檐帽、穿着腓力三世时代少年侍从的艳服的教会歌唱者的舞蹈。显然，这些中外的实例都提供了“舞”字写作“𡕗”的外在理据。那么先人们为什么要头冠羽类装饰而舞呢？以羽毛本身的美丽飘逸，将它用作舞饰当然可以认为是一种很自然的选择，但细审上述这些例子，我们可以发现其更深层的缘由：戴羽饰而舞有其巫术、宗教的目的。

与我们现代人不同，古人或原始人有着万物有灵的观念，他们对于事物之间的神秘感应和联系有着奇思怪想，我们把它叫作巫术观念。著名人类学家弗雷泽在《金枝》一书中称之为交感律，列维·布留尔在《原始思维》中称为互渗律，这种观念认为，只要两件事情或两种物象在表面上偶然有着相似之处，就可以把它们加以必然联系。羽毛毫无疑问是最常见的狩猎战利品，根据巫术思维，先人们认为以羽毛装饰自己就会获得某种特殊的力量去战胜那些拥有羽毛的动物。于是，在每次狩猎出征时，先人们就头戴羽饰，身披兽衣，臀后系尾跳起狩猎舞，模仿狩猎的场面以祈求狩猎的成功。这种情况在现存原始部落中依然可以找到。

随着社会的发展，文化的成熟，

黄土地上的祖先

——上古圣王得名考源之四

张再兴

"黄",《说文》:"地之色也,从田从炗,炗亦声。炗,古文光。"可见,在战国人们的心目中,"黄"是与黄土地联系在一起的。作为中华民族伟大始祖之一的"黄帝"以"黄"为名,是否也与黄土地有关系呢?

现代学者认为黄帝出生于黄土高原,死后葬于黄土高原,其族主要活动于黄土高原,故文献记载中的黄帝的各种属性均与土地有关。《吕氏春秋·应同》:"黄帝之时,天先见大螾大蝼。黄帝曰,土气胜,故其色尚黄,其事则土。"土上之事,无非就是农业。《淮南子·天文训》:"中央,土也。其帝黄帝,其佐后土,执绳而制四方。"在神话中,神的某种重要属性常常会演变成他的属臣。如尧用弓箭射日的神话,在流传过程中就成了尧的大臣羿(弓箭)射日。因此黄帝的属臣后土为土官之神,实际上就是黄帝为地神。

土地对于人类生活特别是农业生产的重要性是不言而喻的。而黄土对于原始社会极其落后的初级农业,作用尤为重要。我国文明的发祥地黄河流域大部分地区的土壤为黄土。黄土的高空隙性和强毛细管吸收力,使得蕴藏在深层土壤中的无

人们从狩猎走向畜牧业,从采集走向园圃农业和集约农业,人们已无头戴羽饰而舞来祈求狩猎成功的必要了,但羽的这种特异功能还印在古人的心中:既然先人戴羽饰来祈求胜利,羽就并非一般之物,似有神性,故而在人类迈入农业文明社会后,人们仍然戴着羽饰而舞以祭祀神灵。

机质能上升到顶部，为农作物的根所摄取，黄土也就具有了“自行肥效的能力”，这对抛荒轮作的原始农业来说极为重要。另外，黄土土质疏松，便于使用极其原始的生产工具的原始人进行开垦和作物的浅种直播。土壤自肥能力强，又便于耕作，这是原始农业发生和发展极为有利的条件。因此，黄土地区是发展原始农业的理想环境，故在《尚书·禹贡》中把雍州的“黄壤”列为田之“上上”等。

黄土对于决定人类生存的农业所具有的重要作用，使古人认为黄土对人类本身也同样是不可或缺的。因此在神话中，黄土也成了造人的原料。“女娲抟黄土造人”就是大家很熟悉的传说。造人的女娲本身也是大地生出来的(《抱朴子·释滞》)。有意思的是在黄帝的事迹中也有造人之功。《淮南子·说林训》高诱注：“黄帝，古天神也。始造人之时，化生阴阳。”这不能不说是由于黄土在其中所起的重要作用了。黄帝之得名正在于黄土对人类的重要作用。

另外，由于黄土对农业的作用，作为土地神的黄帝便同时也具有了农业神的性质。《史记·五帝本纪》记载黄帝“艺五种”，“时播百谷草木”。《大戴礼记·五帝德》还记载黄帝“起五量”，“五量”就是五种量谷之具。发明量具必在农业发达之后才有必要和可能。因此，黄帝发明量具，也说明黄帝就是农神。而文献中黄帝发明蚕桑的记载，也可以作为黄帝是农神的旁证。这是因为蚕桑总是与农业联系在一起的。

语丝

『胭脂店』？『烟纸店』？

葛康

《解放日报》一九九七年三月十七日《潘家湾现在太平多了》一文说：『在路边开「胭脂店」的一名上海人说……』不知文中所言『胭脂店』为何物，是不是卖胭脂花粉的小店？笔者知道在上海方言中只有『烟纸店』，即卖烟卷草纸之类的日常小杂货店，此类小店一般都是小家小店，即所谓夫妻老婆店。旧上海的街头很多，现在也不少。因此，「胭脂店」应是『烟纸店』之误。

十字街头

郴州、柳州和“彬州”

王 简

郴(chēn 琛)州是湖南南部一个地级市,位于京广、郴三(都)、郴嘉(禾)三线的交会处,是物资集散和交通中心,有“湖南南大门”之称。郴州的郴,虽早见于秦朝但非常用字,不少人不认识,所以郴州常被误为柳州或“彬州”。柳州也是地级市,位于广西中部偏东,湘桂、焦(作)柳、黔桂三线的交会处,是广西最大的工业基地和交通枢纽。“彬州”,在我国当属子虚乌有。

由于郴、柳、彬混淆,寄往郴州的信件常到了柳州,发运郴州的货物也常到了柳州。江西曾有位老太太本要赶往郴州,可车站却给了柳州票,致使她南辕北辙,奔往柳州,吃了不少苦头。郴州有个圆泉,圆泉水是煎茶优质水,人称“天下第十八泉”。如唐代张又新《煎茶水记》说:“郴州圆泉水第十八。”(《全唐文》,7420页,北京,中华书局,1983。)这篇文章,在清代以前的刻本中,“郴州”被错成了“柳州”,引起了人们的误解。明代茶陵派诗人何孟春在《圆泉记》中加以纠正说:“案今本《煎茶记》云,圆泉在柳州,当作郴州为是,字形相似,误刻传也。”

中央电视台1995年某日“新闻联播”报道郴州一则消息,罗京先生就说成了“彬州”;1996年元月9日(或8日)《历史上的今天》播出朱德等在郴州等地的活动时,郴州被反复说成“彬州”。我国有郴县,也有彬县。郴县在湖南,1994年被撤销;彬县在陕西。郴县也常被误为彬县。原郴县一中(现市二中)有位语文老师给《语文报》投稿,报上却作“湖南彬县一中”。我国东汉造纸术发明家蔡伦是今湖南耒阳市人,《新华词典》却牛头不对马嘴地说是“今湖南彬县”人。

郴,本是地名专用字。许慎《说

司 ≠ 公司

周德茂

一家公司在某大报上刊出大型连版广告，以重金征求广告创意，并许诺在广告中找出一个错字即奖励一千元人民币。广告在自我介绍时四次出现“我司”字样，最后署名×××省天星医药科技有限公司。很明显，广告中的“我司”用错了。我们知道，“司”和“公司”是两个各自独立的词语，它们各有其特定的含义。司不等于公司，也不能作为公司的简称。其区别是：司，指中央部一级机关里的一个部门，如外交部礼宾司，国家体委球类司；公司，是一种工商业组织，从事产品的生产、商品的流转或某些建设事业等，如百货公司、运输公司、煤气公司。所以，各类公司应自称“我公司”或“本公司”，而不能说“我司”或“本司”，当然，如果是外交部礼宾司、国家体委球类司等，那则是另一回事了。

****

文》说得很明白，现在的辞书更不待说。许多地名都同山水有关。柳州因柳江而得名，郴州则因郴江而得名。郴江也叫郴水，又称黄水，源于骑田岭今北湖区江口乡打鼓岭，绕郴城而过，北流汇耒水入湘江。北宋词人秦观（少游）《踏莎行·郴州旅舍》云：“郴江幸自绕郴山，为谁流下潇湘去？”人地关系从来密切，所以也有用郴作姓氏和名字的。

郴，左林右阝。许慎认为，林表示读音（声旁）；阝就是邑，表示意义（形旁）。后来也有不同意许氏说法的，认为林也是表示意义的，就是森林的林，它同邑合起来表示郴州是个多森林或处在林海中的山城。明何孟春《馀冬绪录》就这么认为：“吾州制郴，以多木名。”我认为郴州明代“多木”，秦汉会不会“多木”呢？联系其他字的读音看，我还是赞成许说。

莫为皇帝改名

杨阳羊

近来，经常在影视、书报刊中见到或在人们谈话中听到给历史上的皇帝“改名”的事。发生这种差错，主要是由于对汉字的音义、繁简体不甚了解所致。对此，想概括为以下几类情况略作辨析。

一、原有的字和简化字字形相同而音义相异。如影视中唐德宗“李适”被“改名”为“李適”。“适”音 kuò（括），是原有的字，意为快速，常用于人名；而“適”音 shì（是），简化时借用了“适”，意为符合、舒服等，两字毫无关系。可见“适”（kuò）不是適（shì）的简化字，因此唐德宗“李适”不可写为“李適”。

二、两个繁体字简化成同一个字而音同义异。如影视、书报刊中清高宗（即乾隆帝）“弘历（曆）”被“改名”为“弘歷”。其实，“历”的繁体字有经歷、歷史的“歷”和曆法的“曆”，均音 lì，简化字复原为繁体字时需区别对待。乾隆帝弘历的“历”的繁体是“曆”，因而写成“弘歷”是错误的。

三、繁简字形相同而音义各异。这类情况较之前两类复杂些。如在一些影视或书报刊上，清文宗（即咸丰帝）“奕詝”变成了“奕泞”“奕譸”。“詝”音 zhǔ（主），这半边的“宁”（zhù）是原有的字，并非“寧”（níng）的简化字，“宁”（zhù）的简化字是“亡”；而当“宁”简化为“亡”后，原来的“宁”才被借用为“寧”的简化字。由于不清楚这种繁简关系又忽略读音，因此有人认为“詝”是繁体，想当然地将其类推，简化为“泞”；也有人以为“詝”是简化字，又复原为繁体字“譸”。

四、字形相近而读音不正。如末代皇帝“溥仪”在人们的谈话中，常被误为“傅仪”。“溥”音 pǔ（浦），“傅”音 fù，两字偏旁不同，另一半字形则相同，而一般人对不认识的字，习惯认半边字读半边音，所以想当然类推读成“fù”音。

“获准受贿”的“干井”

许　可

1996年12月9日上午，福建省政协陈委员路过福州某公安派出所时，被门口张贴着的一张告示吸引住了。他挤进人群一看，告示的大标题是：“公安干井十不准”（着重号是笔者所加。下同）。陈委员不禁愕然。“干涸之井”何以要“十不准”呢？不过，他借助“公安”二字很快就意识到“干井”乃是“干部警察”的缩写，“警”字被乱简化成“井”。

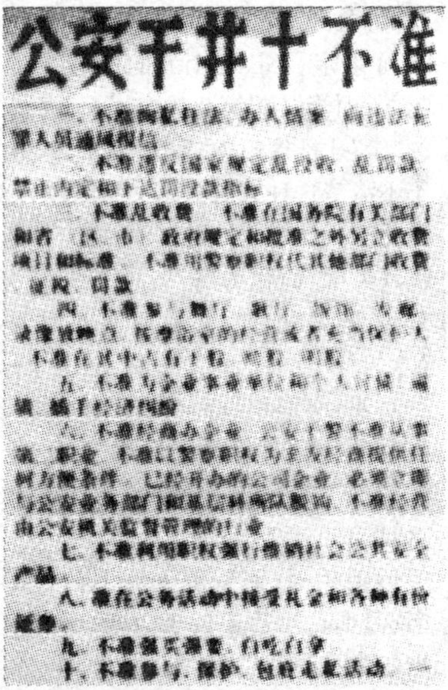

他继续往下读。第八条条文又使他傻了眼，文曰：“八、准在公务活动中接受礼金和各种有价证券。”天哪！这不是明目张胆地提倡受贿吗？当然，联系以上“十不准”便明白这不是有意地提倡受贿，而是无意间在“准”字前漏了个“不”字。

陈委员为了引起该所领导的重视，特地请了该所指导员读读这张告示。在陈委员未指出其中的差错前，这位指导员也确实认认真真逐字逐句读了两遍，却仍是昏昏然无所觉！

呜呼！一张如此严肃的告示，经得起出现如此严重的文字差错吗？政府部门的文件、通知、告示等能不认真地“咬文嚼字”吗？

今人不应称古人

王　旭

电视连续剧《历史的选择》说到在红军长征途中，毛泽东和贺子珍就要将他们的爱子毛毛寄送他人了。毛泽东安慰贺子珍说：“古人云：‘无情未必真豪杰，怜子如何不丈夫。’……”此二句实为鲁迅先生于1932年12月31日给其知交郁达夫写的《答客诮》中的两句，其全诗为：“无情未必真豪杰，怜子如何不丈夫。知否兴风狂啸者，回眸时看小於菟。”所谓“古人云”者，其义则与此恰恰相反。《战国策·赵策》载触龙劝说赵太后，如果真正是爱自己的小儿子，就应该替子女作长久之计，使长安君出质。赵太后说：“丈夫亦爱怜其少子乎？”鲁迅先生在这里用它来反说，爱怜儿子的难道就不是大丈夫么！因为鲁迅先生很爱他的儿子海婴，有人讥笑他，他于是作此诗来回答。

鲁迅先生是在红军长征胜利结束之际去世（1936年10月19日）的，而剧中的毛泽东引用其诗句时鲁迅尚健在，怎么能是“古人”呢？

凭毛泽东同志深厚的国学底蕴，是绝对不可能说出此等外行话的。再者，毛泽东当时神情凝重，态度严肃，也不是和贺子珍开玩笑。显然，误今为古的责任在编导。

语丝

汉字中的独行侠——『巳』

王中原

汉字中『己、已、巳』形近难分，尤其是某些汉字的部件是这种形状时，更不知找这三个字中的哪一个了，拉郎配的现象时常有之。此文暂不谈『己、已』，先说『巳』字。

记住，『巳』是独行侠，除独自成字外，不作其他任何汉字的部件！

报刊扫描

石敬塘 与 和坤

石中玉

读过历史的都知道，标题中的两个人名，各有一个错字。石敬塘的“塘”，应作“瑭”；和坤的“坤”，应作“珅”。石敬瑭是五代时后晋的皇帝，以向契丹自称“儿皇帝”闻名。和珅是清朝乾隆皇帝的宠臣，贪赃枉法，富可敌国。他们名字中的“瑭”与“珅”，都是玉旁（俗称“斜王旁”），也都是美玉的名称。但是在一些报刊和书籍上，这两个字却常常被写成“土”旁，就像本文题目上写的那样。塘与瑭，读音相同，容易混过去；坤（kūn 昆）与珅（shēn 深），读音不同，一读出来，人家就知道你搞错了。这搞错的原因，我想主要是因为两个偏旁的差别只是多一横少一横，太微细了，因而产生笔误或排错。但是更主要的，我以为还是读书不认真、不求甚解的缘故。

手边就有现成的例子。《新民晚报》1997年3月3日有一篇讨论石敬瑭是不是京戏中薛平贵原型的文章，从题目到内容，“瑭”字都被写成了“塘”字。这显然不像是排错或笔误，而是作者、编者都没有觉察这个“塘”字该作“瑭”。这篇文章是对同一张报纸1996年12月22日一篇文章的商榷，我没有去查那天的报纸，只能估计那篇文章也是将“瑭”作“塘”，否则第二篇文章不会如此一“塘”到底。

和珅的“珅”，错读成乾坤的“坤”音，或错写成“坤”字，原来也相当的多。幸得电视剧《宰相刘罗锅》的播放，看的人多，剧中的和珅又是演得成功的脚色，成了家喻户晓的人物，大家也因此搞清楚了“珅”字的正确读音与写法。但是在这部电视剧播放前，曾有过多次的预告，播音员却都念成了“和坤”。这也难怪，那时电视剧还未播出。可见大家对“和珅”这个名字的读音与写法，是

“甚至”前后的语序

俞敦雨

“甚至”(甚或)作为连词,其作用是“提出突出的事例(有更进一层的意思)”(《现代汉语词典》),“即说明即使在这种情况下也不例外”(《现代汉语虚词例释》)。例如巴金的《灯》:“几盏灯甚或一盏灯的微光固然不能照彻黑暗,可是它也会给寒夜里一些不眠的人带来一点勇气,一点温暖。”“几盏灯甚或一盏灯”极言灯之少,灯光之微弱,从而突出灯光的作用之大;这一语序适应了主旨的需要,是十分恰当的。而下面一句中“甚至”关联的两个词语,其次序值得商榷:

上海交响乐迷中近六成的人士收入并非十分丰厚,难以承受百元以上甚至数百元的高价票。(《文汇报》1996年11月27日)

揣摩句意,并不要突出票价之高,而是强调许多乐迷的承受能力不高。如果这一分析不错的话,“甚至”前后的词语该互换一下位置,“难以承受数百元甚至百元上下的票价”,这样才能符合希望降低交响乐演出票价的主旨。另外,“百元以上”和“数百元”,前者包括了后者,因为“数百元”也是“百元以上”;所以应把“百元以上”改为“百元上下”。

不很注意的。

这类因形近(瑭与塘、珅与坤)而认错写错读错的情况,由来已久。就拿石敬瑭为例,“文革”期间,“二十四史”标点本中的《新五代史》是由上海组织标点出版的,书前照例有一篇“批判性”的前言,其中石敬瑭的“瑭”字就写作“塘”。这篇前言的作者应是史学专家,但他对史传中的“石敬瑭”三字,公然熟视无睹。后来也未听说有人对此提出异议,大概以为这是小事,不值一提。

《中华读书报》的四个错字

苏培成

读1997年2月26日的《中华读书报》，我看到了四个错字。

1．第6版《"田雁宁现象"的启示》："我想至少有如下两点足可令人三思：第一，文学创作和市场运作并非水火不相融；第二，文学创作绝对不是简单的市场运作。"

"水火不相融"应作"水火不相容"。"融"和"容"音同，形义不同。"融"指融合、调和，几种不同的事物合成一体。成语有"水乳交融"，是说水和乳汁极容易融合，比喻关系非常融洽，或结合十分紧密。"容"指容纳、包含。水和火是对立物，彼此不能容纳，比喻势不两立，成语有"势如水火"。"水火不相容"的说法成立，但是不能说"水火不相融"，因为水和火谈不到融合的问题。

2．第6版《青苹果的滋味》："……经济利益对人类灵魂和精神家园的重重挤压，过于紧张的人们中间所硕果仅存的文学爱好者或者说需求者，他们迫切需要的是精神导向和慰籍……"。

"慰籍"应作"慰藉"。"藉"和"籍"形音义都不同，不能混用。"藉"字是草字头。《说文·艸部》："藉，祭藉也。"指古代祭祀朝聘时陈列礼品的垫物，读jiè(借)。"藉"垫在下面，使安稳。"慰藉"，安慰，抚慰。旧《辞海》："慰，安之自上；藉，安之自下。因并言之慰藉。"《后汉书·隗嚣传》："光武素闻其风声，报以殊礼，言称字，用敌国之仪，所以慰藉之良厚。"李贤注："慰，安也。藉，荐也。言安慰而薦荐之良甚也。""藉"还有另一个音义。《说文·艸部》："藉，一曰艸不编，狼藉。"这个意义读jí(及)。"狼藉"，乱七八糟，杂乱不堪。"籍"字是竹字头，读jí。现代常用意义有：①书，书册：书籍｜古籍。②籍贯：原籍。③个人对国家、组织的隶属关系：国籍｜学籍｜党籍。没有"慰籍"这个词。

日本无“新泻县”

花启清

《新民晚报》1995年8月24日一则专稿的导语:“一块乾隆诗匾在日本新泻县被发现。”日本地名中,只有“新潟”而无“新泻”。

“新潟”,日汉同文同义。“潟”的汉语读音为 xì(戏)。中日两国对此字都未简化。义即盐碱海涂或咸湖。日本“新潟”,古称“浦原津”。大化时代,信浓川河口三角洲西岸沙丘上的浜村和河口处的寄居岛村之间,形成一潟湖,因此得名叫“新潟”,即新出现的潟湖。江户时代称为“新潟凑”。后因城市建设,潟湖消失。1876年设县,县名从市名。新潟市为新潟县首府,是日本本州中西部一个临海城市。“新潟”一直沿用至今。

“潟”与“瀉”(xiè)形近。在中文里“瀉”已简化为“泻”。日文汉译,时不时见有人将“新潟”写成或误排为“新泻”;影视剧演员及广播电视播音员、主持人,也时不时将“新潟”读成“新泻”。

3.第11版《目送心河帆影》:“史家写东西,易犯懒祭堆垛之病,《心河帆影》却是以明丽流畅的文字把古人古事评说得明白透彻。”

“懒祭”应作“獭祭”。汉语里没有“懒祭”这个词。“獭”读 tǎ(塔),水獭、旱獭、海獭的统称,通常指水獭。“獭祭”,《礼记·月令》:“獭祭鱼。”獭贪食,常捕鱼陈列水边,称为祭鱼。后用来比喻罗列或堆砌典故。把“獭”错成“懒”,不是排校错误,就是作者不熟悉“獭祭”这个典故。

4.第15版《努力出版高品位的学术专著》:“代表着传统国学研究较高成就的《尚书源流及传本考》是已故宗师顾颉刚高足刘起钎的扛顶之作,它所展现的恰恰是今天学界正日渐匮乏的宝贵财富。”

“扛顶”应作“扛鼎”。“扛”,在这里读 gāng,不读 káng。指用两手举重物。“扛鼎”,举鼎。《史记·项羽本纪》:“籍长八尺余,力能扛鼎。”形容项羽勇武有力。可以用“扛鼎之作”形容非常有分量的著作,力作。

动宾搭配不当举隅

凌　乙

排球比赛中,一方加强发球的攻击力,使对方接球一传不到位。这种情况,在某次报道中是怎样说的呢?排球队里,老队员以身作则,带领新队员训练,在某次报道中又是怎样写的?今摘录如下:

例①……破坏巴西队的一传到位率……(《新民晚报》1995年11月14日)

例②她在训练时还努力为年轻队员做好带头作用。(《新民晚报》1995年3月11日)

"一传到位率"能"破坏"吗?"率",据《现代汉语词典》的解释是"两个相关的数在一定条件下的比值";比值(比率)是数目(当然不限于整数),怎么能够"破坏"呢?它只能改变,提高或降低比值都是改变。所以,例①应当改为"……降低巴西队的一传到位率……"

"带头作用"能"做好"吗?"作用"都无法"做",当然也就说不上"做好"与否。"带头作用"可以"发挥",但例②中有个介词结构充当的状语"为年轻队员",于是还必须考虑状语与动词的配合问题,便不能说为别人发挥带头作用,只得多作一点改动,改成"……为年轻队员起表率作用"。

动宾不配合的毛病,报刊上不乏其例。如:

例③广东湛江市举行首届教育艺术节。(《戏剧电影报》1995年第2期)

例④中国戏曲学院附中为强化教学质量,成立艺术咨询委员会。(同上)

例③所说的"教育艺术节"只能"举办",不能"举行"。例④所说的"教学质量"只能"提高",不能"强化";若要"强化",就该改"教学质量"为"教学"(或"专业教学"之类)。

又如:

例⑤历年举办的文汇书展已在读者中建立了良好的影响。(《文汇报》1989年3月29日)

凶手是谁

葛福安

《读者》1996年第12期中有一篇叶永烈写戴厚英的文章，编者在文前写了一段有关戴厚英遇害的文字。其中有一句让人读不明白的话："凶手是戴厚英老师的孙子。"这个句子产生歧义的根源在"老师"一词上。"戴厚英老师"可指"戴厚英的老师"，也可指戴厚英本人，即对其敬称，因为戴厚英本人既是作家，也是教师，更何况现在也有对知识界、文化界人士逢人即称"老师"的习惯。没办法，只好到《文汇报》上找来相关报道才能解开凶手之谜了。

例⑥《模特儿之恋》和《歌星梦》为我们提供了研究得失的标志。(《新民晚报》1989年11月18日)

例⑤的问题在于"影响"无从"建立"，可改成"产生了良好的影响"。例⑥中"提供"与"标志"难以配合，若改为"提供了研究得失的样本"庶几相宜。

较为复杂的句子，今举如下两例：

例⑦他们之所以激动，是因为他们终于看到了他们经历过的、听说过的、想象过的感受和状态。(《文汇报》1995年3月17日)

例⑧上一盘失利的藤泽秀行九段昨天接连不断地向聂卫平发出强硬而又高难的"试题"。(《解放日报》1988年11月23日)

例⑦所说的"状态"还可以"看到"，但"感受"又如何"看到"(况且还是"听说过"的"感受"，竟能"看到")?此句的宾语是一个联合短语，亦即"感受和状态"，现在能和动词配合的只是联合短语中的"状态"，而"感受"却不能与动词配合，顾此失彼，成了病句。例⑧所示的主干(主语、动词带宾语)是：藤泽秀行九段发出"试题"，其余都是枝叶(附加成分)。"试题"能"发出"吗?"发出"有发生、传出、送出、发表等义，说"发出"(送出)试卷是可以的，"发出试题"就勉强了；而且，"高难的试题"可以成立，"强硬的试题"却不通。如果改成"……出了高难度的试题，发起了强硬的挑战"，似乎较为顺当些。

书林指谬

王濬何曾下扬州

宛　啸

忆明珠先生在他的散文《石头城一瞥》中写道：

古人写及石头城的诗，最有名的莫如刘禹锡的："王濬楼船下扬州，金陵王气黯然收。千寻铁锁沉江底，一片降幡出石头……"（名家手记《白下晴窗闲笔》，13页，上海人民出版社，1995）

刘禹锡的这首七律名篇，题为《西塞山怀古》。我记得小时候曾经在《唐诗三百首》中读到过。那第一句分明是"王濬楼船下益州"，这里怎么变成"下扬州"了呢？"益"和"扬"，字形和读音都相去甚远，不像是排校上的差错。忆先生是著名的诗人和散文家，也许引用时别有所本，我不敢过于自信，只好花点工夫去查核。我查了《四部丛刊》本《刘梦得文集》、《四部备要》本《刘宾客文集》，以及中华书局和上海古籍出版社的两种《全唐诗》，四种版本无一例外都作"益"而不作"扬"。再从史实上看，据《晋书》本传及《通鉴》等记载，王濬在晋武帝泰始八年（272）受任为益州刺史，驻守成都，奉命修舟舰，作大船连舫，准备伐吴。太康元年（280），他率舟师从成都出发，顺长江东下。"吴人于江险碛要害之处，并以铁锁横截之"。王濬"作火炬长十余丈，大数十围，灌以麻油，在船前，遇锁，然（燃）炬烧之，须臾，融液断绝，于是船无所碍"，"兵不血刃，攻无坚城，夏口、武昌，无相支抗。于是顺流鼓棹，径造三山（即三山矶，在今南京市西南、长江东岸，为江防要隘）"。"濬戎卒八万，方舟百里，鼓噪入石头（即石头城，在今南京市西清凉山），吴主皓（孙皓）面缚舆榇，诣军门降"。以上所述，就是刘禹锡诗前四句描写的历史事实。王濬出兵伐吴时人在益州的成都，他只可能从益州顺江东下，去攻打

成语释义五忌

顾义生

悠久深厚的民族历史土壤孕育了数以万计的汉语成语，丰富多彩的成语又是光辉灿烂的民族文化的重要载体，因此历来受到人们的重视。近几年出版的各类汉语成语词典多达数十种，对于成语的整理和研究功不可没，其中不乏精品。但问题也不少，主要表现在释义方面。概括地说，成语释义有五忌。试以发行量较大的《汉语成语词典》(增订本，上海教育出版社出版)为例，略作分析。

位于长江下游的吴国都城建业(今南京市，古亦称金陵)，因此“下益州”的说法是正确的。而扬州位于建业东面50多公里，且不说王濬根本不在那儿，即使他当时身在扬州，那么，从扬州顺江东下，岂不是要把楼船驶向东海去了吗?也许有人会说，李白的《黄鹤楼送孟浩然之广陵》诗有句:“故人西辞黄鹤楼，烟花三月下扬州。”“下扬州”应当理解为“前往扬州”。其实，这种文字上的歧解帮不了引错者的忙。王濬伐吴的目标是建业，他到扬州去干什么呢?何况史书里并没有他“下扬州”的记载。孙皓投降以后，他奉诏北返洛阳(西晋都城)，时年已七十五岁。再过五年就去世了。“下扬州”之说，实为无稽之谈。

最后，从此诗的格律来看，首句的第六字应当是仄声(包括上、去、入三声)，“益”古读入声，正属仄声，而“扬”读平声，与格律不合。

综上所述，人们有理由推断:忆先生的引诗错了。由于没有弄清史实，读通原诗，加上记忆有误，刘禹锡诗中的“下益州”，被他换上了李白诗中的“下扬州”，读者自然会感到莫名其妙了。

一曰以今律古。成语大多是从古代流传下来的，往往保留着古代涵义，故解释成语必须注意古今意义的差异，切忌用今义穿凿附会古义。例如“孤儿寡妇”：“孤儿：没有父母的孩子。”并以宋玉《高唐赋》和《晋书·石勒载记》为书证。殊不知“孤儿”的古义不同于今义。《孟子·梁惠王下》：“幼而无父曰孤。”《说文》：“孤，无父也。”可见在古代，孩子没有父亲就叫孤儿。这大概与古代家庭经济来源主要依靠父亲有关，释义中应当点明。

二曰望文生义。解释成语如果不着眼于该成语的整体意义，而只看字面意思，便想当然地加以解释，就难免有望文生义之嫌。把“舐犊之私”的“私”释为“私心”即是一例。其实，此“私”字应训“爱”，指爱心。《吕氏春秋·去私》：“子，人之所私也。”高诱注：“私，爱也。”故“舐犊之私”又作“舐犊之爱”。

三曰含糊不清。解释成语应力求确切、明白，以便于理解和运用，切忌含糊其词。请看“耳鬓厮磨”：“形容亲密相处的情景。指小儿女的相爱。”其中“小儿女”是指哪个年龄层次？杜甫有“遥怜小儿女，未解忆长安”之句。若指未成年者，则谈不上“相爱”；何况此成语也不光用于未成年的“小儿女”。

四曰漏释今义。有些成语的意义是随着社会的发展而变化的，古今涵义不尽相同。解释这类成语，既要释其古义，又要释其今义，切忌以古义代替今义。例如“急流勇退”：“比喻做官的人在顺利或得意时及早引退，明哲保身。”这显然是其古义。那么其今义呢？《词典》未加说明。其实，此成语今天的使用范围已经扩大。如有些歌星、演员、运动员等在达到颠峰时果断地引退而另辟蹊径，显然已不限于“当官的人”，也并非都是“明哲保身”。

五曰褒贬偏颇。有些成语带有感情色彩，并在长期的使用过程中可能有所变化。释义时应当正确而全面地揭示其感情色彩，切忌失于偏颇。即以“异想天开”为例：“比喻想法离奇，难以实现。”这显然带贬义。然而，此成语今天也可用于褒义，表示想法独特，敢于创新。郭沫若在《科学的春天》一文中说：“既异想天开，又实事求是，这是科学工作者特有的风格。”

产生上述问题的原因当然是多方面的。但是，如果急功近利而有所疏漏，如果因循守旧而以偏概全，如果由于拘泥陈说而不会变通，则是应当引以为戒的。

封面拼音莫忘规范

罗　禹

细心的读者一定已经发现，自今年第3辑起，《咬文嚼字》封面上的汉语拼音有了变化，严格遵守有关规定，这是值得赞赏的。

早在1982年6月，作为“国家标准”的《中文书刊名称汉语拼音拼写法》（以下简称《拼写法》）便已公布，1992年2月又作了修订，然而，在出版界却没有得到应有的重视。除了拼音差错外，还有以下几种不规范的情况：

一是书名拼音连成一长串。《拼写法》规定：四音节以上的表示一个整体概念的名称，按词（或语节）分开写。除不能按词或语节划分的连写外，连成一长串是不合这一规定的。手头有一本重庆出版社1990年出版的《西方自由民主研究》，封面上书名的汉语拼音共23个字母，便是连成一串。这样的实例屡见不鲜。

二是以字为单位分写。群众出版社1988年出版的《刑罚学》，中央党校出版社1989年出版的《毛泽东思想辞典》，封面上的汉语拼音都是以字为单位，违反了《拼写法》“以词为拼写单位”的规定。

三是将汉语拼音直写。《拼写法》规定：“中文书刊的汉语拼音名称一律横写。”与此相反的直写法有两种：一种是以字为单位直写，如河北人民出版社1984年出版的《语言学中的逻辑》，封面上的汉语拼音以字为单位从上到下排列；另一种是以汉语拼音字母为单位直写，如上海辞书出版社1987年出版的《中国成语大辞典》封面上的汉语拼音以字母为单位从上到下连成一串。

以上种种不规范的现象，究其原因，恐怕一则由于不知道汉语拼音的拼写也有规范可资遵循，或者略有所知而不予重视；二则由于单纯把封面上的汉语拼音当作一种装饰，置科学性于不顾。所以我想，借《咬文嚼字》一角提醒一声，还是必要的。

关于台湾出版的一部辞书

少　华

随着海峡两岸的文化交流，台湾出版的辞书也不时为大陆书刊所称引，例如：

①全国组编本《大学语文》（华东师范大学出版社1988年6月初版）附录《常用语文工具书简介》：台版《中国形、音、义综合大字典》……是查找字形字义的重要工具书。

②《咬文嚼字》1997年第2辑《不要草菅"词"命》：而在台湾出版的辞书中，倒是可以找到"胴体"可以指称人体的释义。比如台湾中华书局出版的《中文形音义综合大字典》，便称"人之体腔曰胴"。

其实前一例书名不确，后一例书名、出版者均有误。

该书书名当为《正中形音义综合大字典》。编纂者是高树藩，1971年3月初版，至1984年1月增订五版；出版者是台湾正中书局，这就是书名"正中"之由来。1989年11月，北京中华书局据台湾正中书局1984年增订本影印出版此书，改名为《中文形音义综合大字典》，在大陆发行。《咬文嚼字》文中称引的既是大陆出版的改名本，却又冠以台湾字样，显然是不合适的。至于《大学语文》附录中的"中国"之讹，可能是编者将原书竖排自右至左"正中"二字误读为"中正"，遂又讹为"中国"。

语丝

『航班』不能『开辟』

王泰祺

《新民晚报》一九九七年一月十日『神州旅游』栏中有一条简讯，标题是《东航开辟美国航班》。意思虽能被理解，但词语搭配似有语病。『开辟』是开通的意思，我们习惯说『开辟』一条『航线』。『航班』是飞机航行的班次，只能说『开设』或『增加』一个『航班』，而不说『开辟』一个『航班』。

广告天地

“天国的风”和“蓬荜生辉”

高光门

有些广告语粗制滥造，用词不当，叫人很不舒服，如打翻了五味瓶，说不清是什么滋味。现举两例：

一

“大来饭店”是50年代从上海迁到抚顺的大酒店。广告公司为它设计的广告词是：“天国的风吹来，大江的水送来，人来！人来！”“天国”意味着什么？按基督教的说法，“天国”是人死后去的地方，活着的人是进不去的。巴尔扎克在《欧也妮·葛朗台》中描写葛朗台夫人临死之前的情景说：“天国的光辉照耀着她。”这就是说，葛朗台夫人的死期到了。如果饭店总是有“天国的风吹来”，那么顾客还敢进门吗？

二

一则推销涂料的广告是这样说的：“使用我厂生产的涂料装修您的居室，保您蓬荜生辉！”什么叫“蓬荜生辉”？《辞海》解释为：“亦作‘蓬荜增辉’。谓使寒舍增加光彩。多用于客人光临或馈赠书画陈设时用为谦谢之辞。”《现代汉语词典》的解释是：“谦辞，表示由于别人到自己家里来或张挂别人给自己题赠的字画等而使自己非常光荣（蓬荜，蓬门荜户的省略）。”“蓬门荜户”意思是用草、树枝等做成的门户，形容穷苦人家所住的简陋的房屋。这样一来，广告词的意思等于说：用上我厂的涂料，你那原本一贫如洗的家就能放出光彩。如果单纯考虑涂料的装饰作用，这样的宣传是不错的。然而，广告是在与人打交道，即与客户交往，时刻要注意尊重对方。为了突出自家的产品，就肆意侮辱客户，说人家一贫如洗，这是不对的。汉语词汇中向来就有敬词和谦词，对人家要用敬词，对自己要用谦词，决不可以混淆。把房屋说成“蓬荜”，只能由人家自己来说，否则，就可能惹出麻烦来。

“入伍”“入伙”与楼市

朱怀兴

上海西部某商品房建筑工地上，竖着一块巨大的广告牌，介绍这里的商品房“位置优良，设计新颖，1997年底即可入伍”。

“入伍”这个词并不冷僻。《现代汉语词典》收有该词，一般人也知道入伍即参加部队。但人们不解的是，商品房怎能入伍？飞机、舰船、战马等归入部队编制，可以叫“服役”，但不叫“入伍”。军队用房，不论是军队本身所有，还是向地方政府或其他单位、个人暂借，都不叫“入伍”或“服役”。

当购房者来此办购房手续时，对着这幅广告，他们一定会踌躇不决：“这些房子马上就要入伍，我干吗还去买！”

在众多的房产广告中，还有一个怪吓人的词叫“入伙”——标榜半年之后即可“入伙”，有的甚至在付足一定的款额后可马上“入伙”。我读过《水浒》，知道那帮好汉们被贪官污吏逼急了，就“入伙”于某一山头。我喜欢梁山好汉的故事，同情他们的命运，但知道当今社会不能仿效几百年前那些好汉们的做法。所以，在我们民主国家、法制社会，我看到有广告让人“入伙”时，就不寒而栗。也许广告商会说，你曲解了我的原意。但我查了《现代汉语词典》，该词的第一种解释就是“加入某个集体或集团”，梁山好汉的理解没有错；该词还有第二种解释“加入集体伙食”。有意购房者也会纳闷：“住进这种房子，为什么还要进饭厅、吃食堂，莫非是厨房设备不配套？”

透过广告上的混乱词语，我们也许能猜到广告商所要表达的本意，这本来是可以用“竣工”“交付使用”等词语清晰表达的。不过，即使猜到了广告商的本意，人们还是不敢去买这些房屋。因为故意使用不恰当词语的广告往往是个陷阱，广告用语的混乱通常表明有关管理的混乱，购买这类广告所宣传的商品，经常会带来麻烦。

谁"鸣谢"谁

刘汝燮

昆明市五华区人民政府螺蛳湾商贸开发区改造建设指挥部在《春城晚报》1996年12月24日上登了一则广告，说道："螺蛳湾日用品批发市场第四交易区将于12月26日隆重开业……指挥部对……给予大力支持的有关单位及部门表示衷心感谢。"接着便是"鸣谢单位"四个大字，下面排列了"云南省建设厅房地产经营处"等数十家单位的名称。

"鸣谢"指表示谢意，登广告者的本意是对这数十家单位表示感谢，可是由于这些单位前面被冠以"鸣谢单位"四字，却成了这些单位鸣谢别人，而不是接受鸣谢了。

说到"鸣谢"，必然会有主动（施动）、被动（受动）之分。就是说，是感谢别人呢，还是接受感谢？这是不能含糊的。请比较：

受谢单位：接受感谢的单位（受动者）；

鸣谢单位：表示感谢的单位（主动者）。

该广告中的"鸣谢单位"应改为"受谢单位"或径直写作"鸣谢"。

顺便说一下，在电影或电视的片尾（如《二·二特大挟持案》《十六岁的花季》《蜜月风波》等），也常有"鸣谢单位"字样，那也是搞反了，应予改正。

"温情似水"不通

莫澜舟

"温情似水，佳期如梦"，是街头看到的广告语。用于何店，见于何处，恕不说明，以免有代做义务广告之嫌。

水，就其冷热而言，可能是温水，也可能是冷水、凉水、热水、沸水，并不都"温"；"温"不是水的特征，用它作为"温情"的喻体，就有比喻不当的毛病。如果换成"柔情如水"，则"柔"为水的特征，以水比喻"柔情"，即无此病。

咬文嚼字的新视野

——《汉字研究新视野丛书》读后

之 其

将古老的汉字置于中国宏观文化系统中加以审视，以还原其中凝结的丰富多彩的文化意蕴，可谓当今咬文嚼字的一种时尚。然而，客观地说，我们所看到的作品中不乏难以令人满意者：或缺乏宏观的文化眼光，不顾及演进层次的差异，将任何类型的文字结构不加分析地与所谓"原始思维"强攀亲家；或缺乏必需的"小学"素养，以今律古，强作解人，俾牛马同槽，鸡兔共笼。当然，在一门新兴学科初创之际，发生种种不如人意的现象也属正常。值得庆幸的是，呈现在我们眼际的还有一些让人耳目一新的力作，其中由广西教育出版社新近推出的《汉字研究新视野丛书》尤其令人瞩目。

由臧克和主编的这套丛书首批收入专著四种：姚淦铭的《汉字与书法文化》，集作者二十年积累，从宏观文化背景入视，抉出汉字原生态生命机制，析其从书写艺术升华至高级艺术的迁嬗转换；刘志基的《汉字文化综论》，辟出汉字语言交际以外的文化功能这一独特视界，详论汉字的文化蕴涵及其文化塑造，系统严密，阐释入微，并不乏实证，充分展示了汉字文化机制的无比辉煌；宋永培的《〈说文〉汉字体系与中国上古史》，采用整体贯通的方法，揭示出《说文》全书近万个汉字的本义构成的完整体系，从而具体、生动、深刻地勾勒出前人未曾论证的以"尧遭洪水"为起点的中国上古史面貌；臧克和的《中国文字与儒学思想》，以汉字系统为特殊形态的思想史料，假字证史，以字考经，通过系统的对应的古文字考释，补具业已失落废替的儒学思想某些根本观念所由发生的历史背景，展现了儒学精神的整合基础及重塑过程。

上述这四种专著虽然各自观照汉字新视野中一个方面，在学术思想上却体现了一种生气勃勃的共同追求：既充分汲取传统考据学的科学实证精神，又适度借鉴语言学、考古学、人类学、社会学等研究成果和方法，力求文史哲经整体贯透，义理、辞章、考据多层会通，从而臻于一种弥合古今鸿沟，打通中西界限，用“世界眼光”进行汉字文化阐释的境界。

语丝

一字之差『浊』变『清』

王　励

《与金钱授受不亲，美大选少人热心》，这是《解放日报》一九九六年十一月二日一篇专稿的标题。这标题令人费解，问题就在『授受不亲』上。授，给予；受，接受；不，否定词；亲，动词，相碰。古人云：『男女授受不亲』，意为男女之间一方给予、一方接受时，双方的手不能相碰。因此，『授受不亲』就是双方互不相碰，界线分明。那么，为什么如此清廉的『与金钱授受不亲』的大选，却不为百姓大众所关心呢？

细看文章，却发现通篇内容与标题南辕北辙。文章揭露了美国民主、共和两大政党『在聚敛政治捐款各方面各有「花头」，大家都在钻法律的空子』，甚至『接受毒犯的政治捐款』，『如果要揭老底，屁股上都是不那么干净的』。

原来，文章想说明的是美国政坛之『浊』。正是美国政坛的混浊不堪，才引起了百姓大众的厌恶，使得大选『少人热心』。由于作者错用了『授受不亲』，正好颠倒了自己的原义，才变得令人费解了。

根据文章内容，该文标题若用『与金钱关系暧昧，美大选少人热心』倒是合适的。只是不如原标题押韵。如果作者定要用『授受××』的话，应把『不亲』改为『不清』。改动一字后，就能较确切地表达出作者的原意了。

“触砻”应是“触龙”

封常曦

来信

《咬文嚼字》1997年第2辑，刊有《势利的“趋”》一文。在谈及《战国策·赵策》时，三次提到“触龙”。据我所知，向赵太后进言遣长安君入齐为质的人应是“触砻”而不是“触龙”。不知道是贵刊失校，还是我记忆有误，望能答复。

上海长乐路　陈君敏

凡是读过《古文观止》的人都知道，该书选收了一篇《战国策》中的文章：《触砻说赵太后》。我查过《古文观止》的许多版本，其中的“触砻”，没有一种是印作“触龙”的，而且有的本子还专门给“砻”字注了直音：“砻，音摺。”似乎主人公名为“触砻”，是没有什么可怀疑的了。

但是，在80年代以后出版的一些古代散文选本中，此文的主人公却发生了引人注目的变化：凡60年代出版的选本，如人民教育出版社1962年4月版《古代散文选》，中国青年出版社1962年9月版《历代文选》，篇名中仍作“触砻”；而80年代出版的选本，如北京出版社1980年1月版《中国历代散文选》，浙江教育出版社1989年11月版《古文鉴赏大辞典》，篇名中却印成了“触龙”。这到底是怎么一回事呢？

其实,“触詟”和“触龙”的歧异由来已久。由于文章选自《战国策》,矛盾便在《战国策》的各种校注本中展开。清《士礼居丛书》所收宋姚宏本《战国策》作“触詟”,《四部丛刊》影印元刻宋鲍彪注本亦作“触詟”,元吴师道《战国策校注补正》指出《史记》及《说苑》均作“触龙”,但他认为“龙”应当作“詟”,而清黄丕烈《战国策札记》却认为“詟”应当作“龙”。清代乾嘉学派训诂大师王念孙在《读书杂志·战国策第二》“触詟”条下对此作了详尽的考证:

“太后明谓左右,有复言令长安君为质者,老妇必唾其面。左师触詟愿见太后,太后盛气而揖之。”(封按:以上为《战国策·赵策》原文)念孙案:“……此策及(史记)《赵世家》皆作‘左师触龙言愿见太后’。今本‘龙言’二字,误合为‘詟’耳(封按:“龙言”二字直行上下书写,很容易因字距相近而误看成“詟”字)。太后闻触龙愿见之言,故盛气以待之,若无‘言’字,则文义不明。……《汉书·古今人表》正作‘左师触龙’。又《荀子·议兵篇》(杨倞)注曰:‘《战国策》赵有左师触龙。’《太平御览·人事部》引此策曰:‘左师触龙言愿见。’皆其明证矣。又《荀子·臣道篇》曰:‘若曹触龙之于纣者,可谓国贼矣。’《史记·高祖功臣侯者表》有‘临辕夷侯戚触龙’,《惠景间侯者表》有‘山都敬侯王触龙’。是古人多以‘触龙’为名,未有名‘触詟’者。”

王念孙的考证,论据充足,逻辑严密,具有很强的说服力,本来是可以作为定论的。但是古代的学者,尤其是版本学家,对于古书的刊刻历来十分慎重,如果没有传世的古本可作依据,尽管前人论证确凿可信,他们至多在校注中加以引用和说明,却不肯轻易去改正错字。这就是60年代及建国以前所有选本一律印成“触詟”的原因所在。

引起变化的关键是在1973年。湖南长沙马王堆三号汉墓中出土了大批帛书,其中有一部记载战国史事的著作,全文约11000多字。该书被定名为《战国纵横家书》。其第十八章的文字内容,与今本《战国策·赵策》中的“触詟说赵太后”绝大部分相同,而今本的“左师触詟愿见”一句,该书正作“左师触龙言愿见”,这就以汉代的钞本雄辩地证实了王念孙所考定的“今本‘龙言’二字误合为‘詟’”的结论。因此,80年代出版的古代散文选本,就以出土的《战国纵横家书》为依据,直接将“触詟”改成了“触龙言”。这种做法,我认为是正确合理的。

乱“穿”和乱“窜”

郑应伍

来信

上海市正在推行“七不”文明规范。其中有一“不”是：“不乱穿马路”。我认为这个“穿”字是个错字，正确的写法应是“窜”。我把这个想法在小组里公开后，有赞成我的，也有反对我的，争得不亦乐乎。贵刊在我们工人中威信甚高，究竟是乱“穿”还是乱“窜”，很想得到你们的指点。

上海　秦超宇

读到来信很高兴，因为这封信，不仅反映出你们对精神文明建设的重视，而且还洋溢着“咬文嚼字”的热情，令人感动。

“不乱穿马路”的“穿”，你说是个错字，应该用“窜”。我猜想你是注意到了“窜”有乱跑的意思。这一想法不能说没有道理。不过，我个人认为，还是用“穿”字更为准确一点。

“穿”和“窜”两字都有跑动的意思。两字的最大区别是：“穿”是有目标地跑，如杨子荣的“穿林海，跨雪原”，如余纯顺的“横穿戈壁滩”；而“窜”则是没目标地跑，我们平时用的都是“抱头鼠窜”“四处流窜”之类。

行人过马路是有着明确的目标的，他是要从马路的这一边，走到马路的那一边，即在马路上作一次穿行。所谓“乱穿马路”，乱穿者还是知道自己往哪里去的，只不过“穿”得不是地方、不是时候而已，如不走人行道啊，不听“红绿灯”的指挥啊，等等。因为违反了交通规则，故称之为“乱穿”。总之，决不会是在马路上东西不辨、南北不分地“狼奔豕突”。既然如此，用“穿”字似乎更加合理一点。

词语春秋

也说《天方夜谭》为何用"谭"

金文明

编者按

最近报上有两篇关于"谭"和"谈"的文章，引起了语文爱好者的关注。一篇见于《光明日报》(转载，原出处未考)，题为《〈天方夜谭〉为何不用"谈"》；一篇见于《周末》，题为《"谭"与"谈"通用始于何时》。前者认为唐武宗名李炎，"谈"字右半边为"炎"，唐人因避武宗讳，将"谈"改写成"谭"，以后相沿成习，"谈"和"谭"就相通了。后者认为早在西晋时代，"谭"已经可通"谈"，并非到唐武宗时代才通用的，由此可见和避讳无关，但作者只是摘引辞书中的书证，未说清谭、谈相通的来龙去脉。为此，本刊特请编委金文明先生作了番考证，现将金先生的看法刊登于下，供读者朋友参考。《光明日报》和《周末》两文也摘要一并刊出。

"谈"、"谭"二字，现有的甲骨文和金文研究著作均未见著录。《说文》收有"谈"字："谈，语也。"语，可作两种理解，一为动词，即：说，谈说；一为名词，即：言论，言辞。这两种意义，都可以从先秦文献中找到许多例证，兹不赘引。《说文》虽未收"谭"字，但《邑部》有"鄿"："鄿，国也，齐桓公之所灭。"清段玉裁注认为："鄿"就是"谭"，"鄿"和"谭"为古今字。按《诗经·硕人》云："谭公维私。"陆德明释文："谭，国名。"孔颖达疏："谭，子爵。"《左传·庄公十一年》："冬，齐师灭谭。……谭子奔莒。"鲁庄公十一年正是齐桓公三年，《左传》说的"齐师灭谭"，同《说文》说的鄿国为"齐桓公之所灭"，实际上是一回事，因此，段玉裁论定"鄿"和"谭"为古今字是有充分根据的。《万姓统谱》卷六十六"谭"姓下说："谭子之后，国在齐平陵县，为齐所灭，后以为氏。"说明"谭"的本义是国名，后人以国为氏，又引申出姓氏义。

通过以上论证可知，"谈"和

“谭”本来是形、义截然有别的两个字，它们各司其职，互不相干。但是到了战国时代，情况便开始出现了变化。

“谈”和“谭”声符不同，其上古音也有差别，一属谈部，一属侵部(李珍华、周长楫《汉字古今音表》拟音，“谈”读 dam①，“谭”读 dəm①)，但两者声纽和韵尾相同，读音十分接近，具备了通假的条件。如《庄子·则阳》：“彭阳见王果，曰：‘夫子何不谭我于王？’”成玄英疏：“谭，犹称说也。”陆德明释文：“谭，音谈，本亦作‘谈’。”这是先秦文献中“谭”通“谈”的唯一的用例。纯粹是音近通假，与避讳毫无关系。

到了西汉前期，出现了因避讳而改“谈”为“谭”的例子。《史记》作者太史公司马迁的父亲叫司马谈，因此司马迁在写作时必须避开“谈”字而改写它字。据后人考证，他避改的字有两个，其一是改“谈”为“同”。如《战国策·赵策》有张孟谈，《史记·赵世家》作“张孟同”；汉武帝有宦官赵谈(见《汉书·爰盎传》)，《史记·季布传》作“赵同”，《报任少卿书》又作“同子”，颜师古《汉书注》引苏林曰：“赵谈也，与迁父同讳，故曰同子。”其二是改“谈”为“谭”。如《史记·高祖功臣侯者年表》有新阳侯吕谭，清梁玉绳认为其人本作“吕谈”，司马迁因“避讳改书”才将“谈”写成“谭”的(见《史记志疑》卷二十一)。班固无需避讳，所以在《汉书·高惠高后文功臣表》中又将“谭”回改成“谈”。宋孔平仲《孔氏杂说》云：“太史公父名谈，故《史记》无‘谈’字。”这一观点无疑是可信的。但据《史记索引》统计，今本《史记》中还保留了18个“谈”字，尤其是在《太史公自序》中，司马迁两次写到其父名讳，竟然都直书为“谈”，显然有悖于情理。我认为这些“谈”字应当是后世缮写者以意回改的结果。

汉代以后，“谈”和“谭”的分工基本上还是明确的。“谭”通假为“谈”的情况虽较前略有增加，但算不上频繁或常见。作为“谈话”或“言辞”的意义，用“谈”还是用“谭”带有随意性，主要取决于作者的习惯或好尚，并无规律可循，更与避讳无关。例如三国无名氏所作《管辂别传》有句云：“此老生之常谈。”刘义庆《世说新语·规箴》在引用时对“常谈”二字完全照录，但陈寿在写《三国志·魏志·管辂传》时却将“谈”改成了“谭”。又如“美谈”一词，最早见于《公羊传·闵公二年》：“鲁人至今以为美谈。”《昭明文选》所载东汉、魏、晋、南北朝八位作家的文章，凡用此词时都作“美谈”，唯独

《三国志·吴志·孙邻传》写成“美谭”。更有甚者，在《吴志·张温传》中，“谭”字竟先后出现了四次，如：“为之谭论”；“亢臧否之谭”；“玄默者非其谭”；“亦有燕谭之义也”。这四个“谭”字都是“言谈”之义，写作“谈”也许意思更显豁一些，但陈寿就是全部写成了“谭”。看来他似乎对“谭”字情有独钟。然而就《三国志》全书来说，却又并非一律排斥“谈”字，如《魏志·郭嘉传》：“〔刘表〕坐谈客耳。”《蜀志·秦宓传》：“〔王普〕即宓第宴谈。”这种“谭”、“谈”随意并用的现象，除了与资料来源及作者的用字习惯有关以外，是没有多少道理好讲的。

下面再举两个例子：

《旧唐书·贺知章传》：“性放旷，善谈笑。”

《新唐书·贺知章传》：“性旷夷，善谭笑。”

两篇传记，资料来源只有一个，而用词却作了变动。《旧唐书》为五代刘昫等所撰，《新唐书》则出自北宋文章大家欧阳修等的手笔。后者将“谈”改为“谭”，作为宋人，总不至于要去避什么唐武宗的讳吧？如果一定要找原因，无非前者用词比较通俗，而后者修饰得稍为典雅一些而已。

最后说说书名用字。据我所知，书名中可以用“谈”而不用却特地选用“谭”字的著作，最早当数三国末年蜀人何随的《谭言》。据《华阳国志·后贤志》载：“何随，字季业，蜀郡郫人也……著《谭言》十篇，论道德仁让。”后世凡笔记杂谈之类的文言著作，书名中用“谈”或用“谭”的都有，完全任作者自选而无所限制，大体是“谈”多而“谭”少。从《中国丛书综录》所收书目来看，这类书约有150余种，而书名中用“谈”与用“谭”者之比约为1∶7。前者如《谈助》、《闲谈录》、《香天谈薮》、《梦溪笔谈》、《云蕉馆纪谈》等；后者如《谭误》、《枕谭》、《记小谭》、《古今趣谭》、《丞相魏公谭训》等。有时同一部书经过不同书商的刻印，书名中还出现“谈”、“谭”两种不同的字样，这就更可说明其用字因人而异的随意性，如宋吴子良撰有《荆溪林下偶谈》（见《四库全书》本），而宛委山堂本《说郛》收录时题名为《林下偶谭》；明张凤翼撰有《谈辂》（见《丛书集成初编》本），而《五朝小说》本收录时题名为《谭辂》。

由此可知，旧译外国文学名著中的《天方夜谭》和《十日谈》，一作“谭”，一作“谈”，完全由译者当初随意而定，读者诸君大可不必劳神费心去猜测其间是否有什么深意在焉。

附录一

《天方夜谭》为何不用“谈”

黎静音

脍炙人口的文学名著《一千零一夜》在我国的旧译名叫《天方夜谭》，即“夜谈阿拉伯的故事”之意。“夜谭”是夜间说话、讲故事的意思，其实就是夜谈。那为什么不直接写“夜谈”而写“夜谭”呢？这就得说到我国古代的一种习惯——避讳。

在封建社会里，说话写文章时，如果遇到皇帝或尊亲的名字或与他们相关连的字，都不能直接说出或写出，必须用别的字来代替，这就叫避讳。例如说皇帝死，则称“驾崩”。“谈”字所以要避讳，是因为唐朝武宗的名字叫李炎。从他当皇帝那天起，人们说话和写文章，凡遇有两个火字相重的字，用其他字来代替。于是就出现了“谭”字代“谈”的怪现象，后来相沿成习，“谈”和“谭”就相通了。

——摘自《光明日报》1996年4月14日

附录二

“谭”与“谈”通用始于何时

春　荪

《教育导报》不久前刊出一篇小文，讲了《天方夜谭》(此为旧译名，今译作《一千零一夜》，系阿拉伯文学作品)被译成中文时“谭”字不用“谈”，是因为避讳的缘故。

因为唐武宗的名字叫李炎。从他当皇帝的那天起，人们写文章时，凡遇到“炎”字或含有“炎”字的字，都要避讳，而用其他字代替。于是就出现了以“谭”代“谈”的怪现象。

其实此说谬矣！查阅一下《辞海》“谭”字词条就可知道，早在西晋，“谭”与“谈”就已经是同一个意思了，并不是到了唐武宗时代才开始通用的。1989年版《辞海》第459页“谭”字条目下这样写道：“同‘谈’。《三国志·魏志·管辂传》：‘此老生之常谭。’”《三国志》系西晋人陈寿的名著。西晋之后，经历了东晋、南北朝、隋朝，到唐朝，再到唐武宗时代，其间已相隔四五百年的时间。由此可见，上述“掌故”的说法是站不住脚的。

——摘自《周末》1996年12月28日

追根溯源说『老板』

——流行称呼语透视之三

李明洁

现在流行的称呼语中，“老板”是最有“身世之谜”的一个。它由何而来？一直众说纷纭。

从已有的资料看，最早的老板出现在京剧界。第一位被称作“老板”的人是清咸丰年间的“徽班领袖”程长庚“程大老板”。为何称一位京剧名角为“老板”，我们推测可能由于这样的原因：从词形上看，“老板”还可写作“老闆”或“老版”，“闆”是指印书用的板片，“版”的原义是木简，那么“老板”的本义指最初的版本，“大老板”可引申为“最权威的样本”。程长庚当时被誉为“京剧鼻祖”，称作“大老板”也在情理之中。

然而，这样的“老板”如何又演变成管理者了呢？这需要从京剧班的体制——名角挑班制谈起。所谓名角挑班制，是指一位名角既是主要演员又是班主。他既是一个戏班的“顶梁柱”，又对班内演员行使“人事任免权”。如程长庚是三庆班的班主，谭鑫培是同春班的班主。由于是班主，自然就有经营和管理的职权。这个意义后被广泛使用，成为“老板”最常见的义项。用以指工商业主及其代理人的“老板”极可能是由此而来，我们见到的较早的使用这一类义项的“老板”是在光绪年间刊行的《官场现形记》五十四回中：“一家南货店的老板来了……”

不过，也有人认为工商业中的“老板”与京剧里的“老板”并不相干。他们认为：“老板”之“老”是用以表敬意；“闆”从门从品，会商店意。因为“品”即品物、器物，而店总是有“门”的，遂以“老闆”称店主。

不管是哪种说法，其中“权威和管理者”的定义都是显而易见的，只是人们越来越强调其中“权”和“势”的成分，使“老板”成为“拥权得势”的代名词。凡有此特征者，皆可称“老板”，如旧时妻子称丈夫、雇工称雇主、佃户称地主……正是在此意义上，“老板”还演变为对陌生人带恭维意味的尊称。早在刘俊秀《死亡线上的斗争》中就有：“看清了是两个穿破衣服的老百姓。我跟上去了，在他们一个的背上轻轻一拍：‘老板，你们哪里去？’”今天的“老板”之声更是不绝于耳。

五重奏

·智答篇·

刘绍棠论“变”

钟 浩

在当代文坛上，刘绍棠有“神童”之称。早在中学读书年代，他的作品便曾被选作教材。他十分熟悉农村生活，文笔优美传神，人物清新可爱。

在人生道路上，刘绍棠可谓经历过大磨难，然而他却爱党爱国，一片丹心，矢志不移。特别是在粉碎“四人帮”后，更表现出可贵的政治热情。

在一次记者招待会上，刘绍棠以自己的切身体会，肯定了党的改革开放政策。这时，一位来自西方的某报记者问道：“刘先生，据我所知，贵国在改革开放中，引进了不少资本主义的科学技术和管理方法。这样一来，贵国不是也要变成资本主义了吗？”

面对这一“挑战”，如果要正面答复，颇费口舌。刘绍棠文思敏捷，不愧为才子，立即以其人之道，还治其人之身，答道：“亲爱的先生，按照你的逻辑，你们喝了牛奶，不是也要变成牛了吗？”

·妙联篇·

手 杖

田士源

竺可桢先生是我国著名的气象学家和地理学家。早年赴美留学，曾获哈佛大学博士学位。1936年出任浙江大学校长。在一次毕业典礼上，学生们送校长一根手杖。竺先生便以此为题，即席创作了一副对联：

危而不持，颠而不扶，则将焉用彼相矣；

用之则行，舍之则藏，惟我与尔有是夫。

当时正是抗战前夕，日本侵略者长驱直入，国民党节节败退。竺先生的这副对联，表面上说的是手杖，实际上别有寄托，耐人寻味。

上联的意思是，国家有难，不持不扶，要你这“手杖”派何用处？下联则以手杖自喻，用我则挺身而出，不用则急流勇退，我同手杖具有同样的品格。

· 噱言篇 ·

“傻小子”

徐步卓

李雪健是位不喜欢张扬的电影演员，但他的表演很有力度。在《焦裕禄》一片中，由他饰演的焦裕禄，真诚朴实，感人至深。他因此同时获得了当年的“金鸡奖”和“百花奖”。

1991年11月召开发奖大会，李雪健上台致答词。通常，人们这时说的总是心情如何激动呀，衷心感谢老师、感谢观众呀，等等。这些话因为缺乏特点，因而难以给人留下印象。而李雪健说的是：

“苦和累都让一个大好人——焦裕禄受了，名和利都让一个傻小子——李雪健得了。”

他的话一停，全场掌声雷动。

· 趣喻篇 ·

第四块三明治

俞 文

在美国历届总统中，罗斯福是连任届数最多的一位。他自1933年入主白宫，四次当选，直至1945年病逝，在位长达13年。

一天，一位记者到总统府采访，问道：“总统先生，你已第四次出任美国总统，请谈谈你的感受。”

罗斯福并不急于回答，只是热情地招呼记者吃三明治。记者吃了一块，他又递上一块，碍于总统的盛情，记者一连吃了三块。当总统递上第四块时，记者只能苦笑着说：“总统先生，非常感谢你的招待，只是我实在吃不下去了。”

这时罗斯福才慢条斯理地说：“你不是问我第四次出任总统的感受吗？那就如同你面对第四块三明治一样。”

· 谐诗篇 ·

树！树！树！树！

郑 芜

一天，祝枝山和唐伯虎同游杭州。其时正是春暖花开季节，苏堤白堤，茶楼酒肆，到处留下了他俩的游踪，终于惊动了杭州太守。这位太守附庸风雅，久仰“吴中四子”的才名，尤其喜欢祝枝山的那一手一泻千里的草字。于是，便拿出了一幅珍藏的古画，请祝枝山在上面题诗。

祝枝山在杭期间，早已从杭州

人口中知道了这个太守是个搜刮高手。于是，祝枝山说，题诗可以，只是需二百两银子润笔。二百两！太守心疼得一跳，但又不肯错过结交名士的机会，最后忍痛送出一百两银子。祝枝山胸有成竹，也不争论。

祝枝山打开画卷一看，果是上品。只见画面上是一个萧索的村边码头，河岸上参差几株柳树，一条商船解缆待发。一个商人模样的人正欲跨步登船，旁边的女子像风吹柳丝一般，一副柔肠寸断的样子。这是一幅“离别图”。祝枝山略一沉吟，刷刷刷，笔走龙蛇，写下四句：

东边一棵树，
西边一棵树，
南边一棵树，
北边一棵树。

写完以后，和唐伯虎耳语几句，让他交给太守。

太守不看则已，一看勃然大怒。这算什么诗！这不是存心拿老爷取笑吗？说着便要把祝枝山拿来问罪。这时唐伯虎笑嘻嘻地走上前来：“太守息怒。祝兄的诗只写了一半，待太守把另外一百两银子交来时便可完篇。”太守暗想，交吧，心里舍不得；不交吧，这幅名画便糟蹋了，损失更大。两相权衡，只得咬牙又交出一百两银子。

祝枝山朝着唐伯虎会心地一笑，刷刷刷，又写出下面两行：

树！树！树！树！
系不得郎舟住。

此诗开始看似单调重复，但渲染出一种气氛，正是这种气氛，烘托了“系不得郎舟住”的情感分量，把女子不愿分离又万般无奈的心境刻画得淋漓尽致。“树！树！树！树！”一字一顿，如泣如诉，既是写景，更是写情，极具魅力。

编后记

编发本期稿件时，还是“乍暖还寒”时候；等到读者见到时，早已“流金铄石”了。而我们的编辑部里，始终是春色满园的兴旺景象。

性子急的朋友，不断来电催问合订本的出版时间。现在可以肯定地说：当你们见到本期刊物时，合订本也已上市了。这次无论是用纸还是装帧，都比较讲究，精装每册28元，需要者请即汇款至我社邮购部。

也有读者朋友仍希望保留单行本，以保持“历史原貌”。为了满足这部分读者，我们已决定单行本也重印一次，需要者也请即汇款至我社邮购部。可以从第一辑起补订，也可单本补购。每册2.00元。

▶ 谈会现场

共识

提高语文规范化水平，正在成为全社会的共识。党的十四届六中全会决议明确提出：『新闻媒体和出版物要为全社会正确使用祖国语言文字做出榜样。』为此，《中国出版》编辑部与中国版协校对研究委员会于一九九六年十一月二十五日在北京联合召开『正确使用祖国语言文字』座谈会，并就此发起征文活动，在社会各界尤其是新闻出版界中得到了热烈响应。

（项葭文　赵我将摄影）

◀ 著名出版家、编辑家叶至善正在发言

▼ 首都文化界知名人士王益（右）、杜澎

有照为证（本栏欢迎投稿）

“有色招待”

韩小士

在文化古城西安的大南门里，一幢六层楼的最高处，五个一人多高的立体大字“有色招待所”赫然耸立。

招待所“有色招待”，实在令人哭笑不得，不知此“色”为何色也。原来，这家招待所乃当地有色冶金设计研究院开办。单位全称缩写成“有色”两字，虽说有根有据，却容易引起不良联想，这样简称怕有失斟酌吧？西安城墙乃闻名遐迩的旅游景点，中外游人络绎不绝，面对这“有色招待”，实在有点煞风景。

9 787805 119113 >

ISBN7—80511—911—2/H·42

定价：2.00 元

1997
上海文化出版社

咬文嚼字

YAO WEN JIAO ZI

YAO WEN JIAO ZI

YAO WEN JIAO ZI

YAO WEN JIAO ZI

Shanghai Wenhua Chubanshe 7

敬告读者

编　者

“当年鏖战急，弹洞前村壁。”1996年，本刊推出“众矢之的”专栏，向全国12家大报的编校差错宣战。那“硝烟迷漫”的战斗情景，至今仍历历在目。

现在，“众矢之的”的新一轮战斗即将打响。这一次的“靶子”，是全国8000多种刊物中印数最高的12种刊物。凡列为“众矢之的”的刊物，读者朋友如发现其中有编校差错，请在该刊出版后一个半月内写成短文寄给我们。本刊将于1998年逐期公布。

“闻鼙鼓而思良将”。我们希望1996年参战的“老兵”，能重新披挂上阵；同时希望读者朋友中有更多的“新兵”入伍，和我们并肩作战。冲啊！

“众矢之的”名单如下（以1996年印数为序）：

①《半月谈》（新华社）　1997年8月第15期

②《故事会》（上海）　1997年9月第9期

③《广东第二课堂》（广东）　1997年10月第10期

④《读者》（甘肃）　1997年11月第11期

⑤《家庭》（广东）　1997年12月第12期

⑥《知音》（湖北）　1998年1月第1期

⑦《农民文摘》（农业部）　1998年2月第2期

⑧《小学生天地》（湖北）　1998年3月第5期

⑨《共产党员》（辽宁）　1998年4月第4期

⑩《家庭医生》（广东）　1998年5月第5期

⑪《广东支部生活》（广东）　1998年6月第6期

⑫《小学生优秀作文》（辽宁）　1998年第7、8期合刊

卷首幽默

“国际拐卖妇女大会”

李栋臣·文
麦荣邦·画

1996年6月11日某报报道说：“国际拐卖妇女大会10日在维也纳开幕。”这真是一个让人毛骨悚然的会议。

细读报道方知：目前拐卖妇女现象猖獗，据统计，从世界各地拐卖到欧盟国家的妇女已高达50万人。在维也纳召开的会议，将制订一项国际合作行动纲领，以制止拐卖妇女现象的蔓延。

“制止拐卖妇女”竟成了“拐卖妇女”，实在让人哭笑不得。

咬文嚼字

1997 年 7 月

第七辑

（总第三十一辑）

上海文化出版社出版、发行
上海绍兴路74号
编辑部电话:64372608－205
邮购部电话:64372608－230
邮政编码:200020
新华书店经销
上海艺文激光电脑排版厂排版
上海海峰印刷厂印刷
开本787×1092　1/32
印张1.5　字数43 000
1997年7月第1版
1997年7月第1次印刷
ISBN7－80511－911－2/H·43
定价：2.00元

7—2

目　　录

语林漫步

由“蔓”到“腕”……………………刘思训（4）
别让演员“吃药”………………曹　雷（5）
字体大小和语义表达………邱震强（6）
说“奖”…………………………林利藩（7）

校园丛谈

莫把异形词当错别字………周照明（10）
历史教科书语病举隅………周明学（12）
“的卢”的出典与读音………屠林明（13）
“深恶痛绝”释义指瑕………郑　陆（14）

辨字析词

“填房”岂是“偏房”…………邹立志（15）
“杏林”与“杏坛”……………南　北（16）
士·女士·男士………………曾宪琪（17）

书林指谬

“毌丘”辨
——兼谈“丘”和“邱”……金文明（18）
“贯耳”与“轰顶”……………何培刚（20）
“遗像”和“赞像”……………何　言（21）

报刊扫描

谁烧的圆明园…………………张广育（22）
对联误倒两例…………………汤华泉（23）
瑕不掩玉≠瑕不掩瑜………俞明芳（24）
“新安江水库”就是“千岛湖”…黄敬明（24）
“满州”错为“满州里”…………侯印林（25）
从“淹没”说起…………………孙章梗（26）
“绝无仅有”并非“绝无”……俞敦雨（27）
“囊中萧瑟”辨…………………夏业昌（28）

字里乾坤

缘何发最长？
——说“长” ……………………刘志基（29）
伟大的猎手
——上古圣王得名考源之五　张再兴（31）
授受缘何尽为舟 ………………秦桂芳（33）

广告天地

叩门欲何为 ……………………郎裕昆（35）
豫园集团广告差错三例 ………徐世华（36）

语坛掌故

也释“爱呀，厄的去” …………钱伯城（37）
吴玉章改诗 ……………………陈晓岑（38）
一“点”不苟
——汉字简化轶事 ………叶　文（39）
“？”螺蛳 ………………………郑胜观（40）

词语春秋

唯技是尊谈“师傅”
——流行称呼语透视之四 …李明洁（42）
释“摸索” ………………………怀　国（43）

五重奏

妙联篇　校名巧对 ……………楚亦凡（46）
趣喻篇　维特克论历史…………裘　彪（46）
噱言篇　“抗旱排涝”和“焚书坑儒”
……………………傅天温（47）
智答篇　“丈夫是个老共产党员”
……………………申建忠（47）
谐诗篇　唐伯虎“行乞” ………屈　岩（47）

语丝

引文须核对 ……………………居茂文（28）
“白话电报”有误 ………………张　望（32）
“噪音”不宜“达标” …………欧阳涤英（34）
“啧啧烦言”？ …………………钱　行（41）
“国家一级演员” ………………王德彰（48）

卷首幽默

“国际拐卖妇女大会”　李栋臣　麦荣邦（1）

语林漫步

由"蔓"到"腕"

刘思训

在电视节目中看了个 MTV《吐鲁番的葡萄熟了》,演唱的那个年轻演员,念了一个大白字,把"蔓"(wàn 万)错成了 màn(曼)。"蔓"虽是多音字,但作为葡萄藤的茎时应读 wàn,而读作 màn 时则专用于合成词,如蔓草(爬蔓的草)、蔓延(向周围扩展)、蔓生植物等。

由"蔓"想到了"腕"。这其实是风马牛不相及的两个词,只是同音,都念 wàn,之所以把它们联系到一起,是因为近年来在演艺界等领域流行一个新词——大 wànr。大 wànr,也可简成 wànr(均儿化),指某个专业领域内有影响的、技艺高超的、知名度非同一般的人物。这个新词目前在报刊(特别是娱乐版)使用频率很高,前些年多写成"大腕(儿)",写者清楚,读者明白,似乎已约定俗成;近年来一些地方(如天津)的报纸又写作"大蔓(儿)",写者固然清楚,读者却不大明白了,总要联系上下文琢磨,才知就是"大腕(儿)"。人应谦虚好学,不懂咱就问吧,一打听,据说现在流行的"大 wànr"来自旧时的戏班,指戏班内能唱主角的演员,就像藤上长出的长长的茎,比起那些小树枝般的一般演员,它当然就是"蔓"了。

看来"大蔓"是个比喻词,也许你说它牵强附会,但无论如何,人家还是讲出些来历。可是,"腕"派们有话了:既然是指人的,何必拐弯抹角地拿植物作比,用"腕"不更直接么?用"腕"代表人在汉语中是司空见惯的,如手腕(这个人很有手腕)、铁腕(那是个铁腕人物),都是指人有魄力、有技能、有影响,用得好好的"大腕"大可不必改为"大蔓"。

汉语许多新词语产生时都是先在人们口头上流传,被大众接受后该写出来的时候,就会遇到用什么字来表达的问题。一定时期内存在混乱在所难免,但应尽快规范统一。问题是由谁来统一呢?笔者提出这个问题,让大家一起来思考吧。

别让演员“吃药”

曹　雷

近来，常看到报刊上有文章，对荧屏上、电台里主持人、演员念错别字予以纠正，这实在是件大好事。试想，一个节目出了错，如果连告诉你一声的人也没有，那只能说明观众听众对你这节目根本不感兴趣。这是多么悲哀的事啊！

平心而论，主持人、演员做的就是开口的职业（当然，不包括舞蹈、杂技、哑剧演员等），“常在河边走，哪有不湿鞋？”说错台词也在所难免。问题在于，正因为你是主持人，是演员，错了会以讹传讹，会误人子弟，所以一定要认真对待，要接受大众监督，不能掉以轻心。

不过，我也深知，主持人、演员在这方面有时也有苦衷。比方说，编剧用错字，或者打印时打错字，演员照本念词，拍摄现场一片繁忙，导演也没听出来，结果最后这笔账还是要算到演员头上。又比如碰上历史剧，古词古语一大串，一时无法查考，演员只能听导演的。像电视剧《封神榜》里，所有演员都把“朝（zhāo）歌”错念成“cháo 歌”，那一定是导演的统一要求。

有一回，演员为国产电视剧配音。剧中有一副对联，出自剧中主角、我国历史上著名文人之手；孰料在拍成的片子上，作为道具的这副对联竟写错一个字。演员后期配音时，若照拍好的对联念，行家会指出你是错的；若照正确的念，观众一看与画面不符，还是会认为你是错的，真是“左右为难”。

还有一回，演员为一历史剧配音，剧本中大量台词摘自古书，用的词语相当生僻。演员逐一查核词典，将这些词语读出，谁知导演和编剧却听不懂，还以为演员念错了。原来他们在写这些台词时，并不知准确的读音。台词连导演编剧都听不懂，叫观众怎么懂？

有个晚会上，演员要朗诵一首诗，诗中有“殷红的鲜血红灿灿”句。他事先翻了一下字典，查出“殷”字在此处应念 yān（烟），而“殷红”是“带黑的红色”，很难说是“红灿灿”，

字体大小和语义表达

邱震强

最近,在报上见到一篇文章:《"女状元 "多是喜还是忧?》标题上"女状元"三字印得特别大,按电脑排版的说法,属57磅方形黑体,而"多是喜还是忧"则印得小而瘦,是长48磅、宽25磅的长形黑体。初看标题,隐隐觉得其大意应是:"女状元"在生活中遇到的是喜多还是忧多?读完正文,才知道上了当。

正文说的是:全国绝大多数省份的高考"状元"均为女性,男生成绩普遍较低,这种状况值得忧虑。它说明我国目前的考试制度有利于小心谨慎、善于死记硬背的女生,不利于思维活跃、富于创造力的男生。

这个标题之所以让人上当,根源就在于字体选择不当。字是版面最基本的物质构件,字体变化不仅可以美化版面,强调语意,还有标明语法停顿的作用。上述标题的处理让人误以为"女状元"是一组,作主语,"多是喜还是忧"是另一组,作谓语,从而产生了误解。如果把"多"字形体改成与"女状元"一致,就不至于传递错误信息了。

不注意字体大小而导致影响语义表达的现象,在报上时有所见。以前就见过这样的标题:一后生施暴幼女遭重罚——其中,"一后生施暴"字体一样大,而"幼女遭重罚"字体另一样大,结果,"施暴"的是"后生","遭重罚"的却是"幼女"。而正文告诉读者的却是"遭重罚"的也是"后生"!——如此标题,真叫人哭笑不得。

只得临时改词。作者大概也不知道这词的读音和含义,否则,是不会这么写的。

类似例子,不胜枚举。演员常常"吃药"。

所以,电影、电视、电台里出现错别字,演员、主持人责无旁贷,但也不能只拿他们是问。一个节目是一个整体的创作,还有一道道把关的人。有了错,还要问问导演干吗了,审查者干吗了,监听者干吗了,得大家引起警惕,都来长点学问才行。

说“奖”

林利藩

“奖”是老幼皆知的常用字，在经历风风雨雨之后，“奖”显示出强大的生命力——在社会各个角落频频出现，与人们的学习、工作、生活息息相关；而“奖”的内涵、外延也在使用过程中悄然变化着，“奖”的家族不断壮大。

“奖”的意义并不深奥。在汉语中，“奖”的本义是劝勉、勉励，作为“奖励”则是后起义；还有一义项是辅助，一般作动词。现代汉语中，奖的主要义项有：①夸奖、奖励（动词）；②为了鼓励或表扬而给予的荣誉、物品等（名词）；辅助的意义已消失（参见《现代汉语词典》）。可见，“奖”是与名（荣誉）、利（物品）紧密联系的，难怪在极左路线肆虐，排斥物质利益，反对锦标主义的时候，除特别的政治性奖励外，“奖”几乎在社会生活中绝迹了。随着社会生活的发展、变化，近些年来“奖”字空前地活跃，出现了许许多多“奖”族词。动词性的除原有的评奖、授奖、领奖等外，又有抽奖、奖售等等；名词性的更是名目繁多、层出不穷，从奖的级别上看，除原有的特等奖、一等奖、二等奖、三等奖，金奖、银奖、铜奖等外，又有特别奖、荣誉奖、优秀奖、提名奖、鼓励奖、入围奖、表扬奖等等；从奖项名称上看，除一般的褒扬先进的奖名外，还出现诤言奖、引资奖、忍让奖、委屈奖、忍辱负重奖等等。此外，奖券、奖金税、奖教金等新名词也不断出现。这表明，“奖”字的外延无疑扩大了，“奖”字的内涵也增加甚至转移了。

一些新鲜的“奖”族词还引来争议，下面试举数例作点辨析，或许颇有趣味。

提名奖。“提名奖”问世后引起

人们关注，也产生疑问："提名"算不算奖？实际上"提名"不仅是奖，而且堂而皇之上了国家级。如众所周知的"五个一工程奖""国家图书奖""优秀社会科学期刊奖"等均设立"提名奖"。从评奖程序看，获提名奖者仅仅是被提名参加评奖而未获有关奖项，严格意义上当然不是获奖；但获"提名"也是经过一定的推荐和筛选获得的一种鼓励、荣誉，称为获奖也不过分。类似的还有"入选奖""入围奖"。还有一些另取他名的，如中央电视台举办的全国青年歌手电视大奖赛设立的"荧屏奖"，其实也是"提名奖"。可见，"提名奖"已逐步为公众所认可。

特别奖。"特别奖"与"特等奖"虽一字之差，意义却大不相同。类似的还有"荣誉奖""鼓励奖""表扬奖""安慰奖"等。前不久全国音乐电视大奖赛还设有"特别荣誉奖"。这类奖似乎带有特别照顾的味道。既然"奖"的本义就是给予荣誉，就是鼓励、表扬，那么这几项奖岂不是"多此一举"？难道其他奖项就不是"荣誉""鼓励""表扬"？一些评奖活动凡是参评者都有奖，皆大欢喜。人们难免认为上述奖项多少带有照顾的色彩甚至出于"安慰"。

委屈奖。如果说"提名奖""特别奖"本质上仍是褒扬、鼓励先进者的话，那么"委屈奖"则已有慰藉甚至补偿的味道了。据报道，近些年出现了这一特殊的奖项，它的对象是受委屈者、忍辱负重者。比如上海大众汽车出租公司设立"委屈奖"，"凡属个别乘客刁难司机而拒付车费的，司机可获委屈奖"；上海杨浦区中心医院设立"忍让奖"，北京大学则在保卫队伍中设立"忍辱负重奖"……顾名思义，这些奖也是一种夸奖：对忠于职守、职业道德高尚者的褒扬和鼓励。不过，现实生活中也有此类奖不受欢迎的，如传媒就报道过某航空公司的空姐不愿领"委屈奖"，因为这个奖并不能补偿她们被某些刁蛮乘客刁难所受的气。事实上，将"委屈""忍让"等词与"奖"挂上钩，总有点不伦不类，某人获得"委屈奖"又有多少光荣感呢？如冠以"职业道德奖"或"最佳服务奖"（此类奖项多在服务行业设立），或许领奖者心理能够平衡些，领取奖金也能心安理得吧。

引资奖。这个奖项是随着对外开放和各地的"开发热"而出现的。在鼓励引进外资发展经济的"大气候"下，获奖等级往往与引资多少成正比。这个奖的设立当然无可厚非，但多少让人感到带有"金钱第一"的色彩。类似的奖项也出现在集资和拉赞助等方面，有关方面对这类奖项应持慎重态度。

这里还涉及到奖的命名。随着“奖”的外延扩大和内涵嬗变，各种传媒每天报道的“奖事”难以计数，而“奖名”也自然五花八门，其中难免雅俗皆有、良莠并存。从命名上看，最常见最普遍的是直接命名法：或以企业名、人名命名（企业名多冠“杯”字），如“鲁迅文艺奖”“茅盾文学奖”“孙冶方经济科学著作奖”等；或直接以评奖内容为名，如“国家技术发明奖”“科技进步奖”。也有不少雅俗共赏、寓意深刻、颇有文采的间接命名，如观众熟悉的电影“百花奖”“金鸡奖”，电视“飞天奖”“金鹰奖”，戏剧“文华奖”“梅花奖”；建筑行业的最高奖项叫“鲁班奖”，以建筑祖师爷鲁班为名，确切又通俗；广播电视主持人的“金话筒奖”、编辑的“金梭奖”“金钥匙奖”等。

有两个奖名相当精彩，值得称道：一是“烛光奖”，是北京一位外资企业中方经理捐款5万元设立的，以鼓励10名优秀的贫困民办教师；二是“诤言奖”，是湖南省长沙市委、市政府创立的常设奖，使市民有一个向政府表达自己愿望的渠道。这两个奖如简单地命名为“园丁奖”或“蜡烛奖”“优秀市民奖”或“合理建议奖”之类，恐怕就乏味、逊色得多了。由此可见奖的命名大有学问，大有讲究之必要，而准确、简明、文雅、得体应是主要原则吧。

相比之下，有一些奖名就有点粗俗甚至低级，如饮啤酒赛的“酒王奖”、足球赛的“铁脚奖”、主持人的“快嘴奖”等。另外，有些奖名等级不清楚，内涵不明确，同样非成功之作，如某公司征联设“出类”“拔萃”的奖项，且后者胜于前者。其实，出类、拔萃是同义的，形容德才出众。“出”是超过，“拔”是高出；而“类”指同类，“萃”是草丛生的样子，比喻聚集在一起的人或物，而非“精华”“精粹”。“拔萃”何以就比“出类”强呢？又如南方某市曾在灯饰比赛中设立“光华奖”和“繁华奖”，从字面上看，当然是“繁华”胜于“光华”，但这两个词的涵义在此模糊了，同样也缺乏可比性，可能“文人”才能领会吧。

但愿“奖”字们充满活力，但不可过滥；但愿“奖名”五彩缤纷，但要恰当些动听些。

校园丛谈

莫把异形词当错别字

周照明

所谓异形词就是有不同写法的同一个词。如“笔画”和“笔划”，“污蔑”和“诬蔑”，“倒霉”和“倒楣”，“莫名其妙”和“莫明其妙”等等。这些不同写法的异形词都已见于词典中，所以不应视为错别字。《现代汉语词典》的处理方式是将几个写法并列，一般是将用得较广的写法列在前面，作为正体；或在注解后加“也作某”，如“缘故”也作“原故”。

中学语文课本和高考试题中都有将异形词视为错别字的情况。请看下面的例子。

高中第四册课文《错字小议》中有这样一段话：“还有原稿不误而被编辑同志或校对同志改错了的，例如我的稿子里的‘利害’常常印出来是‘厉害’。”“利害”与“厉害”在《现代汉语词典》中就被视为异形词；《新华字典》也注明：“利害”同“厉害”。因此，将“利害”改为“厉害”未必是错。只有当“利害”指利益和损害时才不能写成“厉害”。

高中第二册《黄山记》课后练习六将“飘泊无定”的“飘泊”，“虚无漂渺”的“漂渺”，视为错别字，因为这两个词在《黄山记》中写作“漂泊”和“缥缈”。其实这也是异形词。《现代汉语词典》就注明“漂泊”也作“飘泊”，《辞海》也说“漂渺”同“缥缈”。在初中第二册课文《社戏》中还有“漂渺”的用例：“回望戏台……又漂渺得像一座仙山楼阁，满被红霞罩着了。”

1994年全国高考题第一大题第2小题将“股分”作为不正确的词，认为应写作“股份”。《辞海》“股份”条的解释是：“简称‘股’。把公司资本（或资金）总额按相等金额分成的单位。”虽然没有说过“股份”也可写作

"股分",但在"分"字条中又有这样的解释:"亦作'份'。整体中的一部。如:部分;股分。"《现代汉语词典》也将"股份""股分"视为一词二体,又何错之有?

语文教学中也有将异形词视为错别字的情况。如初中第二册课文《榆钱饭》中的"嘻皮笑脸",有老师便撰文说是"嬉皮笑脸"之误(详见《中学语文教学》1994年第3期《是"嘻皮笑脸"还是"嬉皮笑脸"》)。高中第六册课文《娘子关前》"有一个火车头,挂着一个车箱"的"车箱",也有老师撰文说"箱"是误用"箱包""皮箱"的"箱",应改用"厢"(《中学语文教学》1994年第6期《高中课本语言文字的瑕疵》)。而《现代汉语词典》则注明"车厢""车箱"是一词二体,都是指"火车、汽车等用来载人或装东西的部分"。《新华字典》也注明"箱"同"车厢"的"厢"。高中第四册第279页有"空着自己车上左边的坐位"一句,也有老师撰文说"坐"应为"座"。"坐"是别字。还说"这个别字是从原1987年版一直带到现行1990年版高中语文课本中的,很值得一说"(《语文知识》1994年第11期《高中语文课本中的不规范字》)。而《现代汉语词典》注明"坐位""座位"是一词二体。《新华字典》也注明"坐"同"座位"的"座"。这不也是将异形词当作错别字了吗?

将异形词视为错别字的情况也见于有的语文类刊物刊登的练习题中。如《学语文》1994年第4期《高考字形题透析》就将"流言飞语"的"飞"当作错别字,认为应改作"蜚"。而《现代汉语词典》就注明"流言"指没有根据的话,如"流言飞语";又注明"飞语"即"蜚语"。《中学语文》1994年第3期《成语题的应试对策》将"名不符实"的"符"也判定为错别字。《现代汉语词典》注明"名不副实"也作"名不符实"。《语文月刊》1996年第1、2期合刊高考语文练习专辑练习(2)拼音、文字(二)15②将"装璜"的"璜"判定为错别字,认为应写作"潢"。而《现代汉语词典》注明"装潢""装璜"是异形词。

异形词不应与错别字相混,这是我们在语文教学中应该特别注意的问题,因为这些异形词不仅见于词典,而且有的仍在广泛使用。中学语文课本中的异形词也不少。如高中第一册《荷塘月色》一课中的"丰姿"又写作"风姿","斑驳"也写作"班驳"。这都是课本特别加以注明的。但还有相当一部分异形词则没有注明,需要我们在教学中特别加以注意。

7—11

历史教科书语病举隅

周明学

人民教育出版社出版的现行高中历史教科书中有不少语文方面的毛病，现列举如下：

①“晋文公当上了晋国国君后，发展生产，整顿政治，训练军队，成为北方一大强国。”(《中国古代史》第19页)

后一个分句省去的主语是“晋国”，它虽在前面分句里出现过，可不是主语，而是定语，这里的“晋国”不能省略。

②“南北朝时由于北方民族的大融合，和江南经济的发展，为隋的统一创造了条件。”(《中国古代史》第99页)

本来应该让“北方民族的大融合，和江南经济的发展”做全句的主语，但前面加上“由于”后便成了介词结构，失去了做主语的资格，整个句子就变得没有主语了，“由于”应删去。

③“从公元前21世纪的夏朝，我国进入到奴隶社会。”(《中国古代史》第8页)

介词结构一般不能单说(某些对话中例外)，“夏朝”后边应加上“起”或“开始”。

④“西周是我国奴隶社会的鼎盛时期，通过分封制和井田制，使周王朝成为地域空前广大的奴隶制国家。”(《中国古代史》第8页)

后一个分句没有主语，“使”字应删去，让“周王朝”成为主语。

⑤“山顶洞人距今约18000年前，……”(《中国古代史》第3页)

要么说“距今约18000年”，要么说“约18000年前”，绝不能把这两种格式混杂在一起，说成“距今约18000年前”。因“距今约18000年”和“约18000年前”意思一致，使用其中一种即可，不能重叠使用，否则造成意思重复。

⑥“谁战胜了，谁就召开诸侯国会议，强迫大家公认他的‘霸主’地

“的卢”的出典与读音

屠林明

九年级第一学期S版《语文》第二课《宋词二首》选了辛弃疾的《破阵子·为陈同甫赋壮语以寄》，词中有“马作的卢飞快”一句，其“的卢”之“的”，我在教学中念“dì”，而在与教材配套的朗读录音磁带中，赵兵的读音是“dè”，到底读什么音呢？

《辞海》“的卢”：“额部有白色斑点的马。”《三国志·蜀志·先主传》裴松之注引《世语》：“〔刘〕备屯樊城，刘表礼焉，惮其为人，不甚信用。曾请备宴会，蒯越、蔡瑁欲因会取备，备觉之，伪如厕，潜遁出。所乘马名的卢，骑的卢走，堕襄阳城西檀溪水中，溺不得出，备急曰：‘的卢，今日厄矣，可努力！’的卢乃一踊三丈，遂得过。”《世说新语·德行》刘孝标注引伯乐《相马经》曰：“马白额入口至齿者，名曰榆雁，一名的卢。奴乘客死，主乘弃市，凶（凶）马也。”可见，的卢是古代一种烈马。“马作的卢”是说所骑之马，像的卢一样好。

“的”有三个读音，一为“dì”，其中有一个义项为白色，“的卢”，一作“的颅”，即以头颅有白色斑点而得名，这“的”字应读为dì。另两个读音为dí和de，没有赵兵所读的dè音。

位。”（《中国古代史》第18页）

“公认”与“强迫”连用不很恰当。“强迫”是用外在力量强制别人就范，而“公认”是指大家发自内心的赞许、承认。改“公认”为“承认”较好。

⑦“那个方向发生地震，柱子就会倒向那个方向的杠杆，那个方向的龙就吐出铜球，落在蛤蟆的嘴里。”（《中国古代史》第68页）

三个指示代词“那”皆系实指，而文中并未指明地震发生的具体方向，应将“那”改为疑问代词“哪”，表示虚指。

⑧“中国的丝绸、冶铸、水利技术都远播到中亚、罗马和欧洲地区。”（《中国古代史》第73页）

“罗马”是属概念，“欧洲地区”是种概念，种属概念不能并列使用，“罗马”可删去。

“深恶痛绝”释义指瑕

郑　陆

高中语文课本节选的《阿Q正传》中，有阿Q对造反“一向是‘深恶而痛绝之’的”一句，课本没有注释，一般词典对成语“深恶痛绝”笼统释为“极其厌恶痛恨”，但对“痛”“绝”两字的含义往往略而不注。《现代汉语词典》释为“厌恶、痛恨到极点”，似乎“痛”作“痛恨”、“绝”作“极”解了。浙江省普通高中会考办公室编的《高中会考导引与试题精编·语文》（杭州大学出版社出版）一书便明确把“绝”解释为“极点”。我以为这一释义是不妥当的。

《汉语大词典》（第5卷第1430页）认为“深恶痛绝”出自朱熹的《孟子集注》。朱熹解释孔子为什么不想见“乡愿（老好人）”时说：“过门不入而不恨之，以其不见亲就为幸，深恶而痛绝之也。”说孔子十分厌恶“乡愿”，彻底地与“乡愿”断绝往来。“绝”后面的“之”指代“乡愿”，是厌恶和断绝往来的对象，作宾语。刘洁修先生编的《汉语成语考释词典》认为：深恶痛绝“原或作〔深惩痛绝〕深切地引以为戒，彻底地加以杜绝”，也引朱熹的另一句话为证。

这个成语有不少异体，如深恶痛恨、深恶痛疾、深恶痛嫉、深恶痛斥（深切地斥责）、深恶痛革（彻底地革除）、深恶痛诋等，“绝”与“恨、疾、嫉、斥、革、诋”的词性相同，都应是动词，作谓语中心词而不是作“痛”的后补成分。

再从这个成语的内部结构上看，它属于并列结构，“深恶”与“痛绝”两个偏正词并列在一起，“恶（wù）”与“绝”对举作动词，“绝”是弃绝、断绝，不与往来。“深”和“痛”对应，表示厌恶和弃绝态度的程度，分别修饰“恶”和“绝”；“痛（tòng）”应解释为彻底地、深刻地、尽情地。不过，“痛绝”单用，也有“彻底地拒绝”和“痛恨到极点”的不同用法。为了比较，如果把并列结构中的偏正式换成动补式，就是“痛深恶绝”，这样“深”与“绝”对释，“绝”字才可释为表程度的“极”，但这用法不常见。

辨字析词

“填房”岂是“偏房”

邹立志

上点年纪的人都了解“填房”的词义:作为一种行为,是指女子嫁给死了妻子的人;作为一种名称,是指前妻死后续娶的妻。显然,填房不是做小,不是妾;娶填房,叫续弦,不是纳妾。填房的“房”,意指妻室,妻子死了,妻室空缺须填补,于是有了“填房”这种行为和名称。填房一词,固然产生于广泛流行一夫多妻制的旧时,但在一夫一妻制下仍有其存在的必要,因为无论何时总会有女子嫁给丧偶的男子这样的事情发生。而随着一夫多妻制的消亡,那些伴生的词,诸如大老婆(正房、正室)、小老婆(偏房、侧室、妾、小、姨太太)之类,就只在叙述旧时旧事的场合偶一用之了。

这些本是常识,今天为何重新提起,只缘不少作家误把“填房”当作“偏房”,已对青年读者作了误导。就笔者所见,即有以下数例:

例1.李爱杰插言道:“您别逗引我们家秦山了,卖土豆那些钱要是能买回50匹马来,他早就领回一个大姑娘填房了。”……秦山气喘吁吁地说:“咱可没有填房纳妾的念头,咱又不是地主。”(小说《亲亲土豆》)

小说中,李爱杰是秦山的妻子。这夫妻对话里,误把填房一词当作“做小”和“讨小”来用了。

例2.小说《岁月无敌》中说,泓非“被一位少壮派的参谋长看上,其夫人因车祸已故去三年了”,泓非思量“‘做小’总是女人一生意难平的事”,就回绝了。

这里是把女子嫁给死了妻子的人,即填房,误当成“做小”(做小老婆)了。

例3.不久前播映的据同名谴责小说改编的电视连续剧《官场现形记》中州官方源审案时问谁是“大房”谁是“填房”。

“杏林”与“杏坛”

南　北

某师范学校的几个学生，将一份自办小报命名为“杏林风”。这里的“杏林”为“杏坛”之误。

通常有“杏林春暖”“誉满杏林”等说法，这些都是用来称颂人医术高明的话。相传三国时代吴人董奉，替人看病分文不收，只要求重病愈者植杏五株，轻者一株。几年间，董奉替许多人治好了病，种得杏树十万余株，蔚然成林。“杏林”一词由此形成，而且多是就医生这个特定的行业而言。

“杏坛”，是传说中孔子聚徒讲学的地方。《庄子·渔父》说：“孔子游乎缁帷之林，休坐乎杏坛之上。弟子读书，孔子弦歌鼓琴。”本来，照晋人司马彪的注释，杏坛只是指“泽中高处也”，清代顾炎武也认为《庄子》书中讲孔子，采用的都是寓言的写法，杏坛不必实有其地。但一种流行的附会说法却以为杏坛就在山东曲阜孔庙大成殿前。宋代乾兴年间，孔子四十五代孙孔道辅增修祖庙，“以讲堂旧基甃石为坛，环植以杏，取杏坛之名名之”。因此，现在的曲阜孔庙实有杏坛，“杏坛”一词也被用来泛指授徒讲学处，成为“教坛”的一个雅称。

师范院校的学生自办小报，说的想必是为师育人之道，因此报名中的“杏林”以改“杏坛”为是。

小说《官场现形记》第四十回所写的新任州官瞿耐庵审案是电视剧改编的依据，其中有一段写“于是又问第三起，是一个人家大小老婆打架儿”。全段只有“大老婆”“大的”“小老婆”“讨小”等词语，并未出现“大房”“填房”的称呼，可见这是改编者的杜撰了。这也是误把“填房”当成“偏房”（小老婆）。至于“大房”，一般是指大家族中长子一系，不能用来指称大老婆。名称全搞错了。

士·女士·男士

曾宪琪

“士”,最早是对未婚青年男子的称谓。《荀子·非相》:“处女莫不愿得以为士。”杨倞注:“士者,未娶妻之称。”有时亦用为对男子的美称。《诗·郑风·女曰鸡鸣》:“士曰昧旦。”孔颖达疏:“士,男子之大号。”以后又成为贵族的最低等级。《史记·秦始皇本纪》:“〔先王〕故置公、卿、大夫、士。”再引申为官吏的通称。《书·多士序》孔颖达疏:“士者,在官之总号。”再后,又演化为对品德好,有技艺的人的美称。《唐六典·户部尚书》:“凡习学文武者为士。”流行词语中有壮士、志士、勇士、侠士、义士、谋士、医士等。也演变成对读书人、精通文学者的称呼。《字汇·士部》:“士,儒者。”朱自清《文学的标准和尺度》:“这种受了教育的人也称为‘士’。”流行的词语有文人学士、名士、贤士、隐士、士林、士流等。

但在封建社会中,男尊女卑,只有男子才能称为士,对那些有士之操行的女子则称之为“女士”,以示区别。《诗·大雅·既醉》:“其仆维何,厘尔女士。”孔颖达疏:“女士,谓女而有士行者。”近代沿用此习,如秋瑾女士、何香凝女士等。随着妇女运动的兴起,妇女参加社交活动日渐增多,女士便发展成为在交际场合中对妇女的尊称。

近年来,大概是为了与“女士”相对应吧,又有人创造了“男士”一词,“男士鞋屋”“男士世界”等到处可见,日常生活中也听到“女士优先、男士稍候”等语。

其实,“男士”是一种不正确的称呼。从上述溯源的依据来看,“士”一直是对男子的专称,唐朝著名诗人白居易《赠樊著作》诗曰:“凡此士与女,其道天下闻。”正是将“士”与“女”对称而言的。在“士”之前加一“男”字,实属画蛇添足,变成了“男的男人”。其实,在社交场合对男性的尊称早已有先生一词,海内外已习惯于将先生与女士对称而言,本不必再称呼什么“男士”。

7—17

书林指谬

“毌丘”辨

——兼谈“丘”和“邱”

金文明

上海古籍出版社1990年版《水经注》点校本卷十六“榖水”下云：

榖水又东径魏将作大匠毋丘兴墓南，二碑存焉。俭父也。(318页)

以上引文中的“毋丘”二字，在《水经注》的各种点校整理本中出现了不同的形式，例如：

母丘(上海人民出版社1984年版《水经注校》)

毋邱《天津古籍出版社1986年版《水经注碑录》)

毌邱(江苏古籍出版社1989年版《水经注疏》)

为什么同样的两个字，会有四种不同的写法？究竟哪一种是正确的呢？

说来令人遗憾，这四种经过专家整理点校出版的《水经注》及其研究著作，对于以上两个字，竟然没有一家印对的。或前错，或后错，甚至前后皆错。看来，对此作一点简要的考订和辨证，也许并不是无益的。

首先说一下，这两个字的正确写法应当是“毌丘”。毌，音guàn(贯)，不作“毋”(wú)或“母”(mǔ)。《水经注》中的“魏将作大匠”毌丘兴和他的儿子毌丘俭，其名均始见于《三国志·魏志·毌丘俭传》：

毌丘俭字仲恭，……父兴，黄初(魏文帝年号)中为武威太守，……入为将作大匠。(中华书局标点本《三国志》第三册761页)

从父子两人的姓名上可以看出，“毌丘”是个复姓。《史记·田敬仲完世家》载：“〔齐〕宣公与郑人会西城，伐卫，取毌丘。”唐司马贞索隐：“毌音贯，古国名，卫之邑。”则“毌丘”本来是个地名。后世的姓书将两者联系在一起，认为复姓“毌丘”是“以地为氏”得来的，并且举出汉毌丘长、三国魏毌丘俭、宋毌丘会等人名为例。看来这个复姓写作“毌丘”，读作Guànqiū，似乎没有什么可怀疑的了。

然而问题却并未就此了结。由于历史上复姓毌丘的人很少(见于“二十四史”的只有十多人,比较有名而立传的仅毌丘俭一人),而且“毌”字除偶或见于人名、地名外,几乎不作他用,而与“毌”形状十分相近的“毋”字,却大量出现在先秦两汉的典籍中(据统计,仅《史记》一书就出现过353次)。唐代以前还没有发明印刷术,图书的流通全凭手抄,冷僻少见的“毌”往往被写成人们习见常用的“毋”。以后有了印刷术,刻工们根据前代的抄本刻字,仍然难免以讹传讹。尽管有些错字经过饱学之士的校订得到了纠正,但纠不胜纠,一些误“毌”成“毋”的错字还是被沿袭了下来。天长日久,渐渐习非成是,至今已很少引起人们的注意。除了前面所引《水经注》中两个误“毌”成“毋”的例子,这里再举两个:

上海书画出版社1979年版《历代书法论文选》所辑李嗣真《书后品》和张怀瓘《书断》都谈到晋代索靖书写的毌丘兴碑,两处的“毌”字都错成了“毋”。(上册137、179页)

《后汉书·吴祐传》有安丘男子“毌丘长”,1915年王氏虚受堂木刻本《后汉书集解》所刊“毌”字不误,而1965年中华书局铅印本《后汉书》却将“毌”字错成了“毋”。(第八册2101页)

在今人整理刊印的古籍中,不仅“毌”会错成“毋”,反过来“毋”也会错成“毌”。如《后汉书·儒林传》:“沛人高相传《易》,授子康及兰陵毋将永。”唐李贤注:“毋将,姓也。毋,读曰无。”“毋将”也是复姓。从李贤的注音中可以判定,“毋”不是“毌”。然而中华书局标点本《汉书·儒林传》却将“毋”错成了“毌”(第十一册3602页)。此外,同一个京兆尹“毋将隆”,标点本《汉书·百官公卿表》两次出现,“毋”字都不错(第三册846、848页),但在同书的《毋将隆传》中,却将“毋”字错成了“毌”(第十册3263页)。又如修订本《辞源》在“毌 Guàn”字条第㈡义中写道:“姓。本毌丘复姓,后分为毌姓、丘姓。《汉书》八八《高相传》(按:即《儒林传》)有毌将永。”(1988年版缩印本915页)不但将“毋”误成了“毌”,而且将复姓误成了单姓,那就更错了。

“毌”与“母”字形也很相近,但错成“母”的例子比较少见。

下面谈谈“丘”和“邱”的问题。“丘”改成“邱”,严格说来并非写错字,而是由于避讳所致。儒家的至圣先师孔子名丘,是历代统治阶级尊崇的偶像。清世宗胤禛在雍正三年下过一道上谕,说:“孔子讳理应回避,……嗣后除四书五经外,凡遇此

“贯耳”与“轰顶”

何培刚

“在密支那，孙立人得知史迪威被召回的消息，如雷贯耳，不禁呆立半晌。”(《大国之魂》，424页，人民文学出版社。)

“如雷贯耳”这句成语，是说像雷声震动耳朵一样，用来比喻人的名声很大。如：“你的大名我在年轻时就熟知，可以说是如雷贯耳，今天才是第一次见面，三生有幸。”(《虎啸泉城》，351页，解放军出版社。)

孙立人由于出身于美国西点军校，备受史迪威赏识，史迪威被召回对他来说不是吉兆，可怎么也用不上“如雷贯耳”。如果说史迪威的大名，对孙立人是“如雷贯耳”，也是在此之前的事，即孙立人未见到或第一次见到史迪威之时。得知史迪威被召回，孙只会“如雷轰顶”。

字，并加‘阝’为‘邱’。”(《茶香室续钞》卷三引《桥西杂记》)从此，无论官方民间，凡行文中遇到“丘”字，必须一律改成“邱”。刊印书籍当然也照此办理。这就是雍正三年以后清刻本图书中新造字“邱”的来历。宋赵明诚所著《金石录》卷九有“唐丘公夫人虞氏石表碑”，其中的“丘”字，南宋的龙舒郡斋本作“丘”，明末清初的吕无党钞本也作“丘”，到了清乾隆年间刊印的雅雨堂本，“丘”字便改成了“邱”，足证雍正三年的上谕已被遵行。明乎此，我们就可以断定，北魏郦道元所著的《水经注》原本，其人名、地名中只能有“丘”而不可能有“邱”，因为那时“邱”字还没有产生。所以，凡是清刻本《水经注》中因避孔子讳而改刻的“邱”字，应当还其本来面目，一律改正为“丘”。

最后附带说一下，上海辞书出版社1990年版《中国人名大辞典·历史人物卷》分收丘、邱二姓，在邱姓人物条目中有邱象升(1629—1689)和邱象随，此兄弟二人均出生于明末，死于清雍正三年(1725)以前。当时还根本没有“邱”字，何来“邱”姓？因此他们都应当恢复原姓，归属于丘姓人物条目之中。

“遗像”和“赞像”

何　言

张文忠公赞像

《张居正改革与山西万历清丈研究》(山西人民出版社出版)一书,第1页印有张居正遗像,像上一行大字分明是“张文忠公遗像”,而像下编著者所加说明却是“张文忠公赞像”。

细想其原因,是因像上文字为篆体,编著者将“辶”误认作“言”旁,又将繁体“贵”当作“赞”;除了这一原因外,还因为古籍中常有“像赞”一词,编著者对“像赞”有印象而又不甚了了,于是便将“遗像”释作“赞像”。像赞,是画像上的赞语,为一种短小的文体,它和遗像之义相去甚远。至于“赞像”,却是没有的词。

报刊扫描

谁烧的圆明园

张广育

圆明园是谁烧的？请先看以下几则说法：

“现在毕竟不是八国联军打天津火烧北京圆明园的时代了。”（《南方周末》1993年9月17日第1版）

“八国联军烧了圆明园……”（中央电视台第一套节目1996年12月2日“芝麻开门”栏）

“1860年八国联军发动侵华战争，咸丰帝避难于避暑山庄，火烧圆明园……”（《文汇报》1994年6月19日第6版）

上述引文都说圆明园是八国联军烧毁的，最后一则更明白无误地说八国联军侵华战争是在1860年，并使咸丰避难于避暑山庄，还烧了圆明园。

非常遗憾，这些作者们将发生在清朝后期的两次侵华战争弄混了。火烧圆明园是第二次鸦片战争中的事情，1860年英法联军侵入北京，咸丰皇帝逃往承德避暑山庄，侵略者在恣意抢掠后，纵火烧毁了圆明园。而八国联军则指1900年英、美、德、法、俄、日、意、奥八个国家为镇压义和团运动，乘机瓜分中国而组成的侵华联军。这支军队在当年8月14日攻陷北京，西太后、光绪皇帝逃往西安。次年，签订了《辛丑条约》。

火烧圆明园和八国联军入侵整整相差40年。八国联军之时，圆明园早成废墟，无须再烧；而咸丰帝墓木已拱，也不能再逃了。

这两次侵华战争，都是帝国主义发动的，我们都应该牢记不忘，但不能因此便混为一谈。“八国联军烧了圆明园”，作为口语出现在人际谈话中，似可不必深究，因其影响面有限；倘若在影视、出版物上经常出现，误导了读者、听众，显然是不可取的。

对联误倒两例

汤华泉

《咬文嚼字》1996年第10辑上曾有文谈过某报将挽陈景润联的上下联误倒之事，但误倒对联之事仍时有发生。

《光明日报》1996年2月26日刊登该报记者通讯《走近天一阁》，文中引录天一阁一副对联，为"天下藏书此一家，人间庋阁足千古"。

《光明日报》1996年4月5日刊发新华社记者《海内外人士公祭黄帝陵》电讯，文中揭载祭祀典礼上高悬的挽联是："德被神州慧就八方江河源，功盖华夏智成五千文明始。"

这两副对联都叫记者抄倒了。对联上下联的顺序从声韵、措辞上并不难分辨。一般说，对联的出句最末一字为仄声，对句末一字则为平声。第一联"家"是平声，"古"是仄声，第二联"源"是平声，"始"是仄声，稍具音韵学知识或诗词阅读经验的人 读便知这两联抄反了。对联上下联在措辞上往往有一定的语序，如第二联相对的词语"德""功""神州""华夏"，一般"功"和"华夏"居前。对联上下句在意境上也往往有小大、实虚之别，对句较出句要大一些、虚一些，验之上面两联若顺过来，皆合乎这种情况。今人制作联语虽然不一定如古人那样工稳，但上述各点还是大致遵循的，因此对联上下句的顺序也是有规可循的。

上面两副误抄的对联只是在翻阅《光明日报》时偶然发现的，抄者可能是不会读直排或直书的文字。直书文字应当是由右向左读，对联一般是直书的，当然要如此读，抄者可能是照横排文字读法，来了个由左到右，读倒了，也就抄倒了。

瑕不掩玉≠瑕不掩瑜

俞明芳

“瑕不掩瑜”这个成语在报刊上写错已不止一次了。最近又见到一次：《上海文化报》1996年8月16日《100000种图书的冲击波》一文写道：

……读者中也出现了几位不光彩的“窃书贼”。不过相信瑕不掩玉，本次图书节终将以它的盛况载入上海的文化史册。

《现代汉语词典》“瑕，玉上面的斑点，比喻缺点”。“瑕不掩瑜：比喻缺点掩盖不了优点，优点是主要的，缺点是次要的。”又，“瑜：②玉的光彩，比喻优点：瑕不掩～丨瑕～互见。”在这条成语中，瑕、瑜意义是对立的，所以不能用“玉”。那么，为什么经常把它错写成瑕不掩玉呢？主要是因为瑜和玉读音相近所致。

附带提一句上文“几位”“窃书贼”的“位”也用得不妥。“窃书贼”用“个”即可，不该用表示敬意的“位”字。

“新安江水库”就是“千岛湖”

黄敬明

文章中的语病，有显性的和隐性的两种。

显性的语病，大多读者一望即知。如《新民晚报》1997年3月2日《明信片琐谈》一文有句云：“‘十日谈’栏目曾登载过我的拙文《涉邮》。”句中的“拙”字系谦词，意指自己的文章、见解等，如拙文、拙作、拙译、拙见等。既然“拙”字已经含有“自己的”即“我的”意思在内，何必还要加上“我的”两个字呢？该文另有一句“高品位的孤品才更弥足珍贵”。“弥足珍贵”的“弥”字就是“更加”的意

“满洲”错为“满洲里”

侯印林

731部队旧址在哈尔滨附近，现已广为人知。可是，《参考消息》1997年3月14日《罄竹难书731——法报记者参观731部队在中国旧址》一文却说是“在满洲里中部、哈尔滨往南20公里的这个叫做平房的地方”（着重号系引者所加）。

哈尔滨在黑龙江省，是滨洲铁路的起点；满洲里在内蒙古自治区呼伦贝尔盟，是滨洲铁路的终点。两地相距近千公里，731部队旧址怎么能跨这么大的地区呢？

问题可能出在译文上，因为这是翻译法国《世界报》2月2日和2月3日的文章。

我国东北一带，过去称“满洲”，外国人至今还常这么说。可能是把法语“满洲”，误译为“满洲里”了。说哈尔滨附近在“满洲中部”或“中国东北中部”是对的，说哈尔滨附近在“满洲里中部”，则是“失之毫厘，谬以千里”了。

思，又何必再加上一个“更”字呢？

隐性的语病，较难察觉。如《新民晚报》1996年10月16日《严州干菜鸭》一文说：“那碧波浩渺、湖水清澈晶莹的‘千岛湖’和独特的新安江水库，就在境内（指建德市境内——笔者）。”此句文从字顺，似乎没有不妥。但细细一想，此说有误。一、“千岛湖”其实就是新安江水库。新安江水电站建成后，大坝上游的水位提高近百米，形成了一个巨大的人工湖，即新安江水库。低水位时，湖面共有大小岛屿1078个，“千岛湖”的美名即由此而来。因此，千岛湖和新安江水库是同地异名。决非千岛湖是一处，新安江水库又是一处。二、千岛湖并非全在建德市境内。千岛湖的东端是建德市的新安江镇，西端是淳安县的千岛湖镇。千岛湖水域绝大部分属淳安县管辖，只有东端新安江水电站附近的一小部分水域才属建德市管辖。

从“淹没”说起

孙章埂

《文汇报》1996年10月4日第10版《马可·波罗没有到过中国吗》中写道:“至于他自言曾当过元世祖忽必烈近身随从及扬州政要的光辉事迹,也淹没无闻。”其中的“淹没”,颇有说说的必要。

《现代汉语词典》修订本“淹没”:“(大水)漫过;盖过:河里涨水,小桥都淹没了◇掌声淹没了他的讲话。”这就告诉我们:当一种东西漫过另一种东西,被漫过的东西一点儿也看不见了,可以使用“淹没”这个词;或者是一种声音盖过另一种声音,被盖过的声音一点儿也听不见了,也可以使用“淹没”这个词。而引文中的“淹没无闻”,既不是漫过使之无形,也不是盖过使之无闻,因而语义不明,属用词不当。

引文中的“淹没”可改为“湮没”。因为“湮没”的意思是“埋没”,而“湮没无闻”,是人或事物的名声,随着世易时移或其他缘故,人们忘却了,后来的人们便一点也不知道了。《现代汉语词典》《汉语成语词典》等工具书上,也明明写着“湮没无闻”,而没有“淹没无闻”,可见这个成语应是“湮没无闻”。

但是,仔细推敲一下,此处用“湮没无闻”,仍觉不妥。因为该文作者对于马可·波罗自言的“曾当过元世祖忽必烈近身随从及扬州政要的光辉事迹”这两件事,是持否定态度的,以此来说明他没有到过中国。而说“湮没无闻”,毕竟还是有“名声”,即承认马可·波罗自言的两件事确实存在,只是被埋没,没有人知道罢了。这不是既否定又承认吗?如果作者确认这两件事纯属子虚乌有,此处的“湮没无闻”应改为“无稽之谈”,才与其观点一致。

"绝无仅有"并非"绝无"

俞敦雨

三年前，我曾从《新民晚报》上摘录了一个误用"绝无仅有"的病例："可以断言，所有大大小小的知识分子，没有得到这位'不说话的老师'(指各类辞书)指教的，绝无仅有。"(1993年12月2日第10版)无独有偶，最近在该报上又看到一个同样的病例："清廉贤明的官吏离任，老百姓挽留不住时，攀住车前辕木、卧在车道之上拦阻，古代称为攀辕卧辙。如今用这样的方式挽留好官的，恐怕绝无仅有了。但表达此种眷恋的心情，依依惜别的，不能说没有。"可见，"绝无仅有"的误用，也许并非绝无仅有，很有议一议的必要。

"绝无仅有"是"极其少有"的意思(见《辞海》和《现代汉语词典》)，例如周必大《文苑英华序》："诏修三大书，曰《太平御览》，曰《册府元龟》，曰《文苑英华》，各一千卷。今二书闽、蜀已刊，惟《文苑英华》士大夫家绝无而仅有。"是说《文苑英华》这本书士大夫家"极其少有"。但这个成语用在上面两个句子中，都与上下文相抵牾：前一例与上文的"所有"相矛盾，后一例无法与下一句"不能说没有"构成转折关系。揣摩作者的本意，大概都是把这个成语当作"绝无""没有"来使用了(凡知识分子没有一个未曾得到辞书的指教，如今没有人会用攀辕卧辙的方式挽留好官)。其实，在这个成语中，"绝无"是"过甚其辞"的现象(类似"救死扶伤"中的"死"，其实并不是"死人"，而是指"将死之人")，只起烘托的作用，"仅有"才是语义之所在："绝无仅有"不是"绝无"，而是"仅有"(极少有)。

“囊中萧瑟”辨

夏业昌

《文汇读书周报》1996年7月6日《才子投“海”,佯狂经商》一文说:“只因囊中萧瑟,就分散精力,学做生意,岂不荒废文才?”这里的“囊中萧瑟”似乎不妥。

“萧瑟”一词的常用义有三个:一是形容秋风吹树木的形状,如:“萧瑟兮草木摇落而变衰。”(宋玉《九辩》)二是形容秋风吹动树木的声音,如:“壮士不还,寒风萧瑟。”(庾信《哀江南赋序》)三是用来形容人的寂寞凄凉,如:“庾信平生最萧瑟,暮年诗赋动江关。”(杜甫《咏怀古迹》诗)

非常明显,上述几个义项都不符合该文文意,因为“囊中”怎么会“萧瑟”呢?仔细猜详,应是“囊中羞涩”的笔误。

“囊中羞涩”说的是晋人阮孚的故事。元代阴时夫编撰的《韵府群玉·七阳·一钱囊》:“阮孚持一皂囊,游会稽。客问:‘囊中何物?’阮曰:‘但有一钱看囊,空恐羞涩。’”唐代杜甫《空囊》诗就借此事抒怀:“囊空恐羞涩,留得一钱看。”后人因此称手头拮据、袋中无钱为“阮囊羞涩”。如清人百一居士《壶天录》:“阮囊羞涩,行止两难。”又写作:“阮郎羞涩”。如《幼学故事琼林》:“囊内钱空,阮郎羞涩。”还写作“囊空羞涩”“阮囊”“囊涩”“羞囊”等。今人则多用“囊中羞涩”。

语丝

引文须核对

居茂文

《光明日报》一九九六年十一月十六日《对俳句的浅见》最后一段内引用了鲁迅先生的《南京民谣》,引文作:『大家去谒陵,强盗装正经;静默五分钟,各自想权经。』与原文一对照,引文错了三个字和一个标点:『谒陵』应为『谒灵』,『五分钟』应为『十分钟』,『权经』应为『拳经』,第二句末的分号应为句号。

缘何发最长？

——说“长”

刘志基

“长短”之“长”，甲骨文写作，描摹一长发之人。其造字方法，显然是所谓“近取诸身”，即以人体中的特定部位，来记录语言中相关的词，表达观念中的相关概念。所以它的形义关系也便形成“形局义通”的局面（古文字字形一般只能描摹比较具体的事物，是有局限的；但其所表达的字义往往比形体来得抽象，内涵更为丰富）。头发之长所表达的，乃是并无具体物类限制的长，如道路之长，河流之长，时间之长……世上长物很多，为什么造字者偏偏要以一个长发之人的形象与这种本已相当抽象的“长”对应呢？联系古人关于头发的观念意识和风俗习尚来看，这并不是一种偶然的选择。

首先需要说明的是，“长”字构形中的“人”，只是一个附属构件，它的出现，只是为了说明其上的几根线条是人的头发，而非其他线状物，所以字形中与所记词直接相关的部分只是人的头发。

头发之所以会在造字中被用来概括“长”这个概念，当然是因为在造字者的心目中，人的头发最具长的性质。在当今社会中，“头发长”成为女性的特征之一，但在中国古代社会，男子头发的长度并不比女子逊色。理发，对今日男子来说乃是日常生活中的一项基本内容，然而古代的男子不倒大霉，是决不会把头发剃掉的。一个“髡”字便可充分证明这一点。“髡”在古代汉语中一身二任，既表示“剃发”，又为刑法之名，如果不是犯了罪且又东窗事发，是不至于被“髡”的。《三国演义》中记载曹操犯了自定的律条而背上了杀头之罪却只割下一缕头发搪塞过去，正表明了剃发的罚罪性质。古代罪犯叫做“童”，而“童”又表示无发，也说明了同样的问题。

当然，这种古制并不通行于中原以外的边远地区，所以在古书中周边的蛮夷之邦的特征便常常是“断发”、“剪发”之类。如《墨子·公孟》：“昔者越王句践，剪发文身，以治其国。”《淮南子·齐俗训》：“中国冠笄，越人劗鬋。”显然，这正可以从反面证明，中原华夏男子是决不“断发”、“剪发”的。

古人为什么要死死地留住自己的长发而不愿剃去呢？宋人张君房《云笈七籤》中有一段文字颇有启发意义，在谈到梳头落下的头发必须埋藏不能乱抛的古俗时，该书揭示了两条理由：“一则敬父母之遗体，二则有鸟曰鸺鹠，夜入人家取其发爪则伤魂。”也就是说，首先因为头发也是父精母血所化生，所以不可剪掉。这是出于孝道。其次是因为剪下的头发处置不当会对本人造成不利。这是出于巫术思维。关于前一点，《孝经》里早就把“身体发肤，受之父母，不敢毁伤”作为“孝之始”，显见这种观念源远流长，影响广泛，似无过多讨论的必要；关于后一点，则有必要多说上一些话。

汉代应劭《风俗通义》卷九中记述了这样一件奇事：汝阳城的西门亭中有害人的鬼魅，被它害死者“皆亡发失精”。后出现一位英雄为民除了害，在鬼魅巢中发现了它割取的百多人的头发。事情虽然荒诞，却已毫无疑问地说明在古人心目中头发与人健康安危关系密切。在古代巫术中，头发常常成为作法的对象。《本草拾遗》中有这样的记载：要想抓住逃跑之人，只要把他的头发放在纺车上转，这个人就会迷乱心窍，走投无路。类似的记载在古书中很多，不烦一一列举。在各地民俗中，这类情况也俯拾皆是：许多地方的人相信，一个人如果头发被鼠咬，便不免有病有灾；有些地方造房时如果主人得罪了工匠，工匠便将主人的头发作为魇魅物压在柱下或置于梁上，令主人倒霉。

头发既然如此与人们的性命安危相关，随意剪剃当然成了大忌，加上孝道对头发的看重，让头发长长地长自然就成了人们的刻意追求。在主观追求与由这种主观追求所导致的客观结果的共同作用下，头发的“长”的性质便在人们心目中凸现出来，用它的形象来构造“长”字，便成为古人最自然的选择。

伟大的猎手

——上古圣王得名考源之五

张再兴

舜是传说中的五帝之一，文献中常把他称为“虞舜”或“有虞氏”。舜为什么会被称为“虞”呢？分析“虞”字的构形理据，就会发现舜称“虞”乃是原始狩猎生活在先民心中留下的深深印记。

“虞”，金文写作[illegible]，从虍吴声。虍，即为虎头之象形。《说文》：“虞，驺虞也，白虎黑文，尾长于身，仁兽，食自死之肉。”可见虞是指有黑色斑纹的白虎。

而在文献中“虞”常指狩猎之官，这种官职与史前狩猎活动有一脉相承的关系。《穀梁传·庄公二十八年》：“山林薮泽之利，所以与民共也；虞之，非正也。”范甯注：“虞，典禽兽之官。”因此，虞人可自称为“兽臣”。后世许多有关狩猎的人和事物也常用“虞”来命名。“虞卒”为帝王狩猎时担任围合禽兽的士兵，“虞旅”指狩猎之军卒，“虞旗”即虞人在汇集所获猎物时用的旗帜，“虞箴”为虞人为戒田猎而作的箴谏之诗，“虞罗”为虞人所张设的捕兽罗网。

那么，为什么“虞”既可指白虎，又可指猎人呢？狩猎要降服各种禽兽，而虎是“山兽之君”（《说文·虎部》），这种动物之王，在古人心目中具有崇高的地位。特别是白虎，更是古代所谓的四灵之一。对于狩猎者来说，虎是他们所崇拜和敬畏的对象，他们希望自己也能像虎一样，具有降服禽兽的本领。因此他们在狩猎时常戴上虎首，以慑群兽。正是在这个意义上，猎人和虎之间有了一致性。据《抱朴子·登涉》的记载，虎还能自称为“虞吏”，更道出虎即猎人的象征。

从神话传说来看，舜是个伟大的猎手。因此他“居深山之中，与木石居，与鹿豕游”（《孟子·尽心上》）。作为猎人所应有的能力，他能够“入大麓之野，虎狼不犯，虫蛇不害”（《论衡·乱龙》）。《书·舜典》还记载帝尧为了考察他继任狩猎部落首领的能力，将他“纳于大麓”，而他能够“烈风雷雨弗迷”，可见舜顺利通过了这种考验。这些记载说明舜作为一个高明的猎手，继任了部落首领。

作为猎手的表现，舜的一项功绩就是驯服野象。传说舜所居之地是“妫虚”，“为”不仅是“妫”的声符，亦兼有表义作用。“为”，甲骨文写作，正作以手驭象之形。而舜与其弟象之间的矛盾实际上就是舜降服象的神话历史化的结果。传说舜有一个骄横的弟弟象，与父亲瞽叟一起谋杀舜。但舜在尧之二女的帮助下躲过了灾难。舜即帝位后，不计前嫌，封之于“有鼻”。象所封之地称“有鼻”，这是因为动物象的突出特点是有长长的鼻子，甲骨文“象”字写作，正突出了这一点。可见，舜弟象实即野生象，舜与象斗争的胜利也就是猎人的胜利。

既然舜以狩猎闻名，用猎官之名“虞”来称呼他也自在情理之中。

语丝

『白话电报』有误

张望

《新民晚报》副刊登过《白话电报》一文，说的是当年清华大学请胡适去当校长，胡适没去，回了份电报『不干了谢谢』。作者弄错了！

请胡适去当校长的是北京大学，不是清华大学。

电报原文是『干不了谢谢』！这一颠倒非同小可，尚未『干』，何来『不干』？『不干了』是甩纱帽的口气，似非出自胡适之口；『干不了』，才合乎情理。

授受缘何尽为舟

秦桂芳

受，甲骨文作，表示两人用手授受一舟形。为什么所授受之物为舟，而不是别的东西呢？细细挖掘下去，我们会发现，“受”字其实是携带着丰富的史前文化信息出现在我们面前的。

“受”字的甲骨文构形，似乎给了我们这样一种暗示：在先民们的生产活动中，舟船占有非常重要的地位。

打开中外文化的史卷，我们会惊异地发现，考古学家们挖掘出来的石器时代的遗址，竟大都分布在水边。而世界四大文明的发源地更是无一不与河流有关，也就是说，先民们选择居住环境时，考虑得最多的就是水的问题。中国素有“九州”之称。州，甲骨文作“”，描摹的是水中有陆地的形象。《说文·川部》“州”字曰：“水中可居者曰州。水周绕其旁，从重川。昔尧遭洪水，民居水中高土，故曰九州。”看来，在先民的眼中，他们的存身求命之所——水中高土，只不过是汪洋中的一个个小岛而已。

凡事有利必有弊。居住在水边，固然可以享受土地肥美、水产丰富等种种好处，然而，上古是一个洪水泛滥的时代。“往古之时，四极废，九州裂，天不兼覆，地不周载；火爁炎而不灭，水浩洋而不息……”（《淮南子·览冥训》），先民们对于往古洪水滔天的可怕景象有着深刻的记忆。狂波怒涛中，何以求生？“君看一叶舟，出没风波里”，一叶扁舟，即是一个温暖的家；一条小船，即足以载起生存的希望与信念，对于在滚滚浊水中挣扎求生的先民而言，舟船的重要性就无须多言了。

俗语云：“靠山吃山，靠水吃水。”就是说，生存环境决定了人们必然采取相应的谋食方式。上古之人生活在一个多水的环境中，水中多鱼虾，所以水产品是他们食物的主要来源之一。《初学记》卷二十二引《尸子》:“燧人之世,天下多水,故教民以渔。”我们知道,农耕发明之前,上古人多以渔猎为生,而打鱼捕虾比捕食野兽显然安全容易得多。况且,初民生活在水资源相当丰足的地方,那么鱼虾等水产品当然是无比丰富的了。要捕食到大量的鱼虾,更离不开舟船。据考古发现,在属于良渚文化(距今4000余年)的湖州钱山漾等地出土了木桨、陶网坠、石网坠、竹鱼篓、木浮标等,这表明当时居民已有制船捕鱼的本领了。另外,在属于新石器时代的磁山文化遗址、大溪文化遗址、仰韶文化遗址等处,都发现了种种捕鱼工具,而这一切都充分展示了上古捕鱼业的兴旺发达。这样,舟船在上古人民的生活中,就不仅仅是交通工具,更是重要的谋生工具了。

通过以上的探讨,我们可以发现舟船在先民们的生活中具有举足轻重的作用。古人的思维方式与表达方式同今人不尽相同,据人类学家调查发现,原始思维具有具体性与实用性特征。所谓具体性特征,即原始人类思维中的分析能力强于归纳能力,描述能力强于抽象能力;所谓实用性特征,即原始思维具有非常明显的功利主义性——他们对与自己的生活密切相关的事物,则注意备加;对与他们生活无关的事物,则视而无见。舟船在初民的生活中无比重要,当然是倍受青睐的了。所以出现在“受”字中的受授对象是先民们无比看重与仰仗的舟,而不是金玉珠宝之类中看不中用的东西。

语丝

『噪音』不宜『达标』

欧阳涤英

近日看到某报上有一条消息《又有五个噪音达标小区建成》。我觉得『噪音达标』的说法不合适。生活中要尽量控制、减少噪音,只能说噪音的控制达到国家规定的标准,而『噪音达标』从字面上看,让人理解为噪音的增多、加大达到所要求的标准,这与消息作者要表达的意思正好相反。因此,『噪音达标』应当改为『噪音控制达标』。

叩门欲何为

郎裕昆

上海某商厦的一则广告语，曾经出足风头。不仅报纸上频频亮相，广播电视里也不绝于耳，至今“余音绕梁”。据说，还曾被评为“十大优秀广告语”之一。然而，每次见到或者听到，我总差点笑出声来。这则广告语便是：“叩开名流之门，共度锦绣人生。”

不错，从表面上看，似乎用字典雅，音韵铿锵，颇有气势；可仔细一推敲，便会发觉有点滑稽。“叩开”，就是敲开、打开，“叩”也可写作“扣”。名流，社会上有地位、有影响的人物。你去敲名流的门，名流应声出来开门，然后你对名流大声宣告：让我们共度锦绣人生！这像话吗？在我看来，岂止可笑，还有点可怜，似有“朝扣富儿门，暮随肥马尘”的死乞白赖的味道。

当然，广告制作人的本意并非如此。上句所谓“叩开名流之门”，想说的是跻身名流之列。问题在于，一用这个“叩”字，便说明门内世界是属于名流的，与你无关。南宋叶绍翁的名句：“应怜屐齿印苍苔，小叩柴扉久不开。”因为自己不是园子的主人，叩不开只能在园外观赏那“一枝红杏”。《红楼梦》第二十六回有句云：“再往怡红院来，门已关了，黛玉即便叩门。”黛玉是“潇湘馆主”，怡红院是宝玉的“领地”，所以她也只能“叩门”。同样，下句“共度锦绣人生”的“共”字，也用得不是地方。和谁“共度”？从前后语意看，只能是“名流”。可“名流”愿意和你“共度”吗？真是不速之客的不情之请。未免有点自作多情吧？

如果商家对叩门这一形象舍不得放弃的话，我想，可以把“名流”改为抽象词语，如“叩开潇洒之门，共度锦绣人生”，勉强说得过去；如果商家对“名流”情有独钟，那么，“叩开”可以改为“跨入”“步入”之类，下句的“共度”也要作相应改动，如“跨入名流之门，谱写锦绣人生”。不过，无论哪一种改法，似乎都算不上是上乘的广告语。

豫园集团广告差错三例

徐世华

1997年3月7日，上海豫园集团在《文汇报》刊出广告半版，介绍下属单位的店史和经营特色。文笔生动，富于情趣，但是美中不足，有差错三处：

一、用词不当

“如同两朵奇葩，在申城的黄金饰品市场上绽开了璀璨的光华。”

“绽开”与“光华”并不相配。

绽：音 zhàn。本指衣缝裂开。《礼记·内则》：“衣裳绽裂。”引申为开放；开裂。如：春花初绽、破绽百出、皮开肉绽。绽开意为开放，展开。如：花蕾绽开；绽开笑脸。

光华谓明亮的光辉。我们一般不会说“展开光辉”“开放光辉”之类的话，凡属“光”类名词，宜与“射”所构成的词语搭配。如：放射、迸射、映射、折射等。

二、生造词语

“如果再要问申城土特食品什么地方最多，那南市区当推不让，豫园集团最为集中。”

“当推不让”是生造词语，含义不清。如将“当推不让”改成“当仁不让”，句意就清楚了。成语“当仁不让”，意谓面临应该做的事，主动承担，不退让。根据上下文，此句如改为：“南市区当推第一。”就更明白易懂了。

也许，广告制作者，既想用“当推第一”，又想用“当仁不让”，结果各取其半，就生造出一个谁也看不懂的“当推不让”来。

三、人名有误

“‘童涵春堂’金字招牌，据传为清朝苏州籍状元陆润痒手书。”

“陆润痒”应为“陆润庠”。

陆润庠（1841—1915），字凤石，江苏元和（今苏州吴县）人。名医陆懋修之子。同治十三年（1874）状元，授修撰。

“庠”与“痒”字形相近，但音义相去甚远。痒：音 yǎng。指皮肤不适想搔的感觉，一般不合用作人名。

庠：音 xiáng。古代地方学校。《汉书·儒林传》：“乡里有教，夏曰校，殷曰庠，周曰序。”庠序：泛指学校。“庠”现代不常用，字较生僻，故极易出错，笔误成“痒”。

语坛掌故

也释“爱呀，厄的去”

钱伯城

《咬文嚼字》1997年第4辑有一篇关于《红楼梦》第二十回一句“爱呀，厄的去”的文章，该文引用了鲁迅的解释，认为这就是“唉呀，我的妻”的谐音。这篇文章注明摘自1985年9月15日的《文摘报》，据说是鲁迅的学生陈梦韶亲自听鲁迅说的。《咬》刊在时隔12年后重载这篇文章，显然也是认为这一解释是正确的，可供现在的读者看《红楼梦》时参考。

鲁迅是不是真的做过这样的解释，现在无从证实。但是，这个仅据陈梦韶传述的解释是不确切的，有点望文生义，或者是望音生义，因为此论与原义原音不合。这句照此文标点的“爱呀，厄的去”，起因是史湘云说话咬舌，话音说不准，叫贾宝玉“二哥哥”变成“爱哥哥”。林黛玉笑她，湘云反嘲，愿她将来嫁一个咬舌子丈夫，时时刻刻叫“爱呀，厄的去”。这句话其实很明白，看上下文便知，“爱”“厄”是由“二哥哥”的“二”字音衍生出来的联合音组，决不能把它们断开，分为两个词组。所以，上述文章将“爱呀”当成一个词组，“厄的去”当成另一个词组，标点先就错了。

这句话若加标点，可有三种标法：

一、“爱呀厄的去”

二、“‘爱呀厄’的去”

三、“‘爱’呀‘厄’的去”

这句话的关键是“的去”两个字。“的”字是“爱呀厄”这个音组的语尾词，有了这个“的”字，“爱呀厄”方成为一个完整的音组。“去”字是上一句“时时刻刻你可听”的“听”字的补足动词，也就是“去听”的意思。一个动词分成前后，这在汉语口语中是常用的句式。比如说“你吃了饭去”，“去”字是“吃”的补足动词，也就是“去吃”的意思。

有人或许要问：“爱”与“厄”有什么关系呢？答：“爱”是“二”的变

吴玉章改诗

陈晓岑

1941年春，王震率三五九旅屯垦南泥湾。南泥湾原是富庶之处，一百多年前因清政府镇压当地的回民起义，致使南泥湾成了荒野。

1942年7月10日，朱德、吴玉章、徐特立、谢觉哉、续范亭等几位老同志，来到已成为“陕北好江南”的南泥湾，他们感慨万千，都写诗留念。

吴玉章写的是五言诗《和朱总司令游南泥湾》。16年后《红旗飘飘》编辑部向他索稿时，他才拿出来发表。在抄写这首诗时，他的年仅十八岁的服务员张兵山发现其中“‘回乱’成荒地”一句不妥，说，“回乱”虽然打了引号，但仍把荒地的责任放在回民身上了，这不好。年已八十的吴老听取了小张的意见，再三斟酌后，把“回乱”改成了“剿回”。虽只改一字，却恢复了历史的本来面貌，既歌颂了回民的革命精神，又鞭挞了清政府的反动统治。吴老说：“古人有所谓一字之师，我看小张同志就是我的一字之师。”他逢人便讲此事，并启迪后人说：“可见一个人必须随时随地向别人学习，而且活到老，学到老，才能不断取得进步，才能避免发生错误和及时纠正错误。”

音，而“厄”又是“爱”的变音。总的说来，“爱”与“厄”都是“二”的变音。曹雪芹故意让史湘云多说一个“厄”的音，以形容她的咬音不准。也可能是让湘云有意形容将来的林姐夫，比她的咬舌子还要不如。还可说“厄”是“爱”的余音，发音较轻，说“爱”时带出来的声音。这些地方究竟如何理解，读者只要有所意会就可以了，不必十分坐实。

在现代汉语中，像“爱呀厄(爱)的”句式，在文学作品中也是常见的。例如“吃呀吃的”“唱呀唱的”“跳呀跳的”之类，我记得张天翼的小说中就用得很多，读者有兴趣，不妨找来看看。

一“点”不苟

——汉字简化轶事

叶 文

汉字简化有一个从自发到自觉的过程。新中国成立以后，这项工作得到了前所未有的重视。在简化方案正式公布之前，不仅在全国广泛征求意见，国务院还于1955年7月，成立了以董必武为主任，郭沫若、马叙伦、胡乔木为副主仕的汉字简化方案审订委员会。审订过程是非常认真、严肃的。

在简化方案中，原来把“國”简化为“国”，方框中一个“王”。这个“国”字其实早已有之，《龙龛手镜》指出是“國”的俗字。“太平天国”为推行简体字，特地把“国”用于国号中。刘复、李家瑞编的《宋元以来俗字谱》也收有“国”字。然而在讨论中却有委员提出了不同意见。

他们认为，我们国家今天是人民当家作主，怎么还能让“王”来主宰一切呢?郭沫若副主任解释说：此“王”并非帝王将相之“王”，而是张王李赵之“王”。确实，根据有关统计，王姓是我国五大姓之一，是仅次于李姓的第二大姓，用“王”来代表人民大众，也是说得过去的。经过一番争论，这个“国”字还是未能被多数委员接受，后来改成了中间是个“玉”字的“国”。

这种一“点”不苟的争论，同样也发生在国务院。一次国务院全体会议讨论简化字，周恩来总理亲自主持。当讨论到“葉”简化为“叶”时，有人表示异议，认为叶读 xié(协)，和“葉”读音不同；意义也有别，一般用于“叶韵”等词。但也有人认为这种用法已在民间广泛流行，并未造成混乱，似可以尊重群众的创造，正式定“叶”为“葉”的简化字。双方各执一词，相持不下。

这时，周总理发觉坐在他对面的，正是一位姓“葉”的——外贸部部长葉季壮。于是，便当场走“群众路线”：“你这位姓葉的有什么意见?”葉部长态度很明确：“我赞成以‘叶’代‘葉’，这样写起来省事多了。”周总理环顾四周，微笑着说：“大家看看，人家姓葉的都表示同意，我看就通过吧。”从此，在简化字中便有了一个“叶”字。

"?"螺蛳

郑胜观

这个问号，是想卖点关子，且听在下慢慢道来。

报上读到一篇题为《小乐惠》的千字文，文中引述了杭州人关于"小乐惠"的口头禅："工人叔叔，螺蛳吮吮（读如缩）；农民伯伯，鸡腿掰掰（读如拍）。"所谓"小乐惠"，是一种自得其乐的生活态度，个中是非，此处不论；"读如缩""读如拍"，只是作者关于方言读音的提示，正确与否，也不想深究。笔者只是由"螺蛳吮吮"触景生情，想到了王乘六先生。

王乘六，上海师范大学中文系当年的一位老师。在我刚进这所学校时，这对我还是个陌生的名字。后来，便听说他是"小学大师"章太炎的入室弟子，在"说文解字"方面是位高手，曾参加过《辞海》编写工作，于是对他不胜仰慕。可惜他当时并不授课，一直无缘拜谒。直到1964年，在我们下乡参加"社教运动"前夕，王先生给我们开了一次也不知两次文字学讲座。第一次在课堂上见面的情景，至今历历在目。

当时极"左"思潮盛行。"文革"虽未降临，已是山雨欲来风满楼，学者权威都夹着尾巴做人。王先生显然也感觉到了这一点，"紧跟"形势，精心"设计"了一段课堂开场白，用浓重的江南口音说道："各位要到农村去，和农民实行'三同'——同吃同住同劳动。到晚上吃饭时，饭桌上也许会有一碗螺蛳。这时，农民伯伯会问你，这'suō 螺蛳'的'suō'怎么写？万一你写不出，便会影响你和贫下中农的感情。所以，我们要学一点文字学。"城头跑马——远兜远转。兜这么一个圈子，原来是要把文字学和现实政治联系起来，真是煞费苦心。然而想到这点，又不禁让人有点心酸。

那么，"suō 螺蛳"的"suō"到底

怎么写呢?课堂上顿时热闹起来。首先有人想到“吮”字,先生说虽有吸的意思,但读音是 shǔn,又有人说该用“呷”,先生说这是广州一带的方言字,读音是 xiā,意思是喝,和螺蛳无关;同学们七嘴八舌,有说写作“缩”的,有说写作“吸”的,有说写作“啜”的,有说写作“咂”的……凡是有点瓜葛的,都想了出来,可不是读音不对,便是于义不合。最后,还是先生在黑板上写下了一个大字:“嗍”。但他是如何从文字学角度分析的,我已毫无印象。

王先生早已作古,“嗍螺蛳”却印在我脑海中。这不仅因为先生教了我们一个字,还因为这一课有着耐人寻味的时代投影。

编辑附记

本文作者说王乘六先生是如何从文字学角度考证、分析“嗍”字的,已毫无印象。为此,我们摘录了一段文字,以供读者参考,也算是“聊胜于无”吧。

清胡文英《吴下方言考·入韵一屋》:“嗍,音叔。《洛阳伽蓝记》:‘呷啜鳟羹,唼嗍蟹黄。’案:嗍,咀吮物也。吴中谓咀物令出曰嗍。”

语丝

『啧啧烦言』?

钱行

『啧有烦言』这一成语,源出《左传·定公四年》:『会同难,啧有烦言,莫之治也。』杜预注:『啧,至也。烦言,忿争。』原意为意见分歧,言语争执。后多指很多人说不满意的话。

《中华读书报》一九九六年十月二十三日『中外书屋』摘登《中国为什么说不》书内容时,有一句『大部分美国人对当今的美国新闻媒体和记者也啧啧烦言。』这『啧啧烦言』当为『啧有烦言』之误。未知是原书之误还是报纸引述之误。

唯技是尊谈"师傅"

——流行称呼语透视之四

李明洁

"师傅"作为一个称呼语，其指称对象是较为丰富的：既可作为老师的通称，如《穀梁传·昭公十九年》："羁贯成童，不就师傅，父之罪也。"也可作为太师、太傅或少师、少傅的合称，如《史记·吴王濞列传》："吴太子师傅皆楚人。"还可用此尊称僧道，如《昊天塔》第四折："俺出家的人，……休把这许多枪刀，吓杀了俺老师傅。"另外，旧时也尊称衙门中的吏役为"师傅"，如《醒世姻缘传》第四十三回："那禁子们做刚做柔的解劝道：'张师傅，你是刑房掌案，这满监囚犯俱是你掌着生死簿子。'"可见"师傅"指称对象之多。

现在我们生活中常用的"师傅"与上述这些对象皆有所不同。它原是指工、商、戏剧等行业中传授技艺的人，后来演变为对所有有技艺的人的尊称。如周而复《上海的早晨》："比他技术稍为高明一点的人，他叫人家老师傅。"

60年代末，随着工宣队进驻各单位，工人们按工厂的习惯互称"师傅"，使得"师傅"在市民阶层广为流传，经80年代至今，仍为人们普遍使用。甚至有人把警察、解放军战士也称作"师傅"。开始时它还仅限于称呼一般男性，后来女性也可用此称呼。"师傅"成了一个地地道道的泛尊称，带着些许敬意通行于形形色色的寻常百姓间。

对技艺和有技艺者的推崇是"师傅"这一称呼的重要内涵。在70～80年代，"师傅"几乎成了社会上使用频率最高的泛尊称，对工人老大哥的尊重也成为那个时期的时代特色。而在1996年底上海地区的最新调查中，我们却发现这种情况发生了变化。"师傅"的市民心理接

释“摸索”

怀　国

现代辞书对“摸索”的释义各不相同，例如：

《辞海》（1979年版）：探索，探求。如：摸索门径。李贽《盆荷》诗：“妙处形容难得似，暗中～自相缠。”

《辞源》（1991年版）：抚摸，探索。唐·刘悚《隋唐嘉话》中：“……暗中摸索着亦可识。”

《现代汉语词典》（1978年版）：①试探着（行进）：他们在暴风雨的黑夜里摸索着前进；②寻找（方向、方法、经验等）：在工作中初步摸索出一些经验。

《新华字典》（1987年版）：多方面探求、研究。

综合起来，摸索计有探索、探求

受率仅为21.73%，排名远在“小姐”（38.80%）、“同志”（29.82%）和“先生”（27.22%）之后。还有54.88%的人明确表示不愿意被人称为“师傅”。生活中时常被别人称作“师傅”的人也只有13.26%。

为何“师傅”雄风不再了呢？在今天市场经济的条件下，越来越多的社会分工和工作类别开始出现并走向成熟，已不再是工人阶级一统天下的局面，社会的大舞台已经更换了主角。

“师傅”让位于“先生”和“小姐”，从一个侧面反映了改革开放中的人们已不再唯技是尊，而是开始强调多方面的能力与素养。从这个意义上讲，“师傅”在流行称呼语中地位的下降是一件好事。毕竟它的“隐退”伴随着的是人们对更高素质的要求和对更为丰富的生活背景的呼唤。

(以上两义相同)、抚摸、试探、寻找、研究五项释义。一词多义,应有一项是它的本义。摸索的本义是什么,却令人难以分辨。这可能是由于古籍失传,未得确证。辞书学家根据习惯用法,作出了不大一致的解释。笔者学识浅陋,拟从民俗和古文字结构方面,探讨摸索的本义,不当之处,敬请指正。

摸索原本是一种捕鱼的方法,而今在皖西农村仍可见到。实施的方法是:将一条粗而长的绳索沉于水底,二人分立两岸,各牵引绳索的一端,缓缓向前移动;另有一人或数人(水面窄的一人即可,水面较宽的须二人以上)涉入水中,紧跟在绳索后面。伏于水底的鱼类被绳索触动,立即钻入泥中,同时水面现出水泡,跟在绳索后面的人,对准水泡,伸手即可捕获泥中的鱼。这种方法,民间叫做摸索。

摸索是古老的捕鱼方法。1986年河北省涿鹿县出土一件春秋时代的铜戈,铭文为“索鱼王□戈”(其中第四字模糊不识)。考古材料证明,春秋战国时的有铭铜戈,前面几个字大多是戈的持有者或监造者的姓名。这件铜戈上的“索鱼”二字从排列的位置推断,也是人的姓名。古时以职业为姓的人也很多,故“索鱼”这个人的家世,可能同摸索捕鱼有关。

摸索捕鱼仅限于温暖季节在小水域里进行,并且只能捕获卧底的小鱼。人们在摸索中受到启发,把绳索扩展成网,突破了季节和水域的限制,大大提高了捕获率,因此,从事渔业者有了网以后,大多不再用摸索的方法捕鱼。但是这种方法简便易行,在农村沟塘里还有一定作用,所以长期流传在民间。摸索这一生产用语,也因其形象鲜明,通过联想推衍,常常用来表达类似事物,遂成为常用语。

摸索原是个合体字,其形体历经三变。

甲骨文,于省吾先生释为“索”,云:“即索字,其从又、,或加数点与否,一也,索本象绳索形,其上端歧出者象束端之余。”笔者认为是束丝之形,读音同束(古音束、索音近),在这个字里既是义符也是声符;是双手相对形,是甲骨文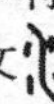(水)字的省略。三字相拼,会意为双手在水中抚摸绳索,恰似一幅摸索捕鱼图。

篆文“索”字作,从(束)从八,“八”是甲骨文字的省形,同时又省略了甲骨文上的四小点(甲骨文索字形体多变,也有省去四小

点的）。《说文解字》："索，草有茎叶，可作绳索，从𣎳系。"《说文解字》依省变了的篆文解说，同甲骨文的结构显然不合，但因《说文解字》影响深远，从此，"索"字即作为绳索之"索"的本字，而索作为捕鱼方法的词义却湮没无闻了。

索字成为绳索的专用字之后，后人重加义符，另外造一个"㩟"字，此字《说文解字》失收，《玉篇》收了，读音同"索"，释义为摸索。绳索之"索"与摸索之"㩟"音同义异，用起来易生歧义，所以自唐宋以来，以双音节词摸索代替了单音节词"㩟"字。后来以"索"代"㩟"，"㩟"字成为冷僻字。

"㩟"再变为摸索，"摸""索"二字的字形仍有明显的表意功能。"摸"是动词，左"手"右"莫"。莫字篆文作莫，是"暮"的本字，《说文解字》："莫，日且冥也，从日在茻中"。茻是丛草形，日在草丛之中，表示太阳已落；"索"是绳索。会意为手持绳索在光线昏暗下的动作。因此，古今汉语里，"索"和摸索往往同黑暗有关。如《史记·仲尼弟子列传》："罕父黑，字子索"，春秋战国时，士大夫阶层名下有字，名与字意义相通，此人姓罕父，名黑，字子索，"索"与"黑"有因果关系。《辞海》《辞源》"摸索"的引例中的"暗中摸索"，《现代汉语词典》例句中的"在……黑夜里摸索"，用"暗中"和"黑夜"修饰摸索，正符合摸索捕鱼的环境。现代俗语"日里不做夜摸索"，指夜里做事为摸索。有一种人料理事务盲目、无头绪、效率低，俗语也叫做摸索。

摸索的本义是双手缓慢地在视线不清的水下搜捕鱼类。引申之，凡在目标、环境不清晰的条件下，反复实践，以期达到预期目的的举动也叫做摸索。

"索"字还有搜捕一义，其实也是"㩟"的引申义（这一义项，现代辞书均漏收）。如《史记·范雎蔡泽列传》："疑车中有人，忘索之……，于是范雎下车走，行十余里，果使骑还索车中。"司马贞《索隐》："索，犹搜也。"又《秦始皇本纪》："始皇东游，至阳武博浪沙中，为盗所惊，求弗得，乃令天下大索十日。""大索"即大肆搜捕的意思。甲骨文里"索伐"一词，依照"㩟"的本义和《史记》的用例，"索伐"就是对敌方的一种袭击行动。

五重奏

·妙联篇·

校名巧对

楚亦凡

抗战时期，不少高校迁往四川。当时，齐鲁大学的侯宝璋教授，曾以其中几所高校的校名制作对联，在《新民报》上公开征对。他的上联是：

金男大，金女大，男大当婚，女大当嫁，齐大非偶；

“金男大”指金陵大学，“金女大”指金陵女子文理学院，“齐大”则指齐鲁大学。以俗语、成语入联，谐趣横生；尤其是“齐大非偶”一句，更是神来之笔。“齐大非偶”本身是一个典故，出自《左传·桓公六年》。齐国国君欲将自己女儿嫁给郑国太子，但郑太子坚辞不受，人问其故，答曰：“齐大，非吾偶也。”作者用这一典故，显然别有深意存焉。因金男大、金女大皆为贵族学校，齐鲁大学则是平民学校，“齐大非偶”可谓一语双关，耐人寻味。

这则上联在报上刊出后，引起读者极大兴趣，应者云集。最后中选者为一杨姓会计。他的下联是：

市一小，市二小，一小在北，二小在南，两小无猜。

下联虽然没有上联寓意深刻，但同样浑然天成。“两小无猜”对“齐大非偶”，堪称妙绝。

·趣喻篇·

维特克论历史

裘彪

维特克是德国的一位历史学家，和马克思私交甚笃。马克思女儿燕妮，每次见到维特克，总要听他讲历史故事。一次，燕妮问维特克：“你能用最简练的语言，把人类的历史浓缩在一本小册子里吗？”

维特克说：“不必，只要四句话就够了。”这四句话是：

一、上帝让谁灭亡，总是先让他疯狂。

二、时间是筛子，最终会筛去一切渣滓。

三、蜜蜂盗花，结果却使花开得更茂盛。

四、天黑透了的时候，更能看得

见星光。

维特克的这四句话，其实是德国流行的四句谚语；而几乎在每一句话里，都蕴藏着一个绝妙的比喻，让人对历史产生清晰而深刻的认识。

·噱言篇·

"抗旱排涝"和"焚书坑儒"

傅天温

"文革"中，《新民晚报》停刊，老社长林放，"挂"在出版系统。那时还是"火红的年代"，"斗批改"是头号任务，整天不是学习最新精神，便是开展"斗私批修"，会议一个接一个。每逢开会，林放先生总是清茶一杯，香烟一支。他戏称这类会议为"抗旱排涝""焚书坑儒"。

此话怎讲?原来，"抗旱"是指不停喝水；水喝多了，要上厕所，这便成了"排涝"。而抽烟要花钱，本来可以用来买书的钱，结果都消失在烟雾缭绕中了，岂不等于"焚书"?抽烟又有害知识分子身体的健康，所以不仅是"焚书"，而且还是"坑儒"。

林放先生说的是玩笑话，但从中不难发现时代的投影和知识分子的心态。

·智答篇·

"丈夫是个老共产党员"

申建忠

美国一所大学的演讲大厅里，中国当代女作家谌容的演讲，赢得了一片热烈的掌声。她照例留下一点时间，接受听众的提问。

这时，有人提出了一个尴尬的问题："谌容女士，听说你至今还不是共产党员。请问，你对中国共产党的感情如何?"

谌容从容不迫。她笑着说道："这位先生的情报真灵通，我确实还不是一个共产党员。不过，我的丈夫可是个老共产党员呀!直到现在，我还没有和他离婚的念头。你看，我和共产党的感情有多深!"

全场为谌容的机智热烈鼓掌。

·谐诗篇·

唐伯虎"行乞"

屈　岩

一日，几位秀才携酒登山，吟诗作赋，煞是热闹。唐寅见状，便想上去和他们开个玩笑。他扮作乞丐模样，一摇一摆走到秀才们面前说："各位今天赋诗作乐，能容我这个叫化子也来唱和吗？"

秀才们吃了一惊。继而一想，叫化子能写出什么诗，倒不如拿他来寻寻开心。于是，其中一个说："那你就试试看吧！"

唐伯虎要过纸笔，大模大样地写了一个"一"字，起身便走。秀才们哈哈大笑，追着他不放。唐伯虎叠书"一上一上"四字，再三请求离去。

一位秀才说："我们本来就知道叫化子是不会写什么诗的。"唐伯虎笑了一笑，说："不瞒各位，本人生性嗜酒，必定喝足以后才能作诗。你们肯给我酒喝吗？"秀才举着酒壶说："酒有的是。你若真能作诗，我们管醉；不然的话，你可要受罚了。"

唐伯虎又大书"又一上"三字。秀才们大笑："这也能算是诗吗？"继续起劲地逗着他往下写。唐伯虎再书"一直上"三字，秀才们越发笑得前俯后仰。唐伯虎也不理会，上前拿了酒壶，一饮而尽，挥笔写成一首绝句：

一上一上又一上，
一直上到高山上。
举头红日白云低，
四海五湖皆一望。

平中见奇，拙处见工，秀才们击节称奇。于是，纷纷为唐伯虎斟酒。

语丝

『国家一级演员』

王德彰

我国演员的技术职务，分为一级、二级、三级、四级，对应出版专业的编审、副编审、编辑、助理编辑，新闻专业的高级记者、主任记者、记者、助理记者，大学里的教授、副教授、讲师、助教。不知什么原因，一些报刊在报道演员时，凡提到其技术职务（即通常说的『职称』），总是写成『国家一级演员』『国家二级演员』……而从未见过其他专业称『国家编审』『国家教授』『国家高级记者』『国家一级作家』的。各专业的技术职务，都是国家统一定的标准，若在『一级演员』或『二级演员』前冠以『国家』二字，不仅是画蛇添足，而且还给人以误解：莫非演员的职称除『国家级』外，还有『省级』『市级』『县级』吗？

我看《咬文嚼字》

办一个刊物，专门纠正语言文字使用中的毛病，这是我多年的希望。《咬文嚼字》就正是我想象中的那样一本刊物。

——著名语言文字学家：吕叔湘

这样的"咬嚼"活动，有益于净化国家的语言环境，有助于树立一言一行、一字一句都要对社会负责的高尚风气。

——著名语言文字学家：张志公

《咬文嚼字》生逢其时，又有着鲜明的特色：它切中语文生活的时弊，弹不虚发；它不说空话和一般性的大道理，每文必有的放矢，扎扎实实；它铁面无私，直言谈相，包括欢迎"向我开炮"……它受到读者欢迎不是偶然的，是客观形势和主观努力的必然结果。

——国家语委主任：许嘉璐

《咬文嚼字》像治病救人的医生一样，治疗语病，促进语文规范，有益于四化建设；它是一位优秀的"大夫"，广大语文使用者的良师益友。

——中国语文报刊协会会长：李行健

有照为证 （本栏欢迎投稿）

如此“皇後”

羊子

书店中陈列着一本《皇後淚》，注明是“婉容自白”，说的是“末代皇帝”溥仪的皇后婉容的一生。封面设计者似乎偏爱繁体字，而又不懂繁体字。“皇后”的“后”本自有其字，并无繁简之别，设计者却让人哭笑不得地繁化为“前後”的“後”。

“前後”的“後”虽然简化成“后”，但和“皇后”的“后”了不相干。否则，“後门”岂不成了皇后门，“拉後腿”岂不成了拉皇后的腿？

呜乎，如此“皇後”！

9 787805 119137 >

ISBN7—80511—913—9/II·43

定价：2.00元

1997
上海文化出版社

咬文嚼字

YAO WEN JIAO ZI

YAO WEN JIAO ZI

YAO WEN JIAO ZI

YAO WEN JIAO ZI

8

Shanghai Wenhua Chubanshe

敬告读者

编者

“当年鏖战急，弹洞前村壁。”1996年，本刊推出“众矢之的”专栏，向全国12家大报的编校差错宣战。那“硝烟迷漫”的战斗情景，至今仍历历在目。

现在，“众矢之的”的新一轮战斗即将打响。这一次的“靶子”，是全国8000多种刊物中印数最高的12种刊物。凡列为“众矢之的”的刊物，读者朋友如发现其中有编校差错，请在该刊出版后一个半月内写成短文寄给我们。本刊将于1998年逐期公布。

“闻鼙鼓而思良将”。我们希望1996年参战的“老兵”，能重新披挂上阵；同时希望读者朋友中有更多的“新兵”入伍，和我们并肩作战。冲啊！

“众矢之的”名单如下（以1996年印数为序）：

①《半月谈》（新华社） 1997年8月第15期

②《故事会》（上海） 1997年9月第9期

③《广东第二课堂》（广东） 1997年10月第10期

④《读者》（甘肃） 1997年11月第11期

⑤《家庭》（广东） 1997年12月第12期

⑥《知音》（湖北） 1998年1月第1期

⑦《农民文摘》（农业部） 1998年2月第2期

⑧《小学生天地》（湖北） 1998年3月第5期

⑨《共产党员》（辽宁） 1998年4月第4期

⑩《家庭医生》（广东） 1998年5月第5期

⑪《广东支部生活》（广东） 1998年6月第6期

⑫《小学生优秀作文》（辽宁） 1998年第7、8期合刊

卷首幽默

化验

唐立诚·文
麦荣邦·画

医生为病人开化验单，本该是验“尿”，却误写成验“屁”。病人出门一看，不觉心头纳闷，但想想医生总有道理，在厕所里等了很长时间，总算把一个屁放到瓶里，急忙用手捂着送化验室。

化验室医生指着桌子说：“放在那里好了，化验好叫你。”病人说：“不行，一放就跑了。”医生不解：“怎么会跑呢？”病人无奈，只得放下。过了一会，医生过来，发现桌子上是个空瓶子，便问：“你放个空瓶子干吗？”病人一听急了：“啊呀，你看，你看，我说会跑的吧！”

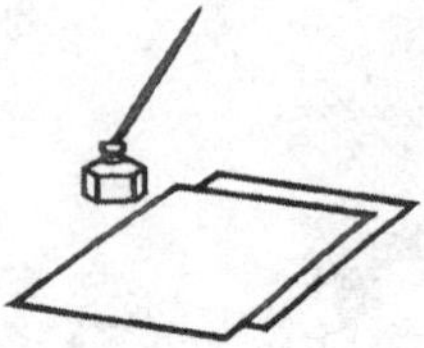

咬文嚼字

1997 年 8 月

第八辑

(总第三十二辑)

上海文化出版社出版、发行

上海绍兴路74号

编辑部电话:64372608-205

邮购部电话:64372608-230

邮政编码:200020

新华书店经销

上海艺文激光电脑排版厂排版

上海海峰印刷厂印刷

开本787×1092 1/32

印张1.5 字数43 000

1997年8月第1版

1997年8月第1次印刷

ISBN7-80511-914-7/H·44

定价:2.00元

8—2

目 录

本辑特稿

一词一字总关情
——本刊读者座谈会侧记……韩秀凤(4)

语林漫步

当心“钥匙” ……………………焦 禹(7)
从《读城记》谈起 …………潘应生(9)
香港新机场场名用字 ………汪惠迪(11)

正音室

“相如”的“相”读音辨 ………夏业昌(12)
“�”和“拓”怎么读 …………余培英(13)
何来“用直镇” ………………薛志刚(14)
“乔老爷”出洋相 …………隋 唐(14)

独弦琴

刘玉凯专辑
太多≠很多 …………………………(15)
“扛鼎”怎么“扛” ……………………(16)
似是而非的“大概齐” ………………(16)
罗皑岚——鲁迅也写错的名字 …(17)

语坛掌故

章太炎测字 ……………………王 涵(19)
凌峰的语文功夫 ……………楚山孤(20)
张作霖“手黑” ………………钱新民(21)

辨字析词

“纨扇圆絜”辨释 ……………叶 苍(22)
“考”字怎么写 ………………姚楚材(23)
从“湝”说起 …………………姜继曾(25)

十字街头

电视剧《三国演义》别字说略…司书长(27)
易牙餐馆的盛衰 ……………关修身(28)
“卮言”岂能变“危言” ………唐遇春(29)

书林指谬

何来"霸、麋二贼" ……杜俊杰(30)
胡适父亲是"胡傅"还是"胡传" …孙书文(31)
"火尽"怎能"薪传" ……刘　斌(32)
是"眼看各国君王"吗 ……戴谋道(33)
"藁城"之"藁"不从禾 ……叶才林(33)

字里乾坤

法则何必刻于鼎 ……刘志基(34)
"德"是一面镜子 ……王　平(36)
生命之色常"青" ……张再兴(38)

报刊扫描

说卐道万 ……沈锡伦(40)
耶稣是七天复活吗 ……王连杰(41)
妻子健在，何来"续弦" ……方　萱(42)
"繁荣昌盛"从何说起 ……陈　艰(42)
"她"是谁 ……刘育书(43)
"拂手"和"援手" ……俞敦雨(44)
"毁誉"不是偏义词 ……何培刚(45)

五重奏

谐诗篇　和尚咏月 ……李纯仁(46)
趣喻篇　青蛙和晨鸡 ……祁山云(46)
智答篇　摇自己的头 ……廖永桂(47)
噱言篇　无所不"痔" ……闻　卉(47)
妙联篇　谁家庄子 ……邬志和(47)

画中错

是幽默还是讽刺 ……陆华云(18)
"打假" ……聂树平(28)
一"点"不能差 ……汤海明(37)
另一种愚昧 ……余培英(48)

语丝

语丝五则 ……(10、29、35、39、44)

卷首幽默

化验 ……唐立诚　麦荣邦(1)

本辑特稿

一词一字总关情

——本刊读者座谈会侧记

5月9日、5月16日，这是两个平常的日子；然而，对于《咬文嚼字》编辑部来说，又是两个不平常的日子。读者和我们期待已久的座谈会，终于在这两天分批召开。

会议室设在出版社的底楼。预定开会时间是上午9时，可8点半刚过，杨庆铎等先生已早早来到会场。也许是神交已久吧，大家一见如故，会议室里春风拂面。自从召开座谈会的消息刊出后，远在黑龙江、四川、云南、广东、广西、福建等地的读者，都纷纷要求到会，编辑部考虑到实际情况，这次只邀请了本市读者参加，但仍有读者从江苏仪征等地赶来。这更使会议室里显得热气腾腾。

情系“丑小鸭”

郝铭鉴主编和到会编委何伟渔、陈必祥、金文明、姚以恩在介绍情况时，一再声称《咬》刊至今还是个羽毛未丰的“丑小鸭”，与会读者却对《咬》刊一往情深，百般疼爱。第一个到会也是第一个发言的数学老师杨庆铎先生，历举《咬》刊取得的“可喜的成绩”，称赞《咬》刊已成为“大中学生的重要的课外读物”。钱峻崖先生一迭连声地为《咬》刊“评功摆好”：价廉物美，物有所值，短小精悍，丰富多彩，有滋有味……编辑花了很大的心血和力气。上海大学外国语学院的施祥云先生说，在“无错不成书”的情况下，《咬》刊以语文规范化为己任，无疑是做了一件“功德无量的大好事”。从事法律工作的沈新康先生说，我的工作需要文字严谨，《咬》刊不仅让我知其然，而且让我知其所以然。来自职大的戴为义老师，从《咬》刊创办时便开始订阅，他的体会是“订一份《咬文嚼字》，便好像进了一所语文进修大学”。身为一家报纸校对的陈飞虹同志，激动地对编辑部同志说：“你们从事的是神圣的、高尚的事业。我是怀着十分崇敬的心情来参加会议的。”孙云鹤先生称赞《咬》刊办得“一身正气”。他希望坚持这一传统，堂堂正正做人，堂堂正正办刊。

“炮手”在战斗

在语文规范化方面，与会者不仅是有志之士，而且是有识之士。他们对社会上的语文混乱现象，表示了强烈的不满，座谈会成了他们战斗的阵地。

原为一家面粉厂厂长的李淞海先生，列举了最近见到的几则让人哭笑不得的差错：某刊把“道理”误为“盗理”，“花甲”误为“六甲”，“啤酒”误为“碑酒”，“半价”误为“车价”。某电视台竟在荧屏上出现了“懂事长”这样荒唐的字幕。上海嘉定区纪委常委朱怀兴先生说，某电视剧主人公，一面纠正别人把“月落乌啼霜满天”的“乌”念成了“鸟”，一面自己又把成语“爱屋及乌”读成“爱屋及鸟”，令人忍俊不禁。从江苏仪征赶来的崔金标先生说，为了查找座谈会的地点，他特地买了份地图，可粗粗一看，便发现了一个错字：叶圣陶的家乡“江苏甪直”被标成了“角直”。《人民日报》华东版广告处的余德馨先生，当场拿出一份报纸，上面圈出来的差错密密麻麻，早就超出了万分之几的标准。会上不少读者还谈到了领导人题字中的差错，如“再接再厉”误为“再接再励”，“焕发青春”成了“唤发青春”。大家认为由于领导人身居要职，这些差错往往会产生特殊的负面影响。

至于社会上的一些随心所欲的书写，那就更加举不胜举。张德松先生说，上海一家造船厂竟在大标语上把“船”字写成了“舡”。为了抵制环境的污染，他告诉当中学教师的女儿要读《咬文嚼字》。同济大学出版社的曹炽康先生，也以“汽车公司”的“汽”被“繁化”为“滊”为例，阐述了某些人对语文规范化的漠视和忽视。他还指出，在商品大潮的冲击下，某些人的心态比较浮躁，工作比较马虎，缺乏应有的敬业精神。

瞄准一切差错

杜宝山先生指出，当前社会上的语文差错，不仅表现为错别字，而且还有语法差错、标点差错、文史知识差错和科学常识差错，因此不能作茧自缚，仅仅纠正错别字，而要把炮口瞄准一切差错。

南洋模范中学退休教师蔡茂堂先生深表赞同，一连举了几个例子。他说某报把"明末清初"误为"民末清初"，经指出后，谁知又把"民末清初"改为"清末明初"，真是越改越不像话。"明"指明代，"民"指民国，根本不是一回事。某报载文称《后汉书》作者是南宋人范晔，又说该书为唐人校注。南宋人著而唐人校，这怎么可能呢？原来该文作者把南北朝时宋齐梁陈的"宋"，误当成了"南宋"，一下子晚了700多年！

曾在新疆主编过《绿洲》的陈艰先生也举例说，某报载文称"六六六"杀虫药是试验666次才成功的，其实这是望文生义。"六六六"是分子式$C_6H_6Cl_6$的简称，和试验次数无关。

同志仍须努力

发言一个接着一个，欲罢不能。上午开不完，中午吃完盒饭接着开。座谈会的倡议者傅凌发先生是搞财务的，现在在帮《电影故事》做校对工作。他说自己深知要扫出一块"干净土"是不容易的。来自立信会计公司的郭振华先生回顾了当年《人民日报》发表的社论《正确地使用祖国的语言，为语言的纯洁和健康而斗争！》，几十年的实践证明，任重而道远。语文混乱，冰冻三尺，非一日之寒；语文规范化工作，也不能毕其功于一役。郝铭鉴主编说："规范"尚未成功，同志仍须努力。

与会读者一致表示对《咬》刊寄予厚望。为了让《咬》刊更上一层楼，大家纷纷献计献策。来自上海郊区的金有道先生，建议《咬》刊要坚持内容的针对性。目前社会上整体语文水平不高，包括有些教师在内。"《咬文嚼字》应该办得像个语文急诊室，首先解决社会上那些普遍存在的、长期流传的差错，不要偏离这个主攻方向。"

当过中学教师的俞锡刚先生，建议《咬》刊要注意普及性，要从读者的实际水平出发。杨庆铎先生也认为文章不宜太深，不要动不动就大谈甲骨文，让读者如堕五里雾中。沈新康先生建议可根据读者需要，开辟一些争论性的栏目，扩大刊物的影响。

语林漫步

当心“钥匙”

焦　禹

报载:某高校宿舍,一学生要外出,想留张便条。可他绞尽脑汁,没想出“钥匙”两字该怎么写。问遍了同寝室的人,竟然也没有一个人写得出。最后,只能用英语“key”代替。

这真是一个充满苦涩的幽默。

如果是小学生不熟悉这两个字,那还情有可原;偶然间想不起这两个字,那也情有可原;某一个人不知道这两个字,仍是情有可原。可现在呢,我的妈呀,一屋子大学生,都说不出“钥匙”的横竖撇捺!这让人该作何感想?都说中华民族的文化是一座宝库,可有人连“钥匙”也丢得无影无踪,还进得了这座宝库的门吗?

“钥匙”新闻之所以值得关注,是因为这条新闻十分真实、十分尖锐地反映了当前大学校园里汉语学习的

搞理工的青年读者张渊,希望注意读者的参与性,吸引读者的注意力。“向你挑战”这类栏目可以保留,出一些趣味性较强的试题;还可就社会上的流行词语组织文章,如“淘浆糊”“搞定”等等。曹炽康表示赞成,他说比如把出租车称为“叉头”,上海人经常用,但说不清其来源。这类文章不一定有了定论才发,只要言之成理、持之有故即可。

陈艰先生主张要研究常见的语文现象,比如“明日黄花”,不少人写成“昨日黄花”,知名作家李国文、周涛都这样用过。诸如此类的变化究竟正常还是不正常,《咬》刊不妨讨论一下。

下午4点,会议结束,大家依依惜别。责任编辑唐让之、韩秀凤一再表示,欢迎读者经常到编辑部做客。座谈会虽然结束了,编者读者的友谊长存。大家衷心祝愿《咬》刊明天更美好。

(本刊记者　韩秀凤)

现状。上海交通大学不久前作过一次“汉语言文字水平测试”,试卷的难度仅相当于高三水平,可参试的686名学生中,及格者仅为20%。试卷满分为100分,实际得分最高76分,最低20分,平均52.95分。文科学生的情况同样不容乐观。华东师范大学中文系也作过一次测试,别说语音不准确,字形不规范,单是错别字之多便令人咋舌,什么一望无银(垠)、适得其返(反)、坚(艰)苦奋斗、脱(蜕)化变质……错得五花八门。

其实,丢失“钥匙”的现象并不自大学始,早在中学时代便可见端倪。笔者曾听一位中学语文老师说过这样一则“考试笑话”:试卷上是杜甫的一句诗——“朱门酒肉臭”,要学生写出下一句——“路有冻死骨”。意想不到的是,这样一道无异是“送分”的题目,竟也成了某些学生的无法逾越的难关。有学生答:“朱门酒肉臭,农民吃不到。”也有的答:“朱门酒肉臭,只因天气热。”更让人忍俊不禁的答案是:“朱门酒肉臭,吃了肚子痛。”这些答案天真、幼稚、调皮,让人哭笑不得,但由此不难看出这些中学生语文知识的贫乏。

丢失“钥匙”的原因在哪里呢?

首先是社会观念的误导。当年的“时尚”是:“学好数理化,走遍天下都不怕。”而今理科是“硬件”,文科则是“软件”。在文科中,又出现了重外语、轻汉语的倾向。不仅学校中文理科出现了倾斜,而且用人单位关注的也是计算机达到了什么水平,外语通过了几级。这样的社会观念,必然会对学生产生潜移默化的影响。那位学生不会写中文“钥匙”,却会写英文“key”,便是一个证明。

其次是“应试教育”的束缚。长期以来,在学校教育中,考试是一根具有绝对权威的指挥棒。考试考什么,学校教什么,学生学什么,一切围着指挥棒转。古人说:“观千剑而后识器,操千曲而后晓声。”语文学习是以广泛阅读为基础的。“行万里路,读万卷书”,广采博纳,触类旁通。而我们的学生除了书本还是书本,有些家庭,连电视机也成了“禁物”,学生的阅读面十分狭窄,这就难怪碰到“朱门酒肉臭”,都会晕头转向了。

第三是教学方法的沉闷。语文是一门充满情趣、充满智慧、充满知识的学科,但在实际教学中,却往往千篇一律,味同嚼蜡,严重压抑了学生的兴趣。语文教学的一个最大弊病,是把浑然一体的文章,分解得支离破碎。什么主题思想、段落大意、层次结构……表面上看似乎头头是道,有根有据,其实却正如古人所

从《读城记》谈起

潘应生

有一本书，名叫《读城记》，说是每个城市都是一本书，不同的城市有不同的读法。北京是“城”，上海是“滩”，广州是“市”，厦门是“岛”，武汉是“镇”。这五个字，概括了五个地方的不同的文化结构和市民心态。比如，“市”是交易的场所，它训练和强化了广州人的市场意识；改革开放之初，羊城迅速崛起，“南风”吹遍全国，便和这个“市”字有关。而这一切又显然是受到了香港的辐射。

作者的娓娓叙述，使我联想到了有年路过香港时的一段感受。记得那次是在“敦煌酒楼”早餐，邻桌要的是猪肝粥，其香扑鼻，十分诱人。可我翻遍手中的“食单”，却未见有“猪肝粥”。无奈，只得问来往穿梭的服务大娘（香港饭店多见大娘，少

说，“七宝楼台，拆开不成片断”，整体成了残骸。遗憾的是，不少老师却乐此而不疲。语文课“不学也懂，学也不懂”，出现这种情况，正是语文教学方法的最大的失败。

第四是“作文读物”的泛滥。无论是走进一家乡镇书店，还是漫步全国大型书市，作文辅导读物之多，总会让人目不暇接。300字作文、500字作文、700字作文，应有尽有；“作文选编”“作文手册”“作文大全”“作文辞海”，琳琅满目。照理，出一点优秀范文，供学生参考，本是无可厚非的；现在的问题是出得铺天盖地，而且良莠不齐。学生一动笔，脑子里只有范文，结果往往事与愿违，导致学生创造力的萎缩，甚至窒息。记得袁枚说过：“闲居时不可一日无古人，治学时不可一日有古人。”学生作文当然谈不上治学，但同样要有自己的眼光、自己的智慧和自己的个性。

汉语是我们的母语。学好母语，不仅是为了完善自己的知识结构，探寻中华文化的宝库，而且也是爱国主义的表现。为此，我们在这里要大喝一声：朋友，当心你的“钥匙”！

见小姐，想来这和成本核算有关），只见她顺手一指："这不是嘛！"我一看是"猪脶粥"。"猪肝"怎么会成为"猪脶"呢？直到我把一碗猪肝粥喝完，也没想出其中的奥妙。

事后向一位朋友咨询，他说："这是生意人的口彩啊！做生意的人谁愿意资本干(肝)了呢，所以便找一个对应的字，称之为'脶'。生意做得滋润，不是很好吗？同样，香港人也不叫猪舌、鸭舌，而称之为猪脷、鸭脷。生意人是非常忌讳蚀(舌)的，干脆改'蚀'(舌)为'利'(脷)。草莓也有了一个怪模怪样的名字：士多啤梨(strawberry)。这是按照音译的，无非也是为了避开这个'莓'(霉)字。"一语道破机关，让我恍然大悟。

我由此又想到了新加坡的书城。在新加坡访问时，主人曾特意安排游览书城这一项目。这是一个类似上海"大世界"那样的场所。上上下下，全是书店，鳞次栉比，书香宜人，图书品种极其丰富。主人口口声声称其为"书城"，可我们看到的牌匾却是"百胜楼"。他后来解释说：开始是叫书城，但生意人忌讳输(书)，便改称"百胜楼"了。这一名称显然也是口彩文化的产物。

口彩折射出社会心理，如果巧妙运用，往往会收到特殊的效果。"金利来"便是一例。按照英文"goldlion"，应该译为"金狮"，但粤语"狮""死"音近，自是商家大忌，于是灵机一动，前半意译为"金"，后半音译为"利来"。"金利来"的发迹，口彩的运用是功不可没的。中国名茶"茉莉花茶"畅销欧美，但在东南亚却曾遭到冷遇。究其原因，就因为"茉莉"使人联想到了"没利"。做生意怎么能"没利"呢？后来，商家在茶名上加上了两点，"茉莉"(没利)变成了"莱莉"(来利)，顿时身价大增，供不应求。谁不想讨这个口彩，给自己也来点"利"呢？

语丝

『同母异父』的孪生兄弟？

张广育

《中国电视报》一九九六年十一月十一日介绍美国电视连续剧《霹雳游侠》中的《兄弟的监护人》，一开头即说：『迈克和芬顿是同母异父的孪生兄弟。』既是孪生兄弟，怎么会不属于一个父亲呢？不知其中还有什么故事。

香港新机场场名用字

汪惠迪

造价高达500亿港元的香港赤鱲角新机场预定明年4月启用。赤鱲角在大屿山东涌，要不是在那里造新机场的话，恐怕没有多少人知道这个位置十分偏僻的地方。如今，赤鱲角在香港已是家喻户晓的了；将来，名气更大。

香港政府是不推行简化字的；回归后，香港特区政府也不会立即跟大陆接轨，推行简化字。因此，赤鱲角的“鱲”字，除非你不写，要写嘛，还得写成繁体字“鱲”，横、竖、撇、折、点，得劳驾阁下画上26笔。“赤”字和“角”字都只有7画，“鱲”字笔画之多，几乎是“赤”或“角”的四倍。岂不惊人。

值得注意的是香港有些报纸竟不约而同地自行简化起这个繁死人的“鱲”字来了。今年2月20日中午12时45分，第一架测试导航设备的空中霸王定翼机在新机场南端跑道着陆。次日，报道这一新闻的《东方日报》《大公报》都用“立”字代替“鱲”字。之前，笔者曾看到《苹果日报》上的地产广告也这么用。香港报纸太多，还有哪家这么用，笔者无暇调查。不过“东方”和“苹果”这么一用，影响可大啦。

繁体字简化的方法之一是同音替代。以“立”代“鱲”，如法炮制而已。不过，所依据的读音标准是广东话。按照普通话的读音，鱲，音 liè（猎），一种生活在淡水中的鱼的名字，也叫桃花鱼。以“立”代“鱲”，这是香港地区现阶段的一种特殊用字现象，当然不能依此类推，凡同音字都能自行替代；但其中透露的用字心理，还是值得三思的。

正音室

“相如”的“相”读音辨

夏业昌

我国古代历史上有两个著名人物以“相如”为名：一个是战国时期的政治家蔺相如，一个是汉朝的辞赋家司马相如。

由于这两个人物距今已两千多年，而“相”又是一个多音字，因此对这个字的读音，就出现了分歧。有的读作阴平声“xiāng”；有的读为去声“xiàng”，莫衷一是。尽管找不到当时人对这个人名的注音材料，但从古代文化典籍中，还是可以发现一些蛛丝马迹的。

《墨子·备城门》：“广八尺为之两相如”。孙诒让《墨子间诂》解释说：“谓门左右两扇同度。”可见这个“相如”是“相同”“相似”的意思，“相”字自然应该读为阴平声了。

汉代乐府诗《上山采蘼芜》：“新人虽言好，未若故人姝。颜色类相似，手爪不相如。”“相如”和“相似”对举同义，可知“相”字也应该读阴平声。

以上两例说明，先秦、两汉时期，“相如”两字就已经广泛连用，而且两字连缀为一个词组时，“相”字都读为阴平声。那么，作为人名又该怎样读呢？

盛唐诗人杜甫有一首五言律诗《酬高使君相赠》，末两句是：“草玄吾岂敢，赋或似相如。”还有晚唐诗人李商隐七言绝句《寄令狐郎中》：“休问梁园旧宾客，茂林秋雨病相如。”罗隐《寄苏拾遗》（五律）：“退朝观稿草，能望马相如。”宋代词人辛弃疾《摸鱼儿》词：“千金纵买相如赋，脉脉此情谁诉？”他还有一首《沁园春》词：“似谢家子弟，衣冠磊落；相如庭户，车骑雍容。”清代诗人龚自珍《己亥杂诗》：“子云识字似相如，记得前年隔巷居。”以上诗词中的“相如”，都是指司马相如，根据词谱和诗律，各例句中的“相”字位置都不能用仄声字，只能用平声字，由

“筠”和“拓”怎么读

余培英

中央电视台1996年8月16日晚上“东西南北中”节目的女主持人，把唐代诗人温庭筠的筠字读作 jūn，把“拓片”的“拓”读作 tuò，令人惊讶。

这两个字都是多音字。筠有两读：一读 jūn，只用于“筠连”，是四川省的县名。一读 yún，是竹子的青皮，也借指竹子。汉族人取名大都是有意义的，庭筠大概就是指庭中的竹子吧。

拓也有两读：一读 tà，是把碑刻、铜器等的形状和上面的文字、图形印下来；拓片，就是把碑刻、铜器等文物的形状和上面的文字、图像拓下来的纸片。一读 tuò，开辟（土地、道路）的意思，如开拓、拓荒。

汉字的多音多义字不少，《新华字典》中就有三百多个，一般人容易读错的多为这类字，播音员每天面对成千上万的听众，应养成多查字（词）典的习惯，以免读错多音字，误导听众。

此可知，这些“相”字只能读作阴平“xiāng”。

再从《三国志通俗演义》中的用例看，此书现存最早刻本是明嘉靖刻本。书中凡是“相”字应读去声的均在其右上角画圈标示，可参阅第十五卷《曹孟德忌杀杨修》一文内的“丞相有命”、“岂敢违丞相”等句中的“相”字。凡应该读平声的“相”字，则都不画圈，以示区别。如第十四卷《关云长单刀赴会》中，“云长曰：‘昔赵国蔺相如，无缚鸡之力。’”又如《曹操杖杀伏皇后》中，“当年一鼓英雄气，尤胜相如在渑池。”其中蔺相如的“相”字均未画圈，由此可证“相如”的“相”应读平声，不读去声。

60年代，北京大学中国文学史教研室选注的《两汉文学史参考资料》也指出：“蔺相如”的“相”字读平声。（参见该书1962年8月新一版第182页）

根据上引资料，笔者认为“蔺相如”和“司马相如”两个人名中的“相”字都应当读为阴平声“xiāng”，不能够读为去声“xiàng”。

何来"用直镇"

薛志刚

近日无锡电台介绍"姑苏二日游"时，多次提到"用直镇"。我在苏州生活过36年，从未听说有"用直镇"。仔细一想，大约播音员将"甪直"的"甪"(lù鹿)字，少看一撇，误成了"用"字。

甪直镇在苏州吴县境内，甪直保圣寺内完好地保存着九尊唐代泥塑。晚唐诗人陆龟蒙和现代文学家叶圣陶均长眠于此。镇上还留住了"出得门来三座桥"的水乡景致，是假日休闲的好去处。不过，"甪直"两字，容易写错，也容易读错，得格外细心才是。

地名中生僻字甚多。无锡有河埒(liè)口，吴江有北厍(shè)，杭州有西泠(líng)桥，安徽有歙(shè)县、黟(yī)县；山东有兖(yǎn)州、临沂(yí)……当地人熟悉，不至于读错；外地人就难以读准。碰到这类字，最好先翻翻字典，免得读"白"。

『乔老爷』出洋相

隋唐

30年前轰动一时的喜剧片《乔老爷上轿》，前不久在中央电视台"电影频道"重新播放，虽然事隔几十年，今天重看，依然使人感到妙趣横生，兴味盎然。只是片中有一个字读错了，未免小有遗憾。

当乔老爷离舟登岸时，船家怕他回来迷路，找不到船，便关照他说："一直往西莫走差，遇着牌坊往右斜；石板桥边一柳树，扁舟一叶是我家。"其中"扁舟"的"扁"字，不但船家读作 biǎn，就是身为举人的乔老爷也读作 biǎn，这不能不说是导演和演员的疏漏。

"扁"是个多音字，一读 biǎn，通常指图形或字体上下的距离比左右的距离小；物体的厚度比长度、宽度小。一读 piān，用于小船，称"扁舟"。苏轼《前赤壁赋》："驾一叶之扁舟，举匏樽以相属。"而后一种用法，在广播、电视以及戏剧舞台上常被读错。

独弦琴

刘玉凯专辑

编者按

本刊文字，一般都较短小，有些作者，往往觉得“意犹未尽”。为此，特辟“独弦琴”一栏，集中发表同一作者的一组文章，以提供更为广阔的“咬嚼”之地。本辑出场的刘玉凯先生，河北大学中文系教授，撰有《中国俗成语》《鲁迅杂文选评与研究》《钱钟书鲁迅比较录》等著作。

太多≠很多

不知道从谁开始，我们说话、写文章、写歌词、写诗总喜欢用“太多”而不用“很多”，连中央电视台最有名的主持人也出现过这个毛病。比如：“母亲给了我太多太多的爱。”“老师为我们的学习付出了太多太多的心血。”“太多太多的话我还没有说……”

在以上几个例句中，“太多”均应作“很多”。那么，“太多”与“很多”有何区别呢？

就以上例句的语义看，不论是母亲的“爱”之多，老师的“心血”之多，情人的“话”之多，在一般语境中，通常用“很多”。“很”是副词，表示一种相当高的程度。用一个“很”字，饱含着情感的成分。前两句是对母亲或老师的感激，后一句是说话人内心激情的流露。

把“很”换成为“太”，不仅显得卖弄，而且弄巧成拙。虽然“太”也是副词，但它表达的意思并不一样。“太”字在中国是很古老的。《说文》段玉裁注：“凡言‘大’而以为形容未尽则作‘太’。如大宰俗作太宰，大子俗作太子，周大王俗作太王是也。”这一点和“很”有相似之处，但说“太”时还包含着一种判断，这就是过分。《辞源》释“太”有三个义项，其第③义便是过分。书证有《荀子·非十二子》:"淫太而用之,……是天下之所弃也。"杜甫《杜工部草堂诗笺》十三《新婚别》:"暮婚晨告别,无乃太匆忙。"这两例中,"太"都是"过分"的意思。这是超越了限度、令人不满意的"过分"。

让我们再分析上引三个例句:

"母亲给了我太多太多的爱。"母爱是无私而伟大的,因此,不能用"太多"。"太多"似乎是说母爱过分了,应该少一点才好。

"老师为我们的学习付出了太多太多的心血。"老师为学生付出心血是老师的无私高尚精神的表现,也是唯恐其少,不厌其多的。"太多"似乎是说超过了应有的限度。

"太多太多的话我还没有说……"这句话是一首歌的一句歌词,表示依依惜别,有很多的话要说。此情此境,说话者是不会厌烦自己的情话之多的。如果用了"太多",似乎自己认为没有必要自作多情了。

这样看来,三句话中"太"字都是辞不达意的。

"扛鼎"怎么"扛"

"扛鼎",是一个不经常使用的词。茅盾在评价叶圣陶的长篇小说《倪焕之》时,便写过这样一句话:

这样有目的,有计划的小说在现今这混沌的文坛上出现,无论如何,不能不说是有意义的事。这样"扛鼎"似的工作,……。

但是,遗憾的是,在我听到的所有人讲课或谈话中,无一例外地读"扛"为káng。大概以为把鼎放到肩膀上就叫"扛鼎",好像扛口袋、扛木料一样。

其实,"扛"字在这里应读作gāng(纲)。读音不同,意义也不同。扛鼎:举鼎,用手将鼎举在头上方,而不是放在肩膀上。此词出于《史记·项羽本纪》:"籍长八尺余,力能扛鼎,才气过人,虽吴中子弟皆已惮籍矣。"扛鼎,是古代较力的一种方式,能举起鼎来,自然证明是大力士。

由此,我们想到了一个俗语:"拿大顶",其实也应该写作"拿大鼎"。"拿大顶"的意思是以头顶触地而倒立的姿势。其实,这一姿势正好是将古鼎倒举(腿向上)的形象。人们以为这是以头"顶"在地上,而写作了"拿大顶",这是误解导致了误写。此类讹误,汉语中所见多有。

似是而非的"大概齐"

汉语中常有些莫名其妙的词,可说但不可写,勉强写出来又不放心，怕写得未必正确。“大概齐”便是一例。这个词在词典里是查得到的。《现代汉语词典》里作“大概其”，也作“大概齐”。意思便是“大概”。比如：他说话、办事没准头儿，凡事大概齐。

但这三个字组合在一起，不免使人生疑：这样写对吗？如果强作解人，似乎也说得通。“大概齐”，大致差不多。只要懂得“大概”，理解上虽不中也不远了。可既然“大概”已能说明白，再加上个“齐”字，岂不有蛇足之嫌？

其实，“大概齐”应写作“大盖齐”。“大盖齐”是“天益斋”三个字的误读。民间故事中讽刺半吊子秀才看见人家门楣上的匾题着三个字“天益斋”，似曾相识，便马马虎虎、似懂非懂地误读为形近字“大盖齐”。后来人们便用来讽刺马虎大意、敷衍了事、不懂装懂、自以为是的人。这是一种借代的造词方法，在生活中并不鲜见。比如某先生把“衣钵”读作“衣本”，大家便会戏称他“衣本先生”，或直呼“衣本”。

罗暟岚——鲁迅也写错的名字

这是一位作家的名字：罗皑岚？罗暟岚？我们看公开的出版物，即使看这位作家自己出的书，有时也会弄不清到底哪个名字写得对。这位作家同鲁迅有过交往，在《鲁迅日记》中甚至写成“暠岚”，《鲁迅书信集》中则是“皚岚”，经查鲁迅手稿原本如此。

1989年1月人民文学出版社出版的《诱惑》小说集，封面作者署名是“罗皑岚”，封底作者介绍同封面一致。这照理没有疑问了吧。可是细心的读者会发现该书前印有罗的朋友柳无忌所作的《序》，文中16次出现罗的名字，毫无例外地都印作“罗暟岚”。柳无忌是作者好友，照理也不会写错。1989年人民文学出版社出版的《中国现代小说流派史》第52页又是“罗皑岚”，甚至1996年5月出版的《朱自清年谱》第179页两处出现“罗皑岚”。以上这种情况很可能让人以为“皑”字是正确的。

其实，“皑”字是个误字，写作罗暟岚才是对的。罗生于湖南湘潭，早年曾为清华留美预备学校高材生，因为写小说同鲁迅相识，有了通信关系。1928年他把小说《中山装》寄给《语丝》，虽未立即刊出，但鲁迅很郑重地写信给作者，申明未刊之原因。罗后来赴美留学五年，对中外小

画中错

是幽默还是讽刺

陆华云

1997年3月5日《讽刺与幽默》第二版刊登了一幅漫画:《美容》。画中的“工作实蹟”的“蹟(蹟)”字,乃“迹”之异体字,早在1955年就被国家文字改革委员会宣布停止使用。但是把“工作实蹟”改成“工作实迹”还是有问题,“实迹”应为“实绩”。“绩”表示成绩、成果、功劳,而“迹”则是指留下的印子、痕迹等。

说有了深入广泛的研究。回国后在南开大学等校任教,教学之余,创作有长篇小说《苦果》,短篇小说《招姐》《六月的杜鹃》等。他的小说受鲁迅的影响,也有自己的风格。

近来又读马蹄疾先生著《读鲁迅书信札记》,书中有一句话:“笔者最近读到收信人1976年9月6日致人民文学出版社鲁编室的信。而信末署名作‘罗皑岚’可知应作皑岚无疑。”

马蹄疾先生所谈也是这位作家的姓名用字问题。不管自己的名字用字多偏多僻,别人会写错而本人写错的事是没有的,除非他不识字或半文盲。而罗先生是一位作家啊!

因此完全可以断定:“罗皑岚”不应误作“罗皚岚”。皚:音 ái,如皚皚白雪;皑:音 kǎi(凯),照也。也用来形容美德,与白色无关。字虽偏僻些,意思倒是很美的。

语坛掌故

章太炎测字

王　涵

章太炎先生是小学大师，又因宣传反清思想名重一时。据说他用汉字只凭《说文解字》，不信《康熙字典》，意在光大汉民族文化。

1908年，太炎先生在日本东京主持同盟会的机关报《民报》，正在日本留学的鲁迅、周作人兄弟慕名前往听其讲学。先生用的书是《说文解字》，一个字一个字地讲下去，或阐发新义，或沿用旧说，庄谐杂出，引人入胜。课余休息时也常常是妙语连珠，令人忍俊不禁。

有一次，他忽然心血来潮，戏称要为当时名人测字，说康有为的“有”字，“弄得大清大不成大，清不成清”；梁启超的“超”字是“召见后便出走”。

当时康梁变法失败，康有为主张维新又力倡保皇，梁启超则在变法失败后逃亡日本。太炎先生此语，名为“测字”，实则一语道破康、梁的历史局限性，其中微含讽意，闻者无不会意解颐。

这种“拆字”的游戏做法鲁迅先生也曾用过。

鲁迅与周作人兄弟失和，对于这一令人遗憾的事件，他从未公开谈论过其中的原因，但是他曾使用“宴之敖者”的笔名发表过一篇短文，私下里他向许广平解释说：“宴从宀（家），从日，从女；敖（《说文》作“敫”）从出，从放；我是被家里的日本女人逐出的。”这里的“日本女人”，指的是周作人的日本妻子羽太信子。这笔名微带些自嘲，但更多的则是一种苍凉的苦味。

凌峰的语文功夫

楚山孤

来自台湾的“光头明星”凌峰，就其自身条件来说并不理想，但他往台上一站，开口便能“出彩”。比如谈到长相，他说自己的脸长得很困难，“困难”一词用得不是地方，却能收到特殊的修辞效果。他喜欢用这样的开场白：“很荣幸又和大家见面，很不幸大家又和我见面。”一正一反，谐趣横生，在自嘲中显示出男子汉的自信。每逢夫人在场，凌峰会告诉观众，他俩同是山东青岛人，但一个是“红富士”，一个却是“莱阳梨”，一样的水土培育出了不同的品种。这也是典型的凌峰式的幽默。这些台词看似信手拈来，漫不经心，其实却是精心锤炼的产物。

凌峰在语言方面，显然是一个有心人。一次，“金话筒”叶惠贤在上海北京东路的饭店请客。两张“铁嘴”相遇，真是妙语连珠，令人“耳”不暇接。凌峰说自己成了夫人的“书僮”，叶主持却批评他没有摆脱大男子主义，因为他只要求夫人“顺”（夫人名“顺顺”），女儿“柔”（女儿名“柔柔”），自己却是“峰”（疯）。凌峰一听，连声说“好”，赶忙掏出本子，把这几句话记录下来。凌峰说自己督促夫人写书，是为了帮助夫人“实现人生转轨”。当时笔者也在场，便顺着他的话说：“那你就成了扳道工啰。”凌峰又是一声“好”，把这个比喻也记录下来。一面吃饭一面忙于记录，一次竟把笔当成了筷子。

凌峰很善于字斟句酌。贺顺顺的《台湾媳妇青岛妹——凌峰和我》问世后，曾在苏州签名售书。热情的读者把他们围得水泄不通，场面十分火爆。凌峰一面签名，一面和读者“调侃”，用他的话来说，是“用心去拥抱读者”。当他得知一位要求签名的读者是聋哑人时，在书的扉页上写的是：“无声胜有声。”夫人贺顺顺又在上面加了一句：“尽在不言中。”此时此地，此情此景，这两句话真是说得恰到好处。这天签名售书，有位读者购得的是最后一本，他觉得这是自己和凌峰夫妇有缘。凌峰便顺手题上“最后的缘分”。题完以后，觉得有点不妥，难道这缘分便到此结束了吗？

张作霖“手黑”

钱新民

一次，张作霖应日本人“邀请”出席酒会。大帅威风凛凛，派头十足。在场的日本人大为不快，认为张作霖斗大的字不识半箩，竟敢在皇军面前不可一世，简直是对大日本帝国的挑衅，非当众羞辱他一番不可。

酒过三巡，一个日本人捧着笔墨纸张，定要张作霖当堂表演书法，实际上想“逼”他当众出丑。不料张作霖竟毫不推辞，接过笔一挥而就，又旁若无人地回到自己的席位上。

张作霖在纸上写了个斗大的“虎”字，落款为“张作霖手黑”。见了落款，在场的日本人都自鸣得意，而中国人却大惊失色。再看张作霖，却正和他所书“虎”字一样，正虎视眈眈地注视着日本人的动向。这时秘书凑近他小声说：“大帅，您的落款‘手墨’的‘墨’下丢了‘土’成‘黑’了。”张作霖听了，两眼一瞪，大声骂道：“你懂个屁！谁不知道在‘黑’字下面加‘土’念‘墨’？我这是写给谁的？能加‘土’吗？！我这是‘寸土不让’！”

那些日本人顿时瞠目结舌，而在座的中国人个个扬眉吐气，无比自豪。

他灵机一动，又在书上补上一字，写成“最后的缘分本”。书是最后一本，但和读者的缘分是永无尽头的。由此可见凌峰的机智和语文的功夫。

凌峰也许没有经过正规的语文训练，但他的感觉十分敏锐。当他拿到《台湾媳妇青岛妹——凌峰和我》样书时，随手翻读《马后炮》一节。读到“坚持定位在为了十二亿的中国人，才能寻找一种超越性的历史宿命和现代文明的生活方式”一句时，他告诉责任编辑，这句话是说不通的。既然是“宿命”，哪里还谈得上“超越”？既然是“为了十二亿中国人”，怎么寻找的是“历史宿命”？确实，无论是逻辑上还是情理上，都是说不通的。这显然是书稿加工时留下的疏忽。征得作者同意，这句话后来改成：“为了十二亿中国人，才能超越历史宿命，寻找到一种现代文明的生活方式。”凌峰不是编辑，不是校对，但他具有编辑、校对的职业敏感。

辨字析词

“纨扇圆絜”辨释

叶 苍

我国传统启蒙读物《千字文》中，有“纨扇圆絜，银烛炜煌”的语句，近来有人著文说这句中的“絜”字，与“女慕贞洁(潔)”的“洁”是同一个字，因而否定了“一千字不重”(《太平广记》)的说法，显然，这位作者认为这里的“絜”，同“洁”。(见《成都晚报》1995年6月5日)接着又有人对此提出异议，认为：“女慕贞洁”的“洁”是清白、纯洁之意；“纨扇圆絜”的“絜”该读 xié，是度量衡之意。清人汪啸尹纂辑、孙谦益参注的《千字文》对此句的注释颇详：“齐地之绢曰纨。扇者，招风之物。《方言》曰：‘自关而东谓之箑(shà)，自关而西谓之扇。’纨扇，以纨为扇也。圆，言其形。絜，与洁同，又约束之义。”

以上三种解释，都有可以商榷之处。在《千字文》里，“絜”和“洁”是字形、字义都不相同的两个字。“女慕贞洁”的“洁”是清白、纯洁之意，比较容易理解，因为现代汉语还保留了这个用法。可是说“絜”字是“度量衡”之意，或者“约束”之义，就讲不通了。纨扇与“度量衡”有什么关系呢?纨扇用圆来“约束”是什么意思呢？太令人费解了。说“絜”同“洁”，有训诂依据，似乎可通，因为“洁”有干净、清洁的意思，可以用来描写“纨扇”，然而它却没有揭示出纨扇的显著特点，所以这不是作者的本意。

“纨扇圆絜”的“絜”，不读 xié(协)，仍读 jié(洁)，它的含义是光洁、明亮。纨扇，是由有光泽的细绢制成的团扇。它形状“圆”，质地“絜”(即光洁明亮)。《文选·班婕妤·怨歌行》：“新裂齐纨素，皎洁如霜雪。裁成合欢扇，团团似明月。”班婕妤笔下的纨扇，其特点就是“圆”和

“考”字怎么写

姚楚材

“考”字是汉字中使用频率很高的字，连小学一年级学生都经常认它写它，但好多人都不能正确书写。例如：《中国教育报》1996年11月4日第3版标题《进厂头一考》中的“考”，《中国初中生报》337期第8版漫画《考试前后》中的“考”，《语文报》559期6版标题《高考印象》中的“考”，又如《语文报》224期11版标题《天津市中考作文评析》中的“考”，均写得不规范。

其所以不能正确书写“考”字，是因为对它的构成不甚了解。“考”是个形声字。《说文解字》：“考，老也。从老省，丂声。”“从老省”就是“老”字省去“匕”为“耂”。“耂”是形符，“丂(音 kǎo)”是声符。“考”的右下部是“丂”，上面的横不仅与下面的竖折折钩相接，而且要盖住“㇉”，不能写作“与”，更不能写作“与”。

“明”，因为有这两个特点，所以说它“似明月”。江淹《班婕妤咏扇》诗：“纨扇如圆月，出自机中素。”张炬《婕妤怨》：“贱妾裁纨扇，初摇明月姿。”王融《谢竟陵王示扇启》：“若此圆绡，有兼玩实，轻逾雪羽，絜并霜文。子淑赏其如规，班姬俪之明月。”上述诗文作者都抓住了纨扇的突出特点来描写，所以形象鲜明生动。《千字文》的作者对此也有深刻的认识了解，因此能把纨扇的特点生动地展示出来。

《千字文》虽是梁武帝命周兴嗣将一千个不相重复的字编成的四言韵语，可是它的每个句子，并非单字的随意拼凑，而是“每句成文，前后连贯”的。“纨扇圆絜”，是说用细绢制成的团扇，圆圆的、亮亮的。它跟下句“银烛炜煌”对举成文。上、下两句都是描写句，对比映衬，相得益彰，句式整齐，音韵铿锵，朗读起来，悦耳动听，细察内容，形象生动。如果不能正确理解这个“絜”字的涵意，读来窒碍难通，就味同嚼蜡了。

“考”的笔顺是：一十土耂耂考。“考”写成“考”或“考”是不规范的。

《新华字典》中“考”与“攷”原本是意义不同的两个字，由于其音同，通假。但在使用中又不完全相同，在有关考试、检查、推求、研究等方面可以通用，但用在指年纪大的“寿考”和死去的父亲“亡考”，成语“如丧考妣”中的“考”时，只能用“考”，不能用“攷”。有人在其亡父的墓碑上写上“故显攷×××老大人之墓”，其中的“攷”字是用得不恰当的，应该用“考”。

在《第一批异体字整理表》中，“攷”已作为“考”的异体字处理，照理应该令行禁止，一般场合不宜再用。可是，有的人却对“攷”字依依不舍，甚至理直气壮地说：“《参考消息》的报头就是这么写的，我们为什么写不得？”

殊不知《参攷消息》的报头出自名人手笔，那是历史的产物。对此，我们应该正确对待，而不应作为仿效的依据。

从“潽”说起

姜继曾

寒假里，上小学的孙女住在我家。早上烧牛奶时，我让她帮忙守着点，告诉她：“要小心，牛奶烧滚了会pū出来的！”

事后，她缠住我问：“爷爷，pū字怎么写？”我一下子觉得不好回答。因为，我知道，在《说文解字》里倒是有一个⿱⿲弓孛弓鬲(见附图⑫)字，但这个字在《辞源》《辞海》里都没有。可见，此字已成了废字。然而，这个词又是口语中常用的，似乎不应该没有相应的文字。抱着试试看的打算，我们查了字典。

一翻《新华字典(1992年重排本)》，在pū音字中没有找到。又翻《现代汉语词典》，pū音内也收有“潽”，释为“液体沸腾溢出”。再查《现代汉语通用字表》，其中也有这个“潽”字。看来这是个新造的形声字。

字倒是查到了，但引起了我的兴趣：为什么已有的字会被历史所湮没，而又另造一个字来代替呢？

先来分析一下《说文解字》中的“⿱⿲弓孛弓鬲”字：⿱⿲弓孛弓鬲的本义是“炊釜沸溢也”。段玉裁《说文解字注》中说：“今江苏俗谓火盛水鬻溢出为铺出，正当作⿱⿲弓孛弓鬲。”此字列在𩰲(附图·部首)部内，是𩰲形孛声的形声字。𩰲义同鬲(古代炊具，圆口，三只中空的足)，小篆字形很相像：中间是个鬲，两边波形线条表示鬲在烧煮过程中冒出的热气，许慎解释为“象孰(熟)饪五味气上出也”。从造字的原意来看，这个字用𩰲作形旁很切合“沸腾”的意思，对认识和理解这个字颇有帮助。而潽字以水为形旁，只能表示潽出的是液体，却体现不出在锅中煮沸的内涵。

为什么这么一个造意很好的字会被淘汰呢？

我们再来看一下𩰲部其他十一个字(附图)的命运：这些字都与炊具、加热有关，都是很适于用𩰲作形

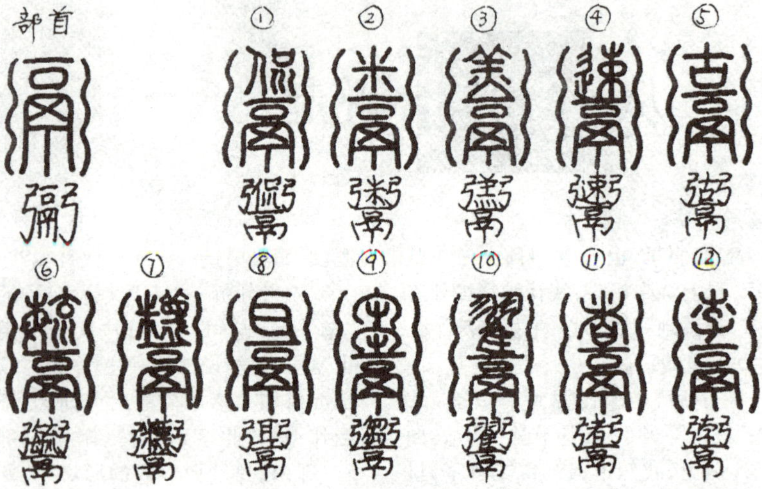

旁的，但实际上有二个（⑥⑦）是同义字，早已消失，有八个被笔画少的字所代替（餐代①、羹代③、馃代④、餬代⑤、饵代⑧、炒代⑨、煮代⑪、瀹被借来表示⑩的“以汤煮物”义）。只一个鬻字（②）有些特殊，一方面，其本义——稀饭——已由省去下半截的“粥”字所代替（改音 zhōu）；另一方面，因另有假借义——出卖、养育等，曾多次见于《诗经》、《礼记》、《左传》等古书中。

从这些字的变迁中，我们可以悟出一点道理来：凡是字形复杂、笔画繁多的字，必然要被较简单的字所代替。这就告诉我们，“去繁就简”是汉字发展的历史事实和必然规律。有些字形繁难的字之所以能保留下来，是因为它们曾在古代经传典籍中被使用过，且没有合理或合适的简单字来代替它。

作为20世纪90年代的人，我们应当科学地对待历史，既要继承宝贵的文化遗产，又要积极推广国家已经公布的简化字，千万不要把已宣布废止了的繁体字又搬出来到处卖弄！

十字街头

电视剧《三国演义》别字说略

司书长

84集电视连续剧《三国演义》可谓脍炙人口。美中不足的是，字幕中错别字不断，像丰盛的筵席上爬上了几只苍蝇。仅举几例。

《桃园三结义》中，张飞说，“楼桑村，俺知道，那村中有一株千年古桑，树高冠大，楼桑村既由此得名。”“既”应为“即”。

《董卓霸京师》中，李儒对董卓说，“此次救驾大功，使公威著君臣之上。”臣功劳再大，也不能爬到君的头上。“君”可能是“群”之误。

同一集中，李儒说，“陈刘王协，圣德伟懋，规矩肃然。”“陈刘王”应为“陈留王”。

《辕门射戟》中，吕布对陈宫说，“袁术送粮至书，让我不帮刘备……”“至”是“到”的意思，此处“至”应为“致”，表示“给与”。

《宛城之战》中，曹操对荀彧说，“文若，这‘二虎竟食’之计……”“竟”应为“竞”，才能表达“竞争”意。

《跃马檀溪》中，蒯越说，“刘玄德乃是一员弛骋疆场的猛将。”“弛”应为“驰”。

《三气周瑜》中，曹操读诗章，“起青草之微末兮……，”“青草”应为“青蘋”。

《义释严颜》中，张飞对严颜说，“望老将军多多宽恕，切务挂怀！”“务”表示“务必”，这里的意思正好相反，是说不用放在心上。所以，“务”应为“勿”。

张飞说，“老将军乃毫杰之士……广结天下毫杰……”“毫”应为“豪”。

《绝路问津》中，孟节说，“有一种草药，名日‘薤叶芸香’。”“日”应为“曰”。

《三分归晋》中，钟会说，“明日乃元霄佳节”。“霄”应为“宵”。

易牙餐馆的盛衰

关修身

鼠年的下半年，笔者所在城市的一条繁华大街——利民东路，新开张了一家餐馆。牌匾一挂出，便引起了一阵议论。原来匾上写的是“易牙餐馆”。有人问：“易牙”什么意思？吃顿饭还要换牙吗？老板解释：易牙是位古人，又名狄牙、雍巫。春秋时齐桓公宠臣，擅长烹调。《孟子·告子上》：“至于味，天下期于易牙。”原来如此。于是，慕名前来进餐者日多，小餐馆很热闹了一阵。可是，好运不长，餐馆逐渐由门可罗雀到无人问津。挨到牛年伊始，餐馆竟关门大吉。原来，经一些知识分子点拨，人们终于闹明白，易牙不光长于调味，还善于逢迎媚上。他为了实现个人政治野心，不惜将自己的儿子杀了烹为羹，献于齐桓公……。此公人品如此卑劣，人所不齿；烹儿为食，更让人作呕，谁还敢光临这个“易牙餐馆”呢！

看，一个餐馆取名不当，竟导致餐馆倒闭，能说咬文嚼字不重要吗！

“打假”

聂树平

此画原载《杂文报》，颇有杂文味。可惜字写得有点随心所欲。不规范的字，姑且不论，“肃静”的“肃”便是个明显错字。漫画用字，看来也得“打假”才行。

“卮言”岂能变“危言”

唐遇春

中央电视台有个“读书时间”栏目，当主持人介绍上海文艺出版社推出的“学苑英华”丛书时，几乎是脱口而出：“已经出版的有……金克木的《文化危言》。”“卮言”变“危言”，主持人真是太不了解金先生了，他可是学界中出了名的谦虚人。

“卮言”，语出《庄子·寓言》：“卮言日出，和以天倪。”陆德明《释文》引王叔之云：“卮器满即倾，空则仰，随物而变，非执一守故者也。施之于言，而随人从变，已无常主者也。”据此可知，“卮”(zhī 支)是古代的一种酒器。满则失去平衡而倾倒，空则保持平衡而直立。“卮言”取卮之或倾或立，并无一定；比喻言之随事而变，并无定准。后人即用作对自己著作的谦词，有“漫谈”之意。如王世贞(1526—1590)有一部论诗文的著作，就取名《艺苑卮言》，他如《诸子卮言》《经学卮言》等，也很常见。

至于“危言”，常见的含义是“耸人听闻的言论”，如大家熟知的《盛世危言》。尽管金先生的论著博大精深，然而以他的个性，断不至用“危言”作其书名。

语丝

胃有『喷门』吗？

景国楹

《妇女生活》一九九六年第十二期所登《治食道癌，喷门癌再创辉煌》中的『喷门』令人不解。

胃的上口与食管连接部名贲门，下口与十二指肠连接部名幽门，何处又来个『喷门』？

『贲』读音有二，一读bēn，贲门、虎贲、姓贲；一读bì，装饰华美。有人把它误读作pēn，进而又误写作『喷』，大谬不然。

书林指谬

何来“霸、糜二贼”

杜俊杰

我在阅读中国戏剧出版社出版的《秦腔剧本选》中《山河破碎》一剧时，看到其中有剧中人韩世忠、梁红玉夫妻二人的几句对话。为了说明问题，现将原文摘录如下：

“韩世忠 夫人呀，如今军械已备，军容已整，又得了密旨，该如何办理？

梁红玉 为今之计：一方请张侍郎派人甘言霸、糜二贼，一方火速发兵。你我分路，水陆并进，二贼必然就擒。”

刚一读到剧中人梁红玉在对话中所说的“甘言霸、糜二贼”一语时，我还以为“霸、糜二贼”是不同于这一剧本中所一再谈到的“苗傅、刘正彦二贼”的另外两个贼。经多次翻阅这一剧本的有关部分，弄清“霸、糜二贼”中的“二贼”，实际上就是指“苗傅、刘正彦”二奸臣，而“霸、糜”二字与“二贼”的姓名没有任何关联时，我才感到这“霸、糜二贼”实在是误人不浅。

究竟是把哪两个字错成了“霸糜”二字呢？我认为是把表示笼络之意的“羁縻”二字错为“霸糜”了。因为“羁縻”就是笼络的意思，既符合剧中人梁红玉的意思，也符合剧作者的意思。“甘言羁縻二贼”是为了使二贼不产生异心，以便最后擒住他们。

以上二字的差错，我以为主要是由于编审工作上的不够严谨造成的，从剧作者的文字水平来看，是不至于把“羁縻”误为“霸糜”的，更不至于在“霸糜”中间加上顿号。由于二者的字形有点相似，也可能原稿上的字迹不太清楚，编辑同志误以为是“霸糜二贼”，而且给加上顿号。

胡适父亲是“胡傅”还是“胡传”

孙书文

胡适之的父亲铁花先生(1841—1895),足历大江南北,留下八十余万言的遗稿,是一位传奇人物。然而,其姓名的问题却似乎不该有这样一段传奇。《胡适之评传》(美国贾祖麟著,张振玉译,南海出版社1995年3月出版)第4页:“胡适的父亲胡傅,长于乱世”;而《师门五年记·胡适琐记》(罗尔纲著,生活·读书·新知三联书店1995年5月出版)第98页则有“胡铁花名传(1841—1895),胡适的父亲”的话,同书第40页另有“我在适之师家的工作,是辅助祖望、思杜两兄弟读书,和抄录太老师铁花(讳传)先生(1841—1895)遗集”。

究竟是“胡傅”还是“胡传”?《评传》第27页中有一小注:“胡傅的生平主要根据张焕纶的《胡铁花先生家传》,写于光绪十六年的后数年,包括在胡傅的《台湾纪事两种》内,由胡适、罗尔纲校编。”校编者正是罗尔纲本人;可以大致推测:“胡傅”为“胡传”之讹。在简化字里面,“传”与“傅”两字字形相差极大,不会有以此为彼的情况;而在繁体字中便不同了,“传”的繁体为“傳”,与“傅”极为相似。

这里有一个新的问题是,《师门五年记·胡适琐记》中,是否以“傅”为“传”呢?毕竟罗尔纲老先生也可能有写繁体毛笔字的习惯。疑虑可排除的根据在于,罗尔纲先生见过简体字的“胡传”:罗著第92页,有这样一段话:“前两年,白吉庵同志送一本他写的《胡适传》给我,我看后寻他说:‘并无胡适介绍沈从文、张兆和结婚那事。……’”我们见过的

“火尽”怎能“薪传”

刘　斌

《庄子·养生主》云:“指穷于为薪,火传也,不知其尽也。”原以柴烧尽,火种仍可留传,比喻形骸有尽而精神不灭。后用以比喻学问和技艺代代相传。

前不久，四川文艺出版社出版了魏明伦的《巴山夜话》。不知是由于排版者的一时马虎还是因为作者的偶然笔误，在《华灯咏》一文中竟弄出了一句“火尽薪传，延续光明……”。既然火已尽了(且先不去讨论“火”怎样“尽”)，只把柴草传下来怎么能够延续光明呢?

“薪”与“火”,一个小小的“错位”,让人啼笑皆非。尽管无伤大雅,却不能不说这是《巴山夜话》这块白璧上的一点瑕疵。

白著《胡适传》,是1993年12月人民出版社出版的,其中有大段讲述胡传的事,字自是简体,而罗尔纲又是仔细读过(不然不会指出沈张结婚的事),可见罗尔纲先生认定“胡传”无疑。

再有一个新的疑虑在于,铁花先生是否有别名、别字?这疑虑同样可以打消,《胡适口述自传》(唐德刚译著,华东师范大学出版社1993年4月出版)第二章《我的父亲》“我的父亲胡传(1841—1895)[字铁花,号钝夫;原名守珊,故一字守三。]……”介绍极详细,而且用口说出来的“传”绝不会为“傅”。自此可以断定,《评传》是错把“传”看作“傅”了。

是"眼看各国君王"吗

戴谋道

三秦出版社出版的《郁离子——醒世谋略大全》一书(唐汉编译,1995年9月第1版)的第59则,有如下一段文字:"齐滑王既取燕灭宋,遂伐赵侵魏,南恶楚,西绝秦交,示威诸侯,以求为帝……明年,望诸君以诸侯之师入齐,湣王为淖齿所杀。"其中的"望诸君以诸侯之师入齐"一句,编译者注释为"眼看各国君王用诸侯的军队进攻齐国"(见该书109页)。把"望诸君"解释为"眼看各国君王",实属望文生义。

据《史记·乐毅列传》,"望诸君"乃乐毅离燕去赵之后所获得的封号。"望诸"是地名,历史上曾为赵国属地。至于"君",也不是"君王",而只是战国时贵族的封号。如赵将赵奢,封号为"马服君",秦将白起,封号为"武安君",齐国田文,封号为"孟尝君",魏公子无忌,封号为"信陵君"。

书中上述引文,与《资治通鉴·周纪四·赧王三十一年》中的有关记载是一致的:"燕王悉起兵,以乐毅为上将军。秦尉斯离帅师与三晋之师会之。赵王以相国印授乐毅,乐毅并将秦、魏、韩、赵之兵以伐齐。齐湣王悉国中之众以拒之,战于济西,齐师大败……齐王出亡……〔淖齿〕遂弑王于鼓里。"这,更可证明"望诸君以诸侯之师入齐",是"乐毅统帅各个诸侯国的军队攻入齐国",而不是什么"眼看各国君王用诸侯的军队进攻齐国"。至于这句译文本身在逻辑上的荒谬,则更毋庸赘述了。

"藁城"之"藁"不从禾

叶才林

湖南某出版社出版的《汉语字典新编》"藁"字的注释为"〔藁城〕县名,在河北省。注:'藁'下从禾,不要误作木。"

"藁",《辞海》解释为:"同稿"。复词只有"藁秆"一词。而河北省藁城的"藁",下部从木,不是从禾。《辞海》与《现代汉语词典》均收有"藁城",《中华人民共和国地图》亦标有这个地名。由此可见,《汉语字典新编》这一解释是错误的。

字里乾坤

法则何必刻于鼎

刘志基

“则”字本义为“法规”、“标准”，现代人常用的“法则”“准则”等词语中的“则”，就是用的这一本义。“则”是一个会意字，字形应该是可以表达字义的，但观察“则”字之形，我们却很难理解它究竟是怎么表义的。金文“则”写作，用“鼎”（左边）和“刀”（右边）会合起来表达字义，以后在字形演化中，“鼎”讹变成了“贝”。显然，现在我们面对的是这样一个谜团：“鼎”和“刀”怎么能够会合出“法规”“标准”之类的意义呢？

鼎原本是古人煮饭烧菜的炊器，但在古代社会中又是政权、王位的象征物。春秋时代，强大的楚国在周王的边境上陈兵示威，周定王低声下气地派使者去慰劳楚军，楚王见了周王使者，劈头便问周王的鼎的大小和重量。为什么要问鼎呢？因为楚王大有夺取周王王位的野心。这段历史，后来便演成了“问鼎”一词。“问鼎”原本表示“觊觎帝王之位”，以后稍稍变异，成为“争夺第一”的代名词。由于“鼎”具有这种象征意义，古代语言中还有一大批以“鼎”构成的词语，意思都同国家政权、帝王之位有关系：“鼎业”，指“帝王大业”；“鼎祚”，意思是“国家命运”；“鼎命”，等于说“帝位”；“定鼎”，表示夺取帝位，建立新朝。诸如此类，不一而足。

因为鼎可以象征国家政权与帝王之位，所以古人便很自然地将治国的法典铸刻在鼎上，《左传·昭公六年》中记载：“郑人铸刑书。”杜预注：“铸刑书于鼎，以为国之常法。”所谓“刑书”，也就是刑律法典。作为维系国家权力、帝王统治的“刑书”，铸刻在象征王权、王位的鼎上，当然是再合适不过的了，因此不免形成风气。

而根据这种社会现实，古代造字者用“鼎”“刀”构成“则”字，无疑是一种最自然的选择。但我们的认识如仅止于此，似乎还失之片面。

当然，刻铸在鼎上的文字，不一定都是法律文书，而则中之“鼎”，其实也是各类青铜礼器的代表，但无论何种类型铭文，一般也都具有“法则”意义，如源自图腾崇拜，并融入尊亲孝道的族徽铭文，君王训诫臣属的训诰铭文，朝廷册命爵位官职的册命铭文，作为契约性质的约剂铭文，记述功勋获赏的记功铭文，夸耀祖先业绩美德的追孝铭文等等，无不具有传之千年百代，以为世世范则的充分必要。而之所以要将这种文字铸刻在以青铜制成的鼎或其他礼器之上，本身就表明了作器者这样一种主观愿望：要让这种文字成为子子孙孙永远遵奉的法则。

从书法的角度看，铸刻在鼎等铜器上的铭文也同样是具备充分的法则意义的。铜器铭文即所谓金文，其繁荣时期大约是自商代中期到战国末期。在这近千年的历史时期中，汉字的书体因书写材料、用途的差别而有多种类型，而其他任何一种书体，其字形书写郑重规整都不能与金文相提并论：殷商甲骨文，被公认是金文的俗体字；考古发现的战国简帛文字，较之金文更具有充分的为追求书写快捷的草率性质；陶文、货币文、玺印文等，字形的美观规范也都无法与金文相比。显而易见，铜器上所铸刻的铭文，实际上也是人们在文字书写方面的楷模。铜器铭文的这种法则地位，并非得之偶然：青铜礼器本身的神圣威严及铭文内容的不同寻常，都要求字形具有相应的庄严美观，而铜器铭文特殊的书写方法——毛笔书写，刻之泥范，浇铸成文，又可保证文字营构中的反复琢磨，精益求精。

由此可见，“则”的构形理据，相当准确地概括了上古时代铜器铭刻文化意义的本质。

语丝

『人种』

高继旺

去年，笔者参加了一个校对研讨会。会后，主办单位带领大家游览当地的一座名山。

来到山脚下，只见竖着一块木牌，牌上第一行字是：『不准带人种上山』。众人看后哈哈大笑。

原来，这块木牌放置久了，『火』字缺了两点。

“德”是一面镜子

王　平

德指的是人的道德品行。从造字结构上说，德是个会意字，它含有更为具体而深刻的意义。甲骨文中的德字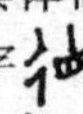，左面是表示行动的彳(chì)，右面是一只眼睛，上眼皮上有一条垂线，表示目光直视。显然，德所表示的意义是行为端正，目不斜视。金文则进一步丰富了德的内涵，在甲骨文的基础上，于眼睛下面加了心字。从而形成了心术正、目光正、行为正三位一体的德字。古人认为心是主管思维的器官，它是德之血脉所在。东汉著名的文学家蔡邕为教育其女蔡琰，曾经写过一篇《女诫》，文中说：“夫心犹首面也，是以甚致饰焉。面一旦不修饰，则尘垢秽之；心一朝不思善，则邪恶人之。人咸知饰其面而莫修其心，惑矣。夫面之不饰，愚者谓之丑；心之不修，贤者谓之恶。愚者谓之丑犹可，贤者谓之恶将何容焉?故览照拭面，则思其心之洁也；傅脂则思其心之和也；加粉则思其心之鲜也；泽发则思其心之顺也；用栉则思其心之理也；立髻则思其心之正也，摄鬓则思其心之整也。”可见古人是十分重视思想教育的。

眼睛是心灵的窗户，两者互为表里。正因为如此，在中国古代社会中，人们对视有着特别的礼仪要求，即“非礼勿视”。而这种要求的基本点就是目光端正，合乎规范。古人曾经对视作过繁琐的规定，如言则目不斜视，立则视足，坐则视膝，等等。另外，不仅目光要端正，看的内容也要“非正色目不视”。在这种文化背景下，目光的正斜也就成了判断一个人道德水准的重要标志。德不仅仅是思想、目光的问题，它与行为举止也有着密切的联系。德字中有“彳”，“彳”的意思是行走。古人对行走也有种种规定。《尔雅·释宫》中说：“堂上谓之行，堂下谓之步，门外谓之趋，中庭谓之走，大路谓之奔。”不仅如此，与不同身份的人同行，其行止规范也各不相同。如果不遵守

画中错

一“点”不能差

汤海明

这是一幅很有意思的漫画（见3月17日《新民晚报》）。它描绘足球联赛第一轮后甲A三位外籍主教练的神态。不独形象逼真，同时也表现出各人不同的心情——有满意的，也有无奈的。

可惜漫画中出现了个错字。“诉”字少了一点，成了字典上查不到的字。

“訢”（xīn）是“欣”的异体字，没有简化字，因而，“䜣”是个错字。

这些制约，就违反了礼法。而礼法又是衡量人们道德品行的准绳，按礼法行止，自然也就是品行端正而有德了。

正是由于德字所具有的深刻而丰富的内涵，古代始终把修德教育放在首位。孔子提出了以“仁”为核心的德育内容，教导人们“己所不欲，勿施于人”“己欲立而立人，己欲达而达人”“见贤思齐”。孟子把仁、义、礼、智作为德之四端，指出修德应尽心，“善养吾浩然之气”。荀子说：“不知则问，不能则学，虽能必让，然后为德。”儒家的修德思想全面而系统，是对德字最好的诠释和发挥。无论从德字本身所包含的内容看，还是从古代修德的内容看，高尚的品质和美好的公德是最高的道德标准。而这些，对于我们今天的政治思想教育，无疑是有着重要借鉴意义的。德字本身就是一面镜子，如果我们能从心灵、目光、行为方面“日三省吾身”，必会从善如流，德高品优。人际关系将会变得融洽，社会风气将会变得高尚，不合乎社会道德规范的行为自然也会减少。

生命之色常“青”

张再兴

“青色”的“青”字，由“丹”和“生”两个字素构成。根据《说文解字》的说解，它是个形声字。“丹”是义符，本指“巴越之赤石”，作为字素时则表示颜色类别。“生”则是声符，古音与“青”同韵。但我们考察有关“青”的词语，就可以发现“生”与“青”之间并非只是单纯的语音联系。

在词语中“青”与春天结下了不解之缘。“青阳”可指春天，又可指春天的祭歌。“青币”则是春祭时的献礼之一。帝王、后妃在春天里的所有活动几乎都与“青”相关。《礼记·月令》记载：“(孟春之月)天子居青阳左个……驾仓龙，载青旂，衣青衣，服仓玉。”“仓”通“苍”，“苍”也就是“青”。

而《说文》说“青”是“东方色”，可见青还是与东方相联系的颜色。东方之神为“青帝”，东方日出之所为“青土”，祭祀东方所用的玉器称“青圭”。在处于中原地带的古代先民心目中，山东一带位于东方，在九州中自然也成了“青州”。

为什么青色会跟春天、东方联系在一起呢？春，甲骨文写作[illegible]，从屯从屮，或从日作[illegible]。《说文》：“春，推也。从艸从日，艸春时生也，屯声。”其实“屯”并不仅仅是声符。屯，《说文》：“难也，象艸木之初生屯然而难。”可见，“屯”即草木初生之象。“春”也即是草木初生的季节。同时“春”可从日，说明古人早就认识到万物生长靠太阳，“阳”就是生(《庄子·齐物论》成玄英疏)。而东方正是太阳升起的地方，也即生长之方。故《白虎通·五行》中三番五次地申述东方是“动方”，是“万物始动生”之方。因此，在古人的五行观念中，东方即与春天、木、酸相配。酸，根据古训也就是“钻”，指万物钻地而出。

而“青”，《释名·释采帛》解释为“生也，象物生时色也”。“生”，甲骨文写作[illegible]，《说文》谓“象草木生出土上”之形。青作为一种颜色，正是植物生长的颜色。可见青色在古人心目中就是生命之色。说到这里，我们可以很自然地明白古人将青色与春天、东方紧密联系在一起的原因。也正因为青色是生命之色，以长生不老为特征的神仙们也就很青睐这种颜色。他们将自己的姓名记在“青玉牒”上；常常吃一种叫作“青泥”的泥浆；他们的皇帝——天帝所居住的宫阙也被称为“青都”；王母娘娘还有一只青鸟作为她的信使。一直到现在，我们还对“青春”“青年”等生机勃勃的词充满了感情。青色的这种文化观念表现在文字上，就是“青”中的“生”作为字素，不仅是声符，也兼表义，它传达了古代人们将青色作为生命象征的信息。

语丝

邓小平改写题辞

荣可吉

一九八三年六月，邓小平同志在为『学习雷锋的光辉标兵』朱伯儒题辞后，嘱咐办公室同志，不要急于拿去发表，应请语言学家过目，看看有没有用字不准确的地方。办公室同志立即把题辞送到语言学家工力教授处，并转告了小平同志的意思。

王力教授端详着宣纸上的题辞：『向朱伯儒同志学习，做一个名符其实的共产党员。』他边看边推敲，说：『写得好。不过「名符」的「符」字，显得不太规范，最好改用「副」字。』小平同志得知后高兴地说：『重写一张，用字不规范，这样不好。』后来见报的题辞是：『向朱伯儒同志学习，做一个名副其实的共产党员。』

报刊扫描

说卐道万

沈锡伦

《解放日报》1997年1月25日第10版载文说:"……上面有德国纳粹党党徽'万'字,背景是许多灰色的纳粹党徽'万'字……"

这段话中两处说到纳粹党徽"万"字。"万"是个汉字,这个汉字就是几十年前德国法西斯的党徽吗?

纳粹的标记是卐。卐不是文字,更谈不上汉字,它只是个符号而已。

佛教中也有个卐,梵语作 Srivatsalaksana。西汉末年,佛经传入中国后,卐读为"室利靺蹉洛刹曩",意译为"吉祥海云相"(据《大智度论》)。佛教认为,佛祖释迦牟尼有三十二相,吉祥海云相是其中之一。卐是表示吉祥海云相的符号。唐代以前,卐就读为"室利靺蹉洛刹曩",这个名称很长,不容易记,读起来也拗口,于是在公元693年武则天长寿二年时,规定卐读作"万"。

汉字由字形、字音和字义三部分组成。卐因人为的规定获得了"万"的字音,但是它并没有得到"万"的字义,因此它不是字。实际上,即使是在武则天的时代,卐与万也不全等,比如,"一万五千"就绝对不能写成"一卐五千"。

再往前推,早在原始社会,卐是象征太阳或火的一种符咒、一种护身符。这个作为符咒、护身符的宗教符号在古代印度、波斯、希腊等地都存在过,德国纳粹只是取用这个现成的卐作为自己的标记,与佛教没有任何源流关系。因此,以公元7世纪、中国武则天时代的佛教符号读音来套20世纪德国纳粹标记的读音,在理论上并没有什么根据。

顺便提及,上面引文中"纳粹党党徽"一语也有叠床架屋之嫌,"纳粹"(Nazi)本来就是德文"国家社会党"(简称"国社党")的缩写,故"纳粹党党徽"可删去一"党"字。

耶稣是七天复活吗

王连杰

1994年9月25日《人民日报》第八版刊《星期与礼拜》一文，谈到“礼拜”时说：“礼拜则是基督教使用的词。他们相信上帝七天创造了世界、耶稣七天复活的说法。因此，规定第七天举行参拜上帝的仪式，称为‘礼拜日’。”

这段话中，起码有两处不妥：其一，“礼拜”除了基督教、天主教使用外，“佛教徒向佛或菩萨、上座大德顶礼膜拜”，也称“礼拜”（《辞海》）。“礼拜”还是“伊斯兰教五项基本功课之一”（同上）。

其二，所谓“七天”创造世界、耶稣“七天”复活也是经不起查考的。据《旧约圣经》第一篇《创世纪》：“上帝头一天创造了天地和光；第二天创造了水、空气，分出昼夜；第三天创造了青草、菜蔬、树木等；第四天创造了日、月；第五天创造了生物如鱼、鸟等；第六天创造了牲畜、昆虫、野兽，各从其类，还创造了管理这一切的人。”可见，上帝是在六天而不是七天内创造了宇宙万物，第七天完工休息。

而“耶稣七天复活”则更离谱。《新约圣经》的前三章《马太福音》《马可福音》和《路加福音》，都讲到耶稣被钉在十字架上死于安息日（即星期五），三日后即星期日复活。1981年上海辞书出版社出版的《宗教词典》也说“耶稣钉死十字架后第三日‘复活’”。“七天”之说从何而来？

妻子健在，何来『续弦』

方萱

1996年第11期《名人传记》中刊载了《刘峙和他的妻妾》一文，其中有一段是说国民党将军刘峙的妻子杨庄丽因为多年没有生育，想让刘峙再娶一房，即为丈夫讨个小老婆以传宗接代。但文章作者却一再用了“续弦”一词。文中有这样一段话：

杨庄丽和刘峙结婚十余年，仍没生育。她对“传宗接代”这个传统观念，看得特别重。怎么办呢？让刘峙再续弦吧，又深怕刘峙有了新欢忘了旧；不让他续弦吧，眼睁睁望着刘门绝嗣，于心不安。

紧接着下文中，又有“刘峙这‘憨人’，此时也讲‘仁义道德’，续弦之事不敢开口”。

“续弦”《辞源》的解释是：“古以琴瑟喻夫妇，故称妻死为断弦，再娶为续弦。”可见，妻死以后，丈夫再娶，才能称为“续弦”。现在让健在的妻子为丈夫“续弦”，甚至描述夫妻二人共同商讨“续弦”之事，岂不荒唐。此处正确的用词应是“纳妾”，通俗一点，就叫“讨小老婆”。

“繁荣昌盛”从何说起

陈艰

《文摘周报》1997年2月24日有《牺牲异国一代少女　求得本国繁荣昌盛》一文，单看题目本身，似乎并无问题，一读内容，方觉味道不对。

此文讲的是人贩子拐卖尼泊尔少女到印度孟买等城市红灯区的事。红灯区固是某些国家或地区合法存在的丑恶现实，但决不会是该国当局“求得本国繁荣昌盛”之举吧！印度亦不例外。而且报道也点明“去年2月，孟买警方捣毁了一个拐卖尼泊尔姑娘的团伙，从妓院救出218个女孩……”。这表明印度当局也对此事进行了严厉打击，“求得本国繁荣昌盛”，岂非胡言乱语！

“她”是谁

刘育书

今年1月26日《文汇报》第3版载有《刘长瑜喜说“红灯史”》一文，其中第四段这样写道：“如今站在台上的新‘铁梅’耿巧云，是刘长瑜1977年在戏校挑中的。刘长瑜充满爱怜地说，那时她才14岁，活泼单纯，只是身子弱了点，教了她几个戏，比较聪明。1981年毕业后一直没有离开过她，常常在台上，一老一少配传统折子戏，她扮相秀丽、嗓音清脆，她在台上以演带教，终于带出了又一个‘李铁梅’。”

该段文字共三句话，其中第二句是引用刘长瑜说的话，句中有两个“她”字，根据第一句的内容，这两个“她”很明显都是指耿巧云。第三句是作者的叙述，句中一连又用了三个“她”。那么，这里的“她”是谁呢？反复读前两句，细琢磨，这三个“她”中有耿巧云，也有刘长瑜，即第二个“她”指耿巧云，第一、三个“她”是刘长瑜。换言之，第三句话含有三层意思：耿巧云1981年毕业后一直没有离开过刘长瑜，二人常常在台上配传统折子戏；耿巧云扮相秀丽，嗓音清脆；刘长瑜在台上以演带教，终于带出了又一个“李铁梅”。这里，作者将三个本是不同主语的句子硬捏在一起，又没用相应的标点断开，所以致使一时难辨“她”是谁。

不久《燕赵都市报》转载了此文。该报将上述段落中的后两句话改动了一句：“刘长瑜充满爱怜地说，那时她才14岁，活泼单纯，只是身子弱了点，教了她几个戏，扮相秀丽，嗓音清脆，刘长瑜在台上以演带教，终于带出了又一个‘李铁梅’。”这里省略了三个“她”，比《文汇报》文章表达得清楚。

“拂手”和“援手”

俞敦雨

《文汇报》1996年3月26日有一篇短文评论电视连续剧《承诺》，其中有这么一句话：

而在亲眼看到了容家的种种具体实际的困厄之时，李青扬没有拂手而去；正所谓人非草木，孰能无情，李青扬向容家伸出了援手。

很有趣，加着重号的两“手”都有问题。先说“拂手”。汉语中没有“拂手而去”的说法，只有“拂袖而去”。旧时衣袖较长，把袖子一甩，以表示生气。如果“拂手”是“拂袖”之误也说不通——李青扬即使不愿帮忙，也不必“生气”地离去呀。我想这里该用“甩手”“撒手”。

再说“援手”。这个词词典上倒有，但不是“援助之手”的缩略，却是“救助”的意思，是个动词。(语出《孟子·离娄》：“援之以手。”)“伸出了援助”，讲得通吗？“援手”被误作“援助之手”来用的并非绝无仅有。《新民晚报》1997年2月28日有篇报道的标题也犯了同样的错误：

老太坠楼　强生司机伸援手

拒收车费　优秀党员显风范

可见，用词用语可不能望文生义。

语丝

省不得的字

踪　遥

三月十日《今晚报》刊登一幅照片，说明词为『三月九日，我国境内可见的最后一次日全食……』

读了说明叫人好生不解，难道在我国境内从今以后永远也见不到日全食了吗？真太令人扫兴了。

其实不然。上文只是缺少了『在本世纪』四个不该省略的字。

“毁誉”不是偏义词

何培刚

“但是，形式主义严重，对传统道德毁誉过多而褒扬不足。”

这句话见于《光明日报》1997年1月25日5版《道德时代性与传统性的关系》。

“毁誉”用在这里欠妥。作者的原意是使之与“褒扬”相对应，那么，“毁誉”就只表示诋毁的意思。而“毁誉”不是偏义词，如《现代汉语词典》释：毁谤和称赞；说坏话和说好话。它表示并列的相反两方面的意思，古今文章中有不少例证——

毁誉不干其守，饥寒不累其心。（宋·欧阳修《送秘书丞宋君归太学序》）

但我于音韵学一无所知，毁誉两面，都不配说一句话。（鲁迅《花边文学·玩笑只当它玩笑（上）》）

曾国藩这个人身后的毁誉实在兔起鹘落，誉之者真的奉之如“易名之典”的“文正”……；毁之者则诋之为“曾剃头”、汉奸。（《文汇读书周报》625号4版《曾国藩与〈曾国藩〉》）

合成词的构成，有多种方式，复合式联合型是其中一种。联合型即是由两个意义相同、相近、相关、相反的词根联合而成。在由意义相反的两个词根组成的词中，就词义来讲，又分三种情况：一种是偏义词，只有一个词根的意义起作用，另一个词根的意义完全消失，如“动静”只有“动”的意思，“忘记”只有“忘”的意思；第二种是两个词根的意义平等地起作用，如“高低”“毁誉”；第三种是兼有上述两种情况，如“褒贬”既可表示评论好坏，又只表示“批评、指责”一方面的意思。

本文开头引的那句，“毁誉”以换用“贬抑”或“非议”为宜。

五重奏

·谐诗篇·

和尚咏月

李纯仁

南唐时候，金陵近郊有个和尚，豁达洒脱，不喜参禅，却酷爱写诗，每日常在山径上徘徊，在寺院中寻觅，偶得佳句，便喜不自胜。

一年中秋，月上中天，澄明如镜，皎洁的月光洒遍大地。此时，和尚正在寺院中踏着月色漫步，偶一抬头，只见皓月如轮，不觉诗兴大发：

徐徐东道出，

渐渐上天衢；

这说的是月亮刚升起的情况。接着便是他非常得意的一句，念得抑扬顿挫：

今夜一轮满，

他本想继续吟下去，无奈诗思阻滞，任他抓耳挠腮，也接不下去了。以后的一年之中，和尚每想起这首"残诗"，心里总不是滋味。

转眼间又到了中秋。仍是皓月当空，银辉万里。山川草木，屋宇楼台，全都披上了一层银色。和尚登上了寺院的钟楼，极目远眺，大地一片澄澈。这时，他喉咙里突然涌上一句诗：

清光无处无。

一首五言绝句，整整想了一年，至此方才完篇，和尚高兴得不能自制，一个转身，把钟楼上的大钟撞得震天价响。按照规矩，寺院里的钟是不能随便撞的，此时已是半夜，全城的人都被惊动起来。官府把他抓去审问，以至惊动了南唐后主。和尚说明了原委，后主莞尔一笑，把他放了。

·趣喻篇·

青蛙和晨鸡

祁山云

子禽是墨子的学生。一天，他问老师："多说话好吗？"

墨子没有直接回答，他打了个比方：

"你看池塘里的青蛙，日夜鼓腹高鸣，连舌头都喊干了，可没有什么人注意它；而那早晨的雄鸡，只是昂首叫一声，便使天下震动。可见，话不在于多少，而在于‘言之时也’。”

子禽点头称是。

·智答篇·

摇自己的头

廖永桂

英国议会大厅，一场演讲正在进行。演讲者是保守党议员威廉·乔因森希克斯。他在台上讲得唾沫四溅，而坐在台下的丘吉尔首相却不时摇头，表示反对。

乔因森希克斯和丘吉尔的政见不同。这时，他冲着丘吉尔很不客气地说：“我想提请尊敬的议员注意，我只是在发表自己的见解。”

丘吉尔针锋相对地说：“我也想提请尊敬的演讲者注意，我只是在摇自己的头。”

·噱言篇·

无所不“痔”

闻卉

某药厂推出痔疮新药，其广告语为：“痔者必得”。这类谐音广告是耶非耶，剧作家沙叶新自有妙论。他说夜间做了一个梦，梦见自己到该厂购药，门前黑压压一片，全是“痔同道合、踌躇满痔”者。该厂厂长出面接待并发表讲话：

“同痔们，你们好！我代表‘痔者必得’全体职工欢迎大家。痔疮是常见病，多发病，不但老年人老骥伏枥，痔在千里；青壮年也壮痔凌云；就是小孩也有痔疮，有痔不在年高嘛！如今是十男九痔，十女九痔，无所不痔，无微不痔，不久就要全民所有痔！所以我厂全体同痔，斗痔昂然，专心致痔，终于有痔者事竟成，研痔成功了‘痔者必得’特效药，欢迎诸位试用！”

沙先生含“沙”射影，读来令人喷饭。

·妙联篇·

谁家庄子

郅志和

春和日丽，唐寅偕友人陈白阳到郊外踏青，两人一路诗文唱和，寄情于田野之间。忽见前面有座村庄，茅舍炊烟，竹林掩映，曲径通幽。面对眼前景色，唐寅出了一句上联：

眼前一簇园林，谁家庄子

这一句看似平实无奇，其实暗

藏机关。关键是"庄子"二字。这既是指眼前的村庄,也是指先秦的哲学著作《庄子》,一语双关,耐人寻味。

陈白阳苦苦思索,不得其解。随着唐寅进了庄子,来到一家酒店,忽见墙上有"杜康传技,太白遗风"八个大字,不禁豁然开朗。他的下联是:

壁上两行文字,哪个汉书

同样是从眼前景物入手,仿佛是漫不经心地问上一句:这八个字是哪个汉子写的?而《汉书》又是二十四史之一,和《庄子》相对,可谓铢两悉称,妙不可言。

另一种愚昧

余培英

游医胡说三天包治好艾滋病,这完全是骗人的鬼话,而有人却笃信不疑。这真是"愚昧对愚昧"!

遗憾的是,画家把"昧"字错成了"眛"。"昧"和"眛",一从日,一从目,音近形近而义异。"昧"从昏暗引申出糊涂义,而"眛"的意思是目不明,平时少用。

此外,画中方框内"专医"的"专"、"艾滋病"的"艾"也有可议之处。

留下美好的一刻，
让我们肩并肩，心连心！

编读情深

——本刊读者座谈会剪影

有照为证 （本栏欢迎投稿）

何物“狣酥”

关修身

某地柳园路上有家食品店，牌匾上写着“宫廷狣酥”四字。“狣酥”为何物？店主答：“桃酥”。笔者直言相告：“桃酥”的“桃”当为核桃的“桃”。狣，音 zhào（兆），指一种体壮力大的猛犬。“狣酥”是说不通的。店主遗憾地表示：这还是花钱请人写的。后来，这家食品店换上了“宫廷桃酥”的牌子。

谁知时隔不久，另一条街上又出来一家“宫廷狣酥店”。一问，也是花钱请人写的。想来这“狣”真是猛犬，竟赶也赶不走。

ISBN7—80511—914—7/H · 44
定价：2.00 元

1997

上海文化出版社

咬文嚼字

YAO WEN JIAO ZI

YAO WEN JIAO ZI

YAO WEN JIAO ZI

YAO WEN JIAO ZI

Shanghai Wenhua Chubanshe

9

语文出版社
副总编李建国

年 会

武夷山风景如画。1997年6月10日至15日，中国语文报刊协会在武夷山召开1997年年会。新闻出版署报纸司司长刘波专程到会上作了报告。他高度评价了语文报刊编辑队伍，认为他们就像武夷山水一样没有受到污染。协会秘书长王晨作了工作报告，有关专家和代表就中学语文教学、提高编校质量和语文报刊编辑艺术作了专题发言，会议内容丰富而又切合实际。会长李行健作了总结发言。（符 迅）

《中学语文教
主编孙移山

江苏教育出版社
副总编徐采

上海文化出版
副总编郝铭鉴

会长李行健和与
会代表亲切交谈

卷首幽默

“户名”

金　监·文
麦荣邦·画

南方某大厦设有一储蓄所，营业面积虽然不大，但窗明几净，服务规范，储户近悦远来，口碑甚佳。谁知有一天当储户拿起定期储蓄存款凭条时，不觉大吃一惊，不知走进了什么所在。原来，凭条上第一栏的“户名”误成了“尸名”。这一“点”实在丢得太离谱了！

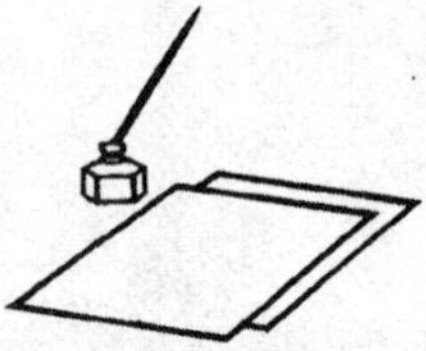

咬文嚼字

1997 年 9 月

第九辑

（总第三十三辑）

上海文化出版社出版、发行

上海绍兴路74号

编辑部电话：64372608－205

邮购部电话：64372608－230

邮政编码：200020

新华书店经销

上海艺文激光电脑排版厂排版

上海海峰印刷厂印刷

开本787×1092　1/32

印张1.5　字数43 000

1997年9月第1版

1997年9月第1次印刷

ISBN7－80511－915－5/H·45

定价：2.00元

9—2

目　录

语林漫步

字幕：《鸦片战争》的遗憾
——致谢晋导演的公开信　奚　芥（4）

正音室

从"伊尹"说开去 ……………… 凌　乙（6）
卡介苗的读音 ……………… 盛祖杰（7）
"翘首"怎么读 ……………… 孙章埂（7）

独弦琴

叶景烈专辑 ……………………（8）
从天气预报说起 ……………………（8）
杨延昭何时生病 ……………………（10）
"十杰""十佳"误用多 ……………（11）
"守株待兔"辨 ……………………（13）

字里乾坤

初民与兽迹
——说"审"道"悉"………… 张再兴（15）
上古的反战厌兵情绪
——说"吉" ……………… 黄安靖（16）

三味沙龙

鲁迅先生咬文嚼字 ………… 陈宏遂（18）
"柳阴高压汉营春"辨正 …… 陈增杰（21）

书林指谬

《师范语文大辞典·序言》指瑕　杨世俊（23）
一人误作两人 ……………… 吴其涵（24）
"镰刀斧头"还是"镰刀榔头"　袁春荪（25）
"阿蒙"非童蒙 ……………… 高文华（26）
"过江之鲫"有贬义 ………… 何培刚（27）

百问百答

陈寅恪的"恪"应当怎么读 …郑　茵（28）
话说"大排档" ……………… 张　欣（31）

报刊扫描

成语不宜拼接 ……………………孟　佶(33)
"卷"与"册" ……………………陈和军(34)
鱼蚌如何相争 ……………………汪　旸(34)
话说"不菲" ……………………丁　益(35)
成语误用四例 ……………………莫澜舟(36)
"宋人"未必是宋代人 ……………黄振豪(37)
叠床架屋三例 ……………………孙　诚(38)
"恋栈"不同于"留恋" …………杨庆铎(39)
此处"弹冠"不相宜 ………………马厚寅(40)

词语春秋

富贵梦中评"太太"
——流行称呼语透视之五 …李明洁(41)
关于"黄猫黑猫" …………………晓　津(42)
唐代纪年为什么一度用"载" …封常曦(44)

五重奏

噱言篇　"谢绝探望" ……………阮　元(47)
妙联篇　贺抗战胜利联 …………任明海(47)
智答篇　派克钢笔 ………………周　水(47)
趣喻篇　霍英东"踢足球" ……鲁　山(48)
谐诗篇　悼妓 ……………………郑　莞(48)

语丝

众家媒体进错"港" ……………袁品荣(14)
"莫不例外"的含意 ……………侯印林(20)
"酒囊饭袋"莫乱用 ……………何　兴(27)
"家庭暴力"竟有"暂行规定" …陈星汉(32)
"以防万无一失" ………………丘裕盛(39)
是"犹",不是"尤" ……………施祥云(40)
"怵目惊心"并不错 ……………宁源声(46)

卷首幽默

"尸名" …………………金　监　麦荣邦(1)

字幕:《鸦片战争》的遗憾

——致谢晋导演的公开信

奚　芥

谢导:

真该谢谢你!谢谢你的《鸦片战争》,谢谢你拍摄《鸦片战争》表现出来的艺术勇气。这部片子,我一连看了两遍。真不愧是大手笔,大制作,大义凛然,大气磅礴,发人深思,促人奋起。这不仅在你个人的艺术生涯中,写下了新的一章;在中国电影史上,也将产生深远的影响。

不过,谢导,作为一名观众,在向你祝贺之余,还想表示一点遗憾——关于字幕的遗憾。这样一部耗资上亿元的"大片",又出自你谢导之手——你一贯视质量如生命,精益求精,一丝不苟——不知为何此片的字幕竟如此草率!其中的差错之多,已到了令人咋舌的程度,犹如蓉儿清秀的脸庞上,这里一个疙瘩,那里一块疮疤,实在有点大煞风景。何况,这部影片有着空前的上座率,这些差错还将流播全国,影响海外,其不良后果是可想而知的。我不禁为你、为《鸦片战争》而扼腕叹息。

由于影片具有巨大的震撼力,我在观看时并没有专注于字幕;而在黑暗的放映厅里,也无法作准确的记录。因此下面所谈的,只是大概印象,也许会张冠李戴,但不会无中生有。就我记忆所及,《鸦片战争》的字幕问题,大致有三个方面:

一是字幕和演员的台词不统一。比如道光皇帝说的是"略通脉理",字幕上打的是"善通脉理";"三朝元老"说的是"革爵罢官",字幕上打的是"夺爵罢官"……想来,这是演员即兴发挥、临场改词造成的吧。这些小小的出入,应该说是无关宏旨的,不过数量多了,恐怕也会有损影片的严谨和精致，不知谢导以为然否？而另有一些出入，则不能不说是一种失误。比如何善之扑向他父亲何敬容时说：“孩儿海上落难，幸亏英船金枪号搭救……”他说的是“金枪号”，而字幕上打的是“金枪鱼号”。到底是“金枪号”还是“金枪鱼号”，影片中还要多次提及这条船，这一出入无疑便会影响到剧情的开展。

二是字幕用字不太注意规范，或简体或繁体，或正体或异体，有点随心所欲，以至的得不分，那哪不辨，象像混用，于与缠夹。林则徐见“恩师”吕子方一场戏，用的是“朝庭”；到了林则徐见道光皇帝一场戏，又成了“朝廷”。即使这两个词可以通用，也不应该忽此忽彼。语气词的混乱尤为突出。该用“么”或“嘛”的地方，却用了莫名其妙的“麽”，后来又简化为“吆”，其实这是“吆喝”的“吆”字的异体字。类似问题尚有多处，恕不一一列出。

三是字幕中错别字俯拾即是。比较明显的如：吕子方称自己“六十年宦海沉浮”，“宦海”误为“官海”；道光帝决心“调集各省旗勇绿营”，“绿营”误为“绿菅”；“三朝大臣”痛陈利害：“香港此例一开，必将祸水横流”，“祸水”误为“涡水”；林则徐称自己的人头如可退敌，“林某必含笑受戮”，“受戮”误为“受戳”；何敬容被赐死时，使者说“老爷既爱阿芙蓉，……”，“爱”不知怎么竟误为“嗳”；琦善和林则徐双双获罪，送行时琦善说林“虽败犹荣”，“犹荣”误为“尤荣”……这类差错，举不胜举。其中尤其说不过去的是，连道光皇帝的名字也错了。本应是“爱新觉罗·旻宁”，字幕上却将“旻宁”误为“锦宁”，而演员又将“旻”(mín)字，读半边误为“文”字。呜呼！一错再错，越错越糟，让人哭笑不得矣！

谢导，我不了解电影的生产过程，不知道这些差错，具体该由谁负责；但我想，你是一剧的导演，字幕是影片的有机组成部分，导演总是逃脱不了干系的。而且，我还觉得，字幕问题已是电影生产中的一个带有普遍性的问题，凡有字幕，几乎都能发现差错。前些日子上映的《红河谷》，字幕同样有错别字。考虑到《鸦片战争》具有特殊的影响，所以便以你作为攻击的目标了。我希望这封信能有助你修改字幕，更希望能因此引起电影生产部门的注意，加强影片字幕的校对工作。区区苦衷，还望见谅，不以为忤为幸。

祝你

健康

1997年6月25日

9—5

正音室

从"伊尹"说开去

凌　乙

尹霄是中国乒乓球男队教练，在第四十四届世乒赛期间多次出现于电视镜头，电视解说中屡屡把"尹（yǐn 引）"读成"伊（yī 依）"。"伊""尹"的普通话读音区别很大，即使按吴方言读，两者亦不同音。殷商时代有个名臣叫做伊尹，无论按普通话读还是按吴方言读，这两个字音都必须读得了了分明。

我在这里提及吴方言，是因为曾听上海人读错了字，却以"方言"为由文过饰非。例如"汾阳"的"汾（fén 坟）"被读成"分（fēn 芬）"，经人指出，便用"我读的是方言"为饰。其实，即使在吴方言中，"汾"亦与"焚（fén）"同音，而与"分"相异。我指着"汾阳"问过一位来华研修的美国博士生："这个地名怎么读？"他倒读对了，并没有把郭汾阳（唐汾阳王郭子仪）误成"郭分阳"。音乐家贺绿汀的大名中"汀"字往往被读成"丁"，而"汀"应读 tīng，与"厅"同音，"丁"则读 dīng，与"钉"同音；吴方言中这两个字的正读恰巧与普通话一致，"吴方言'汀''丁'同音"之说亦不能成立。我在少年时代有位同窗，所取之名中亦有"汀"字，同班同学因此都认识了这个字；许多年过去了，砚友重逢，有些人却把"汀"念成了"丁"，由此可见误读也是有"传染病"的。

"汾""汀"的误读，是去掉了偏旁只读半边，而"尹"的误读则由于替它加上了偏旁，情形虽然相反，却有共同点：都因想当然而致误。随意添偏旁读字，比随意减偏旁读字更令人惊奇。但"番禺路""番禺中学"的"番"倒是应该读"潘"（"番"原有两读，其一为"潘"），许多人却又不照着有水旁的"潘"字读了。

卡介苗的读音

盛祖杰

这个问题如果问上海人，答案都将是正确的。卡、介二字，是纪念创用这种疫苗的两位法国细菌学家 Calmette 和 Guérin 的。这两个外国姓的第一音节读起来和上海方言中的卡、介较为近似，中文首译者选用后也就定论了。当然，这是全国推广普通话之前的事。

在普通话里，“介”的读音虽与原音相去甚远，但约定俗成，没有找到更合适的字代替它。“卡”字却有两种读法：kǎ 和 qiǎ。中央电视台“健康之路”栏目的一位主持人，在宣讲结核病的预防措施时，反反复复地把卡介苗读成 qiǎ 介苗，听来甚感别扭。也许有人会说，介字已非原音，卡字怎么读都可以。我以为不然，一则卡读 kǎ 与原音极似，再则我们经常耳闻目睹的，译自外文的人名地名物名等名词，如：卡斯特罗、斯里兰卡、达卡、卡车、信用卡、卡路里、卡通、《卡门》、卡拉OK……卡都读 kǎ。请不要再念 qiǎ 介苗吧！

“翘首”怎么读

孙章埂

某电视连续剧叙述“季旋风”来某市投资，该市某企业家说“现在全市企业家都翘首祈盼……”时，把“翘首”的“翘”读为 qiào。

“翘”，有两个读音，一读 qiáo（乔），意思为抬起（头），例如“翘首”：抬起头来望；另一读 qiào（俏），意思为一头儿向上仰起，例如翘尾巴，把小嘴翘起等。

“翘首”，意为抬起头望，它的读音应该是 qiáo，而不是 qiào。

独弦琴

叶景烈专辑

编者按

本刊稿件一般在篇幅上比较短小，推出"独弦琴"一栏，便是想让作者有一个更充分地阐述自己观点的舞台。本辑出场的叶景烈先生，是上海师范大学中文系副教授，长期从事现代汉语教学工作，兼任中国语言学会理事、上海语文学会常务理事，担任主要撰稿人的著作有《语法》《修辞》等。

从天气预报说起

电视台正在播送天气预报："晴到多云，今天下半夜到明天早晨转阴有雨。"初听下来，意思很清楚。但仔细一斟酌，就发现了问题："下半夜"指的是零时以后的黑夜；零时以后已经进入第二天，怎么前边的定语还用"今天"呢？应该删去"今天下半夜到"，改为："晴到多云，明天早晨转阴有雨。""早晨"有两个意思，狭义的指天将亮到八九点钟这段时间，广义的指从零时到十二时一长段时间。原先用的是狭义，现在改用广义。也许有人要说，原先的天气预报意思很清楚，不改也可以。的确，像"上半夜""下半夜"这样的词，在日常口语中经常使用，人们也从来不去想"上半夜"与"下半夜"是不是处在同一天这样的问题。电视广播作为大众传媒，用的应该是加过工的有声语言。准确性是电视广播语言的基本要求。显然，"今天下半夜"不符合准确性的要求。

有时，我们还能从节目主持人跟外国留学生的对话中听到这样的赞语："你的中文说得挺不错啊！""中文"什么意思？中国的语言文字也。说中文，也就是说中国的语言文字。这显然不准确。尽管外国留学生口中经常讲“说中文”这个动宾短语，但是，作为电视广播语言，应在准确性上下工夫，上述赞语应当改为：“你的汉语说得挺不错啊！”

除准确性外，规范性也是电视广播语言的基本要求。电视广播语言的语音规范问题人们谈得较多，这里暂且不谈。只谈谈语汇上的规范问题。把推广普通话仅仅看作推广普通话语音，这是一种狭隘而且有害的看法。实际上，推广普通话语汇也是十分重要的。普通话语汇以北方话为基础，很少吸收南方的方言语汇。可是，上海的电台、电视播音员中就有把“粳米”说成“大米”(上海话中“大米”的概念不是相对于“小米”“玉米”等粮食种类，而是相对于“籼米”而言)的，就有用“卖相”这样纯粹的上海方言词的。如果说播音员把“粳米”的价格报成“大米”的价格，外地人也听得懂(当然价格有误差)的话，那么，播音员说某某人“卖相好”就要让外地人莫名其妙了。

一个典型的例子是上海拍摄的电视连续剧《何须再回首》。我们无意否定这个电视剧在题材和主题上的突出成就，仅从语言上谈点看法。《何须再回首》原准备在上海用沪语版播放，开播前夕适逢上海市语言文字工作委员会开会，因与会专家提出意见才改用普通话版播放。名为“普通话版”，仍然用了许多上海方言语汇。例如：“花”(迎合、讨好的意思)“吃相”“赤佬”“吃瘪”“十三点”“不搭界”“淘浆糊”“死蟹一只”“作天作地”等。这些方言语汇，本有方言的读法，电视剧中用普通话语音来念，听来使人感到滑稽，有时连上海人也听不清楚在说什么。如果说播放沪语版《何须再回首》只是缩小了收视的范围，并不影响收视效果，那么，播放普通话版《何须再回首》尽管扩大了收视的范围，收视效果却受到影响。毛病就出在没有重视电视广播语言的规范性上。电视广播，拥有全国各地的受众。要使他们受到教育和鼓舞，首先要使他们理解电视广播语言。电视广播不同于报纸、小说。读者在看报读小说时可以停下来对照上下文揣摩某个方言词的意思，甚至还可以问人、查词典。对坐在电视机或收音机面前的听众来说，不熟悉的方言语汇往往稍纵即逝，这就给理解带来了障碍。当然，电视剧对白为了表现地方特点，偶尔使用方言词语也未尝不可，但前提还是要让其他地区的听众能够理解。像《何须再回首》这样充斥这么多令外地听众费解的上海方言语汇，这是与规范的要求背道而驰的。

杨延昭何时生病

电台正在播放于魁智演唱的京剧《洪羊洞》中二黄快三眼的唱段：

自那日朝罢归身染重病，三更时想起了年迈爹尊。我前番命孟良骸骨搬请，那乃是萧天佐以假成真；真骸骨现在那洪羊洞，望乡台第三层那才是真。二次里命孟良番营来进，又谁知焦克明他私自后跟。老军报他二人在洪羊洞丧命，去了我左右膀难以飞行。为此事终日里忧成疾病，因此上臣的病重加十分。千岁爷呀！

自从杨宝森成为京剧老生流派的一个代表人物之后，《洪羊洞》也就成为杨派的一个代表剧目。后辈演员演出《洪羊洞》大多按照杨派的路子，上面这段唱词当然与杨宝森的唱词无异。

杨宝森的这段唱词基本上是继承前辈表演艺术家的，但在第二个唱句中改了一个词，把“三更时梦见了年迈爹尊”中的“梦见”改为“想起”，这是很有道理的。在杨宝森之前，演出《洪羊洞》时前边有杨老令公托梦的情节，杨延昭在梦中才知道“萧天佐以假成真”之事。杨宝森删去了这个情节，改由孟良向杨延昭报告此事；相应的，就把后边唱词中的“梦见”改为“想起”。这样就除去了迷信色彩。

然而，这段唱词在前后照应上还有一个明显的毛病。第一个唱句“自那日朝罢归身染重病”，说明在孟良第二次盗骨前杨延昭已经重病在身。后边讲“为此事终日里忧成疾病”，是说为焦孟二将丧命终日忧愁而得了病的意思。这不是前后矛盾吗？杨宝森是余叔岩的继承人之一，余叔岩没有留下这个唱段的录音资料，究竟怎么唱不得而知。余叔岩之师谭鑫培倒有这段快三眼的唱片。根据上海文艺出版社出版的《京剧小戏考》第20页所载，谭鑫培的唱词第一句是“自那日朝罢归安然睡定”。很清楚，孟良第二次盗骨前杨延昭并未生病；焦孟二将丧命后才“忧成疾病”，完全合乎生活本身的逻辑。但愿老生演员今后演唱这段快三眼时能把“身染重病”改成“安然睡定”才好。

“十杰”“十佳”误用多

随着评选“十杰”“十佳”活动的开展，报纸上出现一种流行的语病。请先看下列从报道中摘录的一些例句：

①中兴路街道党工委办事处，为日前荣获全国“十杰”的闸北区八中刘京海老师进行表彰。(《新民晚报》1996年10月13日)

②……略表上海市民对这位荣获中国“十杰”青年光荣称号的山村女教师的敬仰之情。(《新民晚报》1996年11月22日)

③杜瑶瑶是青岛市的学生，全国十佳少先队员。(《新民晚报》1996年12月22日)

④(她)八九岁便成为贫寒之家“大小活儿都干”的“内当家”，1992年，被授予“武汉市十佳少年”称号。(《文摘报》1997年1月16日)

⑤夫妻在教育上都得到了市级奖励，获得了“盲人十佳”称号。(《新民晚报》1997年5月22日)

再看在标题上出现的例子：

⑥记“侨界十杰”上海律师段祺华(《新民晚报》1996年10月12日)

⑦“全国十杰教师”金竹花被骗(《新民晚报》1996年10月15日)

⑧访全国电视“十佳”演员唐国强、李琳(《新民晚报》1996年12月4日)

毛病出在句法结构内部的搭配关系上，涉及三种句法结构。一种是偏正结构，例①②即是。例①中“日前荣获全国‘十杰’”修饰“闸北区八中刘京海老师”，例②中“荣获中国‘十杰’青年光荣称号”修饰“山村女教师”，两个定语里说的都是“十杰”，也就是十个人，而中心语指的都只是一个人，这是搭配不起来的。

另一种是主谓结构，例③④⑤即是。例③中“杜瑶瑶”这个主语跟“是全国十佳少先队员”这个谓语相搭配，例④中“她”这个主语跟“被授予‘武汉市十佳少年’称号”这个谓语相搭配，例⑤中“夫妻”这个主语跟“获得了‘盲人十佳’称号”这个谓语相搭配。因为例③④中主语都是一个人，例⑤中主语是两个人，而三个例句中的谓语中心动词后边的宾语应该同主语数量上一致,却都指十个人,这也是搭配不起来的。

还有一种是同位结构,例⑥⑦⑧即是。同位结构也叫复指结构,前后两个部分必须指同一事物,比如"《阿Q正传》的作者鲁迅"就是一个同位结构,其中"《阿Q正传》的作者"和"鲁迅"所指是相同的。而例⑥中同位结构内部"侨界十杰"跟"上海律师段祺华",例⑦中同位结构内部"全国十杰教师"跟"金竹花",例⑧中同位结构内部"全国电视'十佳'演员"跟"唐国强、李琳",三者前后所指数量上都不相同,因而同样也是不能搭配的。

通常所说的搭配关系,实际上是语义上的选择关系。人们在造句的过程中,词与词的组合要考虑语法上的选择关系。比如"小王买了衣服"这个句子,内部组合是:名词+动词+动态助词+名词,前后都符合语法上的选择规则。但光考虑语法上的选择关系是不够的,还要考虑语义上的选择关系。因为"小王"是人,所以能做出"买了衣服"的行为;因为"衣服"是商品,所以能够"买"。如果把处于句子首位和末位的名词对调一下,就变成:"衣服买了小王。"显然不行。这不符合语义上的选择规则。语义上的选择关系,反映客观世界事物之间的联系。我们造的句子能够正确反映客观世界事物之间的联系,也就符合语义上的选择规则。如果不能正确反映客观世界事物之间的联系,也就不符合语义上的选择规则,通俗地说,也就是搭配不当。

修改的方法就是要把搭配的两个部分从数量上不等同改为等同起来。如果一个部分是"一",另一个部分是"十",一般只要在"十杰""十佳"之类词语后边加上"之一"即可。例①中的偏正结构可改成:"日前荣获全国'十杰'之一的闸北区八中刘京海老师"。例③中的主谓结构可改成:"杜瑶瑶是……全国十佳少先队员之一"。例⑦中的同位结构可改成:"'全国十杰教师'之一金竹花"。如果出现"称号"之类的词语,必须删去,有时还须重新组织句子。例②中的"光荣称号"要删去,换上"之一"。例④中后一分句可改成:"1992年,成为'武汉市十佳少年'之一"。如果一个部分是"二",另一个部分是"十",修改的文字略微多些。例⑧中可改成:"全国电视'十佳'演员中的两位——唐国强、李琳"。例⑤中后一分句可改成:"双双进入'盲人十佳'之列"。

“守株待兔”辨

“守株待兔”是一条常用成语，在报刊上频频亮相，但用得往往不正确。请看下列用例：

①待你刚扔下，冷不防从柱子后面、从电话旁边、从小卖部旁会窜出一位执勤的大叔，他守株待兔地要罚你的款。(《新民晚报》1996年1月9日)

②她同意与干警一起在房中守株待兔，诱擒两何。(《文摘报》1996年1月21日)

③于是守株待兔的张梅就捉住了它们……(《新民晚报》1996年3月18日)

④《明星报》守株待兔终于成功……(《解放日报》1996年9月14日)

⑤因你走上门去，他如守株待兔，难免漫天要价。(《新民晚报》1996年12月23日)

上述例句中的“守株待兔”都用错了。错在什么地方?我们暂且不作回答。先看看这一成语的来历吧。“守株待兔”原是韩非在《五蠹》中讲的一个寓言故事：

宋人有耕田者，田中有株，兔走触株，折颈而死。因释其耒而守株，冀复得兔。兔不可复得，而身为宋国笑。

大意是：宋国有一农民，偶见一兔子撞在树桩上死了，就放下农具在树桩旁等待，希望再次得到撞死的兔子。他终于没有等到，反为世人所耻笑。后世便用“守株待兔”比喻死守狭隘经验，不知变通，或者存有侥幸心理，妄想不劳而获，都具有贬义色彩。

了解“守株待兔”的来历和含义之后，我们就不难对前面提出的问题作出回答。“守株待兔”和“等待时机”“暗中窥视”“守候伏击”“以逸待劳”等意思都不一样。上述各例错在与成语“守株待兔”的两种比喻意义都对不上号。例①中应删去“守株待兔地”五个字，如要强调守候的意思，可在“执勤”前加上“守候在那里的”几个字。例②的“守株待兔”可以改成“潜伏守候”。例③的“守株待兔”可以改成“等待时机”。例④的“守株待兔”可以改成“以逸代劳”。例⑤的“守株待兔”可以改成“有意引诱你上当”。

汉语中的成语言简意赅，鲜明生动，正确使用成语能使文章语言简练，富有表现力。然而，有些写作者满足于一知半解，随意使用成语，不仅达不到目的，反而影响意思的表达，甚至闹出笑话来。要改变这种状态，有两点特别重要：一是要掌握成语的整体意义，二是要掌握成语的感情色彩。

语丝

众家媒体进错『港』

袁品荣

媒体上相互照抄照转，不加详察而出现一家错家家错的现象时有所见，下面就是一个例子。

《人民日报》一九九七年二月二十一日《我海军舰艇编队出访美洲》和《解放军报》同日《我海军舰艇编队出访美洲四国》两文中都有『将先后访问美国的夏威夷和圣迭戈、墨西哥的阿卡普尔科、秘鲁的卡亚俄、智利的瓦尔帕莱索五个港口』这一段话；同日的《光明日报》和《法制日报》在一张照片的解说词中说到『对美国夏威夷、圣迭戈，墨西哥阿卡普尔科，秘鲁卡亚俄，智利瓦尔帕莱索等四国五港进行友好访问』；此外，《人民海军报》一九九七年二月二十二日《我海军舰艇编队出访美洲四国》一文中写的是『应邀前往美国夏威夷和圣迭戈，墨西哥阿卡普尔科，秘鲁卡亚俄，智利瓦尔帕莱索四国五港进行友好访问』。

明眼人一看便知，五家新闻媒体中的话都有错，而且错得一模一样：把夏威夷这个『群岛』说成了『港』，而我舰艇编队所要访问的是夏威夷群岛的瓦胡岛的珍珠港（作者已向海军外事处核实过）；夏威夷不是港，珍珠港才是港，这是常识。

这个小小的纰漏，我猜想多半是记者走笔欠思考所致。可叹和奇怪的是，就笔者所见，竟然没有一家媒体能幸免于『难』。

字里乾坤

初民与兽迹

——说“审”道“悉”

张再兴

“悉”，指对事物的详尽知晓，其构形从心从釆。“心”是古人心目中用来知悉事物的器官，“釆”自然是要知悉的内容。与此构形相类的还有“审（審）”字。“审”本作“宷”，《说文》：“宷，悉也，知宷谛也。从宀从釆。”“宀”指包含，覆盖。看来古人对于这个“釆”情有独钟，非要详细了解不可。那么，古人所要详尽了解的“釆”，究竟是什么东西呢？

釆，金文写作，为兽足之形。可见“釆”本指野兽的脚掌，也指它的足迹。这个指野兽脚掌的意义后来由“番”来承担了。“番”，《说文》：“兽足谓之番，从釆，田象其掌。”文献中则常写作“蹯”。“釆”又是“辨”的古文，《说文》：“辨别也，象兽指爪分别也。读若辨。”可知“辨”本指辨别各种野兽的足迹。古人不仅对各种兽迹详加辨别，还给它们起了名字。《尔雅·释兽》就收录了许多动物的不同足迹的专门名称。如麋的足迹称“躔”，鹿的足迹称“速”，麕的足迹称“解”，兔的足迹称“迒”，豕（野猪）的足迹称“刻”，狸的足迹称“内”等等。

对动物足迹的重视使得“迹”的含义也产生了一些变化。由于动物的足迹各有特点，其中有理可寻，“迹”也有了“理”的含义。《玉篇·辵部》：“迹，跡也，理也。”通过仔细辨别野兽的足迹来追踪野兽是古代狩猎的正常途径，于是“迹”又有了“正道”的意义。这些足迹的条理须详细推究，“迹”又有了推究的含义。在北美印第安人中，跟着猎物的足迹，还意味着沿着通向圣灵的道路前进。甚至汉字的产生也有了野兽足迹的

上古的反战厌兵情绪

——说“吉”

黄安靖

《说文》:“吉,善也。”甲骨文作。于省吾先生认为,为兵器形,为安置兵器的处所。李孝定先生也持同样的看法。认为置兵器于,以示措而弗用。兵器,凶器也,既措而不用,自有吉善之义。这种说法自有依据。

上古兵制,有所谓的“授兵”或“授甲”。所谓授兵,就是在战争结束以后,或者在战争未爆发时,把兵器藏起来,打仗时才拿出来发给军士。吉字的甲骨文构形,正保留了上古

功劳。《说文叙》:“黄帝之史仓颉,见鸟兽蹄迒之迹,知分理之可相别异也,初造书契。”

语言中有关兽迹的词语是原始狩猎社会对兽迹详细辨别的遗迹。人类社会在其漫长的发展过程中,曾有相当长的时期以狩猎为生。当此之时,“兽蹄鸟迹之道,交于中国”(《孟子·滕文公上》),为了掌握野兽的去向,分辨野兽的足迹就成了获得更多猎物的重要前提。辨别野兽足迹的能力也就为先民们所重视。《周礼·地官》中有“迹人”一职,掌“踪迹禽兽,知其所藏之处”,实际上就是狩猎时代以辨别动物足迹追踪野兽方式的遗留。

但造字时代,人们的生产方式显然已经不以狩猎为主了,卜辞中虽有许多关于田猎的记载,但多半是岁时君王为逸乐而行的出游打猎,并非当时的主要生产方式。辨别野兽足迹也不再显得多么重要。但这种强烈的文化积淀留存在人们的意识里,就必然会在造字思维中有所表现,“悉”“审”两字造字取象的根据也就在这里。

受兵制的一些信息。

把兵器藏起来，置于，自然表明无战事发生，或者战争结束。无战事发生，战争结束，上古先民认为是吉善之事。因此，取象于“聚藏兵器”的“吉”字，就有了“吉善”之意。“吉”字的构形，正透露出先民对战争的反抗意识。

在氏族社会时期，战争就已经产生了。黄帝灭蚩尤之战，黄帝和炎帝之间的阪泉之战，禹征三苗之战等等，都是见于古籍记载的上古部落与部落之间，氏族与氏族之间的战争。上古部落氏族之间的战争是极其残酷的。胜者俘虏了败者之后，或者把他们当作奴隶，或者把他们全部杀死。在阶级社会里，统治阶级为了维护其统治，战争更加频繁，更加残酷。战国时期，爆发在秦赵之间的长平之战，赵军失败，全军四十多万人全部被俘，除“遗其小者二百四十人归赵”外，“前后斩首虏四十五万人”（见《史记·白起王翦列传》）。战争的残酷，可见一斑。

正是因为战争之残酷，人们自然对非正义战争有着强烈的反抗意识。在这一点上，古今是一致的。《诗经》中有很多篇章写出了人们对非正义战争的愤怒。《陟岵》写一个久役在外的戍边士兵，登高望乡，他想象父母弟兄正在惦念着他，劝勉着他，希望他保重身体，早日生还，抒发了作者的思乡之切，对当时统治者的穷兵黩武表示了强烈的不满和愤慨。《鸨羽》写了一个士兵因自己服役，家中缺乏劳动力，无人赡养父母而产生的忧虑和痛苦。这些诗篇无不抒写出上古先民的委屈怨恨，反映了他们对非正义战争的反抗。

反映上古人对非正义战争的反抗意识的，还有一个“戢”字。《说文·戈部》：“戢，藏兵也。从戈，咠声。”《诗·周颂·时迈》：“载戢干戈。”毛传：“戢，聚也。”《国语·周语上》：“夫兵戢而时动，动则威。”韦昭注：“戢，聚也。”可见“戢”本是“聚藏兵器”之意。在上古，“戢”除了表“聚藏兵器”以外，还被赋予了“和睦”之意。《孟子·梁惠王下》引《诗》：“思戢用光。”孙奭疏：“其思在于戢和其民，以光显于时。”可见，这里的“戢”同“辑”，和睦的意思。本来表示“聚藏兵器”意义的“戢”，被赋予“和睦”的意义，绝对不是偶然的。显然，先民认为，把兵器聚藏起来，不爆发战争，人们就能和睦相处。说明了人们对和平的向往，对战争的怨恨。

三味沙龙

鲁迅先生咬文嚼字

陈宏遂

鲁迅先生是语言大师，他的文章总要反复修改，直到满意才发表。现将鲁迅先生修改小说的例子举出若干，让我们看看鲁迅先生是如何咬文嚼字、修改文章的。

下例修改前的句子采用孙用编的《〈鲁迅全集〉校读记》上提供的资料；修改后的句子，出自1981年版的《鲁迅全集》。

①“我横竖睡不着，仔细看了半夜，才从字缝里看出字来，满本都写着两个字是‘吃人’！”（《狂人日记》）

原刊“都”作“还”。将“还”改成“都”，在表达的程度上是有区别的。“还”表明在某个范围之外还有所补充，而“都”表示总括，包括了全部。狂人是位反封建礼教的斗士，他在研究中国历史时，发现没有年代的历史每页上都写着“仁义道德”几个字，然而透过“仁义道德”这几个字的假象，从字缝里看出了真相，“满本都写着两个字是‘吃人’！”这里的“都”就总括了一切，中国的历史就是一部吃人的历史，没有其他，说明狂人看得准，看得透。这一改动对刻画狂人的形象与揭示封建礼教的实质都具有不可低估的作用。

②“只有穿长衫的，才踱进店面隔壁的房子里，要酒要菜，慢慢地坐喝。”（《孔乙己》）

原刊“坐喝”作“吃喝”。“坐喝”与“吃喝”虽然仅一字之差，但表达的效果就大不一样。“吃喝”主要表示一个动作：向口中进食；而“坐喝”就是两个动作。不仅包含了“吃喝”的意思，而且也写出了长衫主顾吃喝的姿态是“坐”着的，而这里的“坐”就显示出一种特殊的身分和待遇。《孔乙己》开头已交待了鲁镇酒店的格局，做工的短衣帮只能在柜台外站着喝酒，有钱的长衫主顾才能踱进房子里要酒要菜慢慢地坐喝。“坐”字表现了人与人之间的等级和不平等。这里的“坐”不仅与短衣帮的“站”形成对照，也与穿长衫的孔乙己的“站”形成对照。孔乙己虽然穿的是长衫，但他的经济地位不允许他“坐喝”，只能同短衣帮在一起站着喝酒。这又为分析孔乙己形象作了铺垫。

③“不一会，他喝完酒，便又在旁人的说笑声中，坐着用这手慢慢走去了。”(《孔乙己》)

原刊无“便又”两字。“便又”表示不止一次。孔乙己在酒店里一直是被众人取笑的对象，一次又一次。平时大家也都习以为常了，可是这最后一次是他被打断了腿，坐在蒲垫上用手走来的。孔乙己已可怜可悲到这个地步，照理周围的人应该同情他了，但周围的人还是没有一个同情他，仍然像往常一样又一次地嘲弄他、讥笑他，把自己的快乐建筑在孔乙己的痛苦之上。鲁迅在这里加上“便又”两字，正是强化了世态的凉薄和主人公的悲剧色彩。

④“他的精神，现在只在一个包上，仿佛抱着一个十世单传的婴儿，别的事情，都已置之度外了。”(《药》)

原刊“置之度外”作“耳无闻，目无见”。将“耳无闻，目无见”改为成语“置之度外”，不仅文字上更精练了些，也更进一步突出了华老栓当时的心境。华老栓长时期的聚攒积蓄，为的是替儿子小栓买药治病，如今买到了他所认为的良药——人血馒头，因而他的精神全部集中在人血馒头的包上了。“耳无闻，目无见”固然可以说明他注意力的集中，但还是偏重外部表情的描绘，而“置之度外”(即把身外的一切都不放在心上)更侧重表现了他内在的精神专注。华老栓愚昧麻木的一面也得到更深层次的表现。

⑤“第二是夏三爷赏了二十五两雪白的银子，独自落腰包，一文不花。”(《药》)

原刊“独自”作“一个人”。“一个人”改为“独自”对刻画夏三爷这个卑劣形象更进了一步。“一个人落腰包”，强调的是没有第二人获得此赏钱，而“独自落腰包”不仅强调了“独”，而且也强调了“自”，即“自私”的品质。将夏三爷为了自己不受连累，不惜出卖自己亲侄儿的丑恶形象，以及心安理得地领取赏钱独自落腰包的卑劣行为勾画得更为深刻，他灵魂的肮脏也更加突出了。从行文上看“一个人落腰包，一文不花”两个“一”字连用，也没有“独自落腰包，一文不花”有变化来得好。

⑥“其间耳闻目睹的所谓国家大事，算起来也很不少，但在我心里，都不留什么痕迹。”（《一件小事》）

原刊“耳闻目睹”作“亲见”。“亲见”只强调了所看到的，而“耳闻目睹”不仅包括了亲眼所见，而且也包括了亲耳所闻。说明了解国家大事的范围更广了，更能说明“很不少”。然而在“我”的感觉之中这些“很不少”的大事并不大，一件小事倒不小，这就更加突出了“一件小事”对于“我”的意义，以及“一件小事”在“我”心目中的地位。

⑦“这是民国六年的冬天，大北风刮得正猛，我因为生计关系，不得不一早在路上走。”（《一件小事》）

原刊无“一早”两字。加上“一早”两字，不仅点明了人物活动的时间，而且更能表现出“我”及当时许多小资产阶级知识分子的境遇：生活清贫，为了生计不得不“一早”就起来赶路。强调了“一早”这时间，与下文“一路几乎遇不见人”相呼应，也为车夫将老女人带倒“又没有人看见”埋下伏笔。“一早”在没有人看见的情况下，车夫敢于主动承担责任，更突出了车夫的正直无私。

语丝

『莫不例外』的含意

侯印林

《辽宁老年报》一九九七年二月二十八日《『公』字不容亵渎》文中，有这样一句话：『因此，古往今来，凡是为公而赴汤蹈火、而默默奉献、艰苦卓绝、英勇献身的人们，大都载入了光辉的史册；不论是远古时代为治水三过家门而不入的大禹，还是当今之为改变阿里地区穷困面貌三次进藏的孔繁森，莫不例外。』

『莫不例外』的意思是没有不例外的，等于说全都例外。如此说来，作者表达的意思，岂不成了大禹、孔繁森都没有『载入光辉的史册』吗？

作者是想说『无一例外』，但说反了。

“柳阴高压汉营春”辨正

陈增杰

晚唐诗人温庭筠凭吊诸葛亮的七律名篇《经五丈原》云：

铁马云雕久绝尘，柳阴高压汉营春。

天清杀气屯关右，夜半妖星照渭滨。

下国卧龙空寤主，中原得鹿不由人。

象床宝帐无言语，从此谯周是老臣。

此诗脍炙人口，传诵极广。但第二句“柳阴高压汉营春”，今人的选注本如《唐诗鉴赏辞典》《新选唐诗三百首》和文研所《唐诗选》等，都写作“柳营高压汉宫春”。孰是孰非，实有辨正之必要。从流传的唐诗版本来考察，该句有以下异文：

柳阴高压汉营春　见《文苑英华》卷二九四、《唐诗纪事》卷五四、《全唐诗》卷五七九（原注：营，一作宫）

柳阴高压汉宫春　见曾益《温飞卿诗集笺注》卷四（注：宫，一作营）

柳营高压汉宫春　见沈德潜《唐诗别裁集》卷十五、姚鼐《今体诗钞》七言卷五

《文苑英华》《唐诗纪事》均宋人编撰，可见宋人所见温庭筠集本作“柳阴高压汉营春”，而写作“柳营高压汉宫春”或“柳阴高压汉宫春”，是明清以后的事，乃后人改易。《全唐诗》《温集笺注》加注“一作”异文，又可见这两书的编校者对“汉营春”抑或“汉宫春”昧乎审辨，或竟以为“营”“宫”字两通。试细论之。

《唐诗别裁集》将首句“柳阴”改为“柳营”，可能是为了牵就细柳营

的典故(其实大可不必,详后文);但这样一来就跟后半句的“汉营”意思重叠,于是又改汉营为“汉宫”。“柳营高压汉宫春”,词面确实典雅亮丽,兼以沈德潜、姚鼐名气很大,因之尔后选家大都沿用。殊不知这一改动解释起来很成问题。因为温庭筠诗所咏五丈原系诸葛亮行军之地,其处并无汉宫遗迹,“汉宫”无法解释作蜀汉宫苑。为了越过这一层障碍,聪明的注家乃采用“指代”释法:汉宫指长安离宫。长安属魏国地,高压汉宫,“使魏国受到了很大的压力”。这一通行解释似乎也能自圆其说,但经不起推敲,至少有下述四点不妥:

第一,以汉宫指长安离宫,已属牵强凑合。这一点连《今体诗抄》的编选者姚鼐也表示了不满:“五丈原在武功,东望周至,有汉离宫。然终是凑句,不佳。”但他不知道这是后人擅改的结果,而嫌温诗凑句,实辜负古人。

第二,“柳营”既然是用汉将周亚夫细柳军营的故事,又怎能“高压汉宫”?岂不成了“臣威震主”!义理上说不通。

第三,以“汉宫”指代魏国,尤大不当。蜀汉以正统自居(汉王朝的合法继承者),并以“恢复汉室”(见《出师表》)相号召,怎么能用“汉宫”这样政治内涵非常明确的词语指称篡汉的“奸凶”(《出师表》云“攘除奸凶”)曹魏呢?这完全违逆了作诗者吊怀诸葛亮业绩的本意。汉(蜀)、魏不两立,这是个用词的原则性问题,岂可随便指代!

第四,照此解释,“高压汉宫春”的“春”字不能落实,成了“趁韵”(指为了押韵而硬凑韵脚,不顾内容是否得当)。

温庭筠诗开篇两句是凭吊古迹,原作“柳阴高压汉营春”,本来文从字顺。意思说:五丈原上蜀汉大军的营垒久已无存,只有那高垂的柳枝仍然使人遥想当年铁马云雕(军旗)的行营盛况。汉营,指蜀军大营。柳阴、汉营,当然也可联想到汉将细柳营;但也不一定作联想。柳条逢春萌发,故著“春”字。清人胡以梅《唐诗贯珠笺》卷四五云:“起言铁马云雕,武侯(诸葛亮)死后,精爽不可得见。柳阴尚压汉营,逢春而发也。”胡氏说此联是可以目今、可以言古的“活句”,甚有见地。柳阴,是眼前景物;铁马云雕、汉营,则为当年行事。诗人借助想象将它们串连在一起,用笔虚灵而有神致,有力地渲染了实地吊古真切浓厚的气氛,表达了深沉的瞻仰景慕之情。

书林指谬

《师范语文大辞典·序言》指瑕

杨世俊

《师范语文大辞典·序言》(1995年11月第1版)中有多处语病，例举如下：

①《师范语文大辞典》编委会，为了使本辞典具有较高的质量，在躬耕修典三个春秋的编纂过程中，着重控制了关键程序。

"修典"与"编纂"重复，"三个春秋"已含有"过程"的意思，所以"在躬耕修典三个春秋的编纂过程中"宜改成"在躬耕修典的三个春秋中"。

②在"辞书热"的氛围中，编委会把明确修典目的，统一指导思想，"慎之又慎，严之又严"，立为编纂的宗旨和实施的原则。

"明确修典目的，统一指导思想"，作为宗旨不易理解，"把"字应移到第一个"慎"字前。

③辞目既有基础知识，又有传统知识和语文教育教学改革中具有基本隐定性的新知；既有本学科的内涵知识，又有外延知识。

"隐"应为"稳"。"基础知识"不能与"传统知识"并列，因为传统知识中有许多属于基础知识。"内涵""外延"是逻辑学中的术语，它们有明确的定义，但"内涵知识""外延知识"则令人费解。这句可以改为：辞目既有基础知识，又有较高深的知识；既有传统知识，又有现代知识；既有本学科内的知识，又有与本学科相关的其他学科的知识。

④会后，主编经过加工的样条，复印寄给了编者。

"主编"后宜加"把"，才使语意明确顺畅。

⑤《师范语文大辞典》，是由接受国家教委百名检查团"国检"、在全国第一个给予肯定的河北省中师

一人误作两人

吴其涵

古人有名有字还有号，因而会出现误将一人当作两人的情况。博闻强识如钱钟书，也未能幸免。《谈艺录》第75页留下一例："刘宪《荐福寺应制》：'佳哉藩邸旧，赫矣梵宫新。'……刘元度《幸大荐福寺应制》：'佳哉藩邸旧，赫矣梵宫新。'"其实两处引文出于同一人的同一诗：刘宪字元度，诗题本作《奉和幸大荐福寺应制》，见中华书局排印本《全唐诗》第3册第782页。

如果说上一例百密一疏，那么下一例就错得不应该了。陈良运《新诗的哲学与美学》第95页："唐朝诗人温庭筠的名句'鸡声茅店月，人迹板桥霜'便是这样的组合，明朝诗人李东阳对此分析后指出……清朝诗人李西涯在理论认识上早于庞德等人……"李东阳（1447—1516）是明代诗人，号西涯。李西涯就是李东阳，却被误为两人，还被当作两个朝代的人，真令人莫明其妙。

语文学术组织牵头编纂的。

"检查团"不能受"百名"修饰，"百名"应改成"百人"。"国检"，前几年在全国中师很流行，是"国家教委检查"的简称。前边已经指出了国家教委，所以"国检"应改成"检查"。"河北省中师语文学术组织"前边有一个长定语，这个定语的主要成分是"接受国检""给予肯定"。"接受国检"的是"河北省中师语文学术组织"，"给予肯定"的却是"国家教委"，这样就造成矛盾了，因此"给予"应改成"受到"。

⑥……担任顾问，给予了精心指导，执笔撰写了部分序言。

"执笔"就是指写文章，与"撰写"重复，应去掉。

"镰刀斧头"还是"镰刀榔头"

袁春荪

长期以来，有些人将中国共产党党徽、党旗的图案称为"镰刀斧头"，甚至在出版物上和广播里也这么说。下面举几个例子：

①湖南少年儿童出版社出版的《五旗颂》丛书中的《革命理想高于天》一书称："中国历史博物馆里，还保存着1937年中共胶东特委的党旗。这面旗是大红底，右上角有白色的斧头、镰刀，其图案的方向……"

②杨基育等人编写的一本书的书名为《在镰刀斧头的旗帜下》。

③江苏少年儿童出版社出版的《万事由来集成》一书"我军第一面军旗"词条称："……在江西修水设计了工农革命军第一军第一师军旗，旗底为红色，象征革命；旗中央的五角星，代表中国共产党；五角星内有镰刀斧头，代表工农……"

④江苏《扬子晚报》1995年9月30日《辉煌国旗后的动人故事》称："征集方案小组经讨论，将图案大致分成四类：第一类是模仿苏联的斧头镰刀……"

众所周知，人们习惯以榔头（锤子）图案代表工人阶级，以镰刀图案代表农民阶级。工人阶级和农民阶级，乃是共产党所依靠的两大基本阶级。榔头与镰刀交叉的图案代表工农联盟。所以，设计者将榔头、镰刀交叉的图案作为党徽、党旗的图案。这个图案是列宁领导的苏联共产党首创并使用的，中国共产党也用这个图案作为自己的标志。

《苏联百科词典》（中国大百科全书出版社1986年出版）"国旗"词条这样说："……苏联国旗的旗面为红色，长方形，左上角近旗杆处缀金色镰刀和锤子，其上有一颗镶着金边的红色五角星。"

可是，不知怎么搞的，这个图案有时被说成"镰刀斧头"。毛泽东于

“阿蒙”非童蒙

高文华

湖北辞书出版社1996年出版的《闲书四种》一书中，选有清代蒋坦的《秋灯琐忆》，原文后附有注释和译文。

原文有“归后索览近作，居然可观，乃知三日之别，固非昔日阿蒙矣”的句子，注释竟将“阿蒙”解释为“幼稚的童蒙”。

其实，“阿蒙”是指三国时东吴的吕蒙。据《三国志·吴志·吕蒙传》以及裴松之注所引《江表传》说，吕蒙出身行伍，文化水平不高，后来接受孙权的劝告，笃志力学，结果竟使原先轻视他的鲁肃对他十分佩服，赞叹他“非复吴下阿蒙”。后来就用“阿蒙”比喻没有文化知识的人。蒋坦是用了吕蒙的这个典故，来说明其妻秋芙在文学上的进步之快令人惊讶。

1927年创作的《西江月·秋收起义》一词中，就有“军叫工农革命，旗号镰刀斧头”的句子。这说明，这个讹称由来已久了！中央文献出版社1996年9月出版的《毛泽东诗词集》一书中，特地对这首词里的“斧头”一词作了注释：“中国共产党党旗上的锤子当时常被误认为斧头”（见该书第169页）。不过，我们不能因为伟人使用了这个讹称而让其约定俗成。

1996年9月21日，中共中央办公厅印发了经中共中央批准的《中国共产党党旗党徽制作和使用的若干规定》。该文件的第三条为：“中国共产党党旗为旗面缀有金黄色党徽图案的红旗。中国共产党党徽为镰刀和锤头组成的图案。”这里的“锤头”即通常所说的锤子，亦即榔头。

《现代汉语词典》“党旗”条目这样注释：“代表一个政党的旗帜。中国共产党的党旗是左上角有金黄色的镰刀和铁锤的红旗。”

可见，党徽的图案绝对不能说成“镰刀斧头”，而应称“镰刀榔头”！

“过江之鲫”有贬义

何培刚

“拂晓时整个部队从铁道桥下像过江之鲫跨过了铁路。”(《战争启示录》1037页,北京十月文艺出版社)

看来作者在使用“过江之鲫”这一成语时,没有想到它包含贬义。

《中华成语大辞典》“过江之鲫”条说,鲫鱼多成群活动。东晋王朝在江南建立后,北方的知名之士纷纷来到江南,当时有人说:“过江名士多于鲫。”后来就用以形容赶时髦的人很多。

《汉语大词典》在讲明这个成语的出处后说,后以“过江之鲫”形容多而且纷乱。

赶时髦、纷乱,都有贬义。《战争启示录》所指是八路军有组织地越过敌占区的铁路,既不是赶时髦,也不会纷乱。

抗日战争期间,《新华日报》曾用“过江之鲫”形容特务:“大家都知道,日寇在泰国的顾问和特务,多如过江之鲫。”(1940年6月21日)其贬义显而易见。

语丝

『酒囊饭袋』莫乱用

何兴

《南方周末》一九九六年十月十一日《小草·明星与公仆》一文中,有『想到一边喊「为人民服务」,一边用公款填饱酒囊饭袋的所谓公仆』这样的语句。

成语『酒囊饭袋』指只会吃喝,不会做事的人,用来讽刺无用的人,并非指肠胃。如将上述释义代入句子中,岂不成了『一边用公款填饱「无用的人」的所谓公仆』,实在不通。

记得在一九八九年,《益阳报》某文中,也有乱用这条成语的笑话。其中有一句子为:『公款吃喝风未治理以前,公款都流入了个体餐馆老板的酒囊饭袋。』竟将『酒囊饭袋』理解成私囊了。

百问百答

陈寅恪的"恪"应当怎么读

郑　菌

来信

一代国学大师陈寅恪先生的"恪"字,查阅常用工具书只有 kè 音读,而很多人却读成 què 音,这"恪"字究竟念 kè 还是 què?望不吝赐教。

上海外国语大学　《国际观察》编辑部　朱光

在答复朱光先生的问题以前,先引录《文史知识》1997年第4期刊载的董宝光《"恪"字读音》一文,以供参考,同时也作为后面鄙文讨论的起点。

"恪"字读音

董宝光

据《说文解字》《康熙字典》和《辞源》等工具书,"恪"字仅一读音:"kè",然大家在称陈寅恪先生之名时,"恪"字却读"què"音。这是为何?据40年代中期曾作过陈寅老教学助手的王钟翰回忆,陈寅老的亲属呼其名时,"恪"字均读"què",于是约定俗成,友人及学生亦效仿之。然陈寅老用英文撰文时,其英文署名为"Tschen Yinko",可知,陈寅老自己也认为,其名中的"恪"字应读"kè"。陈寅老的另一教学助手王永兴先生谓,寅恪先祖原居福建上杭,属客家系统。其六世祖始由闽入赣,落户义宁。客家人习惯"恪"读"què"。义宁陈氏一直保持客家传统,故陈氏昆仲名中的"恪"字均读"què"。因"恪"字读"què"系客家习惯,故诸工具书不载也。

董文一开头就说:"据《说文解字》《康熙字典》和《辞源》等工具书,'恪'字仅一读音:'kè'。"

这一句话,在表达上是有疏漏

的。为什么仅仅举出三部工具书呢？如果其他的工具书表明“恪”还有第二个读音，这个结论不就无法成立了吗？

应当说，在民国以前，“恪”字（包括它的别体或异文“惷”“急”“愙”）确实只有一个读音。根据从唐代到清代几部官修韵书的记载，“恪”字的反切共有三种写法，即苦各切、克各切和可郝切，但它们折合成现代普通话读音时却只有一个音：kè。甚至在清末的光绪十六年（1890）北京鸿宝斋出版的《考正字汇》中，这种情况仍然没有改变。

然而到了民国初年，“恪”字的读音出现了新的情况。商务印书馆于1915年（民国四年）出版的《辞源》（今通称旧《辞源》），其“恪”字条下的注音是：“可郝切（即 kè），亦读如却（即què）。”

“亦读如却”的“却”，就是“恪”字新出现的又读音。这个又读音，后来被某些辞典所承袭，如1937年商务版《国语辞典》注音为：恪㊀ㄎㄜˋ（此为注音字母，即 kè）㊁ㄑㄩㄝˋ（即 què）；1979年上海辞书版《辞海》注音为：恪（kè 课，旧读 què 确）。

旧《辞源》《国语辞典》和1979年版《辞海》，都是颇有影响的工具书，它们的注音记录表明，说“‘恪’字仅一读音‘kè’”，是不符合事实的。

现在需要解决的问题是：

一、民国初年“恪”字的又读音 què，是怎么从无到有冒出来的？

二、按照语音规范化的要求，这个又读音应当如何处理？

第一个问题比较棘手。由于手头缺乏资料，我只能根据自己的分析和推断，谈一点不成熟的看法。

首先应当肯定，què 这个又读音的出现，与陈寅恪先生无关。因为在旧《辞源》出版的1915年，陈先生年仅26岁，还没有成为全国知名的国学大师，旧《辞源》的编纂者们不可能格外垂青，将他名字中“恪”的客家方言音收录进来。所以要解开这个谜，必须另辟蹊径。

80年代初期香港出版的《李氏中文字典》，其注音方式给了我很大的启发。例如，“恪”字的注音是：

	国音	粤音
恪	课ㄎㄜˋkè	确 KɔK³（声母 K 应改为送气音 K′）

在上例中，“国音”（普通话语音）一栏，是用直音字（课）、注音字母（ㄎㄜˋ）和汉语拼音字母（kè）三种方式标注的；“粤音”（广州音）一栏，是用直音字（确）和国际音标（KɔK³）两种方式标注的。其中“课”与“恪”是国音同音字；“确”与“恪”是

粤音同音字，但其国音却并不同音。如果有一个文化程度较低而又不懂注音字母、汉语拼音字母和国际音标的人，便有可能误认“课”(kè)和“确”(què)都是“恪”的国音同音字。清末的广州，是中国最早的对外通商口岸之一，经济和文化发展迅速。为了向广大民众普及文化教育，曾经出现过许多学习粤方言或通过粤方言学习官话(亦称国语，即普通话)的识字读本。其注音方式，很可能像今天的《李氏中文字典》一样夹有直音字，如“恪”字的国音直音字标作“课”或“克”，粤音直音字标作“确”或“却”(粤音“却”读 K'œK，与“恪”读音十分相近)。这些读本流行于民间，影响广泛而深远。出版于1915年的旧《辞源》，可能就是根据这些注音资料，在“恪”字条下加注“亦读如却”的。于是，què作为“恪”的又读音便由此产生了。

现在谈第二个问题。què 作为“恪”字的又读音，虽然收进了旧《辞源》，但由于来自方言，于古无征，所以一直没有得到官方的认可。民国七年(1918)由旧教育部审查出版的《国音字典》，以及民国三十年(1941)由旧教育部国语推行委员会编印的《中华新韵》，对“恪”字均只收 kè 音而不收 què 音。建国以后，由普通话审音委员会于1957年发表的《普通话异读词审音表初稿》(正编)，在“恪守”条下注明：“恪”不取 què 音。到了1985年12月，在由国家语委、国家教委、广电部联合发布的《普通话异读词审音表》中，更明确规定：“恪”统读为 kè。废除了又读音 què。至此，“恪”终于恢复了它在历史上作为一个单音字的本来面目。所以，今天的“恪”字，不论用在什么地方(包括人名)，都只应读 kè 而不应读 què。董文中说到：“陈寅老自己也认为，其名中的‘恪’字应读‘kè’。”这个见解，无疑是明智而正确的。

最后还要提一下，董文说：“客家人习惯‘恪’读‘què’。”此说也未必确切。在客家话如广东梅县话，或陈先生祖籍福建上杭话的声母中并没有 q 声，又何来 què 音？凡普通话中属于q 声母的字，在客家话中声母基本上都读 k'(少数读 ts')。因此，què 不可能是纯粹的客家语音。据蒋天枢《陈寅恪先生编年事辑》，陈家自寅恪高祖父克绳时已“由闽之上杭迁居江西义宁州(今江西修水县)”。后来寅恪又与其父三立随祖父宝箴历仕湖南、河南、湖北等地，在官场应酬及友朋交际中，不可能使用别人难以听懂的纯粹的客家话，而必然要向具有全民共同语性质的官话转化。纯粹的客家话“恪”字读 K'ɔK，只有转化成官话，其读音才接近于 què。

话说"大排档"

张 欣

来信

我是四年级的小学生。本地有几家较大的酒馆，除招牌外，都在门口另安了三个美术体大字"大排档"，我不懂是什么意思，问老师和家长，有的说："大排档是指一排摊贩，单独一家不能用。"有的说："档表示低档，就是价格便宜。""大排档"究竟是什么意思，希望《咬文嚼字》能予解答。

安徽省金寨县梅山一小 李盛

改革开放以来，祖国大陆与港澳地区经济、文化交流频繁，珠江三角洲成为内陆经济发展的领先地区。粤方言，作为珠江三角洲、港澳地区与海外华人的主要交际工具，其影响力向全国辐射。粤语北上了，"大排档"一词也乘风而来。

现在在珠江三角洲以外的地区，如上海、安徽，一些餐馆、酒店自称"大排档"，就像打出"正宗粤菜，生猛海鲜"的广告一样，以"大排档"这个粤语词表明自己的正宗，还有炫耀的意思。

其实，"大排档"在粤语中并非指大的餐馆、酒店。

"档"，也叫"档口"，在粤语中指售货小摊。例如：鱼档、猪肉档、旧货档。以"档"作为基本语素构成的词有：

开档：开始买卖；

收档：结束一天的营业；

擗档：停业；

看档口、睇档口：守着小摊；

顶档：摊主因故离开，临时找人代为看守档口，后来泛指各种"临时顶岗"，或用甲物临时替代乙物。

拍档：将两个或更多档口靠紧合并（"拍"在粤语中有使靠近、靠紧的意思）；引申为合作、协作；又转为名词，指合作人；扩展为"拍硬档"，就是紧密合作；

散档：解除合作关系，散伙。

“排”是什么呢？“排”，是“排子车”的简称，指一种人力运货车，现在已不多见。

从前，小本经营的小贩们没钱租像样的铺面，就把货物放在排子车上，或是推车走街串巷，或是把车停在路边叫卖。所以，“大排档”最早是一种路边的流动小货摊。

后来，有些“大排档”发展了，有了固定的地方，也不用排子车了，就在路边搭起简易的凉篷做生意。这种凉篷通常没有门，休息时货架桌椅都是收起来的，营业的时候才摆出来。

现在，广州的一些店堂较小的中小饭店，将桌椅摆放在人行道上接待食客，也称“大排档”。这种新“大排档”服务较正规，菜式也多，但价格低廉，很受食客欢迎。除了饮食，“大排档”还卖别的商品。

汉语同音字多，有人把“大排档”写为“大牌档”。《简明香港方言词典》还收了“大牌档”词条，不过，这个“牌”字其实是说不通的。

总之，“大排档”是一种低档的、露天的货摊，大的餐馆、酒店如果用“大排档”自称，是自贬身价。

在当今开放的社会里，语言(方言)的接触越来越频繁，语言间互相影响也越来越多。在学习和使用非母语语言的时候，一定要了解这种语言所代表的文化。对这种语言中的词语，也一定要确知它的内涵和外延，切不可盲目拿来。

语丝

『家庭暴力』竟有『暂行规定』

陈星汉

《生活与健康》一九九七年三月十四日头版头条新闻标题为《〈湖南省家庭暴力暂行规定〉列入立法日程》。看后目瞪口呆，在大力推进民主与法制建设的今天，对众人痛恨的家庭暴力行为，竟然还要制订一项『暂行规定』，这岂不是要让此类恶行合法化？再看正文，才恍然大悟，『家庭暴力』前少了至关重要的『禁止』二字。

报刊扫描

成语不宜拼接

孟 佶

成语有其稳定性，有时可以稍作变动（如“拨云见日”亦可说“拨云见天”，“千夫所指”亦可作“千人所指”），当以不影响其稳定性为限；至若割取两个成语随意拼合成一个，则破坏了成语的稳定性，而且容易出错。下面且举两例：

①并不是说我有什么先知灼见……（《新民晚报》1996年7月22日）

②秦池人自然喜不胜收，哪有闲心来听别人的规劝？（《新民晚报》1997年1月2日摘于《经济参考报》）

例①中的“先知灼见”，是把“真知灼见”“先知先觉”合而为一了。这么一来，就造成了语意不清。“真知灼见”，“知”与“见”近义，“真”与“灼”义亦一致：“真”有正确的意思，“灼”谓明白透彻，合言之，就是正确而明彻的认识或见解；易“真知”为“先知”，即言其所知之早，而“灼见”则示认识之明，两者不属于同一范畴而强欲它们并列对举，不亦难乎？至于“先知先觉”，乃是由两个同义词并列构成的成语，“先知”与“先觉”均指对于事理的认识比一般人要早，并列重言，旨在加强语意的表达；单用“先知”，自无不可，今以“先知灼见”为言，则出于生造，有害于达意。

例②中的“喜不胜收”，也如此。成语有“喜不自胜”“美不胜收”，没有“喜不胜收”。“胜”有“经得起”义，“喜不自胜”谓经受不住欣喜之情，无法自制；“胜”又有“尽”义，“美不胜收”谓美好的景色、事物或艺术品欣赏不尽，不能尽收眼底。“喜”只能现于眉梢，何能收于眼底？

“卷”与“册”

陈和军

《文学故事报》1996年10月31日《历史上的四次焚书》一文，写到南朝梁元帝萧绎，平时读书破万卷，到头来竟不免兵败亡国，于是迁怒于图书，“命舍人高善宝，把所有十四万册图书聚集一起烧掉。”

这里的“册”字值得怀疑。其一，我国在清代以前，图书一般称为“卷”，如《汉书·艺文志》著录“《诗经》二十八卷”，《隋书·经籍志》著录“《史记》一百三十卷”，等等。藏书称“册”是民国之后才流行起来的。其二，南北朝时，书籍还处于卷轴装阶段，那时的图书，就像现在带轴的画一样，一卷一卷的，宋代之后，图书才以“册”的面目出现，但计量单位仍然是“卷”。

关于梁元帝焚书，《太平御览》卷六百一十九有这样一段文字：“周师陷江陵，梁王（梁元帝）知事不济，入东阁竹殿命舍人高善宝焚古今图书十四万卷。”明明是焚毁图书“十四万卷”，而不是“十四万册”。因此，《历史上的四次焚书》中的“册”，当改为“卷”才对。

鱼蚌如何相争

汪旸

蚌张开壳晒太阳，鹬去啄它，被蚌壳钳住了嘴，两方面都不肯相让。渔翁来了，把两个都捉住了——这就是出自《战国策·燕策》的“鹬蚌相争，渔人得利”的故事，后来用以比喻双方相争持，让第三者得了利。可是《南方周末》1997年2月21日《降价：抢占网络》一文却写道：“‘联通’与‘邮电’斗得天昏地暗，是许多GSM手机用户和准用户私下里最盼的，鱼蚌相争，用户可以坐收渔利。”鹬的特点是嘴细而长，因而能够去啄蚌中的肉；若是换了鱼，倒是与蚌相安无事的，也就谈不上啄而相争了。也许是“鱼”“鹬（yù 遇）”音近而误。

话说“不菲”

丁　益

“不菲”一词的使用频率有增高的趋势。《新民晚报》“早新闻选”版转摘的报道中在不到半个月的时间里就出现三次，恰当与否，值得一议。原句如下：

①这部林肯车……在美国算是古董车了，价值不菲。(《新民晚报》1997年4月17日转摘《青年参考》文)

②……草莓虽随处可见，却不是沪郊所产，而多来自浙江建德、诸暨等地，其价格也就不菲了。(《新民晚报》1997年4月10日转摘《华东物价报》)

③(洗车机)揩洗虽便捷，收费却不菲。(《新民晚报》1997年4月23日转摘《华东物价报》时所用标题，括号内文字及标点符号为引用者所加)

以上三例，都把“不菲”当作“不低”使用。“菲”，在昔日的请柬上常见，例如“敬备菲酌”。晋代陆机《辩亡论》：“卑宫菲食，丰功臣之赏。”《文选》李善注引马融曰：“菲，薄也。”宫，三代(夏商周)时还是房屋的通称，尚非帝王之居的专用名称，“卑宫”指低下的房屋，“菲食”指粗劣的食品，“卑”与“高”相对，“菲”与“丰”相对，因而不能倒过来说“菲宫卑食”。我们现在常见“工薪不菲”“收入不菲”“待遇不菲”，便是“不薄”的意思，亦即比较丰厚之谓；当然也可以说“不低”，那是就数额较高而言，所作的说明不同。高低与丰菲(厚薄)不属同一个范畴，不宜相混。

此说如能成立，则上述三例中的“价格”“收费”均指数额，“价值”义项虽多，但在例①中亦表示数额；而数额只能用高低、大小之类来形容，不能说它厚薄、丰菲。前文所举三例，“不菲”应作“不低”“不小”。我这么说也许会陷入吹毛求疵的境地，但本意还在于希望所有使用汉语的人都以“文从字顺”共勉。

成语误用四例

莫澜舟

使用成语，可以增强语言表达的简明性、形象性，但也应该用其所当，否则就适得其反。下面举几个例子。请先看"洗劫一空"：

例①：全车40多名旅客被洗劫一空……(《新华社1996年8月27日电，载于次日《文汇报》)

"洗"有"抢光""杀尽"义，"洗劫一空"意谓大肆抢劫或屠杀，致使某个空间范围一空如洗。例①所言，按之上下文，并不是指"全车40多名旅客"被匪徒杀尽，而是指车上旅客的财物被抢光，那就应当说"全车40多名旅客的财物被洗劫一空"，庶几表述无误。

诚然，此句之误在于误把旅客的财物称作旅客，只要依照实际情况作相应的修改，成语"洗劫一空"还是可用的。下面数例，则有所不同了：

例②：世界杯赛后，张岩受膝伤困扰，状态时起时伏……(《新民晚报》1995年12月9日)

例③：王润兴(饭庄)早已琵琶别抱，湮没在历史的长河之中……(《新民晚报》1997年5月9日)

例④：(电视剧《水浒》拍摄前有上百人争演潘金莲，《水浒》中)不乏鲜明生动的女性形象，……不知为何俱逊于潘之炙手可热、奇货可居。(《戏剧电影报》总776期)

在例②中，说某个运动员的竞技状态"时起时伏"，实在令人不解。起伏，通常用来形容高低不平，比如说"山势高低不一，冈陵起伏"；又如"浪涛涨落不定，时起时伏"。也用来形容心情如潮，称之为心潮时起时伏。在体育比赛或训练中，竞技状态只能用时好时坏来表示它的不稳定，却不能称之为时起时伏，因为状态谈不上高低、起伏。

例③用"琵琶别抱"来述说一家

“宋人”未必是宋代人

黄振豪

《海南日报》1996年12月10日《妙趣横生的餐饮标志》里说：“……我国饮食文化博大精深，源远流长，而作为酒楼茶肆标志的广告招牌，幌子旗幡早在宋代就已兴起，以招徕顾客。据史料记载，《韩非子·外储说》中‘宋人有沽酒者……为酒甚美，悬旗甚高者’。”

我国历史上“宋代”，有南北朝时在公元420年刘裕所建的“宋代”(史称“刘宋”)，和公元960年赵匡胤所建的“宋代”。而韩非是战国末期人，比刘裕早生约七百年，比赵匡胤早生约一千二百年。所以韩非所指的“宋人”不可能是宋代的人，而应是春秋时期宋国的人。这样我国酒楼茶肆的广告招牌，幌子旗幡就不只是到宋代才兴起了。

饭庄的歇业，有点不伦不类。这个成语，典出白居易《琵琶行》“犹抱琵琶半遮面”，表示含羞，后来专指妇女含羞改嫁，成为改嫁的婉辞，与商铺的歇业了不相涉，即使是业主另择它业，也不能说“琵琶别抱”，若改为“王润兴(饭庄)早已杳如黄鹤”，还说得过去。

在例④中有两个成语，可惜全用不上。其一为“炙手可热”，这条成语字面的意思是说手一接触便如被烧烤，热得烫手，向来喻指某人权势大、气焰盛，而潘金莲并无权势，谈不上炙手可热；其二是“奇货可居”，语义亦只一项：指珍稀的货物被囤积起来以待高价出售，而电视剧中的潘金莲，无论就角色本身还是扮演者而言，都不能比作“可居”的“奇货”；人物角色并未待价而沽，演员争演亦非演前待价而沽，摄成电视剧之后的潘金莲何尝能够成为待价者。原句倘作“……不知为何俱逊于潘之如此受宠，而有上百争演者趋之若鹜”，或者还勉强可通。

叠床架屋三例

孙　诚

叠床架屋大多是对词语的意思没有弄明白，又喜欢用一些修饰语来修饰、限制而造成的。下面的三例错误都出现在大报上。其中第三例，作者和编辑的粗心都是令人难以相信的。

(1)雷辛初涉文坛，第一部处女作就是这样一部意味深长的长篇巨著，不能不令人刮目相看。(《游子的真情》，《人民日报海外版》1996年9月23日第7版)

查《现代汉语词典》，“处女作”的解释为：作者的第一个作品，在“处女作”前再用“第一部”作定语来修饰，实在多余。

(2) 时至20世纪末的文明世界，不把人当人，尤其不把女人当人的种种恶行，在我们这块土地上，难道就会完全绝迹了吗？(《老婆当菜》，《文汇报》1996年10月31日第8版)

再查《现代汉语词典》，“绝迹”的意思是：断绝踪迹；完全不出现。在“绝迹”前用“完全”作状语来修饰，似无必要。

(3)当代女性作家中，陈染是唯一一位令我带着浓浓兴致长期关注其创作进程的一位……(《陈染：走不出惯性》，《中华读书报》1996年10月9日第7版)

“唯一”的意思是：只有一个；独一无二。这样，“唯一”后再跟上“一位”就显得啰嗦，可是这句话的结尾又来一个“一位”，更是画蛇添足，作者写到这里恐怕已经忘记前面写了什么了。

“恋栈”不同于“留恋”

杨庆铎

《新民晚报》1996年9月16日有一篇题为《“中国第一水乡”景点堪忧》的报道，批评“水乡”周庄收费不合理而服务管理差的状况。记者写道：“记者一行无心恋栈，匆匆走出抵达车站……”这里的“恋栈”，被作者当作“留恋”用了。

“恋栈”是“驽马恋栈豆”的简化语。“栈”是马厩，“豆”是饲料。这句话讽刺无能的人贪恋优厚的俸禄，缺乏远见。三国时代，魏国的曹爽和司马懿争权，司马懿乘魏主曹芳与曹爽出城谒魏明帝墓的机会，发动军事政变，占领了都城洛阳。而后派人诱说曹爽回城，诡言只要曹爽交出兵权，仍可享受富贵。这时，曹爽的亲信桓范私出城门往投曹爽。司马懿听得桓范走了，大惊道：“智囊跑了。”蒋济说道：“桓范是聪明人，但曹爽如同驽马恋栈豆，必不能用他。”果然不出蒋济所料，桓范劝曹爽不要上司马懿的当，速同魏主幸许昌招外兵勤王，讨伐司马懿。但曹爽贪恋禄位，以为交出兵权后，仍不失作富家翁，就不愿再作抗争，于是不听桓范之言，向司马懿投降，结果全家被司马懿杀戮。(见《三国志·魏志·曹爽传》注)

因此，“恋栈”有特定的意义，不能作为“留恋”的同义词。这篇报道中的“恋栈”，应改为“留恋”才符合当时情况。

语丝

『以防万无一失』

丘裕盛

《今晚报》一九九七年二月二十八日『社会服务』栏有篇题为《请勿用左手启动家电》的短文，该文结束语是『因此，为了您的人身安全，请勿用左手启动家电，以防万无一失』。读了令人费解。『万无一失』是『绝对不会出差错』的意思。那么『以防万无一失』恐怕就背离作者本意了。若改成『以防不测』或『以防万一』可能比较妥当些。

此处"弹冠"不相宜

马厚寅

《海南侨报》1997年3月14日报道：广西自治区高级法院和南宁中级法院在边城龙州召开宣判大会，对作恶多端的"夜摸队"17名罪犯依法予以严惩。"老区人民奔走相告，弹冠相庆，感激干警为民除害。"

作者使用了成语"弹冠相庆"来形容人民群众对打掉"夜摸队"的高兴心情。此成语虽有心情高兴的意思，但用在这里却不妥当。据《汉书·王吉传》记载："吉与贡禹为友，世称'王阳在位，贡公弹冠'，言其取舍同也。"弹冠，原意是弹去帽子上的尘土，准备做官。后来用"弹冠相庆"指一人当了官或升了官，他的同伙互相庆贺将有官可做。打掉了"夜摸队"，作为曾深受其害的人民群众自然是非常高兴的，但这和做官风马牛不相及。所以我认为：

一，"弹冠相庆"是官场专用形容词，用来形容人民群众不合适。

二，"弹冠相庆"大多用作贬义词，这里当褒义词用，不伦不类。

三，文中"老区人民奔走相告"，已经表达出群众的高兴心情了，如果作者觉得还不够，可再加上"拍手称快"来形容，这样搭配就比较相宜了。

语丝

是『犹』，不是『尤』

施祥云

《上海大众卫生报》一九九七年三月二十一日刊载的《温柔的夜空热线》一文中有这样一句：『让他们足不出户地得到帮助尤如雪中送炭。』其中『尤』字用错了。

『尤』的意思是『突出的』『特异的』，『尤其』的意思是『更』『格外』。文中显然不是这样的意思。

文中的意思是好像、如同，所以应用『犹』。『犹如』就是『如同』。『犹』『尤』意思不同，不能通用。

富贵梦中评"太太"

——流行称呼语透视之五

李明洁

"太太"这一个尊称颇有背景。汉哀帝尊祖母定陶恭王太后傅氏为帝太太后,后来又尊她为皇太太后。梁绍壬说:"此妇人称太太之始。"明代中丞以上官吏之妻才可称作"太太"。而后凡官僚之妻通称为"太太",如《官场现形记》第三回:"可巧大后天又是太太的生日,家人们大众齐了分子叫了一本戏,备了两台酒,替老爷、太太热闹两天。"旧社会的仆人也用此称女主人,如曹禺《雷雨》中"跟太太说一声,说鲁贵直惦记太太的病"。这些"太太"们都有相当的地位和财势,这便使"太太"一称不可避免地弥散出富贵奢华的气息。

另外,在近代汉语中,子女也可用此称呼母亲。在吴方言里,"太太"也可指曾祖父或曾祖母。当然,这两种用法,都不是现在流行称呼语中的"太太"。今天的"太太"已"飞入寻常百姓家"。人们称长辈妇女、已婚女性、自己或别人的妻子时都可用"太太"。在日常生活中,我们常常可以听到"您家老太太怎么样""向你太太问好"之类的句了。乍看起来,"太太"似乎已繁华尽去,可是通过调查,我们却发现,"太太"在人们的想象中仍残存着许多"富贵旧梦"。

我们曾于1995年11月至1996年5月间,对653位上海成年人进行过问卷调查,了解他们对"太太"一称的理解。虽然大多数人理智上都知道凡结过婚的女性都有资格称作"太太",仍有不少人强调还应附加上其他特征。如31.09%的人认为必须年龄较大;13.02%的人认为只有外国人或台港澳人士可称"太太";8.58%的人认为必须家境富裕;7.20%的人强调应穿着考究;

关于“黄猫黑猫”

晓　津

记得前两年在报刊上读到过一篇文章，专谈“文革”以前流传的邓小平同志所说的那句名言：“不管白猫黑猫，能抓住老鼠的就是好猫。”该文指出，据有关同志回忆，小平同志当时的原话不是“白猫黑猫”，而是“黄猫黑猫”。这句俗语来自四川的方言。

由于工作上的关系，最近我重读了蒲松龄的《聊斋志异》，在铸雪斋本卷四的《秀才驱怪》中，看到了这样一段话：

异史氏曰：“‘黄狸黑狸，得鼠者雄。’此非空言也。”

上引“黄狸黑狸，得鼠者雄”八字中，《聊斋》的早期抄本《异史》本与此相同；后出的青柯亭本“雄”字作“雌”，三会本则“鼠”字作“窜”，于

5.82%的人认为需有较高地位；而4.90%的人认为“太太”要受过良好教育。从这些数字里，我们不难发现人们难以抹去对“太太”的一种富贵的想象和期望。

说来有趣，一方面已婚女性中愿意被人称作“太太”的很少，仅为18.18%，在流行称呼语中仅位居第七；而另一方面，常被人称作“太太”的女性却不少，占15.64%，仅次于“小姐、朋友、先生”，位居第四。可见，在如今的女性中大多数人仍觉得自己离“太太”的富贵地位还差得很远；而理智上人们又知道“太太”已不再是地位与声望的标志，仅仅是一个对已婚女性的称呼方式而已。

看来，女人们还是有自知之明的；而称呼的平民化也似乎难以避免。您看，现今的流行称呼语不是大多有过一段炫目的“繁华史”吗？

文义均无法讲通，显然系传抄或翻刻之误，当以《异史》本和铸雪斋本为正。

在这一句话下，三会本摘引清吕湛恩注说：“见《阴符经》。”《阴符经》全称《黄帝阴符经》，是道教的重要经典，相传为黄帝所作，后代有很多注本。我查了《道藏精华录》和《道藏要集选刊》选辑的五种唐、宋人注疏本，无论正文或注释，都没有找到《聊斋》“异史氏曰”所引的这句话。我猜测，吕湛恩可能在其他的书中看到过，但误记为《阴符经》了。在未能找到引文的更早出处以前，我们可以认为，在邓小平同志以前，一般人如果了解这句话，恐怕主要来自《聊斋》。因为《聊斋》是流传甚广的古典文学佳作，稍有古文基础的人大多读过，而像《阴符经》一类的古代专门著作，人们通常是不会去读的。

“黄狸黑狸，得鼠者雄。”这句话在古文中浅近易懂。狸，古作“貍”，“狸”是“貍”的俗体字。在《第一批异体字整理表》中，“貍”已作为异体字废掉，“狸”则成为通行的正体字。《说文·豸部》云：“貍，伏兽，似貙。”段玉裁注：“即俗所谓野猫。”《周礼·射人》郑玄注云：“狸，善搏者也……其发必获。”《仪礼·大射》郑玄注云：“狸之伺物，每举足者，正视远近，为发必中也。”可见狸是一种野生动物，善于隐伏窥视，捕捉比它弱小的猎物。其形体及捕食习性同猫很相似，人们往往将它与猫混同起来，所以《广雅·释兽》就说：“狸，猫也。”王念孙疏证：“狸之搏鼠者曰猫……《御览》引《尸子》云：‘使牛捕鼠，不如猫狌之捷。’《庄子·秋水篇》云：‘骐骥骅骝，一日而驰千里，捕鼠不如狸狌。’是猫亦称狸也。”现代也称“狸”为狸猫、豹猫、山猫，或径称野猫，仍认为是野生动物。但在旧小说或旧戏里有“狸猫换太子”的故事，其中谈到的狸猫，应当是宋朝宫廷中饲养的家猫。

由此可以得出结论，邓小平同志的那句名言，应当是“黄猫黑猫”，而不是“白猫黑猫”，因为前者更接近于语源。而且就这句话的源流演变来说，四川方言只是流而不是源。因为《聊斋》的作者蒲松龄是山东人，书证的出现也早在清朝初年。邓小平同志肯定看过《聊斋》。说他的那句名言就是化用《聊斋》所引俗语而来，这种揣测，也许不是没有可能的。

最后提一下，岳麓书社1990年版《白话聊斋》中，原文“黄狸黑狸，得鼠者雄”，被翻译成的白话文是：“黄猫黑猫，捉到老鼠就是好猫。”

唐代纪年

为什么一度用"载"

封常曦

在我国古代封建社会中，皇帝纪年所用的量词，一般都作"年"，如：汉武帝太初元年，晋成帝咸和四年，宋真宗大中祥符七年，明思宗崇祯十二年，等等。但是在唐代，却曾经一度出现过以"载"代"年"的现象，如：

高適《李云南征蛮诗序》："天宝(唐玄宗年号)十一载(752)，有诏伐西南夷。"

杜甫《奉谢口敕放三司推问状》："谨诣阁门，进状奉谢以闻。至德(唐肃宗年号)二载(757)六月一日……杜甫状进。"

以上两例中的"天宝""至德"年号下，纪年都不用"年"而用"载"，这是什么原因呢？

再看以下两例：

杜甫《唐故万年县君京兆杜氏墓志》："[县君]天宝元年(742)某月八日，终于东京仁风里。"

杜甫《为华州郭使君进灭残寇形势图状》："谨进前件图如状，伏听进止。乾元(唐肃宗年号)元年(758)七月日某官臣状进。"

为什么同是"天宝"年号，"十一载"称"载"，而"元年"却仍用"年"呢？为什么同是唐肃宗年号，"至德二载"(757)称"载"，而仅仅相隔一年后的"乾元元年"却又改用"年"了呢？

上述现象，绝非作者任意乱用所致。今天的读者，应当弄清发生这一现象的来龙去脉，以消除不必要的疑惑。

先秦时代，用以纪年或表示"年岁"意义的字大致有四个，即载、岁、祀、年。相传成书于汉代的《尔雅·释天》说："载，岁也。夏曰岁，商曰祀，周曰年，唐、虞曰载。"这里，夏、商两代的纪年用字，姑且存而不论，只谈与本文直接有关的"载""年"二字。

《尔雅》的作者没有看到后世出土的有文字记载的上古文物，因此，他认为“唐尧、虞舜时纪年用载”（唐、虞曰载）和“周代纪年用年”（周曰年），其立论的根据只能是先秦时传世的文献资料（主要是儒家经典）。而详细记载唐尧、虞舜的才德、治政、禅让和纪年的最早文献，只有一部《尚书》。其中《虞书》和《周书》的纪年用字情况（不用于纪年、不表示“年岁”意义者不计在内）统计如下：

虞书收文2篇，用“载”7次，用“岁”2次；

周书收文28篇，用“年”23次，用“岁”5次，用“祀”2次。

以上二例，如果就使用的次数较多而言，那么，《尔雅》的“唐、虞曰载”“周曰年”的说法应当是可以成立的。

秦汉以后，在表示“年岁”的意义上，“年”字的优势越来越明显，例如《尚书·虞书》中用了7次的“载”，司马迁在《史记·五帝本纪》中据其文意引述时，竟有5处改成了“年”。至于纪年用字，则自秦汉至唐代前期，完全成了“年”的一统天下，只有到了唐玄宗天宝年间，才出人意料地发生了变化。

唐玄宗李隆基是中国历史上一位著名的皇帝。在即位以后的前30年，他曾经任用贤相，改革弊政，宵衣旰食，励精图治，使大唐王朝的国力达到了全盛状态。开元三十年（742）新春伊始，他下诏大赦天下，宣布“改开元三十年为天宝元年”。在此后的两年中，纪年仍用“年”字，称为天宝元年、天宝二年。但到天宝三年，他又玩出了新的花样。据《新唐书·玄宗纪》云：“［天宝］三载正月丙申（即初一。《旧唐书·玄宗纪》作“丙辰”，误），改‘年’为‘载’。”改字的原因未作说明。后人从《唐大诏令集》所收的《改天宝三年为载制》里，才算了解了个中的奥秘。其文略云：

历观载籍，详求前制，而唐虞焕乎可述，是用钦若旧典，以叶惟新，可改天宝三年为三载。

原来，好大喜功的唐玄宗，以为自己的丰功伟绩已经超越历代帝王，只有三代（夏商周）以前的上古圣君唐尧、虞舜才能与之相比。为了炫耀“至化”“淳风”，必须有不同寻常的举措。但两年前他已经改“开元”为“天宝”，再次改元不仅时间相隔太短，而且在历史上未必能开创新的纪录，给后人留下深刻的印象。于是，熟悉儒家经典的他，便想到了《尚书》中唐尧、虞舜的事迹和纪年，以及《尔雅·释天》中“唐、虞曰载”

的说法，决定下诏“改天宝三年为三载”。从此，直到天宝十五载(756)，他在经历“安史之乱”后逃出长安，被迫逊位，这种纪年用“载”的情况始终没有改变，其子肃宗李亨在灵武即位后改元至德，由于兵荒马乱，无暇他顾，纪年只能沿用玄宗旧规，仍然称“载”。至德二载(757)九月、十月，唐军先后收复东、西两京，肃宗返回长安。次年(758)二月，他决定下诏改元。这时，肃宗也许想到，当初玄宗改“年”为“载”以后，不但没有臻于郅治，出现唐、虞那样的太平盛世，反而朝政迅速腐败，国事日非，以致引发了几乎毁灭李唐王朝的“安史之乱”。于是他在改元乾元的同时，宣布将“载”重新回改为“年”。由此我们可以明白，原来在这“年”字改去又改回的变化中，隐藏着李唐王朝由全盛开始走向衰落的一段惨痛的历史。从此以后，直到封建时代结束，纪年用字便再也没有改变过。

语丝

『怵目惊心』并不错

宁源声

《光明日报》一九九七年一月十六日《是『触目惊心』，非『怵目惊心』》一文说：『经查阅《现代汉语词典》新旧版本及《辞海》、《辞源》和《汉语成语小词典》等工具书，均有「触目惊心」辞条，而无「怵目惊心」一说。』该文的结论是：『「怵目惊心」是错误的，而「触目惊心」才是正确的。』

此说值得商榷。《汉语大词典》『怵目惊心』条：『犹言触目惊心。』并举了两个例子——①闻一多《龙凤》：『你记得复辟与龙旗的不可分离性，你便原谅我看见「龙凤」二字而不禁怵目惊心的苦衷了。』②杨旭《检察官汤铁头》：『这个朱乔甫，从受害者揭发的怵目惊心的事实看，无疑是个恶棍。』此外，上海教育出版社、四川辞书出版社出版的两种《汉语成语词典》，都分别在『触目惊心』条目下注明：『也作「怵目惊心」。』后一词典还对『怵目』作了解释：『害怕得不敢正眼看。』最后说明一下，《现代汉语词典》修订本也收了『怵目惊心』条，释义与『触目惊心』相似。该文所述，似无事实根据。

既然这么多的工具书都收录了『怵目惊心』这个词语，它的存在就是合法的，而不应该说它是错误的。

五重奏

·噱言篇·

"谢绝探望"

阮 元

街头巷尾,到处都可看到告示牌。小小的告示牌,不仅具有告白的作用,而且还是一定的文化的折射,是社会文化环境的组成部分。

美国科罗拉多州博尔德市有家医院,院子里有块草坪。由于经常有人进去散步,影响了草坪的养护,于是院方竖起了一块告示牌:"草在养病,谢绝探望。"

这真是一块耐人寻味的牌子。它明确地表示了院方的想法,态度又委婉、幽默、富有教养,而且切合医院的特点,让人一见便能发出会心的微笑。这比起那些"禁止入内,违者罚款"的告示牌来,无疑要高出一筹。

·妙联篇·

贺抗战胜利联

任明海

1945年8月,抗战胜利,举国欢腾。报纸副刊尤为活跃,诗、赋、对联,令人目不暇接。成都某报有一副对联,构思极为巧妙,一时不胫而走。

其上联为:"中国捷克日本";

下联为:"南京重庆成都"。

上联均为国名,其中"捷克"一语双关,既指国家,又含胜利击败之意,点明了中国取得抗战胜利的主题;下联均为市名,其中"重庆""成都"同样一语双关,既指城市,又含重新庆祝、成为首都之意。因抗战期间,国民政府迁都重庆,抗战胜利后又还都南京。

一副仅十二字的对联,没有一个动词,却能通过别解,记载重大史实,反映民族感情,令人叫绝。

·智答篇·

派克钢笔

周 水

周恩来总理接待记者采访。一美国记者发觉周总理有一支派克钢笔,便提了这样一个问题:"请问总理阁下,连阁下也拥有一支派克钢笔,是否说明中国人很喜欢我们美国的钢笔呢?"这问题显然是醉翁之意不在酒。

周总理一听，顺手拿起派克钢笔，意味深长地笑了一笑："说来话长啊！这支钢笔是一位朝鲜朋友送给我的，他说这是抗美战争的战利品。我是不习惯受礼的，可朋友说这可是个特殊的纪念品，它能让我们想起那并肩战斗的年代。这样，我便有了一支贵国的钢笔。"

美国记者本想借题发挥，没想到周总理来了个以其人之道还治其人之身。

·趣喻篇·

霍英东"踢足球"

鲁　山

霍英东是香港三大富豪之一。他本是"打工仔"出身，年轻时做过渡船加煤工、轮船铆钉工、实验室里的试糖工……还曾到东沙群岛挖取制胃药用的海人草，在岛上过着野人一般的生活。

霍英东的业余兴趣之一是足球。不仅爱看，自己还上场踢。他曾出巨资在港组建荣队、卓然队、东升队。他还是香港足球总会的会长，亚洲足球协会的副会长，国际足球联合会的理事。

霍英东做事坚韧执着，一旦认准目标，锲而不舍。他有一个生动的比喻："人生就像踢足球，做任何事都要有一股拼劲，要把球踢进门里才行。"

·谐诗篇·

悼　妓

郑　莞

古时，江南有一名妓喜欢交友，无论是达官显贵，还是贩夫走卒，都有交往。一日她偶感风寒，虽经延医吃药，仍不治身亡。生前好友闻讯，纷纷上门吊唁。

这天上午，同时来了四个人：一个秀才，一个富商，一个出家人，还有一个是屠户。为了表示怀念之情，四人商定联句作诗。

秀才当仁不让，眯着眼睛吟出第一句：

一点香魂坠玉楼，

富商肚子一挺，颇有气概地跟上一句：

明珠万斛向谁投？

出家人双手合十，口中念念有词：

阿弥陀佛西方去，

最后一个轮着屠户，他突然以手掩面，放声嚎啕起来：

我的肉啊我的油。

诗虽俚俗，但神情毕肖，颇堪玩味。

——本刊读者座谈会剪影

左起：陈必祥　曾炽康　魏为义

左起：孙云鹤　朱怀兴　蔡茂鑫　顾鼎源

排左起：韩秀凤　沈新康　金文明　孙云鹤
俊業　曾炽康　郭振华　魏为义　朱怀兴
排左起：郝铭鉴　唐让之　陈必祥　何伟渔
德松　崔金标　顾鼎源

水乳情　鱼水心

规范化路上结伴行

左起：沈新康　何伟渔　崔金标　陈必祥

有照为证 （本栏欢迎投稿）

“萍”果店

郭曙纶

上海市南京路上有家英文店名为 Apple Shop 的服装专卖店，其店名汉译应为“苹果店”，结果却写成了“萍果店”。“苹果”一词本来是个来自梵语的音译词，早先还有写作“频果”“频波”“频婆”等的，然而定型以后，就不能再以同音字来代替了。犹如“马克思”和“恩格斯”中的“思”与“斯”完全同音，二者却不可换用一样，“苹果”之“苹”与“浮萍”之“萍”虽然同音，也不可换用，因为语言文字是约定俗成的，约定之后，形成规范，就不能随意违拗了。

9 787805 119151 >

ISBN7—80511—915—5/H · 45

定价：2.00 元

1997

上海文化出版社

咬文嚼字

YAO WEN JIAO ZI

YAO WEN JIAO ZI

YAO WEN JIAO ZI

AO WEN JIAO ZI

Shanghai Wenhua Chubanshe

10

广角镜

鱼渔相混　店招有碍观瞻
从善如流　不吝千金改错

上海闵行区漕宝路七号桥附近，一家即将开张的“汉宫海鲜鱼翅酒楼”，正在进行后期的装潢工作。本刊记者偶尔经过那里，发现店招八个金字中，“鱼翅”的“鱼”错成了“渔”（见图一），立即向装潢人员指出。当时，在场者中有人不以为然，且说“广州都是这么写的”（原话如此）。但工地负责人向总经理毕顺汇报后，毕总经理表示：记者的意见提得很对，搞好语言文字规范化，大家都有责任。他决定立即派人去赶做一个“鱼”的金字，把错字“渔”换下来。两星期以后，用字准确规范的新店招终于出现在人们的面前（见图二）。工地负责人告诉记者，“渔”“鱼”二字一拆一换，包括材料和人工费虽然花了1000多元，但这样做后心里感到很踏实。这种知错能改、从善如流、积极维护祖国语言文字纯洁性的态度，是值得赞扬的。

图一

图二

晓　津

卷首幽默

斧头·爹头·爷头

谭　风·文
麦荣邦·画

某商店售货小姐，在发票上将“斧头”误写为“爹头”；顾客指出后重开发票，又误为“爷头”。一误再误，可笑可叹，特作打油诗一首，以记其事：

爹也有头，爷也有头。　售货小姐，乱挥斧头。
一砍爹头，二砍爷头。　只要有头，一概不留。
小姐之头，仍在肩头。　依旧涂脂，依旧抹油。

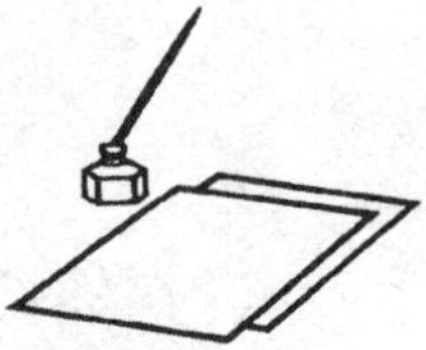

咬文嚼字

1997 年 10 月

第十辑

（总第三十四辑）

上海文化出版社出版、发行

上海绍兴路74号

编辑部电话：64372608－205

邮购部电话：64372608－251

邮政编码：200020

新华书店经销

上海艺文激光电脑排版厂排版

上海海峰印刷厂印刷

开本787×1092　1/32

印张1.5　字数43 000

1997年10月第1版

1997年10月第1次印刷

ISBN7－80511－916－3/H·46

定价：2.00元

10—2

目　　录

语林漫步

小议汉字书写的规范 ………周　速（4）

“花而不实”与“另出心裁” …仲　明（5）

最是“子曰”讹言多 …………王艾宇（7）

日文汉字不能照搬 …………戴玉堂（8）

独弦琴

汪惠迪专辑 ……………………………（9）

　何必“揾食” …………………………（9）

　契弟 ……………………………………（10）

　加醋还是加酱 …………………………（11）

　酷 ………………………………………（11）

　“添孙添祸”与“鼓烧排骨” ………（12）

字里乾坤

“羊”如何表“义” ……………刘志基（13）

尧帝缘何是高地

　——上古圣王得名考源之六 张再兴（14）

辨字析词

“巨增”“巨变”和“剧变” ……田之雨（16）

“常盛不衰”与“长盛不衰” …朱楚宏（18）

“蛰”与“蜇” …………………徐世华（19）

不肖·不消·不屑 ………钱　煦（20）

百问百答

“会稽山”的“会”以读 kuài 为宜

　……………………………………郑　茵（21）

“虫”的泛化 ……………………文士其（24）

广告天地

“大磨坊”“金磨坊”优劣说 …刘雪春（26）

“鸿喜”和“精闰” ……………牛玉屾（27）

令人费解的赠送 ………………程　虎（28）

不是滋味的“新口味” ………饶宗友（29）

“征订”的误用 …………………马玉升（29）

向我开炮

莫将述古当创作 ……………吉常宏(30)
《春秋》三传无“榖粱” ……………少　华(30)
港台不是外国 ……………毓　霞(31)
《电视剧〈司文郎〉指误》之误 …刘硕勋(31)
“荆沙市”已成历史 ……………施春宏(31)
这个冒号用得不妥 ……………居茂文(31)

词语春秋

话说“万人空巷” ……………汪少华(33)
风的性别及其他 ……………施春宏(35)
关于唐玄宗改“年”为“载”的馀话 ……………封常曦(37)

报刊扫描

“休止符”如何“奏出” ……………辛南生(39)
金农“缀学” ……………金　易(40)
关于“翻跟头” ……………俞明芳(40)
“新未来”不成话 ……………丁　益(41)
“正人”莫忘“正己” ……………今　许(42)
一笔误写义意非 ……………林双华(43)
《辍耕录》与袁枚 ……………周思璋(43)
“三国吴归命侯” ……………卢孟义(44)
“东施笑颦” ……………欧阳文彬(45)

五重奏

谐诗篇　买“否” ……………费钟如(46)
趣喻篇　李燕杰论“下岗” ……孟古行(46)
噱言篇　吴佩孚的批语 ……………贾　廷(46)
妙联篇　蒋泰巧对拆字联 ……石　陀(47)
智答篇　以牙还牙 ……………邬志和(47)

语丝

人类历史竟不足两千年 ……张广育(15)
谁“伸出魔手” ……………张在明(17)
“探视须知” ……………尚　义(23)
坦“诚”已见 ……………陆华云(25)
“白衣”和“白医” ……………桂宗先(32)

卷首幽默

斧头·爹头·爷头 …谭　风　麦荣邦(1)

语林漫步

小议汉字书写的规范

周　逺

报载加拿大魁北克省有一部地方法规:《错别字法》。该法规对违犯者极其严厉:写错一个字,监禁四十天并罚款一千元;法语区不得使用英文,否则入狱。

类似的法规,好像中国也有。比如,北京、武汉、南京等地的语言文字工作委员会曾规定在各自的辖区内,街道名、店招、广告等文字的书写,倘不符合规范,经指出后在限期内仍不改正的,每字每天罚款若干元。此事尽管数年前在三市的报纸上很热闹了一阵,但似乎没有下文。既没有见违犯规定的单位、个人被罚款的报道,也没有看到不规范的文字已经改正了:至今仍是繁简字并用,错别字横行。至少,笔者所生活、工作的南京是如此。

倘然书写不规范者仅是孤立的一群倒也罢了,因为总有"靡有孑遗"的时候。可惜并不,其后备大军正在茁壮成长,可谓"蕃衍其昌"。且不说数以亿计的仅能写姓名、记数字的半文盲们,单就"天之骄子"、一代青年精英大学生的书写情况来说吧,其不规范程度,说"触目惊心"绝不为过。如果进行抽查测试,情形绝不会比某大学二十八位博士生语文基本知识测试仅有两人合格好多少。自老教育家匡亚明倡导恢复《大学语文》(1952年以前为《大一国文》)课以来,笔者在某部属重点大学讲授该课近二十年,对于文理科诸系的学生,均有接触。理科学生且不去说,文科诸生,其保送入学者、各省高考前三名者,几占总数的三分之一,然而书写不规范的仍极为普遍。常见的"症状"大致如下:

一、结构错误。如上下结构的"萍、落"写成三点水旁;左右结构的

“花而不实”与“另出心裁”

（香港）仲　明

外甥女考上了香港最有名的一间女书院，激动得直哭。我这当舅舅的，也为她感到高兴。名牌学校毕竟不凡，开学刚刚一个星期，两道该校的中国语文作业题，就把我这个所谓学古文字学的给考住了。

从字面上看，这两道题一点古奥艰深的迹象也没有，只是问华而不实的“华”和别出心裁的“别”的今字是什么。我翻遍了家中的字典、词

“满”写成草字头。

二、偏旁纠缠。如“言”之与“水”、“木”之与“手”混淆，使得“沦、论”无别，“枪、抢”莫辨。

三、笔形混淆。如“学、觉”的上半部写为“党、赏”的上半部。

四、笔画错乱，该两笔的连为一笔，该一笔的写成两笔。如“去、却”竖、撇连写，“长、击、制”等字中的竖画分笔。

五、构件变形。如“越”之右旁写成“戊”，“临”之左侧与“归”之左侧相混，“监”之下半“皿”写成“临”的右下角，或“临”的最后一横两边出头等等。

此外，“冒”写成小头大尾，“昌”则写为大头小尾，如是等等，不一而足。如以“满、落、薄、冒、昌、侯、候、临、疾、酒、越、学、去、击、制、良、旅、风、随、逝”等二十个常见字抽查一批本科生、硕士生、博士生，相信笔形、笔顺、构件完全正确者，当不会超过百分之十。

字形是书面语言的载体，字形书写的规范与否直接影响到书面交流的效率，不能等闲视之。要改变当前书写不规范的现状，必须加强文字规范意识，强化文字规范教育，无论是大学生还是研究生，凡书写不规范者都应该补课。

典，一无所获；请教前辈和师兄，他们也答不上来，并且都没听说过这两个字有什么今字。于是，我唯有自认学艺不精，向这位初中一年级的女孩子举起了白旗。

过了两天，我禁不住好奇心的驱使，打电话去向她请教。外甥女很爽快地说："老师的答案是，华而不实的'华'，今字为'花'；别出心裁的'别'，今字为'另'。"对我来说，这答案远比那两道问题还要出乎意料。

汉字是记录汉语的符号。社会的不断发展，使汉语中原有的词语产生了新的意义，记录这些原有词语的字形，也随即负担起了记录更多的义项的任务。为了精确地记录汉语，汉字会逐步地在原有字形的基础上派生出新的字形，来记录新生的义项，来分担原有字形的职务。再经长期的约定俗成，语词的义项就固定地用某个字形记录了。原有字形记录的可能是新生义，新生字形记录的可能是原有义。因此，原有字与新生字，彼此字形相承，读音相同或相近，意义也相关联，成为了"古今字"。从时间的前后来看，毫无疑问，"华""别"为古，"花""另"为今。但是这并不代表"花"可以用为华而不实之"华"，"另"可以用为别出心裁之"别"。

在记录种子植物的有性繁殖器官这个义项时，"华""花"是名副其实的古今字。但是，汉字记录华丽、浮华、虚华等义，仍只用"华"不用"花"。换句话说，"花"字只是分担了由"华"字所记录的部分义项，并没有全盘代替"华"字。把"朴实无华"写成"朴实无花"，把"华而不实"写成"花而不实"时，人们很可能会以为我们是在形容一种植物的外貌，而不是在歌颂或贬低一个人的作风。使用这样的"今字"，只会引起理解上的混乱。

"别出心裁"，见于清人顾观光的《武陵山人杂著·杂说》。把它写成"另出心裁"，旁人看了虽不至于产生类似"花而不实"的误会，也只能认为这是我们自造的新词，而不是在使用一个众所周知的成语。也就是说，改"别"为"另"，违反了汉语和汉字约定俗成的使用规律。再者，虽然"别"与"另"都可以表"另外"义，但《武陵山人杂著》原文是说，敖继公释《仪礼》，摒弃古注，别出心裁，有独树一帜、与众不同的意思。如改用"另"字，则无从表现"独特"之义，原文的涵义反而显得浅薄而不完整了。换言之，表达与众不同、独树一帜的意义时，"别出心裁"四字要比"另出心裁"称职得多。

最是"子曰"讹言多

王艾宇

传统文化受到尊重，著书立说征引孔子语录遂成时髦。但是引经据典应当严肃，不能道听途说，人云亦云，或只凭印象和感觉，不加查证，就信口开河。而时下于孔子话的引用，讹误之多令人惊异，这类讹误主要表现为如下三点：

其一，把《孟子》上的话当孔子的话加以引用。最常见的是"食色，性也"一语。这句话成了孔子最具时尚色彩的名言，被视为权威的新潮标签，到处乱贴。然而孔子并没说过这样的话，查此语出自《孟子·告子上》，并且不是孟子所说，而是孟子的对立派告子所说。此外如孟子说的"挟泰山以超北海""不孝有三，无后为大"等语，也都被人当作孔子的话加以引用。

其二，把孔门后学的一些名言作为孔子的话加以引用。比如去年有一本多人合著的畅销书就这样说："孔子曰：'吾日三省吾身。'"这是拿孔子高足曾子的话当孔子之言引用了。《论语》一书虽然主要记录的是孔子语，但也夹杂不少孔门弟子的话，曾子此语见《论语·学而》。还有《礼记·礼运》的"饮食男女人之大欲存焉"一语，也时见被作孔子语而征引，这也是大成问题的。固然《礼运》篇有"孔氏遗书"之说，但毕竟只是个别学者的推断，未成定论，直指为孔言，显然不妥。类似孔子遭遇的还有孟子，去年北京某大报有文云："孟夫子有句名言，叫做修身治国平天下。"这是拿《礼记·大学》上的话安在孟子头上了。孟子有"天下之本在国，国之本在家，家之本在身"之说，与《大学》修、齐、治、平之说近似，但词句结构毕竟有异，在征引上是不能代替的。

其三，把俗语当作孔子的话加以引用。孔子是主张"和"的，说过

日文汉字不能照搬

戴玉堂

中央人民广播电台曾把日文“自动车”原文照搬。何谓“自动车”，即我们所说的“汽车”；可日本人又把火车叫“汽车”。如果都原文照搬，那不就出大笑话了！中央人民广播电台曾把日本的横滨读成“横浜”。这个责任在驻东京的电台记者，他把“横浜”原文照抄了。日文简化的“浜”字，即中文简化的“滨”。日本人常把中国的哈尔滨写成“哈尔浜”。

《劳动报》1995年1月18日曾把日本王者舞艺社原文照搬成“王者舞芸社”。殊不知日文简化的“芸”，即中文的“艺”。

《新疆日报》也曾把日本蝶理株式会社取缔役原文照搬。我打电话问编辑，什么叫“取缔役”？回答说他也不知道，记者就是那样写的。实际上“取缔役”就是我国的“董事”。

乌鲁木齐市团结路上有家“日本料理居久屋”。一般来说，在日文里叫什么什么屋的“屋”是“店”的意思。单就“居久屋”来说是“小酒馆”的意思，不宜做店名。

“礼之用，和为贵”一类话。但好像自宋元以来，世俗观念又兴出一个“忍”字，与“和”相随，并且渗及儒家系统一些通俗教材中，如“知足者常乐，能忍者自安”“忍得一时忿，免去百日忧”之类说教。其实“和”与“忍”分属不同的思想范畴，有些作者受世俗观念的影响，想当然地把“忍”看作孔子基本思想了。于是某大报又有这样一文，开笔就说：“‘和为贵，忍为上’当算得孔子思想精髓之一吧？”引文加上引号，煞有介事，好像孔子真有这么一个说法似的。

正确引用孔孟之言说来并非难事，一部《论语》一万五千余字，《孟子》三万五千余字，熟悉一下这两本小册子，用时再翻检一下，就不会闹出常识性笑话。

独弦琴

汪惠迪专辑

编者按

“独弦琴”已连“演”三场。本场的“演奏者”为汪惠迪先生。汪先生于1984年10月，从香港应聘到新加坡工作，现为新加坡报业控股华文报集团高级新闻研究员、新加坡南洋理工大学中华语言文化中心特邀研究员、香港中国语文学会词库工作组成员。近年来主要从事新闻语言的研究工作，出版有《狮城语文闲谈》《熟语天天学》(1—5)《词语评改》(1—4)等。从本栏的文章，不难看出汪先生的独特视角。

何必“揾食”

语言是信息的载体，文字是记录语言的符号，因此语言和文字成为人类沟通的最重要的工具。

在使用 这个工具时，不论是说还是写，都必须以听的人或看的人容易听懂或看懂为前提，否则，会降低信息传递的效率。

报纸和杂志都是大众传播媒体，如果发行范围不限于一国或一区，而是跨国或跨地区的，就更需要注意提高信息传递的效率。

提高信息传递的效率可以从多方面着手，其一便是避用方言词语。如果作者用了方言词语，编辑就应把它改为华语的词语。

有一份中文时事周刊声言是“全球华人的喉舌”，是“联系全球华人的媒介”，最近接二连三地议论文字整合和文字大同的问题，并采取了一些消除文字隔阂的措施。该刊的观点和做法，值得同行重视。

有一点是笔者所不敢苟同的。

这份周刊说，“如求传神，不时采用一些有价值但‘本土化’的方言用语，并辅以解释”。于是在这份周刊所发表的文章中，“揾食”下括注了“意即谋生”，“埋单”下括注了“意即结账”，“出粮”下括注“发薪”，“楼顶”下括注“楼上”。

我认为，对不懂广州话和闽南话的读者来说，你在文章中用“揾食”和“楼顶”，他们根本体会不到这些方言的传神之处。看到“揾食”和“楼顶”，他们首先想知道的是这两个词是什么意思。及至看了括号里的注释，他们或许会问：既然“揾食”就是“谋生”，又何必“揾食”，而不“谋生”呢？

契弟

1996年10月，我从桂林回新加坡时途经香港，在港逗留数日。话说10月22日那天，香港东区裁判署审理一起案件。原告是香港皇家警察，被告是香港市民成伟邦。事缘一起请愿事件，成伟邦跟警察发生冲突，警方指成伟邦袭警、拒捕、骂人。警方的起诉书说，成伟邦当时用广东话骂了句：“拉我啦！契弟！”

审讯的法官是英国人，不知“契弟”所指为何，于是翻阅英文诉状，“契弟”译成 bugger(鸡奸者)。

律师盘问证人，不料为原告出庭供证的警察说“契弟”是 bastard(杂种)。“嗯？‘契弟’到底是什么？”洋法官不由得纳闷起来，便问庭上的通译员，谁知通译员的翻译更加精彩。他告诉法官，叫“契弟”是指对方的妻子跟自己有染。

采访法庭新闻的记者事后描述说，法官听了通译员的解释，脸上不禁露出了“有趣”的笑容。

公堂之上，一个“契弟”，三种解释。此事在香港报章上作为花边新闻报道后，一时之间，酒楼茶肆，升斗小民莫不议论纷纷。一句广东话，竟在这个广东话大行其道的地方考倒了不少人。

广东话里有契仔、契女、契爷、契妈，是指干儿子、干女儿、干爹、干妈。“契弟”却不是干弟弟，干弟弟叫契细佬。那么“契弟”到底是什么意思呢？笔者只好去查广东话方言词典。有一本的解释说，“契弟”是脏话，可对译成普通话的“孙子”，而其英文注释则是 son of a bitch。

son of a bitch——狗养的！看来还是出庭供证的警员说得比较正确，“杂种”和“狗养的”，半斤八两，都是非常不雅的詈语。

回归前，香港法庭上竟有如此精彩之一幕，真是妙不可言！

加醋还是加酱

新加坡《联合早报》1997年4月3日的一则新闻中用了个成语“添油加醋”。有人质疑，到底是加“醋”还是加“酱”？

翻阅工具书，才知道，这个成语的主条是“添枝加叶”，也说“添油加醋”。《现代汉语词典》(1996年7月修订第3版)就是这么处理的。如果多查几本工具书，就不难发现，枝叶可以添、加、换、接，换成油醋后，油醋又可以用盐、酱替代。于是变换出八种形式：

添枝加叶—添枝换叶—添枝接叶—有枝添叶

添油加醋—加油添醋—添盐加醋—添油加酱

结果是油盐酱醋都可加，枝叶可添也可换。同一个意思竟可用八种形式来表达，往好处说是丰富多彩，往坏处说是徒增学习者的负担。

酷

“酷”是眼下香港、台湾、新加坡和马来西亚年轻人的流行语。大陆人民到港台新马旅游，听到或看到“酷”，恐怕不明白是什么意思吧。其实，即使是生活在上述国家或地区的老一辈，也未必了解它的意思。举个例子：

我们常常靠看电影打发时间，却在开放与不设防中吸收了许多毒素。酷是当代的潮流，要酷得起，当然在外表上要跟风，要酷得威，不只要行为上学得像，更要懂得超越。我们看见了酷的这一代，也相信未来是酷的兴盛期，那时酷的爷爷会怎么向他的酷的孙子介绍酷的家族呢？

这段文字，一共“酷”了八次，如不解释，你能明白它的意思吗？所以笔者得赶快解释一下。“酷”是英语cool的音译。翻译成普通话，我想来想去觉得还是用“冷傲”比较贴切。

有些年轻人还真的“酷”不起来，于是喜欢“扮酷”——装出一副冷傲的样子。据笔者观察，现在是真正“酷”的人不多，“扮酷”者则与日俱增。至于“扮”得够不够“酷”，那就只有天晓得了。

若问“酷”风从何而起，有人说是香港，有人说是日本。再问“酷”风起自哪个行当，众口一词是影艺圈。

周边国家和地区“酷”风四起，中原大地是否已发出将刮“酷”风的天气预报？身在异国，还是等待国内同道回应吧。

“添孙添祸”与“鼓烧排骨”

鼠年春节前夕，一位姓白的小姐通过传真向一家礼品公司订了两个礼篮，送给她的客户。她在订单上清楚地写着，送给其中一人的礼篮的祝颂语是“生意兴隆，添孙添福”，因为对方就要当爷爷了。

这位准爷爷收到礼篮后一看，顿时气得说不出话来，原来上面写着的竟是“生意兴隆，添孙添祸”。他立刻打电话给白小姐，白小姐忙不迭地解释、道歉。白小姐也消不了这口气，便打电话给报馆，把事情的经过说了一遍，并把订单传真给报馆。报馆向礼品公司了解情况后，就图文并茂地作了报道。

礼品公司当然是吃不了也得兜着走。该公司老板无奈地解释说，他的职员华文水平不高，才出了这样的错。

这件事使我联想起一家餐馆门口终年放着的一块菜牌。那红底木板上用白粉写着八种菜的名称，赫然名列第一的是“鼓烧排骨”。“鼓烧排骨”？什么名菜？纳闷了一会儿也就恍然大悟了：“鼓烧”者，“豉烧”之大谬也！

“福”“祸”形近，“鼓”“豉”形更近，即使依葫芦也会把瓢画错。这是发生在新加坡的真实的故事，不亦发人深省吗？

“羊”如何表“义”

刘志基

“正义”之“义”，是一个经过大幅度简化的汉字。留意一下它的繁体“義”，上面是“羊”，下面是“我”，不免令人莫名其妙。翻一下字典，可以查到，“義”原来是个形声字，“我”是表音的声符，“羊”才是表义的形符。声符且不去管它，但表义的“羊”究竟如何表“義”，却不能不成为一个待解之谜。

当然，“义”字的本义，并非“正义”，而是“容仪”“礼仪”之“仪”，并有“准则”之义。显而易见的是，这些意义，都可以归到“美善”这个大的义类中。说到“美”“善”，不难发现这两个字中也都有“羊”，而且都是表义的符号。由此，我们的疑惑也不能不被提升一个层次。

翻开古代文献，不难发现，在古人的观念里，羊确实可以成为美善的象征。《诗经》中有一首篇名为“羔羊”的诗，主题是称赞卿大夫品德高洁，而用来比喻他们高尚品德的就是“羔羊”。由此，“羔羊”便在古代文献中成了“高洁”“正直”的代名词。与这种观念相联系，羔羊又成了朝廷官府征聘贤士的聘礼。《后汉书·陈纪传》记载：陈纪与他的父亲陈寔及弟弟陈谌都有高洁之名，常常同时被官府征召，于是用作聘礼的羔羊便在园子里成了群，这被当时人们视为无上的光荣。羔羊之所以用来征聘高人贤士，其用意就是要以羔羊象征高尚德操。与此相类，羔裘又被用为诸侯、卿大夫的朝服，也同样是要用羔羊的美德来象征这些贵族老爷的“美德”。

羊为什么会被赋予这种象征意义，进而跑到“義”字里充当唯一的表义符号呢？古书中曾有这样的解释：羊这种动物你抓它作为见面礼

尧帝缘何是高地

——上古圣王得名考源之六

张再兴

尧是我国神话传说中的五帝之一。但是《说文》却将“尧(堯)”字释为“高也”,字形以“垚”和“兀”会意。《睡虎地秦简》则作,直以“土”和“人”会意。垚即是“尧”的初文,《说文》:“垚,土高也。”可见“尧”字本义为高土。大家一定会产生这样的疑问:堂堂帝王怎么会是高土呢?这跟传说中尧遭洪水的事件紧密地联系在一起。

诸多古籍都记载尧的时候,天下发生了大水灾。《风俗通·山泽》:“尧遭洪水,万民皆山栖巢居,以避其害。”这种“滔滔洪水方割,浩浩怀山襄陵”(《尚书·虞书》)的可怕景象给人们留下了难以抹去的印象。甲骨文“昔”字就真实地再现了这种记忆。甲骨文“昔”字写作,往昔之日总与洪灾联系在一起,大水和日的组合正传达出往日滔滔洪水遮

它不叫,杀它它也不号,母羊给幼羊喂奶要跪下,羊喜欢成群生活却又不相勾结。显然,这是从古代统治者的角度根据羊的特性而对它作出的价值判断,尽管打上了统治阶级阶级意识的烙印,但对我们理解“義”的造字意图还是有帮助的。

然而,我们的认识如仅仅停留于此,似乎还是片面的。因为在古人的心目中,羊还具有识别、惩罚罪犯的特异功能(关于这一点,详见《咬文嚼字》1995年第十二辑《古人怎样执“法”?》一文),这简直就成了公正执法的正义化身了。显然这又从另一个角度维系着“羊”在“義”字中的表义地位。

天蔽日的真实景观。

洪水给远古先民造成的灾难是无法完全用语言来表述的。“灾祸”的“灾”字，其构形就浓缩了无穷的洪水灾难。“灾”，甲骨文写作，中间的是声符，两边的表义符号即是“水”的象形，描摹的正是洪水滔滔肆虐人间的景象。《说文》又收了一个“”字，以“一”横于“川”构形，正是“灾”的古体，描摹了河川堵塞、水流泛滥的景象。两个形体的理据完全相同。一直到现在，我们还将带来灾难的东西叫作“祸水”。

面对滔滔洪水，先民们一方面前赴后继地加以治理，大禹治水的神话即是与洪水斗争的一个杰出代表；另一方面，面对汹涌而来的洪水，人们只得暂时登上丘陵高地，以暂避其祸。邍（即“原”字的或体），《说文》谓“高平之野，人所登”，即是人们所赖以躲避洪水的去处。人们更熟悉的还有“州”字，也有相同的构形理据。甲骨文“州”字写作，描摹的正是水中可以居住的高地。《说文》：“昔尧遭洪水，民居水中高土，故曰九州。”而中国别称“九州”，也正是在茫茫大水中若干高地上生存下来的先民的回忆。

尧帝的功绩正在于领导人民治理水灾，登上丰饶的高地。在先民心目中，这个远古圣王自然也与人们避水的高土联系在了一起。而尧又号“陶唐氏”，根据学者的考证，“陶唐”也正是“高亮之丘”的意义。

语丝

人类历史竟不足两千年

张广育

《环球时报》一九九七年二月九日《千年之交何处度除夕》一文开头写道：『还有三年的时间，人类将要同时进入二十一世纪和第三个一千年。』人类将要进入第三个一千年的意思是，公元前没有人类，人类的历史迄今还不到两千年！

本来，『人类将要进入二十一世纪』就已经把话说清楚了，还要『同时进入』『第三个一千年』做什么？画蛇添足，吃力不讨好。

辨字析词

“巨增”“巨变”和“剧变”

田之雨

天津《今晚报》1997年2月28日第5版有一大标题：“我市奶牛存栏量巨增”，这“巨增”二字是“剧增”之误。

为什么不能用“巨增”呢？看来应该先对“巨”字开头的各词考察一番：

(1)巨人、巨著、巨款、巨轮、巨匠、巨头(金融巨头、世界三巨头)、巨子(文坛巨子)：这些词都是名词，其内部结构都是定中关系，是偏正式合成词，句中作主语、宾语。

(2)巨幅、巨额：也是偏正式词，作定语。如“巨幅画像”“巨额钞票”。

(3)巨大、巨细：联合式合成词。

(4)巨变：解释见后。

标题句中的“巨增”(应该说，“巨增”是生造的，放宽点说，可算是两个单音词拼凑而成的词组)自然与“巨变”是一类。下面就从“巨变”谈起。

“巨变”一词，是状中关系的偏正式合成词。这样的合成词进入句子本应是充当谓语的，但是它却只能作宾语或主语。如：

这几年家乡的面貌发生了巨变。(作宾语，《现代汉语词典》用例)

这几年家乡面貌的巨变真让人兴奋不已。(作主语)

如果强令其作谓语，说成“这几年家乡的面貌巨变了”，便会使人感到别扭、不顺畅。将“巨”改作“大”就明显顺畅了。不过，“大变”是两个词，其结构关系则仍是状中关系。可见，状中关系的词或词组是经常用作谓语的。

再看，作了主语、宾语的“巨变”实际上是“巨大的变化”的简化，上列两句中的“巨变”都可以还原为“巨大的变化”。如此，则其结构关系已成为定中关系就更显而易见。

因此，上述(1)(4)两类词尽管内部关系不同，但句法功能却相同：

均只能作主语、宾语，不能作谓语。

或曰：五六十年代著名作家周立波写了一部名叫《山乡巨变》的长篇小说，其中的“巨变”不是作了谓语么？不错，这个“巨变”是作了谓语，但是这是个文言句，“山、乡、巨、变”是四个单音词（“水乡”已因常用语“江南水乡”而成为词；“山乡”则尚未凝固为词），不能以此来衡量白话句。

“巨增”也和“巨变”一样，不能充当谓语。那个标题句却强令“巨增”作谓语。

下面再来看看“剧”字头的词：

(1)剧增、剧降、剧饮、剧痛：状中关系的偏正式合成词，句中作谓语。

(2)剧变：也是状中关系的合成词。但是同“巨变”一样，不能作谓语，只能作主语、宾语。如：

1. 形势的剧变迫使他必须当机立断。(√)

2. 他感到了形势的剧变。(√)

3. 这里的形势剧变了。(×)（同“巨变”一样，必须改“剧”为“大”，此句才能成立。）

“剧变”与“巨变”的区别，不在句法功能上，而在意义上。“剧变”指速度、幅度；“巨变”指范围、性质。

“剧增”也指速度、幅度（当然“剧变”与“剧增”或“剧降”在句法功能上是不同的），报道说“奶牛存栏量扩大了3.5倍，牛奶上市量扩大了4.5倍”，这自然也说的是增长的速度、幅度。所以无论从哪个角度上看，在标题的谓语的位置上用“剧增”，实乃理所当然。

鹊巢鸠占而且又是生硬结合的“巨增”没有理由强占着谓语的位置，应该让位给称职的、现成的“剧增”。

语丝

谁『伸出魔手』

张在明

《中国青年报》从一九九七年一月十二日起，多次登载了题为《康复糖尿病 已不是昨日的神话》的广告。其中有这样一句话：

随着我国人民生活水平的日益提高，糖尿病患者日益增多，并向中青年段年龄者伸出魔手。

该句的主语是『糖尿病患者』而非『糖尿病』。于是，末句的意思便成了『糖尿病患者向中青年段年龄者伸出魔手』！

广告制作者的原意应是：糖尿病向中青年段年龄者伸出魔手，但文字表达却闹出了笑话。

“常盛不衰”与“长盛不衰”

朱楚宏

《荆沙日报》1996年12月1日有文题为《南门中学体育之花常盛不衰》，行文中又出现了“力争保持传统特色和优势长盛不衰”的语句。究竟是“常盛不衰”，还是“长盛不衰”呢?

“常”和“长(cháng)”都是多义字，在表示与时间有关的意义时，“常”和“长”有互相牵连的地方。

《新华字典》释“常”的第一个义项是:“长久，经久不变。”如“常绿树”“圣人无常师”。《现代汉语词典》修订本释“长”的第一个义项是:“两点之间的距离大(跟“短”相对)。a)……b)指时间:夏季昼～夜短/～寿。”

上述“常”与“长”的两个义项，都涉及到时间意义。如“常绿树”的“常”是指树绿的状态持续的“时间久”,“长寿”的“长”指人的寿命延续的“时间长”。值得注意的是，它们有相通处，但也各有意义的侧重点。

“常”,侧重于经久而“不变”,与“恒”同义。《玉篇·巾部》:“常，恒也。”专业术语，“常量”也叫“恒量”。汉时为避汉文帝刘恒的讳，将“恒山”改成“常山”,这也可以证明“常”与“恒”的同义关系。

如果用于时间意义，“长”则侧重于时间“跨度大”,与“远”同义。《说文》:“长，久远也。”如合成词“长远”,语素同义并列;成语“源远流长”,“远”与“长”同义对举。

正是二者之间的这种差别，决定着一定的语素组合对“常”与“长”的选择。“常绿树”的“常”和“长寿”的“长”都有时间意义，但前者主要是指树的绿色“不变”,后者就没这一层“不变”的意义了。如同样是“cháng 青”,“冬夏常青”,是指“冬夏季节在变，但绿色不变”;“万古长青”,是指“千年万年永远苍翠”。又如同样是“cháng 年”,在“cháng 年在野外工作”(例见《现代汉语词典》,下同)中，应 写作“长年”,表时间之长;在“山顶上 cháng 年积雪”“战士们 cháng 年守卫在祖国的边防”中，应写作“常年”,表状况总不

“蛰”与“蜇”

徐世华

“生命并不孤独，处处都蜇伏着温情和美好。”这是《中国青年报》1997年4月18日所载《牵挂》中的一句。句中“蜇伏”当用“蛰伏”才对。

无独有偶，在《同义词词林》中，“蛰伏”也同样错成“蜇伏”。见该书“汉语拼音索引”，上海辞书出版社，1983年版。遗憾的是，1996年第二版时，未予订正。

可见，“蜇”“蛰”混淆由来已久。

“蜇”“蛰”两字，均属“虫”部。其外貌长相，大同小异，酷似一对双胞胎。所谓小异，也就是细微的差别，仅在冠首右边，前者是“斤”，后者为“丸”。笔画虽相差无几，含义却大相径庭。两者互不相通，不能张冠李戴。

“蜇”，一音 zhē。此字《说文》未载。本义为毒虫叮刺。晋代张华《博物志・异虫》：“蝮蛇秋月毒盛，无所蜇螫，啮草木以泄其气，草木即死。”又如：马蜂蜇人；腿被蚂蟥蜇了一口。引申为刺痛；刺伤。《列子・杨朱》：“乡豪取而尝之，蜇于口，惨于腹。”又如：伤口蜇痛；切洋葱蜇眼。另一音 zhé，仅用于“海蜇”一词。“海蜇”，又名“海蛇(zhà)”，腔肠动物。体表有微小刺胞，内含毒素，蜇人生痛，故名。

“蛰”音 zhé。本义指动物冬眠。《说文》：“藏也。”《庄子・天运》：“蛰虫始作，吾惊之以雷霆。”黄庭坚《清明》诗：“雷惊天地龙蛇蛰，雨足郊原草木柔。”如：惊蛰（二十四节气之一，介于“雨水”与“春分”之间）；蛰虫昭苏。引申为隐藏；隐居。《文心雕龙・指瑕》：“《武帝诔》云：‘尊灵永蛰。’”如：蛰伏；蛰居斗室。

改变。《现代汉语词典》对“长年”和“常年”的解释值得细心体会。“长年：一年到头；整年。”“常年：终年、长期。”“长年”，突出了时间跨度大、全年的意思；“常年”，突出了始终如一、长时间不变的意思。

很明显，“cháng 盛不衰”的“cháng”不是指时间“跨度大”，而是指经久“不变”，应该写作“常盛不衰”而不宜写成“长盛不衰”。“常盛不衰”，是指在万事万物盛衰变化中，保持兴盛的态势，永不变化。

不肖·不消·不屑

钱 煦

《中华老年报》1995年8月7日《鞋》一文中说道："如今我已是'天命'（应为'知天命'）之年的人了。不屑说这五十多年里，至少穿过百十双鞋……可我总忘不了母亲给我做的土布鞋。"

今年5月29日，该报《从〈儿女情长〉看老年人的"精神赡养"》一文中有句云："有的在电视屏幕前含泪拷问灵魂，自责过去的不屑。"

两篇文章立意都颇可取，可惜都错用了"不屑"。第一例应用"不消"，第二例应用"不肖"。

屑、消、肖是意思迥异的三个字，前面加上"不"，意思仍然不同，决不可混用。

肖音 xiào。《说文》："骨肉相似也。从肉，小声。不似其先，故曰不肖也。"在封建社会里，强调对祖先的孝道，"不似其先"就是不孝，故有"不肖子孙"之称。不肖又引申为不贤，在"晏子使楚"这个故事里，晏子回答楚王责难时说："齐命使各有所主。其贤者使使贤王，不肖者使使不肖，婴最不肖，故直使楚矣。"（见《晏子春秋·杂下第六》）上举第二例中，作者在看了电视剧《儿女情长》后对自己的不孝行为痛加反省而自责，理应用"不肖"，用"不屑"，就无法讲通了。

消音 xiāo。《说文》："尽也。从水，肖声。"有消失、度过、需要等义。"不消"，即不需要，不用的意思。上举第一例中作者讲五十年里至少穿了百十双鞋，这是常理，不用说的，理应用"不消"。用了"不屑"，显然牛头不对马嘴。

屑音 xiè。《说文》作㞕。㞕，动作切切也。从尸，㕯（音 xì）声。义为"不安"。引申为顾惜，介意。"不屑"就是不顾惜，不介意，也即不值得，轻视的意思。如一些不道德的事，人们都不屑去做等。"不屑一顾"便是今天常用成语之一。

不屑、不消、不肖是三个词，不可混用。把"屑"错念成 xiāo，又不问其字形、字义，错误就难免了。

百问百答

“会稽山”的“会”以读kuài为宜

郑　茵

来信

中央人民广播电台播讲长篇小说《浣纱王后》时，把浙江的会稽山（或古地名会稽）的“会”读作 huì。我觉得这个读音不对。《辞海》对“会稽”的标音为 guì jī，可是释文却作：“相传夏禹至茅山（或作防山）大会诸侯，计功封爵，改名会稽山，即会计之意。”从“会稽”即“会计”之意来看，“会”不是应读 kuài 吗？“会稽”的“会”究竟该读什么音？

大连市沙河口区　李沼江

会稽山，位于今浙江省中部，古代本名苗山（或作茅山、防山）。相传秦始皇统一全国后巡游南方，曾登山以望南海，并立石颂秦德，因此也称秦望山。

综观建国以来出版的几部常用的词典，凡是收录“会稽山”或“会稽”条目的，其“会”字大致有两种读法，例如：

（一）《四角号码新词典》《新华词典》和1988年版修订本《辞源》均注作 kuài（快）。

（二）1989年版《辞海》（通称新《辞海》）注作 guì（贵）；《汉语大词典》收“会稽”（原稿“会”印作繁体“會”）条，注明“会”属第二个音项 kuài，但在该条下又加注“（今读 guì——）”。

kuài 和 guì 这两个读音的根据何在？按照规范化的要求，应当确定哪一个为标准音呢？

首先要交代一下，“会”是个多义多音字，其一是用于“会合”等的“会”，读 huì（惠）；其二是用于“会计”等的“会”，读 kuài；其三是用于古汉语词“会撮”的“会”，读 kuò（扩）。下面只就音义相近的一二两类作比较分析，第三类姑置不论。

《说文·会部》云:“会,合也。”这是用于“会合”的“会”,唐孙愐《唐韵》注作:“黄外切。”

《周礼·天官·大宰》云:“岁终,则令百官府各正其治,受其会。”郑玄注:“会,大计也。”又《周礼·天官·小宰》云:“听出入,以要、会。”郑玄注:“要、会,谓计最之簿书,月计曰要,岁计曰会。”以上是说,古代的大宰和小宰,每隔一定时期,必须会集有关人员,对所属官府的收支情况进行统计,每月一次(在月终)的称“要”,每年一次(在年终)的称“会”。连带这种统计的文书簿册也称“要”和“会”。后世“会计”的名称就是由此而来的。这个“会”字,也有“会合”之意,所以段玉裁在《说文》“会,合也”下注道:“会计者,谓合计之也,皆非异义也。”此义本应与第一类同音,但古人为了将这类专用义与一般的“会合”义区别开来,就定成了另一个相近而微别的音,唐陆德明《经典释文》注作:“古外切。”一经规定后,“会合”的“会”和“会计”的“会”,其读音便再不能混同了。

那么,“会稽山”的“会”,与上述哪一类读音直接有关呢?古人又是怎样给它注音的呢?

先看“会稽山”的得名。《史记·夏本纪》云:“禹会诸侯江南,计功而崩,因葬焉,命曰会稽。会稽者,会计也。”《越绝书·越绝外传记越地传》说得更加详细:“禹始也忧民救水,到大越,上茅山,大会计(一本作稽),爵有德,封有功,更名茅山曰会稽。”原来,会稽山的得名,与夏禹在此山会合诸侯计功封爵有关,“会稽”就是“会计”,那么命名其山为“会稽”就完全顺理成章了。“会稽”的“会”自然也应与“会计”的“会”同音。所以,《周礼·夏官·职方氏》云:“〔扬州〕其山镇曰会稽。”《左传·哀公元年》云:“保于会稽。”陆德明《经典释文》均注作:“会,古外切。”

从以上论述,可得出如下结论:

“会合”的“会”古代读音—黄外切

**“会计”的“会”
“会稽”的“会”〉古代读音—古外切**

这里有一个问题:“黄外切”折成现代读音当读 huài(坏),而“会合”的“会”今音却读 huì;“古外切”折成现代读音当读 guài(怪),而“会计”的“会”今音却读 kuài,这两组古今语音的差别是怎么过渡的呢?

先看“会合”的“会”。从唐代孙愐的《唐韵》,到宋代的《广韵》和《集韵》,都读“黄外切”,属于去声泰韵(韵母为 uài),但到了元代周德清的《中原音韵》,却转入了“齐微韵”,与“惠、慧、贿”等成了同音字。以后明梅膺祚的《字汇》作“胡对切”,清代官修韵书《音韵阐微》作“户最切”，折合今音都读 huì。这样，“会合”的“会”便完成了从 huài 到 huì 的过渡，直至今天再也没有改变过。

“会计”的“会”，情况比较稳定。明《字汇》仍作“古外切”，清《音韵阐微》改为“固外切”，韵母并没有从 uài 变成 uì。直至1918年（民国七年）旧教育部审查出版的《国音字典》中，改用注音字母后所注的音仍然作ㄍㄨㄞˋ（guài）。然而，变化毕竟还是发生了。1915年（民国四年）出版的《辞源》，在“会计”的“会”义项前，出人意料地注了个新的反切“去外切”。反切上字从“古”变成“去”，它的声母也就从不送气的“见”母的 g，变成了送气的“溪”母的 k。整个音节完成了从 guài 到 kuài 的过渡。这个变化，以前的韵书上是找不到根据的，肯定来自口语中的实际读音。到了1941年（民国三十年），kuài 音终于为旧教育部国语推行委员会编纂的《中华新韵》所采纳，取得了合法的地位，直至今天也没有再改变过。

那么，“会稽山”的“会”呢？本来，作为山名的“会稽”，既然直接脱胎于“会计”，其“会”字理所当然也应读 kuài。但奇怪的是，1945 年出版的《国语辞典》，却对“会计”和“会稽”的读音作了不同的处理：“会计”的“会”注成ㄎㄨㄞˋ（kuài）；“会稽”的“会”注成ㄍㄨㄟˋ（guì）。这个ㄍㄨㄟˋ音，来路不明，可能是根据“名从主人”的原则，从会稽山当地方言中取来的（绍兴、诸暨一带读“会稽”的“会”，其音似 guì）。此音影响所及，就成了今天新《辞海》和《汉语大词典》“会稽”条注音的依据。然而这种方言音并不足取。“会计”与“会稽”，其“会”字既然意义相当，而且后者又直接脱胎于前者，读音理应相同。人为地别注新音，徒然增加人们记忆的困难，不符合语音规范化的要求，何况国家颁布的《普通话异读词审音表》也没有采纳 guì 这个异读音。因此，“会稽山”的“会”应当废去 guì 音，以kuài 为标准音。

语丝

『探视须知』

尚义

巴塞罗那有家医院，探病者往往人满为患，病房嘈杂不堪，影响病人休息。为此，院方作出一个规定：一个住院病人一次只准接待两名探望者，每次不得超过半小时。于是，病房门前贴出了一份『探视须知』，谁知那上面写的竟是：『一张床限两人，一次限半小时。』

“虫”的泛化

文士其

来信

汉字中有很多以“虫”为形符的字，其中有无足的，如蛇；有四条腿的，如蜥蜴；腿更多的有蜘蛛，还有蜈蚣。水里有螃蟹，空中有蝴蝶、蝙蝠，土里有蚯蚓，墙角有蜗牛，厨房有蟑螂……它们都是虫吗？看一下《动物学》，可知它们分属不同的门类：有软体动物，有节肢动物，有哺乳动物，还有腔肠动物，怎么统统划到虫部了呢？蝙蝠从哪看，也和虫不相关呀！我真是百思不得其解。特来请教。

佳木斯六中　张保国

为什么“蛙”“蛇”乃至属于哺乳动物的“蝙蝠”都会以“虫”为义符？要回答这个问题，我们不能不费些笔墨去追溯“虫”的字源及其颇为复杂的演变轨迹。

要说“虫”字，当先说“它”，因为“虫”字原本是由“它”字孳乳派生出来的。甲骨文“它”写作、、等，乃是蛇的象形。与此相应，“虫”的本义也是蛇。《说文》：“虫，一名蝮，博三寸，首大如擘指。”如此之“虫”，也就是“虺”（音 huǐ，义为毒蛇）字。由此可以明白，“蛇”“蝮”“蟒”等字从“虫”得义，实在是再自然也不过的了。

上古穴居，蛇害尤其令人生畏，所以蛇也就得到人们的特别关注。甲骨文有“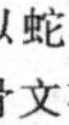”字，描摹蛇啮人足，表示“灾祸”。这种意义在甲骨卜辞中亦可由“它”（）单独表示，并一直延续到《说文》中：“它，虫也。上古艸（草）居患它，故相问：无它乎？”可见在古人的心目中，蛇乃是灾祸的象征。蛇的这种特殊地位，又轻易地促

发了“它”字意义的泛化：上古时代，由于征服自然能力的低下，人们对自然界万物普遍抱有畏惧心理，而畏惧之尤者自然可以成为其代表，所以“它”又变成一己之外万物万事的代称。由此反观“虫”字，其意义的泛化也就不难理解了。

《说文》在释“虫”为“蝮”后又曰：“物之微细，或行，或毛，或蠃，或介，或鳞，以虫为象。”意思是说汉字中关涉行走的、长毛或不长毛的、长甲或长鳞的各类禽兽鱼虫的文字，都可以取“象”（即义）于“虫”。也就是说，在造字中，“虫”作为表义的部首，已成为禽兽鱼虫的共名。然而，“虫”的意义泛化并不仅止于此。小篆中又有“䖵”“蟲”二字为“虫”所派生。“䖵”音 kūn，《说文》释“蟲之总名”；“蟲”音 chóng，《说文》曰“有足谓之蟲”。但这三个字在文献中的实际意义往往并无不同。王筠《说文释例》：“案：虫、䖵、蟲同物即同字……小蟲多类聚，故三之以象其多；两之者，省之也；一之者，以象其首尾之形也。”于是，形体较简的“虫”，在古人笔下即被经常用作“蟲”的简体字。作为独立文字，“虫”（蟲）的意义泛化较之它作为义符时的用法有过之而无不及，《大戴礼记·易本命》：“有羽之虫三百六十，而凤凰为之长；有毛之虫三百六十，而麒麟为之长；有甲之虫三百六十，而神龟为之长；有鳞之虫三百六十，而蛟龙为之长；倮之虫三百六十，而圣人为之长。”可见，不光禽兽鱼虫被叫作“虫”，连人也以“虫”相称了。当然，这已是泛化到极至而发生的异化了。

显然，“虫”作为独立文字的泛化与其作为构字义符的泛化曾经是同源共生、相互联系的。但时至今日，前者由于时间的推移而成为隐秘的历史；后者却仍因文字的传承而昭示于天下，无休无止地向人们诉说其悠久而奇妙的经历。

语丝

坦“诚”己见

陆华云

《新华日报》1997年3月10日有则报道题目为《畅所欲言　坦诚己见》。记者将“坦诚”这个形容词误认为动词，致使这个本应为动宾结构的词组不能成立。其实，只需将此“诚”改作彼“陈”即可。

“大磨坊”“金磨坊”优劣说

刘雪春

最近，济南食品市场推出一种新式汉堡包。这种面包的外包装设计精巧，清新典雅，产品宣传简洁明了。买了几个回家，发现包装纸上“济南金磨坊”中的“金”字，是印在粘贴纸上再粘上去的。揭开粘贴纸，“金”字覆盖着的是个“大”字，为什么要把“大”字改成“金”字呢？

揣摩一番，不禁为主其事者在遣词用语上的煞费苦心叫好。笔者认为，“大磨坊”和“金磨坊”虽然只有一字之差，但韵味迥异。

首先，从声律上看，用“金”比用“大”好。“大”为仄声字，“金”为平声字，“大磨坊”三个字的声律是仄仄平，“金磨坊”三个字的韵律是平仄平，平仄相间，更显得抑扬顿挫。

其次，从色彩效果上看，用“金”比用“大”好。“大”给人的只有一个模糊的空间感，没有什么具体的视觉印象；而“金”字一出，先声夺人，立刻给人一个极强烈的视觉形象。色彩是构成客观事物形式的重要因素之一，人们可以通过视觉器官感受客观事物的形式美，进而感受客观特定色彩所蕴含的情感和意义。由于历史、文化、地域、心理等因素的不同，东西方对同一色彩会有不同的感情倾向，但“金色”在东西方人的眼中都是一种非常鲜明的色彩，它表现的总是明朗的景色。在汉民族人看来，“金色”是一种最明亮辉煌的色彩，它是光辉灿烂的象征，预示着希望、光明、收获。这些都是“大”字所不具备的。至于“金磨坊”的空间感，消费者完全可以任意想象，并不逊色于“大磨坊”。

再次，它顺应了消费者的审美心理需求。由于“金色”能给人带来上述情感倾向，所以“金磨坊”在汉

“鸿喜”和“精闰”

牛玉山

上海市万泰公寓商品房的广告词是“……无论您是鸿喜大户，还是精闰小家，一定要住在型雅质佳的全新领域……”(《文汇报》1996年10月4日)

其中，“鸿喜”也许是“鸿禧”的误写。鸿禧，犹言洪福(大福)。《宋史·乐志九》:“灵命有属，鸿禧洞分。”“禧”读 xǐ(旧读 xī)，意为“吉祥”“幸福”。

至于“精闰”，实在弄不懂是什么意思，连猜也无从猜起，遍查辞书，也未找到“精闰”一词，恐系生造。此外，“住在……领域”也欠通。

民族人心中，便会有一种“富丽堂皇”“尊贵典雅”的心理定位。“金磨坊”营造出的是一个充满了神秘、浪漫、温馨的美丽空间，它可能诱发你的想象能力。试想，在“金磨坊”里忙碌的会是谁呢?夸张一点说，即使不是美丽可爱的白雪公主们，至少也应该是惹人爱怜的灰姑娘们或者是一群触犯了天条被贬至人间的仙女。顺理成章，从那里烘制出的一定是非常干净、可口的美味。而“大磨坊”则无法像“金磨坊”一样具有那么一种令人向而往之的情调，消费者即使充分调动自己的想象力，恐怕出现在眼前的景象也无法与“金磨坊”相比。一说“大磨坊”，给人的印象很可能是一个虽然宽敞但却比较原始的手工作坊，里面忙碌着一群工人，那里设施简单，卫生状况不得而知。情理之中，人们会想当然地认为“大磨坊”里制造出的面包不会是什么稀罕东西，购买的兴趣就会被打折扣。

虽然消费者不见得都如我辈一般对着包装袋“咬文嚼字”，但斟词酌句对广告宣传还是很有必要的。由“大磨坊”到“金磨坊”不就是一个启示吗?

令人费解的赠送

程　虎

《生活报》1997年6月28日第3版上有条《迎7·1东鹏VCD大赠送》广告(见下),看了令人费解。

所谓“赠送”,系指“无代价地把东西送给别人”,“赠”字本身强调“无代价”“无偿”。顾客交给商家1285元人民币,商家允许顾客拿走一台VCD机,这是名副其实的买卖行为,怎能说成是赠送呢?而广告中“赠送价”的说法更是不合逻辑。

举国同欢庆　东鹏展宏图

迎7·1东鹏VCD大赠送

东鹏公司为报国恩,爱我中华,举行“庆7·1、酬国人”——东鹏950型VCD机成本价大赠送活动!

赠送时间:一九九七年六月一日至七月一日

赠送价:1285元/台

东鹏向用户承诺:两天包退,壹个月包换,终身保修

赠送券

机身号码:

东鹏音响电器实业有限公司

Tel:0757—6557451

黑龙江省总代理:

哈市影视电声器材商场

电话:2644755 2626024

地址:哈市南岗区奋斗路251号

哈市电声音响商场　电话:2634838	佳木斯百灵电声商行　电话:8220135
哈市曼哈顿三楼3824号　电话:4655675	鸡西美声音响行　电话:2657897
哈市曼哈顿三楼3807号　电话:4641475	牡丹江东明电子商店　电话:6241056
哈市道外区昌华电子　电话:8685459	大庆萨区金韵电器商行　电话:6329199

不是滋味的“新口味”

饶宗友

“六必治”牙膏究竟口味如何，笔者不想评论。在此只想提醒读者注意包装盒左上角的“新口味”的“味”字，这个字写错了！

“味”字左边为“口”，右边应为“未”而非“末”。不过，这个“味”字可大有来历，宋代的《集韵》、明代的《正字通》已把它定为“昧”的讹字，想不到，它在错别字上还有新的突破，居然又成了“味”的讹字。

“征订”的误用

马玉升

在报刊和出版社的广告中，错用“征订”的现象较为普遍。举例如下：

“欢迎征订《教育科研通讯》，全年6期，可破月征订。”（《教育管理报》1995年8月8日）

“高等教育出版社1997年高考用书征订办法：各地考生可去当地教委招生办公室征订、购买。”（《中国教育报》1996年10月15日）

“入选《文库》作者如需要该书，请征订。”（《中国工会理论文库》用稿通知）

“征订”一词的含义是：征求订阅、订购，征求订户。因此，征订是出版发行单位的行为，不是读者的行为。读者的行为应该是“订阅”“订购”。所以，上述例句中的“征订”均属用词不当，应当改用“订阅”或“订购”。

向我开炮

莫将述古当创作

吉常宏

《咬文嚼字》1997年第6辑《五重奏》一栏所载《妙联篇·手杖》,说竺可桢先生"即席创作了一副对联"云云,殊欠妥当。此乃是竺先生"述古",并非创作。此联当是明清才人所为。清人梁绍壬《两般秋雨盦随笔·四书偶语》已载此联。节录如下:

又拄杖铭云:"用之则行,舍之则藏,惟我与尔有是夫;危而不持,颠而不扶,则将焉用彼相矣。"俱确切不移。

此铭上半用《论语·述而》,下半用《论语·季氏》,浑然天成,真是才人手笔。梁绍壬未说何人所作,当是流传已久,已不详所自。

此联虽非竺先生自作,但他能顺手拈来,已足可使我们叹服这位前辈自然科学家的博雅和他在传统文化方面修养之深了!

近年来时有人将名贤的"述古"之言,当作他本人的创作来宣扬,"知也无涯",这也难怪。但我们不可传播不真实的知识。

《春秋》三传无"榖梁"

少　华

《咬文嚼字》1997年第6辑《"名不见经传"的"传"怎么读》一文说:"《春秋》分为《左传》《公羊传》《榖梁传》三种。"这里的"榖"是"穀"的讹字。

"榖""穀"本为两字,形义不同:"榖"从木𣪊声,又叫做楮,是一种落叶乔木,树皮是制造桑皮纸和宣纸的原料;"穀"从禾𣪊声,《说文》:"续也,百穀之总名。"《穀梁传》相传为穀梁子所作。汉代班固《汉书·艺文志》在《春秋》类著录有"《穀梁传》十一卷",自注云:"穀梁子,鲁人。"穀梁是复姓,其名或以为赤,或以为俶,或以为喜。作为姓氏,穀梁的来源,一种意见认为是"以地为氏",一种意见认为是"以谷种为氏","梁宜作粱"。现代汉语里"百穀"的"穀"已简化为"谷",《穀梁传》也就不妨简作《谷梁传》。

港台不是外国

毓 霞

《咬文嚼字》1997年第5辑封三编者语说：《咬文嚼字》这只"丑小鸭""扑打翅膀飞到了港台，飞到了东南亚，而且受到了广泛的关注。在此，我们向异域知音表示衷心的感谢"。异域有他乡义，但在这儿却指外国，编者将我国的港台同东南亚一起当作外国了，是一个疏忽。

《电视剧〈司文郎〉指误》之误

刘硕勋

《咬文嚼字》1997年第3辑《电视剧〈司文郎〉指误》一文中出现了三处错误：

1."晋陶潜《桃花源记》中的'永和九年'"。《桃花源记》里只有"晋太元中"，而没有"永和九年"字样。"永和九年"是王羲之《兰亭集序》中的话，"永和"(345—356)是晋穆帝的年号；"太元"(376—396)是晋孝武帝的年号，两个年号相差几十年。

2."明朝倪玉璐《题元佑党碑》"。"元佑"应是"元祐"，乃宋哲宗年号。

3.《题元佑党碑》的作者不是倪玉璐，而是倪元璐，字玉汝。

"荆沙市"已成历史

施春宏

《咬文嚼字》1997年第2辑第43页右栏："南朝齐、梁时的江陵，在今湖北省荆沙市。"1994年建制的荆沙市是原荆州地区和沙市合并后"折中、妥协"而形成的新市名，经过一段时间的使用后，人们发现"大意失荆州"的代价太大了，于是国务院在1996年11月20日将"荆沙市"更名为"荆州市"。此文现在仍然沿用"荆沙市"的叫法，不妥。

这个冒号用得不妥

居茂文

《咬文嚼字》1997年第5辑第8页左栏倒数第1自然段，内容如下：

而最让我听不懂的，则是纯新

加坡的表达式：如所有圆的被说成是粒，进一个球说进一粒球，买一个苹果说买一粒苹果，说起粒来，他们是不分大小的。关于就餐的问候，无论你是否吃过，人们一律问："吃饱了吗？"而我们通常说的烫字，这里则说成是"烧"。

"纯新加坡的表达式"后面，原文用了冒号，我以为改用句号为宜。所谓"纯新加坡的表达式"，文中说了三点：圆的说成粒，问候就餐说"吃饱了吗"，"烫"说成"烧"。这三者都属举例，因此"如"字非要不可。有了"如"字，"表达式"后面就不宜用冒号了。假如没有"如"字，"表达式"后面是可以用冒号的。国家标准的《标点符号用法》里说，冒号有五种用法，其第三种是"用在总说性话语的后边，表示引起下文的分说"，第四种是"用在需要解释的词语后边，表示引出解释或说明"。"纯新加坡的表达式"即相当于第三种和第四种，故可用冒号。但"表达式"后面的句子冠以"如"字，则情况就起了变化。因为冒号的第二种用法是"用在'说、想、是、证明、宣布、指出、透露、例如、如下'等词语后边，表示提起下文"，"如"字后面若要加点号，即可加冒号。原文是有"如"字的，这就是说，"纯新加坡的表达式"后面的内容并非"纯新加坡的表达式"的全部。这个"如"字是必不可少的。有了"如"字，则"如……"的句子跟前面就构成了承接关系，而不是总与分的关系或解释与被解释的关系，因此"表达式"后面不宜用冒号。

语丝

『白衣』和『白医』

桂宗先

《解放日报》今年六月十九日有篇文章题为《民工刎颈投江自尽 白医天使全力救治》。其中『白医天使』显然是『白衣天使』之误。救死扶伤的医务工作者身穿白大褂，被人们尊称为『白衣天使』。而患者经过治疗后不付钱，医生才叫『白医』。

词语春秋

话说“万人空巷”

汪少华

刘洁修先生在《成语》一书中指出：“由于汉语成语的历史性很强，势必在一部分成语中遗留下古字义，如果不能正确阐发，就有可能妨碍对整个成语的理解，甚至导致曲解。另一方面，整个成语可能同时并存古今义，其间的差别须要分辨清楚，否则也有可能把今义硬套在古义的例证之上。”成语“万人空巷”，恰好属于既有曲解又并存古今义的情况。

对于“万人空巷”，现代辞书或释作“家家户户的人都奔向一个地方，以致街道空荡荡的”（《汉语成语考释词典》），或释作“很多人聚集在一起，致使街巷都空了”（《辞海》），无一例外地视“巷”为街巷、街道。其实这是误解，我在《释“万人空巷”的“巷”》（《古汉语研究》1995年第4期）中已作了考辨：“巷”当释为住宅。“万人空巷”的语源可上溯到《诗经·郑风·叔于田》：“叔于田，巷无居人。”巷无居人则巷空，宋人或用作“居人空巷”，或用作“居民空巷”，或用作“万人空巷”。“万人空巷”即万人空宅：家家户户的人都奔向一个地方，以致住宅空荡荡的，形容庆祝、欢迎的盛况或新奇事物轰动居民的情景。

不知“巷”为住宅，有时并不妨碍成语的正确使用，例如：

1、刑警抓歹徒献身　新都万人空巷送英烈——《文摘报》1996年2月25日

2、银川万人空巷看“心连心”（艺术团演出）——《光明日报》1994

年8月21日

可是在不少场合，“巷”是被视作街巷的，例如：

3、中央电视台曾经有过的“万人空巷看晚会”的盛世已一去不复返了。——《海上文坛》1996年第12期

4、《孽债》较之《年轮》似乎更“火”一些，在上海首播时，万人空巷。——《南方周末》1995年5月26日

5、室内电视连续剧《渴望》致使万人空巷。——杨东平《城市季风》

用的都是同一个成语，前二例表明住宅空空荡荡，后三例显示家家满满当当。可见“万人空巷”这一成语的用法确有规范的必要了。

说予以规范，并不意味着将类似后三例用法统统封杀，而是变通处理。既然“万人空巷”意谓万人空宅，而现代读者大多视“巷”为街巷，那么不妨“鹊巢鸠占”，认可3—5例“万人空巷”的合理地位，凡是类似1—2例用法的“万人空巷”一律改作“万人空宅”，这么一来岂不清清楚楚了么？

如此处理是有比较充足的理由的。成语在流传过程中往往因有意的变通或无意的误解，使一些成语的字面或意义发生变化，这种变化叫成语俗化（郭美宗《浅谈成语俗化》，《文史知识》1996年第2期），例如：爱莫能助、出尔反尔、文质彬彬、痛心疾首。俗化了的成语，有的通俗易懂，为更多的人所理解和使用；有的则扩大了其表意作用，丰富了语汇。因而我们大可不必否定3—5例“万人空巷”的合理地位。另一方面，由于目前语言应用中“万人空巷”古（住宅）今（街巷）义并存，因而有必要加以区别。朱熹对于成语“差强人意”的处理办法，值得借鉴。“差强人意”语出《东观汉纪·八·吴汉传》：“吴公差强人意，隐若一敌国矣。”“差”是甚、颇之意，“强”是起、振奋之意。宋人还这样用，如刘克庄诗：“饱阅交情悲世道，差强人意赖君诗。”但朱熹在使用时改变了词义：“奉常差强人意，但觉亦欠子细商量，甚恨前此匆匆不能甚款也。”（《答吕子约十一月二十七日》）“差”是稍微、大致之意。朱熹又以“甚强人意”“殊强人意”等替代古义的“差强人意”，使两者有所分工，如《与李诚父书》：“胡公论事皆合公论，甚强人意。”《训门人二》：“二公独径还，乡试殊强人意。”（参见《成语》88页）朱熹给我们的启发是，不妨将“万人空巷”改为“万人空宅”。当然，“万人空巷”能否如我们所期望的这样处理，还有待于真正的约定俗成。

凤的性别及其他

施春宏

笔者之所以想起这个问题，乃是近来“凰求凤”“凤求凰”的误用、混用还是很多，亦即弄错了凤和凰的性别。记得《咬文嚼字》1995年第11辑曹金兴先生的《阴阳错位“凤求凰”》，就是分析这一错误现象的。作者通过引证溯源，证明这里的“凤”是雄的，“凰”是雌的。曹先生的分析完全正确，然而为什么人们常常在“凤”和“凰”的性别上出现差错呢？这里是不是隐含着更深层次的问题呢？如果仅仅认为人们不理解词义恐怕还嫌不够，还不足以阐幽发微。本文便先对“凤”的性别来一番咬文嚼字。

我们知道，凤凰对举时，雄凤雌凰，是有分别的。但是，人们除了在“凤求凰”或“凰求凤”中有所区别外，一般是不再区分了。人们平时很少单独说“凰”，而将“凤”和“凰”通称为“凤”或“凤凰”，即凤凰＝凤，已经模糊了凤和凰的性别差异，甚至觉得根本没有必要加以区别。《现代汉语词典》《辞源》《辞海》对“凤”的释义就是这样处理的，除非特指，凤＝凤凰（＝雄凤凰＋雌凤凰）！雄的雌的略而不论了。这就是说，人们早已认同雌凤的存在了。《现代汉语词典》在解释“凤”时的举例“龙凤”“鸾凤”“丹凤朝阳”便是佐证。还是来看看该词典的解释：

【鸾凤】比喻夫妻：～和鸣（夫妻和美）｜～分飞（夫妻离散）。

【鸾】传说中凤凰一类的鸟。

没有说明“鸾”是雄的还是雌的，但从括号里的比喻义的对应关系来说还是比较明显的，鸾是夫（男性，雄的）凤是妻（女性，雌的），估计不会有错。这样，凤＝雌凤凰。而且，凤除了常与凰相随而用外，更多地却与“龙”对举。这样，明确了龙的性别就有助于确定凤的性别了。

“龙”本指我国古代传说中的神异动物，既然我们是“龙”的传人，应该分清龙的雌雄，只是不可妄断。封建时代用龙作为帝王的象征，便多少显出了一些迹象。帝王固然不分男女，谁有机会谁做，武则天便成为我国的第一位女皇帝，穿上了龙袍，坐上了龙廷，龙颜一怒，杀人多多。话还得说回来，武则天女士也只是中国历史上唯一的女皇帝，其他的太太小姐都没有武则天的福气，后来出了一个擅权的慈禧太后，也只是垂帘听政而已。总之，“龙”是皇帝的象征，而皇帝基本上是由男性来充当的，所以俗语一般认同“龙”是雄的公的，即龙的性别在日常生活中被偏指了。社会心理就是这样认同的，除特指外，一般不大顾及生物学上的多种可能。随之而来，“凤”就是雌的母的了，这从皇后着凤服而不得穿龙袍就能略知八九。凡是“龙飞凤舞”“龙凤呈祥”“攀龙附凤”之类对举出现的场合，都是能大体见出龙和凤的性别的。俗语中“鸡窝里飞出个金凤凰”也是用来比喻女子脱颖而出的。

再者，凤即使不与龙对举而单独出现的话，人们一般也乐于将凤作为雌的。旧时娇贵女子的理想追求可以形象地描述为：穿着一袭华贵的凤服，长着一双水灵的凤眼，脚上穿着一双美丽的凤鞋，插着一根耀眼的凤钗（或者戴着一顶璀璨的凤冠），披着一条柔和的凤带，取一个带凤字的芳名，如：金凤、银凤、彩凤、鸣凤、春凤、秋凤之类，亲近的人就叫他阿凤、凤姐、凤妹、凤丫头（一般不会有“凤哥、凤弟、凤小伙子”的）。如果有可能，招一个乘龙快婿，过上鸾凤谐和的日子，将来喜得贵子就望子成龙，巧得千金就望女成凤。

由此看来，当凤与凰相合时，尤其是“凤求凰”“凰求凤”时，凤雄凰雌是有分别的，只是很多人已经不加区分了；当凤与龙相合时，凤雌龙雄一般也是有分别的，大家也这么区分。凤和凰、龙和凤，已经是两个词义微系统了。我们在分析误用时，仅仅指出错误还显不够，还应该分析它的深层原因。人们的错误使用，有相当大的一部分是将不同系统（甲系统和乙系统、上位系统和下位系统、开放系统和闭合系统）的东西弄拧了。如不同语体的窜位，古今语义的窜位，共同语和方言的窜位，等等。而且，很多误用的原因并不是单一的，往往潜伏着多方面问题。小问题里藏着大道理，见微知著吧，分析清楚了，而不限于表面，就能解决一大片问题。这便能更好地发挥咬文嚼字的作用了。大多数错误是包含

关于唐玄宗改"年"为"载"的馀话

封常曦

写完了《唐代纪年为什么一度用"载"?》以后,感到意犹未尽,特补作馀话。

唐代纪年改"年"为"载",从玄宗天宝三载(744)正月起,至肃宗至德三载(758)正月止,前后共14年又1个月。掌握了这一知识,对于辨别古籍和现代书刊中的有关错误,以及古器物的辨伪,都有一定的好处。试举数例:

(一)《唐代墓志汇编》"天宝〇三九"载《故和上(尚)法昌寺寺主身塔铭序》云:"〔圆济和上〕以天宝二载癸未岁冬十二月遘疾,……至廿八日,泊如长逝。"

按:"天宝二载"应称"天宝二年",当时尚未改"年"为"载",怎么能称"载"呢?揣其文意,圆济和尚逝世于十二月廿八日,当时距离年终仅只二日,墓志作者撰写志文,特别是雕刻上碑时,肯定已在次年。而次年之正月一日,玄宗改"年"为"载"的诏书即已下达,撰文者不敢不遵行,只好将"年"字写作(或刻作)"载"字。这样就背离了史实,将改"年"为"载"的时间推前了一年,容易引起误解。

(二)杜甫《观公孙大娘弟子舞剑器行序》云:"大历二年十月十九日,夔府别驾元持宅见临颍李十二

着一定程度的合理性的,升到哲学的高度就是有其深刻的必然原因。从错误中学习,从错误中汲取营养,也会使我们得到更多的启示,得以触类旁通。

附带说明的是,由于"凤"常用于女性的、柔美的方面,"凤求凰"被误解成女求男的情况也许时常发生,恐怕不易纠正。因为作为雌性的"凤"的广泛使用已使"凤求凰"的原意渐趋孤立化了,而语义一旦孤立化就容易产生误解和发生变化。

娘舞剑器……开元五载，余尚童稚，记于郾城观公孙氏舞剑器浑脱。”

按："开元"只称"五年"而不称"五载"，因其时唐玄宗尚未下诏改字。查杜诗主要版本，各家所录除"五"一作"三"外，"载"字均不作"年"。"载"与"年"字形迥异，不会因刊刻致讹，当是杜甫误记造成。此诗作于代宗大历二年(767)，杜甫56岁。开元五年(717)时年仅6岁，前后相距整整50年，其间经过了14年改"年"为"载"的时代，杜甫以眼暗耳聋的衰病之身，回忆半个世纪前的往事，可能将天宝三年(744)改"年"为"载"误记为开元初年之事，因而造成了这样的差错。此误历来很少有人指出，唯南宋赵次公在注中将"载"改为"年"，当是心知其误而未明言之。

(三)叶梦得《避暑录话》载："长安李士衡观察家藏一端研，当时以为宝。下有刻字云：'天宝八年冬。端州东溪石。刺史李元书。'刘原父(名敞，字原父)知长安，取视之，大笑曰：'天宝安得有年？自改元即称载矣。且是时州皆称郡，刺史皆称太守，至德后始易。今安得独尔耶？'取《唐书》示之，无不惊叹。李氏研遂不敢复出。"

按：以宋代新砚冒充唐代端砚，作伪者手段并不高明，但如不知唐天宝改"年"为"载"等史实，自然难免上当。可见古器辨伪，除器物之质地、形制及镶刻工艺等知识外，掌握其款识中有关的典制史实，也是重要的门径。《旧唐书·地理志四》云："〔端州〕天宝元年(742)，为高要郡。乾元元年(758)，复为端州。"《通典·职官典十五》云："天宝元年，改州为郡，刺史为太守。"肃宗至德三载改元乾元，可证《避暑录话》"是时州皆称郡，刺史皆称太守，至德后始易"之说确凿无误。唯文中刘原父所云"天宝安得有'年'，自改元即称'载'矣"一语略有疵病。因玄宗下达改"年"为"载"诏书在天宝三载正月一日，天宝元年、二年仍称"年"，并非"自改元即称'载'"。

(四)上海辞书出版社1995年版《中国地名语源词典》第44页"平山"条释文云："汉蒲吾县地，隋开皇十六年(596年)析置房山县。……唐至德元年(756年)改为平山县。……《旧唐书·玄宗本纪》载：天宝十五载(756年)三月，'改常山郡为平山郡，……'"

按：释文引《旧唐书》称"天宝十五载"，符合史实。但将"载"回改为"年"是在肃宗至德三载(758)二月，则至德元载仍应称"载"而不当称"年"，释文中"至德元年"的写法是不妥当的。

报刊扫描

“休止符”如何“奏出”

辛南生

《解放日报》1997年5月27日刊载有关今年“上海之春”末场演出盛况的报道，其标题为《“上海之春”奏出圆满休止符》。这个标题的提法值得商榷。

我们不妨先了解一下什么是休止符。休止符是乐谱中用来表示音乐停顿时间长短的符号，按停顿时间长短的不同要求，分全休止符、二分休止符、四分休止符、八分休止符、十六分休止符、三十二分休止符等不同形式。

休止符的作用，是提示演奏者在休止符出现的地方按照要求的时值进行停顿。它本身不是音符，也不具备音符的功能——并不表示任何乐音可供演奏。因此，“奏出……休止符”的情况是不存在的，也就是说，标题中动词“奏出”与其宾语“休止符”的搭配是明显不当的。

为什么会产生这样的误解？这很可能是受到常见的“画上圆满句号”一语的影响。既是音乐会，又是闭幕演出，自然而然会想到“休止符”，于是也就产生“奏出圆满休止符”的构思。“画上圆满句号”这说法自然十分正确。但要知道，“句号”和“休止符”是性质截然不同的两种符号。“句号”表示陈述句末尾的停顿，它的那个小圆圈形状是要“画”了才能形成的；不画，句号本身就不可能存在。用“画上圆满句号”来表示事物的圆满结束，是非常形象、非常确切的。而和它恰恰相反，休止符的任务却是要求演奏者在遇到它时按兵不动，是不必也不可能“奏出”任何乐音的，因此，说“奏出……休止符”就不符合事实了。一位钢琴教师说得很干脆：画上休止符便停了，还奏什么呢？

金农“缀学”

金 易

《文史知识》1996年第11期《慧发天籁,一代宗师》一文中有几段文字,现录之如下:

“不幸的是,金农在何宅仅呆了一年多,就因父死而不得不中缀学业,回家奔丧去了。”

“是年雍正帝驾崩,又因荐者寥寥,遂中缀。”

“金农一生,挥笔不缀。”

上述三段文字中的“缀”,均应为“辍”。

“缀”,音 zhuì(赘),有“用针线等使连起来”“组合字句篇章”“装饰”等义,无“中止”义。

而“辍”,音 chuò(绰),有“中止”“停止”义。复词就有“中辍、辍笔、辍学”等。

“中辍”就是指“(事情)中途停止进行”。晋潘岳《笙赋》:“舞既蹈而中辍,节将抚而弗及。”唐李善注曰:“言以笙声为主,故舞者足蹈中止而待之。”

上文中说金农“挥笔不辍”,就是不“辍笔”。鲁迅致姚克信中说:“假使真患此症,则非死即残废,岂辍笔十年所能了事哉。”

关于“翻跟头”

俞明芳

“翻跟头”一词,《现代汉语词典》(修订本)有两个义项:“①身体向下翻转而后恢复原状。②比喻受挫。”但还有一义项似当补:比喻较原价上涨一倍,如《新民晚报》1997年4月21日《澳门邮品“翻跟头”——大部分套票比半年前涨一倍》,标题中的“翻跟头”就是“比前涨一倍”。正文具体地说明“翻跟头”的词义:“一九八二年至一九九五年的澳门

“新未来”不成话

丁　益

《联合时报》1997年6月27日有一条图片新闻，标题是“沪港两位校长聚谈教育新未来”。这里的“新未来”似是“新词”，但它不合逻辑，难以构成“新词”。

“未来”《现代汉语词典》列有两义：①就要到来的（指时间）；②现在以后的时间，将来的光景。这两义，具有一致性，都指尚未到达的时间，并非指已经过去的时间，因此，既没有“旧未来”，也说不上“新未来”；“未来”无新旧之分。在叙及“未来”时，固然可以规定时间限度，比如说“未来的二十四小时”“未来的一个世纪”，但不能说超过某个限度即为“新未来”，因为凡所未至者都能概括为“未来”。

上述新闻题似可改成“沪港两位校长聚谈教育前景”，如果一定要用上一个“新”字，则可称作“沪港两位校长聚谈未来的教育新局面”。

邮票全集，标价足足翻了一番，暴涨到四万元。本月上旬澳门大部分套票也比半年前涨价一倍，甚至更高。”又如《新民晚报》1997年5月13日《此酒即彼酒　此价非彼价——红葡萄酒价格“疯涨”析》：“据业内人士介绍，近两年红葡萄酒价格一般涨幅都在50%以上，有的甚至翻了一个‘跟头’。”以上两例的“翻跟头”都是涨价一倍之意。

查诸丞亮等编著的《现代汉语新词新语新义词典》〔翻跟头〕（方）以比原价高一倍或数倍的价格卖出；加倍。（引例略）

《现代汉语新词新语新义词典》的引例反映出“翻跟头”这一新义出现已有十几年了，出现频率也很高。《现代汉语词典》再进行修订时是否能适当参考和吸取。

“正人”莫忘“正己”

今　许

《人民政协报》1996年4月27日在头版头条的位置上，以特大号字体作标题，刊登了《不知错，不为过?》一文。文中，记者对北京街头的招牌、广告所出现的错别字和不规范的简化字作了调查，并提出了批评。记者的社会责任感，应当受到赞扬。但是，由于记者忽略了“正己”，结果在“正人”的11个错别字中，自己竟出现了两处差错。

“到”字条下，记者对北京108路电车车厢外刷制的晶泉食品广告“香传千里的独道口味”中，把“独到”误成“独道”，批评说：“背着别字‘满世界跑’的电车，简直是天天作贱文化古都的形象！”

显然，这里的“作贱”是“作践”的误用，把“践”错成“贱”。“践”是践踏意，“贱”是低贱意；“作践”是糟蹋、蹂躏、摧残的意思，而“作贱”又是什么意思呢?

“骄”字条下，记者对小鸭洗衣机广告中的“一代天娇”批评说：“‘天骄’本是‘天之骄子’的缩写。‘天娇’莫非是‘天之娇女’?现在的社会篡改成语现象十分严重……”

这里的“篡改”，显然是大词小用了。“篡改”的意思是：“用作伪的手段对经典、理论、政策等进行改动或曲解。”(见《汉语大词典》)改动成语，虽属有意，却非“作伪”，用它加诸广告制作者，确实有点让人吃罪不起。笔者想，记者的本意恐怕不是要让改动成语者担此严重罪责，只是由于一时的疏忽，把“窜改”误成“篡改”而已。“窜改”是指“改动(成语、文件、古书等)”(见《现代汉语词典》)，把它用在任意改动成语者的头上，才比较合适。

从这篇短文所揭示的问题和其本身所产生的差错中，我们更加清楚地看到“咬文嚼字”是何等重要！

一笔误写文意非

林双华

《中华读书报》1997年4月2日有一篇文章，题目颇为新鲜，叫做《文末必如其人——雅侃文化人》。传统的说法，有“文如其人”“文不如其人”，却未曾听说过“文末必如其人”，即文章末尾必能体现作者的人格品德，或文章末尾的成败优劣与作者的人品是相通的。

然而，细读全文，作者却是在以古今文不如其人，或人不如其文的许多事例为论据，驳斥以人论文的观点。从晋代潘岳的“才名冠世”“文清旨诣”，但“性轻躁，趋世利”，谈到沈佺期的依附武则天面首张易之，钱谦益的迎降清兵。有的在大节上“文”“人”不等，有的在小节上自相矛盾。可见，“观其文难知其人，知其人亦未必尽解其文”。全文只字未论及“文末必如其人”。由此，我才悟出，可能是排印者的粗疏，校对者的轻忽，把“未”字印成“末”字。一笔颠倒，文意全反。

《辍耕录》与袁枚

周思璋

《团结报》1996年4月24日《四月春波莼满湖》一文说：“明代美食家袁枚对莼菜情有独钟，他在《辍耕录》中说：……”读后颇为诧异。《辍耕录》全称《南村辍耕录》，元末陶宗仪撰，三十卷。陶宗仪，元末明初文学家，字九成，号南村，黄岩人。至于袁枚则是鼎鼎有名的诗文大家，他颇好酒色，著有《随园食单》，是有名的美食家。袁枚著作很多，可从没听说他也撰过一部《辍耕录》。且袁枚生于清康熙五十五年（1716年），死于嘉庆元年（1796年），寿81岁（虚龄），不能称“明代”人。

『三国吴归命侯』

卢孟义

《光明日报》1997年6月16日第六版《〈香港沧桑〉小启》:"为此,本刊专门开辟〈香港沧桑〉专版",并聘请著名专家担任该版学术顾问。该版《香港历史大事记》①第二条:"公元265年(三国吴归命侯甘露元年)东莞县设司盐校尉,监管香港、九龙、'新界'一带盐民的生产。"

上文中"三国吴归命侯"的说法有些不伦不类。

我们先看一下三国时期吴国的历史。公元229年孙权继曹丕、刘备后称帝,国号吴。252年孙权去世,其少子太子孙亮继任皇帝。258年孙亮被废黜,受封为会稽王,其哥哥、孙权的第六子孙休即位。264年孙休去世,其侄乌程侯孙皓被立为皇帝。280年晋灭吴,孙皓投降称臣,被封为归命侯。

看来,265年东莞始设司盐校尉之时,吴是一个独立的政权,当时的皇帝是孙皓,这些都没有疑义,问题在于按纪元惯例,对孙皓该怎么称呼。

古代皇帝去世后,一般有庙号,有谥号。庙号指该皇帝在皇室宗庙里灵位上的称号,如:唐太祖、宋神宗。谥号则是根据该皇帝生前的事迹和品德所给的称号,如汉文帝、汉灵帝。唐代之前多称谥号;唐代之后则多称庙号。孙权谥曰"大皇帝",史称"吴大帝";孙休谥曰"景皇帝",史称"吴景帝"。

孙皓是亡国之君,当然没有本国的谥号,许多工具书如《辞源》《辞海》《汉语大词典》《中国历史地名大辞典》等所附的历史纪元表上,都称他为"吴末帝","末帝"指最后的皇帝,不是谥号。另一些工具书如《现代汉语词典》《中国历史地名辞典》等所附的历史纪元表上,则称他为"吴乌程侯","乌程侯"是孙皓即位前的爵号。这两种称号都可以成立。

但"吴归命侯"的称号却无法成立。因为"归命侯"不是吴国封孙皓的爵号,而是晋朝封孙皓的爵号,而且带有明显的侮辱色彩。只有"晋归命侯",不存在"吴归命侯"。

“东施笑颦”

欧阳文彬

前些时候，在《文汇报》上看到一篇文章。文中引用了一句成语：“东施笑颦”。当时就觉得不是滋味，事隔多日，文章的内容已经淡忘，这句弄错了的成语，仍然留在脑际，不吐不快。

“东施笑颦”显然是“东施效颦”之误。“东施效颦”并不是什么冷僻的成语，一般的成语词典都可查到。《辞海》中还有详细的注释：

“‘颦’亦作‘矉’，皱眉。《庄子·天运》：‘故西施病心而矉其里，其里之丑人见而美之，归亦捧心而矉其里。其里之富人见之，坚闭门而不出；贫人见之，挈妻子而去之走。彼知矉美，而不知矉之所以美。’后因谓以丑拙学美好为‘效颦’。王维《西施咏》：‘持谢邻家子，效颦安可希！’按《通俗编·妇女》：‘此寓言，其丑人未尝著谁某也。’《太平寰宇记》载诸暨县有西施家、东施家，黄庭坚等始凿言东施效颦。”

“笑”是因感喜悦而开颜。《论语·宪问》：“乐然后笑。”和“颦”的意思恰恰相反。把这两个字连在一起，根本无法解释。当然，也有作为对比而连用的“一颦一笑”，那属于另一种情况。“笑”也可以解作讥笑，但“东施笑颦”仍然讲不通。东施羡慕西施还来不及，怎么会讥笑她呢？

原来“东施效颦”的“效”，是摹仿、师法的意思，和“笑”除了读音相同之外，完全是两回事。一字之差，失之千里。“东施效颦”是说东施摹仿西施捧心皱眉的样子，也就是以丑拙学美好的意思。“东施笑颦”算什么意思呢？认真想想，倒真要引人发笑。

五重奏

·谐诗篇·

买“否”

费钟如

某人想吃杏，当地买不到。他便修书一封，托老丈人做采购员。

老丈人接信以后，横看竖看，不明所以。原来，此人写字龙飞凤舞，极难辨识。尤其是这个“杏”字，看上去至多是个“否”。

丈人爱婿心切，四处打听，哪里有卖“否”的，结果一无所获。后来揣测其意，买了一筐杏寄去。老丈人并附诗一首，诗中写道：

贤婿来信要买“否”，
急得老汉满街走。
买了一筐小黄杏，
不知是“否”不是“否”。

·趣喻篇·

李燕杰论“下岗”

孟吉行

北京某礼堂。一堂演讲会即将举行。台下是一批特殊的听众——下岗女工。主讲者是北京自修大学校长李燕杰先生。

李燕杰的开场白是两句比喻，就凭这两句比喻，全场掌声雷动，不少女工流下了激动的泪水。这两句比喻是：“没下岗如秧田里的苗，下岗如同石缝里的草。”

确实，这两句比喻不但准确，而且生动。它概括了下岗女工的生活经历和心理感受，一下子说到了下岗女工的心坎儿里，所以台上台下产生了强烈的共鸣。而且，这一比喻又为后面的演讲起了铺垫作用：“石缝里的草”尽管生存环境艰难，但并没有失掉生存的希望。因此，即使在“石缝”里，也要以自己的坚韧，为生活添上一抹新绿。

·噱言篇·

吴佩孚的批语

贾　廷

吴佩孚，北洋军阀中的直系首领之一。在军阀混战的年代，是个权倾一方的人物。虽说是“一介武夫”，却是前清秀才出身，有时也会来点出人意料的幽默。

有个叫王兆中的，是吴佩孚少年时代的同学。他见吴权势炙人，便前来投靠。吴知道此人才识平平，但念在当年同学一场，还是给他安排了一个上校副官的闲职。

此人却得陇望蜀，不久提出想到河南，弄个什么县长当当。吴佩孚在他的申请书上，戏批了四个字："豫民何辜。"结果，县长没有当成。过了一段时间，此人又提出调任旅长，在申请书上慷慨陈词："兆中愿率一旅之师，讨平两广，将来班师凯旋，一定解甲归田，以种树自娱。"

谁知吴佩孚又来"幽上一默"，批道："先种树再说。"

·妙联篇·

蒋焘巧对拆字联

石陀

清代江苏名士蒋焘，幼年时便聪敏过人，善于对对。有年冬天，家里来了位客人，因外面下雨不便回家，坐久了便给蒋焘出了个上联：

"冻雨洒窗，东两点，西三点；"

此联语说的是眼前景色，其中又将冻、洒两字，分别拆解为东两点、西三点，和"冻雨"搭配，自然而又贴切。要对这样的对联确实有相当的难度。

好个小蒋焘，不慌不忙，环顾四周，也来了个即景生情。他见桌上摆着刚分食的糕点，灵机一动，应对说：

"切糕分客，横七刀，竖八刀。"

将切、分两字，拆解为横七刀、竖八刀，与上联可谓工力匹敌，铢两悉称，客人大为赞赏，夸蒋焘长大以后一定大有出息。

·智答篇·

以牙还牙

郇志和

一位明艳照人的姑娘，正独自坐在酒吧里，慢慢品尝着一小杯白兰地。从她那一身打扮来看，一定是位出身豪门、自视甚高的角色。

这时，又进来一位男青年。他用眼光迅速扫视，想寻找一个座位。"这儿有人吗？"他轻声地向姑娘发问。

"什么，你说到阿芙达旅馆去？"姑娘突然柳眉倒竖，怒不可遏。

"不，不，不！你听错了，"男青年急忙低声解释，"我只是想问你，这儿的座位，已经有人了吗？"

"你让我现在就去?"姑娘简直是在歇斯底里地尖叫。

男青年被弄得极其狼狈。店堂里的顾客,全都用轻蔑的眼光瞧着他。他欲辩无言,只得悻悻地到另一张桌子旁坐下。

待他坐定,姑娘袅袅婷婷地走了过来。她帮他也要了一杯白兰地。"对不起,先生,"姑娘有点自以为得计地说,"我只是想看看你面对意外情况,如何作出反应。"

男青年听她这么一说,方知她是在戏弄他,不由怒火中烧。于是他大声吼道:"什么,要500美元你就去?"

这回轮到姑娘尴尬了。

紧急启事

本刊今年7、8两辑封二刊出《敬告读者》,宣布"众矢之的"一栏将组织新的一轮战斗,向全国印数最高的12种刊物的编校差错开炮。不少读者来信来电,表示愿意参战,热情之高令编者十分感动;但也提出一个问题:有些刊物在当地很难见到。

为了让更多的读者有参战的机会,编者和本刊天津发行部紧急磋商,决定由该发行部帮助读者购买刊物。除已超过"开炮"期的《半月谈》《故事会》外,列为"众矢之的"的10种刊物,即《广东第二课堂》《读者》《家庭》《知音》《农民文摘》《小学生天地》《共产党员》《家庭医生》《广东支部生活》《小学生优秀作文》,全套共收费35元(包括每月的邮费)。凡需购阅者,请即汇款至天津和平区吴家窑二号路42号(新兴影剧院内)《咬文嚼字》天津发行部。邮政编码:300070。汇款时务请写清楚寄刊地址和邮政编码。

另外,还需说明的是,因湖北出版的《小学生天地》轮流出版低年级版、中高年级版,为了全面检查该刊的质量,现决定除了检查1998年3月第5期外,还要检查第6期。请读者朋友配合。

"众矢之的"的写稿要求,大致同1996年。一要瞄准典型差错,二要独立成文,三要注意加强分析,努力增加知识含量。

等着各位的来稿。

编者

1997年9月18日

征订

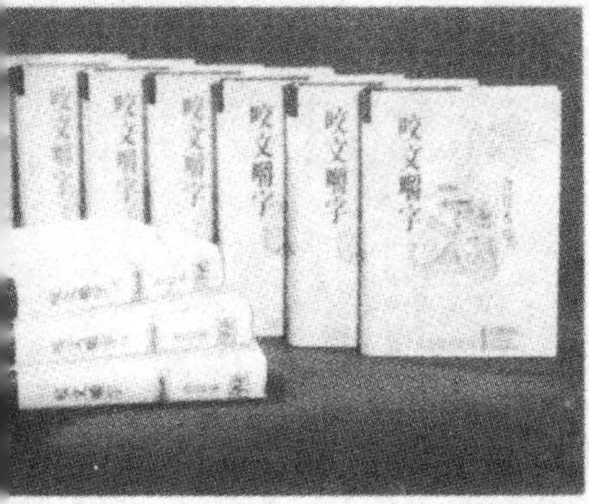

'96合订本自述

对不起，读者朋友，我来迟了。不少读者称我为"准工具书"，我不得不精心装扮一番，以不负众望。相信我们见面时，你一定会眼睛一亮的。我现在是一身漂亮的精装，每册 28 元，另加邮费 2 元。

'95合订本重印告读者书

亲爱的读者朋友，本刊一九九五年合订本问世以后，深受读者欢迎，早已销售一空；但每天都有读者来信来电要求购买，有些读者已汇来书款。为此，我们决定紧急重印。重印本为精装本，原索引改为目录，每册二十八元，另加邮费二元。已经汇款的读者请耐心等待，没有汇款而需要本书的读者请在年内汇款。

——编者

三年了！路遥知马力，日久见人心。三年的交往，我们知道在我们身后有一批语文规范化的热心者，他们是我们的强大后盾；相信广大读者也知道在中国刊物之林中，有一个"小不点"《咬文嚼字》，正在语文规范化道路上艰难跋涉。"长相知，莫相忘。"让我们约定，明年——1998 年，我们继续结伴同行。

明年仍是月刊，每月 10 日前出版，每册 2 元，全年 24 元，另加邮费 3 元。除现有栏目外，还将恢复"众矢之的"一栏，并新辟"择善而从""走出误区"等栏目。

——编者

凡需要上述图书者，请汇款到上海文化出版社邮购部。

地址：上海绍兴路 74 号；邮码：200020

有照为证 （本栏欢迎投稿）

“空手道”

晓　炎

搏者，尽力拼斗之谓也。拼也好，搏也好，总离不开“手”。上图摄于上海天钥桥路某工地。大门口这块标语牌，且不说“創”字用了繁体字，“牌”字笔画不对，其中一笔连笔成了断笔；这个“拼博”的“博”字，更是个明显的别字。“拼搏”不用手，难道是“空手道”吗？即使“空手道”，还是用手的呀！

ISBN 7-80511-916-3

9 787805 119168 >

ISBN7—80511—916—3/H · 46

定价：2.00 元

1997
上海文化出版社

咬文嚼字

YAO WEN JIAO ZI

YAO WEN JIAO ZI

YAO WEN JIAO ZI

YAO WEN JIAO ZI

11

Shanghai Wenhua Chubanshe

会场气氛热烈

国家语委主任许嘉璐、党组书记朱新均

吴积才先生在发言

胡明扬先生在发言

面向21世纪

7月28～30日，国家委在北京召开了部分语言字专家、学者座谈会。代表就如何确定面向21世纪的言文字工作任务发表了意见与会的专家、学者有暨南大中文系教授詹伯慧、中国人大学中文系教授胡明扬、云师范大学原副校长吴积才、南省教委原副主任张静、中社科院语言研究所副所长琨、安徽大学副校长黄德宽中国人民大学书报资料中总编辑谢自立、北京大学中系教授苏培成、厦门大学中系教授许长安、山东师范大中文系教授高更生、南昌大党委副书记姚亚平等11人国家语委主任许嘉璐、党组记朱新均及有关司室负责出席了会议。据悉，国务院正式批准国家语委在今年底召开全国语言文字工作议。（峨　北　摄影报道）

卷首幽默

"督造男女"

王一凡·文
麦荣邦·画

抗战前,我在北京(当时称北平)读书,课余常和同学逛东安市场。有家鞋店,门脸两边挂着一副木制楹式店招。一边写的是"本店督造男女",另一边写的是"各式时新靴鞋"。本是一句话,硬拆成两半,我们每次见到,都笑得前俯后仰。

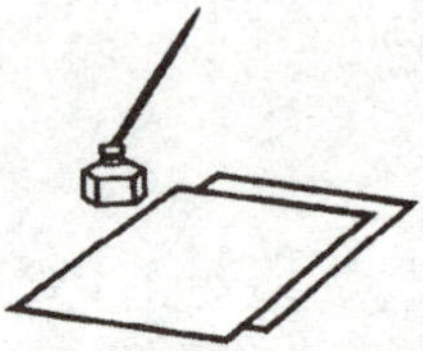

咬文嚼字

1997 年 11 月

第十一辑

（总第三十五辑）

目　录

语林漫步

三思而后“咬” ……………………戚义伟（4）

闲话楼名 ……………………严　浩（7）

八音盒

关于“历史上的今天” ………………（8）

历史上没有“今天” ………罗　禹（8）

“撇开年份”未始不可 ……杨　光（9）

语言中的积极现象 ………邱震强（10）

既不合“情”也不合“理” …李明权（10）

正音室

“再醮”和“合卺” …………俞　佳（12）

“秘”字怎么读 ……………海　频（13）

浅谈“生肖”的读音 …………胡渐逵（14）

马晓春推“秤” ……………姚东军（14）

书林指谬

忍无可忍 ……………………裘其戎（15）

覆尿难收

——《王蒙文集》第九卷指瑕　魏助增（17）

字里乾坤

沐浴濡身有何需 ……………张再兴（19）

由“狄”说到图腾崇拜 ………黄安静（20）

从“豫”谈“象” ……………田之雨（22）

旧话重提

“凌晨”是什么时候 …………何伟渔（23）

“唐代的古钟”和“安全事故”…魏　雨（26）

报刊扫描

“橙子”没有脚 ……………陈炳衡（28）

年年二十九岁的奇男 ………汤志鸿（29）

是“囤”不是“团” …………吉善玉（29）

数字的困惑 …………………姚秋声（30）

虎门销烟始于何时…………王　勤（31）

“邻里”变“阎王” …………李　仑（31）

何谓“悼亡” ………………吕　伦（32）

一条吓人的标题 ……………洪光祥（32）

“三国鼎立”与“孙吴联合” …张　章（33）

上海文化出版社出版、发行

上海绍兴路74号

编辑部电话：64372608－205

邮购部电话：64372608－251

邮政编码：200020

新华书店经销

上海艺文激光电脑排版厂排版

上海海峰印刷厂印刷

开本787×1092　1/32

印张1.5　字数43 000

1997年11月第1版

1997年11月第1次印刷

ISBN7－80511－917－1/H·47

定价：2.00元

11—2

十字街头

杨振宁是博士还是教授 ………宣 轩(34)
保龄球馆里的争论 …………志 洪(35)
这样的“直量”，我们信不过 ……陶 锐(36)
“精华”何须“浓缩” ………李春林(36)
寒舍·家父·岳父 …………郝 捷(37)
话说“东窗事发” …………马其钝(38)
“废水”竟成“费水” …………韩谭保(38)

编读热线

小丛刊和大眼光
——《咬文嚼字》主编和国家语委主任的通信 ……………………(39)
《咬文嚼字》感言 …………刘 金(40)
“丑小鸭”的丰姿 …………林 靖(41)
咬嚼出个洁净天地来 ……嘉 琦(42)
乘风破浪一扁舟 …………汪惠迪(43)
偶读《咬文嚼字》 …………冯英子(44)

五重奏

智答篇 培根的“空桶说” ……张 琼(46)
趣喻篇 迟子建评足球 ……薛之望(46)
噱言篇 从“头”做起 ………左 雯(46)
谐诗篇 咏奇兽 ……………郭 仲(47)
妙联篇 “神童”的“赤子心” …马其钝(47)

语丝

“筋”，如何能“刺” …………季世琪(11)
“瑙”——想当然的简化字 ……王中原(13)
邵力子家乡在哪里 …………小 文(18)
是“有娇氏”还是“有蟜氏” ……叶才林(21)
“吸引外资” ……………………杨松琦(25)
“男有辠曰奴” …………………王中原(33)
触目惊心的价目牌 …………苏 云(35)
左路纵队到达何处 …………刘长俊(37)
“他”成了“‘小康’人家” ……李献功(45)

卷首幽默

“督造男女” ………王一凡 麦荣邦(1)

语林漫步

三思而后“咬”

戚义伟

出版物的编校质量，正越来越引起社会的重视。不少报刊辟有“咬文嚼字”“直言不讳”等专栏，发表有关批评文章。事实证明，这种批评不仅能使某一本书的编校差错在重版时得以更正，以免谬种流传，而且可使整个出版工作，处于有效的社会监督之中，营造一种一丝不苟的工作氛围，从根本上强化图书质量保障体系。为了充分发挥批评的积极作用，笔者觉得还有必要强调一点：三思而后“咬”。

一思：是否认准了“咬”的目标。当今书市，盗版猖獗，真伪莫辨；而盗版书往往鲁鱼亥豕，错讹连篇，不堪卒读。因此，批评图书编校质量，首先要“验明正身”，不能一不调查，二不分析，五十大板打了再说，结果难免伤害无辜。图书被盗版，本已属不幸；如果因此还要挨批，背上编校质量低劣的黑锅，岂非雪上加霜？遗憾的是，这类冤案并不鲜见，比如《围城》，比如《廊桥遗梦》，都曾遭此厄运。手头的《林彪的这一生》又是一例。

上海《劳动报》记者报道称，《林彪的这一生》“粗制滥造”，“苦了读者”，“粗粗一阅竟有100多处差错”，“太不负责任了”。记者点明此书由湖北人民出版社出版。这篇报道刊出后，《新民晚报》等具有全国影响的报纸迅即转载，影响之大，传播之广，可想而知。笔者在第六届全国书市上曾购过《林彪的这一生》，印象之中，虽有一些文字差错，总体上看编校质量还算是好的。记者看到的莫非是盗版书吧？

于是，按照记者列出的典型差

错，逐条核对。报道说：155页“多达20人”错印成“多达20万人”，157页“染指关东”错印成“梁指关东”，158页“还有一个外号”错印成“不有一个外号”，169页“坐卧不安”错印成“坐臣不安”……我手头的《林彪的这一生》，为1994年8月第1版第1次印刷，也就是说，出版社没有作过任何修订；记者所指出的全部差错，在我的书中均不存在，倒是上引页码略有不同，155页为154页，157页为155页，158页为157页。至此真相大白，记者看到的是重排的盗版本。查明这桩冤案，已是深夜1时。凭窗远眺，万籁俱寂，夜色如磐。我为湖北人民出版社感到悲哀。我想，记者如能在报道刊出之前，和湖北人民出版社通个电话，当不会出现这尴尬的一幕吧。

二思：是否找到了“咬”的依据。语言文字，有极其复杂的一面。我们不能只知其一，不知其二，翻过一两本词典，便自以为真理在握，所向披靡；不能只知昨天，不知今天，抓住一两条书证，便自以为放之四海而皆准，以古律今，不知变通。事实证明：似是而非的批评，往往不是帮忙，而是添乱，反而会让人无所适从。

《新闻出版报》不久前刊登过一封读者来信：《出书要对得起读者》。来信者自称是“字痴”，指名批评团结出版社的“当代作家自白系列”。他认为这套书有“大量的差错和不规范处”，“差错数和差错率是很高的”，要求出版社“重新出样全部订正，并给有关人员以校对费”。这种自信，这种坦率，未尝没有可圈可点之处，可惜信中列出的差错，似乎还有斟酌的必要。

比如，他认为“朦胧情愫”的“朦胧”应为“蒙眬”。其实是未必的。《现代汉语词典》说得很清楚，所谓“蒙眬”，是“快要睡着或刚醒时，两眼半开半闭，看东西模糊的样子”；而“朦胧”本指月色不明，后引申泛指模糊不清。可见，前者是主观“蒙眬”，“看”不清楚；后者是客观“朦胧”，对象本身难于辨识。如果“情愫”确实处在混沌状态，为什么不能称之为“朦胧”呢？又如“留芳千古”，来信认为“留芳”应是“流芳”。其实这是一组异形词。明诗“要知汗竹留芳日，只在孤舟浅水时”。“汗竹留芳”，不就是名垂千古吗？欧阳予倩《忠王李秀成》第五幕：“留芳百世也在你，遗臭万年也在你”——用的同样也是“留芳”。再如“作客”，来信认为只能写作“做客”。这未免太武断了吧。作、做不分，确实是当前用字的常见病，但并不等于所有用“做”的地方，都不能写作“作”。“作客”和“做客”，从同义词辨析的角度来说，略有书面和口语之分。强行定于一尊，只能写作“做客”，汉语词汇的丰富性还从何说起？

这类问题，本来尽可探讨，逐步形成共识；强加于人，不但作者、编者难于接受，在语言运用的实践中，还会引起新的混乱。

三思：是否掌握了“咬”的分寸。咬文嚼字，出发点应是与人为善，而不是一味追求“轰动效应”，故作惊人之笔，一棍子把人打死。面对粗制滥造的出版物，当然可以提出尖锐的批评，但也应从编校差错的实际出发，从国家有关部门制订的检查标准出发，言之有理，言之有据，而不是宣读“判决书”。须知：读者正是从具体差错的分析中得到启迪和增长知识的。可惜我们有时还是喜欢“极而言之”。

今年4月5日，《文汇读书周报》载文批评《学人魂》一书。文章仅100多字，指出该书有74处差错，究竟是哪些差错，“限于篇幅”，一概从略，但编者明确宣布这是“一本买了感到后悔的书”。真是大刀阔斧，好不痛快。读者因为无从判断，于是，74处差错也便成了“铁案”。这种处理方法在我看来是不够慎重也是不够公平的。

《学人魂》是一本关于陈寅恪先生的传记。据笔者所知，此书出版后，在学术界颇得好评。季羡林先生曾说，陈寅恪先生有几个问题，其他传上都没有说清楚，独有《学人魂》“言简意赅，透彻明白”。周一良先生也认为此书“将学术与生活糅合起来写，颇为成功”。当然，内容质量和编校质量并不是一回事，内容的上乘并不能掩盖编校的低劣，问题是要实事求是。

笔者后来有幸见到了74处差错。平心而论，这位读者是读得非常认真的，做了大量版本核对工作，有助于提高《学人魂》一书的编校质量；但74处差错是否每条都“铁案如山”，还是应该具体分析。比如，曾国藩送的对联，书中为“半杯旨酒待君温”，文章指出应为“半瓶浊酒待君温”，因各有所本，在未见实物之前，似不宜遽下结论。又如《同照阁诗抄》，文章认为“诗抄”应为“诗钞”。这里涉及到通用字问题，也还可以讨论。《廿二史劄记》“劄”有人写成“札”，《两般秋雨盦随笔》“盦”有人写成“庵”，能断定都错了吗？至于“茅以昇”还是“茅以升”，“李金髮”还是“李金发”，涉及到姓名用字，更

闲话楼名

严 浩

《咬文嚼字》谈过店名、品名，笔者想凑趣再来谈谈楼名。当今是“旋转的世界”，城市建设日新月异，漫步街头，高楼林立，楼名无疑也成了城市的一道文化风景。

耐人寻味的楼名，当然也是有的，可惜不多。比如笔者栖身的海天大楼，据说取名有三层含义：一是“海天”是上海天钥桥路的缩写，标示大楼方位；二是可联想到“海天一色”，象征“楼民”的和睦相处；三是“海阔凭鱼跃，天空任鸟飞”，“海天”寓意前途无量。遗憾的是，更多的楼名往往让人扫兴，甚至哭笑不得。

有些楼名是数码式的，一号楼、二号楼、三号楼……虽然井然有序，如军人出操似的，只是从中感觉不到一点情趣。大楼千姿百态，楼名何其枯燥乃尔！也有一些大楼楼以路名：路名得体，楼名跟着沾光，尽管谈不上什么新鲜感；路名不伦不类（这往往是历史的产物），楼名也出尽洋相。笔者曾拜访过一座“咸鱼大楼”，取这么个怪名称，只因受到了所在“咸鱼街”的牵连。还有一些大楼则和建造单位有关。化工公司的称“化工大楼”，煤炭公司的称“煤炭大楼”，化肥公司的理所当然称“化肥大楼”。简明则简明矣，怎奈听来别有一番滋味。

有一个现象是值得思索的：凡是房地产商出售的大楼，都有一个漂亮的名称，什么阳光别墅、五星公寓、玉兰花苑、瑞景大厦……力求激起人们美轮美奂的联想。难道大楼的取名也和体制有关吗？

不是三言两语所能说清楚的。总之，作为一份读书报纸，完全可以发表这篇文章；但对74处差错，编者不作考订便宣布“定案”，并进而认定是“一本买了感到后悔的书”，轻率地置一本学术著作于死地，未免缺乏分寸感，似有哗众取宠之嫌。

八音盒

关于“历史上的今天”

编者按

“独弦琴”已经演了三场，赢得不少知音。但光有“独弦琴”，未免显得单调。为此，本刊再辟“八音盒”一栏，每次就某一话题，八音齐奏，百家争鸣。现在先来还1995年的两笔“债”。第一笔是：“历史上的今天”能不能用？这是由罗禹先生的文章引起的。为了便于读者思考，特将罗禹先生的文章重新刊登。

历史上没有“今天”

罗　禹

为了看中央电视台的新闻联播，每晚提前打开电视机，从节目预告看起。因此，每天都在荧屏上看到“历史上的今天”，每次都感到别扭：这个词组很矛盾，历史和今天没法子合在一起。

这里的“今天”是就阳历而言的。比方说，在我写这些文字的时候，“今天”就是1995年3月31日。显然，这是一个独一无二的日子，历史上不可能有1995年3月31日。

设计“历史上的今天”这一栏目名称的人，原意可能是想撇开年份，只讲月日。在1995年3月31日，他们所说的“今天”只是3月31日。但是讲“今天”是不能撇开年份的，3月31日是一个每年都有的日子，不能和“今天”画等号。

当然，在特定的场合，不但年份可以省略，连月份也可以省略。例如今天早晨老伴问我:"今天几号?"我回答:"今天31号。"这是表达上的省略,"今天"指的还是1995年3月31日,而不是无论何年何月的31日。把历史上的某一个31日或者某一个3月31日说成是"今天",怎么说得通呢?

(原载1995年第6期《咬文嚼字》)

"撇开年份"未始不可

杨 光

罗禹先生认为"今天"包含年、月、日,是个"独一无二的日子",因此"历史和今天没法子合在一起"。然而大量的语言事实证明,"撇开年份"未始不可。请看:

"前年的今日,我避在客栈里,他们却是走向刑场了;去年的今日,我在炮声中逃在英租界,他们则早已埋在不知那里的地下了;今年的今日,我才坐在旧寓里,人们都睡觉了,连我的女人和孩子。"

这是鲁迅先生《为了忘却的记念》中的句子。作者正是撇开年份,将"前年的今日""去年的今日",与"今年的今日"相提并论。

1987年上海市高考语文试题作文题目是:《有感于五十年前的今天》。提示:"'五十年前的今天',指1937年7月7日,即中国人民抗日战争全面爆发的那一天。"这是一个重温历史联系今天现实的好题目,考试结果表明,考生并没有对题目产生什么误解。

而且,这种用法是古已有之的。有诗为证:

去年今日此门中,
人面桃花相映红。
人面不知何处去,
桃花依旧笑春风。

这是唐代诗人崔护《题都城南庄》诗。孟棨《本事诗·情感》载有一段颇具传奇色彩的本事,后来被编成戏曲《人面桃花》,千百年来为人们津津乐道。这首诗第一句说的便是"去年今日"。

运用语言要讲究科学性,要遵守一定的语言规则,这是毫无疑义的。但是有时候,某些说法看似不合理,却为社会所接受,所承认,这就是所谓"约定俗成"。"历史上的今天"便是一例。

语言中的积极现象

邱震强

语言是一种特殊的社会现象，是社会约定俗成的。从社会习惯方面看，尽管“历史上的今天”是个推出不久的电视栏目名称，但类似说法早已存在。比如野猪林中，董超、薛霸操着水火棍，看着林冲，说道：“……你须精细着，明年今日是你周年。我等已限定日期，亦要早回话。”

不仅《水浒传》这种古典小说中有，现代典范的白话文著作中也有。比如鲁迅《为了忘却的记念》：“两年前的此时，即一九三一年的二月七日夜或八日晨，是我们的五个青年作家同时遇害的时候。”

“明年今日”“两年前的此时”这些说法和“历史上的今天”异曲同工。从逻辑上去看，似乎不能成立；但它们合乎习惯，在交际中广为使用，因此也就取得了在语言中的合法地位。

从修辞角度看，“历史上的今天”运用了对比手法，将“历史”与“今天”连在一起，让人产生联想，加深感性认识，从而增强了表达效果。如要换一种“合逻辑”的说法，恐怕不但啰嗦，而且索然寡味。由此看来，“历史上的今天”还是语言中的一种积极现象。

既不合“情”也不合“理”

李明权

“揆情度理”一栏刊出的《历史上没有“今天”》一文，读后觉得既不合“情”也不合“理”。

罗禹先生之所以“感到别扭”“矛盾”，根本原因是出于误解。且不说“今天”是“历史”的延续，“今天”也必将变为“历史”，两者并非“没法子合在一起”；仅就“今天”的词义而言，就不仅如罗文所说是某年某月某日这“一个独一无二的日子”。比如说“今天的中国”，这里“今天”的词义范围就远远大于“一个独一无二的日子”。

而从约定俗成的角度来看：“历史上的今天”这种用法，是屡见不鲜的。在庆祝世界反法西斯胜利五十周年的时候，报上有篇文章说：“半个世纪前的今天，盟军在敦刻尔克大举登陆。”这种用法，使人有贴近历史和过去的亲切感。罗禹先生问：“怎么说得通呢？”看来他是以哲学上的时间观念来解释“今天”，而不是考虑语言应用问题，因此未免有胶柱鼓瑟之嫌。

还可补充一点，在古代思想史上已有历史和今天“合在一起”的思想。如《华严经》说：“过去劫入未来，现在劫入过去，未来劫入现在。”中国华严宗有“十世”之说，谓过去、现在、未来这“三世”中又各有过去、现在、未来，共为“九世”。“九世”合为一念之心，称为“十世”，这一佛理表现出先哲的智慧，也为我们理解“历史上的今天”提供了启示。

语丝

「筋」，如何能「刺」

季世琪

《新民晚报》一九九七年四月二十四日《夜光杯》载林帆先生《脾气与精神文明》，内引《世说新语》云：「他「尝吃鸡子，以筋刺之不得，便大怒，举以掷地。鸡子于地圆转未止，仍下地以屐齿蹍之，又不得。嗔甚，复于地取纳口中，啮破，即吐之」云云。

「以筋刺之不得」，令人费解。

按筋，乃指动物肌腱或骨头上的韧带，如牛蹄筋，如何能「刺」？

「筋」，当作筯。形似而误。

筯，同「箸」。现通称筷子。「鸡子」乃鸡蛋。用竹筷「刺」鸡蛋，是不易「刺」中。查《世说新语·忿狷》正作「筯」。「尝吃鸡子」句，「吃」作「食」。

正音室

“再醮”和“合卺”

俞 佳

1997年8月16、17连续两日，某市有线电视一台播放关于收藏内容的节目。收藏人刘某介绍了自己有关契约方面的一些藏品，除以房地产买卖典当和私人之间金钱借贷为主的契约外，还包括一些婚姻嫁娶的契约。这些当然是旧社会的产物，即使在解放初期已不多见，更不用说改革开放以来，这种契约形式早已被按法律手续办理的协议、合同、公证所代替。旧的契约形式已成过去，正因为如此，过去的这类契约，特别是年代久远、历经风雨而保存下来的资料弥足珍贵。它对过去民间存在的封建剥削、买卖婚姻具有认识和研究价值。

令人感觉不舒服的是，当收藏人介绍婚姻方面的契约时，至少有两处读错了契约上的文字，把再醮(jiào 叫)读成了再 zhàn(蘸)，把合卺(jǐn 紧)读成了合 chéng(丞)，使人如堕五里雾中，不知所言何指。而节目主持人亦步亦趋，随声附和，显然是一错再错，不知错在何处。

查《汉语大词典》，“再醮”有两个义项：“①再次斟酒，……②古代行婚礼时，父母给子女酌酒的仪式称‘醮’。因称男子再娶或女子再嫁为‘再醮’。……元明以后专指妇女再嫁。”

“合卺”是古代婚礼中的一种仪式。“剖一瓠为两瓢，新婚夫妇各执一瓢，斟酒以饮。”后来便以“合卺”代指成婚。

可见，“再醮”与“合卺”都是与男女嫁娶有关的词。把“再醮”读成“再 zhàn”，“合卺”读成“合 chéng”，显然是把“醮”误读成“蘸”，把“卺”误读成“丞”，这可能是“秀才识字读半边”所致。

“秘”字怎么读

海　频

不久前，中央电视台《正大综艺》的导游小姐带我们“去”了一趟秘鲁，了解了一些当地的风土人情及年代久远的制陶术，令观众大开眼界。可从头到尾，导游小姐对“秘鲁”这个国名的读音都是错的。

“秘鲁”的“秘”正确的读音应为bì(闭)而不是mì(密)。有关“秘鲁”这个国家国名的由来还有一段有趣的故事。十五六世纪西班牙殖民者入侵南美洲，其中的一小部分乘船顺着一条直通内陆的河溯流而上，发现一块不知名的陆地，便登岸向当地的土著打听。土著以为入侵者问的是这条河名，便告诉他们叫作比鲁(bi ru)。语音上的差异，使这些侵略者错听成秘鲁，于是便产生了秘鲁(pe ru)这个西班牙地名，并一直沿用至今。

不论是bi ru还是pe ru，其声母都是辅音中的塞音而非鼻音m，所以，“秘鲁”作为一个音译名，应该读bì lǔ。

关于“秘”字，还有一个许多人会读错的词“便秘”。以往的工具书都注作便bì，《现汉》修订本根据国家语委等部门公布的《普通话异读词审音表》的规定，注作便mì。因此除了“秘鲁”的“秘”读成bì以外，在其他情况下，“秘”都读成mì音。

语丝

『王𡿺』——想当然的简化字

王中原

今年七月三日《人民日报》第十版《旅游大国巴西》多处提到『马王𡿺斯』，『王𡿺』是个错字。

说也奇怪，常见字中的『腦』『惱』已简化为『脑』『恼』了，偏是『瑙』字面目依旧，难怪有人会对它进行类推简化。

然而，看似合理却不合法，『王𡿺』既然未取得『合法』身分，我们还是依法而行，老老实实地写作『瑙』才是。

浅谈“生肖”的读音

胡渐逵

近年来，常听到电视或广播里的主持人、播音员谈及生肖时，将“肖”读成 xiāo(消)，人们平时读“生肖”的“肖”也大多读作 xiāo，其实这是错误的。生肖的“肖”正确读音应该是 xiào(笑)。

我国古代术数家用十二种动物来配十二地支，子为鼠，丑为牛，寅为虎，卯为兔，辰为龙，巳为蛇，午为马，未为羊，申为猴，酉为鸡，戌为狗，亥为猪。这在东汉哲学家王充所著的《论衡》《物势》篇和《言毒》篇中已有记载。到后来，人们以某人生于某年来肖某种动物，如子年生的肖鼠，丑年生的肖牛，等等，故称为十二生肖，也叫做十二属相。这里的“肖”即相似的意思。“肖”字下部的“月”是古代的“肉”字。《说文·肉部》云：“肖，骨肉相似也，从肉，小声。”段玉裁注：“‘骨肉相似’者，谓此人骨肉与彼人骨肉状皃(貌)略同也，故字从肉。”孙愐《唐韵》注音为“私妙切”，折成今音读 xiào。《现代汉语词典》“肖”作“相似”义时读音正作 xiào。

马晓春推『枰』

姚东军

1997年4月10日，中央人民广播电台午间体育新闻报道了4月9日中国围棋霸王战挑战赛第二局“马晓春推 chèng(秤)认输”的比赛结果。我心里一惊，“枰”怎么可以读作 chèng 呢?

翻了当天的《浙江日报》才知，原来错误出在“新华社北京4月9日电”里。该电文将“枰”错成了“秤”字。“枰”和“秤”虽然形似，但音义却完全不同。前者读 píng(平)，指棋盘；后者读 chèng，指衡量轻重的器具。电文、报纸一起错，电台播音员又照本宣科，于是马晓春只得推“秤”了。

书林指谬

忍无可忍

裘其戎

忝为出版界中人，深知编校工作之甘苦。碰到出版物中的编校差错，我一般都是忍字当头，能忍则忍。

两星期前，信手翻报，第二版上有条消息：某社区敬老成风。翻到第四版，竟又与这条消息不期而遇：某社区敬老成风。同一个作者的同一篇文章，竟在同一家报纸的同一天版面上梅开二度，实在让人匪夷所思。可转念一想，又觉得情有可原：校对当然是应该通读的，可毕竟在不同版面，何况消息本身又不起眼，在出报时间仓促的情况下，难免会忙中出错。所以，我的态度是：忍。

几天以后，灯下正襟危坐，读一本刚到的刊物。其中有一篇书摘，题为《婚姻随想录》，全为"语录体"，颇耐人寻味。右栏第三段是："男子再婚，多不念前妻；妇人再嫁，多不忘前夫。这是男子寡情的表示，也是妇女多情的表示。"真是这样的吗？本人没有这方面的体验，也不想深入探讨，于是继续往下读。读到右栏最后一段，又一次"大跌眼镜"："男子再婚，多不念前妻；妇人再嫁，多不忘前夫。这是男子寡情的表示，也是妇女多情的表示。"仅仅是隔开几段以后，竟然一字不差，又重复刊登一次。这不能不说一声粗枝大叶吧。不过，我还是动了恻隐之心：这些语录都很简短，而且都是精心构思，颇像绕口令，多读几段怕免不了眼花缭乱。作为读者，我的态度依然是：忍。

然而，一忍再忍以后，终于忍无可忍。这次面对的是一本书，一本26个印张而定价高达38.80元的书——广州出版社出版的《世界五千年智谋总集·外国卷》(1996年1月第3次印刷)。书中的错别字之多，且不去说它；在第810页，有一则《基辛格妙语答记者》，谨照录如下：

美国国家安全事务助理基辛格在莫斯科的一家旅馆里，向随行的美国记者团介绍美苏关于签署限制战略武器的四个协定的会谈情况。

基辛格微笑着向记者们透露道："苏联生产导弹的速度每年大约250枚。先生们，如果在这里把我当间谍抓起来，我们知道该怪谁啊。"

敏锐、探密是记者的天性，无孔不入的美国记者紧接基辛格的话头发问："那我们的情况呢？我们有多少潜艇导弹在配置分导式多弹头？有多少'民兵'导弹在配置分导式多弹头？"

这是美国的军事秘密，基辛格是绝不会透露蛛丝马迹的。只见他微笑着耸耸肩，说："我不确切知道正在配置分导式多弹头的'民兵'导弹有多少。至于潜艇，我的苦处是，数目我是知道的，但我不知道是不是保密的。"

记者信以为真，不加思索地说："不是保密的。"

这一下，记者以为基辛格会说出来，因为"那不是保密的"。

哪知，基辛格反问道："不是保密的吗？那你说是多少呢？"

记者没有想到自己会碰上这么一句反问，顿时傻了，只得"嘿嘿"一笑了之。

问题出在哪里呢？原来，在这则"智谋"后面，同在第810页上，紧接着还有一则关于基辛格的轶事，题为《基辛格外交妙语》。为了说明问题，只能再照录如下，务请读者诸君耐着性子读完：

美苏关于限制武器的4个协定刚签署，基辛格就在莫斯科向记者们介绍这方面的情况。

当基辛格谈到苏联生产导弹的速度每年大约250枚时，有个美国记者想探问这方面的秘密，他问基辛格："我们美国有多少潜艇导弹在配置分导式多弹头？有多少民兵导弹在配署（原文如此，应为配置——引者）分导式多弹头？"

"我不确切知道正在配置分导式多弹头的'民兵'导弹有多少。"基辛格耸耸肩，一摊手说，"至于潜艇，我的苦处是数目我是知道的，但我不知道是不是保密的？（原文如此，应用句号——引者）"

记者说："不是保密的。"

"不是保密的吗？"基辛格反问，"那你说是多少呢？"

那个记者知道无法问下去了，只好尴尬地笑笑。

抄录到此结束。抄得如此之长，

覆尿难收

——《王蒙文集》第九卷指瑕

魏助增

华艺出版社出版的《王蒙文集》，共有十卷。我首先粗粗读了第九卷：散文报告文学杂文卷。见识了精彩，也碰上了困惑。

《旅美花絮》一篇介绍说，在美国，养狗的人很多。这个，我相信。可是，文章说："牵着狗出来散步，有的还带着一个专门装狗尿的口袋，狗拉了尿，主人要不辞辛苦、不避脏臭地把它捡起，装好袋，带走。"这简直让我目瞪口呆了！俗话说"覆水难收"，意思是说，泼出去的水是收不回来的。难道人家美国人竟有办法"捡"起来？我只好仔细研读这篇文字。我终于发现："当局有规定，如果狗随地大便，将向其主人课以罚

实在是不得已而为之。读者诸君一定已经看出，这两段文字不是如出一辙，而是实出一辙：同样的时间，同样的地点，同样的事件，同样的人物，同样的提问，同样的回答。这样的两段文字，居然在同一本书的同一页上"兼收并蓄"，堪称滑天下之大稽。

如果那些主编、副主编不是徒有其名，确实编过，不，确实读过原稿，我想断不会出现这类怪事；如果责任编辑还记得"责任"二字，认认真真地作过加工，读过校样，我想断不会出现这类怪事；如果校对不是一味埋头"校异同"，而有一点"校是非"的意识，我想断不会出现这类怪事。遗憾的是，这些"如果"都不存在。出版物中的某些差错，本是可以理解的，比如知识性差错、心理性差错，甚至包括某些制度性差错；然而，这一令人哭笑不得的差错却纯粹是因为缺乏起码的责任心造成的！而且，重印两次也不予改正。粗制滥造一至于此，实在让人有点忍无可忍。

金。”啊，要“捡”的，原来是“大便”——即应称之为“屎”的东西！由此，我也就明白，美国狗并不是新品种，美国人也并非“身怀绝技”，给我们造成困惑和麻烦的，是那六个“尿”字，“尿”应改为“屎”！

以上只是书中的一个例子。我粗略地统计了一下，在这本619页的书中，多字、少字、错别字、错用标点符号等错误，不少于100处，而且，大多是显而易见的错误。如：解（银）幕、历（厉）害、园（圆）拱屋顶、根子札（扎）在、奶菜（茶）、戌（戍）边、纪（纠）正、乘（乖）戾、吵（味）道、噪音诱发证（症）、反映（应）迟钝、一此（些）、晴（蜻）蜓、过廓（廊）、一幛（幢）楼房、薯（著）名、赌埔（博）、予（预）告、七十（70）年代未（末）、找靠出（山）、汁（汗）流浃背、老牛驼（驮）着牧童、廉（谦）恭克已（己）、吟（吟）歌、呼风唤丽（雨）、白署（薯）、电灯彻夜不息（熄）、窗棣（棂）、即（既）卫生又安全、温柔郭（敦）厚、折靡（磨）、目地（的）、狂妄姿（恣）肆、貌（豹）尾突起……

该书中有一篇《我的遗憾》，作者的“遗憾”之一是：“有几本自己写的书，出版过程中连校对的时间都没找出来，错别字很多。”对此，我们读者也遗憾，并且还遗憾王蒙先生得再一次“遗憾”。而更让读者遗憾的是，包括《王蒙文集》在内的这套《宏艺文库》，它的《出版前言》说：“我们创立《宏艺文库》就是为了向世界展示中国当代文学的成就”，“就是为中国文学的繁荣和赢得世界性荣誉做点事。”可惜，为此宏志而付出的努力似还不够。

语丝

邵力子家乡在哪里

小文

《文汇报》六月二十一日《都市旧闻》版中《和平老人邵力子》一文，在介绍邵力子先生出生地时说，『据复旦大学志第一卷，邵力子先生传略上载：一八八二年出生于浙江绍兴县陶墟乡邵家楼。』

陶墟乡应为陶堰乡，现已改陶堰镇。陶堰又名陶家堰，该地是陶行知先生的祖居。陶堰不是陶墟，但旁边有道墟乡，道墟现属上虞县。邵家楼应为邵家溇。溇，相当于浜，是小河沟。陶堰有几个村庄在小河沟旁，就以村民的主要姓氏命名，有邵家溇、章家溇等。

字里乾坤

沐浴濡身有何需

张再兴

“需要”之“需”，商代金文写作，甲骨文写作，描摹了一个人沐浴濡身的形象，在这个意义上后来写成了“濡”。“需”字形体在周代金文中产生了很大变化，写作，已与沐浴的形象风马牛不相及了。从沐浴到必需的意义引申，如不作深究，很容易被理解为沐浴为人们日常生活所必需，而这种认识不免失之肤浅。对于先民来说，其中有着更为深刻的古代文化内涵。

洗澡的目的本来只是除去身上的污垢。但是在原始人类推行巫术思维方式的作用下，各种体内的、体外的灾邪也能像污垢一样被水洗去。我国古代有上巳节临水祓禊的习俗，正是这种观念的产物。传统的在婴儿出生后三日举行的“洗三”仪式就是让新生儿在未来的日子中祛灾免难。浙江江山地区还有男女老少于端午日采百草树叶烧汤沐浴，以除秽气的习俗。

同样地，先民认为心灵上的污垢也能通过沐浴来除去。因此古人认为读书人不仅要以水澡身，还要浴德，也就是沐浴于德，以德自清。晋代傅玄还在他的澡盆上刻上“与其澡于水，宁澡于德”之句。成语“洗心革面”一词，正是这种观念的反映。

古人观念中沐浴的这种独特功效，使得沐浴在古人心目中具有了一种崇高的地位。在古代庄严而又频繁的交接神明、禳灾求福的祭祀仪式中，参加仪式的人，特别是那些能直接与神灵对话的祭司，必须心灵纯净才能得到神灵的恩赐。因此除了祭祀前斋戒仪式中的种种禁忌外，他们还必须沐浴全身，以除去心灵上的污垢，以一种纯净的姿态去

由"狄"说到图腾崇拜

黄安静

狄，是我国古代的一个民族。分为赤狄、白狄、长狄。各部各有支系。因其主要生活在我国北方，所以通称北狄。

狄，金文作，从犬，亦声，《说文·犬部》："狄，赤狄，本犬种。"也就是说北狄被命名为"狄"，是因为人们认为它是"犬"类，是"犬"的子孙，是由"犬"转化而来。

其实，在上古，以动物命名的民族，不仅仅只有北狄。我国古代还有许多民族也以动物命名，也被认为是某种动物的子孙，是由某种动物转化而来的。上古属于我国东北部的貉，以豸得名，被认为是豸的子孙；居于今福建境内的闽，以虫得名，被认为是虫的子孙；居于西部的羌族，以羊得名，被认为是羊的子孙。(参见《说文》)

北狄等民族的命名，正透露出我国上古动物图腾崇拜的一些文化信息。

上古人认为自己的民族的祖先是由某种动物转化而来，自己和该

交接神灵。既然这种沐浴净身的礼节是必要的，本表示沐浴的"需"字具有"需要"的含义也就在情理之中了。

走出"人神杂糅"时代的原始人要想沟通神灵，必须通过祭司来进行。由于祭司们在举行祭祀仪式前都要沐浴净身，这种祭司也便被称为"需"，后来则加上了"人"旁，成为"儒"。可见"儒"本指那些祭祀仪式中的司礼者，即术士。他们起着沟通人和神灵的作用，是巫、祝、卜人的一部分。正如《法言·君子》所说："通天地人曰儒。"以孔子为代表的儒家本来即是这些特别重视祭祀礼仪的人。

动物有着血缘关系。这种动物对本氏族有着保护作用，于是将它作为本氏族的族徽或标志——图腾，有目的地加以崇拜。根据现代民俗学的研究推测，动物图腾崇拜可能是因为某种动物在原始先民的生活中起了某种特殊作用，或者意外地成了他们的食物而拯救了他们，或者因为这些动物常常要伤害他们，希冀通过图腾崇拜以求得幸免。

在我国，不但古籍中有许多关于动物图腾崇拜的记载，而且考古发现也多有类似证明材料。在马家窑文化的彩陶上发现有青蛙、鸟的图像；仰韶文化的彩陶上除有鸟、鱼、蛙之外，还有人首虫身像。据民俗学的研究推测，这些图像很可能是当时的氏族图腾。

当今的一些少数民族，还把某些动物当作他们的图腾加以崇拜。如云南新平杨武魁大寨的彝族人认为，杨姓是绵羊变来的，范姓是水牛变来的，方姓是獐子变来的，张姓是绿斑鸠变来的，各自把这些动物当成神圣不可侵犯的神灵。（参见上海三联书店《原始宗教》一书）

在以动物为图腾的民族里，如果用图腾称代他们，他们会认为受到了莫大的尊重。在湖北省西南部土家族生活的区域里，有些土家人崇拜猫，如果用猫称代他们，称他们“好猫”，或者说他们来世变“猫”，他们会感到受到了莫大的祝福。

如此看来，我们可以得出这样的结论：动物图腾崇拜是北狄等民族得名的原因。

语丝

是『有娇氏』还是『有蟜氏』

叶才林

《新闻战线》（人民日报社主办）一九九六年第三期《慎用『炎黄子孙』的提法》一文写道：『《国语》中说，「昔少典娶有娇氏，生炎帝、黄帝」。』文中引语见于《国语·晋语四》，作者引用时出了三个错，一是将『有蟜氏』错成『有娇氏』，二是在『娶』字后漏了个『于』字，三是将『黄帝、炎帝』颠倒成『炎帝、黄帝』。

从“豫”谈“象”

田之雨

“豫”字在现代可用作河南省的代称，如豫剧指河南的地方戏之一河南梆子。河南这块地方古称豫州，故后代即以“豫”代指该地。豫州为夏禹时代的九州之一，这说明在远古时代河南这块地方便被称为“豫”了。

为什么叫做“豫”呢？让我们先看看“豫”字的本义和字形构造：

豫：形声字。《说文·象部》这样解释“豫”：“象之大者(贾侍中说)，不害于物。从象，予声。”看来，“豫”就是大个的象。“不害于物”，就是说大个的象也不会对人畜形成危害。事实正是这样，象不但不伤人，还能供人驱使，为人服役。直到现在，在印度、缅甸等国，象仍为人服役，佛教徒还专讲究乘象。远古时代也是如此。《吕氏春秋·古乐篇》：“商人服象，为虐于东夷。”这说明居住在河南的商代人已经习于役使大象。还有一个“为”字，也可证明古代黄河流域有象。

为：这是简化字，繁体作爲。上为爪，下为象的象形。“爪”代表人的手(爪是手的象形，“采”字的上部也是爪，“采”是会意字，表示用手在树木上摘取果实)。上有爪，下有象，此字是会意字，表示以手牵象，役使大象。在甲骨文、金文中，“爲、象、豫”三字中的“象”都突出了象的长鼻。近代甲金文学者罗振玉说：“今观篆文，但见长鼻及足尾，不见耳牙之状。卜辞亦但见象长鼻，盖象之尤异于他畜者其鼻矣。又象为南越大兽(引者按：《说文》释象为“南越大兽”)，此后世事，古代则黄河南北亦有之。爲字从手牵象，则象为寻常服御之物。今殷墟遗物有镂象牙礼器，又有象齿甚多。”(《增订殷墟书契考释》)卜辞中也有不少“获象”的记载。另外，卜辞中还有人名叫“象”的。古书中不是也记载“舜”之弟名“象”吗，“象”用于人名，这也说明黄河流域的“象”是当时的习见动物。所以“豫、爲”二字表明：河南古代有象，商人习于役象、获象，以“象”为人名。以上种种均表明古代黄河流域气候温暖，有适于象生存的环境。

《说文》将“爲”字释为母猴，认为是母猴的象形字，显然是错误的。

豫州之命名，正是因为此地多象，此地人善于役象。

旧话重提

“凌晨”是什么时候

何伟渔

大约十年前吧，某大学研究生入学考试有如下一道试题，要求指出句子中的语病：“凌晨两点，山门开了，寺院里走出一个胖和尚。”答案是修饰语“凌晨”和中心语“两点”不能搭配。结果只有三分之一的考生发现这个语病，其余考生大概都不怎么理解“凌晨”的词义。

“凌”是迫近、逼近的意思，因此“凌晨”只能解释为“天快亮的时候”(见《现代汉语词典》)。“天亮”的时候并不是固定的，而是随着季节的变化而变化的；相应地，“天快亮”的时候自然也是随着变化的。不过，在我国大部分地区，一点、两点、三点，都不是“天快亮的时候”，因此都不能用“凌晨”来表示。毫无疑问，上述试题的答案是正确的，“凌晨两点”有词语搭配不当的错误。

然而，语言是一种社会现象，社会的发展推动语言的发展，语言中的词汇尤为活跃。每当社会出现重大事件的时候，在词汇中必然会有所反映，有所表现。比方说，改革开放以来，汉语的词汇，一方面新产生的词语数以千计，如“创收、代沟、度假村、一国两制”，另一方面原有词语增加新义项、扩展新用法的，更是不计其数，如“老师、家教、菜篮子、红眼病”。“凌晨”恐怕就属于后者。

大而化之地说，有两次强大的社会冲击波，促使“凌晨”调整义项，扩大使用范围。笔者曾经就此问题写过一篇小文章，题为《“凌晨一点”一类的说法怎么会流行开来?》(发表在《语文建设》1993年第4期)，内容涉及第一次冲击波。

那是在1992年。重大社会事件指的是，在巴塞罗那举行的第25届奥林匹克运动会上我国运动健儿取得了前所未有的喜人成绩。当时，我国的新闻媒介理所当然地要以最快速度向国内人民进行报道。由于巴塞罗那和北京两地时差的缘故，在广播、电视、报纸中，就大量地出现了“北京时间凌晨一点(或两点、或三点)”这一类说法。

这儿有个问题发人思考：难道非用“凌晨一点”不可吗？难道现代汉语就没有别的表达形式了吗？

首先，汉语中有一系列表示一天之中各个时段的词语，如“早晨、上午、中午、下午、晚上、夜里、半夜”等，分得细一点，还有“凌晨、正午、傍晚、深夜”等。可是这些词语全是模糊词语，根本没有公认的明确的上限和下限。谁也说不清“晚上”是从几点几分到几点几分；当你听到“晚上11点”“夜里11点”“半夜11点”三种不同说法的时候，你会觉得是同一个时间。表时段的模糊词语之“模糊”，由此可见一斑。

其次，现代的通用计时方法是24小时制，这种方法又简单又明确。不过，日常生活中，大多数人习惯于采用两个12小时制(如同钟、表的每12小时一个循环一样)，不采用24小时制。为了便于区分，防止误解，就不得不采用“早上8点”“中午12点”“晚上8点”“半夜12点”之类的说法。大部分时间都容易称呼，唯有24小时制中的“1点”“2点”“3点”前边应该加个什么，却是个难题。

再其次，索性在现代汉语词汇库里来一次沙里淘金，找一个合适的词出来，可是结果却并不令人乐观。“侵晨、迎晨、薄晨、拂晨、拂晓、傍亮儿、侵早、侵晓”都指天快亮的时候，“破晓”指天刚亮的时候，“平明”指天亮的时候，“黎明”指天快要亮或刚亮的时候，“清晨”指天亮前后的一段时间。以上这些词没有一个能跟“1点”“2点”“3点”对上号。唯一可选择的是“早晨”，《现代汉语词典》是这样注释的：“从天将亮到八九点钟的一段时间。有时从午夜十二点以后到中午十二点以前都算是早晨。”这个注释包括两个义项：前一半是狭义，是常用义，大体上跟“清晨”同义；后一半是广义，是非常用义(注释中加了“有时”两字)。既然有广义的“早晨”，如果我们说“早晨1点”之类，那应该看作是合乎规范的。然而近几十年来，“早晨”的广义渐渐不用了。比如人们不愿意说“早晨11点”，而常说“上午11点”；同样的道理，人们也不愿意说“早晨1点”，而常说“半夜1点”。为什么？我想主要是因为广义“早晨”所代表的模糊时段太“模糊”了——几乎占据了24小时中的一半。人们对这样的模糊词语不满意，不喜欢，它会影响交际。而“半夜1点”又只能限用于口语(依靠语言环境，表意不难确定)；

倘若在书面语中出现“10月8日半夜1时”，读者就会产生困惑：到底是8日的1时，还是9日的1时？

左也不是，右也不是，只好另辟蹊径了。有两条路可走：一是另造一个新词来填补空缺，专门表示从午夜12点以后到天亮以前这个时段；二是借用一个旧词，让它调整义项，扩大使用范围。新词始终没有选出来，于是，经过“包装”的旧词新义的“凌晨”就在1992年崭露头角了。据我们观察，此前，就有人试用过，但受到指责；此后，用的人多起来了，但还是褒贬不一。“凌晨”处在十字路口，何去何从？

幸好，事隔五年，又出现第二次冲击波。那就是1997年7月1日香港回归祖国。新“包装”的“凌晨”到了非用不可的地步了。

请看《人民日报》1997年7月1日第1版：

本报香港7月1日凌晨电……1997年6月30日午夜至7月1日凌晨，香港会议展览中心新翼灯火辉煌，举世瞩目的中英两国政府香港政权交接仪式在这里的五楼大会堂隆重举行。（按，交接仪式的具体时间是6月30日23时42分开始，7月1日0时12分结束。电讯稿中的“凌晨”所指十分清楚。）

本报香港7月1日凌晨电……中华人民共和国主席江泽民今天凌晨在这里向全世界郑重宣告：中华人民共和国香港特别行政区政府成立。（按，事情发生在7月1日1时30分至1时35分之间。电讯稿中的“凌晨”所指也十分清楚。）

这两个“凌晨”几乎是无可替代的。又据笔者不完全统计，同日的《人民日报》仅第3第4两版使用“本报香港7月1日凌晨1时（或2时、或4时）电”共6例，同日的《文汇报》（共12版）使用“凌晨”一词达24个之多。

一发而不可收，新“包装”的“凌晨”在7月1日以后的新闻媒体中出现频率很高很高。看来，定位于“从午夜12点以后到天亮以前这个时段”的“凌晨”，必将被人们所认可，成为现代汉语的一个通用词。

语丝

“吸引外资”

杨松琦

“嗳，杨子，你不是戒烟了，怎么又抽上了？”

“一般情况下，我在外戒买了，在家戒抽了。”

“你是专门抽伸手牌的？”

“不，我这是吸引外资。”

“唐代的古钟”和“安全事故”

魏　雨

有位读者向编辑部咨询：“安全事故”这个提法是否正确？既然是“事故”，怎么谈得上“安全”呢？岂不自相矛盾！为了便于讨论，不妨先来一个“旧话重提”。

话说1981年12月31日深夜，中央电视台播送了用唐代的景云钟敲奏出来的洪亮、庄重的报时钟声。第二天，有人对新闻报道中的“我们敲响了唐代的古钟”这句话提出质疑：所谓“古钟”就是古代的钟，自然也包括唐代的钟。而“唐代的古钟”是什么时候的钟呢？只能把它理解为唐代之前的钟了。现在已经知道“景云钟”是唐代的钟，那么把它说成“唐代的古钟”就错了。（详见《语文学习》1982年第3期）

“唐代的古钟”和“安全事故”这两种说法能不能成立，都涉及定语的性质问题。汉语的定语，种类和作用很多，粗一点可分为三种：第一种是修饰性定语，例如“雄伟的南浦大桥”，定语“雄伟”只起修饰作用，“南浦大桥”只有一座，加了定语“雄伟”，仍是这座“南浦大桥”（不存在另一座“不雄伟的南浦大桥”）。第二种是限制性定语，例如“不锈钢的餐具”，定语“不锈钢”可以起限制作用。“餐具”有铜的、银的、搪瓷的、陶瓷的、塑料的、玻璃的、木头的，等等。有了定语“不锈钢”，就限制了“餐具”的范围（排除了非“不锈钢”的种种“餐具”）。第三种是领属性定语，例如“徐虎的徒弟”，定语“徐虎”表示领属者，“徒弟”是属于“徐虎”的。不过领属性定语一般也兼有限制作用，定语“徐虎”同时限制了“徒弟”的范围（排除了别人的“徒弟”）。

换个角度说，同一个词语可以充当不同种类的定语，具有不同的作用。比如，用“上海”作定语：在“上海的地铁”中，“上海”是领属性定语，“地铁”是属于“上海”的，不属于其他地方；在“上海的五香豆”中，“上海”是限制性定语，“五香豆”的领属者（或者所有者）就不一定是“上海”，可能在外地，也可能在海外，“上海”这个定语只表明“五香豆”是“上海”的产品，只起限制作用。

与此相仿，用“唐代”作定语，也会有不同的情况。在“唐代的诗人”中，“唐代”是领属性定语，“诗人”属于“唐代”。而在“唐代的古钟”中，“唐代”却是一个限制性定语，说明“古钟”是“唐代”的（排除非“唐代”的“古钟”）。因此，“我们敲响了唐代的古钟”这句话，表意明确，没有语病。

至于“安全事故”中的“安全”，也是个限制性定语。仅就限制性定语而言，其限制的角度，因为涉及具体意义，必然是多种多样的。试以“月饼”前边的限制性定语为例：论制作方式，有广式月饼、苏式月饼等；论馅儿，有豆沙月饼、莲蓉月饼等；论个头，有微型月饼、巨型月饼等；论形状，有椭圆月饼、八角月饼等；论品牌，有杏花楼月饼、功德林月饼等；此外，还有热月饼、净素月饼、盒装月饼、预订的月饼……

限制性定语，对中心语来说，主要起一种限定范围的作用，其实就是一种分类作用。分类可以有不同的标准，所以同一个中心语前边就可以有不同的定语。“月饼”便是一个典型例子。

中心语“事故”，前边同样可能有各式各样的限制性定语。按行业分，有交通事故、医疗事故等；按损失的代价分，有重大事故、特大事故等；按照法律条文，还有责任事故和非责任事故、工伤事故和非工伤事故的区分。“安全”是生产单位、建筑单位、公交单位、体育单位、军事单位等努力争取达到的目标，是评定这些单位工作质量的一项重要指标。“安全事故”中的“安全”，是从“事故”的性质方面来限定“事故”的范围，因为有的“事故”并非属于“安全”方面的。比方说，由于保养检修上的疏忽，有一台机床某一天加工出来的全部是废品，这当然是事故；比方说，由于野蛮施工，造成某一居民小区停电16小时，这无疑也是事故。这两种“事故”大概可以不算在“安全事故”之内吧。由此可见，“安全事故”这个提法算不得“自相矛盾”。“安全事故”应该并且可以理解为“安全方面的事故”。加了定语“安全”，使“事故”的性质和类型更明确、更突出。

报刊扫描

“橙子”没有脚

陈炳衡

《阿宝两双脚橙子四双脚》(约 1925 年)丰子恺作

《文艺报》1997年3月1日第4版的“漫画城点评”刊载了一幅丰子恺漫画，画下排印的画题是《阿宝两双脚橙子四双脚》。

人有脚，但一个人只有两只脚，怎么会有两双脚呢？橙子是水果，没有脚，更谈不上有四双脚。

画题十个字里就错了三个字。

丰子恺先生原画上用的“櫈”是“凳”的异体字，绝对不是个“橙”字。原画上的“隻”是“只”的繁体字，不是“双”的繁体字(“双”的繁体字是“雙”)。只因编辑不知道繁简字和正异体字的对应关系因而闹出了笑话。

年年二十九岁的奇男

汤志鸿

1991年1月30日的《生活报》(黑龙江)第1版上有则题为《四眼男子当警卫》的新闻:"今年二十九岁的意大利男子卡鲁苏,生来长有四只眼睛,前面两只呈棕色,后面两只呈蓝色……卡鲁苏被一家百货公司的经理看中并聘为警卫……"

时间过了一年多,《晚报文萃》杂志在1992年第2期35页上转载《钱江晚报》的同一新闻(其实已成"旧闻")时,卡鲁苏仍是"现年二十九岁"。

时间又过了四年多,即1996年9月26日《长沙晚报》第2版刊载新华社的这一已老掉牙的"新闻"时,主人公还是"现年29岁"(原文如此)。

我国有句俗话"姐儿年年十七八",想不到意大利竟有一位"年年二十九"的哥儿。

报刊之间互相转载文章是常有的事,但像这样不动脑筋,死搬硬抄是要闹笑话的,也是极不严肃的。

是"圉"不是"团"

吉善玉

今年4月21日,天津的两大报纸在介绍当晚的电视节目《东周列国——春秋篇》(11)时,多次写到"太子团",如:"夷吾(晋惠公)病重,派人去秦国接太子团……秦穆公将已嫁太子团的怀嬴转嫁给重耳……"可当晚电视上不论是字幕还是配音,却都写成或念成"太子圉(yǔ羽)"。

翻开《史记·晋世家》一查,方知是报纸错了。"惠公亡在梁,梁伯以其女妻之,生一男一女。梁伯卜之,男为人臣,女为人妾,故名男为圉,女为妾。"

圉,指养马的地方,养马的人称圉人;圉又当囹圄讲,如囹圉,指监狱。所以古时臣下谦称自己为圉臣,犹如贱臣。

数字的困惑

姚秋声

新闻报道离不开数字，数字能够反映事物的存在状态、内部结构及其发展规律。然而，有些文章常常因为数字表述不正确，不但说不清问题，反而使人越看越糊涂。下面举几个今年报上的例子：

一、该用百分比的误用了倍数

有一篇报道，谈到劣质酱油的价格，"竟以低出真酱油一倍或二倍的价格吸引了商贩纷纷而至。"（见3月24日《辽宁职工报》）"倍"，《现代汉语词典》的解释是"跟原数相等的数"。"低出一倍"，价格就等于零了，"低出二倍"，就要倒找顾客的钱，有这样的造假者吗?此处如改成"低于……百分之几"，话就可说清楚。

二、错用的百分比

4月6日《文汇报》第5版《胡庆余堂再生记》一文，介绍胡庆余堂"今年1～3月，……完成利润134.77万元，从去年的平均每月亏损40万转为每月盈余40万元，增长200%以上"。需知，原来月亏损40万，增长200%就要月亏损120万元了，这里的由亏转盈是不能用百分比直接对比的。其实，"每月亏损40万转为每月盈余40万元"已经把话说得很明白，何必再增加一句"增长200%以上"的废话呢！

三、常识或计算方面的差错

3月24日《世界信息报》（4月30日《中国剪报》转摘）有一篇介绍香港新机场的文章，说到压路机"所走的路程长达9.2万公里，以地球赤道圆周的长度计，相当于环绕地球5圈"。众所周知，地球赤道圆周的长度是4万公里，9.2万公里只相当环绕地球2.3圈，怎么是"相当于5圈"呢?《中国剪报》同一天转摘《甘肃日报》刊登的《数字与香港》一文，误差更大。文章介绍"香港1995年本地生产总值（GDP）为11113.91亿港元，人均17.95亿港元"。香港人口为620万人，计算表明人均产值应是17.95万港元，把"万"误为"亿"，真是差之毫厘，失之千里了。

虎门销烟始于何时

王　勤

香港回归祖国，对中国人民来说，是一件洗雪百年耻辱的大事。今年的7月1日，已深深地铭刻在国人心中。150多年前，林则徐在虎门开始销烟的那一天，同样是一个令国人扬眉吐气的日子，但因年代较远，并非人人都能说出这一天的确切日期。那么这件事究竟始于哪一天呢？《光明日报》1997年5月21日第6版的《〈鸦片战争〉故事梗概》一文告诉我们："道光十九年六月三日，广州虎门海滩，一群群袒胸赤脚的工人、兵勇将一个个黑色的鸦片……倒入硕大的化烟池。"也就是说，虎门销烟始于道光十九年六月三日。但我们查有关资料，就会知道，这一天应为1839年6月3日，即道光十九年四月二十二日。

很明显，此处是把我国的传统农历纪年与现行的公历纪年混为一谈了。其实，这两种历法是不重合的。通常，农历日期要比公历日期晚一个月左右。如道光十九年六月三日，为1839年7月13日。此处的混用，无形中就把鸦片销毁日期整整推迟了40天。

上文应该说：1839年（道光十九年）6月3日。这样才准确。

"邻里"变"阎王"

李　仑

《人民日报》1993年11月23日第10版文章《忍痒说》（作者左崇年）引用明朝于谦的两句诗："两袖清风朝天去，免得阎王话短长。"其中"阎王"应为"闾阎"。原诗共四句抄录如下：手帕蘑菇和线香，本资为民反为殃。清风两袖朝天去，免得闾阎话短长。

原诗的大意是：用来送礼的土产蘑菇和线香，本是老百姓用以养家糊口的，因贪官的搜刮剥削反倒使百姓遭殃。我不带这些土产却两袖清风去见天子，以免百姓说长道短。阎，里巷内的门；闾，里巷大门。"闾阎"则泛指里巷，引申指平民百姓。如印成"阎王"，则怎么也讲不通了。

何谓“悼亡”

吕 伦

“悼亡”一词,《辞源》《辞海》等工具书注释得明明白白、清清楚楚:“晋潘岳妻死,赋《悼亡》诗三首,后因称丧妻为悼亡。”《现代汉语词典》注:“悼念死去的妻子,也指死了妻子。”

但有的人却望文生义,认为“悼亡,是悼念死去的人”,所以就出现了笑话,人家作诗悼念死去的百岁高龄的母亲,他也说人家是“悼亡”。请看1995年12月29日《邳州市报》第4版的整版文章《一个百岁老人的心愿》——

首段:“安息在墓中的是台湾著名诗人舒兰的母亲戴老太太……”

末段:“戴老太太去世的噩耗传到了台湾,……舒兰饱蘸泪滴、血汁写了一首催人泪下的悼亡诗《我娘》……”

这篇文章的本意是歌颂死者生前捐款给家乡学校设立奖学金的崇高精神,没想到一词用错,让人读来有点不伦不类。

一条吓人的标题

洪光祥

今年6月11日《解放日报》3版“社会新闻”栏有篇新闻,大标题是《凌晨逃跑当晚落网》,副标题是《嘉定交警“6·9”肇事逃逸案侦破记》。读了这条标题叫人大吃一惊,身为交警竟然会肇事逃逸,那还了得!

细读全文才弄清,原来并非嘉定交警肇事逃逸,而是由他们侦破了一件肇事逃逸案,缉拿了逃逸者。由于标题出了毛病,导致读者误解。

新闻稿的副标题应该起到“导语”作用,能把全文的主要内容,用高度概括、简练的文字表达出来,让读者一看标题就能大致了解全文的内容,这是新闻稿的写作特点。但是该稿在设计标题时显然考虑不周。

按语法分析,“肇事逃逸案”如果是中心语,“嘉定交警”就成了“肇事逃逸案”的定语,这样交警岂非成了“案犯”?如改成《嘉定交警侦破“6·9”肇事逃逸案》,就一清二楚了。

“三国鼎立”与“孙吴联合”

张　章

《劳动报》1997年4月16日体育版有一篇《我想成为超一流棋手》的文章，其中有这样两句话：

“号称‘三国鼎立’，而且是最强劲有力的那只鼎——韩国队居然全军覆没。在惊讶之余，中国人和日本人都笑了，‘孙吴’尚未‘联合’，其共同敌人‘魏’已先没了踪影。”

且不说前 句的语法错误，单是“那只鼎”便显属误解了。所谓“三国鼎立”是形容实力相当的三方，相互对峙，各据一方。中日韩三国都是“鼎足”，强有力地支撑着世界围棋运动这个鼎体，这才符合“鼎立”的原意。然而，作者却称韩国为“那只鼎”，将三足支一鼎误解为三鼎立三方了。

再说，“孙吴联合”也讲不通。“孙吴”是三国时期孙氏建立的吴国，就像“李唐”“武周”一样，是指一个王朝。孙吴自己一家又怎么“联合”呢？根据文意，作者想要表达的是当时刘备的蜀汉与孙权的东吴之间的联盟，那就应该说是“孙刘联合”，可惜他搞错了。

语丝

『男有睾曰奴』

王中原

海南出版社《现代汉语大词典》在解释『童』字时，引《说文解字》曰：『男有睾曰奴，奴曰童。女曰妾。』（一九九二年十二月第一版第一次印刷一三七六页）

煌煌辞书，白纸黑字，引经据典，言之凿凿，不由人不信。

然『男有睾』乃天经地义，自然造化，如何竟定了『奴』的身分？

问问许慎老先生，他说：『男有辠曰奴。』『辠』即『罪』也，与『睾』迥异。

十字街头

杨振宁是博士还是教授

宣　轩

余秋雨在《文化苦旅》中，曾提到新加坡的著名高级编辑、作家、历史学家韩山元先生。想不到我第一次见到这位韩先生，就与他发生了一场争论。

“中国人很奇怪，总是称杨振宁先生为博士而不是教授。可人家明明是教授！”韩先生说。

“因为，在中国，博士比教授少多了。博士，是真才实学的代名词；而教授，则可能是论资排辈的结果。中国人因为尊重杨振宁，把他视为了不起的人才，才特别强调他的博士学位。”我解释说。

“不对，不对。在美国，到处是博士，甚至是失业博士；而教授则是很难得到的身分，若被评上终身教授，那才是学者的最高荣誉。”

“可是……”我想到了我的一位大学老师。他上课就像背书一样，眼睛老看天花板，但很会走上层路线，竟比好多优秀教师先评上副教授，当然是终身的。

“不要再可是了，杨振宁先生自己对中国人总是称他为博士也不满意呢。”韩先生没让我“可是”下去，而是转述了他与杨振宁的一次谈话内容。在这次谈话中，他们专门谈到了“博士”这一话题。既然“博士”本人也不欣赏“博士”，我无话可说。

是呀，如何称呼一个值得尊敬的人，我们应该首先考虑接受方的立场，而不能自以为是。在这里，不能讲究入乡随俗。否则，我们称杨振宁先生为“博士”，自以为礼貌有加，杨振宁先生却以为降低了他的身分，岂不是事与愿违？

“既然如此，杨振宁先生应该让中国人知道他的想法呀！”我也不禁有些歉然。

“那就是另外一回事了。”韩山元先生答道。

说到此，国人应该明白，我们尊敬的杨振宁博士，其实更是杨振宁教授，他带出来的学生才是博士。

保龄球馆里的争论

志　洪

香港回归前夕，长沙市工人文化宫保龄球馆里贴有一张手书彩色广告：为迎接香港回归，打满五局送一局。这则广告虽只有一句话，但执行时却遇到了麻烦。

6月28日下午，一位青年打了五局去服务台结账，收款员要收五局的款。

"不是送一局吗！"青年只肯按四局付款。"要打满五局才送一局！"收款员和青年争了起来。"这里写的打满五局是打'了'五局的意思。"一位服务小姐向青年解释，"'了'是助词，这里表示打球活动已经完成。"

"我打满五局也就是打'了'五局！"青年争辩道。"这'打满五局'后面有个'后'字，因求上下句字数一致给省掉了。"一位服务生站出来向青年解说。

"我现在来结账，不是在打满五局'后'，莫非是在打满五局'前'？找你们经理来！"青年有些火了。"找不找经理反正都一样，你打六局我们只收五局的款。"收款员也激动了。"要想我们送一局，要打六局以上。"服务生补上一句。

"照你这么说，打六局送一局，打一百局也只送一局啰！"

说到底，这场纠缠不清的争论是这条词不达意的广告造成的。看来，商家也必须重视语言文字的问题。

语丝

触目惊心的价目牌

苏　云

社会用字的不规范有时让人不知所云，有时引起误解，有时则闹出笑话。比如上海广中路上某店把『草莓夹心雪糕』写成『草夹』，欧阳路上某店把『三角裤』写成『△裤』。更有甚者，笔者日前在乍浦路、塘沽路口看到一张香烟价目牌时，着实被吓了一大跳：一米见方的黑板上满是各种香烟价目，在『牡丹』『精刘三姐』『反红塔山』等上面赫然写着『反中华』三个字。请教了吸烟的朋友才知道，这是『翻盖中华牌香烟』的简写。

这样的“直量”，我们信不过

陶　锐

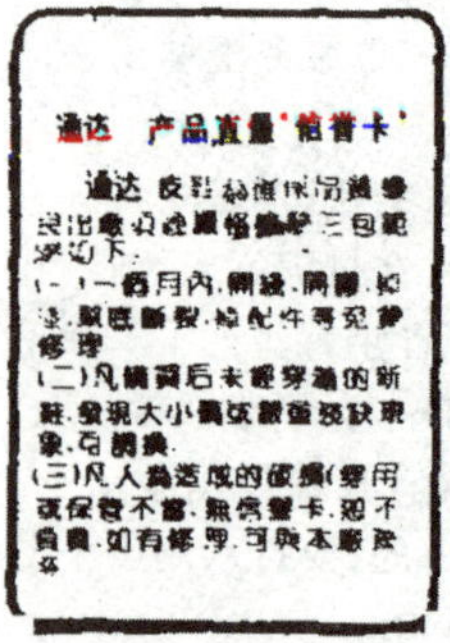

前不久，我无意中发现一张皮鞋厂出的合格证，上面印刷的汉字简直“惨不忍睹”，错别字一个接一个。最不可容忍的是，竟然将“产品质量”印成了“产品直量”；绝大部分汉字都印成了繁体字。我们对这种不尊重祖国文字的现象是十分气愤的，对这样的产品当然也是信不过的。

『精华』何须『浓缩』

李春林

中央电视台“东方时空”节目中，有一个“东方之子”专栏，每天介绍一位有影响有成就的人物。其内容播放后还播一句关于栏目的宣传词“东方之子浓缩人生精华”，同时打出字幕。

这句话意思不难理解，但仔细推敲，总觉有点问题。“浓缩”一词，除了本意之外，还“泛指用一定的方法使物体中不需要的部分减少，从而使需要部分的相对含量增加”。“精华”一词的意思是“指事物最重要、最好的部分”。“精华”中自然应是没有了“不需要的部分”，用不着再“浓缩”。换言之，“精华”本是已经“浓缩”过的事物，前面再加“浓缩”，岂不重复？当然，这样说也许是吹毛求疵。

寒舍·家父·岳父

郝　捷

前不久，一位客人来访，进门第一句话便说："今天我到寒舍来看看。"我一愣，差点笑出声来。来人是父亲一个机关的同事，照理有一定的阅历，何以如此用词不当？对别人称自己的家时可谦称"寒舍"，而称呼别人的家则应该用"贵府"，这位先生没有弄清敬辞和谦词的区别，岂不闹笑话！

有些人为了表示自己有风度、有礼貌，说话尽量文雅，这是好的，但要用词准确、恰当才能达到目的，否则适得其反。

有一天听电台广播，好像是健康咨询、药品宣传的热线电话。电话中病人家属说，他曾给他的父亲买过这种药，吃了以后效果不错。这时，那位女主持人问："家父得的是什么病？吃了多长时间药？"最后说："祝家父早日恢复健康。""家父"一词，本是谦称，常用于对别人称自己的父亲，称他人的父亲则应当用"令尊"之类敬称。

因此又联想到去年一位朋友讲的一则笑话。一日，朋友的一位同事来访（这位朋友与岳父母一起生活）。一进门，朋友介绍说："这是我岳父。"同事也叫了声"岳父"。朋友又说："这是我岳母。"同事又叫了声"岳母"。弄得这位朋友哭笑不得。岳父、岳母岂有大家共同称呼之理，这位老兄也实在憨得可爱。

语丝

左路纵队到达何处

刘长俊

《羊城晚报》一九九六年六月五日第六版《毛泽东与张国焘》一文第六自然段有一句话『左路纵队到达阿坎地区』，其中『坎』字是错字，是『阿坝』而不是『阿坎』。在《中国地名录》中能查到『阿坝』，阿坝在四川省。想来这是作者字迹潦草造成的失误。

话说“东窗事发”

马其钝

中国电视剧制作中心摄制的电视连续剧《西厢记》中，红娘与张生谈话时，有“东窗事发”之语。“东窗事发”为用典，此典因南宋岳飞与秦桧事而流传。传说秦桧与其妻王氏在东窗下密谋陷害岳飞，秦桧死后受到阎王惩罚，从冥司托人捎信告诉王氏说：“东窗事发矣。”后人因此称密谋败露为“东窗事发”，或“东窗事犯”。出于南宋之典，却让唐人红娘使用，显然未当。王实甫《西厢记》中红娘只是说“你的事发了也”。

另外，“东窗事发”指密谋败露，并非指一般不希望别人知道的事情或谈话泄露出去。所以，张生与崔莺莺相会事被老夫人知道用“东窗事发”，也不当。

“废水”竟成“费水”

韩谭保

今年6月8日，中央电视台第一套节目在播放完早间新闻之后，接着播出《实话实说》节目。这一期的主题是“滇池、洱海告诉我们什么”，内容是说滇池已被严重污染，亟待治理。没有想到，在特邀嘉宾、中国环境科学院院长金相灿先生讲话时，字幕上出现“工业费水”“生活费水”“农业费水”等字样。把“废水”写成(严格地说是打印成)“费水”，并在中央电视台屏幕上赫然出现，实在令人遗憾。因为“废”“费”的区别是显而易见的，还很少见到这样的错误。《实话实说》是观众最喜爱的节目之一，崔永元先生又是颇有影响的节目主持人，出现此类错误，其影响不可低估。另外，这一节目并不是现场直播，现场录像后还有一番编辑、审查、修改的后期工作，为什么还出现这样的“污染”呢？看来和责任心有关。

编读热线

编者按

《咬文嚼字》创办以来，国内外一百多家新闻单位发表了有关报道和评介文章。这不仅是对敝刊的厚爱，更是对语文规范化这一伟大事业的支持。在此，我们表示衷心的感谢。现应读者朋友的要求，转载一组评介文章。排列以文章发表先后为序。

小丛刊 和 大眼光

——《咬文嚼字》主编和国家语委主任的通信

许主任：

送上《咬文嚼字》第一辑。见到这本小而又小的东西，不知你是惊讶呢还是失望。古人言："勿以善小而不为。"但愿许主任也能勿以刊小而不读。

丛刊虽小，但语文规范化"兹事体大"。它不仅关系到信息传递的质量，关系到城市的文明程度，而且直接影响到社会主义现代化的进程。也许正是有鉴于此，才把"规范化"列为爱国主义教育的内容之一的吧。我想，这应该成为我们办刊的立足点。我们办的是小丛刊，但需要的是大眼光。

望许主任能随时给我们以指点。

郝铭鉴

铭鉴同志：

《咬文嚼字》创刊号及信收到，谢谢。

刊物确乎"小而又小"，但我既没"惊讶"，更没有"失望"，因为我本来就想着它应该是个小小的刊物。这样成本低，因而愿意订的人或单位不至于因开支大而犹豫，看的时候也没有沉重感。刊小文短，也自有其优势。和你猜想的正相反，一接到刊物，我只有欣喜和兴奋。其原因在我那篇充数的小文中已经说了。有总比没有强——强就强在“有”是“无”的质的飞跃。

翻阅了全本，欣喜和兴奋又增。一是内容实在，言必有物(相形之下我的那篇文章就显得空了)；二是篇幅短小，形式活泼，趣味性、可读性强；三是办刊办法新颖，例如来稿必复、“向我开炮”，又如《编后》中实话实说，人情味儿浓。有这三点，我想刊物的前途或许不会太暗淡吧。

为了“能到达读者手中”的更多，我建议向中小学、部队“推销产品”，因为实际上这个刊物属于语文教育的范围，对学生和教师，对战士的现在和未来，都是很有用的；我还建议通过全国语文报刊协会，请同行们帮着做点宣传；将来，在刊物上和社会上还可以搞点活动，以扩大影响。不知以为然否？

许嘉璐

——原载1995年3月22日《新民晚报》

《咬文嚼字》感言

刘　金

有感于零敲碎打地曝光和指正出版物中的错别字无济于事，我于三年多前在《新民晚报》上提出了《一个忽发奇想的建议》，即办一张全国性的专门搜集、曝光、指正出版物上错别字的《正字周报》。并且希望：《正字周报》倘能办成，作者、记者、编辑、校对以及其他做文字工作的人最好作为必读之报，人手一份。倘能这样，期之五年，逐步减少以至消灭出版物上错别字，庶几有望。文章发表后，曾收到两位读者来信，对我的“忽发奇想的建议”表示赞赏和支持。其中一位甚至提议和我合作创办《正字周报》，我没有答应。

弹指间三年多过去了。我这个“忽发奇想的建议”早已被读者遗忘。令我大为高兴的是，上海文化出版社最近推出了一个《咬文嚼字》丛刊。据《编者寄语》说，丛刊本着与人为善的宗旨，意在将报纸、刊物、图书、广告、影视、广播中的一切语文差错咬嚼、辨正之。通过咬嚼与辨正，借以达到传播语文知识、提高读者语文文化水平，促进祖国语文规范化和纯洁化的目的。——我相信，《咬文嚼字》丛刊本着这个宗旨认真办去，对纠正出版物和社会上语文混乱状况，总是会有成效的。

国家语委主任许嘉璐先生在《贺〈咬文嚼字〉创刊》文中表示：对"许多学者、编者辛辛苦苦地'咬'、'嚼'的实际效果，仍存有疑虑"。许先生的疑虑是实在的。因为，《咬文嚼字》办得再好，如果广大的写者、编者、校对者不屑一顾，不去读，那有什么用？那还不是你归你苦苦"咬嚼"，我归我信笔挥洒？错别字满天飞的状况如何能够改观？这样一想，我又要重提我那"忽发奇想的建议"了：希望报、刊、出版社、广播电视台以及一切与语言文字工作有关的部门，将《咬文嚼字》作为某些人员的业务学习材料，人手一册，持之以恒。倘能如此，扭转出版物和社会上语言文字混乱的局面，就大有希望了。

——摘自1995年3月22日《人民日报》

"丑小鸭"的丰姿

林　靖

刊物之林，万紫千红，美不胜收。由上海文化出版社出版的《咬文嚼字》置身其中，委实貌不惊人，难怪编者自己称之为"丑小鸭"。然而，自其问世以来，一会儿号召读者"向我开炮"，一会儿发起"一字难忘"征文，一会儿又策划"报刊编校质量错字千元有奖竞查"，"扑腾"几下子以后，引起了社会广泛的关注。而凡是读过《咬文嚼字》的人，从山村教师到语文专家直至国家语委领导，都称赞其内容的丰富、风格的清新和态度的严谨。

正如"文章合为时而著，歌诗合为事而作"一样，《咬文嚼字》也是应运而生，应时而编。当前，社会语言文字运用状况正处于一错二乱的严重状态，错别字泛滥，乱造字风行，文理不通更是触目可见。这不仅反映了文化素质的滑坡，而且还反映了社会心态的浮躁：有些人缺少自信心，缺少责任感，缺少敬业精神，缺少文明意识。为此，有识之士不断以各种形式发出呼吁。无疑，《咬文嚼字》便是这一社会意志的产物，同时也为真正贯彻这一社会意志提供了条件。

《咬文嚼字》的成功，还在于它迅速选准了自己的位置。语文界前辈吕叔湘先生三年前曾说过，中国现有语文报刊基本上分两大类，一类偏于科研，一类偏于教学，而针对社会语文运用的几乎一份也没有。《咬文嚼字》正是填补了这一空白。它以净化社会文化环境、提高社会文明程度为己任，以报纸、刊物、图书、广播、电视、广告等等为匡谬正误的对象，这就使刊物具有与众不同的针对性和价值感。它在纠正具体的语文差错的同时，还在呼唤社会的语文规范意识。

《咬文嚼字》的内容也自有其特点，栏目丰富，文章短小，文风朴实。无论是批评具体的差错，还是辨析字词的异同，都能做到有的放矢，言之有物，特别是注意穿插有关的语文知识，让读者知其然，同时能知其所以然。比如“执著”还是“执着”？“装潢”还是“装璜”？“淘浆糊”还是“捣浆糊”“掏浆糊”？这些都是课堂上不一定讲、词典里不一定收的语文知识。《咬文嚼字》还经常设计各种趣味盎然的试卷，供读者自评自测，受到了读者普遍欢迎。

——原载1995年7月16日《解放日报》

咬嚼出个洁净天地来

嘉　琦

当前的社会语文混乱到什么程度？尽管人们可以有不同的评估，可混乱现象是不可否认的。此时，有《咬文嚼字》站出来说话，有编者、作者热衷于这样并非时髦的刊物，应该说无异于一种壮举。

和该刊一接触，就觉得它是一位朴实无华、诚恳坦直的朋友。甚至认为，新闻界的、出版界的、演艺界的，以及搞文秘、文案和商界、政界的人都应该和它相识，一起咬文嚼字，于己于民于国都是一件大好事。因为社会语言的应用水平，毕竟关系着我们国家的文明程度。

浏览去年12期的这套丛刊，不仅在语言文字上收益匪浅，也咬嚼出该刊的一些特有的味道来。

没有华丽的包装，该刊给读者

的都是实实在在的东西。丛刊的栏目基本有两个板块:一是匡谬正误,让“众矢”射向谬“的”,给社会语文中的流行病诊断送药;二是延续说文解字的传统,寻根探源,讲解语言文字的流变,传播语文知识。

没有迂腐气,不拣陈谷子烂芝麻,所载短文大都是针砭当前 出现的语言文字不规范现象。服务行业为何要有忌语,假货的“价值”如何计算?“装璜”还是“装潢”?称呼“空嫂”还是“空姐”好……

该刊越办越鲜活。这类书刊容易呆板,容易掉书袋,容易说教,可走过了一年多路的《咬文嚼字》,越来越有可读性。“一字难忘”栏目是以亲身经历现身说法,谈字误给人带来的麻烦,一字一个故事,读来饶有趣味,又启人深思。我尤其爱读“大众论语”这个栏目,众人一起咬文嚼字,为祖国语言文字的纯洁较真一番,值得。

尤为可贵的是,该刊开辟了“向我开炮”栏目,欢迎读者就该刊出现的差错群起而攻之,目的是从编者的差错中吸取教训,有利于语言文字的规范化。能有这样的举措,真需要胆量和气魄,而这正是和文字打交道的人应有的品质。

——原载1996年3月24日《天津日报》

乘风破浪一扁舟

汪惠迪

《咬文嚼字》以“向我开炮”打响第一炮,接着协办上海三报一刊编校质量有奖竞查活动,然后把全国12家有影响的报纸先后推上靶台。这一连串的活动搞得轰轰烈烈,有声有色,读者们也都“咬”“嚼”得津津有味。咬文嚼字产生了巨大的辐射作用——从新闻出版界辐射到全社会,从文化领域辐射到经济领域,从上海辐射到全中国。

当今中国,在人们的语文生活中,写错字,写别字,滥用繁体字,滥用洋文,用词不当,句法混乱,乱用标点符号,情况不一而足。对此,连主管语言文字的职能部门都头痛不已。一本“冷门”小丛刊投放市场,就象一叶扁舟飘进了语文不规范的汪洋大海里，可是它不但没有被恶浪打翻，惨遭没顶之灾，反而乘风破浪，一往无前。

或许有人要说这是个奇迹，我想这的确是个奇迹。但是往深处想一想，我认为这个现象反映了人心所向，共识所在。人们再也不能容忍规范继续受到冲击，民族语言的纯洁继续受到侵害，社会语文的应用继续混乱下去。语言文字是信息的主要载体。在信息时代，要现代化，语言文字必须首先规范化、标准化。中国国家语委主任许嘉璐说："刊物的生命力既来自编辑部和作者的辛勤劳动，也来自社会对提高语言文字水平的急切呼唤。"

在中国，现在是正经书籍出版难，难于上青天，出了也只能卖个三五本。在这样的情况下，《咬文嚼字》1995年合订本一印就是5万册，而且要再版了；而每月一期的丛刊在短短两年内，销量节节上升。"冷门"刊物成"热门"，越办越火红；而专家也给予很高的评价："小丛刊有大眼光，小文章见真功夫。"这一现象是耐人寻味的。

——摘自1996年12月3日新加坡《联合早报》

偶读《咬文嚼字》

冯英子

有一天回家之前，偶然在老任桌上看到一本今年第六期的《咬文嚼字》，随手拿起来一看，却发现有三篇文章，指出了《新民晚报》上的错误。

第一是1997年3月3日有一篇讨论石敬瑭……的文章，"瑭"都被写成了"塘"字。按瑭是一种玉名，而塘是池塘之谓，这一笔之差，两者就不相干。石敬瑭是后晋的高祖，历史上大大有名的儿皇帝。《咬文嚼字》中说：这篇文章从题目到内容，"瑭"字都被写成了"塘"字。这显然不像是排错或笔误，而是作者、编者都没有觉察到这个"塘"该作"瑭"。

第二是1995年8月24日一则专稿的导语："一块乾隆诗匾在日本新泻县被发现。"日本地名中，只有"新潟”而无“新泻”。这就是说，我们又把地名弄错了。泻是水之快流、直注的意思；而潟字是盐碱地的意思，泻潟之间，并不通用。显然，我们这个“新泻”，又是一个错误。

第三是1997年1月10日《神州旅游》版中一条简讯，标题是《东航开辟美国航班》。《咬文嚼字》认为这标题似有语病，因为“航线”可以“开辟”，而“航班”只能说“开设”或“增加”。

第一个是人名上弄错了，第二个是地名上弄错了，第三个是语法上不妥当。当然，这种错误是很容易犯的，如果不是别人指了出来，我也未必不会犯这样的错误。但一期杂志上指出了我们三处错误，它不能不为我们敲敲警钟。作一个编辑，怎样能不犯或少犯这种错误呢？重要的一条就是要多读书，要求涉猎的东西广一点，博一点。

他山之石，可以攻玉，多一点这样的《咬文嚼字》，对我们是很有帮助的。

——原载1997年6月27日第13期《新民探索》

语丝

『他』成了『「小康」人家』

李献功

一九九六年九月一日《光明日报》一版载文《为什么活得『没意思』》云：『……他抓住机遇，摆脱了长期以来囊中羞涩的贫困状况，成了食有鱼、衣有新、银行里还存了不大不小一笔款项的「小康」人家。』

读罢疑窦顿生：『他』怎么成了『「小康」人家』？原来这句话有两层意思：一是说『他』本人怎么样，二是说『他的家庭』怎么样，这本来是既有联系又有区别的两码事儿，应该分开来说才行。但由于暗中让『他』包办代替，便造成表达上的混乱。还是照实说——『……他抓住机遇……他家也成了……「小康」人家。』

五重奏

·智答篇·

培根的“空桶说”

张　琼

以“知识就是力量”闻名于世的英国哲学家培根,被认为是“英国唯物主义和整个现代实验科学的真正始祖”。

一次,有人向他提出了这样一个怪问题:“为什么古代唯心主义者的著作能够完整地流传于世,而唯物主义者的著作却散失殆尽?”

培根略一沉思,提出了自己的答案:“原因其实是很简单的,历史的航船翻了,这时贵重的东西都沉到海底,而空木桶却浮在海面上。”

·趣喻篇·

迟子建评足球

薛之望

在文坛崭露头角的青年女作家迟子建,是在祖国最北面的北极村长大的。也许人们知道她的《北极村童话》曾轰动全国,《晨钟响彻黄昏》曾引发一场官司,殊不知这位端庄文静的才女,还是铁杆足球迷呢。

迟子建评球,一如她的作品,形象鲜明,个性突出。比如在谈到不同足球风格时,迟子建一连用了几个比喻。她说:“欧美球员比赛犹如虎豹角逐,南美球员恰似天鹅掠过湖面,而中国球员踢球,则像孤独的山羊踯躅在荒凉的山冈。”

有人问她怎样看待健力宝小将,她认为在国人对国家队全面失望的背景下,这些小将加盟国家队,对他们的成长是不利的。对此,她自称有一个“不恰当”的比喻:“给一个白血病人输血,新鲜血液迟早也会变质的。”

·噱言篇·

从“头”做起

左　雯

新中国诞生不久,为了培养合格的军队指挥人才,华东军政大学在南京宣告建立,陈毅同志兼任校长。因为这是一所部队学校,在军容风纪方面有严格的规定，学校要求女学员一律剪短发，男学员一律剃光头。由于不少学员是从地方入校的，没有经过部队的严格训练，对于剃光头有一股抵触情绪。

开学典礼那天，学校邀请陈毅同志作报告。陈毅同志了解到了学员们的思想情况，在去学校之前，特意剃了个光头。报告伊始，陈毅同志先行“脱帽礼”，指着自己的头说：“我是校长，是你们的‘头’。现在就从我这个‘头’做起。”学员们意外地发现，陈毅同志竟也是光头，顿时掌声四起。

会后，原来不愿意剃头的男学员，全都自觉地剃成光头。

·谐诗篇·

咏奇兽

郭 仲

古代梁朝时，有一个读书人，生性痴憨，平日除了读书之外，里里外外百事不管。别说小麦韭菜分不清楚，连是牛是马也道不明白。

有人送了他一头公羊。留下养吧，没有时间；杀了吃吧，又不会操刀。想了一会，便用绳子往羊颈上一套，牵到市上去卖了。市上人都知道他迂，出价很低，卖了几次还不得脱手。

瞧他那副焦急的样子，有人打算和他开个玩笑。一次趁他不注意时把羊牵走，换了一头猕猴。这位读书人竟没有发觉，还以为猕猴就是自己的羊。不过他也奇怪：怎么羊角不见了，面目又突然变了呢？他以为一定是别人把羊角拗断了。在猕猴头上摸了半天，又不见疤痕，只得隐忍不发。

他不敢再在市上逗留，便把猕猴牵回家。思来想去，不得其解，成诗一首：

吾有一奇兽，
能肥亦能瘦。
向者宁馨膻，
今来尔许臭。
数回牵入市，
三朝卖不售。
头上失却皂荚子，
面孔即作橘皮皱。

此人实在憨得可爱。

·妙联篇·

“神童”的“赤子心”

马其钝

明朝嘉靖年间，山西猗氏县有个学童叫杨时芳，自幼聪明好学，有“神童”之称。

杨时芳十岁时，猗氏县来了个姓贾的新县令，他不相信小小学童有什么诗才，便让人把杨时芳找来，要亲自考考他。这位贾县令，为了功名富贵，寒窗苦读数十年，年近六旬才谋得一个七品县令。看到人家三公九卿位列朝尊，老是感叹自己命运不好，仕途多舛。他皱着眉头，拟出一句牢骚满腹的上联："青灯素负青云志。"

这句上联，说难不难，说易也不易。特别是其中巧妙地重用一个"青"字，要对上它还真得费一番心思呢。十岁的杨时芳，稍稍思索，便朗声对道："赤县长悬赤子心。"同样巧妙地重用一个"赤"字，不但对仗工稳，而且立意高远，对官瘾十足的县令不啻是一个尖锐的讽刺。贾县令既佩服得五体投地，又羞愧得无地自容，赶忙红着脸起身送客。

编后

《咬文嚼字》只是块小园地，但松土莳苗、浇水除虫的热心人越来越多。编辑部每天都收到沉甸甸的一摞摞来信来稿，其中蕴藏着多少关切和信任！考虑到不少是新作者，我们再重复说一下有关栏目的写作要求。

一、"百家论语""语林漫步"急需稿件。前者要有的放矢，以论为主，力求新视角，新见解；后者则不妨海阔天空，娓娓道来，行文尽可潇洒一点，让人有峰回路转之感。无论前者还是后者，都要言之有物，切忌尿泡打鼓——空对空。

二、"报刊扫描""书林指谬""十字街头"，目前来稿较多，主要问题是提高质量。一要善于抓住典型差错，即在出版物中一错再错、知错而难改者；二要力求分析透彻，让读者知其错并知其所以错，不要只是停留在抄录辞书的水平上；三要善于总结规律，举一隅以三隅反。

三、"卷首幽默""有照为证"两栏颇受读者欢迎。现前者急需可供绘画的素材，除了一般错别字造成的笑话外，眼界还可开阔一点，诸如语法、修辞、语音，只要能出效果而不是恶作剧者，多多益善；后者则须提高照片质量，要突出差错主体但又不能忽略环境，要注意抓能引起全社会关注的差错，而不是街头小贩的手写广告。

四、"语坛掌故"是一个聊天类的栏目，目前来稿不多，且质量多数不甚理想，恳盼新老作者支援。既是"掌故"，自是要有一定的趣味性，但这不是第一位的，关键还是看材料的典型性和价值感。拜托，拜托。 **编 者**

征订

'96合订本自述

对不起，读者朋友，我来迟了。不少读者称我为"准工具书"，我不得不精心装扮一番，以不负众望。相信我们见面时，你一定会眼睛一亮的。我现在是一身漂亮的精装，每册28元，另加邮费2元。

'95合订本重印告读者书

亲爱的读者朋友，本刊一九九五年合订本问世以后，深受读者欢迎，早已销售一空；但每天都有读者来信来电要求购买，有些读者已汇来书款。为此，我们决定紧急重印。重印本为精装本，原索引改为目录，每册二十八元，另加邮费二元。已经汇款的读者请耐心等待，没有汇款而需要本书的读者请在年内汇款。

——编者

三年了！路遥知马力，日久见人心。三年的交往，我们知道在我们身后有一批语文规范化的热心者，他们是我们的强大后盾；相信广大读者也知道在中国刊物之林中，有一个"小不点"《咬文嚼字》，正在语文规范化道路上艰难跋涉。"长相知，莫相忘。"让我们约定，明年——1998年，我们继续结伴同行。

明年仍是月刊，每月10日前出版，每册2元，全年24元，另加邮费3元。除现有栏目外，还将恢复"众矢之的"一栏，并新辟"择善而从""走出误区"等栏目。

——编者

凡需要上述图书者，请汇款到上海文化出版社邮购部。

有照为证（本栏欢迎投稿）

多了个“兴奋点”

蔡 启

今年6月末，香港回归前夕，举国欢腾。中央电视台第二套节目“欢乐家庭”一栏，配合播放有关节目，现场观众一律穿印有“喜迎回归”字样的文化衫。可能因为有关人员太兴奋了，竟把“迎”字误成了“迎”，多了个“兴奋点”。当时我正在调试微机软件，便打印了一幅现场画面。如果印刷效果不佳，还望读者见谅。

9 787805 119175 >

ISBN7-80511-917-1/H · 47

定价：2.00元

1997

上海文化出版社

咬文嚼字

YAO WEN JIAO ZI

YAO WEN JIAO ZI

YAO WEN JIAO ZI

YAO WEN JIAO ZI

Shanghai Wenhua Chubanshe

12

我说语文

语言文字是人类最重要的交工具，又是人类文化重要的组成部和表现形式，在国家的经济建设和化建设中扮演着重要的角色。交际具要提高效率，必须有统一的规范语言文字规范化的程度，是一个现国家文明发达程度的重要标志。就人而言，遵守国家制定的语文规范准是有文化教养的表现。

——胡裕树

掌握语言规律主要是准备用在遇到疑难的时候。打个比方吧，每个人平常是用不着量体温的，但是遇到身体不舒服的时候，必须使用体温计，这时就不能专凭感觉了。许多语言知识所起的作用如同体温计一样，不必成天把它含在嘴里，但是应该相信：在必要时它是不可少的。

——张　斌

我们想什么，说什么，写什么，离不开语文；因此，我国历来就重视语文的学习。要想：词能达意，说得准确，写得生动，那就要下功夫学习语文；我国历来就强调要：炼字，遣词，度句，谋篇。今天，我们仍旧要提倡“咬文嚼字”，认真努力学好语文，让现代汉语能更好、更规范地为我国社会主义建设事业服务。

卷首幽默

“遇刺”

丁国成·文
麦荣邦·画

“文革”中，知识分子都被诬为“臭老九”，遭到排斥，连正儿八经的医生也不能幸免。某“五七干校”医院，多用“赤脚医生”。

此干校地处长江分洪区，“五七战士”就在湖滩开荒垦田，插秧种稻。湖滩到处都是菱角。初战荒滩的“五七战士”没有长筒胶靴可穿，每天赤脚下田，常被菱角扎伤。而菱角刺又不易挑出，引起发炎化脓，“战士们”只好到干校医院求助医生。“赤脚医生”文化程度不高，不会写“菱角”的“菱”字，于是在处方上写道：“下水遇刺，开刀治疗……”

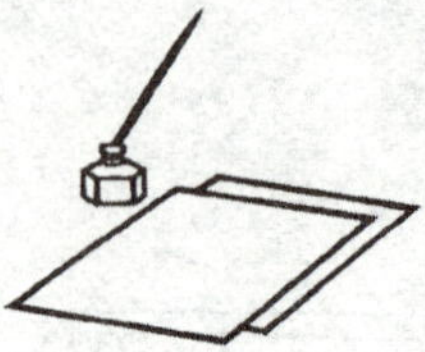

咬文嚼字

1997 年 12 月

第十二辑

（总第三十六辑）

上海文化出版社出版、发行
上海绍兴路74号
编辑部电话:64372608－205
邮购部电话:64372608－251
邮政编码:200020
新华书店经销
上海艺文激光电脑排版厂排版
上海海峰印刷厂印刷
开本787×1092 1/32
印张2 字数57 600
1997年12月第1版
1997年12月第1次印刷
ISBN7－80511－918－X/H·48
定价: 2.00元
12—2

目 录

语林漫步

"闫"字处理刍议 ……………于 虹（4）
小议缩略语 ……………徐默凡（7）

八音盒

"乃子"用法的正误 ……………（8）
关于"乃子"的复诊 ……………钱剑夫（9）
也来说"乃" ……………符达维（9）
"乃"字用法之我见 ……………宛 啸（10）

字里乾坤

"申"与上古雷电崇拜 ……………黄安靖（12）
一则凝冻的远古阳鸟神话
——"暹"字渊源考 ……………詹鄞鑫（13）

校园丛谈

近代第一家中文日报的名称……黄柏军（15）
"阿长"的求证 ……………夏业昌（16）
并不准确的"提示" ……………黄敬明（17）
毛耶?肉耶? ……………周照明（18）

向我开炮

"臻""蒸"不同音 ……………龚 益（20）
顾客还是敢进门 ……………青 支（20）
"引起"应该引起注意 ……………田仲民（21）
《校名巧对》补遗 ……………辛南生（22）
"你吃了饭去"与"你吃饭去"…屠佩军（22）
这个"也"字用得不妥 ……………傅凌发（21）
"门可罗雀"不如"门庭若市" …张红梅（23）

词语春秋

德学为高话"老师"
——流行称呼语透视之六…李明洁（24）
谈"左券"和"右券" ……………左秀灵（25）
也谈"左券"和"右券" ……………宛 啸（27）

辨字析词

“率”“携”“暨”“偕” ……………左慎五(30)
“黏”字不该“下岗”
——兼论“黏”与“粘” ………郭忠新(31)
话说“立早章” …………………孙章埂(32)
“期间”“其间”辨 ………………马三生(33)

十字街头

错一字代价七万五 ……………陈明杰(35)
“阑珊”及其他 …………………张兆前(36)

报刊扫描

语意重复举隅 …………………刘荣义(37)
故弄玄虚的“导语” ……………王　蔺(38)
何来“台语” ……………………鹿梦沂(39)
日本消受得起中国蜂蜜么? ……姜国君(40)
“竟被视作‘同姓恋’”? …………曹德和(41)
苏局仙健在否 …………………陈福季(42)
“荆轲”不作“荆柯” ……………杜　戡(43)
“一年一度”画蛇添足 …………闻　喜(43)
“三甲”不是“前三名” …………马凤鸣(44)

五重奏

噱言篇　薄熙来论啤酒 …………陈　文(45)
智答篇　几桶水 ………………郭松林(45)
妙联篇　一字对 ………………王中原(46)
谐诗篇　打它三百枪 …………唐建汇(46)
趣喻篇　马车上的弹簧 …………洪　远(46)

语丝

“切忌不可”的幽默 ……………凌　大(6)
“第五代玄孙” …………………林章文(11)
两岁结婚 ………………………周军刚(34)

卷首幽默

“遇刺” ………………丁国成　麦荣邦(1)

语林漫步

“闫”字处理刍议

于 虹

几年前的一天，一位中年妇女从北京房山风尘仆仆地赶到国家语委。她的儿子报考高中，户口本上的姓是“阎”，而孩子以往的考卷、学生手册上写的却是“闫”，老师告诉她，报考高中时姓名必须与户口本上的写法一致，否则不让报名。她怕报名时儿子的姓写成“阎”，与以往不一致会引起不必要的麻烦，希望语委能给她开一份证明，证明“阎”和“闫”是同一个姓。笔者不禁想起前不久中央电视台提出净化屏幕用字，曾致函国家语委，要求确定“闫”字能不能用；《咬文嚼字》1996年第2辑《一个僵而不死的字——闫》一文，也主张停止使用“闫”字。笔者认为对“闫”字的使用问题应该慎重考虑。

《说文解字》《广韵》《辞源》收“阎”，不收“闫”；《汉语大字典》《中华字海》《现代汉语词典》把“闫(閆)”作为“阎(閻)”的异体字处理，这些工具书都不给“闫”合法地位。查有关姓氏的工具书，“闫”最早见明朝《万姓统谱》。据《万姓统谱》说，“闫”姓见南北朝《姓苑》，但《姓苑》已亡逸，清人王仁俊《玉函山房辑佚书续编三种》(上海古籍出版社)中收的《姓苑》一卷没有“闫”和“阎”字。清人张澍编纂的《姓氏寻源》中收了“闫”姓，并说南朝《姓谱》分“阎”“闫”二姓，但《姓谱》也已亡逸。因此，我们现在能看到的最早的书面记载的“闫”姓出现在明朝。宋人编的《百家姓》中有“阎”无“闫”，明朝的《百家姓续编》中列了“闫”姓。明朝人编的《奇姓通》中也收了“闫”。这些都证明至晚在明朝时有人以“闫”为姓。至于这个姓是怎么来的，与“阎”到底是不是一个姓，没有充分的可供判断的书面材料。

笔者的母亲姓“阎”，她的家族中她这一代的正式的身份证明（身份证、户口本）上用的都是“阎”，她自己也认为姓“阎”，但写的时候却都写成“闫”；下一代中有的人的身份证明（身份证、户口本等）上写的也是“闫”，并且他们明确表示愿意姓“闫”，不愿意姓“阎”，甚至还提出要求，要国家语委发个文承认“闫”的合法性。

笔者近日从《中国政府机构名录》中随机选了国家机关中十位姓“阎”或“闫”的处长，进行了电话调查。调查的项目有：一、父辈现用哪个字，二、身份证上怎么写，三、自认为应该怎么写。结果有五人的父辈用“阎”，另五人父辈用“闫”；有两人身份证上写的是“阎”，其他人都是“闫”；有三人认为自己姓“阎”，为了简便才写成“闫”，有两人认为简化前用“阎”，简化后用“闫”，其余人认为自己就姓“闫”。因为调查的人数较少，而且年龄差距不大（30—40岁），所以不能证明更多的东西，但至少能表明人们对“闫”姓是承认的，“闫”姓可能是从“阎”姓中分化出来的，是“阎”的俗写，使用时间长了便姓“闫”了。第三次全国人口普查资料显示，“闫”姓的人数比“阎”姓少，但也是使用人数较多的姓氏。

现实生活中，包括历史上都确实有“闫（闛）”姓的人存在，但不少工具书却不收这个字，一些公安、邮电、户籍管理、学籍管理、海关等部门也认为这个姓是不正规的，正规的应该写“阎”。这样在社会生活中就会出现一些不必要的麻烦，比如有人拿着“阎”姓的身份证却取不到写着“闫”姓的包裹；有人收到国外的邀请函，自己的姓被写成“阎”，而身份证上却是“闫”，办出国手续时就遇到了麻烦。现在社会上要求文字使用规范呼声很高，在公共传媒中出现的同一个人名，用字一会是“阎”，一会又变成“闫”，这样随意地变换，对规范用字是非常不利的。因此，对于姓氏中出现的“闫”字应该有一个客观的态度。笔者的看法如下：

一是尊重历史。历史上“阎”姓出现得很早，春秋时就有这个姓，西汉时已成为大姓；“闫”晚出，来源不详，很可能是从“阎”分化来的。因此对历史名人，比如阎显、阎应元、阎敖、阎立本等，要尊重史书，历史文献是怎样写的我们仍应该沿袭旧有的写法。

二是承认现实。在我国历史上改姓不是稀罕事，古代因帝王赐姓，因避祸、避讳而改姓的更屡见不鲜。唐初十八位开国元勋（徐懋功等）都被赐“李”姓，民族英雄岳飞的后代为逃避奸臣迫害，改姓“岦”（音 yà）。因此“闫”姓的出现，姓“阎”的人自动把姓改成“闫”并不违背常理。所以应该对“闫”姓采取承认的态度，已经有为数不少的人愿意姓“闫”，如果仍然把“闫”加以排斥是不现实的。国家标准《信息处理用汉字编码字符集·基本集》（GB2312—80）中收了“闫”（67区），使“闫”字在电脑中有了一席之地，从国标的角度给了“闫”字规范的身份。

三是力求统一。从“阎”到“闫”还处于不稳定变化之中，上文已说过，有些自己改成“闫”姓的人，身份证上仍然是“阎”，这种不统一应该尽量消除，比如可以在更换身份证时要求把姓改成“闫”，或在社会交际场所力求与身份证上的写法一致。总之，要意识到在信息时代、现代社会，姓氏和名字并不仅仅是与人无关的个人行为，选择姓“阎”还是姓“闫”都要考虑到社会效果，要有稳定性和长期性，在这个问题上不能过于随意。

关于“闫”姓的问题，笔者只是刚刚注意到，还没有进行深入细致的研究，也缺乏进一步研究的功力。因此借《咬文嚼字》把这个问题提出来，以求教于方家。

语丝

『切忌不可』的幽默

凌　大

《杂文报》第八九八期《我的杂文观》一文中写道：『但是，写杂文的人切忌不可「玩幽默」。』其中的『切忌不可』有语病。『切忌』就是切实防止，『不可』就是不可以，这样『切忌不可玩幽默』，就是要『玩幽默』了，把原意说反了。

小议缩略语

徐默凡

有一段相声讽刺滥用简称的现象，例如把“上海吊车厂”称为“上吊”，把“上海测量研究所”称为“上测(厕)所”，“自贡杀虫剂厂”也就成了“自杀厂”，听了令人捧腹。

简称即缩略语，是指运用节略缩合方式构成词或短语的简短形式，主要有截取(节选原词一部分，如“复旦大学”缩为“复旦”)、紧缩(选取原词各有关部分，如“浙江师范大学”缩为“浙师大”)和标数概括(如“海陆空军”缩为“三军”)等几种方法。由此可见，相声中的简称完全合法地使用了紧缩方式，只不过紧缩后容易引发不好的同音联想。生活中也有这样的例子，上海有一所工程技术大学，常规的简称应是“工技大”，但上海话发音与“公鸡大”相近，所以那所大学的学生都乐意把自己学校称为“工程大”而非“工技大”。

一个缩略语要想为大众所接受还得满足两个条件：第一，表义清楚，不易和其他词语混淆。第二，原词使用频率高但读写都较冗长，确实有必要缩略。然而，在报刊中我们经常可以发现不规范的缩略语，使人难以理解或莫名其妙。例如，1997年3月24日的《青年报》有一篇新闻报道，其中反复使用一个缩略语，即“红读活动”，你明白它指什么吗？一开始容易让人联想起文革中的“红旗读书活动”，也可以怀疑是不是“《红楼梦》读书活动”。但细察上下文，才恍然大悟，原来“红读活动”是“上海市红领巾读书读报活动”的缩略语，不免令人啼笑皆非。同年4月16日的《青年报》还有一篇题为《75名理工毕业生乐当“孩子王”》的新闻，看了标题，大多数人会以为是指理工科毕业生，错了。细读文章可知，“理工毕业生”是“华东理工大学毕业生”的简称。作为缩略语的“理工”它的原词应还原成“理科和工科”，决不会有人把它理解成“华东理工大学”。“简称”非但没有让事情简单，反而引起混乱，使事情更复杂了。在行文、讲话中，缩略语虽然不会经常碰到，却也不能掉以轻心，因为简得不当，便会求简得繁，使人大伤脑筋。

八音盒

“乃子”用法的正误

编者按

上辑提到“还债”。本辑还1995年欠下的第二笔“债”:“乃子”的“乃”是第几人称?本刊创刊号上,曾以“会诊组”的名义刊出《你我不分的“乃子”》一文,提出“乃”只能用作第二人称。是耶?非耶?且听三位专家的意见。

你我不分的“乃子”

〔**病例**〕“叶老为之痛心疾首,一病不起。重病之际,反复嘱咐乃子,一定要找回失物!”

——《解放日报》1994年5月31日第9版

“叶老”指书画收藏家叶熙春先生。“文化大革命”中,叶先生精心收藏的《十万图》不知去向。这对他是个沉重的打击,以致卧床不起。但在病榻之旁,他仍不忘嘱咐儿子找回失物。可惜文中用了“乃子”二字,却让人有点丈二和尚摸不着头脑。这究竟是谁的儿子?“乃”是代词,在现代汉语中,为第二人称,指你、你的。“乃子”,你的儿子;“乃翁”,你的父亲。陆游《示儿》中不就有“王师北定中原日,家祭无忘告乃翁”的诗句吗?叶老分明嘱咐的是自己的儿子,但用了一个“乃”字,便你我不分,表意不清,不知在对谁说话了。

——原载《咬文嚼字》1995年第1辑

关于“乃子”的复诊

钱剑夫

《咬文嚼字》特辟“会诊”一栏，对报刊的语文差错进行会诊。良法美意，甚善甚善！不过，我对“乃子”的会诊，颇有一点浅见，故斗胆进行复诊。

“会诊”认为：“‘乃’是代词，在现代汉语中，为第二人称，指你、你的。‘乃子’，你的儿子；‘乃翁’，你的父亲。”误矣。“乃”为古汉语，非现代汉语。所引陆游诗亦古汉语。今人行文中偶然借用古汉语，本是通行的。

“乃”在古汉语中，固为“你的”，但亦为“他的”，即“其”。王引之《经传释词》卷六：“乃，犹其也。”并有多条书证，如“《晋语》：‘伯宗问曰：乃将若何？’乃将，其将也”。后来吴昌莹《经词衍释》、杨树达《词诠》皆收此义，书证亦多。

“乃”借用在近现代汉语中，亦作第三人称，即“其”“他的”。《红楼梦》第四回：“令其读书识字，较之乃兄，竟高十倍。”茅盾《锻炼》三：“便是深知乃兄为人的仲平也觉得这样的‘好整以暇’未免过了点分。”这都是“乃”用作第三人称的例证。

推而广之，“乃翁”亦称“其父”。宋朱敦儒《念奴娇》词：“乃翁心里，没许多般事。”明叶盛《水东日记》：“刘廷美主事求作乃翁合葬挽辞，以《玉带生》轴为赞。”“乃堂”亦称“其母”。元王实甫《西厢记》第一本第二折：“本待要安排心事传幽客，我子怕漏泄春光与乃堂。”“乃眷”亦称“其妻”。《儒林外史》第二十四回：“日日携着乃眷上酒馆吃酒。”以上都是“乃”为第三人称的最好说明。

也来说“乃”

符达维

“会诊组”认为“乃”在现代汉语中为第二人称。指你、你的。其实就现代汉语而言，“乃”倒是更多地用于第三人称，指他、他的（或他们、他们的），这在典范著作中屡见不鲜。如柯灵散文《且听空谷足音》（1993年9月5日《文汇报·笔会》）：“现在使她萦心的是谁来接坐她这条冷板凳，但愿她的弟子中不乏乃师这样甘于寂寞的有心人。”“乃师”说的是“他们的老师”。

“乃”也可用作第三人称自古已然。《汉语大字典》“乃”字条下释义之一便是：相当于“他的”。引清代王引之《经传释词》卷六：“乃，犹其也。”举的例子是《周礼·天官·小宰》：“各修乃职，考乃法，待乃事，以听王命。”林语堂《当代汉英词典》“乃”字的第一义除 you，your（你，你的）外，亦有 his（他的），也举“各修乃职，考乃法，待乃事”例，在英语释文中直接把“乃”译为 his。

“乃”如何从第二人称的定指用法引申、变换为第三人称，今人学者唐钰明已在《“乃”字第三人称用法考源》（《语文月刊》1991年第5期）一文中论述甚详，兹不赘。有一例恐更足显示“乃”与“他”的互替轨迹：

己卯本《红楼梦》第二回：“子兴冷笑道：‘万人皆如此说，因而他祖母便爱如珍宝。’”

庚辰本《红楼梦》第二回：“子兴冷笑道：‘万人皆如此说，因而乃祖母便先爱如珍宝。’”

同一个句子，己卯本用“他”，庚辰本用的是“乃”。“他祖母”是“他的祖母”，“乃祖母”也是“他的祖母”，可见“乃”＝“他的”。

“乃”字用法之我见

宛　啸

在古代汉语中，作为领位的代词，“乃”字既可表示第二人称（你的），也可表示第三人称（他的），这两种用法都有不少例子。但随着语言的发展，凡领位的第三人称代词，人们逐渐普遍地用“其”字来表达，如其父、其子、其弟、其妻、若无其事、名副其实等，而“乃”字则很少使用。到了现代，几部在群众中影响极为广泛的字典、词典，如《新华字典》《现代汉语词典》《辞海》《辞源》，在

“乃”字的义项中，都无一例外地只收第二人称义（“你，你的”；“你，你们”）而不收第三人称义（“他，他的”）。因此在一般读者的心目中造成了一种错觉，仿佛“乃”字只用作第二人称，而不能作第三人称用。

其实，用得少并不等于不用。在清代的一些白话小说中，人们多次读到“乃”字作为第三人称代词的用例，如：

《儒林外史》第八回：“公孙见过乃祖，进房去见母亲刘氏。”

又第二十五回：“鲍文卿回来把这话向乃眷说了一遍，乃眷也欢喜。”

《二十年目睹之怪现状》第三十二回：“谈了 回，出来到虹口源坊弄看景翼，并吊乃弟之丧。”

以上各例中的“乃”字，通过前后文意，应当是不难理解的。

既然清代的白话小说可以用“乃”字作领位的第三人称代词，那么，现代的作者在自己的作品中循例仿用一下，便很难说是用错。

不过，话还得说回来，作为人称代词，“乃”毕竟是古汉语词，现代人写文章，如无必要，一般应尽量避免使用；虽然有时从文体风格的需要出发偶尔一用，也未可厚非，但考虑到上述几部词书释义对一般读者已经造成的影响，因此我建议：“乃”字只用来表示第二人称，而表示第三人称则用“其”字，使两者明确分工，以免引起不必要的歧解。

语丝

『第五代玄孙』

林章文

《新民晚报》一九九七年六月二十五日《国耻家仇今尽雪——访老外交官凌青》一文中说：『一九四五年在延安就当了外交官的凌青，作为林则徐的第五代玄孙，谈到香港回归，格外激动。』据《尔雅·释亲》：『子之子为孙，孙之子为曾孙，曾孙之子为玄孙。』玄孙本意就是从本人往下数起的第五代孙。『玄孙』冠上『第五代』，实为画蛇添足。该文后面就写到凌青自称『我作为林则徐的玄孙』，我认为记者如果怕人不懂『玄孙』的含义，应把『第五代』移到『玄孙』的后面而加上括号。

“申”与上古雷电崇拜

黄安靖

申，甲骨文前期多作，后期多作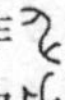，为闪电之象形。后来字形讹变为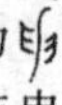，篆书作，隶书将密合，作申。于是初形尽失。《说文·虫部》：“籀文虹，从申。申，电也。”

申后来有了“神”这一意义。《说文》：“申，神也。”今本《老子》第六十章：“非其神不伤人也。”其中的“神”，《马王堆汉墓帛书·老子甲本·德经》作“申”。

本是“闪电”意义的“申”，为什么有了“神”这一意义呢？这和上古人的雷电崇拜有着直接的关系。

对大自然的崇拜，是原始人类最早的宗教之一，它持续的时间很长，直到人类进入阶级社会以后，仍然盛行不衰。原始人类依赖大自然，时刻感受到它的伟力，或者享其恩赐，或者受其磨难，人们便对这些直接关系到自己生存的自然物和自然力极力神化、尊崇礼拜。《国语·鲁语》：“社稷山川之神，皆有功烈于民者也；及前哲令德之人，所以为明质；及天之三辰，民所以瞻仰也；及地之五行，所以生殖也；及九州名山川泽，所以出财用也。非是，不在祀典。”这里说出了上古人对无所不包、无奇不有的大自然崇拜的原因。正如费尔巴哈所说：“自然界的变化，尤其是那些最能激起人的依赖感的现象中的变化，乃是使人觉得自然是一个有人性的、有意志的实体而虔诚加以崇拜的主要原因。”

在自然崇拜中，雷电崇拜是比较重要的一种。雷电是自然界中常见的现象。雷鸣电闪，使人感到恐惧；雷电又是降雨的先行，所以又使人感到崇敬。久而久之，人们对雷电形成了神化观念。《山海经·海内东经》说：“雷泽中有雷神，龙身而人

一则凝冻的远古阳鸟神话

——“暹”字渊源考

詹鄞鑫

“暹”(xiān)这个字，早期字书如《说文》《玉篇》等都未收录，始见于宋人编的《广韵》《集韵》等韵书；义为“日光进也”或“日光升也”，表示太阳升起前进的动态。“暹”字的出现看似很晚，其实它是最古老的汉字之一，并蕴含着一个遥远的神话故事。

“暹”的初文作“雈”。这个字在古文献中找不到，却见于殷墟甲骨文(图1～3)，也见于战国古玺文(图4)，都作飞鸟载日的形象。有趣的是，陕西华县泉护村仰韶文化遗址出土的残陶片上也发现类似的形象(图5)，其时代大约在五千年前。另外还有一些属于仰韶文化的原始彩陶文饰(图6、7)，像三足鸟头顶着太阳飞翔，虽是迎面正视图，寓意却是

头，鼓其腹，在吴西。”这种原始的雷神形象，就是上古人对雷电的幻想和神化。后来雷神、电神更为人格化，被称为“雷公”“电母”。

雷电崇拜是上古社会比较普遍的现象，汉民族有关于“雷公”“电母”的传说。南方民族的洪水传说，无不以雷公为主角，并认为天界是雷公主持的。半坡遗址中的陶器上，有很多雷纹图形，民俗学研究推测，这很可能是对上古雷电崇拜的说明。据《礼记·月令》：“雷将发声，有不戒其容止者，生子不备，必有凶灾。”意思是说，雷鸣时，要正衣冠，行止合礼，不然要激起天怒而遭灾。

再回过头来看，为什么本义是“电闪”的“申”，被赋予“神”的意义，似乎就非常自然了。

相似的。这类原始的彩陶图绘虽然不是文字，但不难看出甲骨文字形跟它之间的承传关系。这样看来，“翟”字的深处似乎寄寓着原始华夏民族曾经流传的某种信仰。探索这种寓意，对我们认识“暹”字的字义具有特殊的价值。

从先秦两汉古籍所记的神话传说中可以获知，先民曾认为天上有十个太阳，由三足乌驮载而行，出于旸谷，息于昧谷，轮回值日。《山海经·大荒东经》说：“汤（旸）谷上有扶木（即传说中的扶桑），一日方至，一日方出，皆载于乌。”郭璞注：“中有三足乌。”说的就是这个意思。又传说尧时十日并出，草木焦枯，尧命羿仰射十日，中其九日，日中九乌皆死，仅留其一。这个传说反映了古人从天有十日转化为天有一日的认识进步，但仍然保留了由阳鸟载日而行的古老观念。从这些神话传说来看，甲骨文中“翟”字的构形绝非出于偶然，无疑是阳鸟载日神话在汉字取象中的反映。

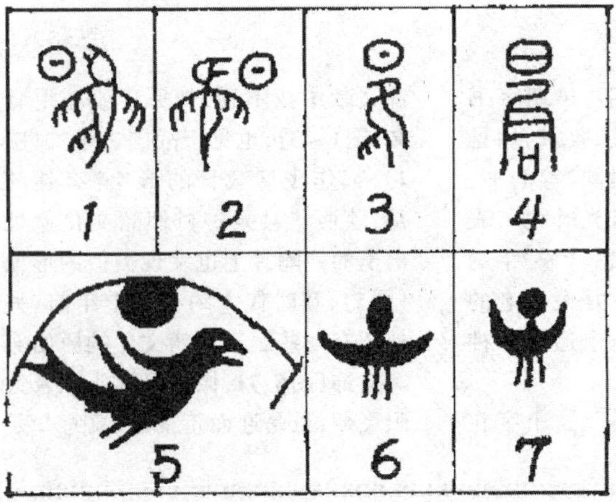

从汉字结构来看，“翟”字用阳鸟载日的形象来表示太阳在天空中行进运动的意思，属于六书中的会意。汉字在发展演变的过程中，为了明确义类，往往又累增一些表示义类的符号。其中跟“行进”意义有关的义类符号，用得最多的是偏旁“辶”。例如现在常用的“返”“逆”“避”“逊”等字，都是在古字基础上添加辶旁才形成的。“翟”字也是如此，由于它含有行进的意思，于是后人为它加上辶旁而写成了“暹”。王安石《舟中望九华山》诗云：“卧送秋月没，起看朝日暹。”又《宋诗纪事》卷一引宋徽宗《赐太师》诗云：“共欣奠玉烟初达，争奉回銮日已暹。”诗中的“暹”字保留了古老的含义，都表示太阳升起行进的动态。

校园丛谈

近代第一家中文日报的名称

黄柏军

某高校新闻专业的一次考试中，有一道试题，题目很简单：1858年，中国人在香港创办了第一张中文日报，报纸名称叫什么？创办人是谁？

可是学生的答案却有两种，而且都有教科书为依据。

A答案：报纸名称《中外新报》，创办人是伍廷芳。

B答案：报纸名称《中外新闻》，创办人是伍廷芳。

A答案根据教材《新闻采访学纲要》（作者申凡，华中理工大学出版社出版）作答。该书第22页说：1858年，伍廷芳创办《中外新报》，陈霭亭创办《华字日报》，成为中国资产阶级办报的开端。

B答案则根据另一本教材作答。程世寿写的《新闻评论写作教程》（华中理工大学出版社出版）第13页讲："1858年，由华侨在香港创办了中国人自己办的第一张报纸《中外新闻》……"

都是教科书，虽然一字之差，却是答案正确与否的界线。我们有必要来审一审这宗"一字案"。

《新闻学词典》（浙江人民出版社出版，1988年6月）《中外新报》条写道："《中外新报》（全称《香港中外新报》）前身为《香港船头货价纸》。约于1865年（或1864年下半年）创刊。由香港英商孖剌报馆出版，最早编辑有黄胜（平甫）、伍廷芳等。……1919年停刊。"（见《新闻学词典》第336页）

从以上简介可以知道，伍廷芳在香港创办的报纸叫《中外新报》，此报无论全称简称均无《中外新闻》一说，所以初步肯定A答案及A答案所依据的教材是准确的。

“阿长”的求证

夏业昌

鲁迅《从百草园到三味书屋》一文中，写到了一个“长妈妈”。她是鲁迅少年时代家里的女工。鲁迅平时称她“长妈妈”“阿妈”；“但到憎恶她的时候，……就叫她阿长。”

60年代初，我教初中语文，教到了这篇课文。那时的课本里，对这个“长”字没有注音，手头又缺乏参考资料，只有凭直觉把它读作“cháng”，可是心里总不踏实，因为“长”字是个多音字，在文中究竟该读什么音呢？于是，我写信向当时的《文字改革》杂志编辑部求教。编辑部给我的公开答复是：

“阿长”就是本文前面提到过的女工“长妈妈”，“长”读 zhǎng，意思是老大。“阿长”和“老大”的称谓差不多。（见《文字改革》1965年第7期《语文信箱》）

可惜他们没有提供“阿长”是老大的资料。

后来读鲁迅《朝花夕拾·阿长与〈山海经〉》时，这个问题才得到了真正的解决。该文写道：

记得她（按：指长妈妈）也曾告诉过我这个名称的来历：先前的先前，我家有一个女工，身材生得很高大，这就是真阿长。后来她回去了，我那什么姑娘才来补她的缺，然而大家因为叫惯了，没有再改口，于是她从此也就成为长妈妈了。

先前的女工“身材生得很高大”而被叫作“阿长”，现在的“长妈妈”虽然“生得黄胖而矮”，但人们沿袭前任女工的称呼也把她叫作“阿长”，所以这个“长”字也是从“身材高大”而来，足证它应读为“cháng”。

几十年过去了，对这一个字音的求证经历，在我脑海中还留存着深刻的印象。据我所知，人民教育出版社初中语文课本第一册从1987年版开始给这个“长”字注音为“cháng”，这可给教师省却了不少翻检之劳啊！

并不准确的“提示”

黄敬明

高校自学考试应用专科《大学语文》课本中的“提示”，大都言简意赅，有助于学生理解和掌握作品的要点与难点。但有个别“提示”则未及深思，甚至曲解了课文原意。议论文篇所收朱光潜先生《咬文嚼字》一文，在谈论斟酌文字与表达思想感情的关系时，有这么一段话：“一般人根本不了解文字和思想感情的密切关系，以为更改一两个字不过是要文字顺畅或是漂亮些。其实更动了文字，就同时更动了思想感情，内容和形式是相随而变的……”

对此，编者作了如下“提示”：“……文字的推敲其实是思想感情上的推敲，并不是为了语句的通畅或漂亮。”(见华东师大出版社1995年12月第1版应用专科《大学语文》第54页，着重号系笔者所加。)该“提示”把“文字的推敲”说成“并不是为了语句的通畅或漂亮”，显然有背朱光潜原文的意思。其实，朱光潜原文不过是暂时撇开“文字的推敲”的其他功能，而强调其在思想感情上推敲的功能而已。这正如原文中另一句话所说的那样：“在文字上推敲，骨子里实在是在思想感情上‘推敲’。”但朱光潜并没有否定“文字的推敲”的其他功能，如“要文字顺畅或漂亮些”等。而“提示”则一笔抹煞了“文字的推敲”的此类功能，显然是曲解了原文。

更为奇怪的是，由华东师大中文系自学考试辅导中心编写、百家出版社出版的《应用专科大学语文自学考试指南》对如此明显的错误竟也视而不见，在“课文阅读分析要点”中竟几乎完全照抄照搬说：“……文字的推敲其实是思想感情的推敲，并不是为了语句的通畅或漂亮。”学生倘按照这样的“指南”走路，恐怕难免要走到“北边”去了。

这一错误应如何改正？很简单，只需在文中加一个“只”字就行，改成“……文字的推敲其实是思想感情上的推敲，并不只是为了语句的通畅或漂亮”，这样就符合朱光潜原文的意思了。

12—17

毛耶？肉耶？

周照明

“胈”在《现代汉语词典》中的解释是：“〈书面语〉腿上的毛”。读音是bá(拔)。

中学语文课本中有韩非的《五蠹》一文，其中有这样一个句子：“禹之王天下也，身执耒臿以为民先，股无胈，胫不生毛，虽臣虏之劳不苦于此矣。”课本对“股无胈”的注解是：“大腿上没有肉。股，大腿。胈，大腿上的肉。”《语文教学通讯》1996年第12期《〈五蠹〉注释指瑕》一文说：“这个解释似乎有理，而当笔者查阅《古汉语常用字字典》等工具书后才知，胈，乃‘大腿上的毛’之意，而非课本所注的‘大腿上的肉’之意。”《教学参考书》也解作“大腿上的毛”。还引《庄子·在宥》中的“股无胈，胫无毛”和《文选·司马相如〈难蜀父老〉》中的“躬腠胝无胈，肤不生毛”，李善注引韦昭曰“胈，身中小毛也”作为旁证。

的确不错，“胈”在《辞海》中的解释也是指“人身上的细毛”。《辞源》的解释意思也基本相同。但能不能说课本的注解就错了呢？恐怕还不能。

因为古人对“胈”的解释原本就不一致。注音也不尽相同。如《广韵》解释为“股上小毛也”，而《韵会》则解释为“肤毳皮”。还有的解释为“白肉也”，如《史记·司马相如传》“躬胝无胈”注：“胈，白肉也。”《广韵》《韵会》的注音是“蒲拨切，音跋”。而《集韵》则注为“蒲盖切，音旆”。

对《庄子·在宥》中所说的“股无胈”的“胈”也有不同的理解。如成玄英《疏》：“胈，白肉也。尧舜行黄帝之迹，心形瘦弊，股瘦无白肉，胫秃无细毛。”

有一些文言选本中，对“胈”的注释也不尽相同。如朱星主编的《古代汉语》就注为“腿上的细毛”；而郭锡良等编的《古代汉语》则解释为“大腿上的肌肉”。朱东润主编的《中国历代文学作品选》也解释为“股上的肌肉”。

“胈”究竟是解释为“细毛”好还是解释为“肌肉”好，或者是让二义并存、因文取义好呢？我们认为还是解释为“肌肉”好。理由有四：一、从字的结构看。“胈”显然是一个形声字，左形右声。以“月”（肉）为形符一般都与“肉”有关，在《说文》中的解释就是“象形，凡肉之属皆从‘肉’”。二、从用“胈”的文意看。无论是“股无胈”还是“腓无胈”都与“胫无毛”连用。“胈”与“毛”对举而又不是“同义互文”，也就应当各有所指，一指“肉”，一指“毛”，而不可能都是指“毛”。三、从语用意看。“无胈”与“无毛”是从身体的消瘦憔悴羸弱和胫毛尽脱两方面表明劳动的艰辛困苦的。“胈”如果也指“毛”就不可能达到这样的语用目的并产生这样的表达效果。四、从人的身体特点说。“股”“腓”一般也都是多“肉”的部位；“腠”也是指肌肉的纹理；“胝”通“骶”指“臀”，更是多肉的部位。所以“腠胝无胈”的“胈”也应指“肉”而不是指“毛”。

有以上四条理由，“胈”指“肉”当是毫无疑问的。那么，古人为什么又有解释为“细毛”一说呢？只要我们分析一下将“胈”解作“肤毳皮”或“毳肤皮”的古注也许就可以明白。因为“毳”念 cuì，本指鸟兽的细毛。如《汉书·晁错传》：“鸟兽毳毛，其性能寒。”“肤毳”或“毳肤”的“毳”因此也就被理解为“细毛”了。《汉书·司马相如传》“躬腠（同“腠”）骿胝无胈”注：“胈，毳肤皮也，言禹勤，骿胝无有毳毛也。”这不就把“毳肤”之“毳”理解为“毳毛”了吗？其实，“毳”还通“脆”，指“脆弱”。如《荀子·议兵》：“是事小敌毳，则偷可用也。”而“脆”的异体又写作“膬”。如《管子·霸言》：“释坚而攻膬。”“膬”即“脆”。“肤毳”或“毳肤”之“毳”本应为“脆”的通假，也是“膬”的错字，意思当指“瘦弱”或“脆弱”。这也当然与肌肉和皮肤有关，而与“毛”无关。这也就是说，将“胈”解释为“细毛”，很有可能是源于古注对“肤毳”或“毳肤”之“毳”的误解。仍这样解释的词典当然应有所修正才好。

向我开炮

“臻”“蒸”不同音

龚　益

《咬文嚼字》1997年第3辑，评析了1996年12月18日《解放日报》第14版上出现的一处用字错误，指出该报在应该使用“蒸”字的时候错用了“臻”。文章对臻、蒸二字的含义与引申用法作了解说，最后归结为：成语“蒸蒸日上”不能写成“臻臻日上”。这个看法是对的。

但是在张先生的文章里有一处令人遗憾的错误。他说：“以同音的臻代替蒸，岂不成了‘一天比一天地到达’了？”

查《现代汉语词典》，“臻”读做“zhēn”，而“蒸”读做“zhēng”，虽然同声母、同声调，但是它们的韵母是不相同的。从这本词典上看，两个字都没有第二种读音。

如果我的估计没有错，崇信先生可能是位南方人，南方人的读音中对“en、eng”不加分别，故而“以声寻字”，误以为“臻”“蒸”二字同音。读音所误可能也是《解放日报》文章错用“臻”字的原因。

顾客还是敢进门

青　支

《咬文嚼字》1997年第6辑《“天国的风”和“蓬荜生辉”》中说：“如果饭店总是有‘天国的风吹来’，那么顾客还敢进门吗？”笔者认为：顾客还是敢进门。

文中还说：“按基督教的说法，‘天国’是人死后去的地方，活着的人是进不去的。”其实，“天国”是个多义词。查阅中文工具书得知：㈠山名。㈡太平天国的省称。㈢基督教用语。其含义有三：①天国是将要在现世实现的神的统治。②天国在人心中，凡得耶稣救赎的人，就是生活在天国里。③天国即天堂，是善人灵魂享永福的地方。天国还有比喻义，常用来比喻理想的世界。柳亚子《一九四八年元旦试笔》诗：“自由平等谈何易，天国原从血泊成。”天堂也有比喻义，比喻幸福美好的生活环境。

俗话说："上有天堂，下有苏杭。"周而复《上海的早晨》："从前过的是地狱生活，现在好比进了天堂。"对多义词的理解，要根据具体情况，正确地加以选择，别钻牛角尖。

"引起"应该引起注意

田仲民

《咬文嚼字》1996年第7辑《"包修"和"保修"》中，有"有关部门也应引起重视"的句子，今年第7辑《别让演员"吃药"》一文中，又出现类似的句子——"得大家引起警惕"。我以为这两句中的"引起"都是用得不妥的。

"引起"，《现代汉语词典》注释为："一种事情、现象、活动使另一种事情、现象、活动出现。"我理解为，不论是具体的事物还是抽象的事物，在"引起"作谓语时，它前边的为因，后边的为果，前后为因果关系。比如，"肩关节僵硬，稍一活动就引起剧烈疼痛。"活动是因，剧烈疼痛是果，活动导致剧烈疼痛。

而"有关部门也应引起重视"和"得大家引起警惕"中"引起"的前后，并非因果关系。虽然"重视"和"警惕"出现前"有关部门"和"大家"就存在，但并非前者一出现后者就会相应出现，甚至后者不出现前者照常存在。前后是一种生发关系，"有关部门"头脑产生"重视"，"大家"头脑产生"警惕"。有时，"引起"用于一种委婉的修辞说法，不说人(包括"有关部门""人们""大家"等)应该注意(或"重视""警惕"等)某个事情、现象或活动，而说某个事情、现象或活动应该引起人(包括"有关部门""人们""大家"等)注意(或"重视""警惕"等)。"有关部门也应引起重视"和"得大家引起警惕"的说法，正是将这种委婉修辞说法记错格式，讹化嬗变而使其错误变种。

这样，就从"引起人注意"的说法中，错成了"人引起注意"了。

再则，"引起"作谓语时前后为不同事物，而"有关部门"与"重视"、"大家"与"警惕"却不是两个事物，"有关部门重视""大家警惕"，"重视"和"警惕"只是"有关部门"和"大家"的思维活动，中间完全可以不要"引起"。

此外，委婉修辞说法在"引起"与"注意"(或"重视""警惕"等)之间，如果没有"人"("有关部门""人们"或"大家"等)，可以把人加进去。如"这种怪现象应该引起充分注意"，可以说成“这种怪现象应该引起有关部门充分注意”。而“‘人’应引起注意”的说法则无法加进，否则就成了“有关部门也应引起有关部门重视”“得大家引起大家警惕”了。

四十年前，吕叔湘、朱德熙两先生就在《语法修辞讲话》中，批评这种“引起”的用法“在逻辑上说不通”，“不能引起自己‘注意’”。

上述误用例中的“引起”，如果换成“给以”（或“给予”“予以”等），就合乎逻辑了，如“大家应给予警惕”。而正确使用的“引起”则不能，如“肩关节活动引起剧烈疼痛”，就不能说成“肩关节活动给予剧烈疼痛”。当然，滥用“引起”并不只有改成“给以”等一种方法。

《校名巧对》补遗

辛南生

《咬文嚼字》1997年第7辑《校名巧对》一文介绍侯宝璋所撰“金男大”一联征联故事，经查应征者系以成都市立一小、市立二小和两仪小学三所小学校名应对。因此末句“两小无猜”对“齐大非偶”，不仅是两个成语之配对；“两小”而且是双关语，还指两仪小学而言，故同时也暗寓两所学校名称之对应。这点该文未作说明，特予补充。该联语义双关自然，不着痕迹，确具妙趣。

又原下联为“一小在南，二小在北”，《校》文写作“一小在北，二小在南”，似应以尊重原文为佳。

“你吃了饭去”与“你吃饭去”

屠佩军

《咬文嚼字》1997年第7辑《也释“爱呀，厄的去”》一文，在为阐述“‘去’字是上一句‘时时刻刻你可听’的‘听’字的补足动词”的观点时，举了“你吃了饭去”为例，认为“去”是“吃”的补足动词，也就是“去吃”的意思，我认为这个说法似乎欠妥。

“去”作某一动词的补足动词的情况，在现代汉语口语中很多见，如“你做操去”“你读书去”等，也就是“去做操”“去读书”的意思。但这两个句子一旦变成“你做了操去”“你读了书去”，就不是“去做操”“去读书”的意思了。

“你做了操去”是一个由两个分句紧缩在一起、中间没有停顿的紧缩复句，它以类似单句的结构表达复句的内容。还原成一般复句可写成“你先做操，然后再去”。表达的是两层意思，顺承关系。

“你做操去”则是一个单句，一个由施动者发出两个连续的、中间没有停顿动作的连谓句，谓语间无任何复句关系，只表达一层意思——“去做操”。

两句的差别在于有无动态助词“了”。动词后带“了”表示动作的完成，“你做了操去”就是“你要在做完了操之后再去”。“去”是从所在地到别的地方的意思，不能作“做”的补足动词。该句的意思也不能与“你做操去”等同起来。同样道理，“你吃了饭去”的“去”字也不是“吃”的补足动词，也是从所在地到别的地方的意思。该句意思也不能同“你吃饭去”的意思等同。

这个“也”字用得不妥

傅凌发

《咬文嚼字》今年第8辑《从“潽”说起》一文左栏倒7行中的“也”字用得不妥。该段一开始说，“一翻《新华字典》”时没有找到“潽”字，“又翻《现代汉语词典》”，“也收有‘潽’”。文中用“也收有‘潽’”的“也”字是不妥的，因为，如果《新华字典》收有“潽”，《现代汉语词典》收有“潽”，两者都收有“潽”，那么，写文章时，可以简写成“也收有”，而事实上是前一书没有收进“潽”，后一书倒收了，故这个“也”字宜用“却”字代替，以强调“潽”是个“新造的形声字”。

“门可罗雀”不如“门庭若市”

张红梅

《咬文嚼字》1997年第8辑《易牙餐馆的盛衰》一文中有“可是，好运不长，餐馆逐渐由门可罗雀到无人问津”一句。文章的作者运用这句话想描述的是餐馆由盛转衰这一状况，但“门可罗雀”就是形容门庭冷落，宾客稀少，以至于到了门前可以张网捕雀的程度，与“无人问津”一词的意思几近相同，本人认为应将“门可罗雀”改为“门庭若市”，这样就形成了一种从“门庭若市”到“无人问津”再到“关门大吉”的层层深入的表达方式，如果再将“无人问津”换成“门可罗雀”也可以，“门庭若市”与“门可罗雀”更能给读者形成一种强烈的对比感。

德学为高话“老师”

——流行称呼语透视之六

李明洁

学高为师，德高为范。“老师”这一称呼至今仍基本上保持着这样原有的意义，用来称呼那些在品德学问上值得学习的人。唐韩愈《施先生墓铭》“自贤士大夫，老师宿儒，新进小生，闻先生之死，哭泣相吊”，其中的“老师”便是指年老资深的学者。“老师”也用来泛称传授文化、技艺的人。如《官场现形记》第五十二回：“门生父亲去世的早，老一辈子的教训门生听见的不多。如今拜在门下受老师一番陶熔，庶几将来可以稍为懂得做人的道理。”后来凡对学生有管理教育之权的皆可称老师。早在明清两代，生员、举子就称主试的座主和学官为“老师”。此外，旧时还常常尊称僧侣为“老师”，如唐朝王建《寻李山人不遇》诗：“从头石上留名去，独向南峰问老师。”“老师”自古以来都受到了人们的尊重。

称对方为老师，无疑是把自己放在了学生的位置上，至少是表达了愿意向对方学习请教的意愿，对对方的尊重也就不言自明了。我们在上述的例子中都不难感受到这样的推崇与敬意。这就使“老师”非常有条件演变为一个日常使用的泛尊称。

演变之初，“老师”还仅仅只是从专业教师扩展到所有从事教育工作的人士。到70年代末、80年代初，“老师”的适用范围曾再度扩展。黄南松先生曾于1987年作过调查，他发现，当时文艺界、新闻界、广播电视界均不同程度地存在着“老师”这一称呼。而且文艺界人士被称为“老师”的比例最高。

将近十年过去了，情形并没有发生太大的变化。我们在1996年底

谈"左券"和"右券"

左秀灵

有一部规模较大的成语辞典，在"稳操左券"条目下解释说：

左券：古代契约分为左右两联，左券即左联，作为索偿的凭证。《史记·田敬仲完世家》："公常执左券以责(债)于秦韩。"比喻对事情很有

的调查中，发现"老师"的公众接受率维持在18.23%左右。其中绝大部分仍为上述各界人士。值得注意的是，现在不仅是专家、学者、编辑、记者、作家、主持人、资深演员可以被称作"老师"；而且文化经纪人中也流行"老师"这一称谓，例如演出公司的职员、展览会的主持者和画廊的经理等等。同时，更大意义上的文化人也开始用"老师"相称，像摄影家、画家、音乐家，甚至探险家、气功大师、身怀绝技者等等。

有人说，"老师"能步入流行称呼语的行列，与整个社会开始尊重知识、尊重人才有关，与教师的社会地位有所提高有关。我看并不尽然。"老师"的适用范围尽管越来越扩大，但却并不是像"师傅""同志""先生"等称呼语那样可以扩展到人人适用的程度，毕竟要受到"学高为师，德高为范"这个基本意义的限制。"老师"始终是与"学识渊博、德高望重、信仰坚定、不落俗尘"等等心理印象联系在一起的。从某种意义上讲，这属于人类的一种精神境界。人们青睐"老师"这个称呼，并不完全在于社会的倡导，还在于人们的心灵需要。在表达敬意的同时，人们在被称作"老师"的人的身上一定看到了这种心灵的闪光。

把握。

这条解释把左券说成“索偿的凭证”,意思完全搞错了。

有“左券”必有“右券”。那么,“左券”和“右券”到底是什么东西?它们的用处又是什么呢?

古代买卖时的契约写在木板上,剖而为左、右两半,在左边的称“左券”(或“左契”),在右边的称“右券”(或“右契”)。按古代的有关规定,右券为债权人所有,是主券,是用为催讨债款的凭证;而左券则为债务人持有,是副券,类似今日之存根。如果债权人拿到的是左券,则毫无用处。

关于“右券”或“右契”的作用,古书上可以找到不少例证。用“右契”的如:

《礼记·曲礼上》:“献粟者执右契。”郑玄注:“契,券要也。右为尊。”

《战国策·韩策三》:“操右契而为公责德于秦、魏之主。”鲍彪注:“左契,待合而已;右契,可以责取。”

《韩非子·外储说左下》:“翟璜操右契而乘轩。”陈奇猷集释:“谓翟璜执责取轩车之右契,凭右契即可取轩车而乘之也。”

用“右券”的如:

《商君书·定分》:“主法令之吏谨藏其右券,木柙以室藏之。”

《史记·平原君虞卿列传》:“虞卿操其两权,事成,操右券以责;事不成,以虚名德君。”

以上各例说明,只有右券或右契才能“作为索偿的凭证”,可以向人讨债或索物,而左券或左契则无此功用。比喻对事情很有把握,理当说“执右券”或“稳操右券”。现在的问题是,“执左券”或“稳操左券”这种错误的理解和用法,在生活中已被人们普遍接受,你说“执右券”或“稳操右券”,人家反而会感到大惑不解。对“左券”“右券”现象,有关的工具书,应该既尊重历史,又尊重现实,既要把“左券”“右券”的来源解释准确,又要将其演变阐述清楚。可是一些权威工具书对“左券”“右券”的来历不加辨析,人云亦云,作了错误的解释。

上述错误,其实不自今日始。除前面成语辞典所引《史记·田敬仲完世家》“公常执左券以责于秦、韩”一例外,下面再举两例:

《老子》七十九章:“是以圣人执左契,而不责于人。”

陆游《禽言》诗:“人生为农最可愿,得饱正如执左券。”

可见这种错误,连老子、司马迁、陆游都避免不了,更不要说一般人了。

也谈“左券”和“右券”

宛　啸

左秀灵先生《谈“左券”和“右券”》一文，提出了历来被人们忽视的左、右券互相混淆的问题，读后很受启发，同时感到还可进一步讨论，故不揣冒昧，续作此文，以就正于方家。

左文所引关于“右券”“右契”的五条书证和注疏，可以证明如下两点：

（一）古人重右轻左，以右为尊，以左为卑。

（二）券契分为左、右两半，右者为主，归债权人收执，持以索债；左者为副，由负债人收执，据以偿债。

按照以上事实，后世本来是应当用“执右券”或“稳操右券”来表示“对事情成功很有把握”的意思的。但实际情况却正好相反，表示这种意思的词语变成了“执左券”或“稳操左券”。这种从“右”到“左”的变化，原因何在？我看，关键在于先秦和汉代仅有的两条反证：

（一）《老子》第七十九章：“是以圣人执左契而不责于人。”

（二）《史记·田敬仲完世家》：“公常执左券以责于秦、韩。”

这两条反证，一个说“执左契”，一个说“执左券”，意思正好同左先生所举的五条书证相反。以这样的书证为依据，自然只能得出相反的结论，即古代以左为尊，执“左契”或“左券”的债权人处于主动地位，有成功的把握。显然，左先生是否定这种观点的，他认为《老子》和《史记》两条书证中的“执左契”和“执左券”都用错了，但他没有进行论证。下面我就着重谈谈这两条反证的可靠性。

先谈《老子》一条。从传世的《老子》各种不同版本来看，“是以圣人执左契而不责于人”这句话，虽然个别文字或有差异，但其中“执左契”的“左”字却全都一样，而且历来几乎没有人对它产生过怀疑。然而到了1973年，湖南长沙马王堆三号汉墓出土了珍贵的帛书《老子》，人们立即拿它来同今本比照校勘，发现了今本《老子》文字上的许多错谬。这种发现，不仅把《老子》的研究推进到一个新的阶段，而且对古籍的校勘整理和训诂学中不少疑难问题的解决起了重要的作用。

帛书《老子》有甲、乙两种本子。今本《老子》中的“左契”，帛书乙本作“左芥”。“芥”是“契”的通假字，故“左芥”即“左契”，意思完全一样。而在帛书甲本中，这两个字作“右介”。“介”也是“契”的通假字，意思没有变，但“左”字却变成了“右”。这一变化，实在出人意料。据专家考证，帛书甲本用篆体字书写，而且不避汉高祖刘邦的讳，因而是较早的秦代抄本；帛书乙本则用隶体字抄写，而且避刘邦的讳，因而是较后的汉初抄本。甲本既然早于乙本，文字当更接近于《老子》的原始文本，而且“圣(人执)右介(契)”又与传统的“以右为尊”的观念相吻合，作“右”无疑是正确的。所以帛书乙本和今本《老子》此句中的“左”字当为“右”字之误。

《老子》的“执左契”被否定以后，《史记·田敬仲完世家》中的“执左券”便成了“稳操左券”这条成语出处的唯一书证。那么，《史记》“执左券”的“左”是否靠得住呢？它有没有像《老子》那样，也有地下新出土的帛书可以提供校正今本的异文呢？

回答是：没有——有——等于没有。

所谓“没有”，是说从现存《史记》的各种版本来看，《田敬仲完世家》中的“执左券”三字全都一样，没有异文。而且迄今为止，也没有《史记》的帛书之类文物从地下发掘出来。

所谓“有”，是说来自地下的文物中，有一部长沙马王堆三号汉墓出土的帛书《战国纵横家书》，其中的《苏秦谓陈轸章》，内容与《史记·田敬仲完世家》极其相似。现将两书中有关文字引录如下：

《史记·田敬仲完世家》：“秦、韩之王劫于韩冯、张仪而东兵以徇服魏，公常执左券以责于秦、韩，此其善于公而恶张子多资矣。”

帛书《战国纵横家书·苏秦谓陈轸章》：“秦、韩之王劫于韩倗、张义而东兵以服魏，公常操□芥而责于【秦、韩，此其善于】公而【恶张】义多资矣。”

很明显，这两段文字，除人名及个别用字略有差异外，内容和句式几乎全同。可以说，司马迁在撰写《史记·田敬仲完世家》时，就是以《战国纵横家书》此文为蓝本的。所以帛书【 】中空缺的"秦、韩，此其善于""恶张"等字，整理者就是用《史记·田敬仲完世家》同句中的字拿来填补的。

所谓"等于没有"，是说《史记·田敬仲完世家》的蓝本虽然找到了，本来可以通过比照看一看《史记》中"执左券"的"左"字，在蓝本中究竟是"左"还是"右"。然而非常可惜，蓝本中那个与《史记》"执左券"的"左"字相对应的"□"，竟由于残损而完全无法辨认。如果它也像帛书《老子》甲本一样是个"右"字，那么，汉代"执左券"的唯一书证就可以否定了。但现在已无可奈何。空缺的"□"也许将使这一问题成为千古之谜。

不过，司马迁在《史记·平原君虞卿列传》中写道："虞卿操其两权，事成，操右券以责。"这种说法是与传统观念一致的。他不应当在《田敬仲完世家》中又用上另一种自相矛盾的说法。因此，我还是认为这条孤证中"操左券"的"左"是"右"字之误。

最后再谈谈如何对待"稳操左券"这类词语的问题。我过去曾经撰文谈过一个观点：考订古书中某些字词的正确含义是一回事，如何对待某些被后人错误理解并运用于诗文中的古词古义则是另一回事，两者不宜混为一谈。根据我的理解和判断，今本《老子》和《史记》中的"执左契"和"执左券"确实讲不通，"左"应是"右"之误。但是，从汉代以后（或更晚一些）起，《老子》和《史记》中的这两个"右"字就已经错成了"左"，后人读到它们，并按照自己的认识和历代注家的解释去理解它们，然后写入自己的诗文。由于老子和司马迁才名盖世，其著作中的这两个"左"字，并没有被人怀疑为错字，这些人中就有宋朝大诗人陆游。于是流风所及，相沿成习，"执左契""操左券""左券可操""稳操左券"等词语，便不断出现在历代文学作品中，以至到了约定俗成的地步。即以刘洁修所纂《汉语成语考释辞典》为例，在"可操左券"的条目下，就收了自宋至清各类变式五种、书证六条，而写作"右券"的连一种也没有。难道我们能把这些"左券"统统改成"右券"吗？显然不行。正确的态度应当是，按照词语在著作中使用的实际形式收入词典，并正确地加以解释，只是在交代语源时，对左、右券原来的意义作适当的辨析，以有助于读者对其源流演变的理解。

辨字析词

“率”“携”“暨”“偕”

左慎五

近年来，报刊上经常出现“总经理×××率全体员工向广大消费者致意”一类的广告语。句中“总经理”和“全体员工”之间使用的词语除“率”字外，有的用“携”字，有的用“暨”字，还有的用“偕”字。这几个字究竟有何区别，值得仔细品味。

“率”，意为“带领”“率领”“统率”（队伍或集体）。如率队出征、率代表团离京、率访问团出国等。表示上级和下级、领导和被领导的关系。

“携”，意为“携带”“牵引”。如“携眷”，指户主携带家眷；“携侣”，指当事人携带伴侣；“携子”，指父母携带儿女；“扶老携幼”，指搀扶着老人，牵引着小孩。“携”字多用于主人对随从，或长辈对晚辈。

“暨”，意为“和”“及”“与”，表示联合关系。联接的成分多在意义上有主次之分，主要的成分放在前面，次要的成分放在后面。

“偕”，意为“一同”“共同”“一起”，表示同时同地做某件事。如“偕同”，跟别人一起（到某处去）；“偕老”，共同生活到老；“偕行”，相伴出发；“偕游”，一起出去游历；“偕作”，共同行动；“偕隐”，共同退居不做官。两者的地位和关系是完全平等的。

由此看来，在上述广告语中，这四个不同的词语意义相近，但又有区别，需要推敲、琢磨。“率”强调上下级关系，“携”强调主从关系，“暨”强调主次关系，各有侧重。为了密切“总经理”和“全体员工”之间的关系，体现和谐、融洽、平等、团结一致、亲密无间的气氛，还是用“偕”字比较好。

“黏”字不该“下岗”

——兼论“黏”与“粘”

郭忠新

黏与粘是音义不完全等同的两个字。

黏音 nián，①像糨糊、胶水等所具有的能使一个物体附着在另一个物体上的性质。如：黏液、黏胶。也指具有黏性的。老舍《骆驼祥子》十八：“身上挂着一层黏汗，发着馊臭的味儿。”又如：泥黏雪滑。②特指骈俪文字或近体诗上联对句与下联出句之间的平仄协调。平仄不合叫做“失黏”。③围棋术语。连。也称“接”。

粘一音 zhān，①黏的东西附着在物体上或者互相连接。如：糖粘牙。②用黏的东西使物体连接起来。如：把撕破的书页用胶水粘好。

另一音 nián，义同“黏”。

宋陈彭年《广韵·平盐》云：“黏，女廉切。粘，俗。”粘为黏的俗字，年代久远。最早见于《汉书·高惠高后文功臣表》：“孝惠七年，戴侯真粘嗣。”颜师古注：“粘亦黏字。”

在1955年12月22日文化部与文改会公布的《第一批异体字整理表》中，黏被定为粘的异体字，明令“停止使用”。但是，一个词的词素是经过长时间的考验而“约定俗成”的。黏、粘并行，经过千余年的演变，粘终究未能取代黏。据现有的文史资料表明，在用作形容具有黏性的性质的，仍多作黏；加上粘有 nián、zhān 两读，有时容易混淆。所以在1988年3月25日国家语言文字工作委员会与新闻出版署《关于发布〈现代汉语通用字表〉的联合通知》中，确认“黏”“翦”等十五字为规范字，不再作为淘汰的异体字，并重新公布了经调整后的《第一批异体字整理表》。

虽然已为“黏”正名，然而却未能引起出版界的重视，黏仍被粘逼迫“下岗”。如：

《浴室桑拿请为消费者负责》：

"拖鞋、浴巾粘乎乎的……"(见《解放日报》1997年8月8日)

《唐彩绘仕女俑复原记》:"石青、石绿、朱磦等色加粘合剂调匀后,或用毛笔涂刷,或用棉花球浸色拍。"(见《新民晚报》1997年7月26日)

《闯进蚊香王国的"黑马"》:"但如何能让这似一盘散沙的木炭粉紧密地团结在一起呢?这就需要一种'粘接剂'把他们粘在一块儿。"(见《文汇报》1997年7月27日)

以上三例中的四个"粘"字,除了最后一个"粘"作动词,读 zhān 以外,前三个"粘"都读 nián,当用"黏"为佳。

至于书籍中,黏、粘不分的更多,连有的语文工具书中也屡见不鲜,兹不一一赘举。造成这种现象的原因,除了有些编纂者忽视了有关"通知"的精神之外,与有的权威辞书仍将黏作为粘的异体字,打入另册,不无关系。

综上所述,黏与粘应"分工"明确:

凡形容具有黏性的性质的,当用"黏",读 nián,不应用其俗体字"粘"。如:黏度、黏附、黏结、黏滞、黏土、黏虫、黏米、黏菌、黏液、黏胶、黏膜、黏涎、黏稠、黏乎乎、黏糊糊、黏合剂、黏着力、黏着语……

而"粘"用作动词,读 zhān,如:粘贴、粘连、粘皮带骨……

话说『立早章』

孙章埂

姓"章"的人在自我介绍后,往往要补充说明:"是'立早章',不是'弓长张'。"

其实,"章"字并非由"立""早"二字组成的,而是由"音""十"二字组成的。《说文》云:"章,乐竟为章,从音,从十。十,数之终也。"意思说:"章"字是个会意字,由"音"和"十"组合而成的;"音",表示音乐;"十",表示终止。"十",为什么可以表示终止呢?古人认为,数起于"一"而终于"十",因而"十"有表示终止的意思。"乐竟为章",是说音乐演奏完毕为一章。由此引申为音乐或文章的一个段落也称一章。

可见,"章"字是由"音"和"十"这两个部件构成的,而不是由"立"和"早"构成的,但后来《康熙字典》之类的工具书都把"章"字归入"立"部,我们也只能从俗了。

“期间”“其间”辨

马三生

也许是以讹传讹的缘故，不知从什么时候起，误用“期间”成了报刊语言中的常见病、多发病。误用“期间”的病例中，有一部分只要把“期间”改为“其间”即可，因此有必要将“期间”“其间”放在一起加以辨析。先看几个病例：

(1)8月3日晚，妻子和两个女儿在马某家吃饭，孙某前去把妻子和女儿叫回家，期间与马某发生口角。(《劳动报》1997年8月31日)

(2)方振武是安徽寿县人，……辛亥革命前，他组织“淮上革命军”起义失败，后赴日本入尚武学校习陆军，期间曾谒孙中山先生。(《联合时报》1997年8月22日)

(3)记者近期对驻沪20余家外国航空公司，作了粗略的了解，对其中5家驻沪外航办事处进行了详细采访。期间获得这样一条信息：……(《文汇报》1997年8月22日)

(1)(2)两例的“期间”都可改为“其间”；例(3)的“期间”宜改为“采访期间”。

为什么要修改？我们得弄清楚“期间”的含义和用法。“期间”表示某段时间里面(如例(1))或者某个时期中间(如例(2))的意思。“期间”在句子里不能单独充当表示时间的状语，它的前边必须添加修饰语，像例(3)添加“采访”，成为“采访期间”，又如“暑假期间、年会期间、旅美期间、患病住院期间、高考完毕等待发榜期间”等，即使添加一个代词，成为“这期间、那期间”也行。上边例(1)的“期间”也可改作“这期间”，例(2)的“期间”也可改作“在此期间”。

“其间”有两个义项：第一个义项跟“期间”相似，也表示某段时间里面或者某个时期中间，正因为如此，例(1)例(2)的“期间”才能改成

“其间”。第二个义项与时间无关，表示那中间、那里面，如“厕身其间”“其间必有阴谋”等，这个“其间”跟“其中”相仿，不在本文辨析的范围中。

“其间”（第一义项）和“期间”虽然都表示时间概念，但是词的结构不相同，词的用法并不相通。主要区别在于“其”和“期”。“其”是个文言虚词，在这儿用作代词，相当于“那、那个”；“其间”就是“那段时间里、那个时期中”。“期”指的是限定的时间（如：按期交货）或约定的时日（如：逾期作自动放弃论）；“期间”不包含“那、那个”的意思。因此，“其间”可以单独充当表示时间的状语，“期间”则不能。

有人矫枉过正，在“其间”前边也加一个“这”，变成“这其间”。例如：

（4）假如一个人凭自己的劳动一天能挣十先令，那么，如果他这天外出或闲坐半天，即使这其间只花了六便士，……（《报刊文摘》1997年9月4日）

“这其间”中，一个“这”，一个“其”，两个代词连用，叠床架屋，显然不妥。无独有偶，《现代汉语词典》（1996年7月修订第3版）第994页，举例时，也冒出一个“这其间”，同样欠妥。这两个“这其间”都应改为“这期间”或“其间”。

最后，我们再举一个使用“这期间”的范例。1991年3月9日，江泽民总书记给当时任国家教委主任的李铁映和副主任何东昌写信，对如何开展近现代史和国情教育，提出建议：

一、由于封建统治者的腐败，1840年鸦片战争以后的一百多年中，中国人民曾备受列强的欺凌。……

二、这期间，许多仁人志士和广大群众抛头颅，洒鲜血，前仆后继，抵御外侮，立志捍卫中华。

………

（《半月谈》1997年第15期）

语丝

两岁结婚

周军刚

《民主与法制画报》1997年4月2日《太湖之滨尽天缘》一文中说道：“他们共同出生日是1974年6月6日，1976年11月7日喜结良缘。”

难道这对夫妻双方都只有两岁就结婚了？想来是将1996年误为1976年了吧！

十字街头

错一字代价七万五

陈明杰

近日，中国太平洋保险公司厦门分公司因保险单上的一个错字，在一起理赔纠纷中败诉，被一审判决赔偿7.5万元。

1996年4月，一位蔡姓司机向“太保”公司投保了他的拉达出租车，险种分别为车损险、第三者责任险和附加司机险，其中车损险保险金额为7.5万元，保险期一年。“太保”公司出具了保险单，该保险单背面印有：“由于火灾造成车辆保险的损失，由保险人负责赔偿；自然、明火烘烤造成的损失，保险人不负责赔偿。”

半年后，该出租车在行驶中突然起火燃烧，整车基本烧毁。经消防部门现场鉴定，起火原因为“汽车化油器漏油遇电火花引起”。蔡姓司机因此向“太保”公司索赔7.5万元，但“太保”公司以该车烧毁属“自燃”性质，按规定，不属于保险责任范围，因而拒赔。

“自燃”在《机动车辆保险条款》中规定为：保险车辆因本车电器、线路、供油系统及货物等发生的问题产生自身起火属于自燃。“自燃”所造成的保险车辆损失，保险人不负保险责任。

厦门市开元区法院审理认为，该保险合同成立。“太保”公司出具的保险单背面的保险条款，将“自燃”打印为“自然”，在签发保险单时，也没有更正，而且“太保”公司未能证实将相关条款内容和“自燃”的定义向蔡姓司机作过明确说明。依据有关法律规定，保险免责条款必须向投保人明示，若双方发生歧义，应对其作出有利于投保人解释的有关条款，因此，一审法院判决，“太保”公司赔偿蔡姓司机车损7.5万元。

据悉，“太保”公司准备上诉。然而，不管最后结局如何，一字之谬引发的代价7.5万元的官司，确实发人深省。

"阑珊"及其他

张兆前

电视新闻时常有错误,或用错词语,或写错、读错句子,下面试举二例:

一、"阑珊"还是"辉煌"

1997年7月2日,中央电视台新闻联播节目报道驻港记者发回的"香港人民庆回归"的新闻。镜头切到香港,主持节目的驻港女记者说:"灯火阑珊的维多利亚海港一片欢腾。"(着重号为引者加)句中"阑珊"一词就是明显的误用。

阑珊,音 lánshān(兰山),属叠韵联绵词,意思是将尽、衰落。如白居易《咏怀》诗:"诗情酒兴渐阑珊",李后主《浪淘沙》词:"帘外雨潺潺,春意阑珊",辛弃疾《青玉案》词:"众里寻他千百度,蓦然回首,那人却在灯火阑珊处。"7月2日,香港人民喜庆回归,维多利亚港流光溢彩,一片灯的世界,应该用"灯火辉煌"才对。由于记者想当然地理解"阑珊"的含义,把意思说反了。

二、是谁"拉开了抗日战争的帷幕"

无独有偶。1997年7月7日,上海电视台晚六时半的新闻节目中有一条纪念卢沟桥事变六十周年的新闻,其中有这样一句话:"日本帝国主义悍然发动卢沟桥事变,拉开了中国人民抗日战争的帷幕。"从句子结构看,这句话没有语病。主语"日本帝国主义"后面带两个由动宾短语构成的谓语("发动……事变,拉开……帷幕")。但句子的意思却大成问题。因为后面这两个动宾短语构成的谓语关系是并列的,其施事都是主语"日本帝国主义"。这样一来,"中国人民抗日战争的帷幕"竟然是由"日本帝国主义"来"拉开"的,这岂不荒唐?哪个中国人能接受这种说法!正确的说法,应该在"事变"后面加一句"中国军民奋起反击",然后才是"拉开了中国人民抗日战争的帷幕"。这样,"拉开……帷幕"的主语成了"中国军民",这才符合历史事实。

报刊扫描

语意重复举隅

刘荣义

本文所举的例句，例1取自《新民晚报》，例5是影片《狼行拂晓》主题歌的一句歌词，其余的均来自《沈阳日报》。

1. 船员们目睹一场虎鲸生死大战的惊心动魄的场面，其结果这两个庞然大物一起同归于尽。

"同"与"一起"语意重复，后者当删。(句中其他语病暂不评析)

2. 这时时间是8时45分。

"这时"中的"时"，即"时候"，指时间的某一点。因此，其后的"时间"一词应该去掉。

3. 第二局(卡斯帕罗夫)将可以和棋的棋下输后，他又摆脱不了阴影……

两个"棋"意思重复，可删去前者，或改为：第二局将可以下和的棋输掉后……

4. "长江龙"的龙体由长江及其两岸构成；龙头：由江苏省的江、河、湖、海的水界及其连线构成多种形状龙头；龙舌：崇明岛；龙眼：石港镇；龙足：前足鄱阳湖，后足洞庭湖；龙珠：上海。

此复句的第二个分句中的两个"龙头"意思重复，此分句可改为：龙头呈多种形状，由江苏省的江、河、湖、海的水界及其连线构成。

5. 落后就要被挨揍。

挨：遭受；忍受。"挨"在句中可表明主语是受事，前面加"被"，就画蛇添足了。

6. 一辆小轿车牵引三台拖车，组成一组荧光彩龙，彩龙以时速40公里的速度上下飞旋。

时速：以小时为单位的速度。文中"时速"与后面的"速度"重复，因而应当改"时速"为"每小时"，或把"时速40公里的速度"改为"40公里的时速"。另外，句中的后一个"组"，当改为"条"。

故弄玄虚的“导语”

王蔺

《半月谈》1993年第16期载有《苘山不再生僻》一文，文前有一段话，就称它为“导语”吧。——

“苘山镇字僻。苘字读 màn，在现代所有字典、词典中皆查无下落。据说只有在清圣祖年间编写的字典里才有这个字，认识的人不多……”

这则“导语”，有两个毛病：一是夸大其词，二是故弄玄虚。苘山是山东威海文登市北部的一个镇。苘(蔄)是冷僻字固然属实，但并不是“在现代所有字典、词典中皆查无下落”。王竹溪先生编纂的《新部首大字典》(上海翻译出版公司、电子工业出版社联合出版，1988年1月)第395页就有这个字：苘，màn 姓。

而所谓“清圣祖年间编写的字典”就是《康熙字典》，艸(艹)部确有这个字。清圣祖即爱新觉罗·玄烨(yè)，年号康熙，世称康熙皇帝。我问过许多人，其中有大中学生、中学数学和化学教师、工人、农民、干部，他们几乎都不知道“清圣祖年间编写的字典”是什么字典。当说出是《康熙字典》时，大家才恍然大悟。

新闻报道应讲究文风，力求鲜明、准确、浅显、朴素、生动。作者写“导语”，是希望引人入胜，激发读者的阅读欲望。如果故弄玄虚，让人如堕五里雾中，其效果是会适得其反的。

7.居无定所的八一队……逼平志在卫冕桂冠的申花队。

“卫冕桂冠”搭配不当。卫冕：指在竞赛中保住上次获得的冠军称号。桂冠：……现在也用来指竞赛中的冠军。因此，应当删去句中的“桂冠”，或改“卫冕”为“保住”。

8.一旦1998年6月任期结束，足坛“掌门人”阿维兰热将果断离任国际足联主席之位。

“离任”是动宾短语，后面一般不宜再带宾语。“足坛‘掌门人’”即“国际足联主席”，二者语意重复。句中的“任”与“位”亦同义。因此，当删去“国际足联主席之位”，或者将后一个分句改为：阿维兰热将果断离任，不再当国际足联主席。

何来“台语”

鹿梦沂

《扬子晚报》1997年7月8日《柯受良风光返台》一文中有这么几句话：“看到平安归来的‘小黑’，他的家人都流露出无限欣喜的神色。原籍浙江宁波的老父操着道地的台语，既骄傲又担心地说……”

文中“台语”一词用得欠妥，原因有二：

其一，“台语”也称壮傣语，是语言学常用名词。“台语”是汉藏语系壮侗语族内一个语支的名称，包括壮语、布依语、傣语、老挝语、泰语（泰国）、掸语（缅甸）、侬语（越南）、土语（越南）、阿含姆语（印度）等语言，使用人口超过4000万（据1982年统计），分布在我国的广西、云南、贵州等省区和泰国、老挝、越南、缅甸、印度等国家。尽管“台语”的语系、语族归属问题在学术界尚有争议，但“台语”包括哪些语言，在国内外学者中并无多大分歧。上文所述柯受良的父亲“操着道地的台语”，若指的是国际上通行的“台语”义，恐怕不是事实。

其二，若将“台语”当成台湾语言的缩略，也站不住脚。

我国台湾省的语言可分为两系：约占该省人口2%的高山族人说的是高山族语，属南岛语系印度尼西亚语族；约占该省人口98%的汉人说的是汉语，属汉藏语系。

汉语标准语在台湾称“国语”，并不称“台语”。“国语”一词起源于清末，通行于北洋军阀时期和国民党统治时期，它和“普通话”虽然略微有些不同，但并无质的区别。

台湾省的汉语方言主要为客家话和闽南话。大多数台湾居民都说闽南话，但不能因此就把闽南话称作“台语”。闽方言是汉语七大方言之一，闽南话是闽方言的六个方言片之一。闽南话从明末开始随福建移民传入台湾，虽说历时不短，使用人口不少，但台湾省的闽南话和福建省的闽南话差别不大，可见台湾闽南话的根子还是在大陆，凭它的语言特点，远未到脱离闽南方言片而“自立门户”的地步。

综上所述，我认为《柯受良风光返台》一文中的“台语”还是改为“闽南话”为好。

日本消受得起中国蜂蜜么？

姜国君

偶翻1997年8月11日《粤港信息日报》，看到一则关于蜂蜜的消息，该文说道：“7月份以来，我国蜂蜜对日出口价格高涨，每吨高达1530—1550万美元，比去年同期上涨15%，达到1994年以来的最高价位”（见影印件），读罢愕然。

按市场汇率算，每吨蜂蜜折合人民币为1.2亿多元，每公斤为12万余元！这是蜂蜜么？日本虽富，但如此“天价”的蜂蜜，能消受得起么？既然蜂蜜这么值钱，那么我国每年出口日本几万吨蜂蜜，就有几万亿元收入，不要说外贸公司，我国其他行业都可以不做，仅此一项出口收入就足以养活12亿同胞了。要知道，1996年我国全年商品和劳务总产出即国内生产总值才6.8万亿元。

据了解，目前国内市场蜂蜜价格每吨15—20万元。如此悬殊的价差，当然是该报弄错了。我国蜂蜜在日本市场行情上涨是事实，但到底涨多少，每吨价格是多少，从该报这则消息里无法得到准确信息。如果把美元改成日元，换个计量单位，还着点边。经贸消息首先应该准确，像如此不确的信息，使人琢磨半天还在云里雾里，真不该。

蜂蜜 暴风过后 涨价出口

本报讯　7月份以来，我国蜂蜜对日出口价格高涨，每吨高达1530—1550万美元，比去年同期上涨15%，达到1994年以来的最高价位。

我国蜂蜜出口价格上涨的主要原因，一是产量减少，如四川等蜂蜜主产地区今年因受强风雨的袭击，直接影响了蜂蜜产量；同时农村劳动力外出务工经商增多，养蜂人员日趋减少，蜂蜜产量随之下降，预计今年全国产量将比去年减少12—14万吨，减幅达10%左右。二是国内蜂蜜消费量日益增长，市场需求旺盛，因而削减了对外出口量。

日本业界指出，中国这个世界最大蜂蜜生产国出口价格的提高，必将带动整个国际市场蜂蜜价格走向坚挺。（吴外信）

“竟被视作‘同姓恋’”？

曹德和

《周末》1997年7月11日有篇消息摘要题为《只因同姓　竟被视作“同姓恋”　诉上公堂　一对“鸳鸯”始成婚》。“同性恋”这个词，众所周知；但“同姓恋”的提法，我却没听到过，这篇摘要也就不能不看。可这文章题日看了使人糊涂。问题出在“竟被视作‘同姓恋’”一行字上。

何谓“视作”，该词条辞书未收，但其义不难界定，即“实际不是某人某物某事而被作为某人某物某事来看待”。何谓“同姓恋”，顾名思义，想必是指同姓男女之间搞恋爱。当然，鉴于同性恋现象的存在，也不排除不但同姓而且同性的男子与男子、女子与女子之间的不正常关系。作者指的是哪种情况呢？不管哪一种，“视作‘同姓恋’”这说法都有语病。因为照上面分析，“视作‘同姓恋’”应当指不是“同姓”之恋而被看成如此；可题目开头说“只因同姓”，已明白交代相恋者为“同姓”——前后矛盾，说不通。毛病并不局限于此，在“视作‘同姓恋’”头上还有两个字：“竟被”。什么叫“竟被”？“竟被”是说不该如何而被如何。出现在该处，则意味着作者本人认为，“同姓恋”的现象是不能允许的，不管你是什么情况下的同姓之恋。这不免让人感到困惑。因为我国婚姻法只禁止直系血亲或三代以内旁系血亲的男女结婚，而并不反对同姓男女相互恋爱结为夫妇；作者反对“同姓恋”并没有什么道理啊。其实，这篇文章的内容很简单，它说的是贵州有一对青年男女自由恋爱，在申请结婚时为村委会和镇政府拒绝，理由是他俩都姓“欧阳”。后来这对青年向法院提起行政诉讼，在查明两人无直系血亲关系和三代以内旁系血亲关系的情况下，法院确认他们符合结婚条件，促成了他们的婚姻。不难说清的一件事，题目却搞得读者如坐云雾。

苏局仙健在否

陈福季

《中华读书报》转载1996年第11期《炎黄世界》所刊《王映霞的后半生》一文说："建馆（指上海文史馆——引者）初期受聘的馆长、副馆长和馆员中，有前清翰林、进士、举人、秀才等百余人。其中仍健在的秀才诗人、书法家苏局仙先生，今年105岁，其余多已七八十岁。"这段话错得极为离奇。

首先，苏局仙早已于1991年12月30日在上海去世，时年111岁，至今已达5年之久，哪里还会"仍健在"，而且只有105岁呢？苏局仙去世，当时的许多报刊都作了报道。如《光明日报》1992年1月2日题为《上海第一老人　苏局仙溘然长逝》的报道中说："新华社上海1月1日电（通讯员蔡康平　记者汪洪洋）'上海第一老人'苏局仙于30日溘然长逝。这位中国晚清秀才是在前往上海南汇周浦医院途中撒手人寰的……据医生诊断，老人是'年老体弱，无疾而终'。"

文中"其余多已七八十岁"的话是承接前述苏局仙而来的，意思是说其余的清末举人、秀才等"多已七八十岁"了，这是作者不了解科举制度而造成的错误。清政府于光绪三十一年（1905年）下诏宣布："自丙午（1906年）科为始，所有乡、会试一律停止。"这样说从1906年起就不再有人考取"秀才"了，更不用说举人与进士了。因此即使有人一生下来就能考上秀才，至今也已92岁，哪里还可能有"七八十岁的秀才"呢？苏局仙出生于1881年，至废除科举的1905年已有20多岁，考取"秀才"已是赶上了末班车，所以到1991年他去世，有人说是"清朝的最后一名秀才"去世，后来《光明日报》刊文说安徽省还有一位清末秀才云云，可见1991年时秀才在全国已成"凤毛麟角"，极为稀罕，又哪里会到今天仍有不少七八十岁的秀才在呢？

文章还说上海文史馆建馆初期受聘的"翰林、进士、举人、秀才等有百余人"，我觉得单单一个上海馆是不可能有这么多此类人物的。作者在这里大概是把全国的数字移到了上海吧？

“荆轲”不作“荆柯”

杜　哉

《文汇特刊》1997年8月16日登载一篇文章《陈凯歌再创银幕史诗，〈荆柯刺秦王〉在京开镜》。一看题目就觉得刺眼：刺秦王的刺客怎么改名成了“荆柯”？大家知道，无论在汉人小说《燕丹子》或《史记·刺客列传》中，刺秦王的都是荆轲，而非荆柯。我原以为大概是题目制作出了错，忙看文章，谁知文章从头至尾，荆轲之名凡八见，八次都无一例外地是荆柯。

轲、柯虽然同音，但作为一个人名，是不可互易的。现在的问题是，改荆轲为荆柯，究竟是这篇文章作者的失误，还是这部“历史巨片”的编剧和导演别出心裁，有意为之？

我想，不管怎样，荆轲还应当是荆轲，而不是荆柯。

“一年一度”画蛇添足

闻　喜

《解放日报》1997年1月10日《集邮日活动丰富多采》有“一年一度的上海市第十二届集邮日主会场活动今天在邮电大厦举行”一段话。

这里有两处欠妥。

其一，上海集邮界举办的这项集邮活动，称为“集邮活动日”，而不称“集邮日”。两者含义不同，因此不能将“集邮活动日”“简化”为“集邮日”。

其二，据推算，上海市集邮活动日，系自1986年开始，以后每年举行一次，因此可以称为“一年一度”；但不能都称为“第十二届”。“届”者，“次”也。“第几届”特指某一年举行的上海市集邮活动日。

“一年一度”泛指每年，“第十二届”特指今年。“一年一度”可以修饰“上海市集邮(活动)日”，而不能修饰“上海市第十二届集邮(活动)日”。因此“一年一度”系“蛇足”，可删除。

“三甲”不是“前三名”

马凤鸣

在体育新闻报道中，我们经常看到把前三名称为“三甲”的情况，例如：

《中国体育报》1996年9月16日《甲A16轮后三甲座次未变》；

《北京晚报》1996年10月5日《一鼓作气　力冲三甲——国安目前形势分析》；

《新民晚报》1996年11月19日《甲A无弱旅　平局不可取》一文说道：“三甲之间的差距也不过二三场胜败而已”，“而且三甲个个是平局大户”。

《体育大市场》1996年12月26日《戚务生之后是谁？》：“上海队经过徐氏的苦心调教，已经三个赛季均跻身于甲A三甲之列。”

不难看出，“三甲”是个出现频率很高的词语，只可惜用词不当，结果词不达意。

“三甲”和“前三名”不是一个概念，《辞源》“三甲”条解释为：“（一）《宋史·选举志一》：‘（太平兴国）八年，进士诸科，始试律义，……进士始分三甲。’一甲第一名叫状元，第二名叫榜眼，第三名叫探花；二甲第一名叫传胪。明清科举相仍分三甲，但第一甲仅限三人，第二甲称‘赐进士出身’，第三甲称‘赐同进士出身’。参见‘进士’。（二）星相术士用语。”

这段注解告诉我们：“三甲”之名来之于科举考试。“三甲”不等于“前三名”。我们平常所称的“前三名”，如比照科举考试，应称为“跻身一甲”，凡通过了进士考试的均可称“跻身三甲”，入“三甲”的人数，少则数十人，多则二三百人，像目前我国足球甲A、甲B二十四支球队，均可称为身处“三甲”之列。既如此，甲A、甲B球队还有必要提“打入三甲”的口号吗？

我们可以称进入“前三名”为“跻身三强”，或称“进入一甲”“跻身三鼎甲”，也可称冠军为“状元”，称亚军为“榜眼”，称季军为“探花”，称殿军为“传胪”。前三名球队可称“跻身一甲”行列，也可称“打入三强”，又可说“跻身三鼎甲”，但决不可再说“进入三甲”了。

五重奏

·噱言篇·

薄熙来论啤酒

陈　文

英国格拉斯哥市举行巴斯啤酒发布会，大连市市长薄熙来应邀在会上发言。这位极具性格魅力的中国市长，围绕啤酒即兴发挥，全场爆发出一阵阵大笑声。作家陈祖芬曾作了以下摘录：

“刚才有人说我对啤酒很有研究，其实不是这样。我这个人很是俭朴，很少研究这些事情。(大笑)今天你们举行啤酒发布会，其实，我一看酒类广告就上火，我可不希望大连市民都喝得醉醺醺的。(大笑)而且我听说，喝啤酒还会长大肚子，我们大连人体型这么好，可不能因为喝啤酒，伤害了他们的体型，这可是关系城市形象的大事！(大笑)当然，巴斯啤酒可能是个例外，因为刚才我们尊敬的格拉斯哥市长说他也很爱喝啤酒，而你们看，他的体型有多好，说明巴斯啤酒不长大肚子。(大笑)”

好一个薄熙来！真是说得一波三折，跌宕生姿，亦庄亦谐，妙趣横生。难怪美国奥克兰市长哈里士说：“大连市长像好莱坞明星，如果他和我一起竞选下任市长，我会有大麻烦。”

·智答篇·

几桶水

郭松林

印度有个故事，说的是某国王每日接受朝拜后，总喜欢向大臣问一些莫名其妙的问题。可不，这一天来到御花园，国王又问道：“你们看到那水池了吗？谁能说出池里有几桶水？”群臣面面相觑，无人能答。

这时，花园里奔跑着一个小孩，原来他是某大臣的孙子，因长得聪明伶俐，深得王后的喜欢，被带到宫里来玩耍。小孩见大臣们一个个面对水池发愣，忙问是怎么回事，当他得知国王的问题时，说：“这有何难？”

国王说：“那就由你来回答吧。”

小孩说：“这要看是怎样的桶。

如果桶和水池一样大，那池里是一桶水；桶是水池一半大，池里是两桶水；桶是水池三分之一大，池里是三桶水……”

国王一听，喜出望外，重赏了这个小孩。众大臣自叹不如。

·妙联篇·

一字对

王中原

清咸丰年间，有人举“墨”字求对。不少人以“书”“笔”等对之，但均不巧妙，独有一人以“泉”对之，十分工巧，一时传为美谈。

因为“墨”字上半部为“黑”，“泉”字上半部为“白”，各属颜色中的一种，且词义相反；两字的下半部分别为“土”和“水”，又同属于五行。细加品味，真是妙不可言。

·谐诗篇·

打它三百枪

唐建汇

1976年，中国社会处于动荡之中。“四人帮”加快篡党夺权的步伐，把矛头对准邓小平同志。许世友将军洞若观火，在一首顺口溜中，发出了战斗的怒吼：

娘们秀才莫猖狂，
三起三落放眼量，
谁敢动我诸葛亮，
老子打它三百枪！

第一句是对“四人帮”的呵斥，第二句是对历经坎坷的小平同志充满信任，后面两句则是对“四人帮”发出了严厉警告，表现了爱憎分明的政治态度和血战到底的战斗豪情。

·趣喻篇·

马车上的弹簧

洪　远

萧伯纳深得幽默三昧。有时，他将幽默用于反击。有个资本家对于他在剧本中揭露资本主义的罪恶深感不满，曾在大庭广众中挑衅：“人们都说伟大的戏剧家是白痴。”萧伯纳面带微笑地回敬了一句：“先生，我看您是最伟大的戏剧家。”

关于幽默，萧伯纳有一个精辟的比喻：“幽默像马车上的弹簧，没有它，人生路上的每一块小石子，都会让你颠簸得难受。”

有照为证 （本栏欢迎投稿）

排挡·牌檔

王 威

深圳火车站二楼候车室旁，不足 100 米的墙上，醒目地贴着各色商品广告，其中有明显的错字。

比如“大排档”时而写作“大排挡”，时而写作“大牌檔”。“排档”，指设在路旁、广场上的售货处；写作“排挡”，则成了汽车、拖拉机等改变牵引力的装置，用于改变行车速度或倒车。而“牌檔”同样是经不起推敲的。

如此“排牌”不分、“档挡”不辨，未免会败坏客人用餐的胃口。

9 787805 119182 >

ISBN7—80511—918—X/H·48

定价：2.00 元

1997年度荣誉校对名录

本刊合订本曾以“保持原貌”为原则，单行本中即使发现差错，也一律不作改动，而以“向我开炮”一栏予以弥补，或在合订本“后记”中集中订正。此举曾得到专家和读者的赞赏。但也有不少读者认为，“存真”固然可作为一个特点，但因读者不能及时读到订正文字，容易影响阅读效果，客观上也会损害刊物形象。

为此，自1997年合订本开始，凡已发现的纯属误排漏校性质的差错，均在合订本中予以订正，指出差错者为本年度荣誉校对。如属编者水平不逮而留下的编校遗憾，则仍欢迎读者“向我开炮”，本刊将及时选刊，以便让更多的人获得教益。

1997年度荣誉校对名单如下：

陈其欣　陈世桂　张治安　丁强国　盛祖杰　周晋峰
王连杰　王义林　陈飞虹　海不平　刘硕勋　刘兴华
高　宇　孙淑泽　辛南生　陆　仪　谭　风　邵培新
沈晓中　赵　晔　工中原　施春宏　余培英　王国锋
俞明芳　丁兴泉　罗永久　林新昌　钱　煦　汪少华
徐华龙　傅凌发　颜景孝　饶克定　邹立昌　张满鸿
周莲清　汪　祺　万燮枬　罗炽勋　刘寿生　洪晟彦
张红梅　傅朝阳　陈琢如　高　峡　屠林明　唐丽霞
徐豪寸　居茂文　胡　鸣　余学广　周　铮　孝本宇
雷长怡　王伟卫　孟昭鹏　梁可为　胡　哲　雷万忠

跋:"炮声"在继续

1997年中,本刊曾集中两次刊出"向我开炮",目的是想把欠账还清;但到印制合订本时,发觉竟还是"债台高筑",实在有点汗颜。欠账总是要还的,让"炮声"在此继续吧:

和司马迁无关

汪少华

第6期《牛年说"物"》中说:"传说中的神农氏(即炎帝),作为农神,竟也是'人身牛首'(《史记・补三皇本纪》)。"(第13页)《史记・补三皇本纪》中的间隔号"・"用来表示书名与篇名之间的分界,也就是说"补三皇本纪"是《史记》中的一篇。可是根据司马迁的《太史公自序》,《史记》全书为本纪十二篇;司马迁《太史公自序》中历数的十二篇本纪中压根儿没有什么"补三皇本纪"或"三皇本纪"。原来这"补三皇本纪"是唐代司马贞所撰。既然是司马贞的而不是司马迁的,那么标作《史记・补三皇本纪》就是不妥当的,读者会误以为"人身牛首"那句话是司马迁《史记》里的。应改为"司马贞《补史记三皇本纪》",或者改标出处为"《帝王世纪》"——见中华书局点校本《史记》第4页唐张守节《史记正义》引。

"邱"并非雍正三年后的新造字

王　蔺

第7期上金文明先生的《"毌丘"辨——兼谈"丘"和"邱"》一文写得很有说服力。毌丘被误成母丘,《康熙字典》和《宋本广韵》(北京市中国书店,1982年)两书的丘字条下也如此。

金文说:"这就是雍正三年以后清刻本图书中新造字'邱'的来历。"我认为这是个小疏忽。其实,"邱"早在雍正三年之前就已存在,并非新造字,除用作地名外别无他义。东汉许慎《说文·邑部》:“邱,地名。从邑,北声。”《宋本广韵·尤韵》:“邱,地名。”清雍正以前成书的《康熙字典·邑部》也说:“邱,《唐韵》去鸠切,《集韵》袪尤切。音丘,地名。”

雍正三年起,除四书五经外,凡遇“丘”都加偏旁阝(邑),实际是以原来用作地名的“邱”取代“丘”,并非新造字。

也说“男士”

汪旸

第7期《士·女士·男士》一文认为:“‘男士’是一种不正确的称呼”,“‘士’一直是对男子的专称……在‘士’之前加一‘男’字,实属画蛇添足,变成了‘男的男人’。”

这个说法似是而非,也与《士》文前面的论述自相矛盾。照此逻辑,“女士”一词是在“士”前加一“女”字,那么“女士”岂不变成了“女的男人”了?《士》文引《诗经·大雅·既醉》:“其仆维何,厘尔女士。”孔颖达疏:“女士,谓女而有士行者。”即《士》文所说“有士之操行的女子”。这“士之操行”是不能替换为“男人的操行”的,可见此“士”不指男子,而指品德高尚的人,即《士》文所说“对品德好,有技艺的人的美称”。《士》文说:“随着妇女运动的兴起,妇女参加社交活动日渐增多,女士便发展成为在交际场合中对妇女的尊称。”的确如此。既然“女士”一词已发展成为对妇女的一种尊称,那么,“语素‘士’的意义进一步虚化……接近词尾,可以看作类词尾”(曹先擢《女士和男士》,见《汉字文化漫笔》)。既然“女士”的“士”已经虚化,“女士”不是指“女的男人”,那么,由“女士”推衍出来的“男士”一词又有何不可呢?它当然不可能是“男的男人”。“男士”与“女士”分别作为对成年男子和妇女的尊称,在现代汉语中已经约定俗成,被普遍接受和使用,并且为《现代汉语词典》所收入。

“修改”仍须修改

叶景烈

拙稿《“十杰”“十佳”误用多》在贵刊第9期发表以后,笔者重读了一遍,发现最后一段中对其中两个错例的修改仍有不妥之处。现作如下更正:

①中兴路街道党工委办事处,对全国“十杰”之一的闸北区八中刘京海老师进行表彰。

②……略表上海市民对这位中

国“十杰”青年之一的山村女教师的敬仰之情。

相应地，该段第12行“如果出现”之后还要加上“‘荣获’”二字，可把分句改成：“如果出现‘荣获’‘称号’之类的词语，必须删去。”

谨向编者和读者致歉。

“代”不能代“待”

张明荣

第9期刊载的叶景烈《“守株待兔”辨》一文，“以逸待劳”又写作“以逸代劳”。上海辞书出版社版《中国成语大词典》中“以佚待劳”条释“以佚待劳”即“以逸待劳”亦作“逸以代劳”，并举宋·陈师道《拟御试武举策》中“逸以代劳，久以代变，亡费而有痛，可谓善矣”一句证之。那么，“以逸待劳”的“待”究竟能否以“代”相代呢？

“以逸待劳”意指作战时己方取守势，充分休息，养精蓄锐，来等待敌方疲惫时，乘机出击。此词最早见于《孙子军争》：“以近待远，以佚待劳，以饱待饥，此治力者也。”“佚”通“逸”。此后文章中“以佚待劳”较多写成“以逸待劳”，如《汉书·赵充国传》：“烽火幸通，势及并力，以逸待劳，兵之利者也。”“待”可以解释为等待或对待、对付。如用“代”，则词义变为“用逸取代劳”，仅指己方前后情况发生变化，与“以逸待劳”的实际意义不符。可见，作为成语“以逸待劳”不能写成“以逸代劳”。《中国成语大词典》举陈师道文句为例，是断章取义，并不能证明“以逸待劳”亦作“逸以代劳”。笔者查阅众多成语词典，均未见释“以逸待劳”亦作“逸以代劳”。另黄伯荣、廖序东主编的作为高等学校文科教材的《现代汉语》一书附录一《常见的别字》中很明确地指出“以逸待劳”不能写作“以逸代劳”。

也说“羊跪”

王中原

第10期第14页说“母羊给幼羊喂奶要跪下”，似乎说下跪的是母羊而非羊羔。不知作者是听来的还是亲见的。

我见过跪着吃奶的羊羔，没见过跪着喂奶的母羊。俗语有“鸦有反哺之义，羊有跪乳之礼”等说法，就是说：乌鸦和羊虽属动物，但都有孝义之心。民间常以此来告诫人们，作为儿女，应当孝敬父母。